장자

일러두기

1. 본서는 1978년 발행된《莊子集釋 1~4》(郭慶藩 輯, 王孝魚 整理)를 저본으로 삼고, 기타 장자 번역서 및 연구 성과 등을 참고했다.
2. 원문 가운데 바꾸어 읽어야 하거나 참고할 만한 글자는 괄호 안에 넣었다.
3. 최대한 원문에 충실하게 번역했으나 필요한 곳에서는 의미가 통하는 우리말로 의역하기도 했다. 《장자》에 대한 이해를 돕기 위해 이 책의《《장자》를 읽기 전에》에 몇 가지 주요한 우리말 풀이를 포함시켰다.

莊子

장자

장자 지음
조현숙 옮김

책세상

가장 아름다운 책, 가장 위험한 책

고전 가운데 《장자》만큼 호평과 악평의 양극단을 달리는 저작도 드 뭅니다. 호평의 극단에 당나라 현종이 있습니다. 그는 '남화진경南華眞經' 이라는 아름다운 이름을 붙여줄 정도로 《장자》에 매혹되었습니다. 프랑 스 철학자 라캉도 중국인 선생과 3년간 《장자》를 완독한 후 "난 이제부터 뭘 하지?" 했을 정도로 《장자》의 매력에 푹 빠졌습니다. 가톨릭 신부인 토머스 머튼은 "장자는 나 같은 사람"이라고 했습니다.

그런가 하면 《장자》는 위험한 책으로 여겨지기도 했습니다. 조선 시 대에는 태워야 할 책이었고, 이 책을 읽는 것 자체가 정치적 반역 행위나 마찬가지였습니다. 《장자》를 좋아했던 박세당이 말년에 유배로 생을 마 감했던 것도 이와 무관하지 않습니다. 이처럼 《장자》는 아름다운 책이면 서 위험한 책이었습니다.

읽기 어려운 책

《장자》 읽기가 어렵다는 이야기를 2,400년 동안 해오고 있습니다. 《장자》 읽기가 어려운 것은 두 가지 이유 때문입니다. 하나는 《장자》가 새로운 이야기를 하기 때문이고, 다른 하나는 장자의 독특한 글쓰기 방식 때문입니다.

어떤 책이 어렵다는 것은 그 책의 논리가 복잡하거나 심오한 내용이어서 그럴 수도 있지만 대부분은 익숙하지 않거나 불편해서입니다. 《장자》는 후자의 경우라고 할 수 있습니다.

'익숙하지 않거나 불편한 것'은 이미 굳어진 생각이나 감각과 '다르기' 때문일 것입니다. 우리의 편견이나 선입견, 기성관념, 지배 담론과 다른 이야기는 아무래도 어렵습니다. 하지만 다르다는 것은 한편으로 '새롭다'는 의미이기도 합니다. 그리고 새로운 이야기는 늘 어려웠습니다.

《장자》는 새로운 이야기를 하고 있습니다. 2,400년 동안 새로운 이야기, 오래된 미래를 이야기하고 있습니다. 장자의 새로운 이야기는 '바른' 이야기입니다. 장자는 바른 이야기를 하기가 어려웠다고 고백합니다. 장자는 저자 후기에 해당하는 〈천하〉에서 이렇게 말합니다.

나는 세상이 혼탁해졌다고 생각했습니다. 그래서 바른말 하기가 어려웠습니다. 그래서 치언으로 끝없이 바꾸고 다르게 말해보았습니다. 중언으로 진실을 말했습니다. 우언으로 폭넓게 말했습니다.

바른말 하기 어려운 세상이기에 장자에게는 자신만의 글쓰기 방식이 필요했습니다. 그가 구사하는 글쓰기 방식은 세 가지인데, 우화의 방식인 우언과 옛사람의 말을 빌려 하는 중언, 그리고 장자만의 독특한 글쓰기 방식이라고 할 수 있는 치언입니다.

치언은 술잔을 비우고 채우듯이 이야기를 비우고 다시 채우며 이어가는 방식입니다. 장자의 말을 빌리면 "자연의 생명력을 다 발휘하기 위한" 글쓰기 방식입니다. 치언은 자신의 주장을 일관되게 논증해가는 방식과는 거리가 멉니다. 그러다보니《장자》를 두고 잡동사니 모음집이니, 혼란스러운 콜라주니, 우화와 상징, 풍자와 역설, 은유와 이야기의 잡록이라는 비평도 많았습니다. 그 때문에 장자의 친작으로 여겨지는 내편과 〈우언〉, 〈천하〉 정도만 읽으면《장자》를 다 읽은 것이나 마찬가지라는 생각이《장자》읽기의 상식처럼 되어버렸습니다.

분명 내편은 외·잡편에 비해 주제도 분명하고 단단한 글입니다. 하지만 그렇다고 해서 외·잡편의 의미가 반감되는 것은 아닙니다. 외·잡편에서는 내편의 주제가 다양한 이야기로 변주되면서 즉흥적인 재즈 음악을 연주하듯 이어집니다.

《장자》 전편을 하나의 흐름을 가진 다양한 변주로 읽고 싶었습니다. 명제나 잠언의 글 모음집이 아니라 큰 철학, 새 철학으로 읽고 싶었습니다. 도도히 흐르는《장자》의 강을 따라 열린 바다로 나가고 싶었습니다.

> 필요한 것은 (⋯) 새로운 철학자이다. (⋯) 철학자들이여! 바다가 다시 열려 있다. 아마 지금껏 이렇게 '열린 바다'는 없었을 것이다.
>
> (프리드리히 니체,《즐거운 학문》)

《장자》다 읽어보셨어요?

"서양 철학 고전은 희랍어와 라틴어를 몰라도 읽을 수 있는데,《장자》는 한문을 알아야 제대로 읽을 수 있을 것 같아요."
"《장자》다 읽어보셨어요?"

학생들의 생각과 질문은 솔직하고 날카로웠습니다. 뜨끔했습니다.

《장자》 읽기를 권하면서도 어떤 판본을 추천하기가 어려웠고, 나 역시 《장자》 전편을 제대로 읽은 적이 없었던 것입니다. 2차 자료에서 자주 인용되는 구절들에만 익숙했고, 여기저기 번역본에서 발췌해 읽었던 게 고작이고, 적당히 짜맞춰가며 내 주장에 필요한 것만 뽑아 읽곤 했던 것입니다. 부끄러웠습니다. 그래서 든 생각이 '일단 《장자》 전편을 다시 읽어보자'는 것이었습니다.

《장자》를 다시 읽으면서 《장자》가 이런 책이었나, 새삼스러웠습니다. 한 편 한 편 제 모습을 드러낼 때마다 경탄했습니다. 많은 사람과 공유하고 싶었습니다. 플라톤의 《대화》, 괴테의 《파우스트》, 니체의 《짜라투스트라는 이렇게 말했다》처럼 《장자》도 그렇게 읽고 싶었습니다. 그런데 어느 순간 보니 내가 읽고 싶은 《장자》를 내가 번역하고 있었습니다.

번역을 하면서 몇 가지 새로운 방식을 취했습니다. 《장자》에는 대화체의 글이 많이 나옵니다. 책을 읽는다는 느낌보다는 이야기를 주고받는 느낌입니다. 그런 부분을 살리고 싶었습니다. 그래서 대화 부분을 희곡처럼 구성했습니다. 존대체의 문장을 사용한 것도 그런 맥락에서였습니다.

한편 《장자》는 행간이 넓은 텍스트입니다. 독자들이 들어와 놀 수 있는 빈 공간이 많습니다. 해설에 의지하지 않고도 창조적 읽기가 가능한 책입니다. 하지만 어느 정도의 길잡이는 필요할 것 같다는 생각에 간략한 해설과 소제목을 붙였습니다. 그럼에도 여전히 《장자》 전편의 리듬을 타면서 독자만의 읽기를 방해하는 것은 아닐까 하는 우려는 남습니다.

《장자》를 더 재미있게 읽기 위한 몇 가지 말 풀이

《장자》는 명사적이기보다 동사적인 글입니다. 장자는 "말은 생각하기 위한 도구"일 뿐이라며 말에 갇히는 것을 경계했습니다. 하나의 개념으로 굳어지면 거기에 갇혀버리고 맙니다. 그래서 개념으로 읽기보다 서술적으로 읽는 것이《장자》읽기의 한 팁이기도 합니다.

도道와 덕德

도덕이란 인간이 살아가면서 지켜야 할 도리, 규범을 말합니다. 그런데 장자는 이러한 규범으로서의 도덕을 비판합니다. 그는 도덕규범이나 형벌이 불쌍한 사람들을 한 번 더 죽이는 무기가 된다는 것을 꿰뚫어보고 있습니다. 그는 순수한 지인至人은 이런 것이 왜 생겼을까를 고민한다면서 인의도덕을 강요해야 하는 상황을 통찰할 것을 요구합니다(〈천도〉). 이런 면에서 장자는 반도덕주의자입니다.

장자는 인간이 지켜야 할 도덕이 강요되는 세상을 걱정합니다. 그는 도덕규범 없이도 잘 살 수 있는 세상을 그리워합니다. 하지만 그런 세상이 멀리 있는 이상적인 세상은 아닙니다. 우리의 일상 속에서도 얼마든지 경험하는 세계입니다. 정말 사랑하는 사람들끼리는 격식을 따지지 않습니다. 오히려 과장된 예의나 반가움을 표현하는 사이는 서로 쓸모로 만나는 관계일 수 있습니다. 진정 친한 사이에서는 격식은 물론 감정 표현도 무덤덤합니다. 시장에서 남이 내 발을 밟으면 사과를 듣지만 아버지가 내 발을 밟으면 그냥 그러려니 합니다(〈경상초〉). 장자는 화목한 세상을 바라지만 그것이 도덕규범으로 가능하다고 생각하지 않습니다. 도덕을 강요하는 것은 이미 서로 친하지 않다는 반증이며 도덕규범이 지배 도구로, 자기 정당화의 수단으로 이용되기 때문입니다. 그런데 역설적이게도 장자 철학의 핵심어가 도道와 덕德입니다. 장자가 말하는 도와 덕이 무엇을 뜻하는지 알아야《장자》를 이해할 수 있습니다.

장자가 말하는 도와 덕은 규범으로서의 도덕과는 거리가 멉니다. 장자가 말하는 도는 '길'입니다. '자연스러운 길'입니다. 또한 장자의 덕은 자연스러운 길에서 얻은(得) '본래 모습'입니다. 결국 장자가 말하는 도덕은 '본래 모습 그대로 자연스럽게 살아가는 길'입니다.

지인至人, 신인神人, 성인聖人, 진인眞人

장자가 그리는 이상적인 삶은 소박하고 순수한 본래 모습 그대로 자연스럽게 살아가는 것입니다. 하지만《장자》속 지인, 신인, 성인, 진인은 하늘을 날며 피안의 경지에서 노닌다는 메타포에 갇혀 쉽게 신선이나 도사로 상상됩니다. 그런 이유로 장자의 지인, 신인, 성인, 진인이 니체의 위버멘쉬가 되었고, 이것이 미국으로 건너가 슈퍼맨이 되었는지도 모르겠습니다. 하지만 지인, 신인, 성인, 진인은 인간 이상의 뛰어난 힘을 가진 사람이 아니라 자연스러운 본래 모습 그대로 순수한 사람, 마음이 살아 있는 천진스러운 사람들입니다. 자연의 모습 그대로라 이들에 대한 묘사는 자연의 묘사와도 같습니다. 이들의 모습은 별세계에 따로 존재하는 것이 아니라 누구나 간직하고 있는 본래 모습입니다. 이런 모습은 함께 놀거나 자연과 교감하면서 편하게 드러납니다. 그래서 장자는 노니는 마음(遊心)을 강조합니다.《장자》의 앞머리 격인 〈소요유〉는 '담 없는 마을'에서 노닐자는 권유로 시작합니다. 노니는 마음에는 자기 아집이나 성공, 결과, 명예, 쓸모에 대한 집착이 없습니다. 그래서 "순수한 지인은 나에 집착하지 않고(至人無己), 마음이 살아 있는 신인은 결과에 초연하고(神人無功), 훌륭한 성인은 이름에 연연하지 않습니다(聖人無名)"(〈소요유〉). 지인, 신인, 성인, 진인은 본래 모습 그대로인 사람입니다. 그래서 지인至人은 '순수한 지인', 신인神人은 '마음이 살아 있는 신인', 성인聖人은 '훌륭한 성인' 또는 '성인', 진인眞人은 '천진한 사람'으로 번역했습니다.

무하유지향無何有之鄉

장자의 말은 '너무 크기만 하고 쓸모없는 나무 같다'는 혜시의 비아냥에 장자는 그 나무를 무하유지향(無何有之鄉)에 심어놓고 그 그늘에서 노닐며 낮잠이나 자자고 합니다(〈소요유〉). 무하유지향은 순수한 본래 모습 그대로 살아가는 곳입니다. 그곳은 내 것이라는 소유욕도, 내가 해냈다는 명예욕도 없는 곳입니다. 탐욕으로 쌓아올린 어떤 담이나 경계나 차별(何有)이 없어 누구라도 함께 노닐 수 있는 마을(鄉)입니다. 삶의 진정한 즐거움을 담담하게 느낄 수 있는 곳입니다. 이곳은 토머스 모어의 유토피아(U〔no〕+Topia〔place〕)처럼 어디에도 없는 곳도, 플라톤이 망각의 강을 건너 잃어버렸다는 이데아의 세계도 아닙니다. 꿈으로만 그릴 수 있는 곳이 아니라 우리의 삶 속에서 얼마든지 누릴 수 있는 곳입니다. 사랑할 때, 벗들과 즐겁게 놀 때, 자연과 교감할 때, 좋아하는 일에 몰두할 때처럼 자신의 소박한 즐거움을 담담하게 즐기는 곳입니다. 이런 곳에서는 내가 옳다는 아집도, 성공에 대한 집착도, 이름을 날려보겠다는 명예욕도 없습니다. 이곳에서는 이런저런 계산을 하지 않습니다. 순수하고 천진스러운 사람이 노니는 곳입니다(〈응제왕〉). 장자는 혜시에게 무하유지향에서 노닐자고 합니다. 무하유지향은 마음속에 어떤 경계나 담이 없는 마을이라 '담 없는 마을'로 번역합니다. "담 없는 세상에 자신을 던져보십시오. 그러면 담 없는 세상에서 살게 됩니다"(〈제물론〉)에서 '담 없는 세상(無竟)', "담 없는 곳에서 노니는 사람"(〈응제왕〉)에서 '담 없는 곳(無有)', "끝없는 들판(無極之野)"(〈재유〉), "담 없는 궁전(無何有之宮)"(〈지북유〉), "본래 모습 그대로 길을 가는 도덕의 마을(道德之鄉)", "아무도 없는 들판(無人之野)", "본래 모습 그대로 건강한 나라(建德之國)", "담 없는 대막의 나라(大莫之國)"(이상 〈산목〉) 모두 같은 곳입니다. 순수한 모습 그대로의 세상(至德之世)입니다.

물물이불물어물物物而不物於物

제자들과 쓸모에 대한 이야기를 하면서 장자가 하는 말입니다(《산목》). 있는 그대로 받아들이고(物物), 무언가의 수단이나 쓸모로(物於物) 다루지 않는다(不)는 의미입니다. "목적으로 대하지 수단으로 다루지 말라"는 칸트의 말과도 통합니다. '무엇이든 있는 그대로 받아들이고, 무언가에 대한 무언가로 다루지 말라'고 번역합니다.

소지小知와 대지大知

앎에 대한 태도를 말하는 표현입니다. 소지가 내가 알고 있는 것에 갇힌 태도라면, 대지는 내가 알고 있는 것이 다가 아니라는 것을 받아들이는 열린 태도입니다. 사유에 기초한 데카르트식 이성(reason)이 소지라면, 모든 신체의 감각과 능력으로 새로운 감각에 도달하게 되는 깨달음(Reason)이 대지입니다. 지식의 축적이 소지라면, 지식의 축적을 넘어 창조적 삶을 통한 깨달음이 대지입니다. 소지의 태도는 따지는 것을 좋아하지만 대지의 태도는 한가롭고 넉넉합니다. 대지는 절대 불변의 진리를 추구하는 강박이 없어 불가지론자의 절망이나 우울이나 허무가 없습니다. 대지는 겸손하고 너그럽고 푸근하고 유쾌합니다. 소지와 대지를 '작은 앎'과 '큰 앎' 또는 '작은 이성'과 '큰 이성'으로 번역합니다. 소지와 대지는 지식과 지혜, 갇힌 앎과 열린 앎, 머리와 마음, reason과 Reason, Pseudo thinking과 critical thinking으로도 이해할 수 있고, 더 나아가 앎과 삶, 소유와 존재, 수단과 목적, 수용성과 비판 창의성 등과 연관 지어 생각해볼 수도 있습니다.

유심遊心과 근사지심近死之心

유심은 모든 것을 살아 숨 쉬는 생명으로 느끼는 마음입니다. 대붕이 하늘에 올라 내려다보니 아지랑이며 티끌도 살아 있는 생명들이 서로 숨을 뿜어주는 것이라고 느낀 것처럼 유심은 순수하고 천진한 마음입니다. 아이들이 놀면서 사물에 생명을 불어넣어주는 마음과 같습니다. 또한 모든 것을 하나로 보는 마음입니다. 죽음도 삶의 과정으로 느끼는 마음입니다. 삶과 죽음이 하나이기에 잃어버린 게 보이지 않아 발을 잃은 것이 흙을 털어낸 것 정도로 보입니다(〈덕충부〉). 이런 마음이 사라지면 근사지심近死之心이 됩니다. 유심은 사물에 생명을 불어넣고 죽음도 생명의 과정으로 느끼지만 마음이 죽어가면 생명조차 사물로 보이고 도구나 쓸모로만 여기게 됩니다(物於物). 근사지심은 〈제물론〉에 딱 한 번 나오는 표현이지만 "마음이 죽지 않은 사람(心未嘗死者)"(〈덕충부〉), "가장 슬픈 일은 마음이 죽는 것이다(哀莫大於心死)"(〈전자방〉), "자기 마음이 죽었습니다(亡其神)"(〈즉양〉) 등으로 다양하게 표현됩니다. 유심은 '노니는 마음'으로, 근사지심은 '죽어가는 마음'으로 번역합니다.

흥미롭게도 유심과 근사지심은 프로이트의 에로스(생의 충동), 타나토스(죽음 충동)와 유사합니다. 모두 전쟁 상황에서 인간의 마음을 통찰하면서 나온 생각들입니다. 그러나 삶과 죽음을 하나로 보는 장자와 삶과 죽음을 대립하는 것으로 보는 프로이트는 전제부터 다릅니다. 연구 과제로 남겨둡니다.

물화物化, 만물화萬物化, 여물화與物化

물화는 장자가 꿈속에서 나비가 되는 이야기(〈제물론〉)와 죽음을 대하는 태도에서 언급되는 말입니다(〈천도〉, 〈각의〉). 장자 철학을 생성 변화(化)

의 철학으로 이해하는 데 이 표현이 유효합니다. 그러나 물화를 하나의 개념으로만 읽으면 만물화萬物化, 여물화與物化라는 표현들이 물화에 갇히게 됩니다. 만물화는 '억지로 하지 않아도 모든 것이 되어가고 있다'는 의미의 무위이무불위無爲而無不爲의 다른 표현으로 세 번(〈천지〉의 '無爲而萬物化', 〈천도〉의 '天不産而萬物化'와 '萬物化作') 나옵니다. 또 여물화는 '무언가를 경험하면서 달라진다'는 뜻으로 외부의 변화에도 순수한 마음만큼은 변하지 않는다는 맥락에서 나오기도 하고(〈달생〉, 〈지북유〉, 〈즉양〉), 외부 변화에 따라 마음이 변한다는 맥락에서도 나옵니다(〈천지〉).

장자의 나비 꿈이 나오는 〈제물론〉 '나는 나인가'의 마지막 문장이 "이런 것을 두고 '무언가 되고 있다(物化)'고 말하는 것이구나(此之謂物化)"여서 물화를 개념으로 쓰고 싶은 충동을 느끼게 합니다. 그러나 이 말은 개념을 정의하는 표현이 아니라 《열자》에 나오는 말을 다시 새겨보는 것입니다. 《열자》에서는 꿈과 현실을 오가는 이야기를 하면서 "물화지왕래자야物化之往來者也"라고 합니다(《열자》 〈주목왕〉). 물화를 개념이라기보다 서술어로 읽는 것이 무리가 없습니다. 물화는 '무언가 되고 있다'로, 만물화는 '모든 것이 되어간다'로 번역하고, 여물화는 '무언가에 따라 달라지다', '대상과 하나 되다', '다른 것과 함께 달라지다' 등 문맥에 따라 바꾸어 번역합니다.

도술道術과 방술方術

〈천하〉에 나오는 말입니다. 도술이니 방술이니 하면 무언가 신비롭고 마술적인 것이 연상됩니다. 그러나 도술이나 방술 모두 살아가는 길과 살아가는 방법을 말하는 것입니다. 다만 도술은 자연스럽게 살아가는 길인 반면 방술은 나름 옳다고 생각해서 만들어낸 모난 길입니다. 도술을 편안한 원의 형상으로 본다면, 방술은 반듯한 사각형의 형상이 됩니다. 도술은 '어디로 가나(道)', '어떻게 하나(術)'로, 방술은 '이리 가야 한다(方)', '이렇게 해야 한다(術)'로 번역합니다.

치천하治天下

일반적으로 치천하를 '세상을 다스린다'는 말로 옮기곤 합니다. 治는 물(水)이 넘치는 피해를 잘 수습한다(台)는 뜻이 합쳐져 만들어진 글자입니다. 그런데 '다스린다'는 말에 원래 뜻과는 달리 '힘으로 지배한다'는 뉘앙스가 생겼습니다. 그러나 장자는 세상을 힘으로 지배하는 것에 반대합니다. 노자와 마찬가지로 장자도 무위無爲를 주장합니다. 무위는 아무것도 하지 않는 것이 아니라 힘으로 강제하거나 억지로 하지 않는 것입니다. 지도자들은 세상을 보살피고 돌봐야 한다는 것이 장자의 생각입니다. 모든 것을 있는 그대로 수용하고 받아주는 것이 훌륭한 지도자의 자격입니다. 판단하지 말고 지배하지 말고 멋대로 하지 말라고 합니다. '치治'는 물을 돌보듯이 세상을 돌본다는 의미입니다. 이것이 장자의 진의와 통합니다. 그래서 문맥에 따라 치治를 '돌보다' 또는 '다스리다'로 번역했습니다.

내가 읽고 싶은 《장자》를 함께 읽고 싶은 마음에 번역에까지 이르게 되었습니다. 아무쪼록 가장 아름답고 위험한 책 《장자》를 담 없는 마을에서 노니는 마음으로 즐기시기 바랍니다. 樂《莊子》遊心於無何有之鄉….

내편

더 많은 편과 글들이 있었다고 하지만 지금 우리가 읽을 수 있는 《장자》는 서진西晉 시대 곽상郭象이 편집한 33편(내편 7편, 외편 15편, 잡편 11편)뿐입니다. 학계에서는 내편과 외·잡편의 차이점에 주목해 내편은 장자의 저술이고, 외·잡편은 후학들이 가필하고 정리한 것으로 보고 있는데 나름 설득력이 있습니다. 그러나 나는 장자의 친서인지 아닌지에 대한 관심보다는 《장자》라는 책에 매력을 느낍니다. 내편은 장자가 쓴 것이어서 좋고 외·잡편은 그렇지 않으니 소홀히 해도 되는 것은 아닙니다. 게다가 내편의 주제는 33편 전편에서 다양한 이야기로 변주되며 긴 강물처럼 유유히 흐르고 있습니다.

장자의 친작으로 알려진 내편은 생각할 게 많고 단단한 글입니다. 〈소요유逍遙遊〉, 〈제물론齊物論〉, 〈양생주養生主〉, 〈인간세人間世〉, 〈덕충부德充符〉, 〈대종사大宗師〉, 〈응제왕應帝王〉 등 모두 7편으로 이루어져 있는데, 각각의 편명이 주제를 담고 있습니다. 〈소요유〉는 '이리저리 거닐며(逍遙) 노닐다(遊)', 〈제물론〉은 '큰 앎(物論)으로의 회복(齊)', 〈양생주〉는 '잘(養) 살아가는(生) 오래된 본성(主)', 〈인간세〉는 '인간의 세상살이(人間世)', 〈덕충부〉는 '본래 모습(德) 그대로인(充) 사람들의 사례(符)', 〈대종사〉는 '가장 뛰어난(大宗) 스승(師)', 〈응제왕〉은 '있는 그대로 비추어주는(應) 지도자(帝王)'라는 의미입니다. 외·잡편의 대부분이 앞 글자나 첫 에피소드 등장인물의 이름을 따서 편명으로 삼고 있는 것과는 대조적이지요. 편명만으로도 짜임새 있는 글이라는 느낌을 줍니다. 그런 만큼 글을 읽는 마음가짐에 힘이 들어가기도 하고 기대도 하게 됩니다.

소요유
逍遙遊

새가 되자, 하늘을 날자

이름에 살지 말자

담 없는 마을에서 놀자

《장자》를 펼치면 제일 먼저 〈소요유〉와 마주하게 됩니다. 고전 중에는 '이렇게 살아야 한다'는 교훈의 글이 많아 가끔씩 나를 다잡고 채근하고 싶을 때 고전을 펼치게 됩니다. 그런데 《장자》는 조금 다릅니다. 소요유逍遙遊하자고 합니다. 이제 그만 쉬고 노닐자는 겁니다. 성공하려면 죽을힘을 다해 열심히 살아도 부족하다는 세상인데 이제 그만 쉬고 노닐자니, 세상 물정 모르는 한심한 이야기처럼도 들립니다. 그럼 장자의 생각은 어떤 걸까요? 장자는 왜 그만 쉬고 노닐자는 걸까요?

노니는 것은 즐거운 일입니다. 즐거우면 마음이 넉넉해지고 여유가 생겨납니다. 그래야 마음이 열리고, 마음이 열려야 앎이 열리고, 앎이 열려야 본래 모습(德)으로 돌아가 막혔던 길(道)이 뚫립니다. 장자는 길이 막힌 세상에서 길이 열리려면 노닐고 쉬어야 한다고 생각했습니다.

장자는 시작부터 우리를 대붕大鵬이 되는 상상 놀이로 안내합니다. 대붕의 날개를 펼치고 하늘 높이 올라 우리네 모습을 내려다보게 합니다. 그러고는 '담 없는 마을(無何有之鄕)'에서 노닐자고 합니다.

장자는 대붕이 되는 상상 놀이를 통해 작은 앎(小知)에서 벗어나 큰 앎(大知)의 세계로 나아가게 합니다. 하찮아 보이던 존재들이 생명의 숨결이었음을, 옳다고 하던 것들이 그렇지 않을 수 있음을 깨닫게 합니다.

철학은 무엇일까요? 비트겐슈타인은 병 안에 갇힌 파리에게 병뚜껑을 열어주는 것이 철학이라고 했습니다. 그런데 이와 비슷한 이야기가 《장자》에도 나옵니다. 공자는 노자가 자신을 항아리에서 나오도록 뚜껑을 열어주었다고 합니다(〈전자방〉). 철학은 항아리 뚜껑을 열어주는 것입니다. 《장자》는 닫힌 마음의 뚜껑을 열어줍니다. 그러고는 하늘로 날아오르게 합니다. 이제 마음의 날개를 마음껏 펼치고 날아봅시다. 대붕이 되어봅시다.

새가 되자, 하늘을 날자

북쪽 검푸른 바다에 곤이라는 아주 큰 물고기가 살았습니다. 얼마나 컸던지 그 크기가 몇천 리나 되는지 알 수 없었습니다. 이 물고기가 붕이라는 새가 되었습니다. 붕의 등도 몇천 리나 되는지 알 수 없었습니다. 붕이 힘차게(怒) 하늘로 날아오르자 날개가 하늘을 뒤덮는 구름과도 같았습니다. 붕은 바다가 움직이면 남쪽 검푸른 바다로 날아갈 것입니다. 남쪽 바다는 자연의 연못, 천지天池입니다.

이상한 이야기를 실은 《제해》라는 책이 있습니다. 거기에도 이 이야기가 실려 있습니다. "붕이 남쪽 바다로 갈 때, 파도를 삼천 리 밖까지 일으키며 회오리바람을 타고 구만 리 상공까지 오른다. 여섯 달을 날고 나서야 한 번 크게 숨을 내쉰다."

'아지랑이며 티끌도 살아 있는 생명들이 서로 숨을 뿜어주는 것이었구나. 하늘이 파랗구나. 그런데 그것이 정말 하늘의 색일까? 끝없이 멀어서 파랗게 보이는 것은 아닐까?'

붕이 하늘 높이 올라 내려다보니 아래도 역시 파랗게 보일 뿐이었습니다. 물이 깊지 않으면 큰 배를 띄울 수 없습니다. 한 잔의 물을 마루의 움푹 팬 곳에 엎지르면 겨자씨 정도가 배가 될 수 있겠지요. 하지만 거기에 잔을 놓으면 바닥에 닿고 맙니다. 물은 얕고 배는 크기 때문입니다. 마찬가지로 바람이 두텁게 쌓이지 않으면 큰 날개를 짊어질 수 없습니다. 높이 구만 리까지 올라야 바람이 아래에 두텁게 쌓이게 됩니다. 그런 뒤에야 대붕은 바람을 타고 파란 하늘을 등에 지고 길을 막는 것이 없는 상태에서 남쪽으로 향합니다. 그런데 매미와 새끼 비둘기가 대붕이 나는 것을 보고 웃으며 말합니다. "우리는 기껏 날아올라야 느릅나무나 박달나무에 다다르는 것이 고작이지. 어떤 때는 거기에도 미치지 못하고 떨어지고 말이야. 그런데 구만 리를 날아올라 남쪽으로 가다니."

가까운 숲이나 들로 소풍 가는 사람은 세 끼 식사만 가지고 가도 돌아올 때까지 배가 든든합니다. 그러나 백 리 길을 떠나는 사람은 밤새워 먹을 음식을 준비해야 하고, 천 리 길을 가는 사람은 석 달 동안 양식을 준비해야 합니다. 매미와 새끼 비둘기가 이를 어찌 알 수 있겠습니까? 작은 앎(小知)은 큰 앎(大知)을 헤아릴 수 없습니다.[1] 짧은 삶(小年)은 긴 삶(大年)을 헤아릴 수 없습니다. 그것을 어떻게 알 수 있겠습니까? 아침에만 피는 버섯은 밤과 새벽을 모르고, 여름 한철 쓰름매미는 봄과 가을을 모릅니다. 이것은 '짧은 삶'입니다. 초나라 남쪽에 명령이라는 나무가 있었답니다. 이 나무의 봄과 가을은 오백 년씩이라고 합니다. 옛날에는 대춘이라는 큰 나무가 있었답니다. 그 나무의 봄과 가을은 팔천 년씩이었다고 합니다. 그런데 팽조가 오래 살았다고 사람들이 부러워하니 슬프지 않습니까?

은나라 탕왕이 현자 극에게 들었던 이야기 중에도 곤과 붕에 대한 이

---

1 이 주제는《장자》 전편에 걸쳐 다루어지고 있다. 특히 이어지는 〈제물론〉에서 집중적으로 다루고 있다.

야기가 있습니다. 극이 말했습니다. "북쪽 메마른 땅에 깊은 바다가 있었습니다. 자연의 연못, 천지입니다. 거기에 물고기가 살았는데, 폭만도 수천 리가 되고, 길이는 알 수 없을 정도였습니다. 물고기 이름은 곤이었습니다. 거기에 새도 살았는데 이름은 붕이었습니다. 등이 태산 같고 날개는 하늘을 드리운 구름 같았습니다."[2]

붕이 회오리바람을 타고 구름 위로 솟아올라 파란 하늘을 등지고 남쪽 바다로 향합니다. 메추라기가 이를 보고 비웃으며 말했습니다. "저 새는 저렇게 날아서 어디를 간단 말인가? 나는 한껏 뛰어올라도 몇 길을 못 올랐다 내려오고, 기껏해야 쑥대밭 사이를 날아다니는 게 고작인데. 도대체 저 새는 저렇게 날아서 어디를 간단 말인가?" 이것이 큼과 작음의 차이입니다.

그러므로 아는 것이 관직 하나 맡을 만하고, 행실은 한 고을에서 존중받을 만하고, 능력은 군주의 마음에 들어 한 나라에 기용되는 사람들은 기량이 저 메추라기만 한 사람들입니다. 그래서 송영자(송견)는 이런 사람들을 비웃었습니다. 그는 온 세상이 자신을 칭찬해도 우쭐하지 않고, 비난해도 기죽지 않았습니다. 내면세계와 바깥세계를 분명히 구별하고, 영광과 치욕은 바깥의 일임을 확실히 알았기 때문입니다. 그러나 거기에 그쳤습니다. 그는 세상의 평가에 안달하지는 않았지만 여전히 이르지 못한 바가 있었습니다.[3]

열자는 바람을 타고 다니며 마음껏 놀다가 열닷새가 지나 돌아왔습니다. 그는 세상의 행복을 누리는 데 연연하지 않았습니다. 걸어다니는

---

2 《열자》〈탕문〉에서는 곤과 붕의 크기에 대해서만 말한다. 현자 극이 탕왕과 '크고 작음'에 대해 논의하며 곤과 붕의 이야기를 예로 들 뿐 물고기가 새가 되는 이야기는 나오지 않는다.

번거로움에서도 벗어났습니다. 그러나 여전히 의지하는 것이 있었습니다. 대자연과 하나 되어 모든 흐름의 변화에 따라 끝없이 놀 수 있었다면 무엇에 의지했겠습니까?[4]

순수한 지인은 나에 집착하지 않습니다(至人無己).

마음이 살아 있는 신인은 결과에 초연합니다(神人無功).

훌륭한 성인은 이름에 연연하지 않습니다(聖人無名).

北冥有魚 其名爲鯤 鯤之大 不知其幾千里也 化而爲鳥 其名爲鵬 鵬之背 不知其
幾千里也 怒而飛 其翼若垂天之雲 是鳥也 海運則將徒於南冥 南冥者 天池也
齊諧者 志怪者也 諧之言曰 鵬之徒於南冥也 水擊三千里 搏扶搖而上者九萬里 去
以六月息者也
野馬也 塵埃也 生物之以息相吹也 天之蒼蒼 其正色邪 其遠而無所至極邪
其視下也 亦若是則已矣 且夫水之積也不厚 則負大舟也無力 覆杯水於坳堂之上
則芥爲之舟 置杯焉則膠 水淺而舟大也 風之積也不厚 則其負大翼也無力 故九萬
里 則風斯在下矣 而後乃今培風 背負靑天而莫之夭閼者 而後乃今將圖南 蜩與學
鳩笑之曰 我決起而飛槍楡枋 時則不至而控於地而已矣 奚以之九萬里而南爲
適莽蒼者 三湌而反 腹猶果然 適百里者 宿舂糧 適千里者 三月聚糧 之二蟲又何
知 小知不及大知 小年不及大年 奚以知其然也 朝菌不知晦朔 蟪蛄不知春秋 此
小年也 楚之南有冥靈者 以五百歲爲春 五百歲爲秋 上古有大椿者 以八千歲爲春
八千歲爲秋 而彭祖乃今以久特聞 衆人匹之 不亦悲乎
湯之問棘也是已 窮髮之北有冥海者 天池也 有魚焉 其廣數千里 未有知其修者 其

3 송영자에 대한 비평은 마지막 편 〈천하〉에도 나온다. "공격을 금지하고 무기 사용을 그만둬
라. 이것이 그들의 바깥세상을 향한 주장이었습니다. 욕망을 줄이고 감정을 누그러뜨려라.
이것이 그들의 내면세계에 대한 생각이었습니다." 장자는 송영자에 대해 뜻은 컸지만 생각
에 그치고 말았다고 평한다.
4 이 책의 〈해제〉 《장자》의 주요 등장인물' 참조.

名爲鯤 有鳥焉 其名爲鵬 背若泰山 翼若垂天之雲

博扶搖羊角而上者九萬里 絶雲氣 負靑天 然後圖南 且適南冥也 斥鴳笑之曰 彼且奚適也 我騰躍而上 不過數仞而下 翶翔蓬蒿之間 此亦飛之至也 而彼且奚適也 此小大之辯也

故夫知效一官 行比一鄕 德合一君 而徵一國者 其自視也亦若此矣 而宋榮子猶然笑之 且擧世而譽之而不加勤 擧世而非之而不加沮 定乎內外之分 辯乎榮辱之竟斯已矣 彼其於世未數數然也 雖然 猶有未樹也

夫列子御風而行 泠然善也 旬有五日而後反 彼於致福者 未數數然也 此雖免乎行猶有所待者也 若夫乘天地之正 而御六氣之辯 以遊無窮者 彼且惡乎待哉

故曰 至人無己

神人無功

聖人無名

이름에 살지 말자

요임금이 허유에게 세상(天下)을 넘겨주겠다고 말했습니다.

요임금 해와 달이 떴는데도 횃불을 끄지 않는다면 그 빛은 헛된 것이 아니겠습니까? 때가 되어 비가 오는데도 밭에다 물을 대고 있다면 헛수고가 아니겠습니까? 선생께서 자리에 오르셔야 세상이 바르게 될 터인데 제가 아직 임금 노릇을 하고 있습니다. 제 스스로 부족함을 알고 있습니다. 부디 세상을 맡아주십시오.

허유 왕께서 세상을 돌보아 세상이 이미 좋아졌는데 제가 왕을 대신하는 것은 이름을 위한 것이 되겠지요. 이름(名)은 내용의 손님일 뿐입니다. 저더러 손님이 되라는 것입니까? 뱁새는 깊은 숲 속에서도 둥지를 트는 데 쓸 가지 하나만 있으면 그만이고, 두더지는 황하에서도 자기 배를 채울 물만 마시면 그만입니다. 왕께선 돌아가십시오. 저는 세상을 가지고 할 일이 없습니다. 제사 때 요리사가 부엌일을 잘 못한다고 시동이나 신주가 술 단지나 제사 고기를 들고 와 요리사를 대신하지는 않는 법입니다.

견오가 연숙에게 말했습니다.

견오 접여가 하는 말을 들었는데 터무니없이 크기만 하고 이치에 맞지 않았습니다. 나아가기만 하고 돌아올 줄 몰랐습니다. 그 이야기가 놀랍고 두렵기까지 했습니다. 마치 은하수처럼 끝이 없었습니다. 현실과는 너무 다른 상식 밖의 말이었습니다.

연숙 그가 무슨 말을 했는데요?

견오 막고야산에 마음이 살아 있는 신인神人이 산답니다. 그의 살갗은 얼음이나 눈 같고 처녀처럼 부드럽답니다. 오곡을 먹지 않고 바람을 들이마시고 이슬을 마시면서 산답니다. 구름을 타고 나는 용을 몰아 사해 밖을 노닌다더군요. 정신을 집중하면 병해를 막고, 매년 곡식도 잘 익게 한다는 이야기도 했습니다. 도무지 미친 사람의 말 같아서 믿을 수가 없었습니다.

연숙 그렇군요. 눈먼 사람은 아름다운 장식을 볼 수 없지요. 귀먹은 사람은 종이나 북 소리를 들을 수 없고요. 그런데 몸만 눈멀고 귀먹겠습니까? 앎에도 귀머거리와 장님이 있지요. 지금 그대의 이야기입니다. 마음이 살아 있는 신인은 그의 본래 모습으로 어떤 것과도 어울려 하나가 될 수 있습니다. 세상 사람들은 그가 돌보아주기를 바라겠지요. 그렇다고 그가 애써 세상 돌보는 일을 하겠습니까? 마음이 살아 있는 신인은 아무도 해칠 수 없습니다. 하늘에 닿을 정도로 홍수가 나도 빠져 죽지 않습니다. 가뭄이 들어 쇠와 돌이 녹고 땅과 산이 타버린다 해도 불에 타지 않습니다. 마음이 살아 있는 신인은 제 몸의 먼지와 때, 쭉정이와 겨를 가지고도 요임금이나 순임금을 만들 수 있습니다. 그런데 무엇 때문에 세상일에 몰두하겠습니까?

송나라 사람이 예식 때 쓰는 모자를 팔러 월나라에 갔습니다. 그러나 월나라 사람들은 머리를 짧게 깎고 몸에는 문신을 하고 살아 모자가 필요 없었습니다. 요임금은 세상을 잘 다스려 나라가 태평해지자 막고야산에 사는 네 스승을 뵈러 갔습니다. 분汾 강가 양지에 있으니 그윽하고 아득했습니다. 요임금은 자기 나라가 있다는 사실조차 까맣게 잊고 말았습니다.

堯讓天下於許由 曰 日月出矣而爝火不息 其於光也 不亦難乎 時雨降矣而猶浸灌 其於澤也 不亦勞乎 夫子立而天下治 而我猶尸之 吾自視缺然 請致天下

許由曰 子治天下 天下旣已治也 而我猶代子 吾將爲名乎 名者 實之賓也 吾將爲賓乎 鷦鷯巢於深林 不過一枝 偃鼠飮河 不過滿腹 歸休乎君 予無所用天下爲 庖人雖不治庖 尸祝不越樽俎而代之矣

肩吾問於連叔曰 吾聞言於接輿 大而無當 往而不返 吾驚怖其言 猶河漢而無極也 大有逕庭 不近人情焉

連叔曰 其言謂何哉

曰 藐姑射之山 有神人居焉 肌膚若氷雪 綽(淖)約若處子 不食五穀 吸風飮露 乘雲氣 御飛龍 而遊乎四海之外 其神凝 使物不疵癘而年穀熟 吾以是狂而不信也

連叔曰 然 瞽者無以與乎文章之觀 聾者無以與乎鐘鼓之聲 豈唯形骸有聾盲哉 夫知亦有之 是其言也 猶時女也 之人也 之德也 將旁礴萬物以爲一 世蘄乎亂 孰弊弊焉以天下爲事 之人也 物莫之傷 大浸稽天而不溺 大旱金石流土山焦而不熱 是其塵垢秕糠 將猶陶鑄堯舜者也 孰肯以物爲事

宋人資章甫而適諸越 越人斷髮文身 無所用之 堯治天下之民 平海內之政 往見四子藐姑射之山 汾水之陽 窅然喪其天下焉

담 없는 마을에서 놀자

혜자(혜시)가 장자에게 말했습니다.

혜자 위나라 왕이 준 큰 박씨를 심었더니 다섯 섬들이 박이 열리더군요. 거기에 물을 채웠더니 너무 무거워서 들 수가 없지 뭡니까? 그래서 쪼개 바가지를 만들었습니다. 이번엔 바가지가 너무 커서 담을 만한 것이 없지 뭡니까? 크기만 하고 달리 쓸모가 없어 깨뜨려버렸습니다.

장자 그대는 큰 것을 쓸 줄 모르는군요. 송나라에 손 트지 않는 약을 잘 만드는 사람이 있었답니다. 그 사람의 집안은 그 약을 바르고 대대로 세탁 일을 했답니다. 어느 날 지나가던 나그네가 그 이야기를 들었습니다. 나그네는 금 백 냥을 줄 테니 약 만드는 비방을 팔라고 했습니다. 그 사람은 가족을 모아놓고 의논했습니다. "우리가 대대로 세탁 일을 해왔지만 기껏해야 몇 냥씩 버는 게 고작이었다. 그런데 지금 금 백 냥에 비방을 사겠다고 하니 팔자꾸나."
나그네는 그 약을 가지고 오나라 왕에게 가서 유세했습니다. 마침 월나라가 싸움을 걸어오자 오나라 왕은 나그네를 장수로 삼았습니다. 나그네는 겨울에 수전을 벌여 월나라를 대파했습니다. 이에 오나라 왕은 나그네에게 땅을 주고 영주로 삼았습니다. 손 트지 않는 약은 같은 것이었습니다. 그런데 누구는 영주가 되고, 누구는 세탁일을 면치 못했습니다. 어떻게 쓰느냐에 따라 달라지는 거 아니겠습니까? 그대는 다섯 섬들이 박으로 큰 술잔 같은 배를 만들어 강이나 호수에 띄워놓고 즐길 생각은 못했나봅니다. 너무 커서 담을 만한 것이 없다고 걱정만 하고 있는 겁니까? 그대는 아직도 이전 쓰임으로만 보니 쑥같이 작은 마음만 가지고 있는 것 아닙니까?

혜자 나에게 큰 나무가 한 그루 있습니다. 사람들은 그것을 가죽나무라고 부르더군요. 그런데 몸통이 울퉁불퉁해서 먹줄을 칠 수가 없습니다. 작은 가지는 굽어서 자를 댈 수도 없고요. 길가에 서 있지만 대목들이 쳐다보지도 않습니다. 지금 그대의 말은 크기만 할 뿐 쓸모가 없어 사람들이 거들떠보지도 않는 겁니다.

장자 그대는 너구리나 살쾡이를 본 적이 없습니까? 몸을 낮추고 엎드려 먹이를 노리다가 결국은 이리 뛰고 저리 뛰고, 높이 뛰고 낮게 뛰다 그물이나 덫에 걸려 죽고 맙니다. 들소를 봅시다. 크기가 하늘에 뜬 구름처럼 크지만 쥐 한 마리 못 잡습니다. 그 큰 나무가 쓸모없다고 걱정하지 마세요. 그것을 담 없는 마을(無何有之鄕) 너른 들판에 심으세요. 그 주변을 일없이 다니며 그 아래 누워 낮잠이나 자면서 노세요. 그 나무는 도끼에 찍힐 일도, 달리 해를 당할 일도 없을 겁니다. 쓸모없다고 괴로워할 일이 뭐가 있겠습니까?

惠子謂莊子曰 魏王貽我大瓠之種 我樹之成而實五石 以盛水漿 其堅不能自擧也

剖之以爲瓢 則瓠落無所容 非不呺然大也 吾爲其無用而掊之

莊子曰 夫子固拙於用大矣 宋人有善爲不龜手之藥者 世世以洴澼絖爲事 客聞之
請買其方百金 聚族而謀曰 我世世爲洴澼絖 不過數金 今一朝而鬻技百金 請與之
客得之 以說吳王 越有難 吳王使之將 冬與越人水戰 大敗越人 裂地而封之 能不
龜手 一也 或以封 或不免於洴澼絖 則所用之異也 今子有五石之瓠 何不慮以爲大
樽而浮乎江湖 而憂其瓠落無所容 則夫子猶有蓬之心也夫

惠子謂莊子曰 吾有大樹 人謂之樗 其大本擁腫而不中繩墨 其小枝卷曲而不中規矩
立之塗 匠者不顧 今子之言 大而無用 衆所同去也

莊子曰 子獨不見狸狌乎 卑身而伏 以候敖者 東西跳梁 不辟高下 中於機辟 死於
罔罟 今夫斄牛 其大若垂天之雲 此能爲大矣 而不能執鼠 今子有大樹 患其無用
何不樹之於無何有之鄉 廣莫之野 彷徨乎無爲其側 逍遙乎寢臥其下 不夭斤斧 物
無害者 無所可用 安所困苦哉

장자는 우리에게 이제 그만 쉬고 노닐자고 합니다. 노니는 마음(遊心)으로 살자고 합니다. 노니는 마음은 어떤 마음일까요? 노니는 마음은 경쟁심이나 명예욕에 갇히지 않습니다. 노닐면서 '남보다 더 잘 노닐어야지', '내가 잘 노닐고 있는 걸 누가 알아줬으면' 하지 않습니다. 그저 노니는 과정이 즐거울 뿐 그 결과에는 관심이 없습니다. 그래서 "순수한 지인은 나에 집착하지 않고, 마음이 살아 있는 신인은 결과에 초연하고, 훌륭한 성인은 이름에 연연하지 않는다(至人無己 神人無功 聖人無名)"고 한 것입니다.

노니는 마음으로 자족하며 사는 허유에게 임금의 자리는 단지 이름을 위한 것일 뿐입니다. 허유는 이름에 연연하지 않는 성인이며 사해 밖을 노니는 막고야산의 마음이 살아 있는 신인 같은 인물입니다. 마음이 살아 있는 신인은 결과나 쓸모에 연연하지 않습니다. 장자의 이야기가 쓸모없이 크기만 한 박이나 나무 같다고 충고하는 친구 혜시에게 장자는 큰 박으로 배를 만들어 노닐고, 큰 나무 그늘에서 함께 낮잠이나 즐기자고 말합니다. 장자야말로 쓸모에 갇히지 않고 노니는 마음으로 산 신인입니다.

이어지는 〈제물론〉은 남곽자기의 오상아吾喪我(나는 나를 잃었다)로 시작해 장자가 꿈에 나비가 되는 호접몽으로 마무리됩니다. 나라는 정체성에 집착하지 않는 '지인무기至人無己'의 주제가 관통하고 있습니다.

제물론
齊物論

나는 나를 잃었다

큰 앎은 한가롭지만 작은 앎은 따진다

내가 알 수 없는 것이 있다는 것에 머문다면 다한 것이다

옳고 그름을 논쟁으로 결정할 수 있는가

지조 없는 그림자

나는 나인가

제물론齊物論은 두 가지 뜻으로 풀이할 수 있습니다. 하나는 '제물齊物'을 하나로 보아 '모든 것(物)을 가지런하게 하는 것(齊)에 대한 논의(論)'로 보는 것이고, 다른 하나는 '물론物論'을 하나로 보아 '모든 것에 대한 말하기(物論)를 가지런하게 하는 것(齊)'으로 보는 것입니다. 전자는 가지런하게 하는 대상이 '모든 것'이고, 후자는 '모든 것에 대한 말하기'가 됩니다. 전자의 풀이는 만물제동萬物齊同, 만물평등이라는 주제로, 후자의 풀이는 '말하기의 본래 모습을 회복하는 것'이라는 주제로 요약할 수 있습니다. 〈제물론〉에서 다루는 주제가 앎과 판단에 관한 것인 점을 생각해보면 두 번째 풀이가 적절해 보입니다.

　장자는 말합니다. "길은 무엇에 가려 참이니 거짓이니 진위 판단을 하게 된 걸까요? 말은 무엇에 가려 옳다 그르다 시비 판단을 하게 된 걸까요? 길은 어디로 사라지고 없는 걸까요? 말은 어디에 있어 제구실을 못하는 걸까요? 길은 사소한 성공(小成)에 가려지고 말은 화려한 영광(榮華)에 가려졌습니다."

　내가 판단하고 그렇다고 알고 있는 것이 정말 그런 걸까요? 하찮게 보이던 아지랑이나 티끌도 하늘에서 내려다보니 살아 있는 생명들이 서로를 돌보는 숨결이었습니다. 내가 옳다고 하는 것이 정말 옳은 걸까요? 하늘은 정말 파란 걸까요? 이렇다 저렇다, 옳다 그르다 하는 판단에 갇히는 것이 문제입니다. 갇힌 앎(小知)에서 나와야 나만이 옳다는 아집에서 벗어나 있는 그대로 받아들이는 넉넉함을 회복할 수 있습니다. 큰 앎(大知)의 태도를 회복할 수 있습니다. 그런데 판단하는 주체가 바로 '나'입니다. 그래서 〈제물론〉은 판단 주체인 '나'를 잃는 것으로 이야기를 시작합니다.

나는 나를 잃었다

남곽자기가 안석에 기대어 앉아 하늘을 쳐다보며 긴 한숨을 내쉬었습니다. 멍하게 앉아 있는 모습이 몸과 마음을 다 잃은 사람 같았습니다. 안성자유가 앞에서 모시고 서 있다 물었습니다.

안성자유 무슨 일이십니까? 몸이 마른 나무 같아지고 마음이 죽은 재 같아질 수 있는 겁니까? 지금 안석에 기대어 계신 모습이 이전 모습이 아니십니다.

남곽자기 언![1] 훌륭하구나. 좋은 질문이다. 이제 나는 나를 잃었다(吾喪我). 너 이거 아느냐? 사람의 퉁소 소리는 들어봤을 테지. 그러나 땅의 퉁소 소리는 들어보지 못했을 것이다. 네가 땅의 퉁소 소리는 들었을지도 모르겠다. 그러나 하늘의 퉁소 소리는 들어보지 못했을 것이다.

안성자유 어떻게 들을 수 있습니까?

남곽자기 대지가 뿜어내는 숨결을 바람이라고 한다. 불지 않으면 그만이

---

1 안성자유의 이름. 제자를 친근하게 부르고 있다.

지만 일단 바람이 불면 모든 구멍에서 온갖 소리가 난다. 너도 윙윙하는 긴 바람 소리를 들어봤겠지? 웅장한 산 숲의 백 아름 드리 나무들의 구멍들은 코처럼 입처럼 귀처럼 목 긴 병처럼 술 잔처럼 절구처럼 큰 웅덩이처럼 작은 웅덩이처럼 제각각 다르게 생겼다. 거기서 나는 소리도 물 부딪치는 소리, 화살 날아가는 소리, 꾸짖는 소리, 들숨소리, 외침 소리, 울음소리, 웃음소리, 재잘대는 소리처럼 저마다 다르다. 앞에서 우우 소리를 내면 뒤에선 오옹 소리를 낸다. 산들바람에는 가볍게 화답하고 거센 바람에는 큰 소리로 화답한다. 그러다 바람이 멎으면 모든 구멍이 다시 비면서 고요해진다. 너도 저 나무들이 크게 흔들리다 작게 살랑대다 하는 것을 보았겠지?

안성자유   땅의 퉁소 소리는 여러 구멍에서 나는 소리고, 사람의 퉁소 소리는 대나무 피리 소리군요. 그런데 하늘의 퉁소 소리는 뭔지 모르겠습니다.

남곽자기   바람이 내는 소리는 제각기 다르다. 각자 자기의 소리를 내니 모두 자기 소리를 가지게 되지. 그런데 그런 소리를 나게 하는 것은 누구란 말인가?

南郭子綦隱机而坐 仰天而噓 荅焉似喪其耦 顏成子游立侍乎前 曰 何居乎 形固可使如槁木 而心固可使如死灰乎 今之隱机者 非昔之隱机者也
子綦曰 偃 不亦善乎 而問之也 今者吾喪我 汝知之乎 女聞人籟而未聞地籟 女聞地籟而未聞天籟夫
子游曰 敢問其方
子綦曰 夫大塊噫氣 其名爲風 是唯無作 作則萬竅怒呺 而獨不聞之翏翏乎 山林之

畏佳, 大木百圍之竅穴 似鼻 似口 似耳 似枅 似圈 似臼 似洼者 似汚者 激者 謞者
叱者 吸者 叫者 譹者 宎者 咬者 前者唱于而隨者唱喁 冷風則小和 飄風則大和 厲
風濟則衆竅爲虛 而獨不見之調調 之刁刁乎
子游曰 地籟則衆竅是已 人籟則比竹是已 敢問天籟
子綦曰 夫吹萬不同 而使其自己也 咸其自取 怒者其誰邪

하늘의 퉁소 소리, 천뢰가 뭔지 모르겠다고 안성자유가 말합니다. 도
대체 하늘의 퉁소 소리는 뭔가요? 남곽자기는 무슨 소리를 들은 걸
까요? 그가 자신을 잃고 나서 들었다는 하늘의 퉁소 소리, 그건 무슨
소리였을까요? 남곽자기의 대답은 결국 또 다른 질문으로 끝납니다.
'도대체 사람의 소리와 자연의 소리, 그런 소리를 나게 하는 것은 누
구란 말인가?'
말이나 소리는 원래 있는 것이 아닙니다. 대지의 숨결이 구멍을 만나
소리를 내게 되고, 사람의 숨결이 구멍을 만나 말이 되고 소리가 되는
것입니다. 그렇다, 그렇지 않다 하는 것이 원래 그렇고 그렇지 않은 것
이 아닙니다. 그렇다고 하니까 그런 것이고, 그렇지 않다고 하니까 그
렇지 않은 것입니다. 우리가 알고 있는 것, 우리가 옳다고 하는 것, 우리
의 판단, 이런 것들은 잠시 바람이 구멍을 만나 내는 소리일 뿐입니다.
남곽자기가 나를 잃었다고 하는 것은 내가 옳다고 생각하던 것들, 내
가 집착하던 것, 나의 편견과 아집과 자만심과 잘난 척, '나'라는 정체
성마저 고집하지 않고 비우게 되었다는 것입니다. 내 것을 지키겠다고
닫아놓았던 마음의 문이 열린 것입니다. 이기려고 따져 물었던 작은
앎의 울타리에 비로소 문이 열린 것입니다. 나를 비우니 마음이 열리
고, 그렇게 열린 마음의 구멍에 바람이 부니 한가롭고 담담한 큰 앎의

소리가 들려옵니다. 바로 하늘의 퉁소 소리, 천뢰가 들립니다. '아, 내가 알고 있는 것이 다가 아니었구나!' '내가 옳다고 하는 것이 옳은 게 아니었구나.' '우리가 알고 있는 것, 우리가 옳다고 하는 것, 우리의 판단, 이런 것들은 잠시 바람이 구멍을 만나 내는 소리일 뿐이구나.'

큰 앎은 한가롭지만 작은 앎은 따진다

큰 앎(大知)은 한가롭지만 작은 앎(小知)은 따집니다. 큰 말(大言)은 담담하지만 작은 말(小言)은 수다스럽습니다.

잠들면 꿈으로 뒤숭숭하고 깨어나면 몸이 열려 마주치는 일에 얽매이게 됩니다. 그러니 마음은 날마다 싸움만 하게 됩니다. 무섭고 음흉하고 옹졸해져 작은 걱정거리에 놀라고 큰 걱정거리에 정신을 못 차립니다. 옳고 그름을 따질 때는 당겨진 시위의 화살처럼 모질게 튕겨나갑니다. 이기겠다는 고집은 맹세한 듯 끈덕집니다. 마음은 초겨울 초목처럼 날로 시들어가는데 헤어날 길이 없습니다. 낡은 탐욕에 빠져 마음의 문이 닫혔습니다. 죽어가는 이 마음(近死之心), 살아날 길이 없습니다.

기쁨과 노여움, 슬픔과 즐거움, 미래에 대한 억측과 과거에 대한 후회, 변덕과 집착, 경솔함과 교만, 욕심과 사치, 이런 것들은 모두 텅 빈 곳에서 나오는 음악이요, 보이지 않는 습한 곳에서 나오는 균입니다. 낮밤으로 번갈아 나타나지만 어디서 오는지 알 수 없습니다. 어떻게 해야 할까요? 그만 물어봐야 하는 건가요? 아침저녁으로 마음이 변덕스럽습니다. 무슨 이유가 있는 것일까요? 이런 마음이 없다면 나도 없는 거겠지요. 내가 없다면 이런 마음도 없겠지요. 이것이 이유가 될 수도 있겠네요.

하지만 도대체 왜 이렇게 마음이 변하는 걸까요? 알 수 없습니다. 진짜 주인이 있는 것 같지만 흔적도 찾을 수 없습니다. 작용하는 것은 확실한데 모습을 드러내지 않습니다. 정황은 있지만 보이지 않습니다.

사람에게는 백 개의 뼈마디, 아홉 개의 구멍, 여섯 개의 장기가 있습니다. 나는 어떤 것과 친해야 하는 걸까요? 그대는 모든 것을 좋아합니까? 더 좋아하는 것이 있습니까? 더 좋아하는 것이 있다면 그렇지 않은 것은 머슴이나 종이 되는 것인가요? 머슴이나 종 들은 서로를 돌볼 수 없는 것인가요? 번갈아 임금과 신하가 될 수는 없는 것인가요? 아니면 그 가운데 진짜 임금이 있는 것인가요? 정황을 알든 모르든 그 참모습은 달라질 것이 없습니다.

한 번 몸을 받고 태어나면 죽을 때까지 아무것도 버리지 못합니다. 서로 죽이고 해치며 사는 우리 삶은 달리는 말처럼 멈출 줄 모릅니다. 이 또한 슬프지 않습니까? 평생 잘된 것은 아무것도 보지 못하고 일만 하다 고달픈 인생의 끝에서 돌아가 쉴 곳을 모릅니다. 어찌 애달프지 않겠습니까? 목숨은 부지했다 말하지만 그 이상 뭐가 더 있겠습니까? 몸이 가면 마음도 따라가는 것, 정말 슬프지 않습니까? 인생이란 진정 이렇게 어두운 것인가요? 나만 이런 건가요? 그렇지 않은 사람도 있나요?

닫힌 마음(成心)을 따르면서 그것을 스승이라고 한다면 누군들 스승이 없겠습니까? 어찌 갈마드는 자연을 알고 마음도 절로 갖는 사람만 스승이 있겠습니까? 어리석은 사람도 스승을 갖습니다. 마음이 닫히지 않으면 옳고 그름을 따지지 못합니다. 그런데도 따지면 오늘 월나라로 떠났는데 어제 월나라에 왔다는 식이 됩니다. '있을 수 없는 일을 가지고 있다고 하는 것'이죠. 있을 수 없는 일을 가지고 있다고 하면 우임금 같은 신령한 분도 알 수 없습니다. 그러니 우린들 어떻게 알 수 있겠습니까?

말은 바람 소리가 아닙니다. 말에는 뜻이 있습니다. 말을 했지만 뜻이 분명하지 않으면 뜻이 있는 건가요, 아직 뜻이 없는 건가요? 말은 새끼 새들의 소리와는 다르다고 합니다. 정말 다른 걸까요, 다르지 않은 걸까요?

길은 무엇에 가려 참이니 거짓이니 진위 판단을 하게 된 걸까요? 말은 무엇에 가려 옳다 그르다 시비 판단을 하게 된 걸까요? 길은 어디로 사라지고 없는 걸까요? 말은 어디에 있어 제구실을 못하는 걸까요? 길은 사소한 성공(小成)에 가려지고 말은 화려한 영광(榮華)에 가려졌습니다. 그래서 한편에서 그르다고 하는 것을 옳다고 하고, 다른 편에서 옳다고 하는 것을 그르다고 하면서 유가와 묵가가 서로 시비를 따집니다. 그러나 시비를 따지는 것은 '그냥 밝게 비추어주는 것(以明)'만 못합니다.

모든 존재는 저것 아닌 것이 없고 이것 아닌 것이 없습니다. 저것의 입장에서 보지 못하니 자신이 아는 것만 알 뿐입니다. 그래서 저것은 이것에서 나오고, 이것은 저것에서 생긴다고 했습니다. 저것과 이것이 서로를 생겨나게 합니다. 이를 나란히 생겨난다고 해서 방생方生이라고 합니다. 삶이 있어 죽음이 있고, 죽음이 있어 삶이 있습니다. 됨(可)이 있어 안 됨(不可)이 있고, 안 됨이 있어 됨이 있습니다. 옳다(是)가 있어 그르다(非)가 있고, 그르다가 있어 옳다가 있습니다. 그래서 훌륭한 성인은 이런 식이 아니라 자연에 비추어봅니다. 이것도 옳은 것을 따른 것이네요.

하지만 자연에 비추어보면 이것(是)도 저것(彼)이고, 저것도 이것입니다. 저것에도 옳다 그르다가 하나가 되고, 이것에도 옳다 그르다가 하나가 됩니다. 과연 저것과 이것의 구분이 있는 것입니까? 과연 저것과 이것의 구분이 없는 것입니까? 저것과 이것이 마주선 상대를 찾지 못하는 것, 이것을 '길의 지도리(道樞)'라고 합니다. 지도리는 문짝이 움직이는 가운데 텅 빈 곳에서 끝없이 응답합니다. 옳다는 것도 무한한 것 가운데 하나요, 그르다는 것도 무한한 것 가운데 하나일 뿐입니다. 그러니 그냥 밝게 비추어주는 것만 못하다고 한 것입니다.

손가락으로 손가락을 손가락이 아니라고 밝히는 것보다는 손가락이 아닌 것을 가지고 손가락을 손가락이 아니라고 밝히는 것이 낫습니다. 말(馬)을 가지고 말을 말이 아니라고 밝히는 것보다는 말이 아닌 것을 가지고 말을 말이 아니라고 밝히는 것이 낫습니다. 그러나 천지자연도 한 개의 손가락이요, 모든 것이 한 마리 말입니다. 된다고 하니까 되는 것이고, 안 된다고 하니까 안 되는 것입니다. 길은 다녀서 생기고, 뭐든 그렇게 불러서 그런 것입니다. 왜 그런 건가요? 그렇다고 하니까 그런 것입니다. 왜 그렇지 않은 건가요? 그렇지 않다고 하니까 그렇지 않은 것입니다. 사실 어떤 것도 그렇습니다. 사실 어떤 것도 그럴 수 있습니다. 그렇지 않다는 것은 없습니다. 그럴 수 없다는 것은 없습니다. 그래서 작은 풀줄기든 큰 기둥이든, 문둥이든 서시든 아무리 엉뚱하고 이상하더라도 길에서 보면 모두 하나로 통합니다.

나누면 이루게 됩니다. 이루면 허물어지게 됩니다. 그러나 어떤 것도 이루고 허물어지는 것은 없습니다. 다시 하나로 통합니다. 막히지 않은 사람이라야 하나로 통하는 것을 압니다. 그래서 옳다고 쓰지 않습니다. 자연이 쓰는 대로(庸) 맡깁니다. 자연이 쓰는 것이 진짜 쓸모입니다. 진짜 쓸모는 통합니다. 통하면 얻습니다. 가서 얻으면 된 것입니다. 이렇게 할 뿐입니다. 그러면서도 그런 줄 모릅니다. 이것이 길입니다.

그런데 한 가지에 집착해서 본래 같다는 것을 모릅니다. 이것을 '조삼朝三'이라고 합니다. 조삼이 뭘까요? 원숭이 기르는 사람이 있었습니다. 그가 원숭이들에게 도토리를 주면서 "아침에 세 개, 저녁에 네 개를 주겠다"고 했습니다. 원숭이들이 모두 화를 냈습니다. 그러자 "그러면 아침에 네 개, 저녁에 세 개를 주겠다"고 했습니다. 원숭이들이 모두 기뻐했습니다. 내용은 달라진 것이 없는데 원숭이들이 화를 내고 기뻐합니다. 이것도 나름 옳다는 판단에 따른 것입니다. 그래서 훌륭한 성인은 옳고 그름을 조화롭게 '자연의 고름(天鈞)'에 맡깁니다. 이것을 양쪽을 다 간다 해서 '양행兩行'이라고 합니다.

大知閑閑 小知閒閒 大言炎炎 小言詹詹
其寐也魂交 其覺也形開 與接爲搆 日以心鬪 縵者 窖者 密者 小恐惴惴 大恐縵縵
其發若機栝 其司是非之謂也 其留如詛盟 其守勝之謂也 其殺若秋冬 以言其日消
也 其溺之所爲之 不可使復之也 其厭也如緘 以言其老洫也 近死之心 莫使復陽也
喜怒哀樂 慮嘆變慹 姚佚啓態 樂出虛 蒸成菌 日夜相代乎前 而莫知其所萌 已乎
已乎 旦暮得此 其所由以生乎 非彼無我 非我無所取 是亦近矣 而不知其所爲使
若有眞宰 而特不得其眹 可行已信 而不見其形 有情而無形
百骸 九竅 六藏 賅而存焉 吾誰與爲親 汝皆說之乎 其有私焉 如是皆有爲臣妾乎
其臣妾不足以相治乎 其遞相爲君臣乎 其有眞君存焉 如求得其情與不得 無益損乎
其眞
一受其成形 不忘以待盡 與物相刃相靡 其行盡如馳 而莫之能止 不亦悲乎 終身役
役而不見其成功 苶然疲役而不知其所歸 可不哀邪 人謂之不死 奚益 其形化 其心
與之然 可不謂大哀乎 人之生也 固若是芒乎 其我獨芒 而人亦有不芒者乎
夫隨其成心而師之 誰獨且無師乎 奚必知代而心自取者有之 愚者與有焉 未成乎心
而有是非 是今日適越而昔至也 是以無有爲有 無有爲有 雖有神禹 且不能知 吾獨
且奈何哉
夫言非吹也 言者有言 其所言者特未定也 果有言邪 其未嘗有言邪 其以爲異於鷇
音 亦有辯乎 其無辯乎
道惡乎隱而有眞僞 言惡乎隱而有是非 道惡乎往而不存 言惡乎存而不可 道隱於小
成 言隱於榮華 故有儒墨之是非 以是其所非而非其所是 欲是其所非而非其所是

則莫若以明

物無非彼 物無非是 自彼則不見 自知則知之 故曰彼出於是 是亦因彼 彼是方生之
說也 雖然 方生方死 方死方生 方可方不可 方不可方可 因是因非 因非因是 是以
聖人不由 而照之於天 亦因是也

是亦彼也 彼亦是也 彼亦一是非 此亦一是非 果且有彼是乎哉 果且無彼是乎哉 彼
是莫得其偶 謂之道樞 樞始得其環中 以應無窮 是亦一無窮 非亦一無窮也 故曰莫
若以明

以指喩指之非指 不若以非指喩指之非指也 以馬喩馬之非馬 不若以非馬喩馬之非
馬也 天地一指也 萬物一馬也 可乎可 不可乎不可 道行之而成 物謂之而然 惡乎
然 然於然 惡乎不然 不然於不然 物固有所然 物固有所可 無物不然 無物不可 故
爲是舉莛與楹 厲與西施 恢恑憰怪 道通爲一

其分也 成也 其成也 毀也 凡物無成與毀 復通爲一 唯達者知通爲一 爲是不用而
寓諸庸 庸也者 用也 用也者 通也 通也者 得也 適得而幾矣 因是已 已而不知其然
謂之道

勞神明爲一而不知其同也 謂之朝三 何謂朝三 狙公賦芧曰 朝三而暮四 衆狙皆怒
曰 然則朝四而暮三 衆狙皆悅 名實未虧而喜怒爲用 亦因是也 是以聖人和之以是
非而休乎天鈞 是之謂兩行

내가 알 수 없는 것이 있다는 것에 머문다면 다한 것이다

옛사람들의 지혜에는 대단한 면이 있습니다. 얼마나 대단했을까요? 아직 무언가 있기 전을 생각한 사람이 있습니다. 대단합니다. 다한 것입니다. 더 이상 보탤 게 없습니다. 그다음은 무언가 있지만 아직 경계가 있기 전을 생각한 사람이 있습니다. 그다음은 경계는 있지만 아직 옳고 그름이 있기 전을 생각한 사람이 있습니다. 옳고 그름을 따지게 되면 '길'이 무너집니다. 길이 무너지면 욕망(愛)이 이루려 합니다(成).

그런데 과연 이룬다니(成), 무너진다니(虧) 하는 것이 있는 겁니까? 이룬다니, 무너진다니 하는 것이 없는 겁니까? 이룬다니, 무너진다니 하는 것이 있어 소문昭文이 거문고를 타는 것입니다. 이룬다니, 무너진다니 하는 것이 없으면 소문이 거문고를 타지 않습니다. 소문의 거문고 타는 솜씨, 사광의 북채 장단, 혜시의 오동나무 책상의 변론술, 이 세 명인의 재능은 타의 추종을 불허할 정도라 후세에 이름을 남겼습니다. 이들은 좋아하는 것이 남달랐습니다. 이들은 자기가 좋아하는 것으로 나름 밝히고자 했습니다. 그러나 밝힐 수 없는 것을 밝히려 했습니다. 그래서 혜시는 견백론 같은 애매한 변론으로 그치고 말았습니다. 또한 소문의 아들은 아버지의 솜씨에 그치고 끝내 이루지 못했습니다. 이런 것을 이루었다 한다면 나도 이룬 것이 있겠고, 이런 것을 이루었다 할 수 없다면 나든 누구든 이룬 것이 없을 것입니다. 그래서 훌륭한 성인은 그윽하고 희미한 빛을 추구하는 것입니다. 이전의 쓰임에 매이지 않고 자연이 쓰는 대로 맡기는 것입니다. 이것을 '밝히는 대로(以明)'라고 합니다.

이제 한번 말해보겠습니다. 혜시의 방식과 비슷한 게 아닌지 모르겠습니다. 어쨌든 비슷한 거라면 그와 다를 것도 없겠지요. 그래도 시험 삼아 한번 말해보겠습니다.[2] 시작이 있으면 시작하기 전이 있습니다. 시작하기 전의 전도 있습니다. 있다는 게 있습니다. 없다는 게 있습니다. 없다는 것이 있기 전이 있습니다. 없다는 것이 있기 전의 전도 있습니다. 갑자기 없다는 게 있다니, 없다는 게 있다는 것은 과연 무엇이 있고 무엇이 없다는 말입니까? 지금까지 내가 말을 했는데 내가 말한 것이 과연 말을 한 것입니까, 아닙니까? 난 아직도 모르겠습니다.

세상에 가을철 짐승의 털보다 더 큰 것이 없습니다. 그러니 태산도 작은 것이 됩니다. 갓 태어나 죽은 아이보다 오래 산 사람이 없습니다. 그러니 팽조도 요절한 사람이 됩니다. 천지자연이 나와 함께 살아가고 있습니다. 모든 것이 나와 하나가 되었습니다. 모든 것이 이미 하나가 되었다고 말했습니다. 달리 무엇을 더 말하겠습니까? 그러나 이미 하나라고 말을 했으니 말을 안 했다 할 수 있겠습니까? 하나라는 것과 내가 방금 한 말이 합해 둘이 됩니다. 둘이 또 이 말과 합해 셋이 됩니다. 이렇게 나아가면 아무리 역법에 뛰어난 사람이라도 계산할 수 없을 것입니다. 보통 사람들은 말할 것도 없습니다. 없는 데서 있는 것으로 나아가도 금방

---

2 혜시의 논변술을 비판하고 나서 그의 논변 방식으로 이야기하려니 장자도 자기변호가 필요했던 모양이다.

셋이 됩니다. 있는 데서 있는 것으로 나아갈 때야 말할 필요도 없을 것입니다. 따져 나아가지 마십시오. 그냥 그대로 맡길 뿐입니다.

사실 자연스러운 길에는 경계가 없습니다. 그리고 말에는 '고정된 의미(常)'가 없습니다. 그런데도 말 때문에 두렁이 생깁니다. 두렁에 대해 말해보겠습니다. 왼쪽과 오른쪽, 논의와 논증, 분석과 판단, 앞다툼과 맞겨룸. 이것을 '여덟 개 속성(八德)'이라고 합니다. 훌륭한 성인은 세상 밖의 일에 대해 아무 말도 하지 않고 그냥 있을 뿐입니다. 세상일에 대해서는 말은 하지만 의견을 갖지 않습니다. 역사에 기록된 선왕의 통치에 대해 의견을 말하지만 판단하지 않습니다. 분석하려 해도 분석할 수 없는 것이 있습니다. 판단하려 해도 판단할 수 없는 것이 있습니다. 그러면 어쩌란 말입니까? 훌륭한 성인은 그냥 간직합니다. 그런데 많은 사람이 판단을 하면서 서로 내보입니다. 그래서 판단할 때 미처 보지 못하는 것이 있다고 말하는 것입니다.

큰길은 말로 판단할 수 없습니다. 큰 판단은 말로 다하지 못합니다. 큰 사랑은 편애하지 않습니다. 큰 겸손은 겸손한 척하지 않습니다. 큰 용기는 남을 해치지 않습니다. 길이라고 드러내는 것으로는 길을 갈 수 없습니다. 말로 하는 표현은 부족합니다. 사랑이 법칙으로 굳어지면 사랑이 아닙니다. 겸손이 지나치면 믿을 수 없습니다. 남을 해치면 용기가 아닙니다. 이 다섯 가지는 원만한 것 같아도 모나기 쉬운 것들입니다. 내가 알 수 없는 것이 있다는 것에 머문다면 다한 것입니다.

말하지 않고 판단하고, 가지 않고 길을 간다는 것을 누가 알까요? 만약 알 수 있는 사람이 있다면 그를 '자연의 곳간(天府)'이라고 말하겠습니다. 아무리 부어도 가득 차지 않고 아무리 퍼내도 마르지 않습니다. 그러나 어디서 오는지 알 수 없습니다. 이것을 '숨은 빛(葆光)'이라고 합니다.

어느 날 요임금이 순임금에게 물었습니다.

요임금 내가 종, 회, 서오 세 나라를 정벌하고자 합니다. 그런데 왕으로서
　　　　 마음이 석연치 않습니다. 왜 그런 걸까요?

순임금 이 세 나라는 아직도 잡풀이 우거진 미개지에 살고 있습니다. 석
　　　　 연치 않아 하신다면 왜 그렇겠습니까? 옛날에 열 개의 태양이 한
　　　　 꺼번에 나와 온 세상을 비추었습니다. 그러나 임금께서 본래 모습
　　　　 으로 비추어주신다면 태양에 비기겠습니까?

설결이 왕예에게 물었습니다.

설결 선생님께서는 모두 다 옳다고 할 만한 것을 알고 계십니까?

왕예 내가 그것을 어찌 알겠느냐?

설결 그렇다면 선생님께서 모르신다는 것은 알고 계십니까?

왕예 내가 그것을 어찌 알겠느냐?

설결 그렇다면 무언가 알 수 없는 것입니까?

왕예 내가 그것을 어찌 알겠느냐? 그래도 한번 말이나 해보겠다. 내가
　　　　 안다고 하는 것이 모르는 것이 아님을 어찌 알겠느냐? 내가 모른
　　　　 다고 한 것이 아는 것이 아님을 어찌 알겠느냐? 내 너에게 한번 물
　　　　 어보겠다. 사람이 습한 데서 자면 허리가 아프고 반신이 마비될
　　　　 수도 있을 것이다. 미꾸라지도 그럴까? 사람이 나무 위에서 살면
　　　　 벌벌 떨며 두려워할 것이다. 원숭이도 그럴까? 셋 중에 누가 거처
　　　　 에 대해 제대로 알고 있는 것이냐? 사람은 가축을 잡아먹는다. 사
　　　　 슴은 풀을 먹는다. 지네는 뱀을 달게 먹는다. 솔개와 까마귀는 쥐

를 즐겨 먹는다. 이 넷 중에 누가 맛을 제대로 알고 있는 것이냐? 원숭이는 원숭이를 짝으로 여긴다. 사슴은 사슴끼리 사귄다. 미꾸라지는 물고기와 논다. 사람들은 모장과 여희가 아름답다고 생각한다. 그러나 물고기가 이들을 본다면 물속으로 숨어들 것이다. 새가 이들을 본다면 높이 날아가버릴 것이다. 사슴이 이들을 본다면 달아나버릴 것이다. 이 넷 중에 누가 아름다움에 대해 제대로 알고 있는 것이냐? 내가 보기엔 사랑과 정의의 실마리와 옳고 그름의 길이 복잡하게 얽혀 있구나. 내 어찌 알 수 있겠느냐?

설결 선생님께서는 이로움과 해로움을 모르십니다. 그렇다면 순수한 지인은 본래 이로움과 해로움을 모르는 것입니까?

왕예 순수한 지인은 마음이 살아 있다. 큰 못가 숲이 타올라도 뜨거운 줄 모른다. 황하나 한수가 얼어붙어도 추운 줄 모른다. 사나운 벼락이 산을 쪼개고 거센 폭풍이 바다를 뒤흔들어도 놀라지 않는다. 이런 사람은 구름을 타고 해와 달을 몰고 세상 밖에서 노닌다. 죽음과 삶도 그에게는 관심 밖이다. 그러니 하물며 이로움이니 해로움이니 하는 따위가 무슨 상관이겠느냐?[3]

古之人 其知有所至矣 惡乎至 有以爲未始有物者 至矣 盡矣 不可以加矣 其次以
爲有物矣 而未始有封也 其次以爲有封焉 而未始有是非也 是非之彰也 道之所以
虧也 道之所以虧 愛之所以成
果且有成與虧乎哉 果且無成與虧乎哉 有成與虧 故昭氏之鼓琴也 無成與虧 故昭

---

3 설결과 왕예에 관한 이야기는 〈응제왕〉 앞머리에서 계속된다.

氏之不鼓琴也 昭文之鼓琴也 師曠之枝策也 惠子之據梧也 三子之知幾乎 皆其盛
者也 故載之末年 唯其好之也 以異於彼 其好之也 欲以明之 彼非所明而明之 故
以堅白之昧終 而其子又以文之綸終 終身無成 若是而可謂成乎 雖我亦成也 若是
而不可謂成乎 物與我無成也 是故滑疑之耀 聖人之所圖也 爲是不用而寓諸庸 此
之謂以明

今且有言於此 不知其與是類乎 其與是不類乎 類與不類 相與爲類 則與彼無以異
矣 雖然 請嘗言之 有始也者 有未始有始也者 有未始有夫未始有始也者 有有也者
有無也者 有未始有無也者 有未始有夫未始有無也者 俄而有無矣 而未知有無之果
孰有孰無也 今我則已有謂矣 而未知吾所謂之其果有謂乎 其果無謂乎

天下莫大於秋毫之末, 而大山爲小 莫壽於殤子 而彭祖爲夭 天地與我竝生 而萬物
與我爲一 既已爲一矣 且得有言乎 既已謂之一矣 且得無言乎 一與言爲二 二與一
爲三 自此以往 巧曆不能得 而況其凡乎 故自無適有以至於三, 而況自有適有乎 無
適焉 因是已

夫道未始有封 言未始有常 爲是而有畛也 請言其畛 有左 有右 有倫 有義 有分 有
辯 有競 有爭 此之謂八德 六合之外 聖人存而不論 六合之內 聖人論而不議 春秋
經世先王之志 聖人議而不辯 故分也者 有不分也 辯也者 有不辯也 曰 何也 聖人
懷之 衆人辯之以相示也 故曰辯也者有不見也

夫大道不稱 大辯不言 大仁不仁 大廉不嗛 大勇不忮 道昭而不道 言辯而不及 仁
常而不成 廉清而不信 勇忮而不成 五者園而幾向方矣 故知止其所不知 至矣

孰知不言之辯 不道之道 若有能知 此之謂天府 注焉而不滿 酌焉而不竭 而不知其
所由來 此之謂葆光

故昔者堯問於舜曰 我欲伐宗 膾 胥敖 南面而不釋然 其故何也

舜曰 夫三子者 猶存乎蓬艾之間 若不釋然 何哉 昔者十日竝出 萬物皆照 而況德
之進乎日者乎

齧缺問乎王倪曰 子知物之所同是乎

曰 吾惡乎知之

子知子之所不知邪

曰 吾惡乎知之

然則物無知邪

曰 吾惡乎知之 雖然 嘗試言之 庸詎知吾所謂知之非不知邪 庸詎知吾所謂不知之
非知邪 且吾嘗試問乎女 民濕寢則腰疾偏死 鰌然乎哉 木處則惴慄恂懼 猨猴然乎
哉 三者孰知正處 民食芻豢 麋鹿食薦 蝍蛆甘帶 鴟鴉耆鼠 四者孰知正味 猨猵狙
以爲雌 麋與鹿交 鰌與魚游 毛嬙麗姬 人之所美也 魚見之深入 鳥見之高飛 麋鹿
見之決驟 四者孰知天下之正色哉 自我觀之 仁義之端 是非之塗 樊然殽亂 吾惡能
知其辯
齧缺曰 子不知利害 則至人固不知利害乎
王倪曰 至人神矣 大澤焚而不能熱 河漢沍而不能寒 疾雷破山(飄)風振海而不能驚
若然者 乘雲氣 騎日月 而遊乎四海之外 死生無變於己 而況利害之端乎

옳고 그름을 논쟁으로 결정할 수 있는가

놀란 까치 선생 구작자瞿鵲子가 키다리 오동나무 선생 장오자長梧子에게 물었습니다.

구작자 제가 선생님께 들었습니다. 훌륭한 성인은 애써 일을 처리하지 않는답니다. 이익이 된다고 애쓰지도 않고, 손해가 된다고 피하지도 않는답니다. 그리고 얻었다고 좋아하지도 않고, '길'을 억지로 따라가지도 않는답니다. 말없이 말하는 바가 있고, 말을 해도 말에 얽매이지 않는답니다. 훌륭한 성인은 또 세상 밖에서 노닌다고 합니다. 그런데 우리 선생님께선 맹랑한 이야기라고 생각하십니다. 하지만 저는 뭔가 묘한 길을 가고 있다는 생각이 듭니다. 그대는 어떻게 생각하십니까?

장오자 이런 이야기는 황제가 들어도 어리둥절할 말입니다. 그러니 공자 같은 사람이 어찌 알겠습니까? 게다가 그대는 너무 성급하게 속단하고 있습니다. 계란을 보고 새벽을 알리는 닭 울음소리를 들으려 하고, 화살을 보고 새 구이를 생각하는 격입니다. 내 그대에게 그냥 마음 가는 대로 말할 것이니 그대도 그냥 마음 가는 대로 들어주시기 바랍니다.

해와 달을 곁에 두고 우주를 옆에 끼고 모두가 하나입니다. 알 수 없는 것들도 그냥 그대로 있습니다. 종도 죄인도 없이 서로 존중합니다. 사람들은 부지런히 따지지만 훌륭한 성인은 어리숙합니다. 만년 세월 온갖 일 모든 것이 저절로 그런 것입니다. 그러면서 있는 그대로를 서로서로 감싸줍니다.

삶을 좋아하는 것이 무언가에 홀린 것은 아닐까요? 죽음을 싫어하는 것이 어려서 고향을 떠나와 돌아갈 줄 모르는 것은 아닐까요? 여희는 애艾라는 땅 변경지기의 딸이었습니다. 진晉나라로 잡혀올 때 눈물로 옷깃을 적시며 울었답니다. 그러다 왕의 처소에 들어 왕과 잠자리를 같이하고 맛있는 고기를 먹게 되자 울었던 일을 후회했답니다. 죽은 사람들도 삶에 집착했던 일을 후회하지는 않을까요?

꿈속에서 술을 마시며 즐기던 사람이 아침이 되면 슬피 울기도 합니다. 꿈속에서 슬피 울던 사람이 아침이 되면 사냥하러 나가기도 합니다. 꿈을 꿀 때는 그것이 꿈인 줄 모르고 꿈속에서 그 꿈을 해몽하기도 하지 않습니까? 깨고 나서야 그것이 꿈이었음을 알게 되지요. 마찬가지로 크게 깨달아야 우리네 삶이 큰 꿈이었음을 알게 됩니다. 그런데도 어리석은 사람은 자신이 깨어 있는 줄 압니다. 그래서 똑똑한 척, 아는 척하며 '임금이시여', '하인들아' 합니다. 정말 답답합니다. 공자나 그대도 모두 꿈을 꾸고 있는 것입니다. 내가 그대에게 꿈을 꾸고 있다고 말하는 것도 꿈입니다. 이런 말이 장난스럽다고 생각할 수도 있습니다. 하지만 만세 후에라도 훌륭한 성인을 만나 그 답을 알 수 있다면, 그것만으로도 아침저녁으로 만나는 것처럼 자주 있는 일이라고 할 수 있겠지요.

나와 그대가 논쟁을 한다고 해봅시다. 그대가 나를 이기고 내가 그대를 이기지 못했다면 그대가 정말 옳고 내가 정말 그른 것일까요? 내가 그대를 이기고 그대가 나를 이기지 못했다면 내가 정말 옳고 그대는 정말 그른 것일까요? 어느 한쪽이 옳으면 어느 한쪽은 그른 것입니까? 아니면 둘 다 옳거나 둘 다 그른 것입니까? 나와 그대가 알 수 없다면 다른 사람들은 더 알 수 없을 것입니다. 누구에게 판단을 맡기겠습니까? 그대같이 생각하는 사람에게 판단을 맡기면 그대와 같은 생각이니 어찌 바른 판단이라고 할 수 있겠습니까? 나와 같은 생각을 하는 사람에게 판단을 맡기면 나와 같은 생각이니 어찌 바른 판단이라고 할 수 있겠습니까? 나와도 그대와도 다르게 생각하는 사람에게 판단을 맡기면 나와도 그대와도 다르게 생각하니 어찌 바른 판단이라고 할 수 있겠습니까? 나나 그대와 같은 생각을 하는 사람에게 판단을 맡기면 나나 그대와 같은 생각인데 어찌 바른 판단이라고 할 수 있겠습니까? 이렇게 나나 그대나 그나 모두 알 수 없을 것입니다. 그런데도 다른 누군가를 기다려야 합니까?

①누군가의 판단을 기다리는 것이나 기다리지 않는 것이나 마찬가지입니다. '자연의 여림(天倪)'과 조화롭게 끝없이 달라지고, 되어가는 대로 천수를 다할 뿐입니다. ②'자연의 여림과 조화롭다'는 게 무슨 말이냐고요? 옳다니 옳지 않다느니, 그렇다니 그렇지 않다느니 말들 합니다. 그런데 옳다는 것이 정말 옳다면야, 옳다는 것이 옳지 않은 것과 다르다고 논쟁할 필요도 없을 것입니다. 그렇다는 것이 정말 그렇다면야, 그렇다는 것이 그렇지 않은 것과

다르다는 것도 따질 필요가 없을 것입니다.⁴ 세월도 잊고 나름의 생각도 잊어보십시오. '담 없는 세상(無竟)'에 자신을 던져보십시오. 그러면 담 없는 세상에서 살게 됩니다.

瞿鵲子問乎長梧子 曰 吾聞諸夫子 聖人不從事於務 不就利 不違害 不喜求 不緣
道 無謂有謂 有謂無謂 而遊乎塵垢之外 夫子以爲孟浪之言 而我以爲妙道之行也
吾子以爲奚若

長梧子曰 是黃帝之所聽熒也 而丘也何足以知之 且女亦大早計 見卵而求時夜 見
彈而求鴞炙 予嘗爲女妄言之 女以妄聽之

奚旁日月 挾宇宙 爲其脗合 置其滑涽 以隷相尊 衆人役役 聖人愚芚 參萬歲而一
成純 萬物盡然 而以是相蘊

予惡乎知說生之非惑邪 予惡乎知惡死之非弱喪而不知歸者邪 麗之姬 艾封人之子
也 晉國之始得之也 涕泣沾襟 及其至於王所 與王同筐牀 食芻豢 而後悔其泣也
予惡乎知夫死者不悔其始之蘄生乎

夢飮酒者 旦而哭泣 夢哭泣者 旦而田獵 方其夢也 不知其夢也 夢之中又占其夢焉
覺而後知其夢也 且有大覺而後知此其大夢也 而愚者自以爲覺 竊竊然知之 君乎
牧乎 固哉 丘也與女 皆夢也 予謂女夢 亦夢也 是其言也 其名爲弔詭 萬世之後而
一遇大聖 知其解者 是旦暮遇之也

旣使我與若辯矣 若勝我 我不若勝 若果是也 我果非也邪 我勝若 若不吾勝 我果
是也 而果非也邪 其或是也 其或非也邪 其俱是也 其俱非也邪 我與若不能相知也
則人固受其黮闇 吾誰使正之 使同乎若者正之 旣與若同矣 惡能正之 使同乎我者
正之 旣同乎我矣 惡能正之 使異乎我與若者正之 旣異乎我與若矣 惡能正之 使同
乎我與若者正之 旣同乎我與若矣 惡能正之 然則我與若與人俱不能相知也 而待彼

---

4 곽상본에는 ②, ①의 순서로 되어 있으나 이후 학자들의 견해에 따라 순서를 바꿔 번역했다. 논리적인 진행상 바꾸는 것이 자연스러울 수 있지만 그대로 두어도 큰 차이는 없다(안병주, 《역주 장자 1》 123쪽 참조).

也邪

①化聲之相待 若其不相待 和之以天倪 因之以曼衍 所以窮年也 ②何謂和之以天
倪 曰 是不是 然不然 是若果是也 則是之異乎不是也亦無辯 然若果然也 則然之
異乎不然也亦無辯 忘年忘義 振於無竟 故寓諸無竟

지조 없는 그림자

망량(그림자의 그림자)이 영(그림자)에게 물었습니다.

망량 아까는 가더니 지금은 멈춰 있네요. 아까는 앉아 있더니 지금은 서 있네요. 왜 그렇게 지조가 없으세요?

영 내가 의지하는 데가 있어서 그런가요? 내가 의지하는 것 또한 의지 하는 게 있어서 그런가요? 내가 뱀 껍질이나 매미 날개에 의지하나 요? 왜 그런지 어떻게 알겠어요? 그렇지 않은지는 또 어떻게 알겠 고요?

罔兩問景曰 曩子行 今子止 曩子坐 今子起 何其無特操與
景曰 吾有待而然者邪 吾所待又有待而然者邪 吾待蛇蚹蜩翼邪 惡識所以然 惡識
所以不然

나는 나인가

어느 날 장주(장자)는 꿈에 나비가 되었습니다. 나비가 되어 훨훨 날아다니며 유유자적 즐겼습니다. 그러다보니 자신이 장주임을 잊었습니다. 그러다 문득 깨어보니 장주 모습 그대로였습니다. 장주가 말했습니다. "내가 나비가 되는 꿈을 꾼 것인가? 아니면 나비가 내 꿈을 꾸는 것인가? 알 수 없구나. 장주와 나비는 분명 다르거늘. 이런 것을 두고 '무언가 되고 있다(物化)'고 말하는 것이구나."

昔者莊周夢爲胡蝶 栩栩然胡蝶也 自喩適志與 不知周也 俄然覺 則蘧蘧然周也 不知周之夢爲胡蝶與 胡蝶之夢爲周與 周與胡蝶 則必有分矣 此之謂物化

〈제물론〉은 나를 잃은 남곽자기 이야기로 시작해 꿈속에서 나비가 된 장자 이야기로 끝납니다. 《장자》에는 '데카르트 코기토' 이후 서양 근대 이성이 보여주는 자기 정체성이나 주체성에 대한 집착이 없습니다. 장자는 '난 나'라는 정체성을 고집하지 않습니다. 오히려 나를 버리고 다른 무언가로 되어가는(物化) 과정에 주목합니다. 나라는 정체성을 고집하기보다 나를 버릴 수 있을 때 다른 무언가로 다시 태어날 수 있습니다. 난 무언가 되고 있는 중입니다. 나를 버리면(吾喪我) 무언가 될 수 있고, 무언가 되고 있기에(物化) 나를 버릴 수 있는 것입니다.

〈소요유〉에서는 물고기 곤이 커다란 새 붕이 되었습니다. 그리고 이제 〈제물론〉에서 장자는 한 마리 작은 나비가 되는 꿈을 꿉니다. 모든 존재하는 것은 무언가 되고 있습니다. 장자는 우리를 대붕이 되어 하늘로 오르게 합니다. 하늘에 오르니 세상사의 모든 집착이 사라집니다. 성공과 명예, 쓸모에 갇혔던 마음에 문이 열립니다. 장자는 담 없는 마을에서 노닐자고 합니다. 〈제물론〉에서는 '나'라는 생각조차 잊어버립니다. 내가 옳다는 생각, 고집과 집착이 저절로 사라집니다. 내가 알고 있는 것이 다가 아니라는 열린 생각, 느긋하고 넉넉한 마음이 다시 살아납니다. 큰 날개를 펼치고 기세 좋게 하늘을 오르던 대붕이 이제는 유유자적 이 나무 저 나무 가지를 허허연(栩栩然) 날아다니는 작은 나비 한 마리가 됩니다. 대붕이 가려던 남쪽 바다는 자연(木) 속에서 작은 날갯짓(羽)으로 행복한 나비가 사는 곳이었던가요?

장자는 자신이 나비인지 장자 자신인지 알 수 없었습니다. "나는 생각한다. 고로 존재한다"는 데카르트식 코기토가 아니라 라캉식의 "나는 내가 생각하지 않는 곳에 존재하고, 내가 존재하지 않는 곳에서 생각하게 되는 것"입니다. '나'라는 정체성에 갇혀 있으면 다른 무엇이 될 수 없습니다. 내가 알고 있는 것만 옳다고 고집하면 다른 것을 받아들일 수 없습니다. 내가 아는 것이 다라고 생각하면 아는 만큼만 보일 뿐입니다. "몸만 눈멀고 귀먹겠습니까? 앎에도 귀머거리와 장님이 있지요."(《소요유》)

〈소요유〉 앞머리에서 물고기 곤은 대붕이 되어 하늘 높이 오르고, 〈제물론〉 앞머리에서 남곽자기는 자신을 잃고 하늘의 퉁소 소리를 들었다고 합니다. 하늘 높이 오른 대붕은 이제 다른 시각과 넓은 시선으로 세상을 내려다봅니다. 앎의 눈이 열린 것입니다. 남곽자기는 자신을 잃고 들리지 않던 소리를 들었다고 합니다. 앎의 귀가 뚫린 것입니다. 〈소요유〉에서는 앎의 장님이 눈을 뜨더니 〈제물론〉에서는 앎의 귀머거리가 소리를 듣게 됩니다. 큰 앎의 눈과 귀가 열린 것입니다. 큰 앎은 많은 지식의 축적이 아니라 앎에 대한 열린 태도, 겸손한 마음을 말합니다. 큰 앎을 깨달은 사람은 내가 알고 있는 것이 반드시 옳은 것이 아닐 수 있다는 열린 태도와 내가 다 알 수 있는 것이 아니라는 겸손한 마음을 가집니다.

하늘로 비상한 대붕이 작은 나비가 되는 소박한 꿈을 꿉니다.

양생주
養生主

앎보다 삶

삶을 돌보는 길을 알았다

형벌도 자연의 일로 받아들인다

노담의 죽음

어떻게 사는 것이 잘 사는 걸까요? 〈양생주〉는 '잘(養) 살아가는(生) 오래된 본성(主)'[1]이라는 의미입니다. 우리가 앎을 추구하는 것도 삶을 위한 것입니다. 그런데 작은 앎에 갇혀 지식만 추구하면 삶이 위태로워집니다. 포정이 무곡에 맞춰 춤추듯 해우하는 모습을 보며 문혜군은 어떻게 살아야 할지 깨달았다고 합니다. 앎은 포정이 해우하듯 노니는 마음으로 살아갈 때 자연스럽게 터득되는 것입니다. 문혜군이 깨달았다는 '잘 살아가는 길(養生)'입니다.

〈양생주〉 후반부에 형벌로 다리를 잃은 우사 이야기와 노자의 죽음 이야기가 나옵니다. 잘 사는 것에 대한 이야기를 하다가 왜 뜬금없이 형벌을 받은 사람과 죽음에 대한 이야기를 하는 걸까요?

---

1 '주主'는 자연스러운 본성을 말한다. "주主는 본성이다."(《여람呂覽》〈심분審分〉) "주主는 본성과 오래된 것을 말한다."(《예禮》〈예기禮器〉)《대한화사전大漢和辭典》1권 330쪽 참조.

앎보다 삶

우리 삶에는 끝이 있으나 앎에는 끝이 없습니다. 끝이 있는 것을 가지고 끝이 없는 것을 추구하는 것은 위험한 일입니다. 앎을 위해 사는 자, 위험에 빠지게 됩니다.

착한 일 해서 유명해지려고 하지 마세요. 나쁜 일 해서 벌을 받지도 마세요. 자연스러운 맥에 따라 살면 자기 몸을 지키며 온전한 생을 누릴 수 있고, 몸을 돌보며 천수를 누릴 수 있습니다.

吾生也有涯 而知也無涯 以有涯隨無涯 殆已 已而爲知者 殆而已矣
爲善無近名 爲惡無近刑 緣督以爲經 可以保身 可以全生 可以養親 可以盡年

삶을 돌보는 길을 알았다

포정이 문혜군을 위해 소를 잡았습니다. 손으로 뿔을 잡고, 어깨로 소를 받치고, 발로 밟고, 무릎으로 누르는데 그 소리가 음률에 맞고 무곡에 맞춰 춤추듯 박자가 맞으니 문혜군이 감탄하며 말했습니다. "아하! 훌륭하도다. 기술이 어찌 이럴 수 있는가?" 포정이 칼을 내려놓고 대답했습니다.

포정 제가 귀히 여기는 것은 길(道)입니다. 기술을 넘어선 것이지요. 제가 처음 소를 잡을 때는 소밖에 보이지 않았습니다. 삼 년이 지나니 소를 보지 않게 되었습니다. 지금은 마음(神)으로 대할 뿐 눈으로 보지 않습니다. 감각으로 아는 것을 멈추고 마음이 가는 대로 움직입니다. 자연의 결(天理)에 따라 큰 틈새에 칼을 밀어넣고 큰 구멍에서 칼을 움직이며 본래 그런 것에 따를 뿐입니다. 그래서 경락이나 힘줄이 뭉쳐 있는 긍경도 베어본 적이 없습니다. 큰 뼈야 더 말할 나위 있겠습니까?

솜씨 좋다는 백정은 해마다 칼을 바꾸는데 살을 가르기 때문입니다. 보통의 백정은 달마다 칼을 바꾸는데 뼈를 자르기 때문입니다. 저는 이 칼로 십구 년 동안 수천 마리의 소를 잡았습니다. 그런데도 칼날이 이제 막 숫돌에 간 것 같습니다. 뼈마디에는 틈이 있고, 이 칼날에는 두께가 없습니다. 두께가 없는 칼날이 틈이 있는 뼈마디에 들어가니 칼날이 마음껏 놀 수 있는 공간이 넓게 펼쳐집니다. 그래서 십구 년이나 된 칼날인데도 이제 막 숫돌에 간 것 같습니다.

하지만 '뼈와 근육이 엉겨 있는 곳(族)'에 이르면 저도 다루기가 어려워 두렵습니다. 조심하면서 시선을 집중하고 손놀림을 더디게 합니다. 그렇게 칼을 아주 조금씩 움직이면 흙덩이가 땅에 떨어지듯 훅 하고 뼈와 살이 분리됩니다. 그러면 칼을 들고 일어나 사방을 돌아보며 머뭇거리다 제정신이 돌아오면 칼을 잘 닦고 갈무리를 합니다.

문혜군 훌륭하다. 내 포정의 말을 듣고 잘 살아가는 길(養生)을 알았다.

庖丁爲文惠君解牛 手之所觸 肩之所倚 足之所履 膝之所踦 砉然嚮然 奏刀騞然
莫不中音 合於桑林之舞 乃中經首之會 文惠君曰 譆 善哉 技蓋至此乎 庖丁釋刀
對曰 臣之所好者道也 進乎技矣 始臣之解牛之時 所見無非牛者 三年之後 未嘗見
全牛也 方今之時 臣以神遇而不以目視 官知止而神欲行 依乎天理 批大郤 導大窾
因其固然 技經肯綮之未嘗 而況大軱乎

良庖歲更刀 割也 族庖月更刀 折也 今臣之刀十九年矣 所解數千牛矣 而刀刃若新
發於硎 彼節者有閒 而刀刃者無厚 以無厚入有閒 恢恢乎其於遊刃必有餘地矣 是
以十九年而刀刃若新發於硎

雖然 每至於族 吾見其難爲 怵然爲戒 視爲止 行爲遲 動刀甚微 謋然已解 如土委
地 提刀而立 爲之四顧 爲之躊躇滿志 善刀而藏之

文惠君曰 善哉 吾聞庖丁之言 得養生焉

형벌도 자연의 일로 받아들인다

공문헌이 우사를 만나고는 놀라 물었습니다.

공문헌 이 사람이 누구인가? 어이하여 외발이 되었소? 자연이 한 일이오,
사람이 한 일이오?

우사 자연이 한 일이지 사람이 한 일이 아닙니다. 자연이 나를 낳을 때
외발이 되게 했습니다. 자연이 나를 사람의 모습으로 태어나게 했
으니 자연이 한 일이지 사람이 한 일이 아닙니다.
못가의 꿩은 열 걸음에 한 입 쪼아 먹고 백 걸음에 물 한 모금 먹
어도 새장 속에 갇혀 얻어먹기를 바라지 않습니다. 왕 같은 대접
일지라도 마음이 편하지 않기 때문입니다.

公文軒見右師而驚曰 是何人也 惡乎介也 天與 其人與
曰 天也 非人也 天之生是使獨也 人之貌有與也 以是知其天也 非人也 澤雉十步
一啄 百步一飲 不蘄畜乎樊中 神雖王 不善也

노담의 죽음

노담(노자)이 죽자 진일이 문상하러 갔습니다. 그가 들어가 세 번 곡하고 나오니 제자가 물었습니다.

제자 선생님은 망자의 친구분이 아니십니까?

진일 그렇지.

제자 그런데 문상을 이런 식으로 하셔도 되는 겁니까?

진일 되지. 나도 처음엔 저들이 노담의 사람들이라고 생각했네만 지금 보니 그렇지 않은 것 같네. 내 들어가 문상할 때 보니 늙은이들은 자기 자식을 잃은 것처럼 곡을 하고, 젊은이들은 자기 어미를 잃은 것처럼 울고 있더군. 저들이 여기 모여서 말하고 우는 것을 노담은 바라지 않았을 텐데 말이야. 이렇게 하는 것은 자연을 피하고 본래 모습(情)을 어기는 것이네. 받은 바를 잊은 것이지. 옛날엔 이런 것을 '자연을 피하는 벌(遁天之刑)'이라고 했네. 이 세상에 태어난 것도 때를 만났기 때문이요, 세상을 떠나는 것도 때에 따르는 것이네. 때를 편안히 받아들이고 그대로 따른다면 슬픔이나 기쁨이 끼어들 수 없을 거야. 옛날엔 이것을 '거꾸로 매달렸다 풀려나는 것(帝之懸解)'이라고 했네.

뗄나무가 다 타버려도 불은 전해져 꺼질 줄 모른다는 말이지.

老聃死 秦失弔之 三號而出 弟子曰 非夫子之友邪

曰 然

然則弔焉若此 可乎

曰然 始也吾以爲其人也 而今非也 向吾入而弔焉 有老者哭之 如哭其子 少者哭之
如哭其母 彼其所以會之 必有不蘄言而言 不蘄哭而哭者 是遁(遯)天倍情 忘其所
受 古者謂之遁天之刑 適來 夫子時也 適去 夫子順也 安時而處順 哀樂不能入也
古者謂是帝之懸解

指窮於爲薪 火傳也 不知其盡也

장자는 착한 일 해서 유명해지려고 하지 말고 나쁜 일 해서 벌 받지도 말라고 합니다. 그저 자연스러운 맥에 따라 살면 천수를 누릴 수 있다고 합니다. 그런데 왜 형벌을 받아 외발이 된 우사 이야기를 하는 걸까요? 전쟁터에서 날아오는 화살을 피하기 어렵듯 형벌을 면하기 어려운 세상에서 외발이 된 우사는 벌 받은 일을 자연이 한 일이라고 합니다. 사람으로 태어나 살게 된 것이 벌을 받게 된 이유라면 이유라는 것입니다. 게다가 외발이 된 것이 오히려 잘된 일일 수 있다고 말합니다. 새장에 갇혀 얻어먹을 일이 없어졌으니 못가의 꿩처럼 본래 모습대로 살아갈 수 있다고 말입니다. 이런 생각을 저항 의식이 없는 나약한 태도라고 비판할 수도 있습니다. 그러나 우사는 자기 탓도 남 탓도 하지 않습니다. 장자는 탓하고 비난하고 원망하는 것으로 문제가 해결된다고 생각하지 않았습니다.

모든 생명체는 태어나면 죽게 마련이고, 죽음도 삶과 마찬가지로 자연스러운 삶의 과정입니다. 그래서 삶을 좋다 했으면 죽음도 좋은 것입니다. 삶과 죽음은 운명입니다. 잘 살아가는 오래된 본성은 운명을 편하게 받아들입니다. 죽음을 지나치게 슬퍼하는 것은 '자연을 피하는 벌'이 됩니다. 우사처럼 외발이 된 전과자들이 본래 모습대로 살아가는 사람들로 소개되는 〈덕충부〉에 이어 〈대종사〉에서는 본격적으로 삶과 죽음에 대한 이야기를 다룹니다. 이후 외·잡편에서도 아내의 죽음에 노래하는 장자 이야기, 꿈속에서 해골과 대화를 나누는 장자 이야기(이상 〈지락〉), 장자 자신의 죽음에 대한 이야기(〈열어구〉) 등이 펼쳐집니다.

인간세
人間世

우사가 살아가면서 형벌을 피하기 어려웠듯〈〈양생주〉〉 인간의 세상살이〈人間世〉가 만만하지 않습니다. 장자는 탐욕과 폭력의 시대에 살았습니다. 장자의 표현을 빌리면 '길 잃은 세상'이었습니다. 길 잃은 세상에서 어떻게 살아야 할까요? 장자는 이런 세상을 살아가는 지혜로 몇 가지 일화를 소개합니다. 전쟁광 위왕을 설득하겠다고 길을 떠나려는 제자 안회에게 공자는 '마음을 굶어라', '나'라는 것도 잊고 마음을 비우라고 당부합니다. 왕명을 받고 사신으로 가게 된 상황을 모면하고 싶어하는 섭공자고에게는 운명을 편하게 받아들이고 상황에 최선을 다하라고 충고합니다. 그러다보면 자신을 잊게 되고, 사느냐 죽느냐 하는 생각조차 할 겨를이 없게 된다고 말합니다. 공자는 그렇게 노니는 마음을 기르라고 충고합니다. 위영공의 태자의 스승으로 가게 된 안합은 성정이 사나운 태자가 걱정입니다. 거백옥은 능력을 과신하지 말고 조심하라고 충고하면서 당랑거철, 호랑이 사육사, 말을 사랑한 사육사 이야기를 들려줍니다. 계속해서 쓸모없어 오래 산 나무들 이야기, 아주 못생기고 쓸모없어 오히려 잘 사는 지리소 이야기에 이어 강자들의 쓸모로 죽어가는 사람들을 애처로워하는 광인 접여의 노래가 구슬프게 흐릅니다.

마음을 굶다

안회가 길을 떠나겠다며 중니(공자)에게 하직 인사를 했습니다.

중니 어디로 가려 하느냐?

안회 위衛나라로 가려 합니다.

중니 무엇하러 가려는 것이냐?

안회 제가 듣기로 위나라 임금이 젊은 혈기에 제멋대로 국력을 소진시키면서도 자신의 잘못을 모른다고 합니다. 사람들을 사지에 몰아넣어 죽은 사람의 시체가 못에 넘칠 정도이고, 마치 타버린 풀과 같다고 합니다. 이런 지경에 사람들은 갈 곳을 모르고 헤매고 있다고 합니다. 전에 선생님께서 이렇게 말씀하신 적이 있습니다. "잘 사는 나라를 떠나 힘들게 사는 나라로 가라. 의원의 집에는 병든 사람이 많은 법이다." 선생님의 말씀대로 실천해보고자 합니다. 그렇게 하면 위나라가 어느 정도 치유될 수 있을 것입니다.

중니 아! 아서라. 네가 거길 가면 벌을 받게 될 것이다. 길을 뒤섞지 마라. 뒤섞으면 많아지고, 많아지면 흐려지고, 흐려지면 불안해지고, 불안해지면 남을 구할 수 없다. 옛날 순수한 지인은 우선 자신의 마음을 갖추고 나서 남들에게 베풀었다. 자기 마음도 온전히 갖추지 못하고서야 어떻게 포악한 자의 소행을 바로잡을 수 있겠느냐? 본래 모습이 왜 흔들리는지, 앎은 어디에서 나오는지 아느냐? 본래 모습은 이름 때문에 무너지고, 앎은 싸움에서 생긴다. 이름은 서로 비방함이다. 앎은 전쟁의 도구다. 이름과 앎, 이 둘은 흉한 무기다. 온전한 삶을 위해 쓸 것이 못 된다.

본래 모습이 두텁고 믿음이 단단하더라도 남의 기질을 다 알 수 없고, 이름을 위해 겨루지 않더라도 남의 마음을 다 알 수 없는 법이다. 그런데 포악한 사람 앞에서 사랑이니 정의니 하며 자로 잰 듯한 말을 함부로 늘어놓으면 남의 악을 들추어 나 잘났다고 뽐내려는 것이 된다. 이런 사람을 '남을 해치는 사람(菑人)'이라고 한다. 남을 해치면 자신도 당하게 되는 법이다. 남들이 너를 해칠까 걱정이구나. 게다가 그가 성인을 좋아하고 못난 사람을 싫어했다면 뭐가 아쉬워 너를 등용해 달리 일을 도모하겠느냐? 네가 아무 말도 하지 않으면 왕은 자신의 권력으로 너를 업신여기고 압도해버릴 것이다. 그러면 눈은 어리둥절해지고, 얼굴빛은 억지로 꾸미게 되고, 입은 핑계를 늘어놓고, 태도도 억지로 꾸미게 될 터이니 마음도 닫힐 것이다. 이는 불로 불을 끄고 물로 물을 막으려는 것이니, "많은데 더 보탠다(益多)"고 하는 것이 이럴 때 하는 말이다. 순종하기 시작하면 끝도 없는 법이다. 그렇다고 너를 믿지도 않는 사람에게 진실한 말을 했다가는 포악한 자의 손에 죽게 될 것이다.

옛날 걸왕은 관용봉關龍逢[1]을 죽이고, 주왕은 왕자 비간比干[2]을 죽였

---

1 하나라 걸왕의 현신으로 걸왕의 비행을 간언하다 참살되었다.

다. 이렇게 죽은 이들은 인격적으로 성인이었다. 하지만 신하의 신분으로 백성의 편에서 그들을 어루만지다 임금을 거역하게 되었다. 그들은 훌륭한 인격 때문에 임금에게 죽음을 당했다. 이들은 이름을 좋아한 사람들이다. 요임금은 총, 지, 서오를 공격하고, 우임금은 유호를 공격했다. 이 나라들은 폐허가 되었고 군주들은 처형당했다. 끝없이 군대를 동원하고 계속 실리를 탐했기 때문이다. 이 모두가 이름과 실리를 구하다 그리된 것이다. 너도 이런 이야기를 들어봤을 것이다. 이름과 실리를 추구하는 것은 성인이라도 어쩔 수 없는 것이라고 말이다. 그런데 네가 어떻게 하겠다는 것이냐? 그래, 너도 나름 생각이 있을 터이니 어디 한번 들어나보자.

안회 진실하게 마음을 비우고 하나에 전념하도록 노력하겠습니다. 그리하면 되겠습니까?

중니 안 된다. 그렇게 해서 어찌 되겠느냐. 위나라 임금은 원래 기운이 넘쳐 그것을 밖으로 들어낸다. 마음이나 얼굴색이 변덕스럽고, 사람들이 복종해야 좋아하고, 다른 사람의 감정 따위는 무시하고 자기 마음대로 하려 한다. 일상의 덕도 이루지 못할 사람인데 큰 덕을 말해봤자 무슨 소용이 있겠느냐? 그는 아집이 강해 바꿀 수 없다. 겉으론 듣는 척해도 속으론 헤아리지 않을 것이다. 어찌 그렇게 해서 되겠느냐?

안회 그렇다면 안으로 솔직(內直)하고, 밖으로 공손(外曲)하고, 의견을 말할 때는 옛사람의 가르침을 인용하겠습니다(成而上比). 안으로 솔직하다는 것은 '자연과 함께하는 것(與天爲徒)'입니다. 자연과 함께하

---

2 은나라의 왕자로 폭군 주왕에게 간하다 죽음을 당했다.

면 천자나 저나 모두 자연의 자식임을 알게 됩니다. 그러니 남들이 제 말만 좋아하길 바라겠습니까? 그렇다고 안 좋아하길 바라겠습니까? 사람들은 이런 사람을 어린아이 같다고 합니다. 이것이 바로 자연과 함께하는 것입니다. 그리고 밖으로 공손하다는 것은 '남들과 함께하는 것(與人爲徒)'입니다. 손을 높이 들어 무릎을 꿇고 허리를 굽혀 절하는 것은 신하된 자의 예법입니다. 사람들이 모두 그렇게 하는데 저라고 따르지 않겠습니까. 남들이 하는 대로 따라 하면 남들이 헐뜯지 않을 것입니다. 이것이 바로 남들과 함께하는 것입니다. 마지막으로 의견을 말할 때 옛사람의 가르침을 인용한다는 것은 '옛사람과 함께하는 것(與古爲徒)'입니다. 말에 가르침이 있고 견책하는 내용이 있더라도 옛사람의 말이지 제가 하는 말이 아닙니다. 이렇게 한다면 솔직하더라도 큰 탈은 없을 것입니다. 이것이 바로 옛사람과 함께하는 것입니다. 이렇게 하면 되겠습니까?

중니　안 된다. 어찌 되겠느냐? 바로잡는 법이 지나치게 많고 틈이 없구나. 고루하다만 벌은 면하겠구나. 그러나 그것으로 그만이다. 어찌 변화를 이끌 수 있겠느냐? 여전히 닫힌 마음(成心)을 스승으로 삼고 있구나.

안회　저로서는 더 이상 모르겠습니다. 부디 방법을 가르쳐주십시오.

중니　굶어라. 내 너에게 말해주마. 그렇게 마음먹고 하겠다면 쉬울 수도 있다. 그러나 그렇게 쉽게 생각한다면 넓고 밝은 자연이 마땅치 않아 할 것이다.

안회　저는 가난하여 몇 달 동안 술도 양념한 음식도 먹지 못했습니다. 그렇다면 제가 '굶었다'고 할 수 있지 않겠습니까?

중니　그렇게 굶는 것은 제사 때 하는 것이다. '마음을 굶는 것(心齋)'이 아니다.

안회 '마음을 굶는 것'이 무엇인지 가르쳐주십시오.

중니 뜻을 하나로 모아라. 귀로 듣지 말고 마음으로 들어라. 마음으로 듣지 말고 흐름(氣)으로 들어라. 귀는 듣는 감각에 그치고 마음은 지각에 그친다. 하지만 흐름이라는 것은 텅 비어 있어 무엇이든 기다리는 것이다. 비워야 길이 나니 비우는 것이 '마음을 굶는 것'이다.

안회 제가 그리하기 전엔 저 자신 안회이지만 그리하고 나면 더 이상 저 자신 안회가 존재하지 않는다, 이러면 '비웠다' 할 수 있습니까?

중니 바로 그것이다. 내 말해주마. 네가 위나라 울타리 안으로 들어가 놀더라도 이름 따위에 흔들리지 마라. 네 말을 받아주거든 말을 하고 받아주지 않거든 멈추어라. 문을 닫지도 성을 쌓지도 말고 한마음으로 머물러라. '그냥 그대로의 흐름(不得已)'에 맡겨라. 이것이 최선이다.

자취를 끊고 은거하기는 쉽다. 하지만 다니면서 땅을 밟지 않기는 어려운 법이다. 인간사에 매이면 거짓을 저지르기 쉽다. 하지만 자연을 따르면 거짓을 저지르기 어렵다. 날개가 있어 난다는 말은 들었어도 날개 없이 난다는 말은 들어보지 못했을 것이다. 앎이 있어 안다는 말은 들었어도 앎이 없이 안다는 말은 못 들었을 것이다. 저 빈 곳을 보아라. 텅 빈 방에 비치는 순백의 햇살. 좋은 조짐(吉祥)은 고요 속에 머무르는 것이다. 고요하지 않으면 머물지 않는다. 이것을 '앉아서 달린다(坐馳)'고 한다. 듣고 보는 대로 받아들이고 닫힌 마음(成心)과 작은 앎(小知)에서 벗어나라. 그러면 귀신도 머물 것인데 사람이야 말할 나위 없다. 이것이 모든 것을 되게 할 것이다. 우임금과 순임금도 지키려 했고, 복희와 궤거도 평생 따르려 했다. 그만 못한 보통 사람들이야 말할 필요가 있겠느냐?

顔回見仲尼 請行

曰 奚之

曰 將之衛

曰 奚爲焉

曰 回聞衛君 其年壯 其行獨 輕用其國 而不見其過 輕用民死 死者以國量乎澤若
蕉 民其無如矣 回嘗聞之夫子曰 治國去之 亂國就之 醫門多疾 願以所聞思其(所
行) 則庶幾其國有瘳乎

仲尼曰 譆 若殆往而刑耳 夫道不欲雜 雜則多 多則擾 擾則憂 憂而不救 古之至人
先存諸己而後存諸人 所存於己者未定 何暇至於暴人之所行 且若亦知夫德之所蕩
而知之所爲出乎哉 德蕩乎名 知出乎爭 名也者 相札(軋)也 知也者 爭之器也 二
者凶器 非所以盡行也

且德厚信矼 未達人氣 名聞不爭 未達人心 而强以仁義繩墨之言 術暴人之前者 是
以人惡有其美也 命之曰菑人. 菑人者 人必反菑之 若殆爲人菑夫 且苟爲悅賢而惡
不肖 惡用而求有以異 若唯無詔 王公必將乘人而鬪其捷 而目將熒之 而色將平之
口將營之 容將形之 心且成之 是以火救火 以水救水 名之曰益多 順始無窮 若殆
以不信厚言 必死於暴人之前矣

且昔者桀殺關龍逢 紂殺王子比干 是皆修其身以下傴拊人之民 以下拂其上者也 故
其君因其修以擠之 是好名者也 昔者堯攻叢枝 胥敖 禹攻有扈 國爲虛厲 身爲刑戮
其用兵不止 其求實無已 是皆求名實者也 而獨不聞之乎 名實者 聖人之所不能勝
也 而況若乎 雖然若必有以也 嘗以語我來

顔回曰 端而虛 勉而一 則可乎

曰 惡 惡可 夫以陽爲充孔揚 采色不定 常人之所不違 因案人之所感 以求容與其
心 名之曰日漸之德不成 而況大德乎 將執而不化 外合而內不訾 其庸詎可乎

然則我內直而外曲 成而上比 內直者 與天爲徒 與天爲徒者 知天子之與己皆天之
所子 而獨以己言蘄乎而人善之 蘄乎而人不善之邪 若然者 人謂之童子 是之謂與
天爲徒 外曲者 與人爲徒也 擎跽曲拳 人臣之禮也 人皆爲之 吾敢不爲邪 爲人之

所爲者 人亦無疵焉 是之謂與人爲徒 成而上比者 與古爲徒 其言雖敎 謫之實也

古之有也 非吾有也 若然者 雖直而不病 是之謂與古爲徒 若是則可乎

仲尼曰 惡 惡可 大多政法而不諜 雖固亦無罪 雖然 止是耳矣 夫胡可以及化 猶師

心者也

顔回曰 吾無以進矣 敢問其方

仲尼曰 齋 吾將語若 有(心)而爲之 其易邪 易之者 皞天不宜

顔回曰 回之家貧 唯不飮酒不茹葷者數月矣 如此 則可以爲齋乎

曰 是祭祀之齋 非心齋也

回曰 敢問心齋

仲尼曰 若一志 無聽之以耳而聽之以心 無聽之以心而聽之以氣 聽止於耳 心止於

符 氣也者 虛而待物者也 唯道集虛 虛者 心齋也

顔回曰 回之未始得使 實自回也 得使之也 未始有回也 可謂虛乎

夫子曰 盡矣 吾語若 若能入遊其樊而無感其名 入則鳴 不入則止 無門無毒 一宅

而寓於不得已 則幾矣

絕迹易 無行地難 爲人使易以僞 爲天使難以僞 聞以有翼飛者矣 未聞以無翼飛者

也 聞以有知知者矣 未聞以無知知者也 瞻彼闋者 虛室生白 吉祥止止 夫且不止

是之謂坐馳 夫徇耳目內通而外於心知 鬼神將來舍 而況人乎 是萬物之化也 禹舜

之所紐也 伏戲几蘧之所行終 而況散焉者乎

노니는 마음으로

섭공자고[3]가 사신으로 제나라에 가게 되자 중니에게 물었습니다.

섭공자고 상이 제게 내린 임무가 막중합니다. 제나라에서는 사신을 정중히 대접하긴 하겠지만 일을 서둘러 처리해주지는 않을 것입니다. 보통 사람에게도 재촉하기 힘든데 제후에게 어찌 재촉하겠습니까? 심히 두렵습니다. 선생께서 저에게 이런 말씀을 하신 적이 있습니다. "매사에 작든 크든 길(道)이 아닌데 그 길에서 기쁘게 성공하는 일은 드뭅니다. 성공하지 못하면 인간사의 처벌을 받을 것이고, 성공해도 음양의 괴로움을 당할 것입니다. 성공하든 성공하지 못하든 괴로움에 시달리지 않을 사람은 본래 모습을 간직한 사람뿐입니다."
저는 자극적이지 않은 간단한 요리를 먹었습니다. 부엌에서 불을 사용하지 않아 덥다는 사람도 없었습니다. 그런데도 아침에 왕명을 받고 하루 종일 얼음물을 마셔대니 아무래도 몸에 열이

---

3 초나라 장왕莊王의 현손으로 이름은 저량諸梁이다.

있는 듯합니다. 아직 일이 닥치지도 않았는데 벌써 음양의 괴로움을 겪고 있습니다. 게다가 성공하지 못하면 인간사의 처벌을 받을 것입니다. 두 재앙이 한꺼번에 닥쳤습니다. 남의 신하 된 자로 감당하기 어려우니 선생께서 가르침을 주십시오.

중니 세상에는 반드시 지킬 것(大戒)이 두 가지 있습니다. 하나는 운명(命)이고, 다른 하나는 의리(義)입니다. 자식이 부모를 사랑하는 것은 운명이라 마음에서 지울 수 없는 것입니다. 신하가 임금을 섬기는 것은 의리이니 어디를 가도 임금 없는 곳이 없습니다. 세상을 살아가면서 도망갈 곳이 없습니다. 그래서 이것을 '반드시 지킬 것'이라고 합니다. 자식은 부모를 섬기는 데 어디서든 편안히 모시는 것이 효를 다하는 것입니다. 신하는 임금을 모시는 데 무슨 일이든 편안히 섬기는 것이 충을 다하는 것입니다. 자신의 마음을 섬기는 자는 목전의 일을 두고 슬픔과 기쁨이 교차하지 않습니다. 피할 수 없음을 알고 운명을 편안히 받아들이는 것이 순수한 본래 모습입니다. 신하인 자나 자식인 자에게는 어쩔 수 없는 상황이 있게 마련입니다. 그 상황에 최선을 다하면 자신을 잊게 마련입니다. 그런데 삶을 기뻐하고 죽음을 싫어할 겨를이 어디 있겠습니까? 이런 마음으로 가셔야 합니다.

제가 들은 바를 그대로 말씀드리겠습니다. 가까운 나라와 교류할 때는 신의로써, 먼 나라와 교류할 때는 말로써 진실한 관계를 맺게 됩니다. 말은 반드시 누군가 전해야 합니다. 양쪽을 다 기뻐하게 하거나 화나게 할 말을 전하는 것은 정말 어려운 일입니다. 양쪽을 다 기쁘게 하려면 좋은 말을 과장하게 마련이고, 양쪽을 다 화나게 하려면 나쁜 말을 과장하게 마련입니다. 과장하는 말은 거짓말과 마찬가지입니다. 거짓말을 하면 신의를 잃게 됩니다. 신의를 잃으면 말을 전한 사람이 화를 입게 됩니다. 그래서 법언에서 말하기를 "있는 그대로 전하고 과장된 말을 전하지 않아야 안전할 수 있다"고 하는 것입니다.

장난삼아 힘을 겨룰 때 처음엔 재미로 시작하지만 늘 화를 내는 것으로 끝이 납니다. 장난이 지나쳐 기괴해지고 정도를 넘어서게 됩니다. 예를 갖추고 술을 마실 때도 처음엔 제정신으로 시작하지만 늘 난장판으로 끝이 납니다. 너무 지나쳐 괴이한 오락이 넘치게 됩니다. 어떤 일이든 마찬가지입니다. 좋은 마음으로 시작하지만 언제나 형편없이 끝납니다. 간단히 시작했던 것이 끝날 때는 돌이킬 수 없게 됩니다.

말은 바람이나 물결 같고, 행동에는 얻고 잃는 것이 있게 마련입니다. 바람과 물결은 쉽게 움직이고, 얻고 잃는 것은 쉽게 위험에 빠집니다. 사람들이 분노하는 것은 모두 간사한 말과 치우친 언사 때문입니다. 짐승은 죽을 때 소리를 가리지 못합니다. 숨소리가 거칠어지면서 거친 마음도 함께 생겨납니다. 지나치게 서두르면 못난 마음으로 응하게 됩니다. 그래서 그런 줄도 모르고 그렇게 하게 됩니다. 그런 줄도 모르고 하는 일이 어떻게 될지 누가 알겠습니까? 그래서 법언에서 이르기를 "명령을 바꾸려 하지도 말고 억지로 이루려 하지도 말라"고 하는 것입니다. 정도를 지나치면 넘치게 마련입니다. 명령을 바꾸려 하는 것이나 억지로 이루려 하는 것, 모두 위험한 일입니다. 좋은 일이 성사되려면 시간이 걸리기 마련입니다. 한 번 잘못된 일은 고칠 수도 없으니 신중하셔야 합니다. 노니는 마음(遊心)으로 일

의 흐름을 타고 마음을 기르십시오(養中). '그냥 그대로의 흐름'
에 맡겨두는 것이 좋습니다. 어찌 거짓을 고하겠습니까? 명령
을 그대로 받드는 것이 뭐 그리 어렵겠습니까?

葉公子高將使於齊 問於仲尼曰 王使諸梁也甚重 齊之待使者 蓋將甚敬而不急 匹
夫猶未可動也 而況諸侯乎 吾甚慄之 子嘗語諸梁也曰 凡事若小若大 寡不道以懽
成 事若不成 則必有人道之患 事若成 則必有陰陽之患 若成若不成而後無患者 唯
有德者能之

吾食也執粗而不臧 爨無欲淸之人 今吾朝受命而夕飮氷 我其內熱與 吾未至乎事之
情 而旣有陰陽之患矣 事若不成 必有人道之患 是兩也 爲人臣者不足以任之 子其
有以語我來

仲尼曰 天下有大戒二 其一 命也 其一 義也 子之愛親 命也 不可解於心 臣之事
君 義也 無適而非君也 無所逃於天地之間 是之謂大戒 是以夫事其親者 不擇地而
安之 孝之至也 夫事其君者 不擇事而安之 忠之盛也 自事其心者 哀樂不易施乎前
知其不可奈何而安之若命 德之至也 爲人臣子者 固有所不得已 行事之情而忘其身
何暇至於悅生而惡死 夫子其行可矣

丘請復以所聞 凡交近則必相靡以信 遠則必忠之以言 言必或傳之 夫傳兩喜兩怒之
言 天下之難者也 夫兩喜必多溢美之言 兩怒必多溢惡之言 凡溢之類妄 妄則其信
之也莫 莫則傳言者殃 故法言曰 傳其常情 無傳其溢言 則幾乎全

且以巧鬪力者 始乎陽 常卒乎陰 大(泰)至則多奇巧 以禮飮酒者 始乎治 常卒乎亂
大(泰)至則多奇樂 凡事亦然 始乎諒 常卒乎鄙 其作始也簡 其將畢也必巨

夫言者風波也 行者 實喪也 夫風波易以動 實喪易以危 故忿設無由 巧言偏辭 獸
死不擇音 氣息茀然 於是並生心厲 剋核大至 則必有不肖之心應之 而不知其然也
苟爲不知其然也 孰知其所終 故法言曰 無遷令 無勸成 過度益也 遷令勸成殆事
美成在久 惡成不及改 可不愼與 且夫乘物以遊心 託不得已以養中 至矣 何作爲報
也 莫若爲致命 此其難者

거백옥과 안합의 대화

안합이 위영공의 태자의 스승이 되자 거백옥에게 물었습니다.

안합 여기 한 사람이 있습니다. 그는 타고난 자질이 부족하고 잔인합니
다. 그가 하는 일을 내버려둔다면 나라가 위태로워질 것이고, 그
가 하는 일을 막으려 한다면 제 몸이 위험해질 것입니다. 그는 오
직 남의 과실만 알 뿐 그 원인이 자신에게 있음을 모릅니다. 이런
사람에게 제가 어찌해야 합니까?

거백옥 좋은 질문입니다. 조심하고 삼가십시오. 몸을 바르게 해야 할 것
입니다. 겉으론 그를 따르고 마음을 온화하게 하는 것이 가장 좋
습니다. 하지만 그렇게 해도 어려움이 있을 것입니다. 그를 따르
되 빠져들어서는 안 되고, 온화하되 자신을 드러내서는 안 됩니
다. 겉으로 따르다 빠져들면 뒤집혀버리고 무너져 엎어질 것이고,
마음이 온화하되 자신을 드러내면 말을 듣게 되고 이름이 알려져
이상한 일이 생기고 나쁜 일이 닥칠 것입니다. 그가 어린아이처럼
굴거든 그대도 어린아이가 되고, 그가 멋대로 굴거든 그대도 멋
대로 하고, 그가 터무니없이 하거든 그대도 터무니없이 하십시오.

그러면 막힘없이 흠 없는 관계가 될 것입니다.

사마귀라는 벌레 이야기 아시지요? 화가 나 앞발을 들고 달려오는 수레에 맞섭니다. 자신이 감당할 수 없다는 것을 모르는 것이지요. 이것은 자신의 능력을 과신하는 것입니다. 조심하고 삼가십시오. 스스로 훌륭하다고 생각해 자만이 지나치면 위험해집니다.

호랑이 사육사가 어떻게 하는지 아시지요? 호랑이에게 먹이를 산채로 주지 않습니다. 먹이를 죽일 때 생기는 사나운 노기를 염려해서입니다. 또 먹이를 통째로 주지도 않습니다. 먹이를 물어뜯을 때 생기는 사나운 노기를 염려해서입니다. 사육사는 호랑이가 배고플 때와 배부를 때를 잘 알아서 호랑이로 하여금 사나운 노기를 쉬엄쉬엄 발산하게 합니다. 호랑이가 사람과 다르지만 자기를 기르는 사람에게 고분고분한 것은 그 사람이 호랑이의 성질을 잘 따랐기 때문입니다. 호랑이가 살기를 드러낸다면 그것은 호랑이의 성질을 거슬렀기 때문입니다.

말을 사랑하는 사람이 있었습니다. 광주리로 말의 똥을 받고 대합 껍질로 말의 오줌을 받을 정도였습니다. 그는 마침 모기가 말 등에 앉은 것을 보고 갑자기 말 등을 때렸습니다. 그러자 말은 재갈을 벗고 그 사람의 머리를 들이박고 가슴을 걷어찼습니다. 뜻은 지극했지만 사랑하는 방법이 부족했습니다. 삼가지 않을 수 없습니다.

顏闔將傅衛靈公太子 而問於蘧伯玉曰 有人於此 其德天殺 與之爲無方 則危吾國 與之爲有方 則危吾身 其知適足以知人之過 而不知其所以過 若然者 吾奈之何

蘧伯玉曰 善哉問乎 戒之 愼之 正女身哉 形莫若就 心莫若和 雖然 之二者有患 就
不欲入 和不欲出 形就而入 且爲顚爲滅 爲崩爲蹶 心和而出 且爲聲爲名 爲妖爲
孼 彼且爲嬰兒 亦與之爲嬰兒 彼且爲無町畦 亦與之爲無町畦 彼且爲無崖 亦與之
爲無崖 達之 入於無疵

汝不知夫螳蜋乎 怒其臂以當車轍 不知其不勝任也 是其才之美者也 戒之 愼之 積
伐而美者以犯之 幾矣

汝不知夫養虎者乎 不敢以生物與之 爲其殺之之怒也 不敢以全物與之 爲其決之之
怒也 時其飢飽 達其怒心 虎之與人異類而媚養己者 順也 故其殺者 逆也

夫愛馬者 以筐盛矢 以蜄盛溺 適有蚊虻僕緣 而拊之不時 則缺銜毀首碎胸 意有所
至而愛有所亡 可不愼邪

쓸모없어 오래 산 나무 이야기 1

      장석이 제나라로 가다 곡원에 이르러 사당에 심어진 상수리나무를 보았습니다. 나무가 얼마나 크던지 수천 마리의 소를 가릴 정도였습니다. 둘레는 백 아름이나 되고 높이는 산을 굽어볼 정도였습니다. 열 길 높이에서야 비로소 가지가 뻗기 시작했는데, 통나무배를 만들 수 있는 가지만도 십여 개가 넘었습니다. 구경꾼들이 장터처럼 모여들었습니다. 그런데도 장석은 거들떠도 보지 않고 그냥 가버렸습니다. 제자가 실컷 구경하고 장석에게 달려와 물었습니다.

제자 제가 도끼를 들고 선생님을 따른 후 그토록 아름다운 재목을 본 적이 없습니다. 그런데도 선생님께서는 쳐다보지도 않고 그냥 지나치시니 왜 그러신 겁니까?

장석 됐다. 말할 것도 없다. 못 쓸 나무다. 배를 만들어봤자 가라앉아버릴 것이고, 널을 만들어도 빨리 썩어버릴 것이다. 그릇을 만들어도 쉬 부서질 것이고, 문을 만들어도 수액이 흐를 것이다. 기둥을 만들어봐야 좀이 슬고 말 것이다. 재목이 못 되는 나무다. 쓸 데가 없다. 그러니 저렇게 오래 살 수 있었을 게다.

장석은 돌아갔습니다. 사당 상수리나무가 꿈에 나타나 말했습니다. "그대는 나를 무엇과 비교하려 하십니까? 나를 저 좋다는 나무에 비교하려 하십니까? 아가위나무, 배나무, 귤나무, 유자나무 같은 열매 나무와 말입니까? 저 나무들은 열매가 익으면 뜯기고 욕을 당합니다. 큰 가지는 꺾이고 잔가지는 찢깁니다. 이런 나무들은 자신의 능력 때문에 삶이 고달픈 것입니다. 그래서 천수를 마치지 못하고 요절하는 것이지요. 스스로 세상살이에서 희생되는 것입니다. 모든 것이 이와 같은 법입니다. 그래서 나는 쓸모없는 나무이기를 오래전부터 바라왔습니다. 여러 번 죽을 고비를 넘기고 이제야 쓸모없게 되었습니다. 이것이 나의 큰 쓸모입니다. 나또한 쓸모 있었다면 이렇게 큰 나무가 될 수 있었겠습니까? 또한 그대나나나 모두 한낱 하찮은 존재이거늘 어찌 서로를 판단할 수 있단 말입니까? 그대도 죽어가는 쓸모없는 인간인데 쓸모없는 나무를 어찌 안단 말입니까?" 장석이 깨어나 그 꿈 이야기를 하니 제자가 물었습니다.

제자 그렇게 쓸모없기를 바랐다면 사당 나무는 왜 되었을까요?
장석 쉿! 아무 말 마라. 사당이 단지 상수리나무에 의지한 것이다. 자기를 모르는 자의 비난이라 여길 것이다. 사당 나무가 되지 않았어도 어찌 잘렸겠느냐? 더구나 사당 나무의 자기 보존은 우리와는 다르다. 우리 기준으로 평가하는 것은 적절하지 않을 것이다.

匠石之齊 至乎曲轅 見櫟社樹 其大蔽數千牛 絜之百圍 其高臨山十仞而後有枝 其可以爲舟者旁十數 觀者如市 匠伯不顧 遂行不輟 弟子厭觀之 走及匠石 曰 自吾執斧斤以隨夫子 未嘗見材如此其美也 先生不肯視 行不輟 何邪
曰 已矣 勿言之矣 散木也 以爲舟則沈 以爲棺槨則速腐 以爲器則速毁 以爲門戶

則液樠 以爲柱則蠹 是不材之木也 無所可用 故能若是之壽

匠石歸 櫟社見夢曰 女將惡乎比予哉 若將比予於文木邪 夫柤梨橘柚 果蓏之屬 實
熟則剝 剝則辱 大枝折 小枝泄 此以其能苦其生者也 故不終其天年而中道夭 自掊
擊於世俗者也 物莫不若是 且予求無所可用久矣 幾死 乃今得之 爲予大用 使予也
而有用 且得有此大也邪 且也若與予也皆物也 奈何哉其相物也 而幾死之散人 又
惡知散木 匠石覺而診其夢 弟子曰 趣取無用 則爲社何邪

曰 密 若無言 彼亦直寄焉 以爲不知己者詬厲也 不爲社者 且幾有翦乎 且也彼其
所保與衆異 而以義譽之 不亦遠乎

쓸모없어 오래 산 나무 이야기 2

　남백자기가 상구에서 노닐다가 큰 나무를 보았는데 정말 대단했습니다. 말 네 마리가 끄는 수레를 천 대 매어둔다 해도 나무 그늘로 가릴 수 있을 정도였습니다. 남백자기가 말했습니다. "이게 무슨 나무인가? 반드시 대단한 재목이 되겠구나."

　남백자기가 나무 가지들을 올려다보니 구불구불해서 대들보감이 아니었습니다. 아래로 나무의 큰 둥치를 살펴보니 가운데가 갈라져 널감도 아니었습니다. 잎을 핥으면 입이 부르터 상처가 났습니다. 냄새를 맡으면 취한 상태에서 사흘 동안 깨어나지 못할 정도였습니다. 남백자기가 말했습니다. "정말 재목이 못 되는 나무구나. 그래서 이렇게 클 수 있었구나. 아! 마음이 살아 있는 신인神人은 쓸모 있는 재목이 아니었구나."

南伯子綦遊乎商之丘 見大木焉有異 結駟千乘 隱將芘其所藾 子綦曰 此何木也哉 此必有異材夫
仰而視其細枝 則拳曲而不可以爲棟梁 俯而視其大根 則軸解而不可以爲棺槨 咶其 葉 則口爛而爲傷 嗅之 則使人狂酲 三日而不已 子綦曰 此果不材之木也 以至於 此其大也 嗟乎神人 以此不材

쓸모없어 오래 산 나무 이야기 3

송나라 형씨에서는 호두나무, 잣나무, 뽕나무가 잘 자랐습니다. 굵기가 한두 줌 되는 것은 원숭이 말뚝을 구하는 사람이 잘라갔습니다. 서너 아름 되는 것은 큰 집 대들보감으로 베어갔습니다. 일고여덟 아름 되는 것은 귀족과 부잣집 널감으로 베어갔습니다. 제 명을 다하지 못하고 도끼에 찍혀 죽었습니다. 이것은 재목감의 재앙입니다.

이마가 흰 소나 들창코 돼지나 치질을 앓는 사람은 황하 신의 제물이 될 수 없습니다. 무당들이 이것들을 불길하다고 여기기 때문입니다. 하지만 마음이 살아 있는 신인은 이를 대길한 것으로 여깁니다.

宋有荊氏者 宜楸柏桑 其拱把而上者 求狙猴之杙者斬之 三圍四圍 求高名之麗者
斬之 七圍八圍 貴人富商之家求樿傍者斬之 故未終其天年 而中道之夭於斧斤 此
材之患也
故解之以牛之白顙者與豚之亢鼻者 與人有痔病者不可以適河 此皆巫祝以知之矣
所以爲不祥也 此乃神人之所以爲大祥也

쓸모없는 사람이 사는 이야기

지리소는 턱이 배꼽에 묻히고, 어깨가 이마보다 높았습니다. 굽은 등에 달린 혹은 하늘을 향하고 있었습니다. 오장이 위에 달리고, 두 넓적다리는 옆구리에 닿아 있었습니다. 그는 바느질과 세탁 일로 혼자 충분히 먹고살 수 있었고, 점치는 일과 방아 찧는 일로 열 식구 먹을 것을 벌었습니다. 나라에서 군인을 징집해도 지리소는 소매를 걷어붙이고 거리낌 없이 돌아다녔습니다. 나라에 큰 부역이 있어도 지리소는 몸이 성치 않아 면제를 받았습니다. 나라에서 병자들에게 곡식을 배급할 때면 세 가지 곡식과 열 단의 땔감을 받았습니다. 이처럼 외모에 구애받지 않고 사는 사람은 자기 몸을 보살피며 천수를 다합니다. 그러니 덕德[4]에 구애받지 않고 사는 사람이야 말할 필요도 없습니다.

支離疏者 頤隱於臍 肩高於頂 會撮指天 五管在上 兩髀爲脅 挫鍼治獬 足以餬口

---

4 여기서 덕德은 규범으로서의 덕으로 본다. 바로 이어지는 공자를 겨냥한 접여의 노래와 연결해서 읽으면 좋다. 폭력적 지식과 지배 도덕으로 타락해버린 덕을 냉소하며 부르는 광인 접여의 노래가 구슬프다.

鼓筴播精 足以食十人 上徵武士 則支離攘臂而遊於其間 上有大役 則支離以有常
疾不受功 上與病者粟 則受三鍾與十束薪 夫支離其形者 猶足以養其身 終其天年
又況支離其德者乎

쓸모 있음의 쓸모, 쓸모없음의 쓸모

공자가 초나라에 갔을 때의 일입니다. 초나라 광인 접여가 공자가 묵은 집 문 앞에서 노닐며 노래를 불렀습니다. "봉황이여 봉황이여! 본래 모습(德)이 어찌 쇠락했는가? 오는 세상 부질없고 지난 세월 돌이킬 수 없구나. 세상에 길 있으면 훌륭한 성인은 그걸 이루고, 세상에 길 없으면 그냥 살아갈 뿐이라네. 지금 세상 벌 면하기 어렵구나! 복은 깃털처럼 가벼워 들어올 줄 모르고, 화는 땅처럼 무거워 피할 수가 없구나.

그만둬라 그만둬라. 덕으로 남 대하는 일. 위태롭고 위태롭다. 땅 금 긋고 재촉하네. 가시풀아! 가시풀아! 내 다리 찌르지 마라. 이리저리 피해갈 테니 내 발 찌르지 마라. 산 나무는 스스로를 해치고 등잔불은 스스로를 태우는구나. 계피나무는 먹을 수 있어 잘리고, 옻나무는 쓸모 있어 베이는구나. 사람들 모두 '쓸모 있음의 쓸모'만 알고 '쓸모없음의 쓸모'는 모르는구나."

孔子適楚 楚狂接輿遊其門曰 鳳兮鳳兮 何如德之衰也 來世不可待 往世不可追也
天下有道 聖人成焉 天下無道 聖人生焉 方今之時 僅免刑焉 福輕乎羽 莫之知載

禍重乎地 莫之知避

已乎已乎 臨人以德 殆乎殆乎 畫地而趨 迷陽迷陽 無傷吾行 吾行郤曲 無傷吾足
山木自寇也 膏火自煎也 桂可食 故伐之 漆可用 故割之 人皆知有用之用 而莫知
無用之用也

좋은 재목감이 먼저 벌목당하듯이 쓸모로만 판단하는 세상에서는 쓸모 있는 사람이 먼저 죽음을 당하게 됩니다. 벌 면하기 어려운 세상에서 어떻게 살아야 하나요? 자신을 드러내려는 마음이 오히려 생명을 위협할 수 있다면서 쓸모없어야 본래 모습대로 오래 살 수 있다고 합니다. 쓸모없는 나무들이 장수하고 못생긴 꼽추 지리소가 잘 살아갑니다. 장석의 꿈에 나타난 상수리나무의 꿈은 쓸모없는 나무가 되는 것이었습니다. 그렇다면 쓸모없어야 잘 살 수 있다는 말인가요? 그런데 〈산목〉에서는 쓸모없어 죽는 벙어리 거위 이야기가 나옵니다. 쓸모 있어 죽고, 쓸모없어 죽는 세상입니다. 그렇다면 쓸모 있어야 하나요, 쓸모없어야 하나요? 어떻게 살아야 하나요? 쓸모에 대한 이야기는 〈산목〉에서 계속됩니다. 이어지는 〈덕충부〉에서는 쓸모없어 오래 산 나무처럼 세상에 쓸모가 없어 보이는 사람들이 오히려 인간의 본래 모습대로 잘 살아가는 이야기가 펼쳐집니다.

덕충부

德充符

덕충부德充符는 '본래 모습(德) 그대로인(充) 사람들의 사례(符)'라는 뜻입니다. 〈덕충부〉에서 소개하는 '본래 모습 그대로인 사람들'은 형벌로 발이 잘린 전과자 그리고 아주 못생긴 사람들입니다. 〈인간세〉 마지막 에피소드에 등장하는 접여의 노래에서 당시가 얼마나 형벌 면하기 어려운 시대였는지, 또 얼마나 겉모습으로 차별하는 세상이었는지 짐작할 수 있었습니다. 그런데 세상에서 쓸모없다고 차별받는 사람들이, 명예와 권력과 부를 바라는 것이 불가능해진 사람들이 오히려 인간의 본래 모습 그대로 살고 있다는 것입니다. 대붕이 하늘 높이 올라 깨달았듯이 이들은 서로 숨을 불어주는 아지랑이와 티끌 같은 존재들이었던 것입니다.

전과자 이야기 1

　　노나라에 왕태라는 사람이 있었는데 형벌로 발이 잘린 전과자였습니다. 그런데 그를 따라 노니는 사람들이 중니를 따르는 제자들의 수와 맞먹었습니다. 제자 상계가 중니에게 물었습니다.

상계　왕태는 전과자입니다. 그런데도 노나라에 그를 따라 노니는 자들과 선생님의 제자가 반반입니다. 그는 서서 가르치지도 않고 앉아 토론하는 일도 없는데 사람들이 텅 빈 채로 그에게 가서 가득 채워 돌아온답니다. 정말 말없는 가르침이나 보이지 않지만 마음으로 느껴지는 바가 있는 것일까요? 그는 대체 어떤 사람일까요?

중니　그분은 훌륭한 성인이다. 나도 미루다 아직 가 뵙지 못했을 뿐이다. 나도 그분을 스승으로 모시려 하고 있다. 더군다나 나만 못한 사람들은 말할 것도 없겠지. 어찌 노나라 사람뿐이겠느냐? 나는 온 세상 사람들과 함께 그분을 따를 것이다.

상계　그는 형벌로 외발이 된 전과자입니다. 그런데도 선생님보다 훌륭하다 하시니 보통 사람들과는 아주 다른 사람이겠군요. 이런 사람은 마음 씀이 어떤가요?

중니 죽고 사는 것과 같은 큰일에도 달라지지 않는다. 하늘이 무너지고 땅이 꺼진다 해도 동요하지 않는다. 거짓 없이 살펴서 어디에도 흔들리지 않는다. 어떠한 변화라도 그대로 받아들이고 '마땅함(宗)'을 지킬 뿐이다.

상계 무슨 말씀이신지요?

중니 다르다는 점에서 본다면야 간과 쓸개도 초나라와 월나라처럼 멀겠지. 하지만 같다는 점에서 본다면 만물이 모두 하나가 아니겠느냐. 이런 사람은 듣고 보는 것으로 쉽사리 판단하는 법이 없고 '본래 모습의 화목함(德之和)' 속에서 마음이 노닌다. 모든 것을 하나로 보기 때문에 잃어버린 게 보이지 않는다. 그래서 발을 잃은 것을 흙을 털어낸 것처럼 보는 것이다.

상계 그는 자기를 위해 정진했고, 앎으로 마음을 얻었고, 그 마음으로 흔들리지 않는 마음을 갖게 된 것이군요. 그런데 사람들은 왜 몰려드는 걸까요?

중니 사람들은 제 모습을 흐르는 물에 비춰보지 않고 고요한 물에 비춰본다. 고요해야만 머무를 수 있어 사람들이 모이는 것이다. 땅에서 받은 생명은 소나무와 잣나무만이 순수하게 겨울 여름 늘 푸르다. 하늘에서 받은 생명 중엔 요임금과 순임금만이 다행히 곧게 살 수 있어 뭇사람을 바르게 이끌었다. 이들처럼 처음을 지키면 두려움이 없어진다. 그래서 용감한 사람은 혼자서라도 대군의 적진에 들어갈 수 있다. 이름을 바라고 스스로에게 집착하는 사람도 이렇게 했다. 그러니 자연을 돌보고 모든 것을 감싸안고 자신의 몸을 잠시 머물다 가는 거처로 생각하는 사람, 듣고 보는 것에 구애받지 않고 자기가 아는 것이 일부일 뿐이라는 것을 아는 사람, 마음이 죽지 않은 사

람이야 말해 무엇하겠느냐. 그는 언젠가 '길'을 가게 될 것이다. 그
래서 사람들이 따르는 것이다. 그런 사람이 사람들이 자기를 따르
는 일 따위에 관심이나 있겠느냐?

魯有兀者王駘 從之遊者 與仲尼相若 常季問於仲尼曰 王駘 兀者也 從之遊者與夫
子中分魯 立不敎 坐不議 虛而往 實而歸 固有不言之敎 無形而心成者邪 是何人
也

仲尼曰 夫子 聖人也 丘也直後而未往耳 丘將以爲師 而況不若丘者乎 奚假魯國
丘將引天下而與從之

常季曰 彼兀者也 而王先生 其與庸亦遠矣 若然者 其用心也獨若之何

仲尼曰 死生亦大矣 而不得與之變 雖天地覆墜 亦將不與之遺 審乎無假而不與物
遷 命物之化而守其宗也

常季曰 何謂也

仲尼曰 自其異者視之 肝膽楚越也 自其同者視之 萬物皆一也 夫若然者 且不知耳
目之所宜 而遊心乎德之和 物視其所一而不見其所喪 視喪其足猶遺土也

常季曰 彼爲己以其知 得其心以其心 得其常心 物何爲最之哉

仲尼曰 人莫鑑於流水而鑑於止水 唯止能止衆止 受命於地 唯松柏獨也在冬夏靑
靑 受命於天 唯(堯)舜獨也正 幸能正生 以正衆生 夫保始之徵 不懼之實 勇士一
人 雄入於九軍 將求名而能自要者 而猶若是 而況官天地 府萬物 直寓六骸 象耳
目 一知之所知 而心未嘗死者乎 彼且擇日而登假 人則從是也 彼且何肯以物爲事
乎

전과자 이야기 2

　　신도가는 형벌을 받아 발이 잘린 전과자였습니다. 그는 정나라 자산과 함께 백혼무인을 스승으로 모셨습니다. 자산이 신도가에게 말했습니다. "내가 먼저 나가면 자네는 좀 있다가 나오게. 자네가 먼저 나가면 내가 좀 있다 나가겠네." 다음 날, 그들은 다시 한방에 자리하게 되었습니다. 자산이 신도가에게 말했습니다.

자산　　내가 먼저 나가면 자네가 좀 있다 나오고, 자네가 먼저 나가면 내가 좀 있다 나가기로 했지. 오늘은 내가 먼저 나갈 테니 자네는 좀 있다가 나오게. 한데 자네는 나 같은 재상을 보고도 비켜주지 않으니, 재상인 나와 맞먹겠다는 것인가?

신도가　선생님의 문하에 정말로 재상이라는 것이 있었던가요? 공은 재상이라고 우쭐대며 다른 사람은 뒷전으로 여기시는군요. "거울이 맑으면 먼지가 끼지 않고, 먼지가 끼면 맑게 비출 수 없다. 베푸는 이와 오래 지내면 잘못도 사라진다"는 말이 있지요. 지금 공이 받드는 사람은 선생님입니다. 그런데 그런 말씀을 하시니 뭔가 잘못된 게 아닙니까?

자산 자네 주제에 요임금님과 옳음(善)에 대해 논쟁하겠다는 것인가? 스스로의 모습을 생각해보고도 반성할 줄을 모르는가?

신도가 자기 잘못을 변명하며 처벌이 억울하다 말하는 사람은 많지요. 그러나 변명도 하지 않고 처벌이 마땅하다 여기는 사람은 드뭅니다. 어쩔 수 없음을 알고 운명으로 편안히 받아들이는 것은 본래 모습을 간직한 사람만이 할 수 있는 일이지요. 활 잘 쏜다는 예羿의 활사정권, 그 안은 모두 화살을 맞을 수 있는 땅입니다. 거기서 놀다가 화살을 맞지 않았다는 것은 운일 뿐입니다. 그런데도 자기 발이 온전하다고 나를 외발이라고 비웃는 자가 많았습니다. 그럴 땐저도 불끈 화가 나곤 했지요. 하지만 선생님이 계신 곳에 오면 모두 잊어버리고 다시 마음이 고요해졌습니다. 아마도 선생님께서 저를 옳음으로 깨끗이 씻어주셨나봅니다. 제가 십구 년 동안 선생님과 함께 즐겼지만 선생님은 한 번도 제가 외발임을 알은척하지 않으셨습니다. 여기서 우리는 마음의 세계를 배우며 즐깁니다. 그런데 공은 저를 밖에서 찾고 있군요. 뭔가 잘못된 게 아닙니까?

자산이 부끄러움에 낯빛과 태도를 달리하고는 짧게 말했습니다. "그만하세."

申徒嘉 兀者也 而與鄭子産同師於伯昏無人 子産謂申徒嘉曰 我先出則子止 子先出則我止 其明日 又與合堂同席而坐 子産謂申徒嘉曰 我先出則子止 子先出則我止 今我將出 子可以止乎 其未邪 且子見執政而不違 子齊執政乎
申徒嘉曰 先生之門 固有執政焉如此哉 子而說子之執政而後人者也 聞之曰 鑑明則塵垢不止 止則不明也 久與賢人處則無過 今子之所取大者 先生也 而猶出言若

是 不亦過乎

子産曰 子既若是矣 猶與堯爭善 計子之德不足以自反邪

申徒嘉曰 自狀其過以不當亡者衆 不狀其過以不當存者寡 知不可奈何而安之若命
唯有德者能之 遊於羿之彀中 中央者 中地也 然而不中者 命也 人以其全足笑吾不
全足者多矣 我怫然而怒 而適先生之所 則廢然而反 不知先生之洗我以善邪 吾與
夫子遊十九年矣 而未嘗知吾兀者也 今子與我遊於形骸之內 而子索我於形骸之外
不亦過乎

子産蹴然改容更貌曰 子無乃稱

전과자 이야기 3

숙산무지라는 노나라 사람이 있었습니다. 그는 형벌을 받아 발이 잘린 전과자였습니다. 어느 날 그가 다리를 절며 중니를 만나러 왔습니다.

중니 그대는 일찍이 언행을 조심하지 않아 죄를 짓고 이 지경이 됐는데 이제 나를 찾아와 배워봤자 뭐 그리 달라지겠소?

숙산무지 저는 세상 물정을 잘 모르고 가볍게 처신하다 이렇게 발을 잃었습니다. 하지만 발보다 더 귀중한 것이 있어 그에 전념하고자 오늘 온 것입니다. 하늘은 덮어주지 않는 것이 없고 땅은 실어주지 않는 것이 없습니다. 저는 선생님을 하늘이며 땅이라 생각하고 있었는데, 선생님이 이런 분이신 줄은 미처 몰랐습니다.

중니 내 생각이 좁았소. 들어오지 않으시려오. 내 들은 바를 말해드리리다.

그러나 숙산무지는 그냥 나가버렸습니다. 공자가 제자들에게 말했습니다. "너희들은 열심히 배워라. 숙산무지는 형벌을 받아 발이 잘린 전과자인데도 열심히 배워 저지른 잘못을 갚으려 하고 있다. 본래 모습이 온전한 너희들이야 말해 무엇하겠느냐."

숙산무지가 노담에게 가서 말했습니다.

숙산무지 공구(공자)는 순수한 지인이 되려면 아직 멀었습니다. 그는 왜 자꾸 선생님께 배우려는 걸까요? 그는 기만적이고 의심스러운 이름을 날리고 싶어합니다. 순수한 지인은 이런 것을 족쇄나 수갑으로 여긴다는 것을 모르는 것 아닐까요?

노담 그에게 죽음과 삶이 한 가지이고, 되고 안 되는 것이 같은 이치라는 것을 깨닫게 해 질곡에서 풀려나게 하면 되지 않겠느냐?

숙산무지 하늘이 내린 벌인데 어찌 풀 수 있겠습니까?

魯有兀者叔山無趾 踵見仲尼 仲尼曰 子不謹 前旣犯患若是矣 雖今來 何及矣
無趾曰 吾唯不知務而輕用吾身 吾是以亡足 今吾來也 猶有尊足者存 吾是以務全
之也 夫天無不覆 地無不載 吾以夫子爲天地 安知夫子之猶若是也
孔子曰 丘則陋矣 夫子胡不入乎 請講以所聞
無趾出 孔子曰 弟子勉之 夫無趾 兀者也 猶務學以復補前行之惡 而況全德之人乎
無趾語老聃曰 孔丘之於至人 其未邪 彼何賓賓以學子爲 彼且蘄以諔詭幻怪之名聞
不知至人之以是爲己桎梏邪
老聃曰 胡不直使彼以死生爲一條 以可不可爲一貫者 解其桎梏 其可乎
無趾曰 天刑之 安可解

추남의 매력

노나라 애공이 중니에게 물었습니다.

애공 위나라에 아주 못생긴 사람이 있었는데, 이름이 애태타哀駘它입니
다. 그와 함께 지내본 남자들은 그를 좋아해서 떠나질 못했습니다.
그를 본 여자들은 딴 사람의 아내가 되느니 차라리 그의 첩이 되겠
다고 부모를 졸랐습니다. 그런 여자들이 몇십 명에 그치지 않았습
니다. 사람들은 그가 나서서 주장하는 바를 들어본 적이 없습니다.
그는 항상 다른 사람들을 따를 뿐이었습니다. 임금이라서 사람들을
죽음에서 구제해준 것도 아닙니다. 부자라서 곡식을 쌓아두고 사람
들의 배를 채워준 것도 아닙니다. 게다가 너무 못생겨 세상을 놀라
게 할 정도였습니다. 그는 그저 따르기만 할 뿐 주장하지 않았습니
다. 아는 것이 남보다 뛰어난 것도 아니었습니다. 그런데도 남자건
여자건 그에게 모여들었습니다. 그에게 뭔가 확실히 남다른 바가
있는 것 같아 과인이 그를 불러 만났습니다. 과연 추하기가 세상을
놀라게 할 만했습니다. 그런데 과인도 그와 함께 지낸 지 한 달도 안
돼 그 사람됨에 끌리더군요. 그리고 일 년도 안 돼 과인은 그를 믿게

되었습니다. 마침 재상 자리가 비어 그에게 국정을 맡기려 했더니 그는 애매하게 응하며 무심히 사양하는 듯했습니다. 과인은 못나게 도 결국 그에게 나라를 맡기고 말았습니다. 그랬더니 얼마 안 돼 과 인을 떠나버렸습니다. 과인은 뭔가 잃어버린 듯 마음이 불안합니 다. 이 나라의 기쁨을 함께할 사람이 없는 것 같습니다. 이 사람은 대체 어떤 사람입니까?

중니 제가 초나라에 사신으로 갔을 때입니다. 마침 새끼 돼지들이 죽은 어미의 젖을 빨고 있는 것을 보았습니다. 새끼 돼지들은 조금 있더 니 깜짝 놀라 모두 죽은 어미를 버리고 달아났습니다. 어미에게서 자신들의 모습을 볼 수 없었던 것입니다. 이제는 어미가 자신들과 는 다른 부류라는 것을 알게 된 것이지요. 그 어미를 사랑한 것은 몸 을 사랑한 것이 아니라 몸을 움직이는 무언가를 사랑한 것입니다. 전쟁에서 죽은 자의 장례에 깃털 장식이 소용없고, 발 잘린 사람은 신발을 아끼지 않습니다. 이제 모두 쓸 바탕이 없어졌기 때문입니 다. 왕의 후궁들은 손톱을 깎지 않고 귀에 구멍을 내지 않습니다. 장 가든 사람은 제 집에서 잠자고 숙직을 하지 않습니다. 몸을 온전히 하는 일도 이렇습니다. 그런데 본래 모습을 온전히 하려는 사람이 야 오죽하겠습니까? 지금 애태타는 말하지 않고도 군주의 신임을 얻었고, 아무 공적 없이도 군주의 사랑을 받았습니다. 군주는 그에 게 자기의 나라를 주면서 받아주지 않을까 불안해합니다. 그는 분 명 '바탕이 온전하고 본래 모습을 드러내지 않는 사람(才全而德不形者)' 입니다.

애공 '바탕이 온전하다(才全)'는 것은 무슨 말입니까?

중니 죽음과 삶, 생존과 소멸, 성공과 실패, 가난과 부유함, 현명함과 어리석음, 비방과 칭찬, 배고픔과 목마름, 추위와 더위, 이런 것들은 사물의 변화요 운명의 흐름입니다. 밤낮으로 번갈아 나타나지만 그 시작을 따져 알 수 있는 것이 아닙니다. 그는 이런 것으로 화목한 마음을 어지럽히지 않습니다. '영혼의 고을'[1]에 들어오지 않게 합니다. 마음을 열고 화목함을 그대로 즐기며 기쁨을 잃지 않습니다. 밤낮 끊임없이 모든 것과 함께 봄이 됩니다. 모든 것과 만날 때마다 마음이 새록새록 생겨납니다. 이를 '바탕이 온전하다'고 합니다.

애공 그러면 '본래 모습을 드러내지 않는다(德不形)'는 것은 또 무슨 말입니까?

중니 물이 완전히 고요해진 상태를 평평하다고 합니다. 평평해야 본보기가 될 수 있습니다. 안으로 고요함을 지키니 겉으로 흔들리지 않습니다. 본래 모습이 화목하지만 그 모습을 드러내지 않으니 아무도 그에게서 떠나지 못하는 것입니다.

훗날 애공이 민자에게 이런 말을 했답니다. "내가 처음 임금이 되어 나라를 돌보면서 백성의 기강을 잡고 그들의 죽음을 걱정했습니다. 그것이 나의 할 일의 전부라고 생각했습니다. 이제 순수한 지인의 말을 들으니 내가 열매도 없이 몸을 가볍게 놀려 나라를 망치는 것은 아닌지 걱정입니다. 나와 공구는 임금과 신하의 관계가 아닙니다. '덕으로 맺어진 벗(德友)'입니다."

---

1 〈경상초〉에서는 '영혼의 마을(靈臺)'로 표현하고 있다. '순수한 마음'을 말한다.

魯哀公問於仲尼曰 衛有惡人焉 曰哀駘它 丈夫與之處者 思而不能去也 婦人見之
請於父母曰 與爲人妻寧爲夫子妾者 十數而未止也 未嘗有聞其唱者也 常和人而已
矣 無君人之位以濟乎人之死 無聚祿以望人之腹 又以惡駭天下 和而不唱 知不出
乎四域 且而雌雄合乎前 是必有異乎人者也 寡人召而觀之 果以惡駭天下 與寡人
處 不至以月數 而寡人有意乎其爲人也 不至乎期年 而寡人信之 國無宰 而寡人傳
國焉 悶然而後應 氾而若辭 寡人醜乎 卒授之國 無幾何也 去寡人而行 寡人卹焉
若有亡也 若無與樂是國也 是何人者也
仲尼曰 丘也嘗使於楚矣 適見独子食於其死母者 少焉眴若皆棄之而走 不見己焉爾
不得類焉爾 所愛其母者 非愛其形也 愛使其形者也 戰而死者 其人之葬也不以翣
資 刖者之屨 無爲愛之 皆無其本矣 爲天子之諸御 不爪翦 不穿耳 取妻者止於外
不得復使 形全猶足以爲爾 而況全德之人乎 今哀駘它未言而信 無功而親 使人授
己國 唯恐其不受也 是必才全而德不形者也
哀公曰 何謂才全
仲尼曰 死生存亡 窮達貧富 賢與不肖毀譽 飢渴寒暑 是事之變 命之行也 日夜相
代乎前 而知不能規乎其始者也 故不足以滑和 不可入於靈府 使之和豫 通而不失
於兌 使日夜無郤而與物爲春 是接而生時於心者也 是之謂才全
何謂德不形
曰 平者 水停之盛也 其可以爲法也 內保之而外不蕩也 德者 成和之脩也 德不形
者 物不能離也
哀公異日以告閔子曰 始也吾以南面而君天下 執民之紀而憂其死 吾自以爲至通矣
今吾聞至人之言 恐吾無其實 輕用吾身而亡其國 吾與孔丘 非君臣也 德友而已矣

본래 모습이 뛰어나면 겉모습은 잊게 된다

인기지리무신圈跂支離無脤²이 위나라 영공에게 유세를 했는데 영공이 몹시 기뻐했습니다. 그 후 영공은 온전한 사람을 보면 목이 가늘고 긴 것이 오히려 이상해 보였습니다. 옹앙대영甕盎大癭³은 제나라 환공에게 유세를 했는데 환공이 무척 좋아했습니다. 그 후 환공은 온전한 사람을 보면 목이 가늘고 긴 것이 오히려 이상해 보였습니다. 그러므로 본래 모습이 뛰어나면 겉모습 따위는 잊게 됩니다. 그런데 사람들은 잊어야 할 것은 잊지 않고 잊지 말아야 할 것은 잊고 삽니다. 이런 것을 '진짜 잊었다(誠忘)'고 합니다. 그래서 훌륭한 성인聖人은 노니는 것입니다. 앎은 곁가지로, 규범은 아교풀로, 도덕은 접착제로, 기술은 장사하는 것으로 여깁니다. 훌륭한 성인은 일을 꾀하지 않습니다. 그러니 앎을 어디에 쓰겠습니까? 훌륭한 성인은 쪼개지 않습니다. 그러니 규범을 어디에 쓰겠습니까? 훌륭한 성인은 잃을 것이 없습니다. 그러니 도덕을 어디에 쓰겠습니까? 훌륭한 성인은 팔 것이 없습니다. 그러니 기술을 어디에 쓰겠습니까? 이

---

2 절름발이(闉跂)에 꼽추(支離)면서 언청이(無脤)라는 뜻이다.
3 큰 혹부리라는 뜻이다.

네 가지(앎, 규범, 도덕, 기술)는 자연이 팔아주는 것입니다. 자연이 팔아준다는 것은 자연이 먹여준다는 것입니다. 자연이 먹여주는데 사람을 어디에 쓰겠습니까?

闉跂支離無脤說衛靈公 靈公說之 而視全人 其脰肩肩 甕㼜大癭說齊桓公 桓公說之 而視全人 其脰肩肩 故德有所長而形有所忘 人不忘其所忘而忘其所不忘 此謂誠忘 故聖人有所遊 而知爲孽 約爲膠 德爲接 工爲商 聖人不謀 惡用知 不斲 惡用膠 無喪 惡用德 不貨 惡用商 四者天鬻也 天鬻者 天食也 旣受食於天 又惡用人

훌륭한 성인은 무정하다?

훌륭한 성인은 겉모습은 사람이지만 사람의 정情이 없습니다. 사람의 모습으로 사람들과 함께 살지만 사람의 정이 없어 옳고 그름에 얽매이지 않습니다. 사람들 속에 섞여 살며 아득히 작습니다. 그러면서도 아, 정말 큽니다! 혼자만 성숙한 모습을 갖추었습니다.

혜자 사람인데 정이 없단 말입니까?

장자 그렇습니다.

혜자 사람인데 정이 없다면 어떻게 사람이라 하겠습니까?

장자 '길'에서 사람의 모습으로 태어났고, 자연이 사람의 몸으로 길러주고 있지요. 그런데 어찌 사람이 아니라고 할 수 있겠습니까?

혜자 사람이라면서 어찌 정이 없다고 할 수 있습니까?

장자 내가 말하는 정은 그런 게 아닙니다. 내가 정이 없다고 하는 것은 좋아하고 싫어하는 것으로 자신을 괴롭히지(傷) 않는 것을 말하는 것입니다. 언제나 그냥 그대로 놓아두고 삶에다 억지로 보태지 않는 것을 말하는 것이지요.

혜자 삶에 보태지 않으면 어떻게 몸을 보존할 수 있겠습니까?

장자 길에서 사람의 모습으로 태어났고, 자연이 사람의 몸으로 길러주고 있습니다. 그러니 좋아하고 싫어하는 것으로 자신을 괴롭힐 일이 없습니다. 그런데 그대는 지금 해박함을 드러내고 총명함을 소모하고 있습니다. 나무에 기대어 신음하고, 오동나무 책상에 기대어 졸고 있지요. 자연이 그대에게 몸을 골라주었건만 그대는 견백론으로 이름을 날리고 있습니다.

有人之形 無人之情 有人之形 故群於人 無人之情 故是非不得於身 眇乎小哉 所以屬於人也 謷乎大哉 獨成其天

惠子謂莊子曰 人故無情乎

莊子曰 然

惠子曰 人而無情 何以謂之人

莊子曰 道與之貌 天與之形 惡得不謂之人

惠子曰 旣謂之人 惡得無情

莊子曰 是非吾所謂情也 吾所謂無情者 言人之不以好惡內傷其身 常因自然而不益生也

惠子曰 不益生 何以有其身

莊子曰 道與之貌 天與之形 無以好惡內傷其身 今子外乎子之神 勞乎子之精 倚樹而吟 據槁梧而瞑 天選子之形 子以堅白鳴

장자가 말하는 '무정하다'의 의미는 '자기가 좋아하고 싫어하는 것으로 자신을 괴롭히지 않는 것'입니다. 외발이 되었건 못생겼건 겉모습에 구애받지 않고 잘 살아가는 사람들이야말로 자기가 좋아하고 싫어하는 것으로 자신을 괴롭히지 않는 무정한 사람들입니다. 많은 사람들이 삶을 좋아하고 죽음을 싫어해 죽느냐 사느냐 하는 문제로 괴로워합니다. 그러나 장자의 말대로라면 훌륭한 성인은 무정해서 삶과 죽음에 대해 기뻐하지도 슬퍼하지도 않습니다. 이어지는 〈대종사〉에서는 삶과 죽음에 대한 무정한 이야기들이 펼쳐집니다.

대종사
大宗師

대종사大宗師는 '가장 뛰어난(大宗) 스승(師)'이란 뜻입니다. 가장 뛰어난 스승은 누구일까요? 바로 자연입니다. 자연의 생성 소멸 과정이 마치 뛰어난 장인의 솜씨와 같습니다. 모든 것은 태어나면 언젠가 죽게 마련입니다. 그러나 죽음은 끝이 아닙니다. 삶의 끝에 죽음이 있고, 죽음은 다시 삶으로 이어집니다. 삶과 죽음은 자연스러운 길(道)이며, 자연 변화의 과정일 뿐입니다. 이것을 편안하게 받아들이는 사람들이 바로 천진한 사람들(眞人)입니다. 자여에게 죽음은 거꾸로 매달렸다 풀려나는 것이고, 자래에게는 쉼입니다. 공자가 보기에 친구의 죽음에 노래하는 맹자반과 자금장은 '울타리 밖에서 노니는 사람들'이고, 모친의 죽음을 슬퍼하지 않는 맹손씨는 삶과 죽음이 하나라는 것을 깨달은 사람입니다. 공자는 안회와 함께 그런 경지에 들어가보자고 합니다. 허유가 의이자에게 자연 속에서 노닐자고 했듯이 말입니다. 안회가 드디어 "앉아서 잊었다(坐忘)"고 하자 공자는 제자 안회를 따르겠다고 합니다. 자여가 먹을 것을 싸들고 가난한 자상을 찾아갑니다. 자상은 노래를 부르며 가난도 운명이라고 말합니다. 이들은 모두 천진한 사람들입니다.

천진한 사람

　자연이 하는 일을 알고 사람이 하는 일을 안다면 대단한 것입니다. 자연이 하는 일은 자연스럽게 알게 되지만 사람이 하는 일은 아는 것으로 모르는 것을 키워나가 천 년이 돼도 끝나지 않습니다. 이것은 앎을 쌓아두는 일입니다. 여기엔 어려운 점이 있습니다. 안다는 것은 사후 판단이어서 앎의 근거를 미리 정할 수 없습니다. 그러니 내가 자연이라고 말하는 것이 사람이 아닌지를, 내가 사람이라고 말하는 것이 자연이 아닌지를 어떻게 알겠습니까?

　천진한 사람(眞人)이 있어야 천진한 앎(眞知)도 있게 됩니다. 그러면 어떤 사람을 천진한 사람이라고 하나요? 옛날 천진한 사람은 모자라도 거스르지 않았습니다. 이루고도 뽐내지 않았습니다. 억지로 일을 꾸미지도 않았습니다. 그래서 잘못했다 해도 후회하지 않았습니다. 잘했다 해도 자만하지 않았습니다. 높은 데 올라가도 겁내지 않았습니다. 물에 들어가도 빠지지 않았습니다. 불에 들어가도 뜨거워하지 않았습니다. 이렇게 천진한 사람은 길을 따라갈 수 있었습니다.

　옛날 천진한 사람은 잠자도 꿈꾸지 않았고, 깨어 있어도 걱정이 없었습니다. 먹을 때도 좋은 맛을 찾지 않았고, 숨은 아주 깊이 쉬었습니다.

보통 사람들은 목으로 숨을 쉬지만 천진한 사람은 발꿈치로 숨을 쉽니다. 복종하는 사람은 아첨하는 소리가 토하는 것 같고, 탐욕에 깊이 빠진 사람은 얕은 숨을 쉽니다.

옛날 천진한 사람은 삶을 좋아할 줄도, 죽음을 싫어할 줄도 몰랐습니다. 태어남을 기뻐하지도 않았고 그렇다고 죽음을 거부하지도 않았습니다. 삶으로 홀연히 갔다가 죽음으로 홀연히 돌아올 뿐이었습니다. 삶의 시작을 잊지 않지만 죽음의 끝을 알려고도 하지 않았습니다. 삶을 받아 기쁘게 살고 삶이 끝나면 돌아갔습니다. 그래서 "마음으로 길을 해치지 않고, 사람이 자연을 거들지 않는다"고 말하는 것입니다. 이런 사람이 바로 천진한 사람입니다.

천진한 사람은 마음이 흔들리지 않습니다. 자태가 고요하고 이마가 넓게 드러나고 가을날처럼 시원하고 봄날처럼 따뜻합니다. 기쁨과 노여움이 사계절의 흐름처럼 자연스럽습니다. 무엇과도 함께 잘 지내며 끝날 줄 모릅니다.

그래서 훌륭한 성인은 전쟁에서 나라를 잃어도 인심은 잃지 않습니다. 이로움과 혜택을 만세에 베풀면서도 사람들에게 은혜를 베풀었다 생각하지 않습니다. 모든 것을 앎의 대상으로만 즐긴다면 훌륭한 성인이 아닙니다. 차별해서 사랑한다면 진정으로 사랑하는 인인仁人이 아닙니다. 자연의 때(天時)라는 변명을 늘어놓는다면 베푸는 현인賢人이 아닙니다. 이해관계를 넘어서지 못하면 군자가 아닙니다. 이름 때문에 자기를 잃는다면 선비가 아닙니다. 몸을 망치고 천진함을 저버린다면 남을 부릴 만한 사람(役人)이 아닙니다. 호불해, 무광, 백이, 숙제, 기자, 서여, 기타, 신도적 같은 이들은 다른 사람들의 부림에 당한 사람들입니다. 이들은 다른 사람들의 즐거움에 놀아나 스스로 만족하는 삶을 즐기지 못한 사람들입니다.

　옛날 천진한 사람은 어떤 상황이라도 받아들이지만 붕당을 짓지는 않았습니다. 부족하더라도 덧이어 돕지 않았습니다. 홀로 있는 것을 즐기지만 고집스럽지 않았습니다. 그 마음을 넓게 비우지만 겉으로 드러내지 않았습니다. 밝은 미소가 기쁜 듯도 하고 마지못해 하는 듯도 했습니다. 하지만 자신의 얼굴색에는 드러내지 않고 자신의 본래 모습에 기꺼이 머물렀습니다. 위험하기는 세상 사람들과 마찬가지였지만 초연히 얽매이지 않았습니다. 이런 모습들이 감추기 좋아하는 것처럼 보이기도 합니다. 하지만 홀로 말하는 것을 잊은 것입니다.

　천진한 사람은 형벌을 격식으로만, 예를 날개로만, 앎을 잠깐의 것으로만 생각했고, 본래 모습대로 따랐습니다. '형벌을 격식으로만 생각했다'는 것은 죽이는 일에 신중했다는 것입니다. '예를 날개로만 생각했다'는 것은 예를 세상일이나 처리하는 것으로 생각했다는 것입니다. '앎을 잠깐의 것으로 생각했다'는 것은 앎을 일을 처리하는 데 필요한 어쩔 수 없는 것 정도로 생각했다는 것입니다. '본래 모습대로 따랐다'는 것은 발이 있어 가다보니 언덕에 이르렀다는 말입니다. 그런데도 사람들은 정말로 열심히 가야 한다고 생각합니다.

　그러므로 사람이 좋아하는 것도 자연에서 보면 하나입니다. 사람이 좋아하지 않는 것도 자연에서 보면 하나입니다. 그 하나라는 것도 하나요, 하나가 아니라는 것도 하나입니다. '하나라는 것'은 자연과 함께하는 것이고, '하나가 아니라는 것'은 사람과 함께하는 것입니다. 자연과 사람이 서로 이기려 하지 않는 사람을 '천진한 사람'이라고 합니다.

知天之所爲 知人之所爲者 至矣 知天之所爲者 天而生也 知人之所爲者 以其知之

所知以養其知之所不知 終其天年而不中道夭者 是知之盛也 雖然 有患 夫知有所

待而後當 其所待者特未定也 庸詎知吾所謂天之非人乎 所謂人之非天乎

且有眞人而後有眞知 何謂眞人 古之眞人 不逆寡 不雄成 不謨士 若然者 過而弗

悔 當而不自得也 若然者 登高不慄 入水不濡 入火不熱 是知之能登假於道者也若

此

古之眞人 其寢不夢 其覺無憂 其食不甘 其息深深 眞人之息以踵 衆人之息以喉

屈服者 其嗌言若哇 其耆欲深者 其天機淺

古之眞人 不知說生 不知惡死 其出不訢 其入不距 翛然而往 翛然而來而已矣 不

忘其所始 不求其所終 受而喜之 忘而復之 是之謂不以心捐道 不以人助天 是之謂

眞人

若然者 其心志 其容寂 其顙頯 凄然似秋 煖然似春 喜怒通四時 與物有宜而莫知

其極

故聖人之用兵也 亡國而不失人心 利澤施乎萬世 不爲愛人 故樂通物, 非聖人也 有

親 非仁也 天時 非賢也 利害不通 非君子也 行名失己 非士也 亡身不眞 非役人也

若狐不偕 務光 伯夷 叔齊 箕子 胥餘 紀他 申徒狄 是役人之役 適人之適 而不自

適其適者也

古之眞人 其狀義而不朋 若不足而不承 與乎其觚而不堅也 張乎其虛而不華也 邴

邴乎其似喜乎 崔乎其不得已乎 滀乎進我色也 與乎止我德也 厲乎其似世乎 警乎

其未可制也 連乎其似好閉也 悗乎忘其言也

以刑爲體 以禮爲翼 以知爲時 以德爲循 以刑爲體者 綽乎其殺也 以禮爲翼者 所

以行於世也 以知爲時者 不得已於事也 以德爲循者 言其與有足者至於丘也 而人

眞以爲勤行者也

故其好之也一 其弗好之也一 其一也一 其不一也一 其一與天爲徒 其不一與人爲

徒 天與人不相勝也 是之謂眞人

죽고 사는 것은 운명

죽고 사는 것은 운명(命)입니다. 밤과 아침이 변함없이 이어지는 것은 자연이 하는 일입니다. 죽고 사는 것은 사람이 어쩔 수 없는 일, 모든 것의 참모습입니다. 사람들은 자연마저 부모처럼 생각해서 자신보다 자연을 더 사랑합니다. 그런데 하물며 자연보다 더한 운명을 사랑하지 않을 수 있겠습니까? 사람들은 임금도 자신보다 낫다고 생각해서 임금을 위해 목숨을 바칩니다. 그런데 임금보다 참된 운명을 따르지 않을 수 있겠습니까?

샘이 말라 땅 위에 드러난 물고기들은 서로에게 물기를 뿜어주고 거품으로 적셔줍니다. 하지만 강이나 호수에서 서로를 잊고 사는 것이 더 좋습니다. 마찬가지로 요임금을 칭송하고 걸왕을 비난하는 것보다 둘 다 잊고 '길'을 가는 것이 더 좋습니다.

대지는 나에게 몸을 싣게 해주고, 삶을 주어 힘쓰게 하고, 늙음을 주어 편안하게 하고, 죽음을 주어 쉬게 합니다. 내 삶을 좋다 했으니 내 죽음도 좋습니다.

배를 산골짜기에 감추고, 그물을 연못에 감추고는 안전하다고 말합니다. 그러나 한밤중에 힘센 자가 지고 달아나버립니다. 어리석은 자는 모릅니다. 작은 것을 큰 것에 감추면 되는 줄 알지만 그래도 훔쳐갈 수 있습니다. 세상을 세상에 감추면 훔쳐갈 수 없습니다. 이것이 항상 모든 것의 큰 모습(大情)입니다. 사람들은 사람의 몸을 훔쳐 세상에 태어난 것만 기뻐합니다. 그러나 우리 몸은 끝없이 달라지고 있습니다. 그 즐거움은 헤아릴 수 없습니다. 훌륭한 성인은 누구도 훔쳐갈 수 없는 곳, 모두가 그대로 존재하는 곳에서 노닙니다. 그래서 일찍 죽어도 좋고, 늙어 죽어도 좋다고 합니다. 태어나는 것도 좋고, 죽는 것도 좋다고 합니다. 사람들은 훌륭한 성인을 본받으려고 합니다. 그런데 하물며 만물이 이어지고 모두 달라지고 있음을 본받지 않을 수 있겠습니까?

'길'은 확실히 있고 믿을 수도 있는데 뭘 하는 것 같지도 않고 드러내지도 않습니다. 전할 수 있지만 받을 수 없고, 얻을 수 있지만 볼 수 없습니다. 길은 스스로 뿌리가 되어줍니다. 천지자연이 있기 전부터 그대로 있었습니다. 그러면서 알 수 없는 먼 곳까지 갈 수 있도록 마음을 키워줍니다. 길은 하늘을 낳고 땅을 낳았습니다. 가장 앞서 있으나 높다 하지 않습니다. 가장 아래 있으나 깊다 하지 않습니다. 천지자연보다 먼저 있었으나 오래되었다 하지 않습니다. 아주 옛날보다 오래되었으나 늙었다 하지 않습니다.

희위씨는 길을 얻어 하늘과 땅을 도왔습니다. 복희씨는 길을 얻어 흐름의 엄마(氣母)를 따랐습니다. 북두칠성은 길을 얻어 내내 어긋나지 않습니다. 해와 달은 길을 얻어 내내 쉬지 않습니다. 감배는 길을 얻어 곤륜산에 들어갔고, 풍이는 길을 얻어 황하에서 노닐었습니다. 견오는 길을 얻어 태산에서 살았고, 황제는 길을 얻어 하늘에 올랐습니다. 전욱은 길을 얻어 현궁에서 살았고, 우강은 길을 얻어 북극을 다스렸습니다. 서왕모는 길을 얻어 소광산에 자리 잡았는데 시작도 끝도 알 수 없습니다. 팽조는 길을 얻어 순임금 때부터 오패 때까지 오래 살았습니다. 부열은 길을 얻어 무정의 재상이 되어 세상을 돌보다 죽어서는 동유를 타고 기미에 올라 뭇 별과 함께 자리했습니다.

死生命也 其有夜旦之常 天也 人之有所不得與 皆物之情也 彼特以天爲父 而身猶愛之 而況其卓乎 人特以有君爲愈乎己 而身猶死之 而況其眞乎

泉涸 魚相與處於陸 相呴以濕 相濡以沫 不如相忘於江湖 與其譽堯而非桀也 不如兩忘而化其道

夫大塊載我以形 勞我以生 佚我以老 息我以死 故善吾生者 乃所以善吾死也

夫藏舟於壑 藏山於澤 謂之固矣 然而夜半有力者負之而走 昧者不知也 藏小大有宜 猶有所遯 若夫藏天下於天下而不得所遯 是恒物之大情也 特犯人之形而猶喜之 若人之形者 萬化而未始有極也 其爲樂可勝計邪 故聖人將遊於物之所不得遯而皆存 善夭善老 善始善終 人猶效之 又況萬物之所係 而一化之所待乎

夫道 有情有信 無爲無形 可傳而不可受 可得而不可見 自本自根 未有天地 自古以固存 神鬼神帝 生天生地 在太極之先而不爲高 在六極之下而不爲深 先天地生而不爲久 長於上古而不爲老

狶韋氏得之 以挈天地 伏戲氏得之 以襲氣母 維斗得之 終古不忒 日月得之 終古不息 堪坏得之 以襲崑崙 馮夷得之 以遊大川 肩吾得之 以處大山 黃帝得之 以登雲天 顓頊得之 以處玄宮 禺强得之 立乎北極 西王母得之 坐乎少廣 莫知其始 莫知其終 彭祖得之 上及有虞 下及五伯 傳說得之 以相武丁 奄有天下 乘東維 騎箕尾 而比於列星

젊음의 비결

남백자규가 여우에게 물었습니다.

남백자규 당신은 나이가 많은데 얼굴색이 어린아이 같으니 무슨 비결이
있습니까?

여우 나는 길에 대해 들었습니다.

남백자규 길을 배울 수 있을까요?

여우 아, 글쎄요. 할 수 있을까요? 당신은 그럴 만한 사람이 못 됩니
다. 복량의라는 사람은 훌륭한 성인이 될 재능은 있지만 훌륭한
성인의 길을 가지 않았습니다. 나는 훌륭한 성인의 길을 가고
있지만 훌륭한 성인이 될 재능은 없는 사람이었습니다. 나는 그
를 가르치고 싶었습니다. 그가 과연 훌륭한 성인이 될 수 있을
까 하면서 말입니다. 안 되더라도 훌륭한 성인이 될 재능이 있
는 사람에게 훌륭한 성인의 길을 가르치는 것이 역시 더 쉬운
일이니까요. 나는 단지 지켜보는 것으로 그를 가르쳤습니다. 그
는 사흘이 지나자 '세상을 잊었습니다'. 세상을 잊었기에 계속
지켜보았더니 이레가 지나자 '모든 것을 잊었습니다'. 모든 것

을 잊었기에 다시 지켜보았더니 아흐레가 지나자 '삶을 잊었습니다'. 삶을 잊게 되자 비로소 '아침 햇살 같은 깨달음'을 얻었습니다. 아침 햇살 같은 깨달음을 얻더니 '모든 것이 하나라는 것을 알았습니다'. 모든 것이 하나라는 것을 알더니 '옛날과 지금의 구분을 잊었습니다'. 옛날과 지금의 구분을 잊더니 '죽음과 삶의 구분을 잊었습니다'. 죽인다고 영원히 죽는 것도 아니고 살린다고 영원히 사는 것도 아닙니다. '무언가 된다는 것'은 모든 것을 떠나보내고 다시 맞이합니다. 가면 가는 대로, 오면 오는 대로, 무너지면 무너지는 대로, 이루어지면 이루어지는 대로 받아들입니다. 이것을 '혼란 속 편안(攖寧)'이라고 합니다. 혼란 속 편안은 혼란 후 다시 이루어진다는 것입니다.

남백자규 당신은 이런 것을 어디에서 들었습니까?

여우 나는 글 쓰는 부묵의 아들에게 들었습니다. 부묵의 아들은 말하는 낙송의 손자에게 들었습니다. 낙송의 손자는 잘 보는 첨명에게 들었습니다. 첨명은 잘 듣는 섭허에게 들었습니다. 섭허는 일하는 수역에게 들었습니다. 수역은 노래하는 오구에게 들었습니다. 오구는 그윽한 현명에게 들었습니다. 현명은 텅 빈 삼료에게 들었습니다. 삼료는 아득한 의시에게 들었습니다.

南伯子葵問乎女偶曰 子之年長矣 而色若孺子 何也

曰 吾聞道矣

南伯子葵曰 道可得學邪

曰 惡 惡可 子非其人也 夫卜梁倚有聖人之才而無聖人之道 我有聖人之道而無聖
人之才 吾欲以敎之 庶幾其果爲聖人乎 不然 以聖人之道告聖人之才 亦易矣 吾猶

守而告之 參日而後能外天下 已外天下矣 吾又守之 七日而後能外物 已外物矣 吾
又守之 九日而後能外生 已外生矣 而後能朝徹 朝徹 而後能見獨 見獨 而後能無
古今 無古今 而後能入於不死不生 殺生者不死 生生者不生 其爲物 無不將也 無
不迎也 無不毀也 無不成也 其名爲攖寧 攖寧也者 攖而後成者也
南伯子葵曰 子獨惡乎聞之
曰 聞諸副墨之子 副墨之子聞諸洛誦之孫 洛誦之孫聞之瞻明 瞻明聞之聶許 聶許
聞之需役 需役聞之於謳 於謳聞之玄冥 玄冥聞之參寥 參寥聞之疑始

이름 하나하나에 담긴 뜻이 깊습니다. 부묵副墨(글), 낙송洛誦(말), 첨명
瞻明(봄), 섭허聶許(들음), 수역需役(일함), 오구於謳(노래함), 현명玄冥(그윽함),
삼료參寥(비우기), 의시疑始(아득함), 모두 아홉 개의 마음 단계를 말하고
있습니다. 마지막 '의시'에 이르면 어디서 시작되었는지 알 수 없어
아득하지만 삶과 죽음을 자연의 흐름으로 받아들이게 됩니다. 혼란
속에서도 편안합니다(攖寧). 〈천운〉의 '함지교향곡'(1악장 '두려움', 2악장
'느긋함', 3악장 '뭐지?')과 함께 읽어보기를 추천합니다.

삶과 죽음 1

　자사, 자여, 자리, 자래 네 사람이 모여 이야기를 했습니다. "누가 아무것도 없는 것(無)으로 머리를 삼고, 삶으로 척추를 삼고, 죽음으로 꽁무니를 삼을 수 있을까? 누가 죽음과 삶 그리고 있음과 없음이 한 몸이라는 것을 알까? 나는 이런 사람과 벗하고 싶네." 네 사람이 서로 보고 웃었습니다. 마음에 막히는 것이 없어 서로 벗이 되었습니다.

　자여가 갑자기 병이 나서 자사가 병문안을 갔습니다. 자사가 말했습니다. "대단하군. 조물자가 그대를 이렇게 오그라들게 하다니." 자여의 등은 구부러져 곱사등이 되고, 오장은 위에 붙고, 턱은 배꼽에 묻히고, 어깨는 이마보다 높고, 굽은 등에 달린 혹은 하늘을 향하고 있었습니다. 음양의 흐름이 흐트러졌지만 그 마음은 아무 일 없는 듯 한가로웠습니다. 자여는 뒤뚱거리며 걸어가 우물에 모습을 비추어보았습니다.

자여　아, 조물자가 나를 이렇게 오그라뜨렸구나.

자사　자네는 그게 싫은가?

자여　아니, 내 어찌 싫어하겠는가? 내 왼팔이 서서히 변하여 닭이 된다면 내 그것으로 새벽을 알릴 것이네. 내 오른팔이 서서히 변하여 활이 된다면 내 그것으로 새를 잡아 구워 먹을 것이네. 내 엉덩이가 변하여 수레가 되고, 내 마음이 변하여 말이 된다면 내 그것을 타고 다닐 것이네. 수레가 따로 필요하겠는가? 우리가 태어난 것도 때를 만남이요, 우리가 죽는 것도 순리일 뿐이지. 편안하게 때를 맞이하고 순리대로 따를 뿐이네. 슬픔도 기쁨도 들 수 없는 것이네. 옛날에는 이것을 '거꾸로 매달렸다 풀려나는 것'이라고 했다지. 그런데도 사람들이 스스로 풀려나지를 못하고 있네. 이는 무언가를 욕망하기 때문이지. 무언가로 태어난 것은 자연을 이길 수 없는 법이네. 이는 오래된 것이지. 내 어찌 이를 싫어하겠는가?

이번엔 자래가 갑자기 병이 났습니다. 숨을 헐떡이며 죽을 것 같아 아내와 자식들이 둘러앉아 울었습니다. 그때 병문안을 간 자리가 말했습니다. "자, 저리들 비키시오. 되어가는 것(化)을 슬퍼하지 마시오." 그러고는 문에 기대어 자래에게 말했습니다.

자리 자연의 조화는 대단하군. 또 자네를 어떻게 하려는 것일까? 자네를 어디로 데려가려는 것일까? 자네를 쥐의 간으로 만들려는 것일까? 벌레의 팔뚝으로 만들려는 것일까?

자래 부모가 자식에게 동서남북 어디를 가라 해도 자식은 그 명을 따르네. 음양과 사람과의 관계는 부모와 자식과의 관계를 넘어서지. 음양이 나를 죽음으로 가라 하는데 내 듣지 않는다면 내가 억세고 모진 것이지, 음양이 무슨 죄인가? 대지는 나에게 몸을 싣게 해주었네. 삶을 주어 힘쓰게 했네. 늙게 해주어 편안하게 했네. 이제 죽게 해주어 쉬게 하려나보네. 그러니 내 삶을 좋다 했듯 내 죽음도 좋네. 만약 대장장이가 쇠를 녹여 주물을 만드는데 쇠가 뛰어나와 "저는 기필코 명검 막야鎮邪가 되겠습니다"고 한다면 대장장이가 반드시 상서롭지 못한 쇠라 여길 것이네. 한 번 사람의 몸을 훔쳐 세상에 태어났다고 "사람으로만, 사람으로만"이라고 말한다면 자연을 만들어가는 자가 반드시 상서롭지 못한 사람이라고 여길 것이네. 천지가 큰 용광로이고 자연이 대장장이라면 어디로 가서 무엇이 되든 좋지 않겠는가? 편안히 잠들다 어떤 모습으론가 깨어나겠지.

子祀子輿子犁子來四人相與語曰 孰能以無爲首 以生爲脊 以死爲尻 孰知死生存亡之一體者 吾與之友矣 四人相視而笑 莫逆於心 遂相與爲友

俄而子輿有病 子祀往問之 曰 偉哉夫造物者 將以予爲此拘拘也 曲僂發背 上有五管 頤隱於齊 肩高於頂 句贅指天 陰陽之氣有沴 其心閒而無事 跰䠆 而鑑于井 曰 嗟乎 夫造物者又將以予爲此拘拘也

子祀曰 女惡之乎

曰 亡 予何惡 浸假而化予之左臂以爲雞 予因以求時夜 浸假而化予之右臂以爲彈 予因以求鴞炙 浸假而化予之尻以爲輪 以神爲馬 予因而乘之 豈更駕哉 且夫得者時也 失者 順也 安時而處順 哀樂不能入也 此古之所謂縣解也 而不能自解者 物有結之 且夫物不勝天久矣 吾又何惡焉

俄而子來有病 喘喘然將死 其妻子環而泣之 子犁往問之 曰 叱 避 無怛化 倚其戶與之語曰 偉哉造化 又將奚以汝爲 將奚以汝適 以汝爲鼠肝乎 以汝爲蟲臂乎

子來曰 父母於子 東西南北 唯命之從 陰陽於人 不翅於父母 彼近吾死而我不聽 我則悍矣 彼何罪焉 夫大塊載我以形 勞我以生 佚我以老 息我以死 故善吾生者乃所以善吾死也 今大冶鑄金 金踊躍曰 我且必爲鏌鋣 大冶必以爲不祥之金 今一犯人之形 而曰 人耳人耳 夫造化者必以爲不祥之人 今一以天地爲大鑪 以造化爲大冶 惡乎往而不可哉 成然寐 蘧然覺

삶과 죽음 2

　자상호, 맹자반, 자금장 세 사람이 모여 말했습니다. "누가 함께 있지 않아도 함께 있을 수 있고, 서로 함께하지 않아도 함께할 수 있을까? 누가 하늘에 올라 안개 속을 노닐며 끝도 없는 곳에서 자유롭게 다니며 서로의 삶을 잊고 끝없이 달라지고 되어가는 것에 맡길 수 있을까?" 세 사람이 서로를 바라보며 웃었습니다. 그들은 서로 마음이 통해 마침내 벗이 되었습니다.

　얼마 동안 아무 일 없이 지내다가 자상호가 죽었습니다. 장례를 치르기 전에 공자가 이 소식을 듣고 자공을 보내 일을 돕게 했습니다. 그런데 자공이 도착해서 보니 맹자반과 자금장이 한 사람은 노래를 부르고 한 사람은 거문고를 타면서 서로 화음을 맞추고 있었습니다. "아, 상호야! 아, 상호야! 그대는 이제 진짜 자연(眞)으로 돌아갔구나. 그런데 우린 아직 사람이구나! 아, 하!" 자공이 예에 맞게 허리를 굽히고 빠른 걸음으로 나아가 물었습니다. "감히 묻겠습니다. 주검을 앞에 두고 노래하는 것이 예입니까?" 두 사람이 서로를 바라보고 웃으며 말했습니다. "이 사람이 어찌 예를 알겠습니까?"

　자공이 돌아와 공자에게 물었습니다.

자공 저들은 도대체 어떤 사람들입니까? 예법에 맞는 행동이 전혀 없고 자신의 외모도 잊은 채 주검 앞에서 노래를 했습니다. 그러면서 얼굴색 하나 변하지 않았습니다. 뭐라 해야 할지 모르겠습니다. 저들은 도대체 어떤 사람들입니까?

공자 저들은 울타리 밖에서 노니는 사람들이고 나는 울타리 안에서 노니는 사람이다. 울타리 밖과 안은 서로 간여하지 않는 법이다. 그런데 내가 너를 보내 문상하게 했으니 내 생각이 짧았다. 저들은 바야흐로 무언가를 만들어내는 조물자와 함께하면서 천지자연의 한 흐름에서 노닌다. 저들은 삶을 혹이나 사마귀가 붙어 있는 것쯤으로 여기고, 죽음을 부스럼을 없애거나 종기를 터뜨리는 것쯤으로 생각한다. 이런 사람들에게 어찌 삶이니 죽음이니, 생전이니 사후니 하는 생각이 있겠느냐? 다른 무언가(物)를 빌려 한 몸을 의탁하고 있을 뿐이다. 간이니 쓸개니 하는 분별을 잊고 귀나 눈 같은 감각 작용에도 얽매이지 않는다. 끝과 시작을 반복할 뿐 처음이니 끝이니 하는 것도 모른다. 모든 걸 잊고 세속의 밖에서 유유히 다니며 할 일 없이 노닌다. 그러니 저들이 어찌 번거롭게 세속의 예를 따르면서 뭇사람의 귀와 눈에 신경을 쓰겠느냐?

자공 그렇다면 선생님께서는 어떤 길을 가시렵니까?

공자 나는 '하늘의 벌을 받은 사람'이다. 그렇지만 나는 너와 함께 갈 것이다.

자공 그것은 어떤 길입니까?

공자 물고기는 물에서 잘 자라고, 사람은 길(道)에서 잘 살아간다. 물고기가 물에서 잘 자라게 하려면 연못을 파주면 된다. 그러면 양분이 충분해서 잘 자랄 수 있다. 사람이 길에서 잘 살게 하려면 일을 벌려

괴롭히지 않으면 된다. 그러면 편안하게 살 수 있다. 그래서 물고기
는 강이나 호수에서 서로를 잊고 살고, 사람은 '어디로 가나(道)' '어
떻게 하나(術)' 하는 생각에서 벗어나 서로를 잊고 살면 된다는 것
이다.

자공 그럼 잉여 인간(畸人)에 대해 말씀해주십시오.

공자 잉여 인간은 사람들이 봤을 때 쓸데없는 사람일 뿐이다. 자연에서
는 하등 다를 바 없다. 그래서 "자연의 소인이 사람에게는 군자, 자
연의 군자가 사람에게는 소인"이라고 말하는 것이다.

子桑戶孟子反子琴張三人相與友 曰 孰能相與於無相與 相爲於無相爲 孰能登天遊
霧 撓挑無極 相忘以生 無所終窮 三人相視而笑 莫逆於心 遂相與爲友

莫然有間而子桑戶死 未葬 孔子聞之 使子貢往侍事焉 或編曲 或鼓琴 相和而歌曰
嗟來桑戶乎 嗟來桑戶乎 而已反其眞 而我猶爲人猗 子貢趨而進曰 敢問臨尸而歌
禮乎 二人相視而笑曰 是惡知禮意

子貢反 以告孔子曰 彼何人者邪 修行無有 而外其形骸 臨尸而歌 顔色不變 無以
命之 彼何人者邪 孔子曰 彼 遊方之外者也 而丘 遊方之內者也 外內不相及 而丘
使女往弔之 丘則陋矣 彼方且與造物者爲人 而遊乎天地之一氣 彼以生爲附贅縣疣
以死爲決疣潰癰 夫若然者 又惡知死生先後之所在 假於異物 託於同體 忘其肝膽
遺其耳目 反覆終始 不知端倪 芒然彷徨乎塵垢之外 逍遙乎無爲之業 彼又惡能憒
憒然爲世俗之禮 以觀衆人之耳目哉

子貢曰 然則夫子何方之依 孔子曰 丘天之戮民也 雖然 吾與汝共之 子貢曰 敢問
其方 孔子曰 魚相造乎水 人相造乎道 相造乎水者 穿池而養給 相造乎道者 無事
而生定 故曰 魚相忘乎江湖 人相忘乎道術 子貢曰 敢問畸人 曰 畸人者 畸於人而
侔於天 故曰 天之小人 人之君子 天之君子 人之小人也

맹손재 모친상

안회가 중니에게 물었습니다.

안회 맹손재는 자기 어머니가 돌아가셨는데 곡을 할 때 눈물을 흘리지 않았습니다. 마음속으로 괴로워하지도 않았습니다. 상을 치르면서 슬퍼하지도 않았습니다. 이 세 가지가 없어도 상을 잘 치렀다는 소문이 노나라에 퍼졌습니다. 실제로 그렇지 않은데도 이렇게 이름이 날 수 있습니까? 정말 이상합니다.

중니 맹손씨는 할 일을 다한 것이다. 그는 상식적인 앎을 넘어선 사람이다. 간소하게 하려는 만큼 다하지는 못했겠지만 그래도 최대한 간소화한 셈이다. 맹손씨는 왜 사는지 왜 죽는지 모른다. 생전도 사후도 모른다. 아무것도 모른 채 무언가 되어가는 대로 기다릴 뿐이다. 이제 태어나려는데 태어나기 전을 어떻게 알 수 있겠느냐? 아직 죽지도 않았는데 죽고 난 후를 어떻게 알 수 있겠느냐? 나랑 너만 아직도 꿈에서 깨어나지 못하고 있는 게 아니겠느냐?

맹손씨는 몸이 흐트러지더라도 마음만은 상처 입지 않는 사람이다. 그는 집에서 밤을 새우지만 죽음 때문에 괴로워하지 않는다. 맹손씨는 깬 사람이다. 사람들이 곡을 하니 그도 따라 곡을 했다. 이것이 그가 그렇게 하고도 이름이 난 까닭이다. 게다가 방금 '나랑'이라고 는 했지만 이렇게 말하는 내가 정말 나인지 어떻게 알 수 있겠느냐? 너는 꿈속에서 새가 되어 하늘에 오르기도 하고 물고기가 되어 연 못 속으로 들어가기도 한다. 지금 이렇게 말하고 있는 것도 현실인 지 꿈인지 알 수 없구나. 남을 비난하기보다는 웃는 게 낫고, 웃음을 보이기보다는 어울리는 것이 낫다. 편안히 어울려 되어가는 것도 잊은 채 하나가 되어 고요한 자연으로 들어가보자꾸나.

顔回問仲尼曰 孟孫才 其母死 哭泣無涕 中心不戚 居喪不哀 無是三者 以善處喪
蓋魯國 固有無其實而得其名者乎 回壹怪之
仲尼曰 夫孟孫氏盡之矣 進於知矣 唯簡之而不得 夫已有所簡矣 孟孫氏不知所以
生 不知所以死 不知就先 不知就後 若化爲物 以待其所不知之化已乎 且方將化
惡知不化哉 方將不化 惡知已化哉 吾特與汝 其夢未始覺者邪
且彼有駭形而無損心 有旦宅而無情死 孟孫氏特覺 人哭亦哭 是自其所以乃 且也
相與吾之耳矣 庸詎知吾所謂吾之乎 且汝夢爲鳥而厲乎天 夢爲魚而沒於淵 不識今
之言者 其覺者乎 其夢者乎 造適不及笑 獻笑不及排 安排而去化 乃入於廖天一

의이자, 허유에게 배우다

의이자가 허유를 만나러 갔습니다.

허유   요임금이 그대에게 무엇을 가르쳐주었습니까?

의이자 요임금께서는 "반드시 사랑과 정의를 실천하고 옳고 그름을 분명히 말하라"고 하셨습니다.

허유   그런데 그대는 왜 나를 찾아오셨습니까? 요임금이 벌써 그대에게 사랑과 정의로 먹물을 새기고 옳고 그름으로 코를 베었거늘. 그대가 어떻게 저 자유롭고 끊임없이 되어가는 길에서 노닐 수 있겠습니까?

의이자 그래도 저는 그 언저리에서라도 노닐고 싶습니다.

허유   안 될 것입니다. 눈이 어두운 사람은 아름다운 얼굴과 상관이 없습니다. 눈먼 사람은 아름답게 장식한 청색 황색 무늬와는 상관이 없습니다.

의이자 무장이 그의 아름다움을 잃은 것이나 거량이 그의 힘을 잃은 것이나 황제가 그 앎을 버린 것 모두 용광로와 대장장이의 망치에 달려 있었을 뿐입니다. 무언가를 만드는 자연의 대장장이가 사랑과 정의라는 먹물을 지워주고 옳고 그름이 베어간 코를 되살려줄지 어떻게 알겠습니까? 그러면 제가 온전한 몸으로 선생님을 따를 수 있게 될지도 모르지 않습니까?

허유 아, 그럴지도 모르겠군요. 내 그대에게 대략을 말해주겠습니다. 나의 스승이여! 나의 스승이여! 만물을 부수고 만들고 해도 정의롭다 여기지 않습니다. 만세에 혜택을 베풀지만 사랑이라 생각하지 않습니다. 아주 옛날보다 오래되었으나 늙었다 생각하지 않습니다. 하늘이 덮게 해주고 땅이 싣게 해주어 여러 모양을 조각해내고도 재주 있다 하지 않습니다. 바로 여기가 그대가 놀 곳입니다.

意而子見許由 許由曰 堯何以資汝
意而子曰 堯謂我 汝必躬服仁義而明言是非
許由曰 而奚來爲軹 夫堯既已黥汝以仁義 而劓汝以是非矣 汝將何以遊夫遙蕩恣睢
轉徙之塗乎
意而子曰 雖然 吾願遊於其藩
許由曰 不然 夫盲者無以與乎眉目顔色之好 瞽者無以與乎靑黃黼黻之觀
意而子曰 夫無莊之失其美 據梁之失其力 黃帝之亡其知 皆在鑪捶之間耳 庸詎知
夫造物者之不息我黥而補我劓 使我乘成以隨先生邪
許由曰 噫 未可知也 我爲汝言其大略 吾師乎 吾師乎 螯萬物而不爲義 澤及萬世
而不爲仁 長於上古而不爲老 覆載天地刻彫衆形而不爲巧 此所遊已

앉아서 잊었다

안회 제가 더 나아간 것 같습니다.
중니 무슨 말이냐?
안회 저는 사랑과 정의를 잊었습니다.
중니 좋다. 그러나 아직 멀었다.

얼마 후 안회가 다시 공자를 뵙고 말했습니다.

안회 제가 더 나아간 것 같습니다.
중니 무슨 말이냐?
안회 저는 예와 악을 잊었습니다.
중니 좋다. 그러나 아직 멀었다.

얼마 후 안회가 다시 공자를 뵙고 말했습니다.

안회 제가 더 나아간 것 같습니다.
중니 무슨 말이냐?

안회 저는 앉아서 잊었습니다. 좌망坐忘을 했습니다.

공자가 놀라 물었습니다.

중니 좌망이라니, 그게 무슨 말이냐?

안회 손과 발, 몸을 잊었습니다. 귀와 눈의 작용을 쉬게 했습니다. 몸을 떠나고 앎을 버렸습니다. 아무런 막힘 없이 하나가 되었습니다. 이 것이 제가 말하는 좌망입니다.

중니 하나가 되면 좋다는 판단에 갇히지 않는다. 되어감에 따를 뿐 집착 하지 않게 되었구나. 너는 정말 훌륭하구나. 나도 네 뒤를 따르겠다.

顔回曰 回益矣 仲尼曰 何謂也 曰 回忘仁義矣 曰 可矣 猶未也
他日 復見 曰 回益矣 曰 何謂也 曰 回忘禮樂矣 曰 可矣 猶未也
他日 復見 曰 回益矣 曰 何謂也 曰 回坐忘矣
仲尼蹴然曰 何謂坐忘 顔回曰 墮肢體 黜聰明 離形去知 同於大通 此謂坐忘 仲尼
曰 同則無好也 化則無常也 而果其賢乎 丘也請從而後也

가난도 운명이겠지

자여와 자상은 벗이었습니다. 장맛비가 열흘 계속 내렸습니다. '아마
도 자상은 병이 들었을 것이다.' 자여는 먹을 것을 싸가지고 자상을 찾아
갔습니다. 자상의 집 앞에 이르자 노랫소리 같기도 하고 울음소리 같기
도 한 거문고 소리가 들려왔습니다. "아버님이실까? 어머님이실까? 자연
일까? 사람일까?" 힘겨운 소리에 가사도 대충 주워섬기고 있었습니다.
자여가 들어가 물었습니다.

자여 자네의 노래가 어찌 이런가?

자상 나를 이 지경에 이르게 한 것이 무얼까 생각해보았네. 하지만 알 수
가 없네. 내가 이렇게 가난하기를 부모가 바랐겠는가? 하늘은 사심
없이 모든 것을 덮어주고, 땅은 사심 없이 모든 것을 실어주는데 말
이야. 하늘과 땅이 나만 가난하게 했겠는가? 누가 이렇게 만들었을
까? 생각해봐도 알 수가 없네. 그런데도 이 지경에 이르렀으니 운명
이겠지.

子輿與子桑友 而霖雨十日 子輿曰 子桑殆病矣 裹飯而往食之 至子桑之門 則若歌
若哭 鼓琴曰 父邪 母邪 天乎 人乎 有不任其聲而趨舉其詩焉 子輿入 曰 子之歌詩
何故若是

曰 吾思夫使我至此極者而弗得也 父母豈欲吾貧哉 天無私覆 地無私載 天地豈私
貧我哉 求其爲之者而不得也 然而至此極者 命也夫

삶과 죽음은 운명입니다. 운명은 나의 의지로 바꿀 수도 벗어날 수도 없는 것입니다. 내가 태어나고자 해서 태어난 것도 아니고 죽고자 해서 죽을 수 있는 것도 아닙니다. 장자는 어찌할 수 없는 운명을 편하게 받아들이고 사랑하라고 합니다. 운명을 사랑한다는 것은 운명을 자유롭게 해주는 것입니다. 나의 운명이 자유로워질 때 비로소 내가 자유로워집니다.《장자》의 자유는 운명으로부터의 자유가 아니라 나의 집착과 욕망으로부터의 자유입니다. 나의 집착과 욕망을 버리고 운명을 받아들일 때 비로소 자유로워질 수 있습니다.《장자》의 자유는 운명애입니다. 그래서《장자》에는 운명과 자유의지, 결정론과 비결정론, 필연과 우연의 대립이 없습니다. 〈대종사〉의 천진한 사람들은 운명을 사랑하는 자유인들입니다.

응제왕

應帝王

천진한 지도자 태씨

광인 접여가 생각하는 훌륭한 지도자

담담한 무욕의 경지

담 없는 곳에서 노니는 사람

통나무의 소박함으로 돌아가다

있는 그대로 비추어준다

훌륭한 지도자는 어떤 사람일까요? 응제왕應帝王은 '있는 그대로 비추어주는(應) 지도자(帝王)'라는 뜻입니다. 편명의 뜻대로 훌륭한 지도자는 바로 있는 그대로 비추어주는 거울 같은 사람입니다. 또한 자신이 모른다는 것을 인정하는 겸손한 사람입니다. 설결은 스승 왕예가 네 번이나 모른다고 했다며 기뻐합니다. 광인 접여는 훌륭한 지도자는 할 수 없는 것을 강제하는 것이 아니라 자신을 바르게 하고 가능성을 확인하는 사람이라고 말합니다. 노자는 훌륭한 지도자(明王)는 세상을 보살피고도 자신이 한 일이라고 뽐내지 않는 욕심 없는 사람이라고 말합니다. 훌륭한 지도자는 욕심이 없는 사람입니다. 아무리 신통한 무당이라도 욕심 없는 사람의 운명은 예언하지 못합니다. 마음을 비우고 자신조차 잃은 자의 상을 읽지 못한 용한 무당은 달아나 버리고 맙니다. 훌륭한 지도자는 자연을 닮은 사람입니다. 있는 그대로를 비추어줄 뿐 잘해보겠다는 생각에 마음대로 하지 않습니다. 눈, 코, 귀, 입이 없어 답답할 거라는 생각에 숙과 홀은 혼돈에게 일곱 개의 구멍을 뚫어줍니다. 그러나 혼돈은 그 때문에 죽고 맙니다.

천진한 지도자 태씨

설결이 왕예에게 물었습니다. 네 번을 물었는데 네 번 모두 모른다고 대답했습니다. 설결은 뛸 듯이 기뻐하며 포의자에게 가서 이 말을 전했습니다. 포의자가 말했습니다. "그대는 이제야 그것을 알았습니까? 순임금은 태씨만 못합니다. 순임금은 사랑(仁)으로 사람들을 모으려 했습니다. 그래서 사람을 얻을 수는 있었습니다. 하지만 아직 옳고 그름을 따지는 데서 벗어나지 못했습니다. 태씨는 누워 잘 때는 평온하고, 깨어 있을 때는 어수룩한 사람입니다. 때로는 자신을 말(馬)이라 여기기도 하고 소(牛)라고 여기기도 합니다. 그러니 그의 앎은 정말 믿음직하고, 본래 모습은 그대로 천진합니다. 그는 남을 그르다고 비난한 적이 없습니다."

齧缺問於王倪 四問而四不知 齧缺因躍而大喜 行以告蒲衣子 蒲衣子曰 而乃今知之乎 有虞氏不及泰氏 有虞氏 其猶藏仁以要人 亦得人矣 而未始出於非人 泰氏 其臥徐徐 其覺于于 一以己爲馬 一以己爲牛 其知情信 其德甚眞 而未始入於非人

이 글은 〈제물론〉에서 소개했던 설결과 왕예의 대화와 연결해서 읽어야 합니다. 그래야 스승의 모른다는 대답에 설결이 왜 기뻐하는지, 포의자가 왜 뜬금없이 순임금의 이야기로 대답하는지 이해할 수 있습니다. 〈제물론〉에서 설결은 스승 왕예에게 질문을 하는데 왕예는 계속해서 모른다고 대답합니다. 훌륭한 지도자는 자신이 모른다는 것을 인정하는 열린 앎(大知)의 태도를 가진 사람입니다. 그래서 왕예가 '모른다'고 대답하자 설결이 기뻐한 것입니다. 〈제물론〉에서 전쟁을 준비하는 요임금에게 순임금은 제왕의 덕으로 감화시키라고 충고합니다. 그러자 장자는 설결과 왕예의 이야기를 하면서 순임금도 요임금과 마찬가지로 자기 앎에 갇혀 옳고 그름을 따진다며 순임금이 말하는 제왕의 덕을 갖춘다 해도 응제왕은 아니라고 말합니다. 응제왕은 자신의 존재를 드러내지 않으면서 '숨은 빛(葆光)'으로 모든 것을 비추어주는 지도자입니다. 태씨泰氏라는 이름처럼 크고, 왕예王倪라는 이름처럼 어린아이와 같이 천진한 사람입니다.

광인 접여가 생각하는 훌륭한 지도자

견오가 광인 접여를 만났습니다.

접여 일전에 중시가 그대에게 무슨 말을 하던가요?

견오 군주 스스로 마땅한 의식과 올바른 법도를 만들어내면 사람들이 그 것을 듣고 교화되지 않을 수 없을 거라고 했습니다.

접여 그것은 본래 모습을 속이는 것입니다. 세상을 그렇게 돌보는 것은 바닷속에 들어가 강을 뚫고, 모기에게 산을 짊어지라고 하는 것과 같습니다. 훌륭한 성인이 돌보는 일이 밖을 돌보는 일입니까? 자신 을 바르게 하고 나서 행동하고 일의 가능성을 확인할 뿐입니다. 새 는 높이 날아 화살을 피하고, 들쥐는 사당 아래 구멍을 깊이 파 연기 를 피우거나 파헤쳐져 잡히는 재앙을 피합니다. 그대는 어찌 이런 벌레들의 생존 지혜도 모른단 말입니까?

肩吾見狂接輿

狂接輿曰 日中始何以語女

肩吾曰 告我君人者以己出經式義度 人孰敢不聽而化諸

狂接輿曰 是欺德也 其於治天下也 猶涉海鑿河而使蚊負山也 夫聖人之治也 治外
乎 正而後行 確乎能其事者而已矣 且鳥高飛以避矰弋之害 鼷鼠深穴乎神丘之下以
避熏鑿之患 而曾二蟲之無知

담담한 무욕의 경지

천근이 은양에서 노닐다 요수가에 이르렀습니다. 거기서 우연히 무명인無名人[1]을 만나 그에게 물었습니다.

천근 세상을 어떻게 돌봐야 하는지 묻고 싶습니다.

무명인 물러가시오. 그대는 비속한 사람이구려. 어찌 그렇게 불쾌한 질문을 하는 겁니까? 나는 이제 조물자와 벗이 될 것입니다. 그러다 싫증 나면 멀리 날아가는 새를 타고 저 아득히 먼 곳(六極)으로 날아갈 것입니다. 담 없는 마을에서 놀고 끝없는 들판에서 머물 것입니다. 그런데 왜 그대는 세상 돌보는 일로 내 마음을 흔들려 하는 것입니까?

천근이 다시 물었습니다. 무명인이 말했습니다. "담담함 속에서 마음을 노닐게 하십시오. 그리고 적막함 속에서 흐름(氣)과 함께하십시오. 무엇이든 저절로 되는 대로 따르고 사사롭게 받아들이지 마십시오. 그러면

---

1 "훌륭한 성인은 이름에 연연하지 않습니다(聖人無名)."(《소요유》)

세상이 돌보아질 것입니다."

天根遊於殷陽 至蓼水之上 適遭無名人而問焉 曰 請問爲天下
無名人曰 去 汝鄙人也 何問之不豫也 予方將與造物者爲人 厭 則又乘夫莽眇之鳥
以出六極之外 而遊無何有之鄉 以處壙埌之野 汝又何帠以治天下感予之心爲
又復問 無名人曰 汝遊心於淡 合氣於漠 順物自然而無容私焉 而天下治矣

담 없는 곳에서 노니는 사람

양자거[2]가 노자를 만나 물었습니다.

양자거 여기 어떤 사람이 있습니다. 몸이 아주 민첩하고 강하고 모든 것
을 뚫어보고 모든 일을 분명하게 파악합니다. 그러면서도 '길'을
배우는 데 게으르지 않습니다. 이런 사람이라면 명왕明王이라고
할 만 하겠습니까?

노담 훌륭한 성인과 비교하면 이런 사람은 잡일이나 하면서 기술에 매
달리는 사람이다. 몸을 힘들게 하고 마음을 졸이는 사람일 뿐이
다. 호랑이나 표범의 무늬는 사냥꾼을 불러들이고, 민첩한 원숭이
나 너구리 잡는 개는 우리에 갇히게 마련이다. 이런 사람을 명왕
에 비할 수 있겠느냐?

양자거가 놀라며 다시 물었습니다.

---

2 양주楊朱. 같은 내용이《열자》에도 나온다.《열자》에서는 양주로 소개된다.

양자거 명왕은 세상을 어떻게 돌보는지 가르쳐주십시오.

노담 명왕은 세상을 돌보아 잘 살게 만들어도 자기가 한 일이라고 생각
하지 않는다. 또 어떤 일이든 되게 하면서도 사람들이 그에게 의
지하게 하지 않는다. 아무도 그의 이름을 들먹이지 않게 하고 사
람들 스스로 기뻐하게 한다. 그는 이런저런 계산을 하지 않고 그
저 담 없는 곳에서 노니는 사람(遊於無有者)이다.

陽子居見老聃 曰 有人於此 嚮疾强梁 物徹疏明 學道不勌 如是者 可比明王乎
老聃曰 是於聖人也 胥易技係 勞形怵心者也 且也虎豹之文來田 猨狙之便執斄之
狗來藉 如是者 可比明王乎
陽子居蹴然曰 敢問明王之治
老聃曰 明王之治 功蓋天下而似不自己 化貸萬物而民弗恃 有莫擧名 使物自喜 立
乎不測 而遊於無有者也

통나무의 소박함으로 돌아가다

정나라에 계함이라는 신통한 무당이 있었습니다. 그는 사람들의 죽음과 삶, 살아남고 죽게 되는 것, 화를 당하고 복을 받는 것, 오래 살고 일찍 죽는 것을 그 연월일까지 귀신같이 맞혔습니다. 정나라 사람들은 그를 보면 모두 도망쳤습니다. 계함을 만나보고 그에게 심취한 열자가 돌아와 스승 호자에게 말했습니다.

열자 지금까지 저는 선생님의 길이 최고라고 생각했습니다. 그런데 이제와서 보니 그보다 더한 길이 있었습니다.

호자 나는 너에게 길의 껍데기(文)를 가르쳤을 뿐 그 알맹이(實)는 아직 남아 있다. 그런데 너는 정말 길을 알았다고 생각하느냐? 암탉이 많아도 수탉이 없다면 어떻게 알을 낳겠느냐? 너는 길을 가지고 세상과 대결해서 너를 믿게 하려고 했구나. 그러니 그런 사람에게 너의 관상을 볼 수 있게 한 것이다. 어디 한번 그를 데리고 와 내 관상을 보라 해라.

다음 날 열자는 무당과 함께 호자를 만났습니다. 무당이 밖으로 나와 열자에게 말했습니다. "아! 그대의 선생이 죽게 생겼소이다. 살 가망이 없소. 열흘을 넘기지 못할 것이오. 내 이상한 것을 보았소. 젖은 재의 상이었소." 열자가 들어가 눈물로 옷깃을 적시며 호자에게 전했습니다.

호자가 말했습니다. "아까 나는 그에게 땅의 모양을 보여주었다. 멍하니 움직이지도 멈추지도 않았다. 그는 아마 나에게서 본래 모습의 흐름(德機)이 막힌 것을 보았을 것이다. 다시 데려와봐라."

다음 날 열자는 무당과 함께 다시 호자를 만났습니다. 무당이 밖으로 나와 열자에게 말했습니다. "다행이오. 그대 선생이 나를 만나 병이 완전히 나아 생기를 찾았소. 막힌 것이 뚫려 움직이는 것을 보았소." 열자가 들어가 이 말을 호자에게 전했습니다.

호자가 말했습니다. "아까 나는 하늘과 땅을 보여주었다. 이름이나 내용도 끼어들 수 없고, 흐름이 발꿈치에서 나왔다. 그가 아마 나에게서 흐름이 살았음을 보았을 것이다. 다시 데려와봐라."

다음 날 열자는 무당과 함께 다시 호자를 만났습니다. 무당이 밖으로 나와 열자에게 말했습니다. "당신 선생은 상이 일정하지 않아 관상을 볼 수가 없소이다. 일정해지거든 그때 다시 한 번 봅시다." 열자가 들어가 호자에게 전했습니다.

호자가 말했습니다. "아까 나는 텅 비어 있어 어디에도 치우침이 없는 모습을 보여주었다. 그는 아마 나에게서 균형 잡힌 흐름의 움직임을 보았을 것이다. 물고기가 이리저리 헤엄치는 깊은 물도 연못이고, 고요히 멈추어 있는 깊은 물도 연못이고, 흘러가는 깊은 물도 연못이다. 연못에는 아홉 가지가 있는데, 그중 세 가지를 보여주었다. 다시 데려와봐라."

다음 날 열자는 무당과 함께 또다시 호자를 만났습니다. 무당은 채 자리도 잡기 전에 얼이 빠져 달아나버렸습니다. 호자가 말했습니다. "따라가서 데리고 와라." 열자가 따라갔지만 잡지 못하고 되돌아왔습니다.

열자 벌써 가버렸습니다. 이미 사라져 잡지 못했습니다.

호자 아까 나는 자연 그대로의 모습을 보여주었다. 마음을 비우고 아무
런 욕심 없이 내가 누구인지도 모른 채 풀처럼 쓰러지고 물결치는
대로 흘렀다. 그랬더니 그가 달아나버린 것이다.

이 일이 있은 후 열자는 자신이 아직 배움의 시작도 하지 않았음을
깨닫고 집으로 돌아가 삼 년간 집 밖으로 나오지 않았습니다. 아내를 위
해 밥도 짓고 돼지를 사람처럼 먹이기도 했습니다. 매사 친소를 따지지
않고, 깎고 다듬는 일에서 다듬지 않은 통나무의 소박함으로 돌아갔습니
다. 그는 대지 자연이 하는 그대로 따르며 일생을 마칠 때까지 어떤 일에
도 흔들리지 않고 한결같은 삶을 살았습니다.

鄭有神巫曰季咸 知人之死生存亡 禍福壽夭 期以歲月旬日 若神 鄭人見之 皆棄而
走 列子見之而心醉 歸 以告壺子 曰 始吾以夫子之道爲至矣 則又有至焉者矣
壺子曰 吾與汝旣其文 未旣其實 而固得道與 衆雌而無雄 而又奚卵焉 而以道與世
亢 必信夫 故使人得而相汝 嘗試與來 以予示之
明日 列子與之見壺子 出而謂列子曰 嘻 子之先生死矣 弗活矣 不以旬數矣 吾見
怪焉 見濕灰焉 列子入 泣涕沾襟以告壺子
壺子曰 鄕吾示之以地文 萌乎不震不正(止) 是殆見吾杜德機也 嘗又與來
明日 又與之見壺子 出而謂列子曰 幸矣子之先生遇我也 有瘳矣 全然有生矣 吾見
其杜權矣 列子入 以告壺子
壺子曰 鄕吾示之以天壤 名實不入 而機發於踵 是殆見吾善者機也 嘗又與來
明日 又與之見壺子 出而謂列子曰 子之先生不齊 吾無得而相焉 試齊 且復相之

列子入 以告壺子

壺子曰 鄉吾示之以太沖莫勝 是殆見吾衡氣機也 鯢桓之審爲淵 止水之審爲淵 流水之審爲淵 淵有九名 此處三焉 嘗又與來

明日 又與之見壺子 立未定 自失而走 壺子曰 追之 列子追之不及 反 以報壺子曰 已滅矣 已失矣 吾弗及已

壺子曰 鄉吾示之以未始出吾宗 吾與之虛而委蛇 不知其誰何 因以爲弟靡 因以爲波流 故逃也

然後列子自以爲未始學而歸 三年不出 爲其妻爨 食豕如食人 於事無與親 雕琢復朴 塊然獨以其形立 紛而封哉 一以是終

있는 그대로 비추어준다

이름의 시체가 되지 마십시오. 꾀의 창고가 되지 마십시오. 일을 떠맡지 마십시오. 앎의 주인이 되지 마십시오. 끝없이 온몸으로 흔적도 없이 노니십시오. 자연이 주는 대로만 하십시오. 얻는 것에는 신경 쓰지 말고 오직 비우기만 하십시오. 순수한 지인은 마음 쓰는 것이 거울과 같습니다. 보내지도 않고 맞이하지도 않습니다. 비추기만 할 뿐 담아두지 않습니다. 그래서 있는 그대로 비추어줍니다. 상처 주지 않습니다.

남쪽 바다의 임금은 숙儵입니다. 북쪽 바다의 임금은 홀忽입니다. 중앙의 임금은 혼돈渾沌입니다. 숙과 홀이 가끔 혼돈의 땅에서 만났습니다. 혼돈은 그때마다 그들을 극진히 대접했습니다. 혼돈의 은덕에 보답하고 싶어 숙과 홀이 의논했습니다. "사람에게는 모두 일곱 개의 구멍이 있잖아요. 그래서 보고 듣고 먹고 숨 쉬잖아요. 그런데 혼돈에게는 이런 구멍이 없어요. 우리가 구멍을 뚫어줍시다." 그들은 혼돈에게 하루에 하나씩 구멍을 뚫어주었습니다. 이레가 되자 혼돈은 죽고 말았습니다.

無爲名尸 無爲謀府 無爲事任 無爲知主 體盡無窮 而遊無朕 盡其所受乎天 而無

見得 亦虛而已 至人之用心若鏡 不將不迎 應而不藏 故能勝物而不傷

南海之帝爲儵 北海之帝爲忽 中央之帝爲渾沌 儵與忽時相與遇於渾沌之地 渾沌待

之甚善 儵與忽謀報渾沌之德 曰 人皆有七竅以視聽食息 此獨無有 嘗試鑿之 日鑿

一竅 七日而渾沌死

숙과 홀이 혼돈을 위해 이목구비 일곱 구멍을 뚫어주었건만 혼돈은 이
레째 죽고 맙니다. 있는 그대로 받아들이지 않고 자기 식대로 판단하고 행동
하는 것은 아무리 좋은 의도라도 결국 죽음으로까지 내몰 수 있다는 경고입
니다. 그래서 훌륭한 지도자는 자기가 한 일이라고 내세우지 않고 있는 그대
로 비추어줄 뿐입니다. 숨은 태양의 빛으로 밤하늘에 별들이 빛날 수 있도록
말입니다. 혼돈 우화는 외편의 〈변무〉, 〈마제〉, 〈거협〉, 〈재유〉에서 잘났다는
사람들의 세상 망치는 이야기로 변주됩니다.

외편

모두 15편으로 구성되어 있는 외편의 편명은 주로 앞 글자를 따서 지었고, 〈전자방田子方〉만 첫 에피소드의 주인공 이름을 따서 지어졌습니다. 〈변무騈拇〉, 〈마제馬蹄〉, 〈거협胠篋〉, 〈재유在宥〉, 〈천지天地〉, 〈천도天道〉, 〈천운天運〉, 〈각의刻意〉, 〈선성繕性〉, 〈추수秋水〉, 〈지락至樂〉, 〈달생達生〉, 〈산목山木〉, 〈전자방〉, 〈지북유知北遊〉.

각 편의 주제로 멋진 제목을 붙인 내편과 달리 외편은 적당히 제목을 붙여 엉성하다는 인상을 줄 수도 있습니다. 그러나 외편이라는 이름에 걸맞게 내편의 주제들이 즉흥적인 재즈 연주처럼 다양한 이야기로 변주됩니다. 외편은 큰 흐름은 있지만 특별한 주제에 얽매이지 않고 술잔을 비우고 채우듯이 끝날 듯 끝나지 않는 치언의 방식으로 이어집니다.

외편은 내편의 마지막 에피소드인 혼돈 우화의 변주로 시작됩니다. 외편의 앞머리라 할 수 있는 〈변무〉, 〈마제〉, 〈거협〉에서는 성인과 지식인의 세상 망치는 이야기가, 〈재유〉에서는 노자의 절성기지絶聖棄知와 무위無爲가 소주제로 흐릅니다. 중반부를 이루는 〈천지〉, 〈천도〉, 〈천운〉에서는 성인과 지식인, 지도자 들의 본래 모습의 회복을 답으로 제시하고 있습니다. 똑똑한 지식인이 한 번 더 길을 잃게 만들고 있다며(〈천지〉), 마음을 비우고 있는 그대로 비추어주는 응제왕 같은 사람이어야 세상이 화목하고 즐거울 수 있다고 합니다(〈천도〉). 천지자연은 매 순간 변화하니 과거의 것에 매이지 말고, 부와 명예와 권력에 휘둘리지 말고 본래 모습대로 살라고 합니다(〈천운〉). 본래 모습을 회복하기 위해서는 쉬어야 하는데(〈각의〉), 안타깝게도 앎으로 본성을 바로잡겠다는 사람들이 있으니 이들은 '어둠 속을 헤매는 사람들'이며, 결국 부와 명예에 휘둘려 '거꾸로 사는 사람들'이라고 합니다(《선성》).

내가 아는 것은 광대한 우주 안에 티끌 같은 것입니다. 하백은 북해약을 만나 자신이 아는 것이 얼마나 보잘것없는 것인지를 깨닫습니다. 북해약은 판단하지 않고 차별하지 않고 본래 모습대로 살다보면 저절로 살게 된다고 말합니다(《추수》).

외편 후반부에서는 삶과 죽음을 함께 즐길 수 있는 온전한 마음으로 살면 진짜 즐거움을 느낄 수 있다며(《지락》), 시비도 잊고 원망도 없이 자연과 하나 되어 막힘없이 무심하게 사는 삶의 달인들을 소개합니다(《달생》). 무엇이든 있는 그대로 받아들이고, 무언가에 대한 무언가로 다루지 말라(物物而不物於物)면서(《산목》), 훌륭한 스승은 모든 것을 있는 그대로 받아들이고 모범을 보여주며 말없이 가르친다고 합니다(《전자방》). 훌륭한 스승처럼 길도 말로 다할 수 없는 것이라 말로 모든 것을 이해하려면 부족하다며 함께 어울리는 마음으로 담 없는 궁전(無何有之宮)에서 노닐자고 합니다(《지북유》). 앎이 아니라 노니는 마음으로 살자고 합니다.

변무

騈拇

군더더기를 덧붙이는 길

오리 다리 짧다고, 학의 다리 길다고

타고난 본성을 해치고

남들의 욕망을 욕망하는 사람들

변무駢拇는 '엄지발가락(拇)에 붙은 군살(駢)'을 말합니다. 군살이 있어 네 발가락이 된 변무나 육손이는 군더더기가 붙어 있지만 타고난 그대로의 모습입니다. 오리 다리 짧다고 이어주고, 학의 다리 길다고 자르겠습니까? 장자는 오히려 심각한 군더더기는 '사랑과 정의'를 오장에 갖다붙여 이용하고 눈, 코, 귀, 입으로 지나친 감각에 빠지는 것이라고 말합니다. 눈, 코, 귀, 입이 생기자 혼돈이 죽고 말았듯이 지나친 군더더기로 사람들의 본성이 바뀌고 세상의 본래 모습이 사라졌습니다. 사람들은 도덕의 노예, 감각의 노예가 되어 남들의 욕망과 즐거움에 휘둘리면서 정작 자신의 욕망과 즐거움은 누리지 못합니다.

군더더기를 덧붙이는 길

엄지발가락이 붙어버린 네 발가락이나 육손이는 보통 사람들보다 군살이 더 붙어 있지만 타고난 것입니다. 그러나 혹과 사마귀는 태어난 후 몸에 생긴 것입니다. 군더더기죠. 사랑(仁)과 정의(義)를 이리저리 이용하려는 자들은 사랑과 정의를 오장五藏에 붙여 말합니다. 이것은 올바른 길(道), 본래 모습(德)이 아닙니다. 발가락이 붙은 것은 쓸모없는 살이 있어서이고, 육손이 된 것도 쓸모없는 손가락이 더 있는 것뿐입니다. 하지만 사랑과 정의를 오장에 갖다붙이는 꼴은 사랑과 정의를 실천하는 데 집착해 귀 밝고 눈 밝은 총명함을 이용하는 것일 뿐입니다.

지나치게 눈이 밝은 사람은 오색 무늬의 아름다움과 청황색 보불黼黻의 화려함에 홀리고 맙니다. 이주離朱가 이런 사람 아니겠습니까? 지나치게 귀 밝은 사람은 오성五聲의 아름다운 소리와 육률六律의 다양한 멜로디, 금석金石과 사죽絲竹으로 만든 훌륭한 악기, 황종黃鐘과 대려大呂의 멋진 선율에 빠집니다. 사광師曠이 이런 사람 아니겠습니까? 지나치게 사랑에 집착하는 사람들은 명성을 얻기 위해 본래 모습을 훼손시키고 타고난 본성(性)을 틀어막습니다. 이들은 피리 불고 북치듯 세상을 떠들썩하게 만들며 이루지 못할 이상을 받들게 합니다. 증삼曾參과 사추史鰌가 이런 사람들 아니겠습니까? 지나치게 변론을 잘하는 사람은 기왓장을 쌓고 매듭을 묶듯이 말을 어렵게 꾸며 견백堅白이니 동이同異니 하는 궤변에 빠져 하찮은 명예를 위해 쓸모없는 말을 늘어놓다가 지쳐버립니다. 양주楊朱와 묵적墨翟이 이런 사람들 아니겠습니까? 이는 모두 군더더기를 덧붙이는 일이며 세상의 정말 올바른 길이 아닙니다.

駢拇枝指 出乎性哉 而侈於德 附贅縣疣 出乎形哉 而侈於性 多方乎仁義而用之者
列於五藏哉 而非道德之正也 是故駢於足者 連無用之肉也 枝於手者 樹無用之指
也 多方駢枝於五藏之情者 淫僻於仁義之行 而多方於聰明之用也
是故駢於明者 亂五色 淫文章 靑黃黼黻之煌煌非乎 而離朱是已 多於聰者 亂五聲
淫六律 金石絲竹黃鐘大呂之聲非乎 而師曠是已 枝於仁者 擢德塞性以收名聲 使
天下簧鼓以奉不及之法非乎 而曾史是已 駢於辯者 纍瓦結繩竄句 遊心於堅白同異
之閒 而敝跬譽無用之言非乎 而楊墨是已 故此皆多駢旁枝之道 非天下之至正也

오리 다리 짧다고, 학의 다리 길다고

정말 올바른 것은 타고난 그대로의 모습을 잃지 않는 것입니다. 그래서 발에 붙은 군살을 군더더기라 생각하지 않고, 손가락이 더 있어도 덧붙었다 생각하지 않는 것입니다. 길다고 남는 것이라 생각하지 않고, 짧다고 모자라는 것이라 생각하지도 않습니다. 오리 다리 짧다고 이어주면 괴로울 것이고, 학의 다리 길다고 자르면 슬퍼하겠죠? 길게 타고났다고 자를 것도 없고, 짧게 타고났다고 이어줄 것도 없습니다. 걱정할 게 아무것도 없습니다. 그런데 사랑과 정의는 아무래도 인간의 자연스러운 모습이 아닌 것 같습니다. 사랑을 말하는 사람(仁人)이 어찌 저리도 걱정이 많을까요?

붙어 있는 발가락을 찢으려고 하면 울 것입니다. 덧붙은 손가락을 물어뜯어내도 소리치며 울 것입니다. 하나는 수가 남고 하나는 수가 모자라지만 걱정하기는 매한가지입니다. 지금 세상의 사랑한다는 사람은 멍청한 눈으로 세상일에 걱정이 많고, 사랑을 말하지 않는 사람은 타고난 본래 모습을 뜯어버리고 부귀만 탐하고 있습니다. 사랑과 정의는 아무래도 인간의 자연스러운 모습이 아닌 것 같습니다. 하, 은, 주 삼대 이후로 세상이 왜 이리도 시끄러운가요?

곡자나 먹줄, 그림쇠나 곱자를 가지고 반듯하게 만드는 것은 타고난 본성(性)을 깎아버리는 것입니다. 끈으로 묶고 풀칠로 붙여 단단하게 만드는 것은 본래 모습(德)을 해치는 것입니다. 예악에 따라 몸을 굽히고 사랑과 정의에 따라 부드럽게 웃는 모습으로 세상 사람들의 마음을 위로하려는 것은 그대로의 모습(常然)을 잃게 하는 것입니다. 세상에는 그대로의 모습이 있습니다. 그대로의 모습은 곡자로 만들지 않아도 굽어져 있고, 먹줄을 대지 않아도 곧습니다. 그림쇠로 만들지 않아도 둥글고, 곱자를 대지 않아도 네모집니다. 풀칠을 하지 않아도 붙어 있고, 끈으로 묶지 않아도 묶여 있습니다.

세상의 모든 것은 자연스럽게 생긴 것입니다. 그러면서도 어떻게 생긴 것인지는 아무도 모릅니다. 모든 것이 저도 모르게 필요한 것을 얻게 됩니다. 그러면서도 어떻게 얻은 것인지 아무도 모릅니다. 그래서 예나 지금이나 본래 모습 그대로 훼손되지 않습니다. 그런데 어찌 풀칠하듯이, 끈으로 묶듯이 사랑과 정의를 줄줄이 이어붙여 '자연의 길(道) 본래 모습(德)' 틈에서 놀려는 것입니까? 세상을 혼란케 할 뿐입니다.

彼正(至)正者 不失其性命之情 故合者不爲騈 而枝者不爲跂 長者不爲有餘 短者
不爲不足 是故鳬脛雖短 續之則憂 鶴脛雖長 斷之則悲 故性長非所斷 性短非所續
無所去憂也 意仁義其非人情乎 彼仁人何其多憂也
且夫騈於拇者 決之則泣 枝於手者 齕之則啼 二者 或有餘於數 或不足於數 其於
憂一也 今世之仁人 蒿目而憂世之患 不仁之人 決性命之情而饕貴富 故意仁義其
非人情乎 自三代以下者 天下何其囂囂也
且夫待鉤繩規矩而正者 是削其性者也 待繩約膠漆而固者 是侵其德也 屈折禮樂
呴兪仁義 以慰天下之心者 此失其常然也 天下有常然 常然者 曲者不以鉤 直者不

以繩 圓者不以規 方者不以矩 附離不以膠漆 約束不以纆索

故天下誘然皆生而不知其所以生 同焉皆得而不知其所以得 故 古今不二 不可虧也

則仁義又奚連連如膠漆纆索而遊乎道德之間爲哉 使天下惑也

타고난 본성을 해치고

　작은 혼란은 방향을 바꿀 뿐이지만 큰 혼란은 타고난 본성을 바꿉니다. 왜 이렇게 생각하느냐고요? 요임금이 사랑과 정의를 내세워 세상을 어지럽힌 뒤 세상 사람들 모두 사랑과 정의라는 명령에 달려들지 않은 이가 없습니다. 이것이 사랑과 정의로 타고난 본성을 바꾼 것 아니겠습니까? 이에 대해 말해보겠습니다. 하, 은, 주 삼대 이후 왜 그런지 세상 모든 사람의 타고난 본성이 바뀌었습니다. 서민은 목숨 바쳐 이익을 좇고, 지식인은 목숨 바쳐 명예를 좇고, 대부는 몸을 바쳐 가문을 지키고, 성인은 목숨 바쳐 천하를 지킵니다. 하는 일도 다르고 이름나는 것도 다르지만 똑같이 타고난 본성을 해치고 무언가에 목숨을 걸고 있습니다.

　장臧과 곡穀, 두 종이 양을 치다 모두 양을 잃어버렸습니다. 장에게 어쩌다 그리되었냐고 묻자 책을 읽고 있었다고 대답했습니다. 곡에게 어쩌다 그리되었냐고 묻자 주사위 노름을 하고 있었다고 대답했습니다. 두 사람이 한 일은 다르지만 똑같이 양을 잃었습니다. 백이는 수양산 아래에서 명예를 위해 죽고, 도척은 동릉산 위에서 이익을 탐하다 죽었습니다. 두 사람이 죽은 곳은 다르지만 목숨을 버리고 타고난 본성을 해친 것은 마찬가지입니다. 그런데 백이는 옳고 도척은 그르다고 할 수 있습니까? 세상 사람들 모두 목숨 걸고 살아갑니다. 그런데 사랑과 정의에 목숨 걸면 군자라 하고, 돈에 목숨 걸면 소인이라고 합니다. 목숨을 거는 것은 마찬가지인데 거기에 군자가 있고 소인이 있습니다. 목숨을 버리고 타고 난 본성을 해친 것은 도척이나 백이나 마찬가지입니다. 어찌 군자와 소인으로 나눌 수 있겠습니까?

夫小惑易方 大惑易性 何以知其然邪 自虞氏招仁義以撓天下也 天下莫不奔命於仁
義 是非以仁義易其性與 故嘗試論之 自三代以下者 天下莫不以物易其性矣 小人
則以身殉利 士則以身殉名 大夫則以身殉家 聖人則以身殉天下 故此數子者 事業
不同 名聲異號 其於傷性以身爲殉 一也
臧與穀 二人相與牧羊而俱亡其羊 問臧奚事 則挾筴讀書 問穀奚事 則博塞以遊 二
人者 事業不同 其於亡羊均也 伯夷死名於首陽之下 盜跖死利於東陵之上 二人者
所死不同 其於殘生傷性均也 奚必伯夷之是而盜跖之非乎 天下盡殉也 彼其所殉仁
義也 則俗謂之君子 其所殉貨財也 則俗謂之小人 其殉一也 則有君子焉 有小人焉
若其殘生損性 則盜跖亦伯夷已 又惡取君子小人於其間哉

남들의 욕망을 욕망하는 사람들

증삼이나 사추처럼 사랑과 정의에 통달했더라도 타고난 본성이 사랑과 정의에 종속된 사람을 나는 대단하다고 말하지 않습니다. 유아俞兒처럼 맛에 통달했더라도 타고난 본성이 오미五味에 종속된 사람을 나는 대단하다고 말하지 않습니다. 사광처럼 소리에 통달했더라도 타고난 본성이 오성五聲에 종속된 사람을 나는 귀 밝다고 말하지 않습니다. 이주처럼 색에 통달했더라도 타고난 본성이 오색五色에 종속된 사람을 나는 눈 밝다고 말하지 않습니다.

내가 대단하다고 말하는 것은 사랑과 정의를 말하는 것이 아닙니다. 본래 모습을 실현하는 것입니다. 내가 대단하다고 말하는 것은 흔히 말하는 사랑과 정의를 말하는 데 있지 않습니다. 타고난 본성과 운명을 따르는 것입니다. 내가 귀 밝다고 말하는 것은 무언가에 귀를 기울이는 것이 아닙니다. 자기 스스로 듣는 것입니다. 내가 눈 밝다고 말하는 것은 무언가를 보려는 것이 아닙니다. 자기 스스로 보는 것입니다.

자기 스스로 보지 않으면서 무언가를 보려는 사람이 있습니다. 자기 스스로 욕망하지 않으면서 무언가를 욕망하는 사람이 있습니다. 이들은 남들의 욕망을 욕망하는 사람들입니다. 자신의 욕망을 욕망하지 못하는 사람들입니다. 남들이 즐기는 것을 즐기려는 사람들입니다. 자신의 즐거움을 즐기지 못하는 사람들입니다. 남들이 즐기는 것을 즐기려 했지 자신의 즐거움을 즐기지 못했다는 점에서 도척이나 백이나 타고난 본성을 해친 것은 마찬가지입니다. 나는 길(道)과 본래 모습(德) 앞에서 부끄러움을 느낍니다. 그래서 위로는 사랑과 정의를 지키겠다고 덤벼들지 않고, 아래로는 본성을 해치는 행동에 뛰어들지 않는 것입니다.

且夫屬其性乎仁義者 雖通如曾史 非吾所謂臧也 屬其性於五味 雖通如兪兒 非吾
所謂臧也 屬其性乎五聲 雖通如師曠 非吾所謂聰也 屬其性乎五色 雖通如離朱 非
吾所謂明也

吾所謂臧者 非仁義之謂也 臧於其德而已矣 吾所謂臧者 非所謂仁義之謂也 任其
性命之情而已矣 吾所謂聰者 非謂其聞彼也 自聞而已矣 吾所謂明者 非謂其見彼
也 自見而已矣

夫不自見而見彼 不自得而得彼者 是得人之得而不自得其得者也 適人之適而不自
適其適者也 夫適人之適而不自適其適 雖盜跖與伯夷 是同爲淫僻也 余愧乎道德
是以上不敢爲仁義之操 而下不敢爲淫僻之行也

'사랑과 정의'와 지나친 감각의 노예가 되면서 세상은 혼란스러워졌습니다. 사람들은 자신이 원하는 것이 무엇인지도 모르면서 남들의 칭송에 목숨마저 버리는 지경에 이르렀습니다. 사랑과 정의는 사람들을 길들이는 지배 도구가 되었습니다. 도대체 누가 사랑과 정의를 외치면서 사람들을 길들이는 것일까요? 그리고 이는 누구를 위한 것일까요? 이어지는 〈마제〉와 〈거협〉에서 그에 대한 이야기가 계속됩니다.

마제

馬蹄

세상을 잘못 다루는 것

순수한 모습 그대로인 세상

성인의 잘못이다

마제馬蹄는 '말발굽'이라는 뜻입니다. 마음껏 풀을 뜯고 물을 마시고 발을 높이 들고 내달리는 것이 말의 본성이고, 짐승들과 함께 살면서 차별하지 않고 서로 도우며 소박하게 살아가는 것이 사람의 본래 모습입니다. 그런데 길들여지면서 말은 본성을 잃고, 사람은 본래 모습을 잃고 말았습니다.

말이 죽더라도 사람의 말을 잘 듣는 말로 길들이는 사람을 훌륭한 조련사라고 칭송합니다. 길들여지면서 말이 본성을 잃고 사나워진 것은 사람들의 칭송을 받는 조련사의 잘못입니다. 그렇다면 길들여지면서 사람이 본래 모습을 잃고 약아지고 이익만 좇게 된 것은 누구의 잘못인가요? 사람을 잘 길들이는 조련사는 누구인가요?

세상을 잘못 다루는 것

말에게는 발굽이 있어 서리나 눈을 밟을 수 있고, 털이 있어 바람과 추위를 막을 수 있습니다. 말은 마음껏 풀을 뜯고 물을 마시고 발을 높이 들고 내달립니다. 이것이 말의 본성입니다. 멋진 누대나 화려한 궁전도 말에겐 소용없습니다. 그런데 백락伯樂이 "내가 말을 잘 다룬다"고 하면서 털을 지지고 깎고 발굽을 깎아 인두로 지지고 굴레를 씌우고 다리를 묶어 마구간에 줄줄이 매어놓았습니다. 이렇게 말 열 마리 가운데 두세 마리를 죽게 만듭니다. 그는 먹을 것, 마실 것도 주지 않고 내달리게 해 말들을 길들입니다. 입에 재갈을 물리고 가슴받이를 매달고는 뒤에서 채찍질을 합니다. 이렇게 해 또 말 절반을 죽게 만듭니다.

도공은 "내가 흙을 잘 다룬다. 내가 만든 둥근 그릇은 그림쇠에 꼭 맞고, 네모진 그릇은 곱자에 꼭 들어맞는다"고 합니다. 목수는 "내가 나무를 잘 다룬다. 굽은 것을 만들면 곡자에 꼭 맞고, 곧은 것을 만들면 먹줄에 꼭 맞는다"고 합니다. 그러나 흙과 나무의 성질이 그림쇠나 곱자, 곡자나 먹줄에 꼭 들어맞기를 어떻게 바랄 수 있겠습니까? 그래도 "백락은 말을 잘 다루고, 도공과 목수는 흙과 나무를 잘 다룬다"는 세상의 칭찬이 끊이지 않습니다. 이거야말로 세상을 잘못 다루는 것입니다.

馬 蹄可以踐霜雪 毛可以禦風寒 齕草飲水 翹足而陸 此馬之眞性也 雖有義臺路寢
無所用之 及至伯樂 曰 我善治馬 燒之 剔之 刻之 雒之 連之以羈馽 編之以皁棧
馬之死者十二三矣 飢之 渴之 馳之 驟之 整之 齊之 前有橛飾之患 而後有鞭筴之
威 而馬之死者已過半矣

陶者曰 我善治埴 圓者中規 方者中矩 匠人曰 我善治木 曲者中鉤 直者應繩 夫埴
木之性 豈欲中規矩鉤繩哉 然且世世稱之曰 伯樂善治馬而陶匠善治埴木 此亦治天
下者之過也

순수한 모습 그대로인 세상

세상을 잘 돌본다는 것이 이런 것은 아니라고 생각합니다. 사람들에게는 누구나 한결 같은 본성이 있습니다. 옷감을 짜서 지어 입고 땅을 갈아 먹고사는 것, 이것을 '누구나 갖춘 본래 모습(同德)'이라고 합니다. 모두 갖추고 있지만 억지로 꾸며 만든 것이 아닙니다. 그래서 이것을 '자연이 해주는 것(天放)'이라고 합니다. 순수한 모습 그대로인 세상(至德之世)에서는 사람들의 걸음걸이가 느긋하고 여유로웠으며 눈매는 밝고 환했습니다. 이런 시대에는 산에 길이 없고 못에 배도 다리도 없었습니다. 모두 함께 모여 살고 마을들도 이어져 있었습니다. 새와 짐승도 무리를 지어 살았고 초목도 마음껏 자랐습니다. 사람들은 새와 짐승을 끈으로 묶어 노는가 하면 새둥지 가까이 다가가 안을 들여다보기도 했습니다.

순수한 모습 그대로인 세상에서는 사람들이 새나 짐승과 함께 살아갑니다. 사람들도 모두 모여 서로 도우며 살아갑니다. 그러니 누가 군자이고 누가 소인인 줄 어떻게 알겠습니까? 아무도 모릅니다. 본래 모습 그대로 아무도 욕심이 없습니다. 이것을 '소박하다'고 말합니다. 소박하니 사람들의 본성이 타고난 그대로입니다.

吾意善治天下者不然 彼民有常性 織而衣 耕而食 是謂同德 一而不黨 命曰天放
故至德之世 其行塡塡 其視顚顚 當是時也 山無蹊隧 澤無舟梁 萬物群生 連屬其
鄕 禽獸成群 草木遂長 是故禽獸可係羈而遊 鳥鵲之巢可攀援而闚
夫至德之世 同與禽獸居 族與萬物竝 惡乎知君子小人哉 同乎無知 其德不離 同乎
無欲 是謂素樸 素樸而民性得矣

성인의 잘못이다

그런데 성인이 나타나 사랑(仁)을 실천하겠다고 뒤뚱거리고, 정의(義)를 행하겠다고 허둥대는 바람에 세상 사람들이 헷갈리기 시작했습니다. 질펀한 음악을 연주하고 번잡한 예를 만드는 바람에 세상 사람들이 차별하기 시작했습니다. 순수한 통나무를 해치지 않고 누군들 나무 술잔을 만들 수 있겠습니까? 자연 그대로의 백옥을 훼손하지 않고 누군들 규장珪璋 구슬을 만들 수 있겠습니까? 자연스러운 길(道)과 본래 모습(德)을 버리지 않고 어떻게 사랑과 정의를 택할 수 있겠습니까? 타고난 본성을 떠나지 않고 어떻게 예악을 쓸 수 있겠습니까? 오색에 홀리지 않고 어느 누가 무늬를 만들 수 있겠습니까? 오성에 빠지지 않고 어느 누가 육률을 맞출 수 있겠습니까? 순수한 통나무를 해쳐 그릇을 만든 것은 목수의 죄입니다. 자연스러운 길과 본래 모습을 훼손시켜 사랑과 정의를 만든 것은 성인의 잘못입니다.

말은 보통 때는 풀을 먹고 물을 마십니다. 기분이 좋으면 서로 목을 비벼댑니다. 화나면 등지고 서로 걸어찹니다. 말이 아는 것은 이게 전부였습니다. 그런데 말에게 횡목과 멍에를 달고 끌채를 연결하자 말은 끌채를 꺾고 멍에를 부수고 사납게 치받고 재갈을 망가뜨리고 고삐를 물어뜯는 것을 알게 되었습니다. 말이 이런 나쁜 짓을 할 줄 알게 된 것은 백락의 죄입니다.

혁서씨의 시절, 사람들은 집에 있을 때 자기가 무얼 하고 있는지 몰랐습니다. 돌아다닐 때도 어디에 가는지 몰랐습니다. 사람들은 먹을 것을 입에 넣고 즐거워 배를 두드리며 시간을 보냈습니다. 사람들이 할 줄 아는 건 이게 전부였습니다. 그런데 성인이 나타나 예악에 따라 몸을 굽히게 해서 사람들의 몸가짐을 바로잡고, 사랑과 정의를 내세워 사람들의 마음을 달래려고 했습니다. 그러자 사람들이 발끝으로 걸어다니고, 앎을 좋아하고, 다투어 이익을 좇기 시작했습니다. 이제는 막을 수 없습니다. 이는 성인의 잘못입니다.

及至聖人 蹩躠爲仁 踶跂爲義 而天下始疑矣 澶漫爲樂 摘僻爲禮 而天下始分矣 故純樸不殘 孰爲犧尊 白玉不毀 孰爲珪璋 道德不廢 安取仁義 性情不離 安用禮樂 五色不亂 孰爲文采 五聲不亂 孰應六律 夫殘樸以爲器 工匠之罪也 毀道德以爲仁義 聖人之過也
夫馬 陸居則食草飮水 喜則交頸相靡 怒則分背相踶 馬知已此矣 夫加之以衡扼 齊之以月題 而馬知介倪闉扼鷙曼詭銜竊轡 故 馬之知而態至盜者 伯樂之罪也
夫赫胥氏之時 民居不知所爲 行不知所之 含哺而熙 鼓腹而遊 民能以此矣 及至聖人 屈折禮樂以匡天下之形 縣跂仁義以慰天下之心 而民乃始踶跂好知 爭歸於利 不可止也 此亦聖人之過也

백락에게 길들여진 말들이 순수한 말의 본성을 잃고 사나워졌듯 성인에게 길들여진 사람들은 소박하고 순수한 본래 모습을 잃고 다투어 이익을 좇습니다. 도대체 성인은 누구를 위해 '사랑과 정의'를 외치며 사람들을 길들이는 걸까요? 이어지는 〈거협〉에서 그에 대한 답이 나옵니다.

거협
胠篋

큰 도둑을 위해

사랑과 정의까지 훔치다

큰 도둑을 없애려면

텅텅대는 수레 소리

거협肤篋은 '상자(篋)를 연다(肤)'는 뜻으로 도둑질을 위해 상자를 여는 것을 말합니다. 상자를 단단히 묶고 잠가두는 것은 도둑을 막기 위해서입니다. 그런데 큰도둑은 상자째 훔쳐가면서 오히려 상자가 단단히 묶여 있지 않을까봐 걱정합니다. 도둑들은 '사랑과 정의'마저 훔쳐 도둑질의 도구와 노리개로 이용합니다. 도대체 누구를 위해 성인은 사랑과 정의를 외치고, 지식인은 앎을 추구하는 것일까요? 결국 최고 지식인과 성인 들은 세상을 훔치는 큰도둑을 위해 상자를 단단히 묶는 일을 하고 있는 것은 아닌가요?

큰도둑을 위해

상자를 열고 자루를 뒤지고 궤짝을 뜯는 도둑을 막겠다고 끈으로 단단히 묶고 자물쇠로 튼튼하게 잠가둡니다. 사람들은 흔히 이렇게 하는 것을 '지혜롭다(知)'고 합니다. 그러나 큰도둑은 궤짝을 등에 지고 상자를 손에 들고 자루를 어깨에 메고 달아나면서 끈과 자물쇠가 단단하지 않을까봐 걱정합니다. 결국 세상의 지식인이라는 사람들이 큰도둑을 위해 꽁꽁 싸둔 셈이 아닙니까?

이에 대해 한번 말해봅시다. 큰도둑을 도와주기 위해 지식인이라는 사람들이 있는 것은 아닙니까? 큰도둑을 지켜주기 위해 성인이라는 사람들이 있는 것은 아닙니까? 왜 이렇게 생각하느냐고요? 옛날 제齊나라에서는 이웃 마을이 서로 바라다보이고 닭 우는 소리, 개 짖는 소리가 서로 들렸습니다. 그물을 쳐서 물고기를 잡고, 쟁기와 괭이로 일구는 땅이 사방 이천 리나 되었습니다. 나라 안 곳곳에 종묘와 사직을 세우고 읍, 옥, 주, 여, 향 같은 고을을 다스리는 데 언제나 성인의 법을 따랐습니다. 그러나 하루아침에 전성자田成子가 제나라 임금을 죽이고 나라를 훔쳤습니다. 훔친 것이 나라뿐이었을까요? 성인과 지식인이 만든 법까지 모두 훔쳤습니다. 그래서 전성자는 도적이라고 불리기는 했어도 몸은 요순처

럼 편했습니다. 작은 나라는 비난조차 못했고, 큰 나라도 공격할 엄두를
못 냈습니다. 그렇게 해서 전씨는 십이 대에 걸쳐 제나라를 차지할 수 있
었습니다. 제나라 땅만이 아니라 성인과 지식인이 만든 법까지 훔쳤기에
도적의 몸을 지킬 수 있었던 것이 아니겠습니까?

이에 대해 계속 말해봅시다. 큰도둑을 도와주기 위해 최고의 지식인
이라는 사람들이 있는 것은 아닙니까? 큰도둑을 지켜주기 위해 최고의
성인이라는 사람들이 있는 것은 아닙니까? 왜 또 이렇게 말하느냐고요?
옛날 관용봉은 목이 베어 죽고, 비간은 가슴이 찢겨 죽고, 장홍萇弘[1]은 창
자가 끊겼고, 오자서伍子胥[2]의 시신은 물속에서 썩었습니다. 이 네 현자도
죽음을 피할 수 없었습니다.

將爲胠篋深囊發匱之盜而爲守備 則必攝緘縢 固局鐍 此世俗之所謂知也 然而巨盜
至 則負匱揭篋擔囊而趨 唯恐緘縢局鐍之不固也 然則鄕之所謂知者 不乃爲大盜積
者也
故嘗試論之 世俗之所謂知者 有不爲大盜積者乎 所謂聖者 有不爲大盜守者乎 何
以知其然邪 昔者齊國隣邑相望 鷄狗之音相聞 罔罟之所布 耒耨之所刺 方二千餘
里 闔四竟之內 所以立宗廟社稷 治邑屋州閭鄕曲者 曷嘗不法聖人哉 然而田成子
一旦殺齊君而盜其國 所盜者豈獨其國邪 並與其聖知之法而盜之 故田成子有乎盜
賊之名 而身處堯舜之安 小國不敢非 大國不敢誅 十二世有齊國 則是不乃竊齊國
並與其聖知之法以守其盜賊之身乎
嘗試論之 世俗之所謂至知者 有不爲大盜積者乎 所謂至聖者 有不爲大盜守者乎
何以知其然邪 昔者龍逢斬 比干剖 萇弘胝 子胥靡 故四子之賢而身不免乎戮

---

1 주나라 경왕 때의 현신으로 범중해의 반란 때 연루되어 살해당했다.
2 어리석은 군주 부차에게 충성하다 비참한 최후를 맞은 월나라 충신.

사랑과 정의까지 훔치다

도척盜跖의 부하가 도척에게 물었답니다.

부하 도둑질에도 길(道)이 있습니까?

도척 어디엔들 길이 없겠느냐? 방 안에 무엇이 있는지 알아맞히는 게 훌륭함(聖)이다. 먼저 들어가는 게 용기(勇)다. 나중에 나오는 게 의리(義)다. 될지 안 될지 아는 게 지혜(知)다. 고루 나누는 게 사랑(仁)이다. 이 다섯 가지를 갖추지 않고 큰도둑이 된 자는 아무도 없다.

착한 사람이라도 '성인의 길'을 가지 못하면 자신을 내세우지 못합니다. 마찬가지로 도척도 성인의 길을 가지 못하면 도둑질을 할 수 없다는 것을 위 이야기가 알려줍니다. 그런데 세상에 착한 사람은 적고 그렇지 않은 사람은 많습니다. 성인이 세상에 베푸는 이득은 적고 끼치는 해가 많은 것입니다. 그래서 "입술이 없어져 이가 시리고, 노나라 술이 멀게 한 단이 포위된 것처럼 성인이 생기자 큰도둑이 나타났다"[3]는 말이 있는 것입니다.

성인을 없애고 도둑을 내버려두면 세상이 스스로 돌보아질 것입니다. 냇물이 마르면 골짜기가 텅 비고, 언덕이 무너지면 깊은 못이 메워지듯이 성인이 죽으면 큰도둑이 없어지고, 세상은 평화롭고 아무 일 없게 될 것입니다. 성인이 죽지 않으면 큰도둑은 없어지지 않습니다. 성인이 계속 세상을 다스리는 것은 도척을 계속 이롭게 해주는 것입니다. 분량을 재려고 됫박을 만들면 도둑은 됫박까지 훔쳐갑니다. 무게를 재려고 저울을 만들면 도둑은 저울까지 훔쳐갑니다. 신용을 위해 어음 증서를 만들면 도둑은 어음 증서까지 훔쳐갑니다. 세상을 바로잡겠다고 사랑과 정의를 만들면 도둑은 그 사랑과 정의까지 훔쳐갑니다.

왜 이렇게 말하느냐고요? 혁대 고리를 훔친 사람은 사형을 당하지만 나라를 훔친 사람은 제후가 됩니다. 제후의 문 앞에 내걸린 사랑과 정의를 보세요.[4] '사랑과 정의' '훌륭함(聖)과 앎(知)'을 통째로 훔쳐간 것이 아닙니까? 큰도둑은 악명을 떨쳐버리고 제후라는 이름을 내걸고 싶어합니다. 그래서 사랑과 정의, 됫박, 저울, 어음 증서까지 모두 훔칩니다. 이런 자는 높은 벼슬을 주겠다고 구슬려도 설득되지 않습니다. 죽인다고 위협해도 막을 수 없습니다. 이렇게 계속 도척을 이롭게 해주면서도 막을 수

---

3 "입술이 없어져 이가 시리다." 입술이 없어졌다는 것은 성인이 본래 모습을 훼손시켰다는 것이고, 이가 시리다는 것은 도둑이 나타났다는 것이다. "노나라 술이 멀게서 한단이 포위되었다."《회남자》에 나오는 해설을 보면 노나라와 조나라가 대국 초나라에 술을 바쳤는데, 노나라 술은 맛이 없고 조나라 술은 맛이 좋았다고 한다. 그런데 한 초나라 관리가 요구한 술을 조나라가 거부하자 관리는 화가 나서 노나라 술을 조나라 술이라고 속이고 초나라 왕에게 올렸다. 이에 초나라 왕이 불쾌하게 여겨 조나라 수도인 한단을 포위했다고 한다. 자기 이익이나 기분에 따라 얄팍한 꾀나 내고, 명분을 만들어 탐욕을 채우는 것을 지혜라고 하며 세상을 도둑의 세상, 전쟁터로 만들고 있음을 말하는 것이다. 육덕명의 해설도 소개한다. 그는 이 말을 서로 상관없는 것처럼 보이는 것들이 원인을 제공하듯이 성인이 나타난 것과 큰도둑이 생긴 것이 겉으로는 상관없는 것처럼 보이지만 결국 원인을 제공하는, 납득하기 어려운 어이없는 상황이 벌어졌다는 말이라고 보았지만, 글쎄다.
4 '사랑과 정의(仁義)'라는 말을 표방한다는 의미다.

없게 된 것은 성인의 잘못입니다. 그래서 "물고기는 못에서 나오면 안 되고, 나라의 이로운 무기는 사람들에게 보이면 안 된다"[5]고 말하는 것입니다. 바로 성인은 세상의 '이로운 무기(利器)'입니다. 그러니 세상에 드러나서는 안 됩니다.

故跖之徒問於跖曰 盜亦有道乎

跖曰 何適而無有道邪 夫妄意室中之藏 聖也 入先 勇也 出後 義也 知可否 知也 分均 仁也 五者不備而能成大盜者 天下未之有也

由是觀之 善人不得聖人之道不立 跖不得聖人之道不行 天下之善人少而不善人多 則聖人之利天下也少而害天下也多 故曰 脣竭則齒寒 魯酒薄而邯鄲圍 聖人生而大盜起

掊擊聖人 縱舍盜賊 而天下始治矣 夫川竭而谷虛 丘夷而淵實 聖人已死 則大盜不起 天下平而無故矣 聖人不死 大盜不止 雖重聖人而治天下 則是重利盜跖也 爲之斗斛以量之 則並與斗斛而竊之 爲之權衡以稱之 則並與權衡而竊之 爲之符璽以信之 則並與符璽而竊之 爲之仁義以矯之 則並與仁義而竊之

何以知其然邪 彼竊鉤者誅 竊國者爲諸侯 諸侯之門而仁義存焉 則是非竊仁義聖知邪 故逐於大盜 揭諸侯 竊仁義並斗斛權衡符璽之利者 雖有軒冕之賞弗能勸 斧鉞之威弗能禁 此重利盜跖而使不可禁者 是乃聖人之過也 故曰 魚不可脫於淵 國之利器不可以示人 彼聖人者 天下之利器也 非所以明天下也

---

5 《도덕경》 36장 참조.

큰도둑을 없애려면

훌륭함과 앎을 잘라버려야 큰도둑이 없어집니다. 옥구슬을 던져버려야 좀도둑이 생기지 않습니다. 어음 증서를 태워버려야 사람들이 소박해집니다. 됫박과 저울을 부숴버려야 사람들이 싸우지 않습니다. 세상에 있는 성인의 법을 모두 없애버려야 비로소 사람들이 서로 논의할 수 있게 됩니다. 육률과 피리와 거문고를 없애버리고 사광의 귀를 막아버려야 비로소 세상 사람들이 나름대로 들을 수 있게 됩니다. 화려한 무늬와 오색을 치워버리고 이주의 눈을 아교로 붙여버려야 비로소 세상 사람들이 나름대로 볼 수 있게 됩니다. 곡자와 먹줄, 그림쇠와 곱자를 없애버리고 공수工倕의 손가락을 꺾어버려야 비로소 세상 사람들이 나름대로 솜씨를 낼 수 있게 됩니다. 그래서 "위대한 솜씨는 서툴러 보인다"[6]고 말하는 것입니다. 증삼과 사추의 행동을 버리고 양주와 묵적의 입을 막아 사랑과 정의를 물리쳐야 합니다. 그때 비로소 세상은 본래 모습(德)을 찾게 될 것입니다.

누구나 나름대로 볼 수 있다면 세상이 헷갈리지 않을 것입니다. 누구

---

6 《도덕경》 45장 참조.

나 나름대로 들을 수 있다면 세상이 지겹지 않을 것입니다. 누구나 나름대로 알 수 있다면 세상에 홀리지 않을 것입니다. 누구나 나름대로 살 수 있다면 세상에 휘말리지 않을 것입니다. 증삼, 사추, 양주, 묵적, 사광, 공수, 이주는 모두 그들의 덕을 밖으로 드러내면서 세상을 어지럽힌 자들입니다. 본보기로 쓸데없습니다.

故絶聖棄知 大盜乃止 擿玉毀珠 小盜不起 焚符破璽 而民朴鄙 掊斗折衡 而民不爭 殫殘天下之聖法 而民始可與論義 擢亂六律 鑠絶竽瑟 塞瞽曠之耳 而天下始人含其聰矣 滅文章 散五采 膠離朱之目 而天下始人含其明矣 毀絶鉤繩而棄規矩 攦工倕之指 而天下始人有其巧矣 故曰 大巧若拙 削曾史之行 鉗楊墨之口 攘棄仁義 而天下之德始玄同矣

彼人含其明 則天下不鑠矣 人含其聰 則天下不累矣 人含其知 則天下不惑矣 人含其德 則天下不僻矣 彼曾 史 楊 墨 師曠 工倕 離朱 皆外立其德而以爛亂天下者也 法之所無用也

텅텅대는 수레 소리

순수한 모습 그대로 살던 세상(至德之世)에 대해 그대는 모른단 말입니까? 옛날에 용성씨, 대정씨, 백황씨, 중앙씨, 율육씨, 여축씨, 헌원씨, 혁서씨, 존노씨, 축융씨, 복희씨, 신농씨가 있었습니다. 그 시절에는 "사람들이 끈을 묶어 소통하고, 자기 음식을 맛있게 먹고, 자기 옷을 좋아하고, 자기 생활을 즐기면서 편안하게 살았습니다. 그들은 이웃 나라가 서로 보일 만큼 가까이 살아 닭 울음소리, 개 짖는 소리가 서로 들렸습니다. 하지만 늙어 죽을 때까지 서로 왕래할 일이 없었습니다".[7] 그 시절에는 정말 잘 살았습니다.

그런데 오늘날 사람들은 목을 빼고 발뒤꿈치를 들고는 "어디어디에 현자가 있다더라" 외치며 식량을 둘러메고 찾아다니는 지경이 되었습니다. 이들은 안으로는 정든 것을 버리고, 밖으로는 오래된 본성마저 저버립니다(內棄其親 而外去其主之事).[8] 그들의 발자국은 제후국의 경계를 가로지르며 끝없이 이어지고, 그들의 수레바퀴 자국은 천 리 밖을 이리저리 누빕니다. 이는 앎을 좋아하는 윗사람의 잘못 때문입니다. 윗사람이 앎을 좋아

7《도덕경》80장 참조.

하면 '자연스러운 길(道)'이 없어지고 세상은 매우 혼란스러워집니다.

왜 이렇게 말하느냐고요? 사람들이 활, 쇠뇌, 새그물, 주살 따위의 도구 만드는 법을 많이 알수록 새들은 하늘에서 혼란에 빠집니다. 사람들이 낚싯바늘, 미끼, 그물, 통발 만드는 법을 많이 알수록 물고기는 물속에서 혼란에 빠집니다. 사람들이 울타리, 그물, 올가미, 덮치기 만드는 법을 많이 알수록 짐승들은 진펄에서 혼란에 빠집니다. 기만적인 앎, 견백堅白의 말재주, 동이同異의 궤변이 많아질수록 사람들은 논쟁에 빠집니다. 이런 식으로 온 세상이 큰 혼란에 빠집니다. 그 죄는 '앎을 좋아했기' 때문입니다.

사람들 모두 모르는 것에 대해 알려고 합니다. 그런데 이미 알고 있는 것에 대해서는 제대로 알려고 하지 않습니다. 사람들 모두 나쁘다는 것에 대해서는 아니라고 할 줄 압니다. 그런데 이미 좋다고 이야기되는 것에 대해서는 아니라고 할 줄 모릅니다. 세상이 이렇게 혼란스러워졌습니다. 그래서 하늘에선 해와 달의 빛이 흐려지고, 땅에선 강산의 정기가 사라지고, 세상에선 사계절의 변화가 흔들리는 것입니다. 꿈틀거리며 기

---

8 지금까지 많은 번역본에서 '부모를 버리고, 군주를 떠난다'는 식으로 해석했다. 영역본도 마찬가지다. 가장 많이 보는 왓슨Watson의 번역이나 가장 근래에 나온 메이어Mair의 것도 마찬가지다. '親'을 '부모'로 해석하고, '主'를 '군주'로 보는 견해는 유학적 지식 소양에서 비롯된 것이다. 맹자가 양주와 묵적을 아버지와 군주를 무시한 사람들이라고 비판한 대목이 떠오른다. 親은 좀 더 넓은 의미로, 서로 친하게 지내며 정을 나누는 것이다. 《국어國語》에서는 사람들을 사랑하고 보호해주는 것이라고 했다. 《사기史記》에서는 親을 서로 정을 나누는 것이라고 했다. 당 현종의 《효경서孝經序》에서는 자애로운 마음을 親이라고 한다고 했다(《대한화사전大漢和辭典》10권 332쪽 참조). 마찬가지로 主도 좀 더 깊이 살펴보면 단순히 군주보다는 자연스러운 본성을 말하는 것임을 알 수 있다. 《여람呂覽》〈심분審分〉에서는 主를 본성이라고 설명했다. 《예禮》〈예기禮器〉에서는 主를 본성과 오래된 것을 말한다고 설명했다(《대한화사전》1권 330쪽 참조). 여기서는 좀 더 넓은 의미로 해석한다. 이런 해석이 부모와 군주만이 아니라 그동안 정들었던 익숙한 것들과 자연스러운 삶의 방식을 버리고 지식을 쌓아 출세하겠다고 짐 싸서 길 떠나는 이들을 안타깝게 바라보는 장자의 뜻에 맞다.

어다니는 땅벌레나 이리저리 날아다니는 날벌레까지 타고난 본성을 잃지 않은 것이 없습니다. 심합니다! 앎을 좋아하다보니 세상이 이렇게 혼란에 빠져버렸습니다. 하, 은, 주 삼대 이후로 이런 꼴입니다.

소박하고 꾸밈없는 사람들을 무시하고, 경박하고 말만 잘하는 인간들만 반깁니다. 담박하고 꾸밈없는 것을 버리고 요란한 말재주만 좋아합니다. 텅텅대는 수레 소리, 세상이 시끄럽습니다.[9]

子獨不知至德之世乎 昔者容成氏大庭氏伯皇氏中央氏栗陸氏驪畜氏軒轅氏赫胥氏
尊盧氏祝融氏伏犧氏神農氏當是時也 民結繩而用之 甘其食 美其服 樂其俗 安其
居 隣國相望 鷄狗之音相聞 民至老死而不相往來 若此之時 則至治已
今遂至使民延頸擧踵曰 某所有賢者 嬴糧而趣之 則內棄其親而外去其主之事 足跡
接乎諸侯之境 車軌結乎千里之外 則是上好知之過也 上誠好知而無道 則天下大亂
矣
何以知其然邪 夫弓弩畢弋機變之知多 則鳥亂於上矣 鉤餌罔罟罾笱之知多 則魚亂
於水矣 削格羅落罝罘之知多 則獸亂於澤矣 知詐漸毒頡滑堅白解垢同異之變多 則
俗惑於辯矣 故天下每每大亂 罪在於好知
故天下皆知求其所不知而莫知求其所已知者 皆知非其所不善而莫知非其所已善者
是以大亂 故上悖日月之明 下爍山川之精 中墮四時之施 惴耎之蟲 肖翹之物 莫不
失其性 甚矣夫好知之亂天下也 自三代以下者是已
舍夫種種之民而悅夫役役之佞 釋夫恬淡無爲而悅夫啍啍之意 啍啍已亂天下矣

---

9 啍啍(톤톤, 순순). 출세하려는 사람들이 타고 다니는 수레 소리 또는 그들의 요란한 말솜씨를 이런 의성어로 표현했다. 《시경詩經》에 "큰 수레 텅텅대며(大車啍啍)"라는 구절이 있다.

"훌륭함과 앎을 잘라버려라(絶聖棄知)." 이는 성인이나 앎에 대한 피상적 거부나 부정을 의미하는 말이 아닙니다. 성인이 누구를 위해 사랑과 정의를 외치고, 지식인이 누구를 위해 앎을 추구하는가 하는 통찰에서 나온 말입니다. 도덕과 지식은 큰도둑의 도구와 노리개가 되었고, 그것을 생산하는 성인과 지식인은 결국 큰도둑을 위해 복무하고 있다는 의미입니다. 그러니 성인과 지식인이 사라져야 큰도둑이 없어진다는 것입니다. 그때는 누구나 나름대로 보고 듣고 알 수 있어 세상에 휘말리지 않고 살아갈 수 있다고 합니다. 그렇다면 성인과 지식인이 망쳐버린 세상의 본래 모습을 어떻게 해야 회복할 수 있을까요? 이어지는 〈재유〉에서 그에 대한 답을 찾아볼 수 있을까요?

재유

在宥

억지로 하지 않아도

훌륭함과 앎을 잘라버려라

어떻게 하면 오래 살 수 있나요?

침묵을 가르쳐 주셨습니다

다른 것을 인정해주는 사람

모양을 따르는 그림자, 소리를 따르는 메아리

재유在宥는 '있는 그대로(在) 내버려둔다(宥)'는 의미입니다. 세상의 본래 모습을 회복하기 위한 노자의 지혜를 소개합니다. 황제가 사랑과 정의를 실천하겠다고 법 제도를 만들자 여러 지식인의 다툼이 생기고 잔인한 형벌까지 생깁니다. 결국 사람들을 죽음으로 몰아넣는 지경에까지 이릅니다. 노자는 "억지로 하지 말고(無爲)", "훌륭함과 앎을 잘라버려야(絶聖棄知)" 세상이 본래 모습을 회복할 수 있다고 합니다. 계속해서 사랑과 정의로 사람의 마음을 흔들었던 황제가 광성자의 가르침을 받고 깨닫는 이야기, 구름 장군 운장이 자연의 기운 홍몽을 만나 가르침을 받는 우화가 이어집니다. 광성자는 황제에게 끝없는 들판에서 함께 노닐자 하고, 홍몽은 운장에게 억지로 하지 않으면 모든 것이 저절로 된다며 마음을 키우라고 충고합니다.

억지로 하지 않아도

세상을 있는 그대로 내버려둔다는 말은 들어보았지만 세상을 다스린다는 말은 들어보지 못했습니다. 세상을 있는 그대로 두는 것은 본래 모습을 해칠까 염려해서입니다. 세상을 내버려두는 것도 본래 모습을 망칠까 염려해서입니다. 세상의 타고난 본성을 해치지 않고 본래 모습을 망치지도 않는데 세상을 다스릴 일이 어디 있겠습니까?

옛날 요임금이 세상을 다스릴 때 그는 사람들을 기쁘게 하고 타고난 본성을 즐기게 만들었습니다. 그러나 이는 자연스러운 것이 아닙니다. 걸紂이 세상을 다스릴 때 그는 사람들을 고달프게 해서 타고난 본성을 망가뜨렸습니다. 이는 유쾌한 것이 아닙니다. 자연스럽지도 유쾌하지도 않은 것은 본래 모습이 아닙니다. 본래 모습이 아닌데 오래가는 것은 세상에 없습니다.

사람들이 너무 기뻐한다고요? 양기에 치우친 것입니다. 사람들이 너무 화를 낸다고요? 음기에 치우친 것입니다. 음이든 양이든 한쪽으로 치우치면 사계절이 제대로 순환되지 않아 추위와 더위의 조화가 깨집니다. 이것은 다시 사람 사는 모습에 악영향을 줍니다. 사람들은 기쁨과 분노를 적절하게 표현하지 못하고 어떻게 해야 할지 몰라 헤매게 됩니다. 생각도 스스로 못하고, 감정 표현도 곱게 하지 못합니다. 이렇게 되면 세상 사람들은 거만하게 남을 업신여기고 사납게 굴기 시작합니다. 결국에는 도척, 증삼, 사추 같은 행동을 보이게 됩니다.

온 세상이 착한 사람을 칭찬해도 칭찬이 부족해집니다. 온 세상이 악한 자를 벌하려 해도 벌이 부족해집니다. 아무리 세상이 크다 해도 상벌 주기에 부족해집니다. 하, 은, 주 삼대 이후 모든 일을 떠들썩하게 상벌 주는 걸로 끝내니 누군들 타고난 본성과 운명 그대로 편안할 틈이 있겠습니까?

눈 밝은 걸(明) 좋아하나요? 색에 빠지게 됩니다. 귀 밝은 걸(聰) 좋아하나요? 소리에 빠지게 됩니다. 사랑(仁)을 좋아하나요? 본래 모습을 망치게 됩니다. 정의(義)를 좋아하나요? 자연스러운 결(理)을 어기게 됩니다. 예의(禮)를 좋아하나요? 솜씨를 조장하게 됩니다. 즐거움(樂)을 좋아하나요? 음란에 빠지게 됩니다. 훌륭함(聖)을 좋아하나요? 재능을 따지게 됩니다. 앎(知)을 좋아하나요? 남을 비방하게 됩니다.

세상이 타고난 본성과 운명(性命之情) 그대로 편안하다면 이 여덟 가지[1]는 있어도 그만, 없어도 그만입니다. 하지만 반대로 불안해지면 이 여덟 가지는 왜곡되고 변질되기 시작합니다. 결국 세상은 혼란에 빠집니다. 세상이 이런 것들을 중요하게 생각하니 혼란스러워질 수밖에요. 사람들이 어떻게 무시할 수 있겠습니까? 몸과 마음을 단정히 해 이런 것들을 말해야 할 테고, 꿇어앉아 이런 것들을 권하고, 노래하고 춤추며 떠받들게 될 테지요. 난들 어쩌겠습니까?

그래서 군자가 세상을 맡아 돌봐야만 한다면 가장 좋은 방법은 '억지

---

1 명明, 청聰, 인仁, 의義, 예禮, 악樂, 성聖, 지知.

로 하지 않는 것(無爲)'입니다. 세상을 억지로 하는 것 없이 돌본다면 사람들은 타고난 모습 그대로 편안하게 살아갈 수 있습니다. 세상을 위한다는 사람보다 자신을 더 귀하게 돌보는 사람에게 세상을 맡길 수 있습니다. 세상을 위한다는 사람보다 자신 돌보기를 더 좋아하는 사람에게 세상을 맡길 수 있습니다.[2] 군자가 자신의 오장을 풀어내지 않고[3] 자신의 총명함을 드러내지 않을 수 있다면 죽은 것처럼 가만히 있어도 용처럼 보이고, 연못처럼 고요하게 있어도 천둥소리를 내고, 귀신처럼 없는 듯 움직여도 세상이 따릅니다. 꾸미지 않아도 모든 것이 나름대로 살아갑니다. 내가 새삼 세상을 돌볼 틈이 어디 있겠습니까?

聞在宥天下 不聞治天下也 在之也者 恐天下之淫其性也 宥之也者 恐天下之遷其
德也 天下不淫其性 不遷其德 有治天下者哉
昔堯之治天下也 使天下欣欣焉人樂其性 是不恬也 桀之治天下也 使天下瘁瘁焉人
若其性 是不愉也 夫不恬不愉 非德也 非德也而可長久者 天下無之
人大喜邪 毗於陽 大怒邪 毗於陰 陰陽竝毗 四時不至 寒暑之和不成 其反傷人之
形乎 使人喜怒失位 居處無常 思慮不自得 中道不成章 於是乎天下始喬詰卓鷙 而
後有盜跖曾史之行
故擧天下以賞其善者不足 擧天下以罰其惡者不給 故天下之大不足以賞罰 自三代
以下者 匈匈焉終以賞罰爲事 彼何暇安其性命之情哉
而且說明邪 是淫於色也 說聰邪 是淫於聲也 說仁邪 是亂於德也 說義邪 是悖於

---

2 《도덕경》13장 참조.
3 〈변무〉 앞머리에서 '사랑과 정의'를 오장에 붙여 말하는 것을 혹과 사마귀 같은 군더더기로 생각하고 비판한 내용과 연결된다. '오장을 풀어낸다'는 것은 사랑과 정의를 비롯한 도덕규범을 인간의 다섯 개 장기에 갖다 붙여 설명하는 방식을 말한다. 仁(간), 義(폐), 禮(심장), 智(신장), 信(비장).

理也 說禮邪 是相於技也 說樂邪 是相於淫也 說聖邪 是相於藝也 說知邪 是相於
疵也

天下將安其性命之情 之八者 存可也 亡可也 天下將不安其性命之情 之八者 乃始
臠卷搶囊而亂天下也 而天下乃始尊之惜之 甚矣天下之惑也 豈直過也而去之邪 乃
齊戒以言之 跪坐以進之 鼓歌以儛之 吾若是何哉

故君子不得已而臨蒞天下 莫若無爲 無爲也而後安其性命之情 故貴以身於爲天下
則可以託天下 愛以身於爲天下 則可以寄天下 故君子苟能無解其五藏 無擢其聰明
尸居而龍見 淵黙而雷聲 神動而天隨 從容無爲而萬物炊累焉 吾又何暇治天下哉

훌륭함과 앎을 잘라버려라

최구가 노담에게 물었습니다.[4]

최구 세상을 돌보지 않는다면 어떻게 사람들의 마음이 좋아지겠습니까?

노담 조심하십시오. 사람들의 마음을 흔들지 마십시오. 사람의 마음은 억누르면 가라앉고 추켜주면 들뜹니다. 오르락내리락 마음이 감옥입니다. 굳센 것을 부드럽게 어루만지다가도 날카롭게 상처를 주고, 불처럼 뜨겁게 타오르다가도 얼음처럼 차갑게 얼어붙습니다. 이런 변덕은 고개를 숙였다 드는 동안 세상을 두 바퀴 돌 정도로 빠릅니다. 가만두면 연못처럼 고요합니다. 흔들면 변덕이 하늘에 치닫습니다. 제멋대로 내달려 잡아둘 수가 없습니다. 이런 것이 사람의 마음입니다.

옛날 황제가 '사랑과 정의'로 사람의 마음을 처음으로 흔들기 시작했습니다. 요순은 그를 따라 다리털이 모두 닳도록 세상 사람들을 돌봤습니다. 그들은 오장을 괴롭혀가며 사랑과 정의를 실천했고,

---

4 앞의 '억지로 하지 않아도'도 노담이 한 말로 보인다.

혈기를 다 바쳐 법과 제도를 만들었습니다. 그런데도 다 감당할 수 없었습니다. 결국 요임금은 환두讙兜[5]를 남쪽 끝 숭산으로 추방하고, 삼묘三苗[6]를 서쪽 끝 삼위로 몰아내고, 공공共工[7]을 북쪽 끝 유도로 유배 보냈습니다. 세상을 모두 감당할 수 없었기 때문입니다. 삼왕의 시대에 와서는 세상이 더욱 놀랍게 변했습니다. 걸과 도척이 나타나는가 하면 증삼이나 사추가 나타났고, 유가와 묵가까지 들고일어났습니다. 그러자 기뻐하다 화내다 서로 의심하게 되었습니다. 어리석니 현명하니 서로 속이게 되었습니다. 좋다 나쁘다 서로 비난하게 되었습니다. 거짓이다 진실이다 서로 헐뜯게 되었습니다. 세상은 기울어져만 갔습니다. 본래 모습은 온데간데없고, 타고난 본성은 사라져버렸습니다.

앎을 좋아하는 세상 사람들의 욕구는 끝을 몰랐습니다. 이렇게 되자 자귀나 톱으로 자르고, 오랏줄이나 밧줄로 묶고, 몽치나 끌로 사람을 죽이는 형벌이 생겨났습니다. 세상은 더욱더 혼란에 빠졌습니다. 이 죄는 사람의 마음을 흔든 데 있습니다. 그래서 현자들은 높은 산 험준한 바위 아래 숨어 살았고, 큰 나라 군주는 조정에서 불안에 떨어야 했습니다.

지금 세상에서는 처형된 사람들이 서로를 베개 삼아 누워 있습니다. 칼을 쓰고 차꼬를 찬 사람들이 자리가 비좁아 서로를 밀칩니다.

---

5 제홍帝鴻의 아들. 공공共工과 짜고 요임금의 명령에 복종하지 않았다(《서경書經》, 《사기》 참조).
6 진운씨縉雲氏의 아들. 요임금이 삼묘라는 고장에 책봉해 이렇게 불린다(《서경》, 《사기》 참조).
7 공공共工은 원래 물을 관장하는 벼슬 이름이다. 조상 대대로 이 벼슬을 지내 이를 씨명으로 삼았다(《서경》, 《사기》 참조).

형벌로 괴로워하는 사람들이 서로 얼굴을 마주할 정도입니다. 이런 상황에 유가니 묵가니 하는 지식인들이 나타나 팔을 흔들며 차꼬와 수갑 찬 죄인들 사이를 활보하며 잘난 척을 하고 있습니다. 아! 너무 심합니다. 뻔뻔하니 부끄러운 줄을 모릅니다.

나는 훌륭함이나 앎이 칼과 차꼬를 죄는 쐐기가 아니라고 말하지 못하겠습니다. 사랑이나 정의가 차꼬와 수갑을 채우는 자물쇠가 아니라고 말하지 못하겠습니다. 증삼과 사추가 걸과 도척의 효시嚆矢가 아니라고 어찌 말할 수 있겠습니까? 그러니 이렇게 말하렵니다. 훌륭함과 앎을 잘라버려라(絶聖棄智). 그러면 세상은 잘 돌보아진다.[8]

崔瞿問於老聃曰 不治天下 安藏人心

老聃曰 女愼無攖人心 人心排下而進上 上下囚殺 淖約柔乎剛彊 廉劌彫琢 其熱焦火 其寒凝氷 其疾俛仰之間而再撫四海之外 其居也淵而靜 其動也縣而天 僨驕而不可係者 其唯人心乎

昔者黃帝始以仁義攖人之心 堯舜於是乎股無胈 脛無毛 以養天下之形 愁其五藏以爲仁義 矜其血氣以規法度 然猶有不勝也 堯於是放讙兜於崇山 投三苗於三峗 流共工於幽都 此不勝天下也

夫施及三王而天下大駭矣 下有桀跖 上有曾史 而儒墨畢起 於是乎喜怒相疑 愚知相欺 善否相非 誕信相譏 而天下衰矣 大德不同 而性命爛漫矣

天下好知 而百姓求竭矣 於是乎釿鋸制焉 繩墨殺焉 椎鑿決焉 天下脊脊大亂 罪在攖人心 故賢者伏處大山嵁巖之下 而萬乘之君憂慄乎廟堂之上

今世殊死者相枕也 桁楊者相推也 刑戮者相望也 而儒墨乃始離跂攘臂乎桎梏之間

---

8 여기까지 노담이 최구에게 하는 말로 보는 것이 적절할 것 같다. 세상 돌보는 일(治天下)에 대한 최구의 질문에 노담이 "훌륭함과 앎을 잘라버려라. 그러면 세상은 잘 돌보아진다(絶聖棄智而天下大治)"고 답한 것으로 볼 수 있다.

意 甚矣哉 其無愧而不知恥也甚矣

吾未知聖知之不爲桁楊椄槢也 仁義之不爲桎梏鑿枘也 焉知曾史之不爲桀跖嚆矢
也 故曰絶聖棄智而天下大治

어떻게 하면 오래 살 수 있나요?

황제가 천자의 자리에 오른 지 십구 년. 그의 명령이 세상에 시행되고 있었습니다. 어느 날 황제는 공동산에 광성자가 있다는 말을 듣고 그를 만나러 갔습니다.

황제   선생께서 '순수한 길(至道)'의 경지에 이르셨다고 들었습니다. 순수한 길의 핵심이 무엇인지 알고 싶습니다. 저는 자연의 정기로 오곡을 자라게 해 사람들이 살 수 있게 하고 싶습니다. 또 음양을 관리해 모든 것이 살 수 있게 하고 싶습니다. 어떻게 하면 되겠습니까?

광성자   그대가 알고자 하는 것은 무언가의 바탕인데, 다루고자 하는 것은 그것을 해치는 일입니다. 그대가 세상을 돌보면서 구름이 채 모이기도 전에 비가 내리고, 초목은 잎이 누렇게 되기도 전에 떨어지고, 해와 달의 빛이 점점 어두워졌습니다. 그대는 사람들의 마음을 홀리고 말만 잘하는 사람입니다. 그런데 어떻게 순수한 길에 대해 말할 수 있겠습니까?

황제는 광성자를 만나고 돌아온 뒤 세상을 떠나 홀로 머물 집을 짓고 흰 띠풀로 자리를 깔고 조용히 석 달을 지냈습니다. 그리고 다시 광성자를 찾아갔습니다. 광성자는 머리를 남쪽으로 두고 누워 있었습니다. 황제는 발치부터 무릎으로 기어가 공손하게 두 번 절하고 머리를 조아리며 물었습니다. "선생께서 순수한 길을 가고 계시다고 들었습니다. 몸을 어떻게 돌봐야 하는지, 어떻게 하면 오래 살 수 있는지 알고 싶습니다."

광성자가 벌떡 일어나며 말했습니다. "좋은 질문입니다. 이리 오시오. 내 그대에게 순수한 길에 대해 말해드리리다. 순수한 길의 핵심은 깊고 어둡습니다. '더없는 길'의 끝은 그윽하고 고요합니다. 보려고도 들으려고도 하지 마세요. 신비로운 그대로 간직하고 고요히 있으면 몸도 저절로 바르게 될 것입니다. 고요하고 맑아야 합니다. 그대 몸을 피곤하게 하지 말고 그대 순수함(精)을 괴롭히지 마세요. 그래야 장수할 수 있습니다. 눈으로 보려고도 귀로 들으려고도 마음으로 알려고도 하지 마세요. 그대 안의 신비로움이 몸을 지켜줄 것입니다. 그러면 오래 살 수 있습니다. 그대 내면을 살피고 그대 밖의 것을 막으세요. 아는 게 많아지면 해롭습니다.

내 그대를 위해 가장 밝다는 태양 위 '순수한 양(至陽)'의 근원까지 오르리다. 내 그대를 위해 깊고 어두운 문으로 들어가 '순수한 음(至陰)'의 근원까지 이르리다. 천지도 머물 곳이 있으며 음양도 깃들 곳이 있습니다. 그대 몸을 살피고 지킨다면 다른 것들은 저절로 잘 자랄 것입니다. 나는 그 하나만을 지키며 그 조화 속에 살고 있습니다. 그래서 이렇게 천이백 년을 살아왔지만 내 몸은 아직도 건강합니다."

황제는 두 번 절하고 머리를 조아리며 말했습니다.

황제 　광성자께서는 저에게 하늘 같은 분이십니다.

광성자 　이리 오시오. 내 그대에서 말해드리리다. 모든 것은 끝이 없습니다. 그런데 사람들은 끝이 있다고 생각합니다. 모든 것을 헤아릴 수 없습니다. 그런데 사람들은 헤아릴 수 있다고 생각합니다. 내가 말하는 길을 가면 살아서 왕(皇)이 되고 죽어서도 왕이 됩니다. 하지만 내가 말하는 길을 잃으면 살아서는 빛을 보지만 죽어서는 흙이 되고 맙니다. 지금은 모든 것이 흙에서 태어나 흙으로 돌아갑니다.

나는 이제 그대와 헤어져 무궁의 문으로 들어가 끝없는 들판에서 노닐고자 합니다. 나는 해와 달과 함께 빛나고 천지와 함께 영원할 것입니다. 누가 찾아오면 함께할 테고 떠나면 잊힐 겁니다. 사람들이 모두 죽어도 나만은 여전히 살아 있을 것입니다.[9]

黃帝立爲天子十九年 令行天下 聞廣成子在於空同之上(山) 故往見之
曰 我聞吾子達於至道 敢問至道之精 吾欲取天地之精 以佐五穀 以養民人 吾又欲
官陰陽 以遂群生 爲之奈何
廣成子曰 而所欲問者 物之質也 而所欲官者 物之殘也 自而治天下 雲氣不待簇而
雨 草木不待黃而落 日月之光益以荒矣 而佞人之心翦翦者 又奚足以語至道
黃帝退 捐天下 築特室 席白茅 閒居三月 復往邀之 廣成子南首而臥 黃帝順下風
膝行而進 再拜稽首而問 曰 聞吾子達於至道 敢問 治身奈何而可以長久

---

9 광성자는 삶과 죽음의 경계를 넘어 자연의 변화 속에서 영원히 살고 있는 존재다. 죽음도 자연의 변화 과정으로 여기며 삶으로 보는 생의 충동으로 충만한 순수한 마음을 가졌다. '어떻게 하면 오래 살 수 있나요?'는 삶과 죽음이 함께 있다(方生方死)는 장자의 생사관을 담고 있는 우화라고 할 수 있다.

廣成子蹶然而起 曰 善哉問乎 來 吾語女至道 至道之精 窈窈冥冥 至道之極 昏昏
默默 無視無聽 抱神以靜 形將自正 必靜必淸 無勞女形 無搖女精 乃可以長生 目
無所見 耳無所聞 心無所知 女神將守形 形乃長生 愼女內 閉女外 多知爲敗
我爲女遂於大明之上矣 至彼至陽之原也 爲女入於窈冥之門矣 至彼至陰之原也 天
地有官 陰陽有藏 愼守女身 物將自壯 我守其一以處其和 故我修身千二百歲矣 吾
形未常衰
黃帝再拜稽首曰 廣成子之謂天矣
廣成子曰 來 余語女 彼其物無窮 而人皆以爲有終 彼其物無測 而人皆以爲有極
得吾道者 上爲皇而下爲王 失吾道者 上見光而下爲土 今夫百昌皆生於土而反於土
故余將去女 入無窮之門 以遊無極之野 吾與日月參光 吾與天地爲常 當我 緡乎
遠我 昏乎 人其盡死 而我獨存乎

침묵을 가르쳐주셨습니다

운장雲將(구름 장군)이 동쪽을 여행하고 있었습니다. 부요扶搖(회오리바람)의 한 자락을 지나는데 때마침 홍몽鴻濛(자연의 기운)을 만났습니다. 홍몽은 아이처럼 허벅지를 두드리며 껑충껑충 뛰어놀고 있었습니다. 운장이 그 모습을 보고 흠칫 놀라 가만히 서 있다가 말했습니다.

운장   어르신께서는 뉘십니까? 왜 이러고 계십니까?

홍몽   (계속 허벅지를 두드리며 껑충껑충 뛰면서) 놀고 있어요.

운장   제가 묻고 싶은 게 있습니다.

홍몽   (운장을 올려다보며) 응?

운장   하늘의 흐름은 조화를 잃고 땅의 흐름은 막혀 뭉쳐 있습니다. 모든 흐름(六氣)이 고르지 못하고 사계절이 순조롭지 않습니다. 그래서 제가 흐름의 순수함을 모두 모아 살아 있는 것들을 기르려고 합니다. 어떻게 하면 되겠습니까?

홍몽   (허벅지를 두드리고 껑충껑충 뛰면서 고개를 저으며) 난 몰라요. 난 몰라.

운장은 더 이상 묻지 못했습니다. 삼 년 후 운장은 다시 동쪽으로 여행을 떠났습니다. 송나라 들판을 지나는데 거기서 우연히 홍몽과 다시 마주쳤습니다.

운장 (아주 기뻐하며 달려가면서) 하늘 같은 분께선 저를 잊으셨습니까, 저를 잊으셨습니까? (두 번 절하고 머리를 조아리며) 가르침을 받고 싶습니다.

홍몽 이리저리 떠돌아다니지만 난 찾는 게 없어요. 여기저기 마음대로 다니지만 가는 곳을 몰라요. 노는 데 바빠 거짓도 못 봐요. 그런 내가 뭘 알겠습니까?

운장 저도 나름 제 마음대로 다닌다고 생각했습니다. 그런데 제가 가는 곳이면 어디든 사람들이 따라옵니다. 저도 이제는 그들을 어찌할 수가 없습니다. 제가 그들의 본보기가 되어버렸습니다. 한 말씀만 가르쳐주십시오.

홍몽 길을 어지럽히고 만물의 참모습을 어기면 오묘한 자연의 변화가 이루어지지 않습니다. 짐승의 무리는 흩어지고 새들은 모두 밤에 울고 초목조차 재앙을 입고 벌레까지 화를 입을 것입니다. 아! 사람을 돌보겠다는 것부터 잘못이었어요.

운장 그러면 제가 어떻게 해야 하나요?

홍몽 아! (한 말씀만이라더니) 너무 심하네요! 어서 일어나 돌아가세요.

운장 제가 하늘 같은 분을 만나기란 어려운 일입니다. 부디 한 말씀만 더 들려주십시오.

홍몽 아! 마음을 키우세요. 억지로 하지 않으면 모든 것이 저절로 됩니다. 그대의 몸을 잊고, 그대의 귀와 눈을 버리세요. 세상 사람들과 모든 것을 잊으세요. 어두운 바다와 (알 수 없는 자연의 길과) 큰 하나가 되세요. 마음을 비우고 아무것도 생각하지 마세요. 모든 것은 저절

로 각자의 뿌리로 돌아가게 되어 있습니다. 왜 각자의 뿌리로 돌아
가는지 알려고 하지 마세요. 알 수 없는 혼돈과 평생 하나가 되세요.
무언가 알고 싶어지면 거길 떠나세요. 그 이름을 묻지 마세요. 그 모
습을 엿보지도 마세요. 모든 것은 저절로 생겨나게 마련입니다.

운장 하늘 같은 분이 저에게 본래 모습을 보여주시고 침묵을 가르쳐주셨
습니다. 여태껏 찾던 것을 이제야 얻었습니다.

운장은 두 번 절하고 머리를 조아린 뒤 일어나 작별을 고하고 길을
떠났습니다.

雲將東遊 過扶搖之枝而適遭鴻濛 鴻濛方將拊脾雀躍而遊 雲將見之 倘然止 贄然
立
曰 叟何人邪 叟何爲此 鴻濛拊脾雀躍不輟 對雲將曰 遊 雲將曰 朕願有問也 鴻濛
仰而視雲將曰 吁 雲將曰 天氣不和 地氣鬱結 六氣不調 四時不節 今我願合六氣
之精以育群生 爲之奈何 鴻濛拊脾雀躍掉頭曰 五佛知 五佛知
雲將不得問 又三年 東遊 過有宋之野而適遭鴻濛 雲將大喜 行趨而進曰 天忘朕邪
天忘朕邪 再拜稽首 願聞於鴻濛 鴻濛曰 浮遊 不知所求 猖狂 不知所往 遊者鞅掌
以觀無妄 朕又何知
雲將曰 朕也自以爲猖狂 而民隨予所往 朕也不得已於民 今則民之放也 願聞一言
鴻濛曰 亂天之經 逆物之情 玄天弗成 解獸之群 而鳥皆夜鳴 災及草木 禍及止蟲
意 治人之過也
雲將曰 然則吾奈何 鴻濛曰 意 毒哉 僊僊乎歸矣 雲將曰 吾遇天難 願聞一言 鴻濛
曰 意 心養 汝徒處無爲 而物自化 墮爾形體 吐爾聰明 倫與物忘 大同乎涬溟 解心
釋神 莫然無魂 萬物云云 各復其根 各復其根而不知 渾渾沌沌 終身不離 若彼知
之 乃是離之 無問其名 無闚其情 物固自生 雲將曰 天降朕以德 示朕以黙 躬身求
之 乃今也得 再拜稽首 起辭而行

다른 것을 인정해주는 사람

사람들은 누구나 남이 자기에게 동조하면 기뻐하고 반대하면 싫어합니다. 자기에게 동조하기를 바라고 반대하는 것을 싫어하는 것은 자기가 남보다 잘났다고 생각하기 때문입니다. 자기가 남보다 잘났다고 생각하는 사람이 어떻게 남보다 잘났겠습니까? 많은 사람의 의견에 따르는 것이 좋습니다. 들은 게 많아도 여러 사람의 의견이 모아진 것만 못할 것입니다. 그런데 나라를 돌보겠다는 자가 하, 은, 주 삼왕의 성과만 볼 뿐 그 피해를 보지 않습니다. 이는 나라를 가지고 도박을 하는 것입니다. 도박을 해서 나라를 잃지 않은 예가 몇이나 되겠습니까? 나라를 보존한 예가 만의 하나도 없습니다. 나라를 잃는 것은 하나가 망하면 나머지 만萬이 따라 망하는 일입니다. 슬픕니다! 나라를 차지한 자들이 이를 모르다니!

나라를 차지한 자는 모든 것을 차지한 것입니다. 모든 것을 차지한 자는 혼자일 수 없습니다. 홀로 있어도 홀로 있는 것이 아닙니다. 그래서 다른 것들을 인정해줄 수 있어야 합니다. 다른 것들을 인정해주는 사람은 더 이상 혼자 있는 것이 아닙니다. 이런 자가 오로지 세상 사람들만 돌보겠습니까? 천지사방을 드나들며 온 세상을 노닐면서 혼자 갔다 혼자 돌아옵니다. 이것을 '혼자 있다(獨有)'고 합니다. 그래서 혼자 있는 자가

'가장 고귀하다'고 말하는 것입니다.[10]

世俗之人 皆喜人之同乎己而惡人之異於己也 同於己而欲之 異於己而不欲者 以出
乎衆爲心也 夫以出乎衆爲心者 曷常出乎衆哉 因衆以寧所聞 不如衆技衆矣 而欲
爲人之國者 此攬乎三王之利而不見其患者也 此以人之國僥倖也 幾何僥倖而不喪
人之國乎 其存人之國也 無萬分之一 而喪人之國也 一不成而萬有餘喪矣 悲夫 有
土者之不知也
夫有土者 有大物也 有大物者 不可以物 物而不物 故 能物物 明乎物物者之非物
也 豈獨治天下百姓而已哉 出入六合 遊乎九州 獨往獨來 是謂獨有 獨有之人 是
謂至貴

---

10 '혼자 있어도 혼자 있는 것이 아니다.' 앞 에피소드에서 홍몽이 혼자 놀고 있던 모습이 떠오
른다.

모양을 따르는 그림자, 소리를 따르는 메아리

큰사람(大人)의 가르침은 모양을 따르는 그림자, 소리를 따르는 메아리 같습니다. 질문하면 답해줍니다. 모든 궁금증을 풀어줍니다. 누구든 상대해줍니다. 가만히 있을 때는 소리도 없지만 움직이면 어디든 갑니다. 그대들과 함께 혼돈의 세계를 드나들고 끝없는 경지에서 노닙니다. 자유롭게 오가며 해와 함께 영원합니다. 그의 말과 모습은 '큰 하나(大同)'와 함께합니다. 크게 하나가 되니 '나'라는 생각이 없습니다. 나라는 생각이 없는데 어찌 '가진다(有)'는 생각을 하겠습니까? '가진다(有)'를 살핀 자는 이전의 군자였습니다. '버린다(無)'를 살피는 자는 천지자연의 벗들입니다.[11]

별게 아니라도 쓰지 않을 수 없는 것이 '무언가' 있습니다. 보잘것없어도 의지하지 않을 수 없는 '사람들(民)'이 있습니다. 귀찮아도 하지 않을 수 없는 '일(事)'들이 있습니다. 불완전해도 공포하지 않을 수 없는 것이 '법(法)'입니다. 서로 멀어지더라도 지키지 않을 수 없는 것이 '정의(義)'입

---

11 〈재유〉 전체를 흐르는 주제는 '무위無爲'다. 이런 맥락에서 '有'와 '無'를 그대로 노출시키고 있다.

니다. 너무 친해지더라고 넓히지 않을 수 없는 것이 '사랑(仁)'입니다. 한계가 있지만 쌓아가지 않을 수 없는 것이 '예의(禮)'입니다. 적당하지만 높이지 않을 수 없는 것이 '본래 모습(德)'입니다. 하나이면서도 바뀌지 않을 수 없는 것이 '길(道)'입니다. 신비로우면서도 하지 않는 게 없는 것이 '자연(天)'입니다.

그래서 성인은 자연을 살피지만 자연을 조작하지 않습니다. 본래 모습을 실현하지만 거기에 매달리지 않습니다. 자연스러운 길에서 나오기에 억지로 꾀하지 않습니다. 사랑할 때도 사랑에 의존하지 않습니다. 정의에 다가가더라도 정의를 쌓지 않습니다. 예의를 따를 때도 그에 얽매이지 않습니다. 일을 해야 하면 피하지 않습니다. 법을 적용하더라도 함부로 하지 않습니다. 사람들을 믿고 의지하게 되면 그들을 존중합니다. 무언가 인연을 맺으면 함부로 버리지 않습니다. 어떤 것도 그것만으로 충분하지 않지만 필요한 것들입니다.

자연에 밝지 못한 사람은 본래 모습이 불순해집니다. 길이 막힌 사람은 아무것도 저절로 되는 게 없습니다. 길이 막힌 사람들이여! 불쌍하구나!

그러면 길은 어떤 길일까요? 길에는 '자연의 길(天道)'이 있고 '사람의 길(人道)'이 있습니다. 억지로 하는 것 없이(無爲) 받들어지는 것이 자연의 길입니다. 억지로 번거로워지는 것이 사람의 길입니다. 자연의 길이 군주이고, 사람의 길이 신하입니다. 그런데 자연의 길과 사람의 길이 서로 멀어지고 있습니다. 살펴봐야 할 것입니다.

大人之敎 若形之於影 聲之於響 有問而應之 盡其所懷 爲天下配 處乎無響 行乎
無方 挈汝適復之撓撓 以遊無端 出入無旁 與日無始 頌論形軀 合乎大同 大同而
無己 無己 惡乎得有有 覩有者 昔之君子 覩無者 天地之友

賤而不可不任者 物也 卑而不可不因者 民也 匿而不可不爲者 事也 麤而不可不陳
者 法也 遠而不可不居者 義也 親而不可不廣者 仁也 節而不可不積者 禮也 中而
不可不高者 德也 一而不可不易者 道也 神而不可不爲者 天也

故聖人觀於天而不助 成於德而不累 出於道而不謀 會於仁而不恃 薄於義而不積
應於禮而不諱 接於事而不辭 齊於法而不亂 恃於民而不輕 因於物而不去 物者莫
足爲也 而不可不爲

不明於天者 不純於德 不通於道者 無自而可 不明於道者 悲夫

何謂道 有天道 有人道 無爲而尊者 天道也 有爲而累者 人道也 主者 天道也 臣者
人道也 天道之與人道也 相去遠矣 不可不察也

강요하지 않고 그대로 두면 본래 모습이 훼손되지 않습니다. 황제가 사랑과 정의를 실천하려고 한 것이 사람들을 위한 것이었다지만 다른 한편으로는 자기가 옳다고 믿는 것을 남에게 강요한 것이기도 합니다. 남을 위한다는 생각의 저변에는 자기가 남보다 잘났다는 마음이 깔려 있습니다. 그래서 큰사람의 가르침은 자기 방식으로 그리거나 소리 내지 않고 모양을 따르는 그림자와 소리를 따르는 메아리 같다고 하는 것입니다.

장자 철학에는 내 마음대로 하려는 지배욕이 없습니다. 나와 다른 것을 그대로 받아들이고 인정하는 포용과 따뜻함이 있습니다. 모든 것이 나름대로 잘 살 거라는 긍정과 믿음이 있습니다. 내가 꼭 무언가를 해주어야 한다는 걱정과 염려 뒤에는 '내가 하라는 대로 하라'는 명령과 '내 생각대로 되어야 한다'는 지배욕, 자만심이 숨어 있습니다. 세상이 내 마음대로 되지 않는다고 걱정하는 것은 나만이 옳다는 생각, 내가 하지 않으면 안 된다는 생각이 깔려 있기 때문입니다. 그래서 장자는 마음을 가지런히 돌보는 것이 우선이라고 말합니다. '내가 반드시 옳은 것은 아니다', '내가 아는 것이 다가 아니다'는 것을 아는 것이 장자가 말하는 큰 앎입니다. 큰 앎을 깨달은 사람은 나와 다른 것을 포용하고 인정합니다. 이런 사람은 이미 다른 존재와 함께하고 있는 것이라 혼자 있어도 혼자가 아닙니다. 이런 사람은 자연을 살필 뿐 자연을 조작하는 일이 없어 억지로 하지 않아도 저절로 이루어집니다. 자연의 길은 저절로 이루어집니다. 그런데 억지로 하니 길을 잃고 만 것입니다. 자연의 길과 사람의 길이 멀어지고 있습니다. 어떻게 해야 할까요? 이어지는 〈천지〉에서 그에 대한 이야기가 계속됩니다.

천지

天地

욕심이 없어 모두 만족했다

군자가 마음을 넓히는 열 가지

왕의 본래 모습을 지닌 사람

상망이 이걸 어떻게 찾았을까

위험한 임금

걱정 많은 요임금

벌을 주지 않아도 두려워했다

자연의 본래 모습

나를 잊은 사람

스스로 넓히게 내버려두다

기계에 사로잡히는 마음

훌륭한 정치, 덕인, 신인의 모습

무왕의 군대를 바라보며

세상에 아첨하는 사람들

좋다 싫다는 판단

'자연의 길'과 '사람의 길'이 멀어지면서 세상의 본래 모습이 사라지고 있습니다. 어떻게 해야 할까요? 세상의 본래 모습을 회복하기 위해서는 우선 지도자와 지식인이 본래 모습을 회복해야 한다고 말합니다. 이들이 마음을 비우고 욕심을 버려야 모든 사람이 풍족하고 편안할 수 있다고 말입니다.

　머리와 다리는 있어도 마음과 귀가 없는 자들이 많다는 노자의 말, 억지로 시키지 말고 사람들이 마음을 넓히게 내버려두라는 계철의 말, 머리를 쓰면 도구에 갇힌 마음(機心)이 생긴다는 노인의 말, 억지로 하지 않고 함께 기뻐하고 만족하는 소박한 세상을 이야기하는 순망과 원풍의 대화, 들판의 사슴들처럼 소박하게 살았다는 순수한 모습 그대로인 세상, 모두 머리가 아닌 마음으로 살라는 이야기입니다. 그런데 지금 사람들은 세상에 아첨하며 길을 잃었고, 길 잃은 세상을 구하겠다는 똑똑한 지식인들이 한 번 더 길을 잃게 만들고 있습니다.

욕심이 없어 모두 만족했다

천지자연이 아무리 커도 모두 '되고 있다(化)'는 데서 한 가지입니다. 만물이 아무리 많아도 그것을 돌보는 것은 하나입니다. 사람들이 아무리 많아도 그들의 주인은 군주입니다. 군주의 기틀은 그의 본래 모습(德)에 있고, 본래 모습이 실현되는 것은 자연에 달렸습니다. 그래서 먼 옛날 세상의 군주는 "억지로 하지 않았다(無爲)"고 말하는 것입니다. 이것이 바로 '자연의 본래 모습(天德)'입니다.

길(道)에서 사람들의 말을 살펴보세요. 세상의 군주가 바르게 될 것입니다. 길에서 직분을 살펴보세요. 군주와 신하의 관계가 바르게 될 것입니다. 길에서 능력을 살펴보세요. 세상의 관리들이 제자리를 찾아 잘 돌볼 것입니다. 길에서 모든 것을 살펴보세요. 모든 것이 그 길을 따르게 될 것입니다. 천지자연이 본래 모습들로 넘칩니다.

모든 것이 길을 따릅니다. 위에서 사람을 돌보는 것이 일(事)입니다. 타고난 재능을 발휘하는 것이 기(技)입니다. 기는 일을 따라갑니다. 일은 올바름(義)을 따릅니다. 올바름은 본래 모습(德)을 따릅니다. 본래 모습은 길(道)을 따릅니다. 그리고 길은 자연(天)을 따릅니다. 그래서 이런 말이 있습니다. "옛날에는 세상을 돌보는 사람이 욕심이 없어 모두 만족했다.

그가 억지로 하지 않아도 안 되는 게 없었다. 그가 연못처럼 고요해서 모두 편안했다." 이런 기록도 있습니다. "하나로 통하면 모든 일이 잘된다. 마음을 비우면 귀신도 탄복한다."

天地雖大 其化均也 萬物雖多 其治一也 人卒雖衆 其主君也 君原於德而成於天
故曰 玄古之君天下 無爲也 天德而已矣
以道觀言而天下之君正 以道觀分而君臣之義明 以道觀能而天下之官治 以道汎觀
而萬物之應備 故通於天地者 德也
行於萬物者 道也 上治人者 事也 能有所藝者 技也 技兼於事 事兼於義 義兼於德
德兼於道 道兼於天 故曰 古之畜天下者 無欲而天下足 無爲而萬物化 淵靜而百姓
定 記曰 通於一而萬事畢 無心得而鬼神服

군자가 마음을 넓히는 열 가지

선생님께서 말씀하셨습니다. "길이 모든 것을 덮어주고 실어주는구나. 넓고도 크구나. 이러니 군자가 마음을 넓히지 않을 수 없구나. 꾸밈없이(無爲) 하는 것을 '자연(天)'이라고 한다. 꾸밈없이 말하는 것을 '본래 모습(德)'이라고 한다. 사람을 아끼고 모든 것을 이롭게 해주는 것을 '사랑(仁)'이라고 한다. 다른 것을 차별하지 않는 것을 '크다(大)'고 한다. 경계와 차이를 넘어 행하는 것을 '관대하다(寬)'고 한다. 모든 것이 다름을 인정하는 것을 '부富'라고 한다. 본래 모습을 지켜나가는 것을 '기紀'라고 한다. 본래 모습을 실현하는 것을 '입立'이라고 한다. 자연스러운 길을 따르는 것을 '비備'라고 한다. 어떠한 경우에도 뜻을 꺾지 않는 것을 '완完'이라고 한다.

군자가 이 열 가지를 확실하게 체득하면 모두를 감싸주듯 그 마음이 넓어질 것이다. 그러면 모든 것이 모여들 것이다. 이런 사람은 금을 산속에 그대로 두고 진주를 물속에 그대로 둔다. 재물을 탐내지 않고 부귀를 가까이 하지 않는다. 장수한다고 기뻐하지 않고 단명한다고 슬퍼하지 않는다. 출세하는 것을 영예로 생각하지 않고 가난하게 사는 것을 부끄러워하지 않는다. 세상의 이익을 긁어모아 제 것으로 만들지 않고, 세상의

왕이 되었다고 자신을 드러내지 않는다. 모든 것이 한 곳간에 있고, 죽고
사는 것도 한 모양이라고 생각한다."

夫子曰 夫道 覆載萬物者也 洋洋乎大哉 君子不可以不刳心焉 無爲爲之之謂天 無
爲言之之謂德 愛人利物之謂仁 不同同之之謂大 行不崖異之謂寬 有萬不同謂之富
故執德之謂紀 德成之謂立 循於道之謂備 不以物挫志之謂完
君子明於此十者 則韜乎其事心之大也 沛乎其爲萬物逝也 若然者 藏金於山 藏珠
於淵 不利貨財 不近貴富 不樂壽 不哀夭 不榮通 不醜窮 不拘一世之利以爲己私
分 不以王天下爲己處顯 顯則明 萬物一府 死生同狀

왕의 본래 모습을 지닌 사람

선생님께서 말씀하셨습니다. "길(道)은 깊은 연못처럼 고요하고 맑은 물처럼 깨끗하다. 길 없이는 쇠붙이나 돌멩이도 소리를 내지 못한다. 그것들이 소리를 지니고 있어도 두드리지 않으면 소리가 나지 않는 것이다. 모든 것을 누가 이렇게 만들 수 있을까? 왕의 본래 모습(王德)을 지닌 사람은 소박하게 살면서 세상일에 능통한 것을 부끄럽게 여긴다(恥通於事). 그는 뿌리에 서 있어 그의 앎은 살아 있는 마음과 통한다(知通於神). 그의 본래 모습은 드넓고 그 마음은 무언가에 응해 드러난다. 길이 아니면 몸은 생명을 가질 수 없다. 본래 모습이 아니면 생명은 드러날 수 없다. 몸을 보존하고 생명을 끝까지 누리며 본래 모습으로 길을 밝히는 것, 이것이 왕의 본래 모습이다. 끝없이 넓고 크구나! 홀연히 나타나서 갑자기 움직이는데 모두가 그를 따른다. 이런 사람을 왕의 본래 모습을 지닌 사람(王德之人)이라고 한다. 그는 어둠 속에서도 볼 수 있고 고요 속에서도 들을 수 있다. 캄캄한 어둠 속에서 홀로 새벽을 보고, 소리 없는 고요 속에서 홀로 화목함을 듣는다. 깊고도 깊어 모두 보살필 수 있다. 마음을 다해 세심하게 돌볼 수 있다. 그래서 모든 것을 대함에 아무것도 없으면서도 그들이 원하는 것을 베풀어준다. 시간을 뚫고 달려온 말이 쉴 곳을 찾

으면 그를 위해 어떤 존재이든, 얼마나 살든, 어디에 살든 쉴 곳을 마련해
준다.[1]"

夫子曰 夫道 淵乎其居也 漻乎其清也 金石不得 無以鳴 故金石有聲 不考不鳴 萬
物孰能定之 夫王德之人 素逝而恥通於事 立之本原而知通於神 故其德廣 其心之
出 有物探之 故形非道不生 生非德不明 存形窮生 立德明道 非王德者邪 蕩蕩乎
忽然出 勃然動 而萬物從之乎 此謂王德之人 視乎冥冥 聽乎無聲 冥冥之中 獨見
曉焉 無聲之中 獨聞和焉 故深之又深而能物焉 神之又神而能精焉 故其與萬物接
也 至無而供其求 時騁而要其宿 大小 長短 脩遠 名有其具

---

1 삶으로의 여행을 나그네가 말을 타고 여행하는 것으로 묘사하고 있다. 자연이 모든 것을 살
  게 해주듯 자연을 닮은 왕의 본래 모습을 그리고 있다.

상망이 이걸 어떻게 찾았을까

황제가 적수 북쪽을 노닐며 곤륜산에 올라 남쪽을 바라보고 돌아오는 길에 그만 검은 진주(玄珠)를 잃어버렸습니다. 아는 게 많은 앎(知)에게 진주를 찾아오라고 했으나 찾지 못했습니다. 눈 밝은 이주離朱에게 진주를 찾아오라고 했으나 찾지 못했습니다. 말 잘하는 끽후喫詬에게 진주를 찾아오라고 했으나 찾지 못했습니다. 그래서 무심한 상망象罔에게 찾아오라고 했더니 찾아왔습니다.[2] 황제가 말했습니다. "별일이다. 무심한 상망이 이걸 어떻게 찾았을까?"

黃帝遊乎赤水之北 登乎崑崙之丘而南望 還歸 遺其玄珠 使知索之而不得 使離朱索之而不得 使喫詬索之而不得 乃使象罔 象罔得之 黃帝曰 異哉 象罔乃何以得之乎

---

2 토머스 머튼은 앎, 눈 밝은 이주, 말 잘하는 끽후를 각각 과학, 분석, 논리로 번역했는데, 흥미로운 해석이다.

위험한 임금

요임금의 스승이 허유였고, 허유의 스승이 설결이었고, 설결의 스승이 왕예였고, 왕예의 스승이 피의였다고 합니다. 요임금이 허유에게 물었습니다.

요임금 설결 선생께서 하늘(天)과 짝이 되실 수 있을까요? 왕예 선생을 통해 그분께 천자의 자리를 부탁하려 합니다만.

허유 위험하지요. 세상을 위태롭게 할 것입니다. 설결 선생의 사람됨이야 귀와 눈이 밝고 아는 것도 뛰어나고 말도 잘하고 행동도 빠르지요. 타고난 본성도 누구보다 뛰어난 사람이라 자연을 어떻게 해야 할지도 잘 알 것입니다. 사람들의 잘못을 금지하는 것도 잘 알겠지요. 하지만 그 잘못이 왜 생겼는지는 모를 것입니다. 그를 하늘과 짝하게 하신다고요? 그는 사람(人)만 믿고 자연(天)은 무시할 것입니다. 분명 자기를 중심에 놓고 다른 것을 차별할 것입니다. 분명 앎을 대단하게 생각하고 그것을 열심히 추구할 것입니다. 분명 여러 사소한 일에 쫓기게 될 것입니다. 분명 외물에 구속당할 것입니다. 분명 일이 잘되어가나 사방을 둘러볼 것입니다. 분명 무언가에 따라 마음이 바뀌어 초심을 잃게 될 것입니다. 어떻게 하늘 (天)과 짝이 될 수 있겠습니까? 일족이 있으면 그 조상이 있듯이 한 무리의 어른은 될 수 있겠죠. 그러나 어른의 어른은 될 수 없습니다. 돌보는 데 혼란이 따를 것입니다. 신하에겐 재앙이고, 왕에게 는 해가 될 것입니다.

堯之師曰 許由 許由之師曰 齧缺 齧缺之師曰 王倪 王倪之師曰 被衣 堯問於許由 曰 齧缺可以配天乎 吾藉王倪以要之

許由曰 殆哉圾乎天下 齧缺之爲人也 聰明叡智 給數以敏 其性過人 而又乃以人受 天 彼審乎禁過 而不知過之所由生 與之配天乎 彼且乘人而無天 方且本身而異形 方且尊知而火馳 方且爲緒使 方且爲物絯 方且四顧而物應 方且應衆宜 方且與物 化 而未始有恒 夫何足以配天乎 雖然 有族 有祖 可以爲衆父 而不可以爲衆父父 治 亂之率也 北面之禍也 南面之賊也

걱정 많은 요임금

요임금이 화華라는 고장을 여행하고 있었습니다. 그곳 국경지기가 말했습니다.

국경지기 아! 훌륭한 성인이시군요. 성인을 위해 축원드립니다. 부디 오
 래오래 사시기를!

요임금 사양하겠습니다.

국경지기 부자가 되시기를!

요임금 사양하겠습니다.

국경지기 아들을 많이 두시기를!

요임금 사양하겠습니다.

국경지기 누구나 오래 살고 부유하고 아들이 많기를 바랍니다. 그런데 왜
 당신만은 바라지 않는다고 하는 겁니까?

요임금 아들이 많으면 걱정이 많아지고, 부유하면 일이 많아지고, 오래
 살면 욕된 일이 많아집니다. 이 세 가지는 덕을 기르는 방법이
 아닙니다. 그래서 사양했습니다.

국경지기 처음엔 훌륭한 성인이라고 생각했는데 이제 보니 그저 그런 군

자시군요. 자연이 사람을 낳으면 그들에게 일을 주게 마련입니다. 아들이 많아도 그들에게 주어진 일이 있습니다. 무슨 걱정입니까? 부자가 되면 다른 사람들과 나누면 됩니다. 무슨 일이 있겠습니까? 훌륭한 성인은 메추라기처럼 살고, 새끼 새처럼 받아먹고, 훨훨 새처럼 날아다니며 자취를 남기지 않습니다. 세상에 길이 있으면 모두 함께 행복하게 살고, 세상에 길이 없으면 본래 모습을 닦으며 한가로이 살아갑니다. 천 년을 살다가 세상에 싫증 나면 속세를 떠나 신선의 세계로 올라갑니다. 저 흰 구름을 타고 자연의 고향(帝鄕)에 이릅니다. 세 가지 걱정은 찾아들지 않고 몸엔 아무런 해가 없습니다. 무슨 욕된 일이 있겠습니까?

국경지기가 떠나려 하자 요임금이 그를 따라가며 말했습니다.

요임금　뭘 좀 물어봐도 되겠습니까?
국경지기　돌아가세요.

堯觀乎華 華封人曰 嘻 聖人 請祝聖人 使聖人壽 堯曰 辭 使聖人富 堯曰 辭 使聖人多男子 堯曰 辭 封人曰 壽 富 多男子 人之所欲也 女獨不欲 何邪 堯曰 多男子則多懼 富則多事 壽則多辱 是三者 非所以養德也 故辭
封人曰 始也我以女爲聖人邪 今然君子也 天生萬民 必授之職 多男子而授之職 則何懼之有 富而使人分之 則何事之有 夫聖人 鶉居而鷇食 鳥行而無彰 天下有道則與物皆昌 天下無道 則修德就閒 千歲厭世 去而上僊 乘彼白雲 至於帝鄕 三患莫至 身常無殃 則何辱之有
封人去之 堯隨之 曰 請問 封人曰 退已

벌을 주지 않아도 두려워했다

요임금이 세상을 돌볼 때 백성자고는 제후였습니다. 요임금이 순에게 왕위를 물려주고, 순임금이 우에게 왕위를 물려주자 백성자고는 제후를 그만두고 농사를 지었습니다. 우임금이 만나러 갔을 때 백성자고는 밭을 갈고 있었습니다. 우임금이 총총걸음으로 발치에 나아가 선 채로 물었습니다.

우임금 요임금께서 세상을 돌볼 때는 제후로 계셨습니다. 요임금께서 순임금께 물려주시고, 순임금께서 저에게 왕위를 물려주셨습니다. 그러자 제후를 마다하고 농사를 짓고 계시니 물어봐도 되겠습니까? 왜 그러신 겁니까?

백성자고 요임금이 세상을 돌보실 때는 사람들이 상을 주지 않아도 부지런했고, 벌을 주지 않아도 두려워했습니다. 그런데 지금은 임금께서 상벌을 내리는데도 오히려 사람들이 어질지 않습니다. 이제부터 본래 모습이 망가지고 형벌이 세워지겠죠. 후세의 혼란이 시작되는 겁니다. 임금께서는 어서 돌아가십시오. 제 일 방해하지 마시고.

백성자고는 밭을 갈며 돌아보지도 않았습니다.

堯治天下 伯成子高立爲諸侯 堯授舜 舜授禹 伯成子高辭爲諸侯而耕 禹往見之 則
耕在野 禹趨就下風 立而問焉 曰 昔堯治天下 吾子立爲諸侯 堯授舜 舜授予 而吾
子辭爲諸侯而耕 敢問 其故何也
子高曰 昔堯治天下 不賞而民勤 不罰而民畏 今子賞罰而民且不仁 德自此衰 刑自
此立 後世之亂自此始矣 夫子闔行邪 無落吾事 俋俋乎耕而不顧

자연의 본래 모습

태초엔 아무것도 없었습니다. 있는 것(有)도 없고 이름도 없었습니다. 그런데 '하나'가 생겨났습니다. 드디어 하나가 있게 되었지만 아직 겉모습은 없었습니다. 하나를 얻으니 무언가(物) 생겨났습니다. 이걸 본래 모습(德)이라고 합니다. 겉모습은 아직 없는데도 몫(分)은 있고 그러면서 조금도 틈이 없는 것, 이걸 운명(命)이라고 합니다. 하나가 움직이는 가운데 무언가를 낳고 무언가 이루어지면서 결(理)이 생깁니다. 이걸 겉모습(形)이라고 합니다. 겉모습은 신비로움을 지키며 각각의 존재 방식을 가집니다. 이걸 본성(性)이라고 합니다.

본성대로 살면 본래 모습으로 돌아갑니다. 본래 모습으로 순수하면 처음과 하나가 됩니다. 하나가 되면 비우게 됩니다. 비우면 크게 됩니다. 새들의 지저귀는 소리와 함께할 수 있습니다. 새들의 소리와 함께한다는 것은 자연과 함께한다는 것입니다. 새들의 지저귀는 소리와 함께 '미안 미안' 하니³ 바보 같고 멍청해 보입니다. 이것이 알 수 없는 자연의 본래

---

3 새 소리 '면면緜緜'은 중국어 발음으로 '미안미안' 정도로 들린다. 우리말로 읽으니 그 느낌이 새롭다.

모습, '현덕玄德'⁴입니다. 크게 따르는 대순大順⁵과 하나입니다.

泰初有無 無有無名 一之所起 有一而未形 物得以生 謂之德 未形者有分 且然無
閒 謂之命 留動而生物 物成生理 謂之形 形體保神 各有儀則 謂之性
性脩反德 德至同於初 同乃虛 虛乃大 合喙鳴 喙鳴合 與天地爲合 其合緡緡 若愚
若昏 是謂玄德 同乎大順

---

4 《도덕경》10장, 51장, 65장에도 현덕이 나온다. "키우고 돌보며 감싸주고 편안히 하며 길러
주고 지켜준다. 낳고도 가지지 않고, 하고도 자랑하지 않고, 키우고도 간섭하지 않는 것, 이
것이 현덕이다."(《도덕경》 51장) 65장에는 현덕과 대순이 함께 나온다. "돌보기는 어려운
일, 아는 게 많기 때문이다. 그러므로 아는 것으로 나라를 돌보면 나라가 망하지만 아는 것으
로 돌보지 않으면 나라가 행복하다. 이 두 가지 원칙, 이것이 현덕이다. 현덕은 깊고도 멀다.
이는 모든 것을 되돌려 대순에 이르게 한다."
5 위대한 자연을 따르는 삶.

나를 잊은 사람

공자가 노담에게 물었습니다.

공자 어떤 사람은 도를 닦는다면서 상대방을 말로 이기려는 것 같습니
다. 그럴 수 없는 것을 그럴 수 있다고 하고, 그렇지 않은 것을 그렇
다고 합니다. 논쟁가(辯者)가 하는 말이 '단단한 것'과 '흰 것'을 분리
할 수 있다고 합니다. 처마에 매달아놓고 보여줄 듯이 말합니다. 이
런 사람을 훌륭한 성인聖人이라고 할 수 있습니까?

노담 잔재주에 갇혀 몸과 마음을 괴롭힐 사람입니다. 너구리 잡는 개는
사냥개가 되고, 재빠른 원숭이는 산에서 붙잡혀옵니다. 구됴! 내 그
대에게 그대가 들을 수도 없었고, 그대가 말한 적도 없는 것을 알려
주겠습니다.

　머리와 다리는 있어도 마음과 귀가 없는 자들이 많습니다. 겉모습
이 있는 것은 '모습도 모양도 없는 것'[6]과 영원히 함께할 수 없습니
다. 겉모습이 있는 것은 움직이다 멈추고, 죽고 살고, 없어졌다 생겼

---

6 《도덕경》14장, 41장에 도道를 각각 무상無狀, 무형無形으로 묘사하는 내용이 나온다.

다 합니다. 이런 것들은 어쩔 수 없는 것입니다. 그런데 마음을 돌보는 것은 사람에게 달려 있습니다. 모든 걸 잊고 자연(天)도 잊으세요. 이걸 '나를 잊었다(忘己)'고 합니다. 나를 잊은 사람이야말로 자연의 경지에 들어갔다고 할 수 있습니다.

夫子問於老聃曰 有人治道若相放 可不可 然不然 辯者有言曰 離堅白若縣寓 若是則可謂聖人乎

老聃曰 是胥易技係勞形怵心者也 執狸之狗成思 猿狙之便自山林來 丘 予告若 而所不能聞與而所不能言

凡有首有趾無心無耳者衆 有形者與無形無狀而皆存者盡無 其動 止也 其死 生也 其廢 起也 此又非其所以也 有治在人 忘乎物 忘乎天 其名爲忘己 忘己之人 是之謂入於天

스스로 넓히게 내버려두다

장여면이 계철을 만나 말했습니다. "노나라 임금이 저에게 '가르침을 받고 싶다'고 말하더군요. 사양했지만 내버려두지 않아 어쩔 수 없이 말해버렸습니다. 제가 한 말이 맞는지 아닌지 모르겠지만 그걸 말씀드려보겠습니다. 저는 노나라 임금께 이렇게 말했습니다. '공손하고 검소하셔야 합니다. 공정하고 충직한 사람을 발탁하고 아부하거나 편드는 사람을 없게 하셔야 합니다. 그러면 사람들 모두 화합하지 않을 수 없을 것입니다' 라고요." 계철이 웃으며 말했습니다. "그대가 말한 것을 제왕의 덕과 비교한다면 사마귀가 달려오는 수레에 맞서는 격입니다. 도저히 감당할 수 없는 것입니다. 노나라 임금이 그렇게 한다면 자신을 높은 곳에 위태롭게 두는 격입니다. 나름대로 가려다 말고 그를 흉내 내려는 자들이 많아질 것입니다." 장여면이 크게 놀라며 물었습니다.

장여면   저는 선생님의 말씀에 어리둥절합니다만 선생님의 말씀, 그 가르침을 듣고 싶습니다.

계철   위대한 성인은 세상을 돌보면서 사람들이 스스로 마음을 넓히게 내버려둡니다. 그래야 사람들이 스스로 깨닫고 속된 마음을 바꿀

수 있습니다. 타인을 해치려는 마음을 없애고 모두 자신의 뜻으로
살아갈 수 있습니다. 그것은 본성대로 살아가는 것과 같아서 사
람들은 왜 그런지도 모릅니다. 이렇게 되면 형이 하라는 대로 동
생이 따르듯이 요순이 시키는 대로 사람들이 따르겠습니까? 본래
모습과 하나 되어 마음이 편해지길 바라겠지요.

將閭葂見季徹曰 魯君謂葂也曰 請受敎 辭不獲命 旣已告矣 未知中否 請嘗薦之
吾謂魯君曰 必服恭儉 拔出公忠之屬而無阿私 民孰敢不輯 季徹局局然笑曰 若夫
子之言 於帝王之德 猶螳螂之怒臂以當車轍 則必不勝任矣 且若是 則其自爲處危
其觀臺 多物將往 投迹者衆 將閭葂覤覤然驚曰 葂也汒若於夫子之所言矣 雖然 願
先生之言其風也
季徹曰 大聖之治天下也 搖蕩民心 使之成敎易俗 擧滅其賊心而皆進其獨志 若性
之自爲 而民不知其所由然 若然者 豈兄堯舜之敎民 溟涬然弟之哉 欲同乎德而心
居矣

기계에 사로잡히는 마음

자공이 남쪽 초나라를 여행하고 진晉나라로 돌아오는 길에 한수의 남쪽을 지나고 있었습니다. 마침 한 노인이 밭에서 일을 하고 있는 것이 보였습니다. 노인은 굴을 뚫고 들어가 항아리로 물을 길어다 밭에 물을 주고 있었습니다. 끙끙대며 애는 많이 썼지만 공은 적었습니다. 자공이 말했습니다. "이럴 때 쓰는 기계가 있습니다. 하루에 백 이랑이나 물을 댈 수 있는 기계입니다. 조금만 수고해도 효과가 큽니다. 선생께선 그걸 써보실 생각이 없으신지요?" 밭일하던 노인이 올려다보며 물었습니다.

노인 어떻게 하는 거요?
자공 나무에 구멍을 뚫어 만든 기계입니다. 뒤쪽은 무겁고 앞쪽은 가볍습니다. 물을 끌어올리는 게 얼마나 빠른지 콸콸 넘칠 정도입니다. 두레박이라고 하는 것입니다.

밭일하던 노인은 불끈 낯빛을 붉히더니 이내 웃으면서 말했습니다. "나도 내 스승께 들은 바가 있소이다. 기계를 가지면 기계로 인한 일이 생기게 마련이고, 그런 일이 생기면 기계에 사로잡히는 마음(機心)이 생기게 마련이오. 그런 마음을 가지면 순백의 마음이 손상되고, 순백의 마음이 손상되면 신비한 본성이 불안해질 것이오. 신비한 본성이 불안해지면 자연스러운 길(道)을 잃게 되오. 나도 그걸 모르는 게 아니오. 창피해서 쓰지 않을 뿐이오."

자공은 부끄러워 머리를 숙인 채 잠자코 있었습니다. 얼마 후 밭일하던 노인이 물었습니다.

노인 그대는 뭐하는 사람이오?

자공 공구의 문하에 있습니다.

노인 공구라 하면 박학으로 성인 흉내를 내고, 허튼소리로 사람들을 모아놓고 혼자 거문고를 타면서 슬픈 듯 노래해 세상에 명성을 팔려는 자 아니오? 그대는 이제라도 그대의 생각을 잊고 그대의 몸을 버리시오. 그래야 길에 가까워질 거요. 제 몸도 돌보지 못하는데 어떻게 세상을 돌볼 겨를이 있겠소? 가보시오. 내 일 방해하지 말고.

자공은 부끄러워 낯빛을 잃고 멍하니 정신을 차리지 못했다. 삼십 리를 가서야 겨우 정신을 차렸다. 그의 제자가 물었다.

제자 아까 그분은 어떤 사람입니까? 선생님께선 그분을 만난 후로 낯빛이 창백해지고 계속 정신을 못 차리셨습니다. 왜 그러신 겁니까?

자공 나는 지금까지 세상에 선생님은 한 분만 계시다고 생각해왔다. 다른 분이 또 계시리라고는 생각하지 못했다. 나는 선생님께 이렇게 들었다. "일은 잘되기를 추구하고, 공은 이루어지기를 바라고, 애는 적게 쓰고 효과를 크게 보는 것이 훌륭한 성인의 길(聖人之道)이다."

그런데 이제 그렇지가 않은 것 같구나. 길을 제대로 가는 자는 본래 모습 그대로 건강하구나. 본래 모습 그대로니 몸도 그대로고, 몸이 그대로니 마음(神)도 그대로구나. 마음이 본래 모습 그대로 온전한 것, 이것이 '훌륭한 성인의 길'이었구나. 노인은 삶을 세상에 맡긴 채 사람들과 함께 살아가면서 어디로 가는지도 모르더구나. 아무 구애 없이 소박한 모습을 그대로 간직하고 있었다. 그러니 효과니 이익이니 기계니 기교 따위가 마음에 없을 수밖에. 그런 분은 뜻에 안 맞으면 안 가고, 마음에 안 맞으면 안 간다. 모두가 그의 말이 옳다고 칭찬해도 무심히 돌아보지 않고, 틀렸다고 비난해도 태연히 신경 쓰지 않는다. 누가 비난하든 칭찬하든 그에게는 이익도 손해도 없다. 이런 사람이 '본래 모습 그대로 건강한 사람(全德之人)'이다. 나야 바람에 출렁이는 파도 같은 사람이고.

자공이 노나라로 돌아와 공자에게 이 이야기를 했습니다. 공자가 말했습니다. "그는 혼돈씨가 '어떻게 하는지(術)' 어디서 들어 배우기는 했으나 하나는 알고 둘은 모르는구나. 안을 돌보기는 했어도 밖을 돌보지 못했다. 정말 꾸밈없이 소박한 삶으로 돌아가 본성을 터득하고 건강한 마음(神)으로 세속에서 노니는 사람이었다면 네가 정말 그렇게 놀랐겠느냐? 게다가 나나 너나 혼돈씨가 어떻게 하는지(術) 어찌 알 수 있단 말이냐?"

子貢南遊於楚 反於晉 過漢陰 見一丈人方將爲圃畦 鑿隧而入井 抱甕而出灌 搰搰然用力甚多而見功寡 子貢曰 有械於此 一日浸百畦 用力甚寡而見功多 夫子不欲

乎 爲圃者卬而視之曰 奈何

曰 鑿木爲機 後重前輕 挈水若抽 數如泆湯 其名爲槹

爲圃者忿然作色而笑曰 吾聞之吾師 有機械者必有機事 有機事者必有機心 機心存於胸中 則純白不備 純白不備 則神生不定 神生不定者 道之所不載也 吾非不知羞而不爲也

子貢瞞然慙 俯而不對 有閒 爲圃者曰 子奚爲者邪

曰孔丘之徒也

爲圃者曰 子非博學以擬聖 於于以蓋衆 獨弦哀歌以賣名聲於天下者乎 汝方將忘汝神氣 墮汝形骸 而庶幾乎 而身之不能治 而何暇治天下乎 子往矣 無乏吾事

子貢卑陬失色 頊頊然不自得 行三十里而後愈 其弟子曰 向之人何爲者邪 夫子何故見之 變容失色 終日不自反邪

曰始吾以爲天下一人耳 不知復有夫人也 吾聞之夫子 事求可 功求成 用力少 見功多者 聖人之道 今徒不然 執道者德全 德全者形全 形全者神全 神全者 聖人之道也 託生與民竝行而不知其所之 汒乎淳備哉 功利機巧必忘夫人之心 若夫人者 非其志不之 非其心不爲 雖以天下譽之 得其所謂 謷然不顧 以天下非之 失其所謂 儻然不受 天下之非譽 無益損焉 是謂全德之人哉 我之謂風波之民

反於魯 以告孔子 孔子曰 彼假修渾沌氏之術者也 識其一 不知其二 治其內 而不治其外 夫明白入素 無爲復朴 體性抱神 以遊世俗之間者 汝將固驚邪 且渾沌氏之術 予與汝何足以識之哉

훌륭한 정치, 덕인, 신인의 모습

　　소박한 순망이 동해 큰 바다로 가는 길에 바닷가에서 흔들리는 원풍과 우연히 만났습니다.

원풍　그대는 어디를 가시나요?

순망　큰 바다로 가는 길입니다.

원풍　무엇하려고요?

순망　큰 바다라는 게 말입니다, 아무리 부어도 차지 않고 아무리 퍼내도 마르지 않는답니다. 거기서 노닐어보려 합니다.

원풍　선생님은 이 세상 사람들에겐 관심이 없으십니까? 훌륭한 성인은 세상을 어떻게 돌보는지(聖治) 알고 싶은데요.

순망　성인은 세상을 어떻게 돌보냐고요? 성인은 적재적소에 관직을 두고 능력에 따라 인재를 발굴해 상황을 모두 살펴보고 할 일을 하게 합니다. 그러면 알아서 움직이고 말하게 됩니다. 세상은 저절로 돌아가지요. 손가락만 까닥이고 고개만 끄덕여도 사람들이 사방에서 모여듭니다. 성인은 이렇게 세상을 돌본답니다.

원풍　덕인德人에 대해서도 듣고 싶습니다.

순망 본래 모습 그대로인 덕인은 가만히 있을 때도 움직일 때도 아무런 생각이 없습니다. 옳으니 그르니, 좋으니 싫으니, 이런 생각을 담아 두지 않습니다. 세상 모두와 함께 이로움을 기뻐하고, 함께 만족함에 안심할 뿐입니다. 엄마 잃은 어린아이처럼 슬픈 모습으로 있기도 하고, 가다가 길을 잃은 것처럼 멍하게 있기도 합니다. 재물도 쓰고 남지만 어디서 난 것인지 모르고, 음식도 먹고 남지만 어디서 온 것인지 모릅니다. 이것이 본래 모습 그대로인 덕인의 모습(德人之容)이라고 하겠지요.

원풍 마음이 살아 있는 신인神人에 대해서도 듣고 싶습니다.

순망 마음(神)이 높이 올라 빛을 타고 몸과 함께 사라집니다. 이것을 '환하게 비움(照曠)'이라고 합니다. 타고난 운명과 모습을 다하면 천지의 즐거움 속에서 쉽니다. 모든 일이 사라지고, 모든 것이 본래 모습으로 돌아갑니다. 이것을 '흐릿한 어두움(混冥)'이라고 합니다.

諄芒將東之大壑 適遇苑風於東海之濱

苑風曰 子將奚之

曰 將之大壑

曰 奚爲焉

曰 夫大壑之爲物也 注焉而不滿 酌焉而不竭 吾將遊焉

苑風曰 夫子無意於橫目之民乎 願聞聖治

諄芒曰 聖治乎 官施而不失其宜 拔擧而不失其能 畢見其情事而行其所爲 行言自爲而天下化 手撓顧指 四方之民莫不俱至 此之謂聖治

願聞德人

曰 德人者 居無思 行無慮 不藏是非美惡 四海之內共利之之謂悅 共給之之爲安 怊乎若嬰兒之失其母也 儻乎若行而失其道也 財用有餘而不知其所自來 飮食取足

而不知其所從 此謂德人之容

願聞神人

曰 上神乘光 與形滅亡 此謂照曠 致命盡情 天地樂而萬事鎖亡 萬物復情 此之謂
混冥

무왕의 군대를 바라보며

문무귀와 적장만계가 무왕의 군대를 구경하고 있었습니다.

적장만계 유우씨有虞氏[7]에게도 못 미치지요? 그러니 이런 난리가 난 게 아니겠소.

문무귀 유우씨는 세상이 잘 돌봐지고 있는데도 돌본 것인가요, 아니면 혼란스러워 돌본 것인가요?

적장만계 세상이 원하는 대로 잘 돌봐지고 있다면 왜 유우씨에게 돌보게 할 생각을 했겠습니까? 유우씨는 종양 고치는 약이었지요. 대머리가 된 뒤에 가발을 씌우고, 병이 난 뒤에 의사를 불러오는 격이지요. 효자는 약을 들고 아버지에게 바칠 때 얼굴색이 초췌하지요. 훌륭한 성인은 그걸 부끄럽게 여깁니다.

순수한 모습 그대로인 세상에서는 현자를 받들지도, 능력자를 쓰지도 않았습니다. 위에 있는 사람은 그저 높은 나뭇가지처럼 있을 뿐이었고, 사람들은 들판의 사슴 같았습니다. 사람들은 단

---

7 순임금. 우虞는 순임금이 다스린 나라 이름이다.

정하면서도 그러는 것이 옳다는 생각이 없었습니다. 서로 아끼면서도 그것이 '사랑(仁)'이라는 생각이 없었습니다. 성실하면서도 그것이 '충忠'이라는 생각이 없었습니다. 마땅히 행동하면서도 그것이 '신信'이라는 생각이 없었습니다. 부지런히 움직이면서 서로 도와도 그것이 '베푸는 것(賜)'이라는 생각이 없었습니다. 그래서 뭘 해도 흔적이 없고, 일이 있어도 전해지질 않았습니다.

門無鬼與赤張滿稽觀於武王之師

赤張滿稽曰 不及有虞氏乎 故離此患也

門無鬼曰 天下均治而有虞氏治之邪 其亂而後治之與

赤張滿稽曰 天下均治之爲願 而何計以有虞氏爲 有虞氏之藥瘍也 禿而施髢 病而求醫 孝子操藥以修慈父 其色燋然 聖人羞之

至德之世 不尙賢 不使能 上如標枝 民如野鹿 端正而不知以爲義 相愛而不知以爲仁 實而不知以爲忠 當而不知以爲信 蠢動而相使 不以爲賜 是故行而無迹 事而無傳

세상에 아첨하는 사람들

효자는 부모에게 아첨하지 않고, 충신은 군주에게 아부하지 않습니다. 이것이 신하와 자식의 훌륭한 태도입니다. 부모가 하는 말에 무조건 그렇다고 하고, 부모가 하는 일에 무조건 좋다고 하면 세상 사람들이 못난 자식이라고 합니다. 군주가 하는 말에 무조건 그렇다고 하고, 군주가 하는 일에 무조건 좋다고 하면 세상 사람들이 못난 신하라고 합니다. 그런데 이것이 다른 것에도 반드시 적용되는지는 잘 모르겠습니다. 세상 사람들이 그렇다고 하는 것에 그렇다고 하고, 세상 사람들이 좋다고 하는 것에 좋다고 해도 사람들은 그를 아첨꾼이라고 하지 않습니다.

그렇다면 세상이 부모보다 엄하고 군주보다 귀하단 말입니까? 사람들은 아첨꾼이라고 하면 벌컥 화를 내고, 아부꾼이라고 하면 발끈 화를 냅니다. 그러면서도 평생을 아첨꾼으로 살아갑니다. 사람들은 평생을 아부꾼으로 살아갑니다. 사람들은 비유로 말을 꾸미고 사람을 모읍니다. 그래도 도무지 아첨했다고 비난받지 않습니다. 사람들은 좋은 옷에 치장하고 표정을 꾸미면서 세상 비위를 맞추고 있습니다. 그러면서도 자기가 아첨한다고 생각하지 않습니다. 세상 사람들과 한패가 되어 여론에 따라 옳다 그르다 하면서도 그들 중 한 사람이라고 생각하지 않습니다. 어리석기 짝이 없습니다. 그나마 어리석은 걸 알면 크게 어리석은 건 아닙니다. 말려들고 있다는 걸 알면 크게 말린 건 아닙니다. 크게 말린 사람은 평생 풀려나지 못합니다. 크게 어리석은 사람은 평생 깨닫지 못합니다.

세 사람이 가다 한 사람이 길을 잃어도 목적지에 이를 수 있습니다. 길 잃은 사람이 적기 때문입니다. 그러나 두 사람이 길을 잃으면 애를 써도 목적지에 이르지 못합니다. 길 잃은 사람이 많기 때문입니다. 그런데 지금 세상 사람들이 모두 길을 잃었습니다. 자기가 가고 싶은 길이 있어도 갈 수가 없습니다. 슬프지 않습니까?

위대한 음악은 세속인의 귀에는 들리지 않습니다. 〈버들가지 꺾어서 (折楊)〉〈눈부신 꽃들(皇荂)〉 같은 유행가를 들으면 환호성을 지르며 즐거워합니다. 그러니 고상한 말이 그들의 마음에 머물 리 없고, 순수한 말(至言)이 나올 수 없습니다. 비속한 말이 너무 많기 때문입니다. 두 사람이 발을 잘못 들여도 길을 잃고 목적지에 갈 수 없습니다. 그런데 지금은 온 세상이 길을 잃었습니다.

자기가 가고 싶은 길이 있어도 어떻게 갈 수 있겠습니까? 갈 수 없는 것을 알면서 억지로 가는 것은 한 번 더 길을 잃는 일입니다. 차라리 그냥 있는 것이 더 나을 것입니다. 억지로 가지 않으면 누가 걱정거리를 더 하겠습니까? 문둥이가 한밤중에 아이를 낳았습니다. 서둘러 등불을 들고 아이를 들여다봅니다. 허둥지둥, 아이가 자기를 닮았을까 두려워합니다.

孝子不諛其親 忠臣不諂其君 臣子之盛也 親之所言而然 所行而善 則世俗謂之不
肖子 君之所言而然 所行而善 則世俗謂之不肖臣 而未知此其必然邪 世俗之所謂
然而然之 所謂善而善之 則不謂之道諛之人也
然則俗故嚴於親而尊於君邪 謂己道人 則勃然作色 謂己諛人 則怫然作色 而終身

道人也 終身詼人也 合譬飾辭聚衆也 是終始本末不相坐 垂衣裳 設采色 動容貌

以媚一世 而不自謂道詼 與夫人之爲徒 通是非 而不自謂衆人 愚之至也 知其愚者

非大愚也 知其惑者 非大惑也 大惑者 終身不解 大愚者 終身不靈

三人行而一人惑 所適者猶可致也 惑者少也 二人惑則勞而不至 惑者勝也 而今也

以天下惑 予雖有祈嚮 不可得也 不亦悲乎

大聲不入於里耳 折楊皇荂 則嗑然而笑 是故高言不止於衆人之心 至言不出 俗言

勝也 以二垂踵惑 而所適不得矣 而今也以天下惑

予雖有祈嚮 其庸可得邪 知其不可得也而强之 又一惑也 故莫若釋之而不推 不推

誰其比憂 厲之人夜半生其子 遽取火而視之 汲汲然唯恐其似己也

좋다 싫다는 판단

백 년이나 된 나무를 쪼개 신성한 술 단지를 만듭니다. 파란색, 노란색 칠로 장식을 합니다. 그 깎고 남은 찌꺼기는 도랑에 버려집니다. 술 단지와 버려진 찌꺼기를 비교하면 아름답고 추한 차이가 있습니다. 그러나 본성을 잃은 것은 마찬가지입니다. 도척을 증삼이나 사추와 비교해보면 올바른 행동이냐는 점에서는 차이가 있습니다. 그러나 본성을 잃은 점에서는 같습니다.

본성을 잃는 것에는 다섯 가지가 있습니다. 첫째는 다섯 가지 색이 눈을 망쳐 제대로 볼 수 없게 하는 것입니다. 둘째는 다섯 가지 소리가 귀를 망쳐 제대로 들을 수 없게 하는 것입니다. 셋째는 다섯 가지 냄새가 코를 망쳐 머리를 아프게 하는 것입니다. 넷째는 다섯 가지 맛이 입을 망쳐 맛을 제대로 알 수 없게 하는 것입니다. 다섯째는 좋다 싫다는 판단이 마음을 어지럽혀 본성을 흩뜨리는 것입니다. 이 다섯 가지 모두 삶에 해로운 것들입니다.

그런데 양주와 묵적이 마침내 나서기 시작해 본성을 따른다고 자부하고 있습니다. 그러나 그건 내가 말하는 본성이 아닙니다. 본성을 따른다는 자가 갇혀 있는데 그걸 따른다고 할 수 있겠습니까? 그렇다면 비둘기와 올빼미가 새장에 갇혀 있는 것도 본성을 따르는 것이라 할 것입니다. 그들은 좋다 싫다는 판단과 소리와 색으로 마음을 막고 있습니다. 가죽 관과 물총새 깃털 장식 그리고 허리띠 장식에 길게 늘어뜨린 옷으로 몸을 묶고 있습니다. 마음은 나무 울타리에 막혀 있고, 몸은 새끼줄로 묶여 있으면서 본성을 따른다고 자부합니다. 이는 결박된 죄인이나 울 안에 갇힌 호랑이와 표범이 본성을 따른다고 하는 격입니다.

百年之木 破爲犧尊 靑黃而文之 其斷在溝中 比犧尊於溝中之斷 則美惡有間矣 其於失性一也 跖與曾史 行義有間矣 然其失性均也

且夫失性有五 一曰五色亂目 使目不明 二曰五聲亂耳 使耳不聰 三曰五臭薰鼻 困㥼中顙 四曰五味濁口 使口厲爽 五曰趣舍滑心 使性飛揚 此五者 皆生之害也

而楊墨乃始離跂自以爲得 非吾所謂得也 夫得者困 可以爲得乎 則鳩鴞之在於籠也 亦可以爲得矣 且夫趣舍聲色以柴其內 皮弁鷸冠搢笏紳脩以約其外 內支盈於柴柵 外重纆繳 睆睆然在纆繳之中而自以爲得 則是罪人交臂歷指而虎豹在於囊檻 亦可以爲得矣

길을 잃었다고 억지로 길을 가려는 것은 걱정 하나를 더하는 것일 뿐입니다. 이는 한센인이 아이를 낳고 자기 모습을 닮았을까 걱정하는 것과 같다고 합니다. 한센인이 아이를 낳고 자기 모습을 닮았을까 걱정하는 모습을 상상하니 그 자식 사랑에 애처로워 눈시울이 뜨거워집니다. 그런데 왜 억지로 길을 가려는 것은 걱정거리를 보태는 일이라고 하는 걸까요?

〈대종사〉의 천진한 사람들은 운명을 사랑하는 자유인들이었습니다. 운명을 사랑하는 천진한 사람이라면 타고난 본래 모습 그대로를 사랑합니다. 한센인의 자식도 사랑스러운 존재입니다. 장자는 훌륭한 성인은 무정하다고 했습니다. 장자의 무정은 좋다 싫다는 판단에 갇혀 괴로워하지 않는 것입니다. 장애를 가진 자식을 사랑으로 돌보는 많은 부모가 있습니다. 이분들이야말로 장자가 말하는 천진한 사람이며 무정한 성인입니다.

어쩔 수 없는 것을 억지로 하려는 것은 한 번 더 길을 잃는 일입니다. 그런데 길을 찾아주겠다고 나서는 사람들이 있습니다. 양주와 묵적도 그런 사람들입니다. 그러나 이들은 이미 욕망에 갇힌 사람인데 어떻게 그들을 따를 수 있겠습니까?《맹자》에도 양주와 묵적에 대한 비판이 나옵니다. 양주는 자신만을 위하자는 주장(爲我)을 해서 군주를 무시한 사람이고, 묵자는 서로 사랑하자는 주장(兼愛)을 해서 아버지를 무시했다는 것입니다. 양주와 묵적을 비판하는 데 장자와 맹자의 층위가 다릅니다. 시비 판단에 대한 두 사람의 입장이 다르기 때문입니다. 맹자는 시비 판단이야말로 앎의 시작이라고 주장합니다. 하지만 장자는 옳고 그름을 따지는 시비 판단으로 앎에 갇힌다고 이야기합니다. 맹자는 양주와 묵적을 "무부무군無父無君"이라고 비판하지만 장자는 양주와 묵적이 판단에 갇혀 길을 잃은 사람들이라고 비판합니다. 한센인이 자식을 낳고 걱정하는 것처럼 이들은 이미 좋고 싫다는 판단에 갇혀 괴로워하는 사람들이라는 것입니다. 자연에서 보면 귀하고 천한 것이 없는데, 사람의 길에 갇혀 자연의 길을 가지 못하는 것입니다. 그렇다면 자연의 길과 사람의 길이 하나가 된 세상은 어떤 모습일까요? 이어지는 〈천도〉에서 확인할 수 있습니다.

천도
天道

천지자연을 비추는 거울

자연과 화목하면

제왕이 억지로 하지 않아도

차례가 없다면 길이 아니다

옛날 세상의 왕은 어떻게 했을까?

공자의 욕심

교묘한 앎, 교만한 마음

순수한 지인의 관심

책은 옛날 분의 찌꺼기일 뿐

자연의 길과 사람의 길이 하나가 된 세상은 화목하고 즐겁습니다. 이런 세상의 제왕과 성인은 본래 모습 그대로입니다. 이들은 억지로 하지 않고 천지자연을 있는 그대로 비추어주는 거울 같은 존재입니다. '사랑과 정의'를 내세우거나 '예와 악'을 이용하고 '상과 벌'로 길들이지 않습니다. 오히려 이런 말단의 것들이 생겨나는 세상을 걱정합니다. 심지어 지식이나 글을 읽는 것조차 방편이나 말단에 해당하는 것으로 생각합니다. 공자가 주나라 왕실에 자신의 저서를 소장시키려다 노자에게 충고를 듣습니다. 목수 윤편은 책을 읽는 환공에게 감히 말합니다. "책은 옛날 분의 찌꺼기일 뿐입니다."

천지자연을 비추는 거울

'자연의 길(天道)'은 멀리 미칩니다. 쌓아두지 않습니다. 그래서 모든 것이 생겨납니다. '제왕의 길'은 멀리 미칩니다. 쌓아두지 않습니다. 그래서 세상 사람들이 모여듭니다. '성인의 길'은 멀리 미칩니다. 쌓아두지 않습니다. 그래서 사람들이 따릅니다. 자연의 길에 밝고 성인의 길을 가는 사람 그리고 제왕의 길을 어디든 막힘없이 두루 아는 사람, 이런 사람의 행동은 어리숙하고 마음이 고요합니다. 성인은 고요합니다. 고요한 것이 좋아서 고요히 있는 것이 아닙니다. 어떤 것도 마음을 흔들 수 없어 고요한 것입니다. 물이 고요하면 수염이나 눈썹까지 밝게 비추어줍니다. 수평을 잘 맞출 수 있어 목수도 고요한 물을 기준으로 삼습니다. 물도 고요하면 밝혀주는데 고요한 성인의 마음은 오죽하겠습니까? 천지자연을 비추는 거울입니다. 모든 것을 비추는 거울입니다.

비움, 고요함 그리고 억지로 하지 않는 것(無爲), 이것이 천지자연의 고름(天地之平)이며 길의 본래 모습 그대로(道德之至)입니다. 그래서 제왕과 성인은 쉬는 것입니다. 쉬면 비워집니다. 비우면 채워지고, 채워지면 갖춰집니다. 비우면 고요해집니다. 고요하면 움직여지고, 움직여지면 이뤄집니다. 고요하면 억지로 하지 않습니다. 억지로 하지 않으면서 일을 맡

으면 책임을 다하게 됩니다. 억지로 하지 않으면 즐겁습니다. 즐거우면
걱정 없어 오래 삽니다.

비움, 고요함 그리고 억지로 하지 않는 것, 이것이 모든 것의 뿌리입
니다. 이를 알고 남쪽을 바라본 것이 요堯의 임금 노릇이었고, 이를 알고
북쪽을 바라본 것이 순舜의 신하 노릇이었습니다. 이렇게 위에 오르는 것
이 제왕과 천자의 본래 모습입니다. 이렇게 아래에 머무는 것이 '깊은 성
인(玄聖)'과 '왕위가 없는 왕(素王)'의 길입니다. 이렇게 물러나 한가롭게 지
내면 강과 바다 그리고 산림에 사는 은자들이 따르게 됩니다. 이렇게 나
아가 세상을 돌보면 공명이 드러나 세상이 하나가 됩니다. 고요하면 성
인이 되고, 움직이면 왕이 됩니다. 억지로 하는 것이 없으면 존경받고, 소
박하면 그 아름다움이 세상 무엇과도 겨룰 것이 없습니다.

天道運而無所積 故萬物成 帝道運而無所積 故天下歸 聖道運而無所積 故海內服
明於天 通於聖 六通四辟於帝王之德者 其自爲也 昧然無不靜者矣 聖人之靜也 非
曰靜也善 故靜也 萬物無足以鐃心者 故靜也 水靜則明燭鬚眉 平中準 大匠取法焉
水靜猶明 而況精神 聖人之心靜乎 天地之鑑也 萬物之鏡也
夫虛靜恬淡寂漠無爲者 天地之平而道德之至 故帝王聖人休焉 休則虛 虛則實 實
者倫矣 虛則靜 靜則動 動則得矣 靜則無爲 無爲也則任事者責矣 無爲則兪兪 兪
兪者憂患不能處 年壽長矣
夫虛靜恬淡寂漠無爲者 萬物之本也 明此以南鄕 堯之爲君也 明此以北面 舜之爲
臣也 以此處上 帝王天子之德也 以此處下 玄聖素王之道也 以此退居而閒遊江海
山林之士服 以此進爲而撫世 則功大名顯而天下一也 靜而聖 動而王 無爲也而尊
樸素而天下莫能與之爭美

자연과 화목하면

천지자연(天地)의 본래 모습이 환하게 드러나는 것, 이것이 모든 것의 근본(大本大宗)입니다. 자연과 화목하면 세상도 고르고 화목해져 모든 사람이 화목하게 삽니다. 사람들과 함께 화목하게 사는 것, 이것이 '사람의 즐거움'이라는 것입니다. 자연과 함께 화목한 것, 이것이 '자연의 즐거움(天樂)'이라는 것입니다.

《장자》에 이런 말이 있습니다. "나의 스승이여! 나의 스승이여! 만물을 부수고 만들고 해도 정의롭다 여기지 않습니다. 만세에 혜택을 베풀지만 사랑이라 생각하지 않습니다. 아주 옛날보다 오래되었으나 늙었다 생각하지 않습니다. 하늘이 덮게 해주고 땅이 싣게 해주어 여러 모양을 조각해내고도 재주 있다 하지 않습니다."[1] 이것이 자연의 즐거움이라는 것입니다.

이런 말도 있습니다. "자연의 즐거움을 아는 자는 살아서는 자연의 움직임에 맡기고, 죽을 때는 무언가 되어가는 것에 따른다. 고요하면 시원한 흐름(陰氣)의 본래 모습과 하나 되고, 움직이면 따뜻한 흐름(陽氣)의

---

1 〈대종사〉 '의이자, 허유에게 배우다'에서 허유가 의이자에게 해주는 말이다.

물결과 하나 된다.[2] 그래서 자연의 즐거움을 아는 사람은 하늘을 원망하지도, 다른 사람을 비난하지도 않는다. 어떤 것에 묶이지도, 귀신을 꾸짖지도 않는다."

그래서 "움직일 때는 하늘처럼, 고요할 때는 땅처럼 마음이 하나 되어 세상의 왕이 된다. 귀신도 어쩌지 못하고 영혼도 지칠 줄 몰라 마음이 하나 되니 모든 것이 따른다"고 말합니다. 비움과 고요함으로 자연을 대하면 모든 것과 통하게 됩니다. 이것이 자연의 즐거움이라는 것입니다. 자연의 즐거움은 훌륭한 성인의 마음으로 세상을 기르는 것입니다.

夫明白於天地之德者 此之謂大本大宗 與天和者也 所以均調天下 與人和者也 與
人和者 謂之人樂 與天和者 謂之天樂
莊子曰 吾師乎 吾師乎 虀萬物而不爲戾 澤及萬世而不爲仁 長於上古而不爲壽 覆
載天地刻彫衆形而不爲巧 此之謂天樂
故曰 知天樂者 其生也天行 其死也物化 靜而與陰同德 動而與陽同波 故知天樂者
無天怨 無人非 無物累 無鬼責
故曰 其動也天 其靜也地 一心定而王天下 其鬼不祟 其魂不疲 一心定而萬物服
言以虛靜推於天地 通於萬物 此之謂天樂 天樂者 聖人之心 以畜天下也

---

2 《회남자》〈정신훈〉과《장자》〈각의〉에도 같은 내용이 나온다.

제왕이 억지로 하지 않아도

제왕의 본래 모습은 천지자연(天地)을 근본으로 합니다. '자연스러운 길과 본래 모습(道德)'을 주인으로 합니다. '억지로 하지 않는 것(無爲)'을 원칙으로 합니다. '억지로 하지 않으면' 세상을 보살피는 데 여유가 생깁니다. '억지로 하면(有爲)' 세상을 보살피려 해도 늘 부족합니다. 그래서 옛사람들은 '억지로 하지 않는 것'을 귀하게 여겼습니다. 위에서 하지 않는다고 아래서도 하지 않으면 이는 아래와 위가 본래 모습을 똑같이 하는 것입니다. 아래와 위가 본래 모습을 똑같이 한다면 신하가 없어집니다. 아래에서 무언가를 한다고 위에서도 무언가를 하면 이는 위와 아래가 '길(道)'을 똑같이 하는 것입니다. 위와 아래가 길을 똑같이 하면 군주가 없어집니다. 위에서는 하지 않아야 세상이 보살펴집니다. 아래에선 무언가를 해야 세상이 보살펴집니다. 이것은 바뀌지 않는 자연스러운 길(道)입니다.[3]

---

3 난해한 대목이다. 뒤이어 나오는 '차례가 없다면 길이 아니다'와 함께 읽어야 이해할 수 있다. 여기서 '위와 아래', '군주와 신하'는 은유적 표현이기도 하다. "자연의 길이 군주이고, 사람의 길이 신하이다."(재유) 길의 차례 아홉 단계를 '위와 아래, 군주와 신하'로 본 것이다.

그래서 옛날 세상을 보살폈던 왕은 천지자연을 망라할 정도로 아는
게 많아도 생각하지 않았습니다. 세상의 모든 것을 논할 정도로 말을 잘
해도 말하지 않았습니다. 세상일을 다 처리할 능력이 있어도 알아서 하
지 않았습니다. 하늘이 억지로 낳으려 하지 않아도 모든 것이 저절로 생
겨나고, 땅이 억지로 기르려 하지 않아도 모든 것이 저절로 자라납니다.
제왕이 억지로 하지 않아도(無爲) 세상은 저절로 이루어집니다. 그러니 이
렇게 말하는 것입니다. "하늘이 가장 신비하다. 땅이 가장 풍요롭다. 제왕
이 가장 크다."4 이렇게도 말합니다. "제왕의 본래 모습(德)은 천지자연과
짝한다."5 이것이 천지자연을 타고 모든 것을 몰아 사람들을 보살피는 길
입니다.

夫帝王之德 以天地爲宗 以道德爲主 以無爲爲常 無爲也 則用天下而有餘 有爲也
則爲天下用而不足 故古之人貴夫無爲也 上無爲也 下亦無爲也 是下與上同德 下
與上同德則不臣 下有爲也 上亦有爲也 是上與下同道 上與下同道則不主 上必無
爲而用天下 下必有爲爲天下用 此不易之道也
故古之王天下者 知雖落天地 不自慮也 辯雖彫萬物 不自說也 能雖窮海內 不自爲
也 天不産而萬物化 地不長而萬物育 帝王無爲而天下功 故曰莫神於天 莫富於地
莫大於帝王 故曰帝王之德配天地 此乘天地 馳萬物 而用人羣之道也

4《도덕경》25장 참조. "도도 크고 하늘도 크고 땅도 크고 임금도 크다. 세상에 네 가지 큰 것이
있는데, 왕도 그중 하나다(道大 天大 地大 王亦大 域中有四大 而王居其一焉)."
5《도덕경》68장 참조. "이것이 '사람 돌보는 능력'이라는 것이다. 이것이 '하늘의 짝'이라는 것
이다(是謂用人之力 是謂配天)."

차례가 없다면 길이 아니다

근본은 위에서 하기 달렸고, 말단은 아래서 하기 달렸습니다. 긴요한 것은 군주에게 달렸고, 상세한 것은 신하에게 달렸습니다. 군대를 동원해 전쟁을 하는 것은 '본래 모습의 말단'입니다. 상벌을 주고 이해를 따지고 형벌을 주는 것은 '가르침의 말단'입니다. 예법을 차별적으로 정해 실제와 명분을 자세히 따지는 것은 '정치의 말단'입니다. 종소리 북소리 울리고 화려한 털 장식의 춤을 즐기는 것은 '즐거움의 말단'입니다. 억지로 곡을 하고 상복을 차려 입고 예에 따른 기간 동안 애도하는 것은 '슬픔의 말단'입니다. 이 다섯 가지 말단은 생각해보고 마음이 움직일 때 따라야 하는 것입니다.

말단을 배우는 것은 옛날에도 있었습니다. 그러나 앞세우지 않았습니다. 임금이 앞서가면 신하가 따라옵니다. 아버지가 앞서가면 아들이 따라옵니다. 형이 앞서가면 동생이 따라옵니다. 어른이 앞서가면 아이들이 따라옵니다. 남자가 앞서가면 여자가 따라옵니다. 위가 앞서가면 아래가 따라갑니다. 이것이 천지자연의 운행입니다. 그래서 성인은 이것을 본보기로 삼았습니다. 하늘이 높고 땅이 낮은 것이 신비한 자연의 자리입니다. 봄여름이 앞서가고 가을 겨울이 따라오는 것은 사계절의 차례입니다. 모든 것은 변합니다. 싹이 트고 순이 나고 무성하게 자라다 시들어 사라지는 것, 이 모두가 달라지고 되어가는 흐름입니다. 천지자연은 정말 신비롭습니다. 위가 앞서가면 아래가 따라가는 차례가 있습니다. 하물며 사람의 자연스러운 길은 어떻겠습니까? 친척 간에는 가까운 친척을 귀하게 여깁니다. 조정에서는 지위를 귀하게 여깁니다. 마을에서는 나이를 귀하게 여깁니다. 일을 처리할 때는 현명함을 귀하게 여깁니다. 이것이 큰길(大道)의 차례입니다. 길을 말하는데도 차례가 없다면 길이 아닙니다. 길이라고 말하는데 그 길이 길이 아니면 어떻게 길을 알 수 있겠습니까?

그래서 옛날 큰길을 밝힐 때 먼저 자연(天)을 밝혔습니다. 그러고 나서 길과 본래 모습(道德)을 따랐습니다. 길과 본래 모습이 밝혀지면 사랑과 정의(仁義)를 따랐습니다. 사랑과 정의가 밝혀지면 분수分守를 지켰습니다. 분수를 지키면 실제와 명분(刑名)이 맞았습니다. 실제와 명분이 맞으면 제자리를 찾을 수(因任) 있었습니다. 제자리를 찾으면 살필 수(原省) 있었습니다. 살필 수 있으면 옳고 그름(是非)을 알 수 있었습니다. 옳고 그름이 분명해지면 상벌賞罰을 줄 수 있었습니다. 상벌을 제대로 주면 어리석음과 지혜로움이 제대로 평가받았습니다. 귀하고 천한 것이 제자리를 찾았습니다. 어진 것과 못난 것 모두 본래 모습을 회복했습니다. 능력에 따라 확실하게 나누니 명분이 확실해졌습니다. 이렇게 위를 섬기고 아래를 기르고 모든 것을 다루고 자신을 돌보았습니다. 지모知謀를 쓰지 않았습니다. 분명 '자연(天)으로 돌아간 것'이었습니다. 이런 걸 '큰 평화(大平)'라고 합니다. 이게 정치의 끝입니다.[6]

---

6 길의 아홉 단계는 ①天 ②道德 ③仁義 ④分守 ⑤刑名 ⑥因任 ⑦原省 ⑧是非 ⑨賞罰로 자연의 길에서 점점 사람의 길로 내려간다.

그래서 옛글에도 "실제가 있고 명분이 있다"는 말이 있듯이 옛사람에게도 실제와 명분이 있었습니다. 그러나 이걸 앞세우지는 않았습니다. 옛날 큰길을 말한 사람들은 다섯 번째로 실제와 명분을 거론했고, 마지막 아홉 번째야 상벌을 말했습니다. 느닷없이 실제와 명분을 말하는 것은 그 근본을 모르는 것입니다. 불쑥 상벌을 말하는 것은 그 시작을 모르는 것입니다. 길을 거꾸로 말하고 길을 거슬러 지껄이는 사람은 남이 돌보아야 하는 사람입니다. 이런 사람이 어떻게 남을 돌볼 수 있겠습니까?

갑자기 실제와 명분, 상벌을 말하는 것은 세상을 단지 도구로 다루는 것입니다. 세상을 돌보는 자연스러운 길을 아는 것이 아닙니다. 세상의 보살핌을 받아야지 세상을 보살피기에는 부족합니다. 이런 사람들을 말로만 사는 변사辯士라고 합니다. 예법을 차별적으로 정하고 실제와 명분을 자세히 따지는 것은 옛사람에게도 있었습니다. 하지만 이는 아래가 위를 섬기기 위한 것이지 위가 아래를 기르기 위한 것은 아니었습니다.

本在於上 末在於下 要在於主 詳在於臣 三軍五兵之運 德之末也 賞罰利害 五刑之辟 教之末也 禮法度數 刑名比詳 治之末也 鐘鼓之音 羽旄之容 樂之末也 哭泣衰絰 隆殺之服 哀之末也 此五末者 須精神之運 心術之動 然後從之者也

末學者 古人有之 而非所以先也 君先而臣從 父先而子從 兄先而弟從 長先而少從 男先而女從 夫先而婦從 夫尊卑先後 天地之行也 故聖人取象焉 天尊 地卑 神明之位也 春夏先 秋冬後 四時之序也 萬物化作 萌區有狀 盛衰之殺 變化之流也 夫天地至神 而有尊卑先後之序 而況人道乎 宗廟尚親 朝廷尚尊 鄉黨尚齒 行事尚賢 大道之序也 語道而非其序者 非其道也 語道而非其道者 安取道

是故古之明大道者 先明天而道德次之 道德已明而仁義次之 仁義已明而分守次之 分守已明而刑名次之 刑名已明而因任次之 因任已明而原省次之 原省已明而是非次之 是非已明而賞罰次之 賞罰已明而愚智處宜 貴賤履位 仁賢不肖襲情 必分其

能 必由其名 以此事上 以此畜下 以此治物 以此修身 知謨不用 必歸其天 此之謂
大平 治之至也

故書曰 有形有名 形名者 古人有之 而非所以先也 古之語大道者 五變而形名可擧
九變而賞罰可言也 驟而語形名 不知其本也 驟而語賞罰 不知其始也 倒道而言 迕
道而說者 人之所治也 安能治人

驟而語形名賞罰 此有知治之具 非知治之道 可用於天下 不足以用天下 此之謂辯
士 一曲之人也 禮法數度 形名比詳 古人有之 此下之所以事上 非上之所以畜下也

옛날 세상의 왕은 어떻게 했을까?

옛날 순이 요에게 물었습니다.

순 천왕께서는 세상을 보살피는 마음이 어떠셨습니까?

요 나는 하소연할 데 없는 사람들의 말에 귀를 기울였습니다. 가난한 사
람들을 버리지 않았습니다. 죽은 자를 애도하고 고아를 사랑하고 과
부를 애처롭게 여겼습니다. 나는 오로지 이런 마음으로 사람들을 보
살폈습니다.

순 아름답습니다. 그러나 크진 않습니다.

요 그럼 어떻게 해야 합니까?

순 하늘은 있는 그대로이고 땅도 그대로 편안합니다. 해와 달이 비추고
사계절이 흘러갑니다. 낮과 밤도 바뀌고 구름이 몰려오면 비가 내립
니다.

요 내 지금까지 법석을 떨고 있었나봅니다. 그대는 자연(天)과 함께 있는
데 나는 사람(人)하고만 있었군요.

옛부터 천지자연은 크다고 했습니다. 황제와 요임금, 순임금 모두 아

름답다고 했던 것입니다. 그렇다면 옛날 세상의 왕은 어떻게 했을까요? 천지자연을 따를 뿐이었습니다.

昔者舜問於堯曰 天王之用心何如
堯曰 吾不敖無告 不廢窮民 苦死者 嘉孺子而哀婦人 此吾所以用心已
舜曰 美則美矣 而未大也
堯曰 然則何如
舜曰 天德而出(土)寧 日月照而四時行 若晝夜之有經 雲行而雨施矣
堯曰 膠膠擾擾乎 子天之合也 我人之合也
夫天地者 古之所大也 而黃帝堯舜之所共美也 故 古之王天下者 奚爲哉 天地而已
矣

공자의 욕심

공자가 서쪽의 주나라 왕실에 자기 저술을 소장시키고 싶어했습니다. 자로가 꾀를 내어 말했습니다.

자로   주나라 서고 담당관 가운데 노담이라는 사람이 있었답니다. 지금은 그만두고 고향에 돌아가 살고 있다는데, 선생님께서 그를 한번 찾아가 부탁해보시는 건 어떻습니까?

공자   좋은 생각이다.

공자가 노담을 만나러 갔습니다. 노담이 안 된다고 하자 공자는 십이경을 펼쳐 보이면서 노담을 설득했습니다. 노담이 공자의 말을 듣다가 말했습니다.

노담   계속하실 겁니까? 요점만 말하시지요?

공자   요점은 '사랑(仁)과 정의(義)'입니다.

노담   묻겠는데, 사랑과 정의가 사람의 본성입니까?

공자   물론입니다. 군자가 사랑하지 않는다면 아무것도 이룰 수 없습니

다. 정의(義)롭지 않다면 살아갈 수 없습니다. 사랑과 정의야말로 사
람의 본성입니다. 또 뭐가 있겠습니까?

노담 그럼 물어봅시다. 도대체 사랑과 정의가 뭡니까?

공자 진심으로 모든 것을 즐기고 모두를 사랑하고 사심을 없애는 것, 이
것이 사랑과 정의의 참모습입니다.

노담 아, 위태롭습니다. 나중에 할 말입니다. '모두를 사랑하라'는 게 길
(道)에서 너무 먼 것 아닌가요? 사심을 없애라는 거 그게 사심입니
다. 선생은 진정 이 세상이 길을 잃지 않기를 바라십니까? 천지자연
은 스스로의 길을 꾸준히 가고 있습니다. 해와 달은 꾸준히 밝습니
다. 별은 꾸준히 하늘에 즐비합니다. 새와 짐승은 꾸준히 무리를 이
루어 삽니다. 나무들은 꾸준히 땅에 서 있습니다. 선생도 본래 모습
그대로 자연스러운 길을 따라 꾸준히 살고 있는 겁니다. 이것으로
충분합니다. 왜 사랑이니 정의니 깃발을 내걸고 북을 치며 길 잃은
자를 찾는단 말입니까? 아, 선생은 사람의 본성을 망치고 있습니다.

孔子西藏書於周室 子路謀曰 由聞周之徵藏史有老聃者 免而歸居 夫子欲藏書 則
試往因焉
孔子曰 善
往見老聃 而老聃不許 於是繙十二經以說
老聃中其說 曰 大謾 願聞其要
孔子曰 要在仁義
老聃曰 請問 仁義 人之性邪
孔子曰 然 君子不仁則不成 不義則不生 仁義 眞人之性也 又將奚爲矣
老聃曰 請問 何謂仁義
孔子曰 中心物愷 兼愛無私 此仁義之情也

老聃曰 意 幾乎 後言 夫兼愛 不亦迂乎 無私焉 乃私也 夫子若欲使天下無失其牧
乎 則天地固有常矣 日月固有明矣 星辰固有列矣 禽獸固有羣矣 樹木固有立矣 夫
子亦放德而行 循道而趨 已至矣 又何偈偈乎揭仁義 若擊鼓而求亡子焉 意 夫子亂
人之性也

교묘한 앎, 교만한 마음

　사성기가 노자를 만나 물었습니다. "선생이 훌륭한 성인이라고 들었습니다. 그래서 먼 길을 마다 않고 만나러 왔습니다. 백 일 동안 발에 못이 박히도록 쉬지 않고 말입니다. 그런데 이렇게 와서 보니 성인이 아니신가봅니다. 쥐구멍에 쌀알이 흩어져 있는데도 아랑곳하지 않고 내버려둔 것은 '사랑(仁)'하지 못한 것입니다. 날음식, 익힌 음식을 앞에 잔뜩 늘어놓고 계속 더 쌓고만 있군요."

　노자는 조용히 아무 대답도 하지 않았습니다. 다음 날 사성기가 다시 찾아왔습니다.

사성기　어제 제가 선생님을 비방했습니다. 오늘에야 제가 정신을 차렸습니다. 왜 그랬을까요?

노자　나는 교묘한 앎이나 신성한 성인의 탈을 벗어버렸습니다. 어제 그대가 나를 '소'라고 했다면 '내가 소구나' 했을 겁니다. 나를 '말'이라 했으면 '내가 말이구나' 했을 겁니다. 그런 모습이 있어서 사람들이 이름을 붙여줬는데 받아들이지 않으면 그거야말로 재앙이 될 것입니다. 나는 받아들입니다. 항상 받아들입니다. 내가 받아들이려고 해서가 아닙니다. 그냥 받아들여집니다.

사성기는 뒤로 물러나며 노자의 그림자를 밟지 않으려고 천천히 걸어 다가갔습니다.

사성기 몸을 수양하려면 어떻게 해야 합니까?

노자 그대의 얼굴은 깎아지른 절벽 같고 눈은 튀어나올 것 같습니다. 이마는 툭 튀어나오고 입으론 으르렁대고 모습은 위압적입니다. 마치 밧줄에 묶여 서 있는 말 같습니다. 움직이고 싶은 걸 억지로 참고 있습니다. 하지만 일단 튕겨지면 화살같이 빠르고 좀스럽게 따져 살피겠죠. 교묘한 지식으로 교만한 마음을 드러낼 겁니다. 이 모두 믿을 것이 못 됩니다. 변경에도 그런 사람이 있다고 합니다. 이름이 뭐 '도둑놈'이라고 하던가요.

士成綺見老子而問曰 吾聞夫子聖人也 吾固不辭遠道而來願見 百舍重趼而不敢息
今吾觀子 非聖人也 鼠壤有餘蔬 而棄妹 不仁也 生熟不盡於前 而積斂無崖
老子漠然不應 士成綺明日 復見 曰 昔者吾有刺於子 今吾心正却矣 何故也
老子曰 夫巧知神聖之人 吾自以爲脫焉 昔者 子呼我牛也而謂之牛 呼我馬也而謂
之馬 苟有其實 人與之名而弗受 再受其殃 吾服也恒服 吾非以服有服
士成綺鴈行避影 履行遂進而問 修身若何
老子曰 而容崖然 而目衝然 而顙頯然 而口闞然 而狀義然 似繫馬而止也 動而持
發也機 察而審 知巧而覩於泰 凡以爲不信 邊竟有人焉 其名爲竊

순수한 지인의 관심

선생님[7]께서 말씀하셨습니다. "길(道)에는 크다고 하다 말거나 작다고 버리는 일이 없다. 그래서 모든 것이 갖추어지는 것이다. 넓고도 넓어받아들이지 않는 것이 없구나. 깊고도 깊어 다 헤아릴 수가 없구나. 상벌과 사랑과 정의는 마음이 가는 마지막 일이다. 순수한 지인至人이 아니라면 누가 정할 수 있겠는가? 순수한 지인이 세상에 있다면 정말 크지 않겠는가? 그를 가두기는 어려울 것이다. 세상 사람들이 권력을 잡겠다고 싸우더라도 그들과는 어울리지 않을 것이다. 거짓 없이 살펴 이익에 흔들리지 않고, 만물의 진실을 찾아 그 뿌리를 그대로 지킬 수 있을 것이다. 그래서 온 세상 모든 것을 무심하게 내버려두어도 아무런 걱정이 없을 것이다. 길과 통하고 본래 모습과 함께할 것이다. 사랑과 정의를 물리고 예와 악을 버릴 것이다. 순수한 지인의 관심은 '왜 이런 걸 정했을까'에 있다."

---

7 맥락으로 보나 내용으로 보나 노자인 것으로 보인다. 노자로 되어 있는 판본도 있다. 그러나 《장자》〈덕충부〉에도 유사한 내용이 나온다. 노자가 직접 말했다기보다는 노자를 빌려 장자가 각색한 것일 수도 있다.

夫(老)子曰 夫道 於大不終 於小不遺 故萬物備 廣廣乎其無不容也 淵乎其不可測
也 形德仁義 神之末也 非至人孰能定之 夫至人有世 不亦大乎 而不足以爲之累
天下奮棟而不與之偕 審乎無假而不與利遷 極物之眞 能守其本 故外天地 遺萬物
而神未嘗有所困也 通乎道 合乎德 退仁義 賓禮樂 至人之心有所定矣

책은 옛날 분의 찌꺼기일 뿐

길(道)을 소중하게 여기는 사람들은 책을 읽습니다. 그러나 책은 말에 불과합니다. 말이 소중한 것은 뜻이 있어서고, 뜻에는 추구하는 것이 있습니다. 뜻이 추구하는 것은 말로는 전할 수 없는 것입니다. 세상 사람들은 말을 소중하게 생각해 책을 전합니다. 하지만 세상 사람들이 소중하다고 할수록 소중한 것이 못 됩니다. 소중하다고 여기는 것은 소중한 것이 아닙니다. 본다고 볼 수 있는 것은 형체와 색깔뿐입니다. 듣는다고 들을 수 있는 것은 이름과 소리뿐입니다. 슬프군요! 세상 사람들은 형체와 색깔, 이름과 소리로 길의 본모습을 알 수 있다고 생각합니다. 형체와 색깔, 이름과 소리로는 결코 길의 본모습을 알 수 없습니다. 그래서 "아는 자 말하지 않고, 말하는 자 알지 못한다"[8]고 하는 것입니다. 그러니 세상 사람들이 어떻게 알겠습니까?

환공이 당상에서 책을 읽고 있었습니다. 목수 윤편이 당하에서 수레바퀴를 깎고 있다가 몽치와 끌을 내려놓고는 환공을 올려다보며 물었습니다.

---

8 《도덕경》56장 인용. 《장자》〈지북유〉에도 같은 내용이 있다.

윤편 감히 여쭙습니다. 상께서 읽고 계신 책은 어떤 말을 쓴 것입니까?

환공 훌륭한 성인의 말씀이다.

윤편 훌륭한 성인이 살아 계십니까?

환공 이미 돌아가셨다.

윤편 그렇다면 상께서 읽고 계신 것은 옛날 분의 찌꺼기일 뿐입니다.

환공 과인이 책을 읽고 있는데 어찌 바퀴 만드는 자 따위가 시비를 건단 말이냐! 이치에 닿는 설명을 하면 용서하겠지만 그러지 못하면 죽음을 면치 못할 것이다.

윤편 제가 하는 일로 말씀드리겠습니다. 바퀴를 깎을 때 너무 깎으면 헐렁해서 고정할 수 없고, 덜 깎으면 빽빽해서 들어가지 않습니다. 더 깎지도 덜 깎지도 않는 것은 손의 감각으로 터득하고 마음으로 느낄 뿐이지 입으로 말할 수가 없습니다. 거기에 비결이 있습니다. 하지만 제가 그것을 제 자식 놈에게 깨우쳐줄 수가 없습니다. 제 자식 놈도 저한테 배울 수가 없습니다. 그래 제 나이 칠십에 아직도 수레바퀴를 깎고 있습니다. 옛날 분도 전해줄 수 없는 것과 함께 돌아가셨으니 상께서 읽고 계신 책은 옛날 분의 찌꺼기일 뿐입니다.

世之所貴道者書也 書不過語 語有貴也 語之所貴者意也 意有所隨 意之所隨者 不
可以言傳也 而世因貴言傳書 世雖貴之 猶不足貴也 爲其貴非其貴也 故視而可見
者 形與色也 聽而可聞者 名與聲也 悲夫 世人以形色名聲爲足以得彼之情 夫形色
名聲果不足以得彼之情 則知者不言言者不知 而世豈識之哉
桓公讀書於堂上 輪扁斲輪於堂下 釋椎鑿而上 問桓公曰 敢問 公之所讀爲何言邪
公曰 聖人之言也
曰 聖人在乎

公曰 已死矣

曰 然則君之所讀者 古人之糟魄已夫

桓公曰 寡人讀書 輪人安得議乎 有說則可 無說則死

輪扁曰 臣也以臣之事觀之 斲輪 徐則甘而不固 疾則苦而不入 不徐不疾 得之於手
而應於心 口不能言 有數存焉於其間 臣不能以喩臣之子 臣之子亦不能受之於臣
是以行年七十而老斲輪 古之人與其不可傳也死矣 然則君之所讀者 古人之糟魄已
夫

본래 모습대로 살아가는 길은 공자가 글로 남길 수도, 윤편이 말로 가르칠 수도 없는 것입니다. 다만 윤편처럼 천지자연을 따르며 감각으로 터득하고 마음으로 느낄 뿐 말로 다할 수 없습니다. 사계절이 흘러가고 낮과 밤이 바뀌듯이 모든 것이 변화합니다. 이것이 천지자연의 본래 모습입니다. 끊임없이 변화하는 천지자연 속에서 우리는 어떻게 살아야 할까요? 그에 대한 이야기가 〈천운〉에서 이어집니다.

천운
天運

'길'이니 '진리'니 하면 그 속성이 불변하고 영원한 것이라고 생각하기 쉽습니다. 그런데 자연은 영원히 불변하는 존재로 있지 않습니다. 모든 것이 매 순간 '무언가로 달라지고, 무언가 되어가고 있습니다(變化)'. 〈천운〉 앞머리에서 자연현상이 왜 일어나는지 묻는 질문에 무당 함은 자연현상의 원인을 알려고 하기보다 '본래 모습 그대로 살아가라'고 답합니다. 본래 모습에는 성인이 말하는 도덕규범이 없다면서 '순수한 사랑'에 대해 묻는 질문에는 '잊으라'고 답합니다. 잊으라니, 대체 무슨 말인가요?

모든 것을 알려 하기보다 다 알지 못하는 것을 받아들이는 겸손하고 어수룩한 마음으로 살라면서 함지교향곡이 흐릅니다. 황제의 함지교향곡을 감상하며 북문성은 알지 못하는 것을 대하는 마음이 달라지는 경험을 합니다. 함지교향곡은 세 개의 주제가 세 악장으로 흐릅니다. 1악장의 주제는 '두려움', 2악장은 '느긋함', 3악장은 '뭐지?'입니다. 1악장에서는 시작도 끝도 알 수 없어 두려움을 느끼고, 2악장에 들어서는 한결 마음이 느긋해지더니, 3악장에 가서는 뭐지? 하며 어수룩해집니다. 알 수 없는 것에 대한 두려움이 음악을 들으며 느긋해지다 마지막에 가선 천진스러운 호기심으로 바뀌는 것입니다. 음악을 들으며 마음이 달라지듯이 모든 것이 달라집니다. 자연현상도 바뀌고 예법 또한 때에 따라 달라지게 마련입니다. 후반부에는 세상 변화에 둔감한 채 주나라 예법에만 집착했던 공자의 달라지는 이야기가 연달아 두 편 나옵니다. 마치 드라마를 보는 듯합니다.

본래 모습 그대로

"하늘은 움직이고 있는 걸까? 땅은 가만히 있는 걸까? 해와 달은 서로를 비추는 걸까? 누군가 이런 것들을 조종하는 걸까? 누군가 이런 것들을 끈으로 묶어 당기고 있는 걸까? 누군가 아무 일 없이 한가롭게 이런 것들을 밀고 움직이게 하는 걸까? 혹시 어떤 기계에 묶여 어쩔 수 없이 움직이는 것은 아닐까? 혹시 저절로 움직여 멈출 수 없는 것인가? 구름이 비가 되는 걸까? 비가 구름이 되는 걸까? 누가 이렇게 하는 걸까? 누군가 아무 일도 안 하면서 즐거움에 빠져 이런 것들을 은근히 부추기는 것은 아닐까? 바람이 북에서 일어나 한 자락은 서풍으로, 한 자락은 동풍으로 그리고 상공으로 이리저리 방황하며 불고 있다. 누군가 바람을 내쉬고 들이쉬고 하는 걸까? 누군가 아무 일 없이 한가롭게 이 바람을 불게 하는 걸까? 왜 이런지 감히 묻습니다."

무당 함이 손짓으로 부르며 말했습니다. "이리 오너라. 내 너희에게 말해주겠다. 하늘에는 육극[1]과 오상[2]이 있다. 제왕이 이를 따르면 세상을

---

1 동, 서, 남, 북, 상, 하 여섯 개의 공간 방위를 말한다.
2 목, 화, 토, 금, 수 오행을 말한다. 육극을 구성하는 5원소이다.

잘 돌볼 수 있지만 이를 거스르면 재앙이 생길 것이다. 구주낙서九疇洛書[3]의 가르침대로 세상을 잘 돌보고 본래 모습 그대로 살아라. 이 세상을 밝게 비추어라. 세상 모두가 떠받들 것이다. 이것을 '살아 있는 왕(上皇)'[4]이라고 한다."

天其運乎 地其處乎 日月其爭於所乎 孰主張是 孰維綱是 孰居無事推而行是 意者
其有機緘而不得已邪 意者其運轉而不能自止邪 雲者爲雨乎 雨者爲雲乎 孰隆施是
孰居無事淫樂而勸是 風起北方 一西一東 有上彷徨 孰噓吸是 孰居無事而披拂是
敢問何故
巫咸袑曰 來 吾語女 天有六極五常 帝王順之則治 逆之則凶 九洛之事 治成德備
監照下土 天下載之 此謂上皇

---

3 낙수에서 나온 거북 등에 씌어진 아홉 가지 규범을 말한다.
4 〈재유〉 광성자 이야기 참조. "내가 말하는 길을 가면 살아서 왕(皇)이 되고 죽어서도 왕이 됩니다. 하지만 내가 말하는 길을 잃으면 살아서는 빛을 보지만 죽어서는 흙이 되고 맙니다(得吾道者 上爲皇而下爲王 失吾道者 上見光而下爲土)."

진짜 사랑

송나라 태재 탕이 사랑(仁)에 대해 장자에게 물었습니다.

장자 호랑이와 이리가 사랑합니다.

탕 어떻게 그렇게 말할 수 있습니까?

장자 애비와 새끼가 서로 친합니다. 어찌 사랑한다 하지 않겠습니까?

탕 제가 듣고 싶은 것은 '순수한 사랑'에 대한 것입니다.

장자 순수한 사랑은 친하지 않습니다.

탕 친하지 않은 것은 아끼지 않는다는 것이고, 아끼지 않는다는 것은 불효라고 들었습니다. 순수한 사랑을 하면 불효해도 된다는 말입니까?

장자 그게 아닙니다. 순수한 사랑은 최고의 경지입니다. '효'라는 말로는 순수한 사랑을 말할 수 없습니다. 들으셨다는 말은 효를 넘어서는 것이 아니라 효에 미치지 못하는 것입니다. 남쪽으로 여행하는 사람이 초나라 수도 영郢에 가서 북쪽을 돌아보지만 명산冥山은 보이지 않습니다. 왜 그럴까요? 너무 멀리 갔기 때문입니다. 그래서 이렇게 말하는 것입니다. "공경하는 마음으로 효도하기는 쉬우나 사랑으로 효도하기는 어렵다. 사랑으로 효도하기는 쉬우나 부모를 잊기는 어렵다. 부모를 잊기는 쉬우나 부모가 나를 잊게 하기는 어렵다. 부모가 나를 잊게 하기는 쉬우나 부모와 자식이 모두 세상을 잊기는 어렵다. 부모와 자식이 모두 세상을 잊기는 쉬우나 세상 사람들이 모두 나를 잊게 하기는 어렵다." 본래 모습(德)에는 요순이 없어 그들이 말하는 대로 하는 것은 아무것도 없습니다. 은택이 만세에 미치지만 아무도 모릅니다. 왜 큰 한숨을 쉬며 사랑이니 효도니 떠들겠습니까? 효도니 우애니, 사랑이니 정의니, 충성이니 믿음이니, 정숙이니 청렴이니 하는 것은 모두 본래 모습을 애써 노예로 만드는 것입니다. 소중한 것이 못 됩니다. 그래서 이렇게 말하는 것입니다. "더없이 고귀한 사람(至貴)은 나라의 벼슬을 물리치고, 더없는 부자(至富)는 나라에서 주는 재산을 물리치고, 더없이 욕망하는 사람(至願)은 명예까지 물리친다." 그래도 길(道)은 변함없이 영원합니다.

商大宰蕩問仁於莊子

莊子曰 虎狼 仁也

曰 何謂也

莊子曰 父子相親 何謂不仁

曰 請問至仁

莊子曰 至仁無親

大宰曰 蕩聞之 無親則不愛 不愛則不孝 謂至仁不孝 可乎

莊子曰 不然 夫至仁尚矣 孝固不足以言之 此非過孝之言也 不及孝之言也 夫南行者至於郢 北面而不見冥山 是何也 則去之遠也 故曰 以敬孝易 以愛孝難 以愛孝易 而忘親難 忘親易 使親忘我難 使親忘我易 兼忘天下難 兼忘天下易 使天下兼忘我難 夫德遺堯舜而不爲也 利澤施於萬世 天下莫知也 豈直大息而言仁孝乎哉

夫孝悌仁義 忠信貞廉 此皆自勉以役其德者也 不足多也 故曰 至貴 國爵幷焉 至
富 國財幷焉 至願 名譽幷焉 是以道不渝

이해하기 어려운 내용입니다. 부모를 잊는 것이 효라니 대체 무슨 말
일까요? 여기서 잊는다(忘)는 말은 말 그대로 망심(亡心)입니다. 마음
(心)을 버리는 것(亡)입니다. 마음을 버린다는 것은 기성의 편견이나 선
입견, 즉 성심成心에 갇히지 않는 것입니다. 부모에 대해 편견이나 선
입견으로 판단하지 않는 것입니다. 또한 망심은 무심함입니다. 무심함
은 무관심과는 다른 차원입니다. 무심함은 부모에 대한 판단으로 괴
로워하지 않는 것입니다. 장자가 무정함(無情)에 대해 혜시에게 한 말
과 통합니다. "내가 정이 없다고 하는 것은 좋아하고 싫어하는 것으로
자신을 괴롭히지(傷) 않는 것을 말하는 것입니다. 언제나 그냥 그대로
놓아두고 삶에다 억지로 보태지 않는 것을 말하는 것이지요."《〈덕충부〉》
이 에피소드는 사랑이니 효도니 하는 말로 애써야 하는 세상, 지나친
관심을 가져야 하는 세상이 어떠한 세상인지 돌아보게 합니다. 사랑
에 무심해도 사랑하게 되는 세상, 사랑을 외치지 않아도 저절로 사랑
하게 되는 세상을 그리게 합니다. 이제 장자의 말대로 사랑은 잊고 음
악 한 곡 감상하겠습니다. 《장자》가 추천하는 음악, 황제의 함지교향
곡입니다.

함지교향곡

북문성이 황제에게 말했습니다. "제왕께서는 동정의 들판에서 함지 교향곡[5]을 연주하셨습니다. 저는 처음 그 음악을 들었을 때 두려웠습니다. 그런데 계속 듣다보니 느긋해졌습니다. 그러더니 마지막에는 뭐가 뭔지 모르게 되었습니다. 정신이 없고 말도 나오지 않았습니다. 그만 저 자신을 찾을 수 없었습니다."

함지교향곡 1악장 - 두려움(懼)

황제가 말했습니다. "아마 그랬을 것입니다. 나는 사람의 마음으로 연주하고 자연의 흐름으로 조율했습니다. 예의를 가지고 나아가고 자연의 순수함으로 악기를 탔습니다. 사계절이 바뀌면서 만물이 그에 따라 생겨나듯이 소리가 높아지기도 하고 낮아지기도 하면서 부드러운 소리

---

5 황제의 음악 '함지咸池'에 임의로 '교향곡'이라는 말을 붙여 곡명처럼 나타내보았다. 함지는 황제가 작곡한 음악의 명칭으로 요임금이 보완 편곡(增修)해서 연주했다. 함咸은 '모두'라는 뜻이고 지池는 '베푼다' 또는 '포용하고 스며든다'는 뜻이다. (《예기》〈악기〉의 鄭玄 注와《한서》〈예악지〉의 顔師古 注 참고. 안병주 외《역주 장자 2》, 302, 303쪽 참조) 함지는 모든 것을 포용하고 베푼다는 뜻으로 장자 철학을 한마디로 함축하는 말이기도 하다.

와 강한 소리가 균형을 맞추고, 맑게도 탁하게도 음과 양이 어울리면서 그 소리가 빛이 되어 흐릅니다. '겨울잠 자던 벌레가 깨어나기 시작했겠지. 천둥소리로 놀라게 했나요?' 끝나는 데 꼬리가 없고, 시작에 머리가 없고, 죽었다 살았다 엎어졌다 일어났다 끊임없이 이어집니다. 어디서 시작하고 어디서 마치는지 아무도 모릅니다. 그래서 그대가 두려웠을 것입니다."

함지교향곡 2악장-느긋함(怠)

"나는 음과 양의 어울림으로 연주하고 해와 달의 밝음으로 비추었습니다. 그랬더니 소리를 짧게도 길게도 부드럽게도 강하게도 할 수 있었습니다. 모두 달라지면서도 하나가 되었습니다. 옛 가락에 갇히지 않았습니다. 골짜기를 만나면 골짜기를 채우고, 웅덩이를 만나면 웅덩이를 채웠습니다. 틈을 메우고 신비함을 지켜 만물에 따랐습니다. 그랬더니 그 소리가 너그럽게 울려퍼지고 그 이름도 드높이 빛나더이다. 귀신은 어둠을 지키고 해와 달과 별들은 제 길 따라 돌아가고 있겠지요. 하지만 나는 한곳에 머물기도 하고 끝없이 흐르기도 합니다. 그대가 아무리 생각해도 알 수 없었을 것입니다. 그대가 아무리 보려 해도 보이지 않았을 것입니다. 그대가 아무리 잡으려 해도 잡을 수 없었을 것입니다. 사방이 트인 '길'에 멍청하게 서 있거나 책상에 기대어 앉아 끙끙대고 있었겠지요. 알고 싶은 것만 알려고 했겠지요. 보고 싶은 것만 보려고 했겠지요. 잡고 싶은 것만 잡으려고 했겠지요. 나도 아직 그렇습니다. 그런데 음악을 들으며 마음을 비우니 욕심이 없어진 겁니다. 욕심이 없어져 그대가 느긋해진 겁니다."

함지교향곡 3악장-뭐지?(惑)

"나는 다시 느긋한 소리를 넘어 자연스러운 리듬에 맞춰 연주했습니다. 모든 것이 떨기로 자라듯 뒤섞이고 무성한 수풀처럼 어우러지지만 아무것도 드러내지 않지요. 널리 울려퍼지는데 끌고 가는 게 없고, 그윽한 어둠 속에 소리가 없고, 움직이지만 가려는 곳이 없고, 그윽한 곳에 고요히 머뭅니다. 죽었다고도 하고 살았다고도 하고, 열매라고도 하고 꽃이라고도 합니다. 흐르고 흩어지고 한 소리에 매이지 않습니다. 세상 사람들은 의심스러워 훌륭한 성인에게 묻곤 합니다. 성인은 본래 모습을 잘 알고 있어 운명을 따를 뿐입니다. 자연의 작용이 드러나지 않아도 우리는 모든 감각으로 그것을 느낍니다. 이것이 자연의 즐거움(天樂)입니다. 말은 없어도 마음은 즐겁습니다. 그래서 유염씨⁶도 이렇게 노래했습니다. '들으려 해도 들리지 않아. 보려고 해도 보이지 않아. 온 세상 가득히 모든 곳 육극을 감싸주는데.' 그대도 들으려 했지만 들리지 않았던 것입니다. 그래서 '뭐지?' 했던 것입니다. 뭐가 뭔지 몰랐던 것이지요.

함지교향곡은 두려움으로 시작합니다. 그러나 두려우면 탈이 생기지요. 그래서 다음은 느긋하게 연주했습니다. 느긋해지면 두려움이 사라집니다. 그리고 '뭐지?'로 마지막을 장식했습니다. 뭐가 뭔지 모르면 어수룩해지지요. 어수룩해지는 게 바로 '길'입니다. 이 길에 몸을 실어야 함께 할 수 있습니다."

北門成問於黃帝曰 帝張咸池之樂於洞庭之野 吾始聞之懼 復聞之怠 卒聞之而惑

---

6 이전의 제왕인 신농씨의 별칭이다.

蕩蕩默默 乃不自得

帝曰 汝殆其然哉 吾奏之以人 徵之以天 行之以禮義 建之以太淸[7] 四時迭起 萬物循生 一盛一衰 文武倫經 一淸一濁 陰陽調和 流光其聲 蟄蟲始作 吾驚之以雷霆 其卒無尾 其始無首 一死一生 一僨一起 所常無窮 而一不可待 汝故懼也

吾又奏之以陰陽之和 燭之以日月之明 其聲能短能長 能柔能剛 變化齊一 不主故常 在谷滿谷 在阬滿阬 塗郤守神 以物爲量 其聲揮綽 其名高明 是故鬼神守其幽 日月星辰行其紀 吾止之於有窮 流之於無止 子欲慮之而不能知也 望之而不能見也 逐之而不能及也 儻然立於四虛之道 倚於槁梧而吟 心窮乎所欲知[8] 目知窮乎所欲見 力屈乎所欲逐 吾旣不及已夫 形充空虛 乃至委蛇 汝委蛇 故怠

吾又奏之以無怠之聲 調之以自然之命 故若混逐叢生 林樂而無形 布揮而不曳 幽昏而無聲 動於無方 居於窈冥 或謂之死 或謂之生 或謂之實 或謂之榮 行流散徙 不主常聲 世疑之 稽於聖人 聖也者 達於情而遂於命也 天機不張而五官皆備 此之謂天樂 無言而心說 故有焱氏爲之頌曰 聽之不聞其聲 視之不見其形 充滿天地 苞裹六極 汝欲聽之而無接焉 而故惑也

樂也者 始於懼 懼故祟 吾又次之以怠 怠故遁 卒之於惑 惑故愚 愚故道 道可載而與之俱也

---

7 저본에는 "夫至樂者 先應之以人事 順之以天理 行之以五德 應之以自然 然後調理四時 太和萬物" 서른다섯 자가 들어 있다. 하지만 송宋의 소식蘇軾이 주注가 잘못 기어든 것이라고 지적한 후 대체로 이를 받아들이고 있다. 여기서도 생략한다.

8 마서륜의 견해에 따라 "心窮乎所欲知" 여섯 글자를 가필한다. 그래야 운이 맞다.

공자가 몰랐던 것

공자가 서쪽 위나라로 여행을 떠났습니다. 안연(안회)이 노나라 악관의 수장인 사금에게 물었습니다.

안연 우리 선생님의 이번 여행을 어떻게 생각하십니까?

사금 안타깝습니다. 그대의 선생께서는 궁지에 빠질 것입니다.

안연 무슨 말씀이신지요?

사금 제사용 짚 강아지를 제사에 쓰기 전에는 대나무 상자에 담아 아름다운 천으로 덮어둡니다. 제관들이 몸을 깨끗이 한 뒤 그것을 신전에 바치죠. 그러고 나서는 버립니다. 길 가던 사람들이 그 머리며 등을 밟고 지나가기도 하고, 풀 베던 사람이 주어다 불을 때기도 합니다. 만약 누군가 다시 주어다 대나무 상자에 담아 아름다운 천으로 덮어놓고 그 밑에서 놀다 잠이 든다면 그는 밤새 악몽을 꾸거나 가위에 눌릴 것입니다. 지금 그대의 선생께서는 선왕이 쓰고 버린 제사용 짚 강아지를 주어다 제자들을 모아놓고 그 밑에서 놀다 잠이 든 격입니다. 그러니 송나라에서는 나무가 잘렸고,[9] 위나라에서는 발자국이 지워졌고, 은과 주나라에서도 궁지에 빠졌습니다. 이것이 악몽 아니겠습니까? 또 진나라와 채나라 국경에서는 포위되어 이레 동안 익힌 음식도 못 먹고 죽을 고생을 했습니다. 이것이 가위눌린 게 아니겠습니까? 물을 건너는 데는 배만 한 게 없고, 뭍을 가는 데는 수레만 한 것이 없습니다. 배가 물 위에서 갈 수 있다고 뭍에서 배를 부린다면 평생 부려야 얼마를 가겠습니까? 옛날과 지금의 차이가 물과 뭍의 차이 아닐까요? 주나라와 노나라의 차이가 배와 수레의 차이 아닐까요? 지금 주나라의 예가 노나라에서 시행되길 바라는 것은 뭍에서 배를 부리는 격입니다. 애는 쓰지만 공이 없습니다. 위험에 빠지고 말 것입니다. 재앙이 닥쳐 몸만 고달플 것입니다. 그대의 선생은 이걸 모르고 있습니다. '가려는 방향 없이 만물에 따라 달라져야 궁지에 빠지지 않는다는 걸' 말입니다.

그대도 두레박을 알고 있지요? 당기면 내려가고 놓으면 올라오는 거 말입니다. 사람이 두레박을 당기는 것이지 두레박이 사람을 당기는 것이 아닙니다. 그래서 두레박이 내려가거나 올라오거나 아무도 두레박을 비난하지 않습니다. 삼황오제의 예의 법도가 똑같아서 귀중한 것이 아닙니다. 세상을 돌보기 때문에 귀중한 것입니다. 삼황오제의 예의 법도는 비유하자면 산사나무, 배나무, 귤나무, 유자나무 같은 것입니다. 그 맛은 다르지만 모두 맛있습니다.

예의 법도는 때에 따라 달라지는 것입니다. 원숭이를 데려다 주공의 옷을 입혀놓으면 어떨까요? 옷을 물어뜯고 찢어버리고 몽땅 없

---

9 공자는 노魯나라와 위衛나라에서 뜻을 이루지 못하고 송나라로 갔는데, 송나라의 사마司馬 환퇴桓魋가 공자를 죽이려고 길목을 지키고 있다 나무를 자른 사건을 가리킨다. 공자는 변복 차림으로 송나라를 지나갔다. 《맹자》〈만장상〉 참조.

앤 뒤에야 만족해할 것입니다. 지금이 옛날과 다른 것은 원숭이와 주공이 다른 것과 같습니다. 미인 서시는 가슴앓이가 있어 이마를 찌푸리고 다녔습니다. 그 동네 추녀가 그것을 보고 아름답다고 여겨 집에 돌아와서는 서시를 따라 가슴에 손을 얹고 이마를 찌푸리고 다녔습니다. 마을 부자는 그걸 보고 문을 걸어 잠그고 나가지 않았습니다. 가난한 사람들은 그걸 보고 처자를 데리고 마을을 떠났습니다. 그녀는 찌푸린 이마가 아름답다는 건만 알았지 왜 아름다운지는 몰랐던 것입니다. 안타깝습니다. 그대의 선생도 궁지에 빠질 것입니다.

孔子西遊於衛 顔淵問師金 曰 以夫子之行爲奚如 師金曰 惜乎 而夫子其窮哉 顔淵曰 何也

師金曰 夫芻狗之未陳也 盛以篋衍 巾以文繡 尸祝齊戒以將之 及其已陳也 行者踐其首脊 蘇者取而爨之而已 將復取而盛以篋衍 巾以文繡 遊居寢臥其下 彼不得夢 必且數眯焉 今而夫子 亦取先王已陳芻狗 聚弟子遊居寢臥其下 故伐樹於宋 削迹於衛 窮於商周 是非其夢邪 圍於陳蔡之間 七日不火食 死生相與隣 是非其眯邪 夫水行莫如用舟 而陸行莫如用車 以舟之可行於水也而求推之於陸 則沒世不行尋常 古今非水陸與 周魯非舟車與 今蘄行周於魯 是猶推舟於陸也 勞而無功 身必有殃 彼未知夫無方之傳 應物而不窮者也

且子獨不見夫桔槹者乎 引之則俯 舍之則仰 彼 人之所引 非引人也 故 俯仰而不得罪於人 故夫三皇五帝之禮義法度 不矜於同而矜於治 故譬三皇五帝之禮義法度 其猶柤梨橘柚邪 其味相反而皆可於口

故禮義法度者 應時而變者也 今取猨狙而衣以周公之服 彼必齕齧挽裂 盡去而後慊 觀古今之異 猶猨狙之異乎周公也 故西施病心而矉其里 其里之醜人見之而美之 歸亦捧心而矉其里 其里之富人見之 堅閉門而不出 貧人見之 挈妻子而去之走 彼知矉美而不知矉之所以美 惜乎 而夫子其窮哉

공자, 노자를 만나다 1

공자 나이 쉰한 살. 그는 아직도 길을 가지 못하고 있었습니다. 그래서 남쪽 패沛[10]로 가 노담을 만났습니다.

노담 어서 오십시오. 내 그대가 북방의 현자라는 말을 들었습니다. 그대도 길을 가고 있습니까?

공자 아직 못 가고 있습니다.

노담 어디서 길을 찾으셨습니까?

공자 예의 규범(度數)에서 찾으려 했습니다만 오 년이 지나도록 가지 못했습니다.

노담 또 어디서 찾으셨습니까?

공자 음양에서 찾으려 했지만 십이 년이 지나도록 가지 못했습니다.

노담 그랬을 겁니다. 길이 누구에게 바칠 수 있는 거라면 사람들은 모두 자기 임금에게 바칠 겁니다. 길이 드릴 수 있는 거라면 사람들은 누구나 자기 부모에게 드릴 겁니다. 길이 말해줄 수 있는 거라면 사람

---

10 지금의 강소성 패현을 말한다.

들은 누구나 자기 형제에게 말해줄 겁니다. 길이 물려줄 수 있는 거라면 사람들은 누구나 자기 자손에게 물려줄 겁니다. 그러나 그렇게 할 수 없는 것은 다른 게 아닙니다. 안에 주인이 없으면 길은 지나쳐버립니다. 밖이 바르지 않으면 길은 통하지 않습니다. 안에서 나가는 것을 밖에서 받아들이지 않으면 훌륭한 성인은 나가지 않습니다. 밖에서 들어오는 것을 안에서 받아들일 주인이 없으면 성인은 들이지 않습니다. 명예는 세상의 무기입니다. 너무 집착하지 마세요. 사랑과 정의는 옛 임금들의 주막입니다. 하룻밤은 괜찮지만 오래 머물 곳은 못 됩니다. 오래 머물면 비난이 많아집니다.

옛날 순수한 지인至人은 사랑(仁)을 빌려 잠시 길을 가고, 정의(義)를 빌려 잠시 묵었을 뿐입니다. 빈 들판을 이리저리 거닐며 노닐고, 밭에서 먹을 것을 얻고, 빌리는 걸 모르는 뜰에 서 있었습니다. 이리저리 거닐며 다니니 억지로 할 것이 없었고, 소박하니 편하게 먹고살았고, 빌리지 않으니 내줄 것도 없었습니다. 옛날엔 이를 '천진스러운 노님(采眞之遊)'이라고 했습니다.

부富를 좋은 것으로 여기는 사람은 남에게 재산을 내어주지 못합니다. 유명해지는 것을 좋은 것으로 여기는 사람은 남에게 명성을 내어주지 못합니다. 권력의 맛을 본 사람은 남에게 권력을 내어주지 못합니다. 이런 것들을 부여잡고는 두려움에 떱니다. 이런 것들을 잃고는 슬픔에 빠집니다. 한 번도 제 자신을 돌아보지 않습니다. 이것들만 엿보며 쉬지 못합니다. 이런 사람들을 '하늘의 벌을 받은 사람(天之戮民)'[11]이라고 합니다. 미워하거나 사랑하는 것, 빼앗거나 내어주는 것, 타이르거나 가르치는 것, 살리거나 죽이는 것, 이 여덟 가지는 바로잡는 무기일 뿐입니다. 큰 변화에 따라 막히는 것이 없는 사람만이 쓸 수 있습니다. 그래서 그대가 "올바른 사람이 바로잡는 것"이라고 말했던 것입니다.[12] 그러나 마음으로 이렇게 생각하지 않는 자에겐 하늘의 문이 열리지 않습니다.

孔子行年五十有一而不聞道 乃南之沛見老聃 老聃曰子來乎 吾聞子 北方之賢者也
子亦得道乎 孔子曰未得也 老子曰 子惡乎求之哉 曰 吾求之於度數 五年而未得也
老子曰 子又惡乎求之哉 曰 吾求之於陰陽 十有二年而未得
老子曰 然 使道而可獻 則人莫不獻之於其君 使道而可進 則人莫不進之於其親 使
道而可以告人 則人莫不告其兄弟 使道而可以與人 則人莫不與其子孫 然而不可者
無他也 中無主而不止 外無正而不行 由中出者 不受於外 聖人不出 由外入者 無
主於中 聖人不隱 名 公器也 不可多取 仁義 先王之蘧廬也 止可以一宿而不可久
處 觀而多責
古之至人 假道於仁 託宿於義 以遊逍遙之虛 食於苟簡之田 立於不貸之圃 逍遙
無爲也 苟簡 易養也 不貸 無出也 古者謂是采眞之遊
以富爲是者 不能讓祿 以顯爲是者 不能讓名 親權者 不能與人柄 操之則慄 舍之
則悲 而一無所鑒 以闚其所不休者 是天之戮民也 怨恩取與諫敎生殺 八者 正之器
也 唯循大變無所湮者爲能用之 故曰 正者 正也 其心以爲不然者 天門弗開矣

---

11 공자를 찾아갔다 실망하고 돌아온 숙산무지가 노자에게 하는 말 가운데 "하늘이 내린 벌"을 받은 사람이라고 공자를 비난하는 장면이 〈덕충부〉에 있다. 〈대종사〉에서는 공자 스스로 "나는 하늘의 벌을 받은 사람"이라고 한다.
12 공자가 제자 계강자에게 해준 말이다. "올바른 사람이 바로잡는 것이다. 네가 바르게 인도한다면 누가 바르지 않을 수 있겠느냐(政者正也 子帥以正 孰敢不正)."《논어》〈안연〉) 공자가 했던 말을 옮기고 있는 것인지 공자가 노자의 말을 듣고 나중에 제자에게 한 말인지는 정확히 알기 힘들다. 하지만 만나자마자 나눈 인사말로 보아 노자는 풍문으로라도 공자의 이야기를 듣고 있었던 것으로 보인다.

공자, 노자를 만나다 2

공자가 노담을 만나 사랑과 정의에 대해 이야기했습니다. 그러자 노담이 말했습니다. "키질을 하다가 겨가 날려 눈에 들어가면 천지 사방을 구분할 수 없게 되고, 모기나 등에가 물면 밤새 잠을 잘 수가 없습니다. 사랑과 정의라는 것이 독하게 우리 마음을 어지럽힙니다. 더 독한 것이 없을 것입니다. 세상 사람들이 소박함을 잃지 않게 하려면 바람 따라 본래 모습 그대로 온전히 살아가십시오. 왜 애써 북을 짊어지고 그것을 치고 다니면서 길 잃은 자를 찾는단 말입니까? 백조는 매일 목욕하지 않아도 희고, 까마귀는 매일 검정 칠을 안 해도 검습니다. 타고난 본바탕이 검고 흰 것은 말할 게 못 됩니다. 껍데기뿐인 명예는 부러워할 게 못 됩니다. 샘물이 마르면 물고기들이 마른 땅 위에서 서로 습기를 뿜어주고 거품으로 적셔주겠지요. 하지만 강이나 호수에서 서로를 잊고 지내는 것만 못할 것입니다."

공자가 노담을 만나고 돌아와서는 삼 일 동안 말을 하지 않았습니다. 제자가 물었습니다.

제자 선생님께서는 노담을 만나고 오셨는데, 어떤 분이시던가요?

공자 내 이제야 비로소 용을 보았구나. 용이 몸을 말아 모습을 보이더니 다시금 몸을 펼치고는 아름다운 무늬를 그리며 구름을 타고 음양 사이를 날아다니더구나. 나는 입이 벌어진 채 입을 다물 수도, 혀가 달라붙어 말을 할 수도 없었다. 내가 어떻게 노담을 평가할 수 있겠느냐?

자공 그렇다면 정말 죽은 것처럼 가만히 있어도 용처럼 보이고, 천둥소리를 내면서도 연못처럼 고요하고, 천지자연과 함께 움직이는 사람, 그런 분이 계시는군요. 저도 만나볼 수 있을까요?

얼마 후 공자의 소개로 자공은 노담을 만났습니다. 노담은 마루에 걸 터앉아 있다가 나지막한 소리로 말했습니다.

노담 내 오래 살았소이다. 그런데 그대는 내게 무슨 말을 하려는 것이오?

자공 삼황오제가 세상 돌보는 방법이 제각기 달랐습니다. 그러나 모두 명성을 얻었습니다. 그런데 선생님만 그들을 훌륭한 성인이 아니라고 하십니다. 왜 그러시는 것입니까?

노담 젊은이! 이리 가까이 오시오. 그대는 그들이 왜 다르다고 생각하시오?

자공 요임금은 순임금에게 물려주었고, 순임금은 우임금에게 물려주었습니다. 우임금은 치수에 힘을 썼지만 탕은 전쟁을 일으켰습니다. 문왕은 주紂에게 거역하지 않고 복종했지만 그의 아들인 무왕은 주紂를 거역하고 복종하지 않았습니다. 그래서 다르다고 말한 것입니다.

노담 젊은이! 좀 더 가까이 오시오. 내 그대에게 삼황오제가 세상을 어떻게 돌봤었는지 말해주리다. 황제가 세상을 돌보았을 때 그는 사람들에게 '모든 것이 하나'라고 강조했어요. 그래서 부모가 죽었는데도 곡을 하지 않는 사람이 생겼고, 사람들도 그를 비난하지 않았어요. 요임금이 세상을 돌보았을 때는 사람들에게 '친함'을 강조했어요. 그래서 친한 이를 위해 복수하는 자가 생겼고, 사람들도 그를 비난하지 않았어요. 순임금이 세상을 돌보았을 때는 사람들에게 '경쟁'을 강조했어요. 임부는 열 달 만에 아이를 낳지요. 그런데 태어난 지 다섯 달 만에 말을 할 수 있게 되고, 웃기도 전에 낯을 가리게 되었어요. 그러더니 사람이 요절하는 일이 생겼어요. 우임금이 세상을 돌보았을 때는 사람들에게 '변할 것(變)'을 강조했어요. 사람들은 이기적으로 변했지요. 무력을 쓰는 걸 당연한 것으로 생각하고, 도둑을 죽이는 건 살인이 아니라고 생각했어요. 자기만이 세상에서 가장 귀한 존재라고 생각하게 된 거예요. 세상이 경악했지요. 그래 유가나 묵가가 등장해 뭘 좀 생각하기 시작한 거예요. 그런데 지금은 어찌 돌아가나요? 그대는 어떻게 생각하시오?[13]

내가 그대에게 삼황오제가 세상을 돌봤다고 말했지만 돌봤다는 것은 이름뿐이고 실은 세상을 심하게 망가뜨렸어요. 삼황의 지혜가 위론 해와 달의 빛을 흐리고, 아래론 산천의 정기를 무시하고, 그 가운데 변화하는 사계절을 망쳤어요. 그들의 지혜는 전갈의 꼬리보다 독합니다. 아주 작은 짐승조차 타고난 운명 그대로 살 수가 없게 되었어요. 그런데도 자신을 성인이라고 생각했어요. 부끄럽지 않을까

13 저본에는 "今乎婦女 何言哉"로 되어 있으나 전목錢穆의 견해에 따라 "今乎歸 女何言哉"로 바꾸어 번역했다(김학주,《장자》, 370쪽 참조).

요? 그 부끄러움을 모르고 있다는 것이 말이오.

자공은 불안했습니다. 그는 더 이상 서 있을 수가 없었습니다. 이번엔 공자가 노담에게 말했습니다.

공자 저는 《시詩》, 《서書》, 《예禮》, 《악樂》, 《역易》, 《춘추春秋》 여섯 경전을 익혔습니다. 저 스스로도 오래했다고 생각하고 그 내용도 잘 알고 있습니다. 그래서 그것을 가지고 일흔두 나라의 군주를 만났습니다. 그들에게 선왕의 길을 말하고 주공周公과 소공김公이 걸어온 발자취를 설명했습니다. 그런데 아무도 관심을 보이지 않았습니다. 한심합니다. 사람을 설득하기가 어렵습니다. 길을 밝히기가 어렵습니다.

노자 다행이군요. 그대가 세상을 돌볼 군주를 만나지 못했다니. 여섯 경전은 선왕이 남긴 발자국입니다. 그것이 길을 걸어가는 것일까요? 지금 그대가 말하는 것도 발자국일 뿐입니다. 발자국은 걸어서 생긴 것입니다. 어떻게 발자국이 발걸음이 되겠습니까? 백로는 암수가 서로 쳐다보고 눈동자를 움직이지 않고 있으면 잉태합니다. 벌레는 수컷이 위에서 울면 암컷이 아래에서 응답해 잉태합니다. 동류끼리는 저절로 암수를 삼아 잉태합니다.[14] 본성은 바꿀 수 없습니다. 운명은 변하지 않습니다. 시간은 멈추지 않습니다. 길은 막을 수 없습니다. 길을 간다면 저절로 안 되는 게 없을 것입니다. 그러나 길

---

14 곽상에 따른다. 다른 해석도 흥미롭다. "'류'라는 동물은 암수동체라 혼자서 잉태한다(類自爲雌雄 故風化)."(후쿠나가 미쓰지福永光司, 왓슨)

을 놓쳐버리면 저절로 되는 게 아무것도 없을 것입니다.

공자는 석 달을 나가지 않고 있다가 다시 노자를 만났습니다.

공자 제가 길을 가나봅니다. 까막까치는 알을 품어 새끼를 깝니다. 물고
기는 거품을 뿌려 새끼를 낳습니다. 나나니벌은 누에를 잡아다 새
끼를 키웁니다. 동생을 낳으면 형이 웁니다. 오래된 것들입니다. 저
는 그동안 '됨(化)'과 벗이 되지 못했습니다. 됨(化)과 벗이 되지 못하
고 어떻게 남들을 되게(化) 할 수 있겠습니까?

노자 됐소. 드디어 구丘가 길을 가고 있구려.

孔子見老聃而語仁義 老聃曰 夫播穅眯目 則天地四方易位矣 蚊虻噆膚 則通昔不
寐矣 夫仁義憯然乃憤吾心 亂莫大焉 吾子使天下無失其朴 吾子亦放風而動 總德
而立矣 又奚傑然若負建鼓而求亡子者邪 夫鵠不日浴而白 烏不日黔而黑 黑白之朴
不足以爲辯 名譽之觀 不足以爲廣 泉涸 魚相與處於陸 相呴以濕 相濡以沫 不若
相忘於江湖
孔子見老聃歸 三日不談 弟子問曰 夫子見老聃 亦將何規哉
孔子曰 吾乃今於是乎見龍 龍 合而成體 散而成章 乘乎雲氣而養乎陰陽 予口張而
不能嗋 舌舉而不能訒 予又何規老聃哉
子貢曰 然則人固有尸居而龍見 雷聲而淵黙 發動如天地者乎 賜亦可得而觀乎
遂以孔子聲見老聃 老聃方將倨堂而應
微曰 予年運而往矣 子將何以戒我乎
子貢曰 夫三王五帝之治天下不同 其係聲名一也 而先生獨以爲非聖人 如何哉
老聃曰 小子少進 子何以謂不同
對曰 堯授舜 舜授禹 禹用力而湯用兵 文王順紂而不敢逆 武王逆紂而不肯順 故曰
不同

老聃曰 小子少進 余語汝三皇五帝之治天下 黃帝之治天下 使民心一 民有其親死
不哭而民不非也 堯之治天下 使民心親 民有爲其親殺其殺而民不非也 舜之治天下
使民心競 民孕婦十月生子 子生五月而能言 不至乎孩而始誰 則人始有夭矣 禹之
治天下 使民心變 人有心而兵有順 殺盜非殺人 自爲種而天下耳 是以天下大駭 儒
墨皆起 其作始有倫 而今乎歸 女何言哉

余語汝 三皇五帝之治天下 名曰治之 而亂莫甚焉 三皇之知 上悖日月之明 下睽山
川之精 中墮四時之施 其知憯於蠣蠆之尾 鮮規之獸 莫得安其性命之情者 而猶自
以爲聖人 不可恥乎 其無恥也

子貢蹴蹴然立不安 孔子謂老聃曰 丘治詩書禮樂易春秋六經 自以爲久矣 孰知其故
矣 以奸者七十二君 論先王之道而明周召之迹 一君無所鈎用 甚矣夫 人之難說也
道之難明邪

老子曰 幸矣子之不遇治世之君也 夫六經 先王之陳迹也 豈其所以迹哉 今子之所
言 猶迹也 夫迹 履之所出 而迹豈履哉 夫白鶂之相視 眸子不運而風化 蟲 雄鳴於
上風 雌應於下風而風化 類自爲雌雄 故風化 性不可易 命不可變 時不可止 道不
可壅 苟得於道 無自而不可 失焉者 無自而可

孔子不出三月 復見曰 丘得之矣 鳥鵲孺 魚傳沫 細要者化 有弟而兄啼 久矣夫丘
不與化爲人 不與化爲人 安能化人

老子曰 可 丘得之矣

'극기복례위인克己復禮爲仁'을 주창하며 주나라 예법의 회복을 통해 사랑을 실현하고자 했던 공자가 드디어 노자를 만나 깨닫습니다. 노나라 악관의 수장 사금은 주례에 대한 공자의 집착을 주나라 배를 노나라 뭍에서 부리는 격이며, 주공의 비단옷을 원숭이에게 입히는 셈이고, 미인 서시의 찌푸린 이마가 아름답다고 흉내 내는 추녀처럼 왜 아름다운지도 모르고 따라 하는 것이라고 질타합니다. 노자는 예의 규범과 음양에서 길을 찾으려 했다는 공자에게 사랑과 정의는 옛 임금들의 주막일 뿐이라며 잠시 머물 수 있을 뿐이고, 부와 명예와 권력의 맛을 보면 자신을 돌아보지도 쉬지도 못한다고 하면서 명예에 휘둘리지 말고 본래 모습 그대로 온전히 살아가라고 충고합니다. 심지어 노자는 공자가 떠받드는 삼황오제의 구호가 오히려 세상을 망쳤다고 합니다.

아름답다는 것만 알았지 왜 아름다운지 몰랐던 추녀처럼 옳다는 것만 알지 왜 옳은 것인지 모르는 오늘날의 공자들과 구호와 시대정신의 이면을 생각해보게 하는 대목입니다. 그렇다면 훌륭한 성인의 본래 모습은 어떤 것일까요? 성인의 본래 모습을 회복하려면 어떻게 해야 할까요?

각의
刻意

쉬면 편안해진다

그의 죽음은 휴식과도 같다

순수함을 지키는 길

각의刻意는 '뜻을 깎아 세운다'는 의미입니다. 〈각의〉의 주제는 '쉼'입니다. 무언가 이루겠다고 뜻을 세우기보다는 이제 그만 쉬자고 합니다. 〈각의〉에서는 〈천도〉에서 했던 이야기들을 다시금 인용하며 쉬면서 순수한 마음을 지키자고 합니다.

쉬면 편안해진다

뜻을 깎아 세우고 고고하게 행동합니다. 세속을 떠나 고상한 논의를 하면서 세상을 원망하고 비판합니다. 자기만 고고합니다. 이런 사람들은 산속에 숨어 삽니다. 세상을 비난하는 사람, 초췌한 모습으로 연못에 몸을 던지는 사람들이 좋아하는 태도입니다.

사랑, 정의, 충성, 믿음을 말하고 공손, 검약, 추천, 양보 등 도덕 수양에 몰두합니다. 이런 사람들은 세상을 고르게 하려고 합니다. 나가거나 들어앉거나 남을 가르치려는 사람, 학자들이 좋아하는 태도입니다.

큰 공적을 이루어 큰 이름을 떨치고자 합니다. 군신의 예를 정하고 위아래 질서를 바로잡는 정치에 몰두합니다. 이들은 조정의 사람들입니다. 왕권을 강화하고 국가를 강하게 하려는 사람, 다른 나라를 병합하는 공을 이루려는 자들이 좋아하는 태도입니다.

수풀 우거진 연못가 한가로운 곳에 삽니다. 조용한 곳에서 낚싯대를 드리우며 억지로 하지 않는 것(無爲)에 몰두합니다. 이런 사람들은 강과 바닷가에 사는 지식인입니다. 세상을 도피한 사람, 한가롭게 사는 자들이 좋아하는 태도입니다.

숨을 내쉬고 들이쉬고 심호흡을 하며 곰처럼 걷고 새처럼 목을 늘이며 장수에 몰두합니다. 이들은 도인술道引術 수행자입니다. 몸을 기르는 사람, 팽조 같은 장수자들이 좋아하는 태도입니다.

그러나 뜻을 깎아 세우지 않고도 고상하고, 사랑과 정의(仁義) 없이도 수양하고, 공적이나 명성 없이도 세상을 돌보고, 강이나 바닷가에 살지 않아도 한가롭고, 도인술 없이도 장수할 수 있다면 모든 것을 잊어도 모든 것이 그대로일 것입니다. 끝없이 담담하니 모든 아름다움이 따라옵니다. 이것이 천지자연의 길이며 훌륭한 성인의 본래 모습입니다.

그래서 "고요함, 비움, 억지로 하지 않는 것(無爲), 이것이 천지자연의 고름(天地之平)이며 길의 본래 모습(道德之質)이다"[1] "성인은 쉰다. 쉬면 편안해지고 편안해지면 고요해진다. 편안하고 고요해지면 걱정 근심이 생길 수 없고 나쁜 기운도 들어올 수 없다"[2]고 말한 것입니다. 그러면 본래 모습도 온전하고 마음(神)도 그대로입니다.

刻意尙行 離世異俗 高論怨誹 爲亢而已矣 此山谷之士 非世之人 枯槁赴淵者之所好也

語仁義忠信 恭儉推讓 爲修而已矣 此平世之士 敎誨之人 遊居學者之所好也

語大功 立大名 禮君臣 正上下 爲治而已矣 此朝廷之士 尊主强國之人 致攻幷兼者之所好也

就藪澤 處閒曠 釣魚閒處 無爲而已矣 此 江海之士 避世之人 閒暇者之所好也

吹呴呼吸 吐故納新 熊經鳥申 爲壽而已矣 此道引之士 養形之人 彭祖壽考者之所好也

若夫不刻意而高 無仁義而修 無功名而治 無江海而閒 不道引而壽 無不忘也 無不

---

1 〈천도〉 참조.
2 〈천도〉 참조.

有也 澹然無極而衆美從之 此天地之道 聖人之德也

故曰 夫恬惔寂漠虛無無爲 此天地之平而道德之質也 故曰 聖人休休焉則平易矣

平易則恬惔矣 平易恬惔 則憂患不能入 邪氣不能襲 故其德全而神不虧

그의 죽음은 휴식과도 같다

　그래서 "훌륭한 성인聖人은 살아서는 자연의 움직임(天行)에 맡기고, 죽을 때는 무언가 되어가는 것(物化)에 따른다. 고요하면 시원한 흐름의 본래 모습과 하나 되고, 움직이면 따뜻한 흐름의 물결과 하나 된다"고 말하는 것입니다.[3] 복을 좇지도 않고 화를 자초하지도 않습니다. 느끼면 반응하고, 다가오면 움직이고, 어쩔 수 없을 때에야 일어납니다. 지식이나 선례를 버리고 자연의 결(天之理)에 따를 뿐입니다. 그래서 하늘의 재앙도 없고, 외물에 묶이지도 않고, 다른 사람들의 비난도 받지 않고, 귀신이 꾸짖지도 않습니다. 그의 삶은 표류하는 것 같고, 그의 죽음은 휴식과도 같습니다. 그는 이런저런 생각을 하지 않고 미리 계획하지도 않습니다. 빛나지만 눈부시지 않고, 믿을 수 있지만 기대하게 하지 않습니다. 잠을 자도 꿈을 꾸지 않고, 깨어 있어도 걱정거리가 없습니다. 마음이 순수하고 영혼은 지치지 않습니다. 비우고 고요하니 자연의 본래 모습(天德) 그대로입니다.

　그래서 "슬픔과 즐거움은 본래 모습이 기운 것이다. 기쁨과 노여움은

---

3 〈천도〉 참조.

길을 빗나간 것이다. 좋아함과 싫어함은 본래 모습을 잃은 것이다. 그러니 마음에 걱정도 즐거움도 없는 것이 진짜 본래 모습(德之至)이다. 마음이 한결같아 변함이 없는 것이 진짜 고요함이다. 외부에 자극받지 않는 것이 진짜 비움이다. 밖의 것과 섞이지 않는 것이 진짜 담담함이다. 거스르려 하지 않는 것이 진짜 순수함이다"[4]고 말하는 것입니다. 그래서 "몸이 피곤한데 쉬지 않으면 지친다. 정신도 쓰기만 하고 그칠 줄 모르면 피로해진다. 피로가 쌓이면 쓰러진다"[5]고 말하는 것입니다.

故曰 聖人之生也天行 其死也物化 靜而與陰同德 動而與陽同波 不爲福先 不爲禍
始 感而後應 迫而後動 不得已而後起 去知與故 循天之理 故無天災 無物累 無人
非 無鬼責 其生若浮 其死若休 不思慮 不豫謀 光矣而不耀 信矣而不期 其寢不夢
其覺無憂 其神純粹 其魂不罷 虛無恬恢 乃合天德
故曰 悲樂者 德之邪 喜怒者 道之過 好惡者 德之失 故心不憂樂 德之至也 一而不
變 靜之至也 無所於忤 虛之至也 不與物交 恢之至也 無所於逆 粹之至也 故曰 形
勞而不休則弊 精用而不已則勞 勞則竭

4 《회남자》〈원도훈〉,《관자》〈심술상〉 참조.
5 《회남자》〈정신훈〉 참조.

순수함을 지키는 길

물을 막아버리면 흐를 수도 맑을 수도 없습니다. 그러나 물의 성질은 섞거나 흔들지 않으면 맑고 고요합니다. 이것이 자연의 본래 모습입니다. 그래서 "순수하니 섞이지 않고, 고요하니 변하지 않고, 담담하니 억지로 하는 것 없이(無爲) 자연의 흐름에 따라 움직인다"고 말하는 것입니다. 이것이 마음을 기르는 길(養神之道)입니다. 오월의 명검을 가진 자는 검을 상자에 넣어 고이 간직하지 함부로 쓰지 않습니다. 이것이 보물을 간직하는 최고의 방법입니다. 순수한 마음(精神)은 사방 어디라도 흘러 하늘에 닿고 땅에 도사린 채 만물을 기르지만 그 모습을 드러내지 않습니다. 자연과 하나 됩니다. 이를 '동제同帝'라고 부릅니다.

순수함을 지키는 길은 마음을 잃지 않고 지키는 것입니다. 마음이 하나 되어 순수해지면 어디에도 통해 자연의 결(天倫)과 함께하게 됩니다. 속담에 이런 말이 있습니다. "많은 사람은 이익을 중시하고, 청렴한 지식인은 명예를 중시하고, 현자는 뜻을 존중한다. 하지만 성인은 순수함(精)을 귀하게 여긴다." 소박하다(素)는 것은 다른 것과 섞이지 않은 것을 말합니다. 순수하다(純)는 것은 마음이 구겨지지 않은 것을 말합니다. 소박하고 순수하다면 그를 천진한 사람(眞人)이라 하겠습니다.

水之性 不雜則清 莫動則平 鬱閉而不流 亦不能淸 天德之象也 故曰 純粹而不雜
靜一而不變 惔而無爲 動而以天行 此養神之道也 夫有干越之劍者 柙而藏之 不敢
用也 寶之至也 精神四達竝流 無所不極 上際於天 下蟠於地 化育萬物 不可爲象
其名爲同帝

純素之道 唯神是守 守而勿失 與神爲一 一之精通 合于天倫 野語有之曰 衆人重
利 廉士重名 賢人尙志 聖人貴精 故素也者 謂其無所與雜也 純也者 謂其不虧其
神也 能體純素 謂之眞人

열심히 일한 당신, 이제 그만 쉬라고 합니다. 쉬지 않으면 몸도 마음도 망가지고 쓰러진다고 합니다. 본래 모습을 회복하기 위해서는 쉬어야 합니다. 쉬어야 자연과 하나 되어 순수한 마음을 지킬 수 있습니다. 그런데 쉬지 않고 배우고 생각하는 것으로 본래 모습을 회복하려는 사람들이 있습니다. 이어지는 〈선성〉에서 만나볼 수 있습니다.

선성
繕性

어둠 속을 헤매는 사람

세상은 길을 잃고, 길은 세상을 잃었다

거꾸로 사는 사람

선성繕性은 '본성을 바로잡는다'는 뜻입니다. 배우고 생각하는 것으로 본성을 바로잡겠다고 하는 사람들이 있습니다. 이들은 '어둠 속을 헤매는 사람들'입니다. 세상은 예나 악에 치우쳐 본래 모습을 잃고, 순박한 마음은 천박해지고, 박식함으로 사심을 키웁니다. 결국 세상은 길을 잃고, 길은 세상을 잃었습니다. 길 잃은 세상에서 사람들은 부와 명예에 휘둘려 삽니다. '거꾸로 사는 사람들'입니다.

어둠 속을 헤매는 사람

세속에 갇혀 배움(學)으로 본성(性)을 바로잡아 처음으로 돌아가려는 사람이 있습니다. 세속에 갇혀 생각(思)으로 욕심을 다스리고 앎을 추구하려는 사람이 있습니다. '어둠 속을 헤매는 사람(蔽蒙之民)'입니다.

옛날 길을 가는 사람(治道者)은 고요함으로 앎을 길렀지 살겠다고 앎으로 일을 꾸미지 않았습니다. 그래서 "앎으로 고요함을 기른다(以知養恬)"고 말하는 것입니다. 앎과 고요함이 서로를 길러주니 화목한 마음의 결(理)이 자연스러운 성품(其性)에서 저절로 생겨납니다. 본래 모습은 화목하고, 길에는 결(理)이 있습니다. 본래 모습은 모든 것을 포용하니, 이것이 사랑(仁)입니다. 길에는 결이 있으니, 이것이 정의(義)입니다. 정의가 실현되면 모두 친하게 되니, 이것이 충忠입니다. 충심이 순수하게 들어차 본래 정서로 돌아가니, 이것이 악樂입니다. 믿을 만한 행동이 겉으로 드러나 문식(文)에 따르니, 이것이 예禮입니다. 그런데 예와 악에만 치우치니 세상이 어지러워졌습니다. 예와 악으로 바로잡겠다면서 그대로의 본래 모습을 덮어버리고 말았습니다. 본래 모습은 가릴 수 없는 것인데 가려졌으니 모두 그 본성(其性)을 잃고 말았습니다.

繕性於俗 學以求復其初 滑欲於俗 思以求致其明 謂之蔽蒙之民

古之治道者 以恬養知 知生而無以知爲也 謂之以知養恬 知與恬交相養 而和理出
其性 夫德 和也 道 理也 德無不容 仁也 道無不理 義也 義明而物親 忠也 中純實
而反乎情 樂也 信行容體而順乎文 禮也 禮樂偏行 則天下亂矣 彼正而蒙己德 德則
不冒 冒則物必失其性也

세상은 길을 잃고, 길은 세상을 잃었다

옛날 사람들은 혼돈 속에 살았습니다. 사람들이 모두 담박하고 편안했습니다. 그때는 음과 양이 화목하니 고요했습니다. 귀신도 소동을 부리지 않았습니다. 사계절이 제때 찾아왔습니다. 모든 것이 해를 입는 일이 없었습니다. 살아 있는 어떤 것도 일찍 죽는 일이 없었습니다. 그러니 사람들이 아는 게 있어도 쓸데가 없었습니다. 그땐 '진짜 하나(至一)'였다고들 말합니다. 그땐 애쓰지 않아도 그냥 그랬답니다.

그런데 본래 모습이 망가지면서 수인燧人이나 복희伏戱가 세상을 위해 일하기 시작했습니다. 그래서 사람들이 따르기는 했지만 '진짜 하나'였던 건 아닙니다. 본래 모습이 더 망가지면서 신농神農이나 황제黃帝가 세상을 위해 일하기 시작했습니다. 그래서 편안해졌지만 진정으로 따른 것은 아니었습니다. 본래 모습이 더욱더 망가지면서 요와 순이 세상을 위해 일하기 시작했습니다. 교화로 다스리는 분위기를 띄웠습니다. 그러자 사람들의 순박했던 마음이 천박해졌습니다. 길을 버리고 본래 모습을 멀리하면서도 괜찮다고 생각했습니다. 이후 본성을 버리고 사심을 따르게 되었습니다. 사심으로 서로를 살피게 되니 아는 것만으로 세상을 편하게 할 수 없었습니다. 그래서 문식(文)을 덧붙이고 박식함을 더했습니다. 그러나 오히려 사람들은 문식으로 바탕(質)을 잃고, 박식함으로 사심에 빠져버리고 말았습니다. 사람들은 헷갈리기 시작했습니다. 자연스러운 본성이나 정서를 회복할 수 없게 되어버렸습니다.

이렇게 세상은 길을 잃었습니다. 그리고 길은 세상을 잃었습니다. 세상과 길이 서로를 잃었습니다. 그러니 길을 가는 사람이 있다 한들 어떻게 이런 세상에 나올 수 있겠습니까? 세상 역시 어떻게 길을 찾을 수 있겠습니까? 이런 세상에서는 길을 가는 사람이 나올 수 없고, 세상 역시 길을 찾을 수 없습니다. 그러니 성인이 산속에 숨지 않아도 본래 모습은 숨겨질 수밖에 없습니다. 자기가 숨을 필요도 없습니다. 옛날 은사隱士라는 사람들이 일부러 몸을 숨기고 나오지 않았던 것이 아닙니다. 일부러 입을 닫고 말하지 않았던 것이 아닙니다. 일부러 아는 것을 감추고 드러내지 않았던 것이 아닙니다. 시운이 아주 어긋났기 때문에 그리된 것입니다. 시운을 만났더라면 세상의 큰길을 다니며 흔적도 없이 하나로 돌아갔을 것입니다. 시운을 만나지 못해 세상의 길이 막혀 있으니 깊숙이 뿌리박고 조용히 기다리고 있었던 것입니다. 이것이 몸을 보존하는 길이었습니다.

古之人 在混芒之中 與一世而得澹漠焉 當是時也 陰陽和靜 鬼神不擾 四時得節
萬物不傷 群生不夭 人雖有知 無所用之 此之謂至一 當是時也 莫之爲而常自然
逮德下衰 及燧人伏戲始爲天下 是故順而不一 德又下衰 及神農黃帝始爲天下 是
故安而不順 德又下衰 及唐虞始爲天下 興治化之流澆淳散朴 離道以善 險德以行
然後去性而從於心 心與心識 知而不足以定天下 然後附之以文 益之以博 文滅質
博溺心 然後民始惑亂 無以反其性情而復其初
由是觀之 世喪道矣 道喪世矣 世與道交相喪也 道之人何由興乎世 世亦何由興乎

道哉 道無以興乎世 世無以興乎道 雖聖人不在山林之中 其德隱矣 隱 故不自隱
古之所謂隱士者 非伏其身而弗見也 非閉其言而不出也 非藏其知而不發也 時命大
謬也 當時命而大行乎天下 則反一無迹 不當時命而大窮乎天下 則深根寧極而待
此存身之道也

거꾸로 사는 사람

옛날 몸을 보존한 사람은 말로 앎을 꾸미지 않았습니다. 앎으로 세상을 추구하지 않았고, 앎으로 본래 모습을 추구하지 않았습니다. 그냥 그자리에 있어도 자연스러운 본성으로 돌아가는데 애써 무엇을 했겠습니까? 길을 잠깐 간다고 되는 게 아닙니다. 본래 모습을 안다고 되는 게 아닙니다. 오히려 조금 아는 것이 본래 모습을 망치고, 잠깐 가는 것이 길을망칩니다. 그래서 "자신을 바르게 할 뿐이다"고 말하는 것입니다. 온전한즐거움은 '뜻을 얻는 것'입니다.

옛날 '뜻을 얻었다'는 것은 초헌이나 면류관[1]을 말한 것이 아니었습니다. 자신의 즐거움에 더할 게 없다는 것을 의미했습니다. 그런데 오늘날 초헌이나 면류관을 말하는 것이 되었습니다. 초헌을 타고 면류관을쓰는 것은 본성도 운명도 아닙니다. 밖의 것이 우연히 들어와 잠시 머물고 있는 것입니다. 잠시 와서 머무르니 막을 수도 없고, 잠시 머물다 가니잡을 수도 없습니다. 그러니 초헌을 타고 면류관을 썼다고 뜻을 늘어놓

---

1 초헌軺軒은 벼슬아치가 타던 수레, 면류관冕旒冠은 제왕이 정복에 갖추어 쓰던 관이다. 출세했다는 의미다.

지도 않았고, 가난하다고 세속에 영합하지도 않았습니다. 즐거움은 이러 나저러나 똑같았습니다. 그러니 걱정이 없었습니다. 그런데 오늘날은 잠시 머물다 가는 것을 즐거워하지 않습니다. 이런 마음으로는 즐겁더라도 분명 허망할 것입니다. 그래서 밖의 것으로 자신을 망치고, 세상살이에 휘둘려 본성을 잃게 됩니다. 이들은 '거꾸로 사는 사람(倒置之民)'입니다.

古之行身者 不以辯飾知 不以知窮天下 不以知窮德 危然處其所而反其性已 又何 爲哉 道固不小行 德固不小識 小識傷德 小行傷道 故曰 正己而已矣 樂全之謂得 志
古之所謂得志者 非軒冕之謂也 謂其無以益其樂而已矣 今之所謂得志者 軒冕之謂 也 軒冕在身 非性命也 物之儻來 寄者也 寄之 其來不可圉 其去不可止 故不爲軒 冕肆志 不爲窮約趨俗 其樂彼與此同 故無憂而已矣 今寄去則不樂 由是觀之 雖樂 未嘗不荒也 故曰 喪己於物 失性於俗者 謂之倒置之民

《논어》〈위정爲政〉에 "학이불사즉망學而不思則罔 사이불학즉태思而不學則殆"라는 말이 나옵니다. '생각 없이 배우기만 하는 사람은 어리석고, 생각만 하고 배우지 않는 사람은 위험에 처한다'는 의미입니다. 배우고 생각하는 것이 동시에 이루어져야 앎이 완성된다는 것이겠죠. 그다음에 앎을 실천하는 문제가 나올 것입니다. 그런데 장자는 앎으로 본래 모습을 회복하려는 사람들을 '어둠 속을 헤매는 사람들'이라고 합니다. 내가 알고 있는 것은 광대한 우주 안에서 티끌 같은 것입니다. 우리가 알고 있다고 믿는 것이 모르는 것에 비하면 얼마나 보잘것없는 것인가요. 이어지는 〈추수〉에서 황하의 신 하백은 북해의 신 북해약을 만나 자신이 알던 것이 얼마나 보잘것없는 것이었는지 깨닫습니다.

추수
秋水

추수秋水는 '가을 홍수'라는 뜻입니다. 황하의 신 하백은 홍수로 인해 물이 넘칠 정도로 황하로 흘러들자 자신이 대단한 존재가 된 것 같아 기뻐합니다. 하지만 강물을 따라 동쪽으로 흘러가 북해에 이르니 자신이 얼마나 보잘것없는 존재인가를 깨닫습니다. 북해의 신 북해약은 스스로 작은 존재임을 깨달은 하백과 비로소 이야기를 시작합니다. 크다/작다, 귀하다/천하다는 구별에 대한 하백의 질문에 북해약은 자연은 크다/작다, 귀하다/천하다로 판단하거나 차별하지 않는다고 대답합니다. 그런 것은 사람이 하는 짓이라는 것이지요.

하백의 여섯 가지 질문에 대한 북해약의 여섯 가지 답변에 이어 남이 가진 것을 부러워하는 이야기가 펼쳐집니다. 외발 기, 발 많은 노래기, 발 없는 뱀, 보이지 않는 바람, 움직이지 않는 눈(目), 보지 않고도 아는 마음이 등장합니다. 계속해서 역경 속에서도 운명에 자신을 편하게 맡긴 공자 이야기, 우물 안 개구리 이야기, 재상 자리를 거절하며 장자가 들려주는 진흙 속 행복한 거북 이야기 등이 이어집니다.

하백, 북해약을 만나다

가을 홍수로 모든 강물이 황하로 흘러들었습니다. 양쪽 강기슭 모래톱의 소와 말을 분간할 수 없을 정도로 출렁이는 물결이 장관이었습니다. 황하의 신 하백河伯은 세상의 아름다움이 모두 자기에게 모여 있다고 기뻐했습니다. 그는 강물을 따라 동쪽으로 흘러가 북해에 이르렀습니다. 동쪽을 바라보니 물의 끝이 어디인지 보이지 않았습니다. 하백은 비로소 얼굴을 돌려 멍하니 북해약北海若을 쳐다보다 한숨을 지으며 말했습니다.

하백 "백 가지 도리를 들으면 저만 한 사람이 없는 줄 안다"는 속담이 바로 저를 두고 한 말이군요. 공자의 지식도 적은 거라는 둥, 백이伯夷의 절의(義)도 가벼운 거라는 둥의 말을 들었지만 지금까지 그 말을 믿지 않았습니다. 그런데 지금 그대의 끝없음을 보고 있으니, 그대의 문 앞에 이르지 않았더라면 큰일 날 뻔했습니다. 크게 깨달은 자들에게 오랫동안 비웃음을 당할 뻔했습니다.

북해약 우물 안 개구리에게는 바다에 대해 말해줄 수 없습니다. 우물에 갇혀 있기 때문입니다. 여름 벌레들에게는 얼음에 대해 말해줄 수 없습니다. 여름에 매여 있기 때문입니다. 한 가지 전문 지식인들에게는 길에 대해 말해줄 수 없습니다. 배운 것에 얽매여 있기 때문입니다. 지금 그대는 황하의 양 기슭에서 나와 큰 바다를 보고 자신이 얼마나 보잘것없는지를 알게 되었습니다. 이제 내 그대와 '큰 결(大理)'에 대해 말할 수 있을 것 같습니다.

세상의 물은 나보다 큰 게 없습니다. 모든 강물이 그칠 줄 모르고 바다로 흘러들지만 나는 가득 차지 않습니다. 나는 어디론가 멈출 줄 모르고 빠져나가지만 결코 마르지 않습니다. 봄가을에 따라 바뀌는 일도 없고, 홍수나 가뭄으로 넘치거나 마르는 일도 없습니다. 양자강이나 황하의 물줄기보다 훨씬 커 그 양을 젤 수도 없습니다. 그러나 나는 스스로 많다고 여긴 적이 없습니다. 나는 내 모습을 하늘, 땅과 비교해봅니다. 음양에서 생명의 흐름(氣)을 받아 내가 하늘과 땅 사이에 있는 것입니다. 조그만 돌멩이나 키 작은 나무가 거대한 산에 있는 격입니다. 얼마나 작은 존재인지 바로 드러납니다. 어찌 스스로 많다고 하겠습니까? 사해四海¹도 하늘과 땅 사이에 있다고 생각해보면 큰 연못 안에 있는 돌무더기 같지 않을까요? 중국도 사해 안에 있다고 생각해보면 큰 창고 안의 한 톨 쌀알 같지 않을까요?

모든 것을 만물이라고 칭합니다. 사람은 만 가운데 하나입니다. 그런데 사람들은 곡식이 나는 곳, 배나 수레가 다니는 곳이면 구주九州² 어디든 살고 있습니다. 누구든 그중 한 사람일 뿐입니다. 누구든 만물과 비교해보면 말 옆구리에 붙은 가느다란 털끝 같지

---

1 '사해의 안'이란 뜻으로 천하, 온 세상을 말한다.
2 중국의 다른 말.

않겠습니까? 오제五帝가 계승된 일이나 삼왕三王이 싸운 일, 사랑을 말하는 사람(仁人)의 걱정,[3] 일을 맡은 지식인의 노고, 이런 것들은 다 사소한 일입니다. 백이는 벼슬을 사양해서 명예를 얻었고, 공자는 육경을 논해 박식하다고 인정받았습니다. 이들이 자신에게 절의나 지식이 많다고 생각했다면, 이는 그대가 아까 자신에게 물이 많다고 기뻐했던 것과 같지 않을까요?

秋水時至 百川灌河 涇流之大 兩涘渚涯之間 不辨牛馬 於是焉河伯欣然自喜 以天下之美爲盡在己 順流而東行 至於北海 東面而視 不見水端 於是焉河伯始旋其面目 望洋向若而歎曰 野語有之曰 聞道百以爲莫己若者 我之謂也 且夫我嘗聞少仲尼之聞而輕伯夷之義者 始吾弗信 今我睹子之難窮也 吾非至於子之門則殆矣 吾長見笑於大方之家
北海若曰 井䵷不可以語於海者 拘於虛也 夏蟲不可以語於冰者 篤於時也 曲士不可以語於道者 束於敎也 今爾出於崖涘 觀於大海 乃知爾醜 爾將可與語大理矣
天下之水 莫大於海 萬川歸之 不知何時止而不盈 尾閭泄之 不知何時已而不虛 春秋不變 水旱不知 此其過江河之流 不可爲量數 而吾未嘗以此自多者 自以比形於天地 而受氣於陰陽 吾在於天地之間 猶小石小木之在大山也 方存乎見少 又奚以自多 計四海之在天地之間也 不似礨空之在大澤乎 計中國之在海內 不似稊米之在大倉乎
號物之數謂之萬 人處一焉 人卒九州 穀食之所生 舟車之所通 人處一焉 此其比萬物也 不似毫末之在於馬體乎 五帝之所連 三王之所爭 仁人之所憂 任士之所勞 盡此矣 伯夷辭之以爲名 仲尼語之以爲博 此其自多也 不似爾向之自多於水乎

하백의 질문 1

하백　그렇다면 제가 천지는 크고, 털끝은 작다고 생각해도 되겠습니까?

북해약　그렇지가 않습니다. 만물의 크기(物量)는 끝이 없고, 시간은 멈추지 않습니다. 지금의 나눔(分)은 영원하지 않고, 끝과 시작은 반복됩니다. 그래서 큰 앎(大知)은 멀고 가까운 것을 모두 살핍니다. 그러니 작다고 소홀하지 않고, 크다고 대단하게 여기지 않습니다. 크기에 끝이 없는 것을 알기 때문입니다. 또 과거와 현재를 모두 밝힙니다. 그러니 먼 옛일도 모르지 않고, 지금 일에 허둥대지도 않습니다. 시간이 멈추지 않는 것을 알기 때문입니다. 또 채워지고 비워지는 것을 모두 살핍니다. 그러니 얻어도 기뻐하지 않고, 잃어도 걱정하지 않습니다. 지금의 나눔이 영원하지 않은 것을 알기 때문입니다. 또 탄탄대로와 진창길을 모두 압니다. 그러니 삶이라 좋아하지 않고, 죽음이라 꺼리지 않습니다. 끝과 시작이 반복되는 것을 알기 때문입니다.

생각해보면 우리가 아는 것은 우리가 모르는 세계에 비할 수 없습니다. 우리가 산 시간은 우리가 살지 않는 시간에 비할 수 없습니다. 진짜 작은 것을 가지고 진짜 큰 세계를 파고드는 것입니다. 그러고는 거기에 빠져 스스로 깨닫지 못합니다. 이런 것들을 생각해보면 어떻게 털끝이 작은 것 가운데 가장 작은 것이라고 할 수 있겠습니까? 또 어떻게 천지가 큰 것 가운데 가장 큰 세계라고 할 수 있겠습니까?

河伯曰 然則吾大天地而小豪末 可乎

北海若曰 否 夫物 量無窮 時無止 分無常 終始無故 是故大知觀於遠近 故小而不寡 大而不多 知量無窮 證曏今故 故遙而不悶 掇而不跂 知時無止 察乎盈虛 故得而不喜 失而不憂 知分之無常也 明乎坦塗 故生而不說 死而不禍 知終始之不可故也

計人之所知 不若其所不知 其生之時 不若未生之時 以其至小求窮其至大之域 是故迷亂而不能自得也 由此觀之 又何以知毫末之足以定至細之倪 又何以知天地之足以窮至大之域

하백의 질문 2

하백 세상 논객들 모두 "가장 작은 것은 형체가 없고, 가장 큰 것은 둘러쌀 수 없다"고 말합니다. 정말 그렇습니까?

북해약 작은 것으로 큰 것을 본다면 전체를 알 수 없습니다. 큰 것으로 작은 것을 본다면 자세히 알 수 없습니다. '가장 작다는 것(精)'은 작은 것 중의 작은 것입니다. '가장 크다는 것(垺)'은 큰 것 중의 큰 것입니다. 차이는 있습니다. 상황에 따른 것입니다. 가장 작은 것이라고 말할 수 있는 것은 형체가 있어서 가늠할 수 있다는 이야기입니다. '형체가 없는 것'을 크다 작다는 수량으로 나눌 수 있겠습니까? 마찬가지로 '둘러쌀 수 없는 것'을 크다 작다는 수량으로 파고들 수 있겠습니까? 말할 수 있는 것 자체가 '무언가 크다는 형체'가 있는 것입니다. 생각할 수 있는 것 자체가 '무언가 작다는 형체'가 있는 것입니다. 말할 수 없고 생각할 수도 없는 것은 작다 크다로 가늠할 수 없습니다.

그래서 큰사람(大人)은 남을 해치지도 않지만 남에게 은혜를 베푸는 일을 대단하게 여기지도 않습니다. 이익을 탐하지도 않지만 이익을 바라는 문지기를 천하게 여기지도 않습니다. 재물을 위해 다투지도 않지만 양보를 대단하게 여기지도 않습니다. 남에게 기대지도 않지만 제 힘으로 살아가는 걸 대단하게 여기지도 않고 탐욕스러운 사람을 천하게 여기지도 않습니다. 세상 사람들과 다르게 살지만 남다른 삶을 대단하게 여기지도 않습니다. 대중을 따라 행동하지만 아첨하는 것을 천하게 여기지도 않습니다. 그를 세상의 돈과 권력으로도 칭찬할 수 없고, 형벌과 불명예로도 더럽힐 수 없습니다. 큰사람은 옳고 그름으로 가를 수 없다는 것, 작고 큼으로 나눌 수 없다는 것을 압니다. 듣자니, "길을 가는 사람(道人)의 명성은 들리지 않는다. 본래 모습 그대로 더 얻을 게 없어서이다. 큰사람은 나라는 생각이 없다. 옳다 그르다, 크다 작다로 나누지 않아서이다" 하더군요.[4]

河伯曰 世之議者皆曰 至精無形 至大不可圍 是信情乎
北海若曰 夫自細視大者不盡 自大視細者不明 夫精 小之微也 垺 大之殷也 故異
便 此勢之有也 夫精粗者 期於有形者也 無形者 數之所不能分也 不可圍者 數之
所不能窮也 可以言論者 物之粗也 可以意致者 物之精也 言之所不能論 意之所不
能察致者 不期精粗焉

---

4 "그래서 큰사람(大人)은 (…) 하더군요"를 잘못 들어간 내용으로 보기도 한다. 논리적인 맥락에서 조금 벗어난 내용이기는 하다. 하지만 소대小大의 판단을 논하는 이야기가 "큰사람은 옳고 그름으로 가를 수 없다는 것, 작고 큼으로 나눌 수 없다는 것을 압니다. (…) 큰사람은 나라는 생각이 없다. 옳다 그르다, 크다 작다로 나누지 않아서이다"라는 결론으로 흐른 것은 내용상 크게 벗어난 것은 아니다. 소대에 대한 추상적 논리를 일상적 윤리로 풀어낸 것으로 볼 수 있다. 또한 이야기할 때 주제를 살짝 벗어났다가 다시 들어오기도 하는 것이 말하는 재미이기도 하다. 〈우언〉에서 말하는 장자의 글쓰기 방식 중 채우고 버리는 '치언'이 이런 것일 수도 있다. 생각의 길은 다양하다. 한 길만이 길은 아니다. 여기서는 가면 길이 된다는 식의 장자스러운 글쓰기로 읽어보자.

是故大人之行 不出乎害人 不多仁恩 動不爲利 不賤門隷 貨財弗爭 不多辭讓 事
焉不借人 不多食乎力 不賤貪汚 行殊乎俗 不多辟異 爲在從衆 不賤佞諂 世之爵
祿不足以爲勸 戮恥不足以爲辱 知是非之不可爲分 細大之不可爲倪 聞曰 道人不
聞 至德不得 大人無己 約分之至也

하백의 질문 3

하백   어딘가 밖에서 생기는 걸까요? 아니면 안에서 생기는 걸까요? 귀천의 차별은 어디서 나오고, 작다 크다(小大)는 구별은 어디서 생기는 걸까요?

북해약   길(道)에서 보면 귀한 것도 천한 것도 없습니다. 각자의 입장(物)에서 보면 자기는 귀하고 상대는 천합니다. 세속(俗)의 관점에서 보면 귀하다 천하다는 것이 나한테 있는 것이 아닙니다. 차별(差)의 관점에서 보면 크다는 기준을 세워 크다고 하니 세상에 크지 않은 것이 없고, 작다는 기준을 세워 작다고 하니 세상에 작지 않은 것이 없습니다. 천지를 쌀 한 톨처럼 작다고도 하고, 털끝을 산처럼 크다고도 하는 것을 보면 어떻게 차별하는지가 드러납니다. 쓸모로 보면 쓸모 있다는 기준을 세워 쓸모 있다고 하니 세상에 쓸모 없는 것이 없고, 쓸모없다는 기준을 세워 쓸모없다고 하니 세상에 쓸모 있는 것이 없습니다. 동과 서를 서로 반대편에 놓고 서로 없어서는 안 된다고 하는 것을 보면 쓸모로만 나누는 것이 드러납니다. 취향으로 보면 옳다는 기준을 세워 옳다고 하니 세상에 옳지 않은 것이 없고, 그르다는 기준을 세워 그르다고 하니 세상에 그르지 않은 것이 없습니다. 요와 걸이 자신은 옳고 상대는 그르다고 한 것을 보면 취향으로 판단한 게 드러납니다.

옛날 요는 순에게 왕위를 물려주어 둘 다 제왕이 되었습니다. 하지만 연燕나라 왕 쾌噲는 재상 자지子之에게 선양했다가 둘 다 죽고 말았습니다. 탕왕과 무왕은 전쟁을 해서 왕이 되었습니다. 하지만 초나라 백공白公은 전쟁을 해서 멸망했습니다. 이렇게 본다면 전쟁이나 선양의 예나 성인 요임금이나 폭군 걸의 행위라는 게 때에 따라 귀해지기도 하고 천해지기도 하는 것입니다. 한결같을 수 없는 것입니다. 대들보나 마룻대로 성벽을 부술 수는 있지만 작은 구멍을 막을 수는 없습니다. 이는 각기 쓰임이 다름을 말해줍니다. 기기騏驥나 화류驊騮 같은 준마는 하루에 천 리를 달립니다. 그러나 쥐 잡는 일에는 너구리나 살쾡이만도 못합니다. 이는 각자 기능이 다름을 말해줍니다. 올빼미는 캄캄한 밤에도 벼룩을 잡고 털끝까지 헤아립니다. 그러나 낮에는 눈을 부릅떠도 산이나 언덕을 보지 못합니다. 이는 각자 타고난 본성이 다름을 말해줍니다.

그래서 "그른 것이 아니라 옳은 것만을 따라라. 혼란이 아니라 질서만을 따라라" 하는 것은 천지의 결을 모르는 것입니다. 땅이 아니라 하늘만 따르라는 것과 같습니다. 양이 아니라 음만 따르라는 것과 같습니다. 이건 절대로 할 수 없는 것입니다. 그런데도 계속 이렇게 말한다면 이는 바보짓이 아니면 속임수입니다. 제왕의 선양도 제각기 달랐고, 삼왕의 계승도 제각기 달랐습니다. 그래서 그 시대 그 세상에 맞지 않았던 자는 '찬탈자'가 되고, 그 시대 그 세상에 맞았던 자는 '의로운 사람'이 되는 것입니다. 침묵하십시오. 하백! 그대가 귀천의 문이 어디에 있는지, 작다 크다의 집이

어디에 있는지 어떻게 알겠습니까?

河伯曰 若物之外 若物之內 惡至而倪貴賤 惡至而倪小大

北海若曰 以道觀之 物無貴賤 以物觀之 自貴而相賤 以俗觀之 貴賤不在己 以差
觀之 因其所大而大之 則萬物莫不大 因其所小而小之 則萬物莫不小 知天地之爲
稊米也 知毫末之爲丘山也 則差數覩矣 以功觀之 因其所有而有之 則萬物莫不有
因其所無而無之 則萬物莫不無 知東西之相反而不可以相無 則功分定矣 以趣觀之
因其所然而然之 則萬物莫不然 因其所非而非之 則萬物莫不非 知堯桀之自然而相
非 則趣操覩矣

昔者 堯舜讓而帝 之噲讓而絕 湯武爭而王 白公爭而滅 由此觀之 爭讓之禮 堯桀
之行 貴賤有時 未可以爲常也 梁麗可以衝城 而不可以窒穴 言殊器也 騏驥驊騮
一日而馳千里 捕鼠不如狸狌 言殊技也 鴟鵂夜撮蚤 察豪末 晝出瞋目而不見丘山
言殊性也

故曰 蓋師是而無非 師治而無亂乎 是未明天地之理 萬物之情者也 是猶師天而無
地 師陰而無陽 其不可行明矣 然且語而不舍 非愚則誣也 帝王殊禪 三代殊繼 差
其時 逆其俗者 謂之篡夫 當其時 順其俗者 謂之義之徒 默默乎河伯 女惡知貴賤
之門 小大之家

하백의 질문 4

하백   그렇다면 저는 무엇을 하고 무엇을 하지 말아야 합니까? 제가 무
         엇을 사양하고 무엇을 받아들이고 무엇을 열심히 하고 무엇을 그
         만두어야 합니까? 저는 결국 무엇을 해야 합니까?

북해약   길에서 보면 무엇이 귀하고 무엇이 천하겠습니까? 이것을 '영원
         회귀(反衍)'라고 합니다. 그대의 의지에 구속되지 마십시오. 길에
         크게 부딪히게 됩니다. 또 무엇이 적고 무엇이 많겠습니까? 이것
         을 '고름판(謝施)'이라고 합니다. 그대의 행위를 한 방향으로 고정
         하지 마십시오. 길에 어긋나게 됩니다. 길은 장엄해서 나라의 군
         주처럼 모두에게 덕을 베풉니다. 길은 차분해서 토지신처럼 모두
         에게 복을 베풉니다. 길은 넉넉해서 끝없는 사방처럼 아무런 경계
         를 두지 않습니다. 길은 모든 것을 품어주지 누구만 따로 돕는 일
         이 없습니다. 이것을 '무방無方'이라고 합니다.
         모든 것이 고른데 어느 것이 짧고 어느 것이 길겠습니까? 길에는
         끝도 시작도 없습니다. 그러나 개체(物)에는 죽음과 삶이 있습니
         다. 한때 이루어졌다고 믿을 것이 못 됩니다. 때론 비우고 때론 채
         워집니다. 그 모양이 고정되어 있지 않습니다. 세월을 막을 수 없

고, 시간을 멈출 수 없습니다. 사라졌다 생기고 채워졌다 비워집니다. 끝났다 하면 다시 시작합니다. 그래서 '큰 옳음의 비밀(大義之方)'을 말하고 '모든 것의 결(萬物之理)'을 논하는 것입니다. '무언가 생겨나는 것(物之生也)'이 가볍게 달리다 빨리 내달리다 하는 말처럼 움직일 때마다 변하고 매 순간 달라집니다. 무엇을 하고 무엇을 하지 말아야 하느냐고요? 사실 모든 것은 저절로 이루어집니다.[5]

河伯曰 然則我何爲乎 何不爲乎 吾辭受趣舍 吾終奈何
北海若曰 以道觀之 何貴何賤 是謂反衍 無拘而志 與道大蹇 何少何多 是謂謝施 無一而行 與道參差 嚴乎若國之有君 其無私德 繇繇乎若祭之有社 其無私福 泛泛乎其若四方之無窮 其無所畛域 兼懷萬物 其孰承翼 是謂無方
萬物一齊 孰短孰長 道無終始 物有死生 不恃其成 一虛一滿 不位乎其形 年不可擧 時不可止 消息盈虛 終則有始 是所以語大義之方 論萬物之理也 物之生也 若驟若馳 無動而不變 無時而不移 何爲乎 何不爲乎 夫固將自化

5 《도덕경》37장 참조. "모든 것은 저절로 이루어진다(萬物將自化)."

하백의 질문 5

하백   그렇다면 길이 왜 중요한 것입니까?

북해약   길을 아는 사람은 결(理)을 잘 알게 마련이고, 결을 잘 아는 사람은
우연에 잘 대처하게 마련입니다. 우연에 잘 대처하는 사람은 무언
가로 인해 해를 입지 않습니다. 본래 모습 그대로인 사람(至德者)은
불에 타지도, 물에 빠지지도, 추위나 더위에 해를 입지도 않고, 새
나 짐승에게 다치지도 않는다고 했습니다.[6] 이는 이런 것들을 가
볍게 여긴다는 말이 아니라 안전할지 위험할지 잘 살피고, 화禍든
복福이든 편하게 받아들이고, 거취에 신중하기 때문에 아무것도
그를 해칠 수 없다는 말입니다. 그래서 "자연(天)은 안에 있고, 사
람 짓(人)은 밖에 있고, 본래 모습은 자연에 있다"고 하는 것입니
다. 자연과 사람 짓을 잘 알면 자연에 뿌리를 내리고 본래 모습대
로 살아갈 것입니다. 그러면 상황에 유연하게 대처하면서 '길 허
리(要)'로 돌아가 '길 끝(極)'을 말하게 됩니다.

---

6 〈소요유〉, 〈대종사〉 참조.

河伯曰 然則何貴於道邪

北海若曰 知道者必達於理 達於理者必明於權 明於權者不以物害己 至德者 火弗
能熱 水弗能溺 寒暑弗能害 禽獸弗能賊 非謂其薄之也 言察乎安危 寧於禍福 謹
於去就 莫之能害也 故曰 天在內 人在外 德在乎天 知天人之行 本乎天 位乎得 蹢
躅而屈伸 反要而語極

하백의 질문 6

하백   무엇을 자연(天)이라고 하고, 무엇을 사람 짓(人)이라고 합니까?

북해약 소나 말이 다리가 네 개인 것은 자연이고, 말 머리에 낙인을 찍고 소의 코청을 뚫는 것은 사람 짓입니다. 그래서 "사람 짓으로 자연을 망치지 마라. 고의로 운명을 어기지 마라. 헛된 명성 때문에 목숨을 버리지 마라"고 하는 것입니다. 자연을 잃지 않고 지키는 것이 '천진함으로 돌아가는 것(反其眞)'입니다.

河伯曰 何謂天 何謂人

北海若曰 牛馬四足 是謂天 落馬首 穿牛鼻 是謂人 故曰 無以人滅天 無以故滅命

無以得殉名 謹守而勿失 是謂反其眞

발 많은 노래기가 부러웠다

외발 기變는 발 많은 노래기가 부러웠습니다. 노래기는 발 없는 뱀이 부러웠습니다. 뱀은 보이지 않는 바람이 부러웠습니다. 바람은 움직이지 않는 눈(目)이 부러웠습니다. 눈은 보지 않고도 아는 마음이 부러웠습니다. 기가 노래기에게 물었습니다.

기　　나는 한 발도 힘들어 간신히 껑충거리며 다닙니다. 그대는 그 많은 발로 대체 어떻게 다니는 것입니까?

노래기　그렇지가 않습니다. 그대는 침 뱉는 사람을 본 적이 없습니까? 그가 재채기를 하면 큰 건 구슬만 하고, 작은 건 안개 같은 것이 섞여 떨어집니다. 다 셀 수도 없습니다. 지금 나도 저절로 움직이는 것입니다. 그게 왜 그런지 모릅니다.

　　노래기가 뱀에게 물었습니다.

노래기　나는 많은 발로 다닙니다. 하지만 그대가 발 없이 다니는 것만 못합니다. 어떻게 하시는 겁니까?

뱀   저절로 움직이는 걸 어떻게 바꿀 수 있겠습니까? 내가 어찌 발을 쓰겠습니까?

뱀이 바람에게 물었습니다.

뱀   나는 등과 겨드랑이를 움직여 다니지만 발로 다니는 것과 같습니다. 그런데 그대는 획 하고 북해에서 일어나 획 하고 남해로 들어가니 아무것도 없는 듯합니다. 어떻게 하시는 겁니까?

바람 그렇습니다. 나는 획 하고 북해에서 일어나 획 하고 남해로 들어갑니다. 하지만 누군가 손가락으로 찌르기만 해도 나는 이겨내지 못합니다. 누군가 밟기만 해도 나는 이겨내지 못합니다. 하지만 나는 큰 나무를 꺾어버리고 큰 집도 날려버릴 수 있습니다. 그러니 작은 실패들이 큰 승리의 밑거름이 됩니다. 큰 승리는 훌륭한 성인만이 할 수 있습니다.

夔憐蚿 蚿憐蛇 蛇憐風 風憐目 目憐心 夔謂蚿曰 吾以一足趻踔而行 予無如矣 今子之使萬足 獨奈何 蚿曰 不然 子不見夫唾者乎 噴則大者如珠 小者如霧 雜而下者不可勝數也 今予動吾天機 而不知其所以然
蚿謂蛇曰 吾以衆足行 而不及子之無足 何也 蛇曰 夫天機之所動 何可易邪 吾安用足哉
蛇謂風曰 予動吾脊脅而行 則有似也 今子蓬蓬然起於北海 蓬蓬然入於南海 而似無有 何也 風曰 然 予蓬蓬然起於北海而入於南海也 然而指我則勝我 鰌我亦勝我 雖然 夫折大木 蜚大屋者 唯我能也 故以衆小不勝爲大勝也 爲大勝者 唯聖人能之

운명에 맡길 뿐

공자가 광匡이라는 고장으로 여행 갔을 때의 일입니다. 송나라 사람들이 그를 겹겹으로 포위했습니다. 그런데도 공자는 계속해서 거문고를 타며 노래를 불렀습니다. 자로가 들어와 이 장면을 보고 말했습니다.

자로 선생님은 어찌 즐기고만 계신 겁니까?

공자 이리 오너라. 내 너에게 말해주겠다. 나는 오랫동안 궁지에 빠지지(窮) 않으려 했으나 운명을 피할 수 없었다. 나는 오랫동안 뜻을 이루려(通) 했으나 시운을 얻을 수 없었다. 요순 시절에는 궁지에 빠진 사람이 없었다고 하지만 그것은 그들이 지혜로워서가 아니었다. 걸주 시절에는 뜻을 이룬 사람이 없었다고 하지만 그것은 그들이 지혜롭지 않아서가 아니었다. 시운이 그랬던 것이다.

물길을 다니면서 소용돌이를 두려워하지 않는 것이 어부의 용기다. 땅 길을 다니면서 외뿔소나 호랑이를 두려워하지 않는 것이 사냥꾼의 용기다. 허연 칼날이 눈앞에서 부딪쳐도 죽음을 삶처럼 보는 것이 열사의 용기다. 궁지에 빠지는 것이 운명이고, 뜻을 이루는 것이 시운임을 알고 큰 역경 속에서도 두려워하지 않는 것은 성인의 용기다. 유由⁷야! 편하게 있어라. 운명에 맡길 뿐이다.

얼마 지나지 않아 병사들의 지휘관이 찾아와 사과하며 말했습니다. "양호인 줄 알고 포위를 했습니다. 이제 아니라는 것이 확인됐습니다. 죄송합니다. 이만 물러가겠습니다."

孔子遊於匡 宋人圍之數帀 而弦歌不惙 子路入見 曰 何夫子之娛也
孔子曰 來 吾語女 我諱窮久矣 而不免 命也 求通久矣 而不得 時也 當堯舜而天下
無窮人 非知得也 當桀紂而天下無通人 非知失也 時勢適然
夫水行不避蛟龍者 漁父之勇也 陸行不避兕虎者 獵夫之勇也 白刃交於前 視死若
生者 烈士之勇也 知窮之有命 知通之有時 臨大難而不懼者 聖人之勇也 由處矣
吾命有所制矣
無幾何 將甲者進 辭曰 以爲陽虎也 故圍之 今非也 請辭而退

---

7 자로의 이름.

우물 안 개구리

공손룡이 위나라 공자 모牟에게 물었습니다. "저는 어려서 선왕의 길을 배웠고, 커서는 사랑과 정의의 실천에 대해 알게 되었습니다. 합동이 合同異, 이견백離堅白, 연불연然不然, 가불가可不可, 이런 논의로 많은 지식인과 대중의 변론을 궁지로 몰아넣기도 했습니다. 저 스스로 최고라고 자부해왔습니다. 그런데 요즘 장자의 말을 들으니 멍합니다. 뭐가 뭔지 모르겠습니다. 제 논의가 그만 못한 것인지, 제가 아는 게 그와 다른 것인지 모르겠습니다. 이제는 입도 뻥긋하지 못하겠습니다. 어쩌면 좋겠습니까?"

공자 모는 안석에 기댄 채 한숨을 쉬면서 하늘을 쳐다보고는 웃으며 말했습니다. "우물 안 개구리 이야기를 들어본 적이 없습니까? 개구리가 동해의 자라에게 이렇게 말했답니다. '난 즐거워요. 난 우물 난간 위에서 뛰어놀다가 우물 안에 들어가 깨진 벽돌 끝에서 쉬곤 합니다. 물 위에 엎드릴 때는 겨드랑이를 찰싹 붙이고 턱을 들지요. 진흙을 찰 때는 발이 빠져 진흙이 발등을 덮어버립니다. 장구벌레나 게나 올챙이가 사는 것하고 비교해봐도 내 삶이 최고랍니다. 우물 안 물이 전부 내 것입니다. 우물 안의 즐거움! 정말 최고랍니다. 선생도 한번 들어와보시겠습니까?'

동해의 자라가 우물 안으로 왼발을 들이려 하자 오른쪽 무릎이 우물에 꽉 끼었습니다. 자라는 황당해 뒤로 물러나며 개구리에게 바다 이야기를 해주었습니다. '천 리 길이 멀다지만 바다의 크기를 말하기엔 부족하고, 천 길이 높다지만 바다의 깊이를 말하기엔 부족합니다. 우임금 시절 십 년 동안 아홉 번이나 홍수가 났지만 바닷물은 불지 않았습니다. 탕임금 시절 팔 년 동안 일곱 번이나 가뭄이 있었지만 바닷물은 줄지 않았습니다. 바다는 시간이 흘러도 바뀌지 않습니다. 바닷물은 많아지지도 적어지지도, 늘지도 줄지도 않습니다. 이런 것이 바로 동해에 사는 큰 즐거움입니다.' 우물 안 개구리는 이 말을 듣고 너무 놀라 그만 얼이 빠져버렸습니다.

그대가 아는 것으로는 옳고 그름의 한계를 알 수 없을 것입니다. 그러면서 장자의 말을 이해하려는 것은 모기가 산을 짊어지고 노래기가 황하를 달리는 격입니다. 감당하기 어렵습니다. 그대가 아는 것으로는 지극히 오묘한 장자의 말을 논할 수 없습니다. 일시적인 유리함을 따르는 자야말로 우물 안 개구리가 아니겠습니까? 장자는 땅속 끝(黃泉)까지 발을 들여놓고 하늘 끝(大皇)까지 오르려 합니다. 남쪽도 없고 북쪽도 없습니다. 사방에서 완전히 벗어나 짐작도 할 수 없는 깊은 경지에 머물러 있습니다. 동쪽도 없고 서쪽도 없습니다. 그윽함(玄冥)에서 시작해 '모든 것이 통하는 하나의 경지(大通)'로 돌아가고 있습니다.

그런데 그대는 그런 것을 분석하고 변론으로 찾아내려 합니다. 이는 대롱 구멍으로 하늘을 엿보고 송곳을 땅에 박아 깊이를 재려는 것과 같습니다. 정말 보잘것없는 일이 아니겠습니까? 어서 돌아가세요. 수릉에 사는 한 젊은이가 조나라 수도 한단에 가서 대도시의 걸음걸이를 배웠다는 이야기를 들어보신 적이 있겠지요? 그는 그 나라 걸음걸이를 배우기도 전에 옛 걸음걸이마저 잊어버려 결국 기어서 고향에 돌아갈 수밖에 없었습니다. 그대가 지금 떠나지 않는다면 옛날 걸음걸이마저 잊어버려 하던 일마저 잃게 될 것입니다."

공손룡은 입이 다물어지지 않고, 혀가 올라붙어 내려오지 않았습니다. 그는 결국 달아나버렸습니다.

公孫龍問於魏牟曰 龍少學先王之道 長而明仁義之行 合同異 離堅白 然不然 可不可 困百家之知 窮衆口之辯 吾自以爲至達已 今吾聞莊子之言 汒焉異之 不知論之不及與 知之弗若與 今吾無所開吾喙 敢問其方
公子牟隱机大息 仰天而笑曰 子獨不聞夫埳井之䵷乎 謂東海之鱉曰 吾樂與 吾跳梁乎井幹之上 入休乎缺甃之崖 赴水則接腋持頤 蹶泥則沒足滅跗 還虷蟹與科斗 莫吾能若也 且夫擅一壑之水 而跨跱埳井之樂 此亦至矣 夫子奚不時來入觀乎
東海之鱉左足未入 而右膝已縶矣 於是逡巡而卻 告之海曰 夫千里之遠 不足以舉其大 千仞之高 不足以極其深 禹之時十年九潦 而水弗爲加益 湯之時八年七旱 而崖不爲加損 夫不爲頃久推移 不以多少進退者 此亦東海之大樂也 於是埳井之䵷聞之 適適然驚 規規然自失也
且夫知不知是非之竟 而猶欲觀於莊子之言 是猶使蚊負山 商蚷馳河也 必不勝任矣
且夫知不知論極妙之言而自適一時之利者 是非埳井之䵷與 且彼方跐黃泉而登大皇 無南無北 奭然四解 淪於不測 無東無西 始於玄冥 反於大通
子乃規規然而求之以察 索之以辯 是直用管闚天 用錐指地也 不亦小乎 子往矣 且子獨不聞夫壽陵餘子之學行於邯鄲與 未得國能 又失其故行矣 直匍匐而歸耳 今子不去 將忘子之故 失子之業
公孫龍口呿而不合 舌擧而不下 乃逸而走

진흙 속에서 꼬리를 끌며 다니렵니다

장자가 복수에서 낚시질을 하고 있었습니다. 그때 초나라 왕이 보낸 두 대부가 찾아와 왕의 뜻을 전했습니다. "나라의 모든 일을 맡아주시기 바랍니다." 장자는 낚싯대를 쥔 채 돌아보지도 않고 말했습니다.

장자 듣자니 초나라에는 신령스러운 거북이 있는데, 죽은 지 삼천 년이 나 되었다더군요. 왕이 그것을 상자에 넣어 비단으로 싸서 묘당 위에다 소중하게 간직하고 있다지요? 그 거북은 죽어서 남은 뼈 가 그렇게 받들어지기를 원했을까요, 아니면 살아서 진흙 속에서 꼬리를 끌며 다니기를 원했을까요?

두 대부 그야 살아서 진흙 속에서 꼬리를 끌며 다니기를 바랐겠지요.

장자 돌아가세요. 나도 진흙 속에서 꼬리를 끌며 다니렵니다.

莊子釣於濮水 楚王使大夫二人往先焉 曰 願以境內累矣 莊子持竿不顧 曰 吾聞楚
有神龜 死已三千歲矣 王巾笥而藏之廟堂之上 此龜者 寧其死爲留骨而貴乎 寧其
生而曳尾於塗中乎 二大夫曰 寧生而曳尾塗中 莊子曰 往矣 吾將曳尾於塗中

원추와 올빼미

혜자가 양나라 재상이었을 때 장자가 그를 만나러 갔습니다. 그러자 어떤 이가 혜시에게 말했습니다. "장자가 이 나라에 왔답니다. 재상 자리를 탐내는 거 같습니다." 혜자는 두려움에 삼일 밤낮 온 나라 안을 뒤져 장자를 찾게 했습니다.

장자가 그 사실을 알고 혜시를 찾아가 말했습니다. "남쪽에 원추라는 새가 삽니다. 그대도 아시지요? 원추는 남쪽 바다에서 북쪽 바다로 날아가면서 오동나무가 아니면 머물지 않고, 멀구슬 열매가 아니면 먹지 않고, 감로천이 아니면 마시지 않습니다. 그런데 올빼미가 썩은 쥐를 잡아놓고는 원추가 지나가자 올려다보며 꽥! 소리를 질렀답니다. 지금 그대는 양나라 재상 자리를 잡아놓고 나에게 꽥! 소리를 지르는 것입니까?"

惠子相梁 莊子往見之 或謂惠子曰 莊子來 欲代子相 於是惠子恐 搜於國中三日三夜
莊子往見之 曰 南方有鳥 其名鵷鶵 子知之乎 夫鵷鶵 發於南海而飛於北海 非梧桐不止 非練實不食 非醴泉不飲 於是鴟得腐鼠 鵷鶵過之 仰而視之曰 嚇 今子欲以子之梁國而嚇我邪

물고기의 즐거움

장자가 혜자와 함께 호수濠水의 돌다리를 거닐었습니다.

장자 피라미가 한가롭게 놀고 있군요. 이것이 물고기의 즐거움이죠.

혜자 그대는 물고기가 아닌데 물고기의 즐거움을 어떻게(어디서) 안단 말입니까?

장자 그대는 내가 아닌데 내가 물고기의 즐거움을 모른다는 걸 어떻게(어디서) 안단 말입니까?

혜자 나는 그대가 아닙니다. 정말 그대를 모르겠습니다. 그대도 물고기가 아닌 것은 분명합니다. 그러니 그대가 물고기의 즐거움을 모르는 것은 확실하지요.

장자 처음으로 돌아가 말해봅시다. 그대는 나에게 물고기의 즐거움을 어떻게(어디서) 아느냐고 물었습니다. 그것은 내가 물고기의 즐거움을 알고 있다는 것을 이미 알고 물은 것입니다. 나는 여기 호수의 돌다리에서 알았습니다.

莊子與惠子遊於濠梁之上

莊子曰 鯈魚出遊從容 是魚之樂也

惠子曰 子非魚 安知魚之樂

莊子曰 子非我 安知我不知魚之樂

惠子曰 我非子 固不知子矣 子固非魚也 子之不知魚之樂 全矣

莊子曰 請循其本 子曰汝安知魚樂云者 旣已知吾知之而問我 我知之濠上也

공손룡과 혜시는 황하의 신 하백, 우물 안 개구리, 썩은 고기를 탐내는 올빼미가 되고, 장자는 북해의 신 북해약, 동해의 자라, 고고한 새 원추가 되는 것인가요? 공자가 바람이라면 장자는 바람이 부러워하는 눈(目)이나 눈이 부러워하는 '마음'이 되는 것인가요? 장자는 물고기의 즐거움을 함께하며 진흙 속에서 꼬리를 끌며 다니는 행복한 거북입니다. 물고기의 즐거움을 어떻게 알 수 있느냐며 '앎의 문제'로 따지는 혜시와 물고기가 노는 모습을 한가롭게 즐기는 장자, 이 두 사람은 어떻게 친구가 되었을까요? 혜시는 누가 옳은지를 따져 묻는 말의 전쟁터에서 머리로 사는 사람이지만 장자는 '담 없는 마을'에서 노니는 마음으로 살아가는 사람입니다. 혜시는 작은 앎에 갇혀 앎의 가능성에 천착하지만 '다 알 수 없다'는 것을 받아들인 장자의 마음은 넉넉하고 여유롭습니다. 장자는 친구를 만나 호수의 돌다리를 함께 거니는 것이 즐겁기만 합니다. 즐거운 마음에 혜시의 '어떻게'라는 말을 '어디서'로 받아 농으로 받아칩니다('安'은 의문사로 쓰일 때 어떻게, 어디서라는 의미입니다). 장자의 즐거움이 물고기에 투사되어 있습니다. 이어지는 〈지락〉에서 즐거움에 대한 이야기가 본격적으로 다루어집니다.

지락

至樂

진짜 즐거움은 즐거움을 추구하지 않는다

아내의 주검 앞에서 노래하는 장자

삶이란 잠시 빌려 사는 것

해골과의 대화

살아 있는 사람들의 걱정

열자가 해골에게 하는 말

지락至樂은 '순수한 즐거움, 진짜 즐거움'이라는 뜻입니다. 진짜 즐거움은 어떤 것일까요? 우리는 언제 즐거움을 느끼나요? 세상 사람들이 추구하는 즐거움은 진짜 즐거움일까요? 장자는 세상 사람들이 추구하는 즐거움이 정말 즐거움인지 모르겠다며 자신은 즐거움을 추구하지 않을 때 정말 즐겁다고 합니다(至樂無樂). 그런데 〈지락〉 후반부에서 뜬금없이(?) 즐거움에 대한 이야기가 죽음 이야기로 바뀝니다. 사람들이 가장 두려워하는 것이 죽음이 아닌가요? 왜 즐거움에 대해 말하다 말고 죽음 이야기를 하는 걸까요?

　장자에게 죽음은 삶의 끝이 아니라 삶의 연장이며 생명 변화의 과정일 뿐입니다. 죽음의 세계가 삶의 세계와 따로 있는 것이 아니라 삶이 죽음으로, 죽음이 다시 삶으로 꼬리를 물며 이어집니다. 그래서 삶이 즐거우면 죽음도 즐거울 수 있는가봅니다. 장자는 아내의 주검 앞에서도 노래를 부릅니다. 장자가 꿈속에서 만난 해골은 죽음의 세계가 삶의 세계보다 즐겁다고 말합니다.

진짜 즐거움은 즐거움을 추구하지 않는다

세상에 진짜 즐거움이 있을까요? 잘 산다는 게 있을까요? 지금 사람들은 무엇을 하는 걸까요? 무엇을 그만두려는 걸까요? 무엇을 피하려는 걸까요? 어디에 있는 걸까요? 어디로 가려는 걸까요? 어디서 떠나려는 걸까요? 무엇을 즐기는 걸까요? 무엇을 싫어하는 걸까요?

세상 사람들은 부귀와 장수와 명예를 추구합니다. 편안한 몸과 맛있는 음식, 좋은 옷, 예쁜 여자, 아름다운 음악을 즐깁니다. 세상 사람들은 빈천과 단명과 악평을 싫어합니다. 몸이 편치 않은 것과 맛있는 음식을 못 먹는 것, 좋은 옷을 못 입는 것, 예쁜 여자를 못 얻는 것, 아름다운 음악을 못 듣는 것을 괴로워합니다. 이런 것들을 즐기지 못할까봐 지나치게 걱정하고 두려워합니다. 이런 식으로 사는 게 얼마나 어리석은가요?

부자는 다 쓰지도 못할 돈을 버느라 고생고생 일하고 돈을 쌓아둡니다. 이런 식으로 사는 게 정말 즐거운 인생일까요? 출세하면 밤낮 쉬지 못하고, 옳고 그름을 생각해야 합니다. 이런 식으로 사는 게 정말 즐거운 인생일까요? 이런 식으로 살면 태어나면서부터 걱정하게 마련인데, 오래 살아도 흐릿한 정신으로 계속 걱정하며 죽지 않는 게 얼마나 괴로울까요? 이런 식으로 사는 게 정말 즐거운 인생일까요?

열사는 훌륭하다고 칭송받지만 다시 살아나지 못합니다. 훌륭하다는 게 정말 훌륭한 건지 난 모르겠습니다. 훌륭하다고 하기엔 제 몸도 살리지 못했고, 그렇지 않다고 하기엔 남들을 살리지 않았습니까. 그래서 충언을 들어주지 않으면 물러나 싸우지 말라는 것입니다. 오자서는 간언하다 다투어 죽고 말았습니다. 다투지 않았다면 유명해지지 않았을 것입니다. 정말 훌륭하다는 게 있는 걸까요?

지금 세상 사람들이 하는 행동이나 즐기는 것이 과연 즐거운 것인지 나는 모르겠습니다. 세상 사람들이 즐기는 모양이 죽어도 그만두지 못하고 떼를 지어 달려가는 꼴입니다. 모두가 즐겁다고 말하는 것을 나는 즐거운 줄 모르겠고 즐겁지 않은 줄도 모르겠습니다. 과연 즐거움이란 게 따로 있는 건가요? 없는 건가요? 나는 즐거움을 위해 억지로 하지 않을 때 정말 즐거운데 세상 사람들은 이를 너무 힘들어합니다. 그러니 이렇게 말해보겠습니다. "진짜 즐거움은 즐거움을 추구하지 않고, 진짜 명예는 명예를 추구하지 않는다(至樂無樂 至譽無譽)."

세상의 옳고 그름은 결국 정할 수 없는 것입니다. 하지만 억지로 하지 않는다면 옳고 그름을 정할 수도 있습니다. 억지로 즐거움을 추구하지 않아야 즐겁게 살 수 있습니다. 그러니 이렇게 말해보겠습니다. "하늘은 억지로 하지 않아도 맑고, 땅은 억지로 하지 않아도 평안하다. 하늘과 땅은 억지로 하지 않아도 서로 도와 모든 것이 저절로 되어간다(萬物皆化)."[1] "황홀하니 어디서 나오는지 알 수 없다. 황홀하니 그 모습을 드러내

---

1 《도덕경》39장 참조. "하늘은 하나를 얻어 맑고, 땅은 하나를 얻어 편안하고, 마음은 하나를 얻어 영묘하고, 골짜기는 하나를 얻어 충만하고, 만물은 하나를 얻어 자라난다(天得一以淸 地得一以寧 神得一以靈 谷得一以盈 萬物得一以生)."

지도 않는다."[2] 억지로 하지 않아도 모든 것이 무성하게 생겨나니 이렇게 말하는 것입니다. "하늘과 땅은 억지로 하지 않으면서도 하지 않는 것이 없다."[3] 그런데 사람들 중 누가 억지로 하지 않을 수 있을까요?

天下有至樂無有哉 有可以活身者無有哉 今奚爲奚據 奚避奚處 奚就奚去 奚樂奚惡

夫天下之所尊者 富貴壽善也 所樂者 身安厚味美服好色音聲也 所下者 貧賤夭惡也 所苦者 身不得安逸 口不得厚味 形不得美服 目不得好色 耳不得音聲 若不得者 則大憂以懼 其爲形也亦愚哉

夫富者 苦身疾作 多積財而不得盡用 其爲形也亦外矣 夫貴者 夜以繼日 思慮善否 其爲形也亦疎矣 人之生也 與憂俱生 壽者惛惛 久憂不死 何苦也 其爲形也亦遠矣

烈士爲天下見善矣 未足以活身 吾未知善之誠善邪 誠不善邪 若以爲善矣 不足活身 以爲不善矣 足以活人 故曰 忠諫不聽 蹲循勿爭 故夫子胥爭之以殘其形 不爭名亦不成 誠有善無有哉

今俗之所爲與其所樂 吾又未知樂之果樂邪 果不樂邪 吾觀夫俗之所樂 擧群趣者 誙誙然如將不得已 而皆曰樂者 吾未之樂也 亦未之不樂也 果有樂無有哉 吾以無爲誠樂矣 又俗之所大苦也 故曰 至樂無樂 至譽無譽

天下是非果未可定也 雖然 無爲可以定是非 至樂活身 唯無爲幾存 請嘗試言之 天無爲以之淸 地無爲以之寧 故兩無爲相合 萬物皆化 芒乎芴乎 而無從出乎 芴乎芒乎 而無有象乎 萬物職職 皆從無爲殖 故曰天地無爲也而無不爲也 人也孰能得無爲哉

---

2 《도덕경》21장 참조. "도는 알 수도 없고 만질 수도 없이 황홀하다. 황홀하나 그 안에 형상이 있고, 황홀하나 그 안에 모든 것이 있다(道之爲物 惟恍惟惚 惚兮恍兮 其中有象 恍兮惚兮 其中有物)."

3 《도덕경》37장 참조. "도는 항상 억지로 하지 않으면서도 하지 않는 것이 없다(道常無爲而無不爲)."

아내의 주검 앞에서 노래하는 장자

장자의 아내가 죽어 혜자가 문상을 갔습니다. 그런데 장자는 다리를 뻗고 앉아 동이를 두드리며 노래를 부르고 있었습니다.

혜자 자식을 키우며 늙도록 함께 살아온 아내가 죽었건만 곡을 하지 않는 것은 그렇다 치더라도 동이를 두드리며 노래를 부르다니, 너무 심하지 않습니까?

장자 아니요, 그렇지 않습니다. 아내가 죽었을 때 나라고 왜 슬프지 않았겠습니까? 그런데 삶의 처음을 생각해보니 본래 삶이란 게 없었더군요. 삶이 없었을 뿐 아니라 본래 형체도 없었고, 형체가 없었을 뿐 아니라 본래 흐름(氣)도 없었습니다. 황홀한 가운데 섞여 있다가 변해서 흐름이 생기고, 흐름이 변해서 형체가 생기고, 형체가 변해서 삶이 생겼다가 이제 다시 변해서 죽음으로 가는 것이더군요. 봄, 여름, 가을, 겨울, 사계절이 바뀌는 것처럼 말입니다. 내 아내는 지금 큰 방에서 편안히 누워 쉬고 있는 겁니다. 생각해보니 내가 슬퍼하며 따라 운다는 것이 운명을 받아들이지 않는 것이었습니다. 그래서 곡을 그만두었습니다.

莊子妻死 惠子弔之 莊子則方箕踞鼓盆而歌

惠子曰 與人居 長子老身 死不哭亦足矣 又鼓盆而歌 不亦甚乎

莊子曰 不然 是其始死也 我獨何能無概然 察其始而本無生 非徒無生也而本無形 非徒無形也而本無氣 雜乎芒芴之間 變而有氣 氣變而有形 形變而有生 今又變而之死 是相與爲春秋冬夏四時行也 人且偃然寢於巨室 而我噭噭然隨而哭之 自以爲不通乎命 故止也

삶이란 잠시 빌려 사는 것

지리숙과 골개숙이 '명백冥伯의 언덕과 곤륜의 터, 황제가 쉬고 있는 곳'⁴을 구경하고 있었습니다. 그런데 갑자기 골개숙의 왼 팔꿈치에 혹이 생겼습니다. 골개숙이 놀라며 이를 꺼리는 듯한 모습을 보였습니다. 함께 있던 지리숙이 물었습니다. "자네는 그게 싫은가?" 골개숙이 말했습니다. "아니, 내 어찌 싫어하겠는가? 삶은 잠시 빌려 사는 것, 내 지금까지 빌려 살아왔네. 삶은 먼지나 티끌 같은 것이고, 죽음과 삶은 낮과 밤 같은 거지. 내가 자네와 함께 그 변화(化)를 보고 있는데, 나한테 변화가 온다고 어찌 싫어하겠는가."

支離叔與滑介叔觀於冥伯之丘 崑崙之虛 黃帝之所休 俄而柳生其左肘 其意蹶蹶然 惡之 支離叔曰 子惡之乎 滑介叔曰 亡 予何惡 生者 假借也 假之而生 生者 塵垢 也 死生爲晝夜 且吾與子觀化而化及我 我又何惡焉

---

4 죽음의 세계를 말한다.

해골과의 대화

　장자가 초나라로 가는 길에 바짝 마른 채 모양만 남아 있는 해골을 보았습니다. 그는 말채찍으로 해골을 치면서 물었습니다. "그대는 살려고 하다 도리를 잃어 이 꼴이 되었는가? 나라가 망해 처형되어 이 지경이 되었는가? 좋지 못한 행실로 부모와 처자에게 치욕을 남기게 되어 자살을 한 것인가? 춥고 굶주려 죽은 것인가? 늙어 죽은 것인가?" 그러고는 해골을 끌어다 베고 누웠습니다.

　한밤중에 해골이 꿈에 나타나 장자에게 말을 걸었습니다. "그대가 말하는 것이 꼭 변사 같구려. 한데 그대의 말을 들어보니 모두 살아 있는 사람들의 걱정이더이다. 죽고 나면 그런 걱정이 없소이다. 그대! 죽음에 대해 들어보시겠소?" 그러자는 장자의 대답에 해골이 말했습니다. "죽으면 위에 군주도 없고, 아래에 신하도 없소이다. 사철 변화도 없소이다. 자연스레 천지를 봄가을로 삼으니 제왕의 즐거움이 이만하겠소이까?" 장자는 믿을 수 없어 해골에게 물었습니다. "내가 생명을 관장하는 신에게 부탁해 그대의 몸을 살아나게 하고, 뼈와 살과 피부를 만들어달라고 해 그대를 부모와 처자, 고향 친지들한테 돌아가게 해준다면 돌아가시겠소?"

　해골이 눈살을 찌푸리며 대답했습니다. "내가 왜 제왕의 즐거움을 버리고 다시 고달픈 인간 세상으로 돌아가겠소이까?"

莊子之楚 見空髑髏 髐然有形 撽以馬捶 因而問之 曰 夫子貪生失理 而爲此乎 將
子有亡國之事 斧鉞之誅 而爲此乎 將子有不善之行 愧遺父母妻子之醜 而爲此乎
將子有凍餒之患 而爲此乎 將子之春秋故及此乎‧ 於是語卒 援髑髏 枕而臥
夜半 髑髏見夢曰 子之談者似辯士 視子所言 皆生人之累也 死則無此矣 子欲聞死
之說乎 莊子曰 然 髑髏曰 死 無君於上 無臣於下 亦無四時之事 從然以天地爲春
秋 雖南面王樂 不能過也 莊子不信 曰 吾使司命復生子形 爲子骨肉肌膚 反子父
母妻子閭里知識 子欲之乎
髑髏深矉蹙頞 曰 吾安能棄南面王樂而復爲人閒之勞乎

살아 있는 사람들의 걱정

안연이 동쪽 제나라로 가게 되자 공자가 걱정하는 기색을 보였습니다. 자공이 자리에서 내려가 공손하게 물었습니다.

자공 소생이 묻겠습니다. 안회가 동쪽 제나라로 가는 걸 선생님께서 걱정하시는 것 같은데, 왜 그러시는 것입니까?

공자 잘 물어보았다. 옛날 관자管子가 이런 말씀을 하셨다. 내가 아주 좋아하는 말이다. "주머니가 작으면 큰 것을 담을 수 없고, 두레박이 짧으면 깊은 물을 퍼 올릴 수 없다." 이렇듯 운명은 정해진 바가 있고 몸도 적절하게 쓸 데가 있다. 억지로 덜고 더할 수 없는 것이다. 안회가 제나라 임금에게 요, 순, 황제의 도를 말하고, 수인, 신농의 말까지 덧붙인다면 어찌 되겠느냐? 제나라 임금이 그것을 자신에게서 찾으려 하다가 끝내 찾지 못할 것이다. 임금이 찾지 못하면 의심을 하게 될 터인데, 그의 의심으로 안회가 죽게 될까봐 그게 두렵구나.
이런 이야기를 들어본 적이 있느냐? 옛날에 바닷새가 노나라 교외에 날아들었다. 노나라 임금이 새를 맞아 종묘에서 주연을 베풀고,

순임금의 음악인 구소를 연주하고, 소고기, 돼지고기, 양고기가 모두 들어간 요리를 주었다는구나. 바닷새는 어리둥절하다 그만 두렵고 슬퍼 고기 한 점 먹지 않고 술 한 잔 마시지 않은 채 사흘 만에 죽고 말았다. 이는 임금이 자기 사는 법으로 새를 키운 것이지 새를 키우는 법으로 새를 키운 것이 아니다. 새를 키우는 법으로 새를 키운다는 것은 새가 깊은 숲에 깃들고, 넓은 들에서 놀고, 물가를 떠다니며 미꾸라지나 피라미를 잡아먹고, 제 무리를 따라 살게 하는 것이겠지. 저희들끼리 만족스럽게 살도록 그냥 내버려두는 것 말이다. 새들은 사람의 소리조차 듣기 싫어하는데 요란한 음악을 연주했단 말이냐. 함지咸池나 구소九韶를 동정洞庭의 들판에서 연주한다고 해보자. 새는 이를 듣고 날아가버릴 테고, 짐승들은 이를 듣고 도망갈 테고, 물고기는 이를 듣고 물속 깊이 숨어들 것이다. 사람들만이 모여들어 이를 듣고 감상할 것이다. 물고기는 물속에 있어야 살 수 있지만 사람들이 물속에서 살려 한다면 그만 죽고 말 것이다. 물고기와 사람은 서로 다르다. 그들이 좋아하고 싫어하는 것도 서로 다르다. 그래서 옛날 훌륭한 성인은 모두에게 똑같은 능력을 요구하지 않았고, 모두에게 같은 일을 하게 하지도 않았다. 이름은 내용을 표현하는 데 그쳐야 하고, 옳다는 생각도 상황에 맞아야 실현될 수 있다. 자연의 이치(條)를 잘 알아야 행복해진다는 말이다.

顔淵東之齊 孔子有憂色 子貢下席而問曰 小子敢問 回東之齊 夫子有憂色 何邪
孔子曰 善哉汝問 昔者管子有言 丘甚善之 曰 褚小者不可以懷大 綆短者不可以汲
深 夫若是者 以爲命有所成而形有所適也 夫不可損益 吾恐回與齊侯言堯舜黃帝之

道 而重以燧人神農之言 彼將內求於己而不得 不得則惑 人惑則死

且女獨不聞邪 昔者海鳥止於魯郊 魯侯御而觴之于廟 奏九韶以爲樂 具太牢以爲膳
鳥乃眩視憂悲 不敢食一臠 不敢飲一杯 三日而死 此以己養養鳥也 非以鳥養養鳥
也 夫以鳥養養鳥者 宜栖之深林 遊之壇陸 浮之江湖 食之鰌鰷 隨行列而止 委蛇
而處 彼唯人言之惡聞 奚以夫譊譊爲乎 咸池九韶之樂 張之洞庭之野 鳥聞之而飛
獸聞之而走 魚聞之而下入 人卒聞之 相與還而觀之 魚處水而生 人處水而死 彼必
相與異 其好惡故異也

故先聖不一其能 不同其事 名止於實 義設於適 是之謂條達而福持

열자가 해골에게 하는 말

열자가 여행길에 길가에서 식사를 하다 백 년 묵은 해골을 발견하고는 쑥대를 뽑아 그것을 가리키며 말했습니다. "그대가 죽은 것도 아니고 아직 살아 있는 것도 아니라는 걸 그대와 나만은 알고 있습니다. 그대가 죽었다고 하는데, 그대는 정말 슬픈가요? 내가 살아 있다고 하는데, 그게 정말 기쁜 일일까요?

씨에는 신비한 생명의 힘, 즉 기幾가 있습니다. 씨는 물속에서 계繼라는 수초로 자라고, 물가에서는 와빈지의龗蟡之衣라는 갈파래가 됩니다. 언덕에서는 능석陵舄이라는 질경이가 되고, 질경이는 거름 더미에서 오족烏足이라는 독초가 됩니다. 오족의 뿌리는 제조蠐螬라는 나무굼벵이가 되고, 그 잎은 나비가 됩니다. 얼마 지나지 않아 나비는 부뚜막에 사는 벌레로 변합니다. 껍질을 벗은 모양인데 구철鴝掇이라는 귀뚜라미입니다. 천 일이 지나면 구철은 새가 됩니다. 그 새가 간여골乾餘骨이라는 비둘기입니다. 간여골의 침이 사미斯彌라는 쌀벌레가 되고, 쌀벌레는 식혜食醯라는 눈에놀이가 됩니다. 눈에놀이에서 이로頤輅라는 벌레가 생기고, 구유九猷라는 벌레에서 황황黃軦이라는 벌레가 생기고, 부관腐蠸이라는 벌레에서 무예瞀芮라는 벌레가 생깁니다. 양해羊奚라는 풀은 죽순이 되고, 해묵은

대나무는 청령青寧이라는 벌레를 낳고, 청령은 정程이라는 동물을 낳고,
정은 말을 낳고, 말은 사람을 낳습니다. 사람은 다시 기機로 돌아갑니다.
모든 것이 기에서 나와 다시 기로 돌아갑니다.”

列子行食於道從 見百歲髑髏 攓蓬而指之曰 唯予與汝知而未嘗死 未嘗生也 若果
養乎 予果歡乎
種有幾 得水則爲㡭 得水土之際則爲鼃蠙之衣 生於陵屯則爲陵舃 陵舃得鬱棲則爲
烏足 烏足之根爲蠐螬 其葉爲胡蝶 胡蝶胥也化而爲蟲 生於竈下 其狀若脫 其名爲
鴝掇 鴝掇千日爲鳥 其名爲乾餘骨 乾餘骨之沫爲斯彌 斯彌爲食醯 頤輅生乎食醯
黃軦生乎九猷 瞀芮生乎腐蠸 羊奚比乎不箰 久竹生青寧 青寧生程 程生馬 馬生人
人又反入於機 萬物皆出於機 皆入於機

삶이 즐거우면 죽음도 즐겁게 받아들일 수 있고, 죽음을 즐겁게 받아들일 수 있다면 모든 즐거움을 누리는 것입니다. 마음이 온전한 사람은 하찮은 물질에서도 생명의 약동을 느끼고, 죽음에서도 생명의 흐름을 봅니다. 삶과 죽음을 함께 즐길 수 있는 온전한 마음이라야 진짜 즐거움을 느낄 수 있다는 말입니다. 그래서 즐거움의 끝은 삶에 대한 애착에서 벗어나 자연과 하나 되어 삶과 죽음을 편하게 받아들이는 운명애와 이어집니다. 이어지는 〈달생〉에서 자연과 하나 되어 막힘없이 살아가는 삶의 달인들을 만날 수 있습니다.

달생

達生

어떻게 살아야 하나요?

전쟁도 형벌도 없어질 것이다

뜻을 모으고 마음에 집중하라

삶을 잘 돌보는 것

마른 나무처럼 가운데 서 있어라

물길 따라 갈 뿐

자연과 자연이 만나다

신발이 편하면 발을 잊게 된다

어찌 하늘을 원망할 수 있는가

달생達生은 '막힘없이 사는 사람들'의 이야기입니다. 내편에서 만난 〈양생주〉의 외편 버전이라고 할 수 있습니다. 〈양생주〉에 나왔던 포정 우화와 유사한 이야기들, 매미 잡는 노인, 뱃사공, 싸움닭 키우는 기성자, 수영 잘하는 사나이, 목수 재경의 이야기 등을 소개하고 있습니다. 이들은 막힘없이 자연의 결과 길을 따라 사는 삶의 달인들입니다. 그러나 자연의 결대로 살 수 없었던 동야직의 말은 죽고 맙니다.

어떻게 살아야 하나요?

'사는 게 어떤 건지(生之情)' 잘 아는 사람이라면 할 수 없는 일에 힘쓰지 않습니다. '운명이 어떤 건지(命之情)' 잘 아는 사람이라면 어쩔 수 없는 것에 애쓰지 않습니다. 몸이 살려면 우선 먹을 것이 있어야 합니다. 그런데 먹을 것이 넉넉한데도 죽어가는 사람들이 있습니다. 삶이 있으려면 우선 몸이 있어야 합니다. 그런데 몸이 있어도 삶이 없는 사람들이 있습니다. 오는 삶을 막을 수 없고, 떠나는 삶을 멈출 수 없습니다. 슬픕니다! 세상 사람들은 몸이 있으면 살아 있는 줄 압니다. 그러나 몸이 있다고 살아 있는 게 아닙니다. 그렇다면 어떻게 살아야 하나요? 사는 게 사는 게 아닌데도 살아갈 수밖에 없습니다. 이유는 몸에서 벗어나지 못하기 때문입니다.

몸에 대한 집착을 버리려면 먼저 세상에 대한 집착을 버려야 합니다. 세상에 대한 집착을 버리면 세상일에 휘말리지 않습니다. 세상일에 휘말리지 않으면 마음이 편해집니다. 마음이 편해지면 몸도 다시 살아납니다. 몸과 마음이 살아나면 거의 다 살아난 것입니다. 일에 대한 집착(事)을 어떻게 버릴 수 있으며, 삶에 대한 집착(生)을 어떻게 버릴 수 있겠습니까? 그러나 일에 대한 집착을 버리면 몸이 편해지고, 삶에 대한 집착을

버리면 마음을 다치지 않습니다. 몸이 건강하고 마음이 회복되면 자연
(天)과 하나가 됩니다. 천지자연(天地)은 온갖 것의 부모입니다. 하늘(天)과
땅(地)이 모여 몸이 되고, 흩어져 모든 것이 새롭게 시작됩니다. 몸과 마음
이 상처 입지 않을 때 '자연과 함께 간다(能移)'고 말합니다. 몸과 마음이
순수해지면 다시 자연의 도우미로 돌아갑니다.

達生之情者 不務生之所無以爲 達命之情者 不務知之所無奈何 養形必先之以物
物有餘而形不養者有之矣 有生必先無離形 形不離而生亡者有之矣 生之來不能卻
其去不能止 悲夫 世之人以爲養形足以存生 以養形果不足以存生 則世奚足爲哉
雖不足爲而不可不爲者 其爲不免矣
夫欲免爲形者 莫如棄世 棄世則無累 無累則正平 正平則與彼更生 更生則幾矣 事
奚足棄而生奚足遺 棄事則形不勞 遺生則精不虧 夫形全精復 與天爲一 天地者 萬
物之父母也 合則成體 散則成始 形精不虧 是謂能移 精而又精 反以相天

전쟁도 형벌도 없어질 것이다

열자가 관윤에게 물었습니다.

열자 순수한 지인은 물에 빠지지 않고도 갈 수 있고, 불을 밟아도 뜨겁지 않다고 합니다. 또 모든 것이 내려다보이는 높은 곳에서도 두려워하지 않는다고 합니다. 어떻게 이럴 수 있을까요?

관윤 순수한 흐름(氣)을 지키고 있기 때문입니다. 지식이나 기교, 과감성 덕분이 아닙니다. 앉으시오. 내 그대에게 말해드리리다. 모양과 소리와 색을 가진 것 모두 개체로서 '무언가(物)'입니다. '무언가'와 '무언가'가 서로 얼마나 다르겠습니까? 어떤 것이 다른 것보다 얼마나 잘났겠습니까? 그저 모양과 색色일 뿐입니다. 아무런 형태가 없는 데서 무언가 생겨나 형태가 없어지면 그만입니다. 이것을 잘 아는 사람이 무언가 되고 나면 그만이라고 생각하겠습니까? 순수한 지인은 넘치지 않게 처신하고, 끝없는 경지에 있으면서 모든 것(萬物)이 끝나고 시작하는 곳에서 노닙니다. 이들은 타고난 본성(其性)과 하나 되어 숨(氣)을 기르고 본래 모습 그대로(合其德) 살아갑니다. 무언가 만들어내는 자연과 서로 통해 자연성을 온전히 지킬 수 있어 마음에 틈이 없으니 무언가 끼어들 수 있겠습니까?

술에 취한 사람은 빨리 달리는 수레에서 떨어지더라도 죽지 않습니다. 남들처럼 뼈와 관절이 있지만 남들처럼 해를 입지 않는 것은 마음이 온전하기 때문입니다. 그는 수레에 타는 것도 모르고 떨어지는 것도 모릅니다. 죽고 사는 데 대한 두려움이 없으니 어떤 상황도 두려워하지 않습니다. 술로 온전해지는 것도 이 정도인데 자연으로 온전해지는 것은 오죽하겠습니까? 훌륭한 성인은 자연에 삽니다. 그래서 아무도 해칠 수 없습니다. 원수를 갚으려는 사람도 명검 막야, 간장干將까지 꺾어버리지는 않습니다. 아무리 마음이 거친 사람이라도 바람에 날아온 기왓장을 원망하지는 않습니다. 온 세상이 고르다면 전쟁의 혼란도, 사람을 죽이는 형벌도 없어질 것입니다. 이런 세상은 길(道)에서 시작됩니다.

'사람의 자연(人之天)'이 아니라 '자연의 자연(天之天)'이 열립니다. 자연의 자연(天者)이 열리면 본래 모습(德)이 살아납니다. 그러나 사람의 자연(人者)이 열리면 살아 있는 것도 죽게 됩니다. 자연의 자연(其天)을 꺼리지 않고 사람의 자연(於人)에 소홀하지 않는다면 사람들이 천진한 삶을 누릴 것입니다.

子列子問關尹曰 至人潛行不窒 蹈火不熱 行乎萬物之上而不慄 請問何以至於此 關尹曰 是純氣之守也 非知巧果敢之列 居 予語汝 凡有貌象聲色者 皆物也 物與物何以相遠 夫奚足以至乎先 是色而已 則物之造乎不形而止乎無所化 夫得是而窮之者 物焉得而止焉 彼將處乎不淫之度 而藏乎無端之紀 遊乎萬物之所終始 壹其性 養其氣 合其德 以通乎物之所造 夫若是者 其天守全 其神無郤 物奚自入焉 夫醉者之墜車 雖疾不死 骨節與人同而犯害與人異 其神全也 乘亦不知也 墜亦不

知也 死生驚懼不入乎其胸中 是故遻物而不慴 彼得全於酒而猶若是 而況得全於天
乎 聖人藏於天 故莫之能傷也 復讎者不折鏌干 雖有忮心者不怨飄瓦 是以天下平
均 故無攻戰之亂 無殺戮之刑者 由此道也

不開人之天 而開天之天 開天者德生 開人者賊生 不厭其天 不忽於人 民幾乎以其
眞

뜻을 모으고 마음에 집중하라

중니가 초나라로 가다가 산속으로 들어가게 되었습니다. 거기서 한 꼽추가 매미를 주워 담듯이 잡고 있는 것을 보았습니다.

중니 정말 대단하십니다. 무슨 비결(道)이 있습니까?

꼽추 비결이 있지요. 대여섯 달 동안 손바닥에 구슬 두 개를 위아래로 포개놓고 떨어뜨리지 않으면 실수가 줄어듭니다. 세 개를 포개놓고 떨어뜨리지 않으면 실수가 십분의 일 정도 됩니다. 다섯 개를 포개놓고 떨어뜨리지 않으면 매미를 주워 담듯이 할 수 있습니다. 몸을 나무 그루터기처럼 웅크리고, 팔은 마른 나뭇가지처럼 움직입니다. 천지가 드넓고 만물이 다양해도 나는 아랑곳하지 않습니다. 오직 매미 날개만 알 뿐입니다. 다른 것에는 조금도 마음 쓰지 않고 매미 날개에만 집중하니 어찌 매미를 잡지 못하겠습니까?

공자가 제자들을 돌아보며 말했습니다. "'뜻을 모으고 마음에 집중하라.' 꼽추 노인이 이를 말하고 있구나." 안연이 중니에게 말했습니다.

안연 저도 전에 상심이라는 연못을 건넌 적이 있는데 사공의 배 젓는 솜씨가 신기에 가까웠습니다. 제가 배 젓는 걸 배울 수 있느냐고 물었더니 "배울 수 있습니다. 수영을 잘하는 사람은 몇 번만 해보면 배울 수 있고, 잠수부는 배를 본 적이 없어도 바로 저을 수 있습니다" 하더군요. 제가 왜 그런 거냐고 물었지만 말해주지 않았습니다. 왜 그런 것인지 선생님께 여쭤봐도 되겠습니까?

중니 수영을 잘하는 사람은 몇 번만 해보면 배울 수 있다고 한 것은 그가 물을 잊기 때문이다. 배를 본 적이 없어도 잠수부가 배를 저을 수 있다고 한 것은 그가 연못을 언덕 보듯 하고, 배가 뒤집히는 것을 수레가 미끄러지는 정도로 보기 때문이다. 뒤집히고 미끄러지는 일들이 눈앞에서 벌어져도 마음이 흔들리지 않고, 어떤 상황에서도 여유를 잃지 않기 때문이다.

질그릇을 걸고 내기 화살을 쏘면 잘 맞힌다. 띠쇠를 걸고 쏘면 잘 맞히지 못한다. 황금을 걸고 쏘면 아예 맞히지 못한다. 솜씨는 마찬가지지만 그의 마음을 흔드는 게 밖에 있어 신경을 쓰기 때문이다. 밖에 신경을 쓰면 마음을 집중할 수가 없다.

仲尼適楚 出於林中 見痀僂者承蜩 猶掇之也

仲尼曰 子巧乎 有道邪

曰 我有道也 五六月累丸二而不墜 則失者錙銖 累三而不墜 則失者十一 累五而不
墜 猶掇之也 吾處身也 若橛株拘 吾執臂也 若槁木之枝 雖天地之大 萬物之多 而
唯蜩翼之知 吾不反不側 不以萬物易蜩之翼 何爲而不得

孔子顧謂弟子曰 用志不分 乃凝於神 其痀僂丈人之謂乎 顔淵問仲尼曰 吾嘗濟乎

觸深之淵 津人操舟若神 吾問焉 曰 操舟可學邪 曰 可 善遊者數能 若乃夫沒人 則
未嘗見舟而便操之也 吾問焉而不吾告 敢問何謂也

仲尼曰 善游者數能 忘水也 若乃夫沒人之未嘗見舟而便操之也 彼視淵若陵 視舟
之覆猶其車却也 覆却萬方陳乎前而不得入其舍 惡往而不暇

以瓦注者巧 以鉤注者憚 以黃金注者殙 其巧一也 而有所矜 則重外也 凡外重者內
拙

삶을 잘 돌보는 것

전개지가 주나라 위공을 만났습니다.

위공 들자니 축신이 삶(生)을 공부하고 있다던데, 축신과 함께 노닐면서 무엇을 들었소?

전개지 빗자루를 들고 문간과 마당을 쓸었을 뿐입니다. 제가 선생께 무얼 들었겠습니까?

위공 전 선생, 사양하지 마시오. 내 듣고 싶소.

전개지 선생이 말하기를 삶을 잘 돌보는 것은 양을 치는 일과 같다고 했습니다. 뒤처진 양을 보면 채찍질하는 것이라고 말입니다.

위공 그게 무슨 말이오?

전개지 노나라에 선표單豹(고독한 표범)라는 사람이 있었답니다. 그는 바위굴에 살면서 물만 마시고, 사람들과 이익을 다투지 않아 나이 칠십이 되었어도 얼굴빛이 갓난아이 같았답니다. 그런데 불행히도 굶주린 호랑이를 만나 잡아먹히고 말았답니다. 장의라는 사람도 있었답니다. 그는 문발이 쳐진 높은 대문 집이라면 찾아다니지 않은 곳이 없었는데 그만 나이 사십에 열병이 나 죽고 말았답니다.

선표는 안으로 마음만 키우다 호랑이에게 잡혀먹고, 장의는 밖의 것만 쫓아다니다 열병으로 죽었습니다. 두 사람 다 뒤처진 것을 채찍질하지 않았던 것이라고 했습니다.

田開之見周威公

威公曰 吾聞祝腎學生 吾子與祝腎遊 亦何聞焉

田開之曰 開之操拔篲以侍門庭 亦何謂於夫子

威公曰 田子無讓 寡人願聞之

開之曰 聞之夫子曰 善養生者 若牧羊然 視其後者而鞭之

威公曰 何謂也

田開之曰 魯有單豹者 巖居而水飮 不與民共利 行年七十而猶有嬰兒之色 不幸遇餓虎 餓虎殺而食之 有張毅者 高門縣薄 無不走也 行年四十而有內熱之病以死 豹養其內而虎食其外 毅養其外而病攻其內 此二子者 皆不鞭其後者也

앞에 나온 매미 잡는 노인이나 뱃사공처럼 마음만 키우면 되겠느냐는 반문이 들어 있습니다. 뒤이어 공자가 얼른 말을 보태는 장면이 나옵니다.

마른 나무처럼 가운데 서 있어라

중니가 말했습니다. "들어가 숨지 마라. 나가 나대지 마라. 마른 나무처럼 가운데 서 있어라. 이 세 가지를 할 수 있다면 이름이 지극할 것이다.

들어가 숨지 마라

열 명 중 한 명이 죽는 험난한 길을 가는 상황이라면 부자 형제가 서로 경계해주며 무리 지어 떠나는 것이 지혜로운 게 아니겠느냐? 우리가 진정 걱정하는 것은 잠자고 먹고 마시는 일이다. 그런데 그걸 지킬 줄 몰랐다는 것은 잘못이다.[1]

나가 나대지 마라

제관 축종인이 예복을 입고 돼지우리에 가서 말했다. '네가 왜 죽기를 싫어하는 것이냐? 내가 석 달 동안 너를 잘 기를 것이다. 열흘 동안 몸과 마음을 깨끗이 닦고, 삼 일 동안 부정한 일을 멀리하고, 흰 띠풀을 깔고 아름답게 장식한 쟁반 위에 너의 어깨와 엉덩이 살을 올려놓을 것이

---

[1] 선표를 염두에 두고 한 말인 것으로 보인다.

다. 그렇게 되고 싶지 않느냐?' 그러나 돼지의 입장에서 생각해보면 이런 말이 들린다. '겨나 술지게미 먹으면서 그냥 돼지우리에서 살고 싶습니다.' 그런데도 사람들은 살아서 초헌을 타고 면류관을 쓰다가 죽어서 상여에 실려 장식된 관 속에 들어가는 것을 선택한다. 돼지를 위해 생각할 때는 그런 삶을 물리면서 자신을 위해 생각할 때는 그런 삶을 선택하는 것은 대체 왜 그런 것이냐?

환공이 진펄에서 사냥을 하고 있을 때 일이었다. 관중이 수레를 몰고 있었는데, 환공이 귀신을 보았다며 그의 손을 갑자기 움켜쥐며 말했다.

환공 중보![2] 뭔가 보았지요?
관중 신은 보지 못하였습니다.

환공은 궁으로 돌아와 헛소리를 하며 며칠을 나가지도 못하고 끙끙 앓았다. 그러자 제나라의 선비 황자고오가 말했다.

황자고오 상께서 스스로 병을 만드셨습니다. 귀신이 어떻게 상을 병들게 할 수 있겠습니까? 기가 막힌 채 흩어져 돌아오지 않으면 마음이 쇠약해집니다. 기가 위로 올라가 내려오지 않으면 사람들이 쉬 화를 내게 됩니다. 기가 아래로 내려가 올라오지 않으면 사람들이 쉬 잊어버립니다. 기가 올라가지도 내려가지도 않고 몸 가운데 머무르면 마음이 막혀 병이 됩니다.
환공 그렇다면 귀신이 있소?

---

2 제환공이 관중을 부른 호칭이다.

황자고오 있습니다. 진흙탕에는 '리'라는 귀신이 있고, 부뚜막에는 '결'이
라는 귀신이 있고, 집 안 쓰레기 더미에는 '뇌정'이라는 귀신이
살고 있습니다. 동북방 귀퉁이에는 '배아왜룡'이라는 귀신이 뛰
어놀고, 서북방 귀퉁이에는 '일양'이라는 귀신이 살고 있습니다.
물에는 '망상'이라는 귀신이, 언덕에는 '신'이라는 귀신이, 산에
는 '기'라는 귀신이, 들에는 '방황'이라는 귀신이, 못에는 '위사'
라는 귀신이 있습니다.

환공 위사라는 귀신은 어떻게 생겼소?

황자고오 위사는 굵기가 수레 바퀴통만 하고, 길이는 수레 끌채만 하고,
자주색 옷에 붉은 관을 쓰고 있답니다. 천둥이나 수레 소리를
싫어해서 그 소리를 들으면 머리를 들고 일어난답니다. 그런데
위사를 본 사람은 패자가 된다고 합니다.

환공이 껄껄껄 웃으며 말했다. '과인이 본 것이 바로 그것이오.' 그러
고는 의관을 바로하고 황자고오와 마주 앉아 하루 종일 이야기를 나누었
다. 그새 병이 나은 줄도 몰랐다.[3]

마른 나무처럼 가운데 서 있어라

기성자는 왕을 위해 싸움닭을 기르고 있었다. 열흘이 지나자 왕이 물
었다.

---

3 축종인과 환공 이야기는 밖의 것만 쫓아다니다 열병으로 죽었다는 장의를 염두에 두고 덧붙
인 이야기인 듯하다.

왕　　이제 싸울 수 있겠는가?

기성자　아직 안 됩니다. 공연히 허세를 부리며 제 기운만 믿고 있습니다.

　　열흘 후 왕이 다시 물었다. 기성자가 말했다. '아직 안 됩니다. 다른 닭의 울음소리를 듣거나 모습만 봐도 그냥 덤벼듭니다.' 열흘 후 왕이 다시 물었다. 기성자가 말했다. '아직 안 됩니다. 다른 닭을 노려보며 성을 냅니다.' 열흘 후 왕이 다시 물었다. 기성자가 말했다. '이제 된 것 같습니다. 다른 닭의 울음소리가 들려도 아무런 변화가 없습니다. 멀리서 보면 나무로 만든 닭 같습니다. 본래 모습 그대로입니다. 다른 닭들이 감히 대응을 하지 못하고 달아나버립니다.'"

仲尼曰 無入而藏 無出而陽 柴立其中央 三者若得 其名必極

夫畏塗者 十殺一人 則父子兄弟相戒也 必盛卒徒而後敢出焉 不亦知乎 人之所取 畏者 衽席之上 飲食之間 而不知爲之戒者 過也

祝宗人玄端以臨牢筴 說彘曰 汝奚惡死 吾將三月豢汝 十日戒 三日齊 藉白茅 加 汝肩尻乎彫俎之上 則汝爲之乎 爲彘謀 曰不如食以糠糟而錯之牢筴之中 自爲謀 則苟生有軒冕之尊 死得於豚楯之上 聚僂之中則爲之 爲彘謀則去之 自爲謀則取之 所異彘者 何也

桓公田於澤 管仲御 見鬼焉 公撫管仲之手曰 仲父何見 對曰 臣無所見

公反 誒詒爲病 數日不出 齊士有皇子告敖者曰 公則自傷 鬼惡能傷公 夫忿滀之氣 散而不反 則爲不足 上而不下 則使人善怒 下而不上 則使人善忘 不上不下 中身 當心 則爲病

桓公曰 然則有鬼乎

曰 有 沈有履 竈有髻 戶內之煩壤 雷霆處之 東北方之下者 倍阿鮭蠪躍之 西北方

之下者 則洗陽處之 水有罔象 丘有峷 山有夔 野有彷徨 澤有委蛇

公曰 請問 委蛇之狀何如

皇子曰 委蛇 其大如轂 其長如轅 紫衣而朱冠 其爲物也 惡聞雷車之聲 則捧其首
而立 見之者殆乎霸

桓公囅然而笑曰 此寡人之所見者也 於是正衣冠與之坐 不終日而不知病之去也

紀渻子爲王養鬪鷄 十日而問 鷄已乎 曰 未也 方虛憍而恃氣

十日又問 曰 未也 猶應嚮景 十日又問 曰 未也 猶疾視而盛氣 十日又問 曰 幾矣
鷄雖有鳴者 已無變矣 望之似木鷄矣 其德全矣 異鷄無敢應者 反走矣

공자의 말은 여기서 끝납니다. "들어가 숨지 마라. 나가 나대지 마라.
마른 나무처럼 가운데 서 있어라." 공자는 차례로 그에 대한 사례를
들어가며 이야기합니다. 기성자의 싸움닭이 횃대 가운데 마른 나무처
럼 서 있는 모습이 그려집니다. 공자는 제자들과 이런 이야기를 나누
고 나서 폭포 구경을 간 것일까요? 공자가 제자들과 폭포 구경을 하
다 수영의 달인을 만나는 장면이 이어집니다.

물길 따라 갈 뿐

    공자가 여량에서 큰 폭포를 구경하고 있었습니다. 폭포가 어찌나 크던지 떨어지는 물줄기는 삼십 길이나 되고, 빠른 물살은 사십 리나 흘렀습니다. 물고기나 자라도 헤엄칠 수 없는 곳이었습니다. 그런데 한 사나이가 헤엄을 치고 있었습니다. 공자는 사나이가 뭔가 괴로움이 있어 죽으려는 줄 알고 제자들에게 물길을 따라가 그를 건져주라고 했습니다. 몇백 걸음을 따라가보니 사나이는 뚝방 아래에서 머리를 풀어헤친 채 노래하며 거닐고 있었습니다. 공자가 따라가 물었습니다.

공자   난 그대가 귀신인 줄 알았습니다. 이렇게 보니 사람이군요. 한데 어찌 그렇게 수영을 잘합니까? 무슨 비결(道)이라도 있습니까?

사나이   없습니다. 무슨 비결이 있겠습니까? 저는 오랜 인연(故)으로 시작해 타고난 본성(性)에 따라 자랐고 운명(命)으로 이루었습니다. 소용돌이를 따라 들어갔다 물결 따라 위로 올라옵니다. 물길을 따라 갈 뿐 제 마음대로 가지 않습니다. 저는 이렇게 수영합니다.

공자   '오랜 인연으로 시작해 타고난 본성에 따라 자랐고 운명으로 이루었다'는 게 무슨 말입니까?

사나이 제가 이 언덕에서 태어나 이 언덕을 편안해하는 것은 오랜 인연입니다. 제가 물에서 자라 물을 편안해하는 것은 타고난 본성입니다. 제가 왜 이런지 모르면서 이러는 것은 운명입니다.

孔子觀於呂梁 縣水三十仞 流沫四十里 黿鼉魚鼈之所不能游也 見一丈夫游之 以爲有苦而欲死也 使弟子竝流而拯之 數百步而出 被髮行歌而游於塘下 孔子從而問焉 曰 吾以子爲鬼 察子則人也 請問 蹈水有道乎

曰 亡 吾無道 吾始乎故 長乎性 成乎命 與齊俱入 與汨皆出 從水之道而不爲私焉 此吾所以蹈之也

孔子曰 何謂始乎故 長乎性 成乎命

曰 吾生於陵而安於陵 故也 長於水而安於水 性也 不知吾所以然而然 命也

자연과 자연이 만나다

목수 재경이 나무를 깎아 종 거는 가대인 '거鐻'를 만들었습니다. 거가 완성되자 그것을 본 사람들은 귀신같은 솜씨라며 놀랐습니다. 노나라 임금이 그것을 보고 물었습니다.

노임금 그대는 어떤 비법(術)으로 만든 것인가?

재경 신은 목수일 뿐입니다. 무슨 비법이 있겠습니까? 그러나 한 가지 있기는 합니다. 신이 거를 만들고자 할 때 기운을 소모한 적이 없습니다. 반드시 재계해 마음을 깨끗이 합니다. 삼 일간 재계하면 상을 받는다거나 벼슬을 얻는다는 생각을 품지 않게 됩니다. 오일간 재계하면 세상의 비난과 칭찬, '잘 만들어질까' 하는 걱정에 매이지 않게 됩니다. 칠 일간 재계하면 제게 팔다리와 몸뚱이가 있다는 것조차 잊게 됩니다. 이쯤 되면 공적인 일이나 조정에 대한 관심이 없어집니다. 제 기술에만 집중할 수 있고 그 밖의 관심은 모두 사라집니다. 그런 후에 산 숲으로 들어가 본래 성질이나 생김새가 가장 좋은 나무를 찾아 마음으로 완성된 거의 모습을 그려봅니다. 그러고 나서 나무에 손을 대기 시작합니다. 만약 그게 여의치 않으면 그만둡니다. 이렇게 해서 '자연과 자연이 만나게 됩니다(以天合天)'. 제가 만든 것이 귀신이 만든 것 같다고 하는 이유가 여기 있는 것 같습니다.

梓慶削木爲鐻 鐻成 見者驚猶鬼神 魯侯見而問焉 曰 子何術以爲焉
對曰 臣工人 何術之有 雖然 有一焉 臣將爲鐻 未嘗敢以耗氣也 必齊以靜心 齊三
日 而不敢懷慶賞爵祿 齊五日 不敢懷非譽巧拙 齊七日 輒然忘吾有四枝形體也 當
是時也 無公朝 其巧專而外滑消 然後入山林 觀天性 形軀至矣 然後成見鐻 然後
加手焉 不然則已 則以天合天 器之所以疑神者 其是與

신발이 편하면 발을 잊게 된다

동야직이 위나라 장공에게 말 부리는 솜씨를 보여주었습니다. 나아가고 물러남이 먹줄을 친 듯 곧았고, 좌우로 도는 것이 그림쇠로 그린 듯 둥글었습니다. 장공은 아무도 이렇게 그릴 수 없을 거라고 감탄하며 그림쇠처럼 백 번을 돌고 오라고 명령했습니다. 안합이 지나가다 이 장면을 우연히 보고 장공을 찾아와 말했습니다. "동야직의 말이 쓰러질 것 같습니다." 장공은 잠자코 아무 대꾸도 하지 않았습니다. 잠시 후 과연 말이 쓰러져 돌아왔습니다.

장공 그대는 말이 쓰러질지 어떻게 알았소?
안합 말의 기력이 다했는데도 멈추지 않고 계속 시키고 있어 쓰러진다고
　　　말한 것입니다.

공수가 원을 그리면 그림쇠로 그린 것 같았습니다. 손가락이 대상(物)과 하나가 되어 다른 생각이 들지 않았습니다. 마음이 하나라 막힘이 없었습니다. 신발이 편하면 발을 잊게 됩니다. 허리띠가 편하면 허리를 잊게 됩니다. 마음이 편하면 시비를 잊게 됩니다. 일이 모두 잘되면 마음도

바뀌지 않고 외물에 따르지도 않게 됩니다. 시작도 편하고 내내 편하다
면 편하다는 생각마저 잊게 됩니다.

東野稷以御見莊公 進退中繩 左右旋中規 莊公以爲文弗過也 使之鉤百而反 顏闔
遇之 入見曰 稷之馬將敗 公密而不應 少焉 果敗而反
公曰 子何以知之
曰 其馬力竭矣 而猶求焉 故曰敗
工倕旋而蓋規矩 指與物化而不以心稽 故其靈臺一而不桎 忘足 屨之適也 忘要 帶
之適也 知忘是非 心之適也 不內變 不外從 事會之適也 始乎適而未嘗不適者 忘
適之適也

어찌 하늘을 원망할 수 있는가

손휴라는 사람이 편경자 문하에 찾아와 탄식하며 말했습니다.

손휴 저는 고향에서 살 때 돼먹지 못했다는 말을 들은 적이 없습니다. 전쟁터에서도 비겁하다는 말을 들은 적이 없습니다. 그런데 농사를 지어도 세월을 만나지 못하고, 임금을 섬기려 해도 세상을 만나지 못합니다. 고향에서는 따돌림까지 당하고, 관청에서도 쫓겨났습니다. 도대체 제가 하늘에 무슨 죄를 지었기에 이런 운명의 덫에 걸린 것입니까?

편경자 그대는 순수한 지인至人의 행동에 대해 들어본 적이 없습니까? 순수한 지인은 간도 쓸개도 잊고 눈도 귀도 버렸다고 합니다. 아무 생각 없이 세상 밖을 돌아다니고 아무 일 없이 노닌다고 합니다. "하고도 자랑하지 않고, 키우고도 다스리지 않는다"[4]고 합니다. 그런데 지금 그대는 자기 지식을 포장해 어리석은 자를 놀라게 하

---

4 《도덕경》10장, 51장 참조. "하고도 자랑하지 않고, 키우고도 다스리지 않는다. 이것을 현덕이라고 한다."

고, 착한 사람이 되어 남의 잘못을 드러내려 하고 있습니다. 그 밝기가 해와 달을 내걸고 다니는 것 같습니다. 지금 그대 몸에는 이 목구비 등 아홉 개의 구멍이 온전히 갖춰져 있지요? 귀머거리, 장님, 절름발이, 앉은뱅이가 되지 않고 남들처럼 살고 있지요? 그것만으로도 행운입니다. 어찌 하늘을 원망할 수 있겠습니까? 그만 가보세요.

손휴가 돌아가자 편경자가 다시 들어와 한동안 가만히 앉아 있다가 하늘을 쳐다보며 한숨을 쉬었습니다. 제자가 궁금해서 물었습니다.

제자　선생님께서는 왜 한숨을 쉬십니까?

편경자　아까 손휴가 왔을 때 내가 순수한 지인의 본래 모습에 대해 말해 주었다. 그를 놀라게 해서 뭐가 뭔지 모르게 만들지 않았나 걱정이 된다.

제자　그렇지 않습니다. 손자의 말이 옳았고 선생님의 말씀이 옳지 않았다면, 옳지 않은 말이 옳은 말을 헷갈리게 할 수 없습니다. 또 손자의 말이 옳지 않았고 선생님의 말씀이 옳았다면, 그가 처음부터 뭐가 뭔지 몰라 찾아온 것입니다. 무슨 잘못이 있겠습니까?

편경자　그렇지가 않다. 옛날에 바닷새가 노나라 교외에 날아들었다. 노나라 임금이 새를 맞아 종묘에서 주연을 베풀고, 순임금의 음악인 구소를 연주하고, 소고기, 돼지고기, 양고기가 모두 들어간 요리를 주었다는구나. 바닷새는 어리둥절하다 그만 두렵고 슬퍼 고기 한 점 먹지 않고 술 한 잔 마시지 않은 채 사흘 만에 죽고 말았다. 이는 임금이 자기 사는 법으로 새를 키운 것이지 새를 키우는 법으로 새를 키운 것이 아니다. 새를 키우는 법으로 새를 키운다는 것은 새가 깊은 숲에 깃들고, 넓은 들에서 놀고, 강이나 호수를 떠다니며 마음대로 먹이를 잡아먹고, 제 무리를 따라 만족스럽게 살게 그냥 내버려두는 것이겠지. 손휴는 보고 들은 것이 적은 사람인데 내가 순수한 지인의 본래 모습에 대해 말해주었으니, 이는 생쥐를 수레나 말에 태우고, 메추라기에게 종 치고 북 치는 음악을 들려준 것과 같지 않느냐. 그가 어찌 놀라지 않았겠느냐?

有孫休者 踵門而詫子扁慶子曰 休居鄕不見謂不脩 臨難不見謂不勇 然而田原不遇歲 事君不遇世 賓於鄕里 逐於州部 則胡罪乎天哉 休惡遇此命也
扁子曰 子獨不聞夫至人之自行邪 忘其肝膽 遺其耳目 芒然彷徨乎塵垢之外 逍遙乎無事之業 是謂爲而不恃 長而不宰 今汝飾知以驚愚 脩身以明汙 昭昭乎若揭日月而行也 汝得全而形軀 具而九竅 無中道夭於聲盲跛蹇而比於人數 亦幸矣 又何暇乎天之怨哉 子往矣
孫子出 扁子入 坐有閒 仰天而歎 弟子問曰 先生 何爲歎乎
扁子曰 向者休來 吾告之以至人之德 吾恐其驚而遂至於惑也
弟子曰 不然 孫子之所言是邪 先生之所言非邪 非固不能惑是 孫子所言非邪 先生所言是邪 彼固惑而來矣 又奚罪焉
扁子曰 不然 昔者有鳥止於魯郊 魯君說之 爲具太牢以饗之 奏九韶以樂之 鳥乃始憂悲眩視 不敢飮食 此之謂以己養養鳥也 若夫以鳥養養鳥者 宜棲之深林 浮之江湖 食之以委蛇 則平陸而已矣 今休 款啓寡聞之民也 吾告以至人之德 譬之若載鼷以車馬 樂鴳以鐘鼓也 彼又惡能無驚乎哉

손휴가 세상 사람들이 자신을 알아주지 않는다며 운명을 탓하고 푸념을 늘어놓자 편경자가 원망하는 마음을 질책합니다. 자연과 하나 되어 막힘없이 사는 삶의 달인들은 시비도 잊고 원망하는 마음도 없습니다. 〈양생주〉에서 외발이 된 우사가 하늘이 한 일이라며 누구의 탓도 하지 않은 것처럼 말입니다. 과정이 즐거우면 결과에 무심하게 됩니다. 이미 과정을 충분히 즐겼기에 어떤 보상도 바라지 않습니다. 그래서 "순수한 지인은 나에 집착하지 않고(至人無己), 마음이 살아 있는 신인은 결과에 초연하고(神人無功), 훌륭한 성인은 이름에 연연하지 않는다(聖人無名)"(〈소요유〉)고 한 것입니다. 노니는 마음으로 사는 사람은 누가 알아주지 않아도 괴로워하지 않고, 결과나 쓸모에 집착하지 않고, 이름에 연연하지도 않습니다.

산목
山木

쓸모를 넘어

빈 배 이야기

모이면 모이는 대로, 가면 가는 대로

곧은 나무가 먼저 잘리고

군자와 소인의 사귐

가난한 것이지 고달픈 것이 아니다

궁지에 빠져서도 노래하는 공자

망신당한 장자

추녀가 더 아름답다

쓸모없어 크게 자란 나무와 쓸모없어 죽는 벙어리 거위를 보면서 어떻게 살아야 하는가 묻게 됩니다. 장자는 '쓸모 있다, 쓸모없다'는 생각을 넘어 본래 모습 그대로 무심하게 살겠다고 합니다. 계속해서 무심하게 사는 사람들의 이야기가 펼쳐집니다. 걱정 많은 노나라 임금에게 시남의료가 해주는 본래 모습 그대로 건강한 나라(建德之國) 이야기, 오히려 무심하게 일을 해낸 북궁사 이야기에 이어 곤궁에 빠진 공자에게 해주는 자상호의 이야기, 가난하게 사는 장자와 궁지에 빠져서도 노래하는 공자, 밤나무 숲에서 깨달은 장자, 미녀보다 사랑받는 추녀 이야기가 펼쳐집니다.

쓸모를 넘어

장자가 산속을 걸어가는데 가지와 잎이 무성한 큰 나무가 한 그루 서 있었습니다. 나무꾼이 그 곁에 있으면서도 나무를 베려 하지 않았습니다. 장자가 궁금해서 까닭을 물었습니다.

나뭇꾼 쓸모가 없습니다.
장자   이 나무는 쓸모가 없어 천수를 누리는구나.

장자가 산에서 내려와 옛 친구 집에 묵게 되자 친구가 반기며 심부름하는 아이에게 거위를 잡아 대접하라고 일렀습니다.

아이   한 마리는 잘 울고, 한 마리는 울지 못하는데 어떤 걸 잡을까요?
주인   울지 못하는 놈을 잡아라.

다음 날 제자가 장자에게 물었습니다. "어제 산속의 나무는 쓸모가 없어 천수를 누리고 있었습니다. 그런데 오늘 주인의 거위는 쓸모가 없어 죽었습니다. 선생님께서는 어디에 머무시렵니까?"

장자가 웃으며 말했습니다. "쓸모 있음과 쓸모없음 중간에 머문다 하면 그럴듯하겠지만 그건 아니다. 사이비다. 세상일에 휘말리지 않을 수 없을 것이다. 그러나 본래 모습 그대로 길을 따라 노닌다면 괜찮을 것이다. 칭찬이나 비난에 무심한 채 용이 되기도, 뱀이 되기도 하면서 흐르는 대로 따라가 무엇이 되겠다고 떼쓰지 않으며, 오르락내리락 화목으로 가득 채우면서 모든 것의 처음에서 노닐고, 무엇이든 있는 그대로 받아들이고, 무언가에 대한 무언가로 다루지 않으면(物物而不物於物) 어디에든 휘말릴 일이 있겠느냐? 신농씨나 황제는 그렇게 살았다. 그런데 지금 모든 것의 모양새나 사람 사는 꼴이 그렇지가 않구나. 만나면 헤어지고, 성공하면 망하고, 청렴하면 꺾이고, 출세하면 망가지고, 뭔가 좀 하면 해를 입고, 훌륭하면 모함을 받고, 못나면 사기를 당하는 세상이다. 어떻게 살아야 하는 것이냐? 슬프구나. 너희들은 마음에 새겨두어라. 오직 본래 모습(德) 그대로 길(道)을 가는 '도덕의 마을'만이 있을 뿐이다."

莊子行於山中 見大木 枝葉盛茂 伐木者止其旁而不取也 問其故 曰 無所可用 莊子曰 此木以不材得終其天年 夫子出於山 舍於故人之家 故人喜 命豎者殺雁而烹之 豎者請曰 其一能鳴 其一不能鳴 請奚殺 主人曰 殺不能鳴者
明日 弟子問於莊子曰 昨日山中之木 以不材得終其天年 今主人之雁 以不材死 先生將何處
莊子笑曰 周將處乎材與不材之間 材與不材之間 似之而非也 故未免乎累 若夫乘道德而浮遊則不然 無譽無訾 一龍一蛇 與時俱化 而無肯專爲 一上一下 以和爲量浮遊乎萬物之祖 物物而不物於物 則胡可得而累邪 此神農黃帝之法則也 若夫萬物之情 人倫之傳 則不然 合則離 成則毀 廉則挫 尊則議 有爲則虧 賢則謀 不肖則欺胡可得而必乎哉 悲夫 弟子志之 其唯道德之鄉乎

빈 배 이야기

시남의료가 노나라 임금을 만났는데 노나라 임금에게 뭔가 걱정하는 기색이 있었습니다.

시남의료 임금께서 걱정이 있어 보이십니다. 무슨 일이 있으십니까?

노임금 나는 선왕의 길을 배우고 노나라 선군의 유업을 받들었습니다. 고인의 영혼에 경배하고 현자를 존중했습니다. 이를 잠시도 쉬지 않고 몸소 실천해왔습니다. 그런데도 어려움을 면치 못하고 있습니다. 그게 걱정입니다.

시남의료 임금께서 어려움을 없애려는 방법이 너무 얕습니다. 털 많은 여우나 아름다운 무늬의 표범은 산속 바위 굴에 숨어 삽니다. 조용하게 말입니다. 밤에 다니고 낮엔 꼼짝하지 않습니다. 경계하며 말입니다. 배고프고 목마르고 힘들더라도 강이나 호수에서 멀리 떨어져 먹을 것을 찾습니다. 안전하게 말입니다. 그런데도 그물이나 덫에 걸려 죽는 걱정을 면하지 못합니다. 무슨 죄가 있어 그런 것이겠습니까? 그들의 가죽이 화근입니다. 지금 노나라가 바로 임금의 가죽 아니겠습니까? 임금께서는 임금이라는 몸을 버리고, 노나라 가죽을 벗어버리고, 마음을 씻고, 욕망을 버리고, 아무도 없는 들판(無人之野)에서 노니시길 바랍니다. 남월에 마을이 하나 있습니다. '본래 모습 그대로 건강한 나라(建德之國)'입니다. 그곳 사람들은 어리숙하고 소박합니다. 사심이나 욕심도 적습니다. 일할 줄은 알아도 쌓아둘 줄은 모르고, 주는 건 알아도 받으려고는 하지 않습니다. 무엇이 정의인지, 무엇이 예의인지도 모릅니다. 마음대로 행동해도 큰길을 벗어나지 않습니다. 살아 즐기고, 죽어 묻힙니다. 임금께서는 세상일을 버리고 이 나라를 떠나 서로 돕는 이런 나라로 길(道)을 따라 가시기 바랍니다.

노임금   그 길이 멀고도 험할 것입니다. 가다보면 강이나 산도 있을 터인데 나에겐 배도 수레도 없습니다. 그러니 어떻게 갈 수 있겠습니까?

시남의료   임금께서 지금 하고 있는 모습과 살고 있는 곳을 버리는 것을 임금의 수레로 삼으십시오.

노임금   그 길이 깊고 멀어 거기엔 아무도 없을 것입니다. 누구와 이웃하겠습니까? 나에겐 식량도 없어 먹을 것도 없을 것입니다. 거기까지 어떻게 갈 수 있겠습니까?

시남의료   임금께서 씀씀이와 욕심을 줄인다면 식량이 없어도 충분할 것입니다. 임금께서 강을 지나 바다로 나가면 바닷가가 멀어져 보이지 않을 것입니다. 갈수록 끝이 보이지 않을 것입니다. 임금을 전송하던 사람들이 모두 바닷가에서 돌아가버렸을 때야 임금께서 더 멀리 가신 것입니다. 남을 가지려 하면 오히려 남에게 구속되고, 남에게 보이려 하면 걱정이 많아집니다. 그래서 요임금은 남을 가지려 하지 않았고 남에게 보이려 하지 않았습니다. 임금께서도 구속에서 벗어나 걱정을 버리시길 바랍니다. 길을 따라 담 없는 '대막의 나라(大莫之國)'에서 노니시길 바랍니다. 배를 타고 강을 건너는데 빈 배가 와서 자기 배에 부딪치면 아무리 속 좁은 사람이라도 화를 내지 않을 것입니다. 그러나 그 배에 한 사람이라도 타고 있으면 배를 밀어라 당겨라 소리를 지를 것입니다. 한 번 소리쳐서 듣지 않고 다시 소리쳐도 듣지 않아 세 번 소리를 지르게 되면 욕설이 따를 것입니다. 아까는 화를 내지 않았는데 이번에는 화를 내는 것은 아까는 빈 배였고 이번에는 사람이 타고 있기 때문입니다. 사람이 빈 배처럼 자기를 비우고 세상에서 노닌다면 누가 그를 해칠 수 있겠습니까?

市南宜僚見魯侯 魯侯有憂色 市南子曰 君有憂色 何也

魯侯曰 吾學先王之道 脩先君之業 吾敬鬼尊賢 親而行之 無須臾離居 然不免於患 吾是以憂

市南子曰 君之除患之術淺矣 夫豐狐文豹 棲於山林 伏於巖穴 靜也 夜行晝居 戒也 雖飢渴隱約 猶且胥疎於江湖之上而求食焉 定也 然且不免於罔羅機辟之患 是何罪之有哉 其皮爲之災也 今魯國獨非君之皮邪 吾願君刳形去皮 洒心去欲 而遊於無人之野 南越有邑焉 名爲建德之國 其民愚而朴 少私而寡欲 知作而不知藏 與而不求其報 不知義之所適 不知禮之所將 猖狂妄行 乃蹈乎大方 其生可樂 其死可葬 吾願君去國捐俗 與道相輔而行

君曰 彼其道遠而險 又有江山 我無舟車 奈何

市南子曰 君無形倨 無留居 以爲君車

君曰 彼其道幽遠而無人 吾誰與爲隣 吾無糧 我無食 安得而至焉

市南子曰 少君之費 寡君之欲 雖無糧而乃足 君其涉於江而浮於海 望之而不見其

崖 愈往而不知其所窮 送君者皆自崖而反 君自此遠矣 故有人者累 見有於人者憂
故堯非有人 非見有於人也 吾願去君之累 除君之憂 而獨與道遊於大莫之國 方舟
而濟於河 有虛船來觸舟 雖有偏心之人不怒 有一人在其上 則呼張歙之 一呼而不
聞 再呼而不聞 於是三呼邪 則必以惡聲隨之 向也不怒而今也怒 向也虛而今也實
人能虛己以遊世 其孰能害之

모이면 모이는 대로, 가면 가는 대로

북궁사가 위영공을 위해 세금을 거두어 종을 만들었습니다. 성곽문 밖에 토단을 만든 지 세 달 만에 종을 완성해 위아래 두 단에 걸어놓았습니다. 왕자 경기가 이를 보고 물었습니다.

경기   어떻게 한 것이오?

북궁사   하나가 되어 했습니다. 일부러 애써 한 것은 없습니다. "깎고 쪼아서 버린 후 통나무의 소박함으로 돌아가라"는 말을 들었습니다. 순박하니 아무것도 모른 채, 무심하니 아무 생각 없이, 모이면 모이는 대로 가면 가는 대로, 가면 보내고 오면 맞이하고, 오는 거 막지 않고 가는 거 잡지 않았습니다. 사나우면 사나운 대로, 따르면 따르는 대로, 저절로 되는 대로 따랐습니다. 그랬더니 아침저녁으로 세금을 거두어도 조금도 싫어하지 않았습니다. 큰길을 따르는 사람은 이보다 더할 것입니다.

北宮奢爲衛靈公賦斂以爲鐘 爲壇乎郭門之外 三月而成上下之縣 王子慶忌見而問

焉曰 子何術之設

奢曰 一之閒 無敢設也 奢聞之 既彫既琢 復歸於朴 侗乎其無識 儻乎其怠疑 萃乎
芒乎 其送往而迎來 來者勿禁 往者勿止 從其强梁 隨其曲傳 因其自窮 故朝夕賦
斂而毫毛不挫 而況有大塗者乎

곧은 나무가 먼저 잘리고

공자가 진나라와 채나라 국경에서 포위되어 이레 동안 익힌 음식을 먹지 못했습니다. 태공임이 공자를 위로하러 갔습니다.

태공임 선생께서 곧 죽을 것 같습니다.

공자 그렇습니다.

태공임 선생께서는 죽기 싫으신가요?

공자 그렇습니다.

태공임 내가 죽지 않는 방법을 한번 말해보겠습니다. 동해에 '의태意怠'라는 생각 없는 새가 살았습니다. 퍼덕거리는 날갯짓은 아무 힘도 없어 보였습니다. 다른 새들이 날자고 하면 날아가고, 다른 새들이 괴롭히면 그냥 둥지에서 쉬었습니다. 날아갈 때 앞장서지도 않고 물러설 때 뒤처지지도 않았습니다. 먹을 때도 먼저 먹지 않고 차례대로 먹었습니다. 그랬더니 무리에서 배척당하지도 않고, 사람들에게 해를 입지도 않았습니다. 의태는 그렇게 살아 어려움을 면할 수 있었습니다. 곧은 나무가 먼저 잘리고, 맛있는 우물물이 먼저 마릅니다. 선생은 아마도 자기 지식을 포장해 어리석은 사람들을 놀라게 하고, 착한 사람이 되어 남의 잘못을 드러내려고 했을 것입니다. 그 밝기가 해와 달을 내걸고 다니는 것 같았을 것입니다. 그래서 어려움을 면치 못하는 것입니다.

옛날 내가 크게 이룬 분(大成之人)께 들었습니다. "스스로 자랑하는 자, 이루지 못한다."[1] 이루면 무너지고, 유명해지면 망가집니다. 누가 공명을 버리고 다시 돌아가 세상 사람들과 함께할 수 있겠습니까? 자기를 드러내지 않고 길(道) 따라 흘러갑니다. 이름 없는 곳에서 본래 모습(得) 그대로 살아갑니다. 순수하고 한결같은 모습이 바보 같기도 합니다. 자취도 지우고 권세도 버립니다. 이루기 위해, 유명해지기 위해 살지 않습니다. 그래서 남들에게 책임을 묻지도 않고, 남들도 그에게 책임을 묻지 않습니다. 순수한 지인의 명성은 들리지 않습니다. 그런데 선생은 어찌 그런 걸 그렇게 좋아하십니까?

공자   좋은 말씀이십니다.

이후 공자는 그간 알고 지냈던 사람들을 만나지 않고 제자들과도 헤어졌습니다. 큰 못가에 숨어 살며 가죽옷이나 갈포옷을 입고 도토리를 먹으며 살았습니다. 짐승들 속에 들어가도 무리가 흩어지지 않고, 새들 속에 끼어도 새 떼의 행렬이 흐트러지지 않았습니다. 새와 짐승도 싫어하지 않았으니 사람들이야 더하지 않았겠습니까?

---

1 《도덕경》24장 참조. "스스로 자랑하는 자, 이루지 못한다(自伐者無功)." 그렇다면 '크게 이룬 분'이 노자?

孔子圍於陳蔡之間 七日不火食

太公任往弔之曰 子幾死乎

曰 然

子惡死乎

曰 然

任曰 予嘗言不死之道 東海有鳥焉 其名曰 意怠 其爲鳥也 翂翂翐翐 而似無能 引援而飛 迫脅而棲 進不敢爲前 退不敢爲後 食不敢先嘗 必取其緒 是故其行列不斥 而外人卒不得害 是以免於患 直木先伐 甘井先竭 子其意者飾知以驚愚 脩身以明汙 昭昭乎如揭日月而行 故不免也

昔吾聞之大成之人曰 自伐者無功 功成者墮 名成者虧 孰能去功與名而還與衆人 道流而不明 居得行而不名處 純純常常 乃比於狂 削迹捐勢 不爲功名 是故無責於人 人亦無責焉 至人不聞 子何喜哉

孔子曰 善哉

辭其交遊 去其弟子 逃於大澤 衣裘褐 食杼栗 入獸不亂群 入鳥不亂行 鳥獸不惡 而況人乎

군자와 소인의 사귐

공자가 자상호에게 물었습니다.

공자 저는 두 번이나 노나라에서 추방되었습니다. 송나라에서는 나무를 베어 저를 죽이려 했고, 위나라에서는 발자국까지 지워지는 수모를 당했습니다. 은나라와 주나라에서는 궁지에 빠졌고, 진나라와 채나라 국경에서는 포위당했습니다. 저는 이런 어려움을 수차례 겪었습니다. 친하게 지내던 사람들이 점점 멀어지고, 제자들이나 친구들도 점점 흩어지고 있습니다. 왜 이럴까요?

자상호 선생은 가假[2]나라에서 도망친 임회라는 사람의 이야기를 들어보신 적이 없습니까? 그는 천금의 보물을 버리고 아이를 업고 도망쳤답니다. 그래서 어떤 이가 물었답니다. "돈으로 따진다면 아이는 몇 푼 안 됩니다. 그리고 짐스러움으로 따진다면 아이는 큰 짐입니다. 천금의 보물을 버리고 아이를 업고 도망치셨는데, 왜 그러셨습니까?" 임회가 대답했습니다. "천금은 이익으로 만난 것이

---

2 은殷나라의 잘못된 표기라는 견해도 있다.

지만 아이는 자연이 맺어준 것입니다." 이익으로 만난 사이는 어려운 상황을 만나면 서로 버리게 마련입니다. 하지만 자연이 맺어준 사이는 어려운 상황일수록 서로 거두어주기 마련입니다. 서로 버리는 것과 서로 거두어주는 것 사이는 아주 멉니다. 군자의 사귐은 물처럼 담담하고, 소인의 사귐은 술처럼 달콤합니다. 군자는 담담하게 친분을 이어가고, 소인은 달콤함 때문에 헤어집니다. 오랜 인연(故) 없이 만난 사이, 오래가지 못하고 헤어지게 마련입니다.

공자　내려주신 가르침 잘 들었습니다.

　　공자는 천천히 걸어 돌아갔습니다. 그러고는 학문을 그만두고 책도 버렸습니다. 제자들도 공자 앞에서 절하는 일이 더 이상 없었습니다. 그러나 공자와 제자들의 사랑은 더욱 깊어졌습니다.

　　나중에 자상호가 다시 말했습니다.

　　"순임금이 임종을 앞두고 우임금에게 신중하게 명령했습니다. '그대는 명심하라. 겉모습(形)은 인연에 맡기고 상황(情)에 그냥 따르라.' '인연에 맡기면' 헤어지는 일이 없습니다. '그냥 따르면' 힘이 들지 않습니다. 헤어지는 일이 없고 힘이 들지 않으면 문식으로 모양새를 꾸미려 하지 않아도 됩니다. 문식으로 모양새를 꾸미려 하지 않으면 무언가에 의존하지 않게 됩니다."

孔子問子桑雽曰 吾再逐於魯 伐樹於宋 削迹於衛 窮於商周 圍於陳蔡之間 吾犯此
數患 親交益疏 徒友益散 何與
　子桑雽曰 子獨不聞假人之亡與 林回棄千金之璧 負赤子而趨 或曰 爲其布與 赤子

之布寡矣 爲其累與 赤子之累多矣 棄千金之璧 負赤子而趨 何也 林回曰 彼以利
合 此以天屬也 夫以利合者 迫窮禍患害相棄也 以天屬者 迫窮禍患害相收也 夫相
收之與相棄亦遠矣 且君子之交淡若水 小人之交甘若醴 君子淡以親 小人甘以絕
彼無故以合者 則無故以離

孔子曰 敬聞命矣

徐行翔佯而歸 絶學捐書 弟子無挹於前 其愛益加進

異日 桑雿又曰 舜之將死 眞泠禹曰 汝戒之哉 形莫若緣 情莫若率 緣則不離 率則
不勞 不離不勞 則不求文以待形 不求文以待形 固不待物

가난한 것이지 고달픈 것이 아니다

장자가 누덕누덕 기운 헐렁한 베옷을 입고 삼줄로 이리저리 묶은 신발을 신고 위魏나라 왕을 찾아갔습니다. 이 모습을 보고 위나라 왕이 말했습니다.

위왕 선생은 어찌 이렇게 고달프게 사십니까?

장자 가난한 것이지 고달픈 것이 아닙니다. 선비가 본래 모습(德)으로 길(道)을 가지 못하는 것이 고달픈 것입니다. 옷이 해지고 신발이 터진 것은 가난한 것이지 고달픈 것이 아닙니다. 말하자면 때를 만나지 못한 것뿐입니다. 왕께선 나무를 타고 다니는 원숭이를 본 적이 없으십니까? 원숭이가 단단한 녹나무나 가래나무를 탈 때는 가지를 붙잡고 나무들 사이를 다니며 의기양양해합니다. 예나 방몽 같은 화살의 명수라도 겨냥할 수 없을 것입니다. 그러나 원숭이가 산뽕나무나 대추나무, 탱자나무, 호깨나무 같은 약한 나무를 탈 때는 나무들 사이를 위태롭게 건너고 이리저리 둘러보며 흔들릴 때마다 무서워합니다. 근골이 긴장해서 그런 것이 아닙니다. 있는 곳이 불편해서 그 능력을 충분히 발휘할 수 없기 때문입니다. 지금같이 어리석은 군주와 어지러운 재상 사이에 있으면서 고달프지 않기를 바라는 게 어찌 가능하겠습니까? 충신 비간이 가슴을 찢긴 일을 보아도 분명하지 않습니까?

莊子衣大布而補之 正緳係履而過魏王 魏王曰 何先生之憊邪
莊子曰 貧也 非憊也 士有道德不能行 憊也 衣弊履穿 貧也 非憊也 此所謂非遭時
也 王獨不見夫騰猿乎 其得柟梓豫章也 攬蔓其枝而王長其間 雖羿蓬蒙不能眄睨也
及其得柘棘枳枸之間也 危行側視 振動悼慄 此筋骨非有加急而不柔也 處勢不便
未足以逞其能也 今處昏上亂相之間 而欲無憊 奚可得邪 此比干之見剖心徵也夫

궁지에 빠져서도 노래하는 공자

공자가 진나라와 채나라 국경에서 곤경에 처해 이레 동안 익힌 음식을 먹지 못했습니다. 공자는 물기 없는 나무에 기대어 오른손으로 마른 가지를 두드리며 신농씨의 노래를 불렀습니다. 도구는 있어도 장단이 없고, 소리는 나도 오음의 가락이 없었습니다. 그런데도 나무 두드리는 소리와 그의 노랫소리는 사람의 심금을 울렸습니다.

안회가 두 손을 공손히 모으고 눈길을 돌려 공자를 살펴보았습니다. 공자는 안회가 자신을 대단한 사람이라고 여기는 것이 큰일이라고 생각했습니다. 혹여 안회가 자신을 사랑해 슬픔에 빠질까봐 걱정이 되기도 했습니다.

공자 회야, 자연의 버림에 무심하기는 쉽구나. 하지만 사람의 도움을 받지 않기는 어렵구나. 시작도 없고 끝도 없다. 사람은 자연과 하나다. 지금 노래하는 자가 누구더냐?

안회 자연의 버림에 무심하기는 쉽다고 하시니, 무슨 말씀이십니까?

공자 굶주림과 목마름, 추위와 더위, 궁지에 빠져 오도 가도 못하는 것은 천지자연의 움직임이고 자연스러운 흐름이니 이와 함께 흘러갈 뿐이다. 신하 된 사람이 신하의 길을 저버리지 못하고 지키는 것도 이럴 테지. 자연을 모시는 일이야 더하지 않겠느냐?

안회 사람의 도움을 받지 않기는 어렵다고 하시니, 무슨 말씀이십니까?

공자 처음 등용되면 많은 걸 이루게 된다. 벼슬과 녹봉이 그치지 않아 물질적으로 이로울 것이다. 그러나 이런 것들은 자기 자신과는 아무 상관이 없는 것이다. 오히려 자신의 운명을 밖에 다는 것이다. 군자는 도둑이 되지 않고 현인은 훔치지 않는다. 그런데 내가 이걸 가지면 어찌 되는 것이냐? 새 중에는 제비가 가장 지혜롭다고 한다. 제비는 둥지를 틀 수 없는 곳은 쳐다보지도 않고, 먹을 것을 떨어뜨려도 버리고 달아난다. 그런데 사람을 무서워하면서도 사람이 사는 곳에 둥지를 튼다. 흙과 곡식의 신이 지켜주는 곳에서 사람과 함께 살기 위해서 말이다.

안회 그러면 시작도 없고 끝도 없다고 하신 건 무슨 말씀이십니까?

공자 모든 것은 저절로 되어간다. 왜 그런지는 아무도 모른다. 어떻게 끝나고 어떻게 시작되는지 누가 알겠느냐? 할 수 있는 것은 기다리는 것뿐이다.

안회 사람은 자연과 하나라고 하신 건 무슨 말씀이십니까?

공자 사람을 있게 하는 것도 자연이고, 자연을 있게 하는 것도 자연이다. 사람이 자연을 있게 할 수는 없다. 이것이 자연스러운 것이다. 훌륭한 성인은 편안하게 자연과 함께 살다가 생을 마친다.

孔子窮於陳蔡之間 七日不火食 左據槁木 右擊槁枝 而歌焱氏之風 有其具而無其數 有其聲而無宮角 木聲與人聲 犁然有當於人之心

顔回端拱還目而窺之 仲尼恐其廣己而造大也 愛己而造哀也

曰 回 無受天損易 無受人益難 無始而非卒也 人與天一也 夫今之歌者其誰乎

回曰 敢問無受天損易

仲尼曰 飢渴寒暑 窮桎不行 天地之行也 運物之泄也 言與之偕逝之謂也 爲人臣者
不敢去之 執臣之道猶若是 而況乎所以待天乎

何謂無受人益難

仲尼曰 始用四達 爵祿並至而不窮 物之所利 乃非己也 吾命有在外者也 君子不爲
盜 賢人不爲竊 吾若取之 何哉 故曰 鳥莫知於鷾鴯 目之所不宜處 不給視 雖落其
實 棄之而走 其畏人也 而襲諸人間 社稷存焉爾

何謂無始而非卒

仲尼曰 化其萬物而不知其禪之者 焉知其所終 焉知其所始 正而待之而已耳

何謂人與天一邪

仲尼曰 有人 天也 有天 亦天也 人之不能有天 性也 聖人晏然體逝而終矣

망신당한 장자

장자가 조릉이라는 밤나무 숲 주변을 거닐고 있었습니다. 그때 이상한 까치 한 마리를 보았는데 남쪽에서 온 것이었습니다. 날개 너비가 일곱 자나 되고, 눈의 지름이 한 치나 되었습니다. 까치는 장자의 이마를 스치며 밤나무 숲으로 날아갔습니다. "저건 대체 무슨 새지? 날개가 큰데도 높이 날지 못하고, 눈이 큰데도 제대로 보지 못하네." 장자는 바짓가랑이를 걷어 올리고 살금살금 기어가 활을 당겨 까치를 겨누었습니다. 그 순간 매미 한 마리가 시원한 그늘에서 제 몸을 잊은 채 울고 있었고, 사마귀가 도끼 발을 들고 그 매미를 잡으려 하고 있었습니다. 사마귀는 매미를 잡는 데만 정신이 팔려 제 사정을 모르고 있었습니다. 이상한 까치가 사마귀를 노리고 있던 것입니다. 까치 또한 사마귀를 죽일 생각뿐이라 제 상황은 모르고 있었습니다.

장자는 깜짝 놀랐습니다. "아! 모든 것이 서로 얽혀 있구나. 하나가 다른 하나에게 재앙이 되는구나." 장자가 활을 버리고 그냥 가려는데 산지기가 쫓아와 그를 나무랐습니다.

장자는 집에 돌아와서도 삼 일 동안이나 기분이 나빴습니다. 인저가 따라와 물었습니다.

인저 선생님! 무슨 일이 있으십니까? 요즘 기분이 아주 안 좋으신 것 같습니다.

장자 내가 뭘 좀 지켜보다 망신을 당했다. 탁한 물을 들여다보다 맑은 물을 잊고 말았다. 선생님께서 "세상에 들어가면 그곳의 법을 따르라"고 하셨는데, 내가 조릉에서 놀다가 망신을 당했다. 이상한 까치가 내 이마를 스치고 가기에 나도 모르게 밤나무 숲까지 쫓아 들어갔는데, 밤나무 숲 산지기가 나를 도둑인 줄 알더구나. 내 그래 기분이 나쁘다.

莊周遊於雕陵之樊 覩一異鵲自南方來者 翼廣七尺 目大運寸 感周之額而集於栗林
莊周曰 此何鳥哉 翼殷不逝 目大不覩 蹇裳躩步 執彈而留之 覩一蟬 方得美蔭而
忘其身 螳螂執翳而搏之 見得而忘其形 異鵲從而利之 見利而忘其眞
莊周怵然曰 噫 物固相累 二類相召也 捐彈而反走 虞人逐而誶之
莊周反入 三日 不庭 藺且從而問之 夫子何爲頃間甚不庭乎
莊周曰 吾守形而忘身 觀於濁水而迷於淸淵 且吾聞諸夫子曰 入其俗 從其令 今吾
遊於雕陵而忘吾身 異鵲感吾顙 遊於栗林而忘眞 栗林虞人以吾爲戮 吾所以不庭也

추녀가 더 아름답다

양자가 송나라의 한 여관에 머물게 되었습니다. 여관 주인에게는 첩이 둘 있었는데 한 명은 미녀고 다른 한 명은 추녀였습니다. 그런데 추녀가 귀여움을 받고 미녀는 미움을 받고 있었습니다. 양자가 그 까닭을 묻자 여관 주인이 말했습니다. "예쁜 여자는 스스로 예쁜 줄 아니 예뻐 보이지 않더군요. 못생긴 여자는 스스로 못생긴 줄 아니 못생겨 보이지 않더군요."

양자가 제자들에게 말했습니다. "너희들은 기억해두어라. 훌륭해도 스스로 훌륭하다 하지 않으면 어디 간들 사랑받지 못하겠느냐?"

陽子之宋 宿於逆旅 逆旅人有妾二人 其一人美 其一人惡 惡者貴而美者賤 陽子問
其故 逆旅小子對曰 其美者自美 吾不知其美也 其惡者自惡 吾不知其惡也
陽子曰 弟子記之 行賢而去自賢之行 安往而不愛哉

쓸모로 판단하는 세상에서는 쓸모 있어 죽고 쓸모없어 죽습니다. 이런 세상에서 어떻게 살아야 하는지 묻는 제자에게 장자는 무엇이든 있는 그대로 받아들이고, 무언가에 대한 무언가로 다루지 말라(物物而不物於物)고 답합니다. 다시 말해 있는 그대로 받아들이고 쓸모로 판단하지 말라는 것입니다. 칸트의 표현을 빌리면 "목적으로 대하지 수단으로 다루지 말라"는 것입니다. 상황 그대로를 받아들이는 물물(物物)의 태도로 북궁사의 일이 저절로 이루어집니다. 쓸모로 만난 사이는 쓸모없어지면 헤어진다는 말에 공자는 깨달은 바가 있었던지 곤경에 빠져서도 노래를 부릅니다. 위태로운 세상에서는 고달프게 살 수 밖에 없다던 장자는 이상한 까치를 잡겠다고 밤나무 숲에 들어갔다 도둑으로 의심받습니다. 무언가에 대한 무언가(物於物)로 다루면 자신도 그 상황에 말리고 맙니다. 있는 그대로를 받아들이고 남과 비교하지 않으면 괴롭지 않습니다. 이것이 추녀가 더 사랑받는 이유입니다. 있는 그대로를 받아들이는 사람을 만나고 싶으신가요? 〈전자방〉에서 그에 대한 이야기가 나옵니다.

전자방

田子方

훌륭한 스승은 모든 것을 있는 그대로 받아들이고 모범을 보입니다. 바로 전자방의 스승 동곽순자東郭順子가 그런 인물입니다. 성인의 말과 사랑과 정의를 실천하는 것이 전부라고 생각했던 위문후는 전자방의 스승 이야기를 듣고 깨닫습니다. 계속해서 예의에는 밝으나 사람의 마음을 아는 데 서툴다는 온백설자의 공자 비평과 제자 안회에게 자신은 달라지고 있다고 말하는 공자의 이야기가 이어집니다. 그리고 마침내 공자는 노자를 만나 깨닫게 됩니다.

그에 반해 유자 행세를 하던 많은 사람들이 진정한 유자가 아니었다는 게 밝혀집니다. 장자와 노애공의 시험이 흥미롭습니다. 이어 아무런 욕심 없이 무심하게 사는 사람들의 이야기가 펼쳐집니다. 벼슬과 녹봉에 무심한 백리해, 백리해의 천한 신분에 무심한 진목공, 죽음과 삶에 무심한 요임금, 타인의 시선에 무심한 화공, 이름에 무심한 장노인. 그러나 아직 마음을 다 비우지 못한 열어구는 백 길 심연을 내려다보며 식은땀을 흘립니다. 재상 자리에 무심했던 손숙오와 나라의 존망에 무심한 범나라 군주의 이야기를 마지막으로 무심하게 사는 사람들의 이야기는 끝이 납니다.

전자방의 스승

전자방이 위문후를 모시고 앉아 이야기를 하며 계공을 여러 번 칭찬했습니다.

문후 계공이 그대의 스승입니까?

자방 아닙니다. 무택[1]은 제 고향 사람입니다. 그와 길(道)을 말할 때 자주 들을 만한 이야기를 해서 무택을 칭찬한 것입니다.

문후 그러면 그대에게 스승은 없습니까?

자방 있습니다.

문후 그대의 스승은 누구입니까?

자방 동곽순자東郭順子입니다.

문후 그런데 왜 스승 이야기는 하지 않습니까?

자방 그분은 인간의 천진한 모습 그대로입니다. 모습은 사람이지만 하늘처럼 비어 있습니다. 인연을 따르지만 천진한 모습 그대로 간직하고 있습니다. 맑지만 무엇이든 받아줍니다. 누군가 길을 잃으면 자

---

1 계공의 이름.

신의 모습을 바르게 해서 깨우쳐줍니다. 어떻게 그런 분을 무택 대신 말씀드릴 수 있겠습니까?

자방이 나가자 문후는 멍하니 종일 말이 없었습니다. 그는 앞에 서 있던 신하를 불러 말했습니다. "멀구나. 본래 모습 그대로인 군자(全德之君子)가 되는 길이. 지금까지 나는 성인과 지식인의 말 그리고 사랑과 정의를 실천하는 것이 전부라고 생각해왔다. 그런데 자방의 스승 이야기를 듣고 나니 몸이 풀어져 움직이고 싶지도 않고, 입이 붙어 말하기도 싫구나. 내가 지금까지 배운 것이 단지 흙으로 만든 인형이었단 말이냐. 위나라는 정말 나를 얽어매는 실타래로구나."

田子方侍坐於魏文侯 數稱谿工

文侯曰 谿工 子之師邪

子方曰 非也 無擇之里人也 稱道數當 故無擇稱之

文侯曰 然則子無師邪

子方曰 有

曰 子之師誰邪

子方曰 東郭順子

文侯曰 然則夫子何故未嘗稱之

子方曰 其爲人也眞 人貌而天虛 緣而葆眞 淸而容物 物無道 正容以悟之 使人之意也消 無擇何足以稱之

子方出 文侯儻然終日不言 召前立臣而語之曰 遠矣 全德之君子 始吾以聖知之言仁義之行爲至矣 吾聞子方之師 吾形解而不欲動 口鉗而不欲言 吾所學者直土梗耳 夫魏眞爲我累耳

온백설자와 공자

온백설자가 제나라로 가는 길에 노나라에서 하룻밤 묵게 되었습니다. 한 노나라 사람이 그를 만나고 싶어했습니다. 온백설자가 말했습니다. "그만 됐다. 중국의 군자는 예의에는 밝으나 사람의 마음을 아는 데는 서툴다고 들었다. 내 그를 만나고 싶지 않구나."

제나라에 갔다가 돌아오는 길에 온백설자는 다시 노나라에 묵게 되었습니다. 다시금 그때 그 사람이 만남을 청했습니다. 온백설자가 말했습니다. "지난번에도 만나고 싶다더니, 오늘 또 그러하니 뭔가 내가 거둘 만한 것이 있을 것 같구나."

온백설자가 나아가 그를 만나고 들어와서는 한숨을 지었습니다. 다음 날 다시 그를 만나고 들어와 또 한숨을 지었습니다. 그의 종이 궁금해서 물었습니다.

종   그를 만나고 들어오실 때마다 한숨을 지으시니 왜 그러신 겁니까?

온백설자 내 말하지 않았더냐. 중국의 사람들은 예의에는 밝으나 사람의 마음을 아는 데는 서툴다고. 내가 만나고 온 사람도 나아가고 물러서는 것이 꼭 자로 잰 것 같더구나. 모습도 한 번은 용 같고 한 번은 호랑이 같았다. 나를 나무랄 때는 자식이 아버지한테 하듯 하고, 나를 가르칠 때는 아버지가 아들한테 하듯 하더구나. 그래 한숨이 나오는구나.

한편 공자는 온백설자를 만나고 돌아와서 아무런 말도 하지 않았습니다.

| 자로 | 선생님께서 오랫동안 온백설자를 만나고 싶어하시지 않았습니까? 그런데 왜 그를 만나고 아무 말씀도 없으십니까? |
| 공자 | 그분은 그냥 보기만 해도 길(道)을 가는 분이라는 걸 알 수 있었다. 말로 할 수가 없구나. |

溫伯雪子適齊 舍於魯 魯人有請見之者 溫伯雪子曰 不可 吾聞中國之君子 明乎禮義而陋於知人心 吾不欲見也
至於齊 反舍於魯 是人也又請見 溫伯雪子曰 往也蘄見我 今也又蘄見我 是必有以振我也
出而見客 入而歎 明日見客 又入而歎 其僕曰 每見之客也 必入而歎 何邪
曰 吾固告子矣 中國之民 明乎禮義而陋乎知人心 昔之見我者 進退一成規 一成矩 從容一若龍 一若虎 其諫我也似子 其道我也似父 是以歎也
仲尼見之而不言
子路曰 吾子欲見溫伯雪子久矣 見之而不言 何邪
仲尼曰 若夫人者 目擊而道存矣 亦不可以容聲矣

나는 달라지고 있다

안연(안회)이 공자에게 말했습니다.

안연 선생님께서 걸으시면 저도 걷고, 선생님께서 빨리 가시면 저도 빨리 가고, 선생님께서 달리시면 저도 달립니다. 그러나 선생님께서 먼지 하나 내지 않고 질주하실 때면 저는 그저 뒤에서 바라볼 뿐입니다.

공자 회야, 그게 무슨 말이냐?

안연 선생님께서 걸으시면 저도 걷는다는 것은, 선생님께서 말씀하시면 저도 말한다는 것입니다. 선생님께서 빨리 가시면 저도 빨리 간다는 것은, 선생님께서 변론을 하시면 저도 변론을 한다는 것입니다. 선생님께서 달리시면 저도 달린다는 것은, 선생님께서 길(道)을 말씀하시면 저도 길을 말한다는 것입니다. 그리고 선생님께서 먼지 하나 내지 않고 질주하실 때면 그저 뒤에서 바라볼 뿐이라는 것은, 선생님께서 말없이 믿음을 주고 치우치지 않고 고루 대하시지만[2]

---

2 《논어》〈위정〉 참조.

딱히 가진 것이 없는데도 사람들이 모여드는 이유를 잘 모르겠다는 것입니다.

공자 아! 이걸 잘 생각해봐야 한다. 세상에서 가장 슬픈 일은 마음이 죽는 것이다. 사람이 죽는 것은 그다음이다. 해는 동쪽에서 떠서 서쪽 끝으로 기운다. 이를 따르지 않는 것은 아무것도 없다. 눈이 있고 발이 있는 것은 이루어질 때까지 기다려야 한다. 해가 뜬다는 것은 살아간다는 것이고, 해가 진다는 것은 사라진다는 것이다. 모든 것이 마찬가지다. 죽을 수 있을 때까지 기다려야 한다. 살 수 있을 때까지 기다려야 한다. 한 번 몸을 받아 태어나면 몸을 바꾸지 않고 그대로 다하기를 기다리는 것이다. 밤낮으로 끊임없이 무언가를 따라 움직이지만 어디서 끝날지는 나도 모른다. 향기롭게 내 몸이 생겨났으니 운명이라 생각한다. 하지만 태어나기 전의 나는 생각조차 할 수 없다. 나는 이 몸으로 날마다 길을 가고 있는 것이다.

내가 평생 너의 팔을 잡고 있어도 언젠가는 헤어지게 마련이다. 슬픈 일이 아니더냐! 그런데 너는 내가 보여준 것만 보는 것 같구나. 그것은 이미 다한 것인데 너는 거기에 뭔가 있는 줄 알고 있구나. 이는 말(馬)이 잠시 쉬어간 곳에서 말을 찾는 격이다. 내가 너에게 해줄 말은 나를 완전히 잊으라는 것이다. 네가 나에게 해줄 말도 너를 완전히 잊으라는 것이다. 그렇다고 네가 걱정할 필요는 없다. 옛날의 나를 잊었어도 나에겐 잊지 않고 새로 태어나는 내가 있을 것이다.

顏淵問於仲尼曰 夫子步亦步 夫子趨亦趨 夫子馳亦馳 夫子奔逸絕塵 而回瞠若乎後矣

夫子曰 回 何謂邪

曰 夫子步 亦步也 夫子言 亦言也 夫子趨 亦趨也 夫子辯 亦辯也 夫子馳 亦馳也
夫子言道 回亦言道也 及奔逸絶塵而回瞠若乎後者 夫子不言而信 不比而周 無器
而民滔乎前 而不知所以然而已矣

仲尼曰 惡 可不察與 夫哀莫大於心死 而人死亦次之 日出東方而入於西極 萬物莫
不比方 有目有趾者 待是而後成功 是出則存 是入則亡 萬物亦然 有待也而死 有
待也而生 吾 一受其成形 而不化以待盡 效物而動 日夜無隙 而不知其所終 薰然
其成形 知命不能規乎其前 丘以是日徂

吾終身與汝交一臂而失之 可不哀與 女殆著乎吾所以著也 彼已盡矣 而女求之以爲
有 是求馬於唐肆也 吾服女也甚忘 女服 吾也亦甚忘 雖然 女奚患焉 雖忘乎故吾
吾有不忘者存

나는 항아리 속의 초파리였다

공자가 노담을 만나러 갔을 때 노담은 감은 머리를 풀어헤치고 햇빛에 말리고 있었습니다. 꼼짝도 않고 있는 모습이 사람 같아 보이지 않았습니다. 공자는 물러나 잠시 기다리고 있다가 노담에게 말했습니다.

공자 제가 잘못 본 걸까요? 아니면 정말 그랬던 걸까요? 아까 선생님의 모습이 마른 나무가 우뚝 서 있는 것처럼 보였습니다. 마치 모든 걸 버리고 인간 세상을 떠나 홀로 서 계신 것같이 말입니다.

노담 '무언가의 처음(物之初)'에서 마음이 노닐고 있었습니다.

공자 무슨 말씀이십니까?

노담 아무리 생각해도 알 수 없습니다. 아무리 입을 벌려도 말할 수 없습니다. 그래도 그대를 위해 대략을 말해드리겠습니다. 순수한 음은 고요하고 차갑습니다. 순수한 양은 밝고 뜨겁습니다. 고요하고 차가운 것은 하늘에서 내려오고, 밝고 뜨거운 것은 땅에서 올라옵니다. 이 둘이 서로 도와 화목하면 거기서 모든 것이 생겨납니다. 누군가 그렇게 하는 것도 같은데 모습을 드러내지 않습니다. 사라지고 자라고 채워지고 비워지고 어두워졌다 밝아졌다 해와 달이 바뀝니다. 이런 것이 매일 계속됩니다. 그러나 왜 그런지 아무도 모릅니다. 생명은 싹 트는 곳에서 시작되고, 죽음은 돌아가는 곳에서 끝이 납니다. 그러나 시작과 끝이 서로 꼬리를 물고 끊임없이 이어집니다. 어디서 끝날지 아무도 모릅니다. 이게 무언가의 처음 '조상(宗)'이 아니겠습니까?

공자 '무언가의 처음에서 노닌다'는 게 무슨 말씀이신지요?

노담 무언가의 처음에서 노닐 수 있다면 순수한 아름다움(至美)과 순수한 즐거움(至樂)을 누릴 수 있습니다. 순수한 아름다움을 지니고 순수한 즐거움 속에서 노니는 사람을 순수한 지인至人이라고 합니다.

공자 어떻게 하면 그럴 수 있을까요?

노담 초식동물은 목초지 바꾸는 것을 꺼리지 않습니다. 수생동물은 물 바꾸는 것을 꺼리지 않습니다. 가는 곳이 조금 바뀌어도 큰 것은 그대로입니다. 그래서 희로애락이 마음에 들어오지 않습니다. 세상(天下)은 모두가 하나 되는 곳입니다. '하나 됨'을 알고 정말 하나가 된다면 사지와 몸뚱이는 티끌이나 먼지가 될 것입니다. 죽음과 삶, 끝과 시작은 낮과 밤이 될 것입니다. 아무것도 마음을 흔들지 못합니다. 거기에 이익이니 손해니, 불행이니 행복이니 하는 생각이 들어올 자리가 있겠습니까? 노예를 버리는 사람은 진흙을 털어내듯 합니다. 자신이 노예보다 귀하다는 것을 알기 때문입니다. 나에게 귀한 것이 있으면 어떤 변화에도 잃지 않습니다. 또한 모든 것이 달라져도 끝이란 원래 없는 것입니다. 그런데 무엇 때문에 괴로워하겠습니까? 자연스러운 길을 가고 있는 사람(已爲道者)은 이 모든 것을 알고 있습니다.

공자 선생님께서는 본래 모습(德)이 천지와 같은데도 순수한 말씀(至言)으로 마음을 닦고 계십니다. 옛 군자인들 누가 이렇게 말할 수 있었겠습니까?

노담 그렇지 않습니다. 졸졸 흐르는 시냇물은 애쓰지 않아도 자연스럽게 흐릅니다. 순수한 지인은 본래 모습을 닦지 않아도 아무것도 그를 떠나지 않습니다. 하늘이 높고, 땅이 두텁고, 해와 달이 밝은 것처럼 자연스럽게 말입니다. 그런데 대체 무얼 닦겠습니까?

공자가 물러나와 안회에게 말했습니다. "길(道)에 관해 나는 항아리 속의 초파리였다. 선생님께서 내 뚜껑을 열어주셨다. 그러지 않았더라면 나는 천지자연의 온전함(天地之大全)을 몰랐을 것이다."

孔子見老聃 老聃新沐 方將被髮而乾 慹然似非人 孔子便而待之 少焉見 曰 丘也
眩與 其信然與 向者先生形體掘若槁木 似遺物離人而立於獨也
老聃曰 吾遊心於物之初
孔子曰 何謂邪
曰 心困焉而不能知 口辟焉而不能言 嘗爲汝議乎其將 至陰肅肅 至陽赫赫 肅肅出
乎天 赫赫發乎地 兩者交通成和而物生焉 或爲之紀而莫見其形 消息滿虛 一晦一
明 日改月化 日有所爲 而莫見其功 生有所乎萌 死有所乎歸 始終相反乎無端而莫
知乎其所窮 非是也 且孰爲之宗
孔子曰 請問遊是
老聃曰 夫得是 至美至樂也 得至美而遊乎至樂 謂之至人
孔子曰 願聞其方
曰 草食之獸不疾易藪 水生之蟲不疾易水 行小變而不失其大常也 喜怒哀樂不入於
胸次 夫天下也者 萬物之所一也 得其所一而同焉 則四肢百體將爲塵垢 而死生終
始將爲晝夜而莫之能滑 而況得喪禍福之所介乎 棄隷者若棄泥塗 知身貴於隷也 貴

在於我而不失於變 且萬化而未始有極也 夫孰足以患心 已爲道者解乎此

孔子曰 夫子德配天地 而猶假至言以修心 古之君子 孰能脫焉

老聃曰 不然 夫水之於汋也 無爲而才自然矣 至人之於德也 不修而物不能離焉 若
天之自高 地之自厚 日月之自明 夫何脩焉

孔子出 以告顏回曰 丘之於道也 其猶醯雞與 微夫子之發吾覆也 吾不知天地之大
全也

노나라에는 유자가 한 사람뿐이다

장자가 노나라 애공을 만났습니다.

애공 노나라에 유자(儒士)들은 많습니다. 그런데 선생의 공부를 하는 사람은 적은 것 같습니다.

장자 노나라에는 유자도 적습니다.

애공 온 나라 사람이 유자의 옷을 입었는데 어찌 적다고 하십니까?

장자 유자가 둥근 갓을 쓰는 것은 하늘의 때를 안다는 것이고, 네모난 신발을 신는 것은 땅의 모습을 아는 것이고, 깨진 모양의 옥을 허리에 차고 다니는 것은 일이 닥치면 결단성 있게 행동한다는 것을 보여주는 것이라 들었습니다. 그러나 군자가 길을 안다고 반드시 그런 옷을 입는 것은 아닙니다. 그리고 그런 옷을 입었다고 반드시 길을 아는 것도 아닙니다. 임금께서 그렇지 않다고 생각하신다면 나라에 명령을 내려보시는 게 어떻겠습니까? '길을 알지 못하면서 유자의 옷을 입고 다니는 사람은 사형을 처한다'고 말입니다.

애공이 정말 명령을 내렸습니다. 닷새가 되자 노나라에는 감히 유자의 옷을 입고 다니는 사람이 없었습니다. 단 한 명의 장부만이 유자의 옷을 입고 애공의 문 앞에 서 있었습니다. 애공이 그를 불러 나랏일에 대해 물었습니다. 그의 말은 자유자재로 화제를 바꾸면서 막힐 줄 몰랐습니다.

장자가 말했습니다. "노나라에는 유자가 한 사람뿐이군요. 어찌 많다고 할 수 있겠습니까?"

莊子見魯哀公
哀公曰 魯多儒士 少爲先生方者
莊子曰 魯少儒
哀公曰 擧魯國而儒服 何謂少乎
莊子曰 周聞之 儒者冠圜冠者 知天時 履句屨者 知地形 緩佩玦者 事至而斷 君子
有其道者 未必爲其服也 爲其服者未必知其道也 公固以爲不然 何不號於國中曰
無此道而爲此服者 其罪死
於是哀公號之五日 而魯國無敢儒服者 獨有一丈夫儒服而立乎公門 公卽召而問以
國事 千轉萬變而不窮
莊子曰 以魯國而儒者一人耳 可謂多乎

무심했습니다

백리해는 벼슬과 녹봉에 무심했습니다. 그런 마음으로 소를 키우니 소가 통통해졌습니다. 진나라 목공은 백리해의 천한 신분에 무심했습니다. 그래서 그에게 정사를 맡겼습니다. 유우씨(순임금)는 죽음과 삶에 무심했습니다. 그래서 사람들을 감동시켰습니다.

百里奚爵祿不入於心 故飯牛而牛肥 使秦穆公忘其賤 與之政也 有虞氏死生不入於
心 故足以動人

무심한 화공

송나라 원군元君이 그림을 그리게 하자 여러 화공이 모여들었습니다. 그들은 화판을 받고는 자리를 잡고 붓에 침을 바르고 먹을 갈았습니다. 문 밖에 있는 사람이 절반이었습니다. 한 화공이 늦게 와서 느긋하게 걸어 들어가 화판을 받더니 자리도 잡지 않고 그냥 집으로 가버렸습니다. 원군이 사람을 시켜 가보게 했습니다. 그는 옷을 벗고 두 다리를 뻗고 앉아 있었습니다. 원군이 말했습니다. "좋구나. 그가 진짜 화공이다."

宋元君將畫圖 衆史皆至 受揖而立 舐筆和墨 在外者半 有一史後至者 儃儃然不趨 受揖不立 因之舍 公使人視之 則解衣般礴臝 君曰 可矣 是眞畫者也

무심한 장노인

문왕이 장臧이라는 고장을 돌아보다가 한 노인이 낚시하는 것을 보았습니다. 뭔가 낚은 것 같지도, 낚이기를 기다리는 것 같지도 않았습니다. 그러나 뭔가 낚으려는 것이 있는지 계속 낚시질을 했습니다. 문왕은 그를 등용해 정사를 맡기고 싶었습니다. 그러나 대신과 친척 들이 불안해할까봐 걱정이 되었습니다. 그렇다고 그대로 놔두기에는 하늘이 사람들에게 준 기회를 저버리는 것이 안타까웠습니다. 문왕은 날이 밝자 대부들을 불러들여 말했습니다. "과인이 어젯밤 꿈에 훌륭한 분을 보았소이다. 얼굴색이 검고 구레나룻을 기른 모습이었는데, 한쪽 발굽이 붉은 얼룩말을 타고 오셨습니다. 그분이 '국정을 장臧에 사는 노인에게 맡겨라. 그러면 사람들의 고통도 거의 낫게 될 것이다'고 명령을 내리셨습니다." 여러 대부가 놀라며 말했습니다.

대부들 돌아가신 선왕이십니다.

문왕 그럼 점을 쳐봅시다.

대부들 선왕의 명령이십니다. 다른 생각은 마십시오. 새삼 무슨 점을 치라 하십니까?

이렇게 해서 장노인이 등용되어 국정을 맡게 되었습니다. 그는 법을 바꾸지도 않고, 새로운 관리를 임명하지도 않았습니다. 삼 년 후 문왕이 나라를 돌아보았습니다. 정치인들의 파벌 싸움이 없어졌고, 관리들은 자기 공을 내세우지 않았고, 뒷박질로 인한 경제적 갈등도 찾아보기 어려웠습니다. 정치인들의 파벌 싸움이 없어졌다는 것은 함께하는 것을 존중하게 되었다는 것입니다. 관리들이 자기 공을 내세우지 않았다는 것은 일을 함께했다는 것입니다. 뒷박질로 인한 경제적 갈등을 찾아보기 어려웠다는 것은 제후들이 딴마음을 먹지 않았다는 것입니다. 문왕은 노인을 큰 스승(太師)으로 받들어 제자의 입장에서 물었습니다. "이런 정치를 온 세상에 펼칠 수 있을까요?" 장노인은 멀뚱멀뚱 아무 말도 하지 않고 거절하는 듯, 마는 듯하더니 아침에 명을 받고는 밤에 사라져버렸습니다. 이후 그에 대한 아무런 소식도 들을 수 없었습니다.

안연이 공자에게 물었습니다.

안연 문왕이 아직은 아닌 것입니까? 어떻게 꿈을 가지고 그럴 수 있습니까?

공자 너는 아무 말도 하지 말거라. 문왕은 할 걸 다한 것이다. 어떻게 그를 비판할 수 있겠느냐? 그는 잠시 돌아갔을 뿐이다.

文王觀於臧 見一丈夫釣 而其釣莫釣 非持其釣有釣者也 常釣也 文王欲舉而授之政 而恐大臣父兄之弗安也 欲終而釋之 而不忍百姓之無天也 於是旦而屬之大夫曰 昔者寡人夢見良人 黑色而頻 乘駁馬而偏朱蹄 號曰寓而政於臧丈人 庶幾乎民有瘳乎 諸大夫蹴然 曰 先君王也

文王曰 然則卜之

諸大夫曰 先君之命 王其無他 又何卜焉

遂迎臧丈人而授之政 典法無更 偏令無出 三年 文王觀於國 則列士壞植散群 長官者不成德 鍵斛不敢入於四竟 列士壞植散群 則尙同也 長官者不成德 則同務也 鍵斛不敢入於四竟 則諸侯無二心也 文王於是焉以爲太師 北面而問曰 政可以及天下乎 臧丈人昧然而不應 泛然而辭 朝令而夜遁 終身無聞

顏淵 問於仲尼曰 文王其猶未邪 又何以夢爲乎

仲尼曰 黙 汝無言 夫文王盡之也 而又何論刺焉 彼直以循斯須也

열어구와 백혼무인의 대화

열어구(열자)가 백혼무인에게 활쏘기를 보여주었습니다. 활을 힘껏 당길 때 그 자세가 얼마나 곧은지 팔에 물 잔도 올려놓을 수 있을 것 같았습니다. 화살이 시위를 떠나는 순간 다음 화살이 메워지는 모습은 화살과 화살이 꼬리를 문 듯했습니다. 열어구의 활을 쏘는 모습은 조각 인형 같았습니다.

백혼무인이 말했습니다. "활쏘기 선수들이 하는 활쏘기군요. 진짜 활쏘기가 아닙니다. 높은 산에 올라 튀어나온 바위를 밟고 백 길 심연이 내려다보이는 곳에서 쏴도 잘 쏠 수 있을까요?"

백혼무인은 높은 산에 올라 튀어나온 바위를 밟고 백 길 심연을 내려다보았습니다. 그는 못을 등지고 뒷걸음쳐 발의 삼분의 이를 절벽 밖으로 내밀었습니다. 그러고는 열어구에게 어서 오라는 손짓을 했습니다. 열어구는 온몸에 식은땀을 흘리며 기어갔습니다.

백혼무인이 말했습니다. "순수한 지인이라면 위로는 푸른 하늘 끝까지 살펴보고, 아래로는 황천 끝까지 잠겨보고, 팔방 끝까지 마음껏 다녀도 마음의 흐름(神氣)이 변하지 않습니다. 지금 그대는 눈을 끔적거릴 정도로 두려운 마음이니 그대가 과녁을 맞히는 것은 어려운 일일 것 같군요."

列御寇爲伯昏無人射 引之盈貫 措杯水其肘上 發之 適矢復沓 方矢復寅 當是時
猶象人也

伯昏無人曰 是射之射 非不射之射也 嘗與汝登高山 履危石 臨百仞之淵 若能射乎
於是無人遂登高山 履危石 臨百仞之淵 背逡巡 足二分垂在外 揖禦寇而進之 禦寇
伏地 汗流至踵

伯昏無人曰 夫至人者 上闚青天 下潛黃泉 揮斥八極 神氣不變 今汝怵然有恂目之
志 爾於中也殆矣夫

무심한 손숙오

견오가 손숙오에게 물었습니다.

견오 그대는 세 번 초나라 재상이 되었어도 영화로 여기지 않았고, 세 번 그 자리를 그만두고도 서운한 기색이 없었습니다. 나는 처음엔 그것이 그대의 진심이 아닐 거라고 의심했습니다. 이제 그대를 코 앞에서 보니 나비 한 마리가 훨훨 날고 있습니다. 대체 그런 마음가짐을 어떻게 가질 수 있는 것입니까?

손숙오 내가 남보다 나은 것이 뭐가 있겠습니까? 나는 오는 것 막지 않고 가는 것 잡지 않습니다. 얻고 잃은 것은 나에게 달린 것이 아니라고 생각합니다. 그래서 서운한 기색이 없었던 것입니다. 내가 남보다 나은 것이 뭐가 있겠습니까? 나는 영화가 재상 자리에 있었던 것인지 나에게 있었던 것인지 정말 모르겠습니다. 만일 재상 자리에 있었던 거라면 나에겐 아무 의미도 없는 것이고, 나에게 있었던 거라면 재상 자리와는 아무 상관이 없는 것입니다. 이제부터 느릿느릿 여유롭게 다니면서 여기저기를 돌아보렵니다. 누가 귀한 자리를 차지했고, 누가 천한 자리에 있는지 생각할 겨를이 있겠습니까?

공자가 이 이야기를 듣고 말했습니다. "옛날 천진한 사람은 안다는 자(知者)도 설득하지 못하고, 미인도 유혹하지 못하고, 도둑도 협박하지 못했다. 복희와 황제조차 그와 벗하지 못했다. 죽고 사는 것이 큰일이지만 그를 바꿀 수는 없었다. 그런데 벼슬과 녹봉 따위가 어떻게 그를 바꿀 수 있겠느냐. 천진한 사람의 마음은 태산을 지나가도 걸리는 게 없고, 깊은 물에 들어가도 젖지 않고, 미천한 처지에 있어도 고달프지 않다. 하늘과 땅을 가득 채우고, 남에게 줄수록 더 많은 것을 가진다."

肩吾問於孫叔敖曰 子三爲令尹而不榮華 三去之而無憂色 吾始也疑子 今視子之鼻
間栩栩然 子之用心獨奈何
孫叔敖曰 吾何以過人哉 吾以其來不可卻也 其去不可止也 吾以爲得失之非我也
而無憂色而已矣 我何以過人哉 且不知其在彼乎 其在我乎 其在彼邪 亡乎我 在我
邪 亡乎彼 方將躊躇 方將四顧 何暇至乎人貴人賤哉
仲尼聞之曰 古之眞人 知者不得說 美人不得濫 盜人不得劫 伏戲黃帝不得友 死生
亦大矣 而無變乎己 況爵祿乎 若然者 其神經乎大山而無介 入乎淵泉而不濡 處卑
細而不憊 充滿天地 既以與人 己愈有

범나라는 없어졌습니다

초나라 왕이 범나라 군주와 앉아 있었습니다. 잠시 후 초왕의 신하들이 범나라가 망했다고 세 번이나 말했습니다. 범나라 군주가 말했습니다. "범나라가 망했어도 내가 지금 여기 있다는 것을 부정할 수는 없을 것입니다. 범나라가 망했어도 내가 여기 있다는 것을 부정할 수 없다면 초나라가 지금은 있더라도 영원히 있을 거라고 할 수 없겠지요. 이렇게 보면 범나라가 처음부터 없었던 것도 아니고, 초나라가 처음부터 있었던 것도 아닙니다."

楚王與凡君坐 少焉 楚王左右曰凡亡者三 凡君曰 凡之亡也 不足以喪吾存 夫凡之亡不足以喪吾存 則楚之存不足以存存 由是觀之 則凡未始亡而楚未始存也

장자는 삶/죽음, 성공/실패, 아름다움/추함, 쓸모 있음/쓸모없음, 나/남, 옳음/그름, 그러함/그렇지 않음, 이런 이분법적 생각을 넘어섭니다. 여기서도 마찬가지로 있다/없다, 즉 존/망의 이분법을 넘어서고 있습니다. 지금 여기 있다고 영원히 있을 수 있는 것이 아닙니다. 언제가는 없어집니다. 범나라가 있었다는 사실은 범나라 군주의 존재로 증명되지만 지금은 이미 망해 없어진 나라입니다. 초나라도 원래 있었던 것이 아닌 것처럼 언젠가는 없어질 수 있는 나라입니다. 있다/없다 하는 것도 지금의 판단일 뿐입니다. 장자 철학은 고정된 판단에 갇히지 않고 되어가는 흐름과 과정에 주목합니다. 그래서 삶, 성공, 아름다움, 쓸모, 나, 옳음을 고집하거나 주장하지 않습니다. 쉽게 판단하고 그렇지 않은 것을 없애버리는 무시와 차별과 배제를 경계합니다. 서로 다른 것들이 만나고 헤어지고, 모이고 흩어지면서 어떤 것이 되어가는 흐름과 과정을 그대로 받아들이고 즐깁니다. 서로 다른 것들이 함께 노니는 세상이 본래 모습(德)이고 자연스러운 길(道)인 것입니다.

무심한 마음에는 돈이나 명예, 삶과 죽음, 성공과 실패, 아름다움과 추함, 쓸모 있음과 쓸모없음, 옳고 그름, 나라의 존망 같은 경계가 없습니다. 무심한 마음은 담 없는 마을(無何有之鄕)입니다. 노자가 항아리 뚜껑을 열어주자 예의 도덕에 갇혀 있던 공자가 드디어 담 없는 마을로 나옵니다. 전자방의 스승 동곽순자, 무심한 화공, 장노인, 손숙오, 범나라 군주, 이들은 담 없는 마을에서 노니는 마음으로 사는 사람들입니다. 담 없는 마을에서는 말로 따질 것이 없어 말없이 자신의 모습을 바르게 해 깨우쳐줄 뿐입니다. 바로 전자방의 스승 동곽순자가 그런 사람입니다. 전자방도 들을 만한 이야기를 하는 무택에 대해서는 칭찬하지만 말없이 가르침을 주는 스승에 대해서는 아무 말도 하지 않습니다. 스승이 말로 다할 수 없는 분이라 말로 전할 수 없었던 것이죠. 훌륭한 스승은 말로 가르치지 않고, 훌륭한 스승에 대해서는 말로 다할 수 없습니다. 그러니 '길'에 대해서는 오죽하겠습니까? 길을 어찌 말로 전하겠습니까? 그에 대한 이야기가 〈지북유〉에서 펼쳐집니다.

지북유
知北遊

말없이 길을 가는 무위위

자연은 말이 없다

진짜 아는 자, 왜냐고 묻지를 않네

그대의 몸도 그대의 것이 아니다

공자, 노자에게 순수한 길을 묻다

똥에도 길이 있다

길을 말로 전할 수 있는가

그대는 길을 아시나요?

보려 해도 보이지 않고

마음 쓰지 않겠다는 마음마저 없다면

천지자연이 있기 전을 알 수 있나

앎으로 모든 것을 이해하려 한다면

지知가 우연히 무위위無爲謂를 만나 '길'에 대해 묻지만 무위위는 아무 말이 없습니다. 황제는 '아는 자, 말이 없다'며 아무 말 없는 무위위가 진짜 길을 가고 있다고 말합니다. 자연은 말이 없습니다. 길을 묻고는 잠이 든 설결을 보고 스승 피의가 기쁨의 노래를 부릅니다. 순임금은 길을 얻으면 가질 수 있느냐고 묻습니다. 내 몸도 내 것이 아니고 자연이 빌려준 것인데 어떻게 길을 가질 수 있느냐는 대답이 돌아옵니다. 공자가 길에 대해 묻자 노자는 말로 하기 어렵다면서도 길의 대강을 말해줍니다. 많이 안다고 아는 것이 아니고, 말을 잘한다고 지혜로운 것이 아니라면서 '어울리는 마음'으로, '함께하는 마음'으로 가는 것이 길이라고 합니다. 길이 어디에 있느냐는 질문에 장자는 똥과 오줌에도 있다며, 길은 없는 곳이 없고 어디에서도 달아나지 않으니 길을 어디서 찾으려 하지 말고 담 없는 궁전에서 모두 함께 어울려 한가롭게 노닐자고 합니다.

엄강조의 길 이야기, 태청泰淸이 무궁無窮, 무위無爲, 무시無始에게 길을 묻는 이야기, 광요光耀가 무유無有에게 길을 묻는 이야기, 모두 길은 보이지도 들리지도 잡히지도 않는다고 합니다. 길은 앎의 대상으로 따로 존재하는 것이 아니라 무심하게 살다보면 저절로 가는 것입니다. 솜씨 좋은 팔십 대 장장이의 말대로 마음 쓰지 않겠다는 마음마저 없다면 모든 것이 저절로 이루어집니다. 알고자 하는 마음마저 버리면 알게 되고, 가고자 하는 마음마저 버리면 가게 되는 것이 길입니다. 그래서 어제 알 것 같았던 것을 오늘 잘 모르겠다는 염구의 말에 공자는 어제는 마음으로 받아들였던 것을 오늘은 다른 것으로 받아들이고 있어서라고 말합니다. 앎으로 모든 것을 이해하려 한다면 부족할 수밖에 없다는 공자의 말로 〈지북유〉는 마무리됩니다.

말없이 길을 가는 무위위

지知(앎)가 북쪽 현수玄水(검은 물)에서 노닐다 은분隱芬(숨은 언덕)에 올랐습니다. 거기서 우연히 아무 말도 하지 않는 무위위無爲謂를 만났습니다. 지가 무위위에게 말했습니다. "내 그대에게 물어볼 말이 있습니다. 어떻게 생각하고 무엇을 고민해야 길을 알게 될까요知道)? 어디에 있어야 하고 무엇을 해야 길을 편하게 갈까요安道)? 무엇을 따르고 어디를 가야 길을 찾을 수 있을까요得道)?"

세 가지 질문을 했지만 무위위는 아무런 대답이 없었습니다. 대답을 하지 않았던 것이 아니었습니다. 그는 대답이란 게 무엇인지도 몰랐습니다. 지는 다시 묻지 못하고 백수白水(밝은 물) 남쪽으로 돌아왔습니다. 그러고는 바로 보이는 언덕 호결狐闋로 올라갔습니다. 거기서 광굴狂屈을 만났습니다. 지는 광굴에게도 같은 질문을 했습니다. 광굴이 말했습니다. "아! 그거요. 내가 알아요. 그대에게 말해드리죠." 광굴이 말을 하려는데 그만 하려던 말을 잊고 말았습니다.

지는 다시 묻지 못하고 황제의 궁으로 돌아왔습니다. 지는 황제를 만나 물었습니다. 황제가 말했습니다.

황제 생각할 것이 없고 고민할 것이 없을 때 비로소 길을 알게 됩니다(知道). 있어야 할 곳이 없고 해야 할 것이 없을 때 비로소 길을 편하게 가게 됩니다(安道). 따라야 할 것이 없고 가야 할 곳이 없을 때 비로소 길을 찾게 됩니다(得道).

지 나와 그대는 알고 있습니다. 그런데 저들은 모릅니다. 과연 누가 맞는 걸까요?

황제 저 무위위가 맞습니다. 광굴은 가깝고요. 나와 그대는 끝내 좀 멉니다. "아는 자 말하지 않고, 말하는 자 알지 못합니다."[1] "훌륭한 성인은 말없이 가르칩니다."[2] 길은 밝힐 수 있는 것이 아닙니다. 본래 모습을 다가오랄 수 없습니다. 그러나 사랑(仁)은 실천할 수 있습니다. 정의(義)에 대해서는 논할 수 있습니다. 예의(禮)는 서로 꾸밀 수 있습니다. 그래서 "길을 잃고 본래 모습을 찾으려 하고, 본래 모습을 잃고 사랑을 찾으려 하고, 사랑을 잃고 정의를 찾으려 하고, 정의를 잃고 예의를 찾으려 한다. 예의는 길의 허황된 치장이요 혼란의 머리"[3]라고 한 것입니다. "길을 가는 사람은 날로 덜어낸다. 덜고 또 덜어 애써 하지 않을 때까지 애써 하지 않아도 안 되는 것이 없다"[4]고 한 것입니다. 그런데 이미 다른 걸 찾고 있는데 다시 처음으로 돌아가려면 어렵지 않겠습니까? 그것이 쉬운 사람이 있습니다. 그가 바로 큰사람(大人)입니다.

삶은 죽음과 함께 있고, 죽음은 삶의 시작입니다. 왜 그런지 누가 알

---

1 《도덕경》 56장 참조.
2 《도덕경》 2장 참조.
3 《도덕경》 38장 참조.
4 《도덕경》 48장 참조.

겠습니까? 사람이 태어나는 것은 흐름(氣)이 모이는 것입니다. 흐름
이 모이면 삶이 되고, 흩어지면 죽음이 됩니다. 죽음과 삶이 함께하
는 것인데 우리가 걱정할 게 뭐가 있겠습니까? 모든 것이 하나입니
다. 우리는 어떤 것은 신기해서 아름답다고 하면서 어떤 것은 냄새
나고 썩었다며 싫어합니다. 하지만 냄새나고 썩은 것이 신기한 것
이 되고, 신기한 것이 다시 냄새를 풍기며 썩어갑니다. 그래서 "하
나의 흐름(一氣), 이것이 세상이다"고 하는 것입니다. 그래서 훌륭한
성인은 '하나'를 귀하게 여깁니다.

지가 다시 황제에게 물었습니다.

지 내가 무위위에게 물었을 때 무위위는 대답해주지 않았습니다. 아니
대답이 뭔 줄도 몰랐습니다. 내가 광굴에게 물었을 때 광굴은 대답
하려다 대답하지 않았습니다. 아니 대답하지 않은 것이 아니라 말
하려던 것을 잊었습니다. 그래서 내가 지금 그대에게 묻고 있는데
그대는 알고 있습니다. 그런데 왜 끝내 좀 멀다고 하십니까?

황제 무위위가 진짜 길을 가는 겁니다. 아무것도 모르기 때문입니다. 광
굴은 가깝습니다. 길을 잊었기 때문입니다. 나와 그대는 끝내 좀 멉
니다. 길을 알고 있기 때문입니다.

광굴이 이 말을 듣고 '황제는 말을 참 잘한다'고 생각했습니다.

知北遊於玄水之上 登隱弅之丘 而適遭無爲謂焉

知謂無爲謂曰 予欲有問乎若 何思何慮則知道 何處何服則安道 何從何道則得道
三問而無爲謂不答也 非不答 不知答也 知不得問 反於白水之南 登狐闋之上 而睹
狂屈焉 知以之言也問乎狂屈 狂屈曰 唉 予知之 將語若 中欲言而忘其所欲言
知不得問 反於帝宮 見黃帝而問焉 黃帝曰 無思無慮始知道 無處無服始安道 無從
無道始得道

知問黃帝曰 我與若知之 彼與彼不知也 其孰是邪

黃帝曰 彼無爲謂眞是也 狂屈似之 我與汝終不近也 夫知者不言 言者不知 故聖人
行不言之教 道不可致 德不可至 仁可爲也 義可虧也 禮相僞也 故曰 失道而後德
失德而後仁 失仁而後義 失義而後禮 禮者 道之華而亂之首也 故曰 爲道者日損
損之又損之以至於無爲 無爲而無不爲也 今已爲物也 欲復歸根 不亦難乎 其易也
其唯大人乎

生也死之徒 死也生之始 孰知其紀 人之生 氣之聚也 聚則爲生 散則爲死 若死生
爲徒 吾又何患 故萬物一也 是其所美者爲神奇 其所惡者爲臭腐 臭腐復化爲神奇
神奇復化爲臭腐 故曰 通天下一氣耳 聖人故貴一

知謂黃帝曰 吾問無爲謂 無爲謂不應我 非不我應 不知應我也 吾問狂屈 狂屈中欲
告我而不我告 非不我告 中欲告而忘之也 今予問乎若 若知之 奚故不近

黃帝曰 彼其眞是也 以其不知也 此其似之也 以其忘之也 予與若終不近也 以其知
之也

狂屈聞之 以黃帝爲知言

자연은 말이 없다

천지자연(天地)은 정말 아름다우나 말이 없습니다. 사계절은 분명 바뀌고 있으나 의논하지 않습니다. 모든 것은 저마다의 결(理)이 있으나 말하지 않습니다. 훌륭한 성인은 천지자연의 아름다움을 추구하고 모든 것의 결을 잘 알고 있는 사람입니다. 그래서 순수한 지인至人은 꾸미지 않고, 위대한 성인(大聖)은 조작하지 않습니다. 천지자연에서 바라본다는 말입니다.

저 신비한 밝음 그리고 순수함의 끝! 모두가 다른 것을 만나 무언가 되고 있습니다. 어떤 것은 죽었고, 어떤 것은 이런저런 모습으로 살고 있습니다. 그러나 왜 그런지 아무도 모릅니다. 모든 것이 서로 뒤섞이며 옛날부터 이랬습니다. 우주가 아무리 커도 이 안에 있습니다. 가을 털이 아무리 가늘어도 기다려야 생겨납니다. 세상의 모든 것이 가라앉았다 떠올랐다 합니다. 죽을 때 옛 모습 그대로일 수 없습니다. 음과 양, 사계절이 바뀔 때 자기 순서를 기다립니다.

어슴푸레 없는 듯 있는 듯 느긋하게 보일 듯 말 듯 모든 것이 자라지만 아무도 모릅니다. 이것을 본래 뿌리(本根)라고 합니다. 하늘에서는 볼 수 있습니다.

天地有大美而不言 四時有明法而不議 萬物有成理而不說 聖人者 原天地之美而達
萬物之理 是故至人無爲 大聖不作 觀於天地之謂也

今彼神明至精 與彼百化 物已死生方圓 莫知其根也 扁然而萬物自古以固存 六合
爲巨 未離其內 秋毫爲小 待之成體 天下莫不沈浮 終身不故 陰陽四時運行 各得
其序

惛然若亡而存 油然不形而神 萬物畜而不知 此之謂本根 可以觀於天矣

진짜 아는 자, 왜냐고 묻지를 않네

설결이 피의에게 길(道)을 물었습니다. 피의가 대답했습니다. "너의 몸이 바르고 너의 시선이 한결같다면 자연의 화목함이 너에게 찾아들 것이다. 너의 생각을 거두고 너의 태도를 하나로 한다면 신비스러운 마음이 모여들 것이다. 본래 모습이 너를 아름답게 해줄 것이고, 길이 너의 집이 되어줄 것이다. 너는 막 태어난 송아지처럼 멀뚱멀뚱 왜냐고 묻지 않을 것이다."

말이 끝나기도 전에 설결은 잠이 들었습니다. 피의는 크게 기뻐하면서 노래를 부르며 그를 떠났습니다. "몸은 마른 나무줄기, 마음은 불 꺼진 재, 진짜 아는 자, 왜냐고 묻지를 않네. 있는 둥 없는 둥 무심하니 함께 말할 수 없네. 저 사람은 누구인가?"

齧缺問道乎被衣 被衣曰 若正汝形 一汝視 天和將至 攝汝知 一汝度 神將來舍 德將爲汝美 道將爲汝居 汝瞳焉如新生之犢而無求其故
言未卒 齧缺睡寐 被衣大說 行歌而去之 曰 形若槁骸 心若死灰 眞其實知 不以故自持 媒媒晦晦 無心而不可與謨 彼何人哉

그대의 몸도 그대의 것이 아니다

순舜이 승丞에게 물었습니다.

순 길을 얻으면 가질 수 있는 것입니까?

승 그대의 몸도 그대의 것이 아닙니다. 그런데 어떻게 길을 가질 수 있겠
습니까?

순 내 몸이 내 것이 아니라면 누구의 것이란 말입니까?

승 자연이 빌려준 것이지요. 삶은 그대의 것이 아닙니다. 자연이 화목하
라고 빌려준 것입니다. 타고난 성품과 운명(性命)은 그대의 것이 아닙
니다. 자연이 따르라고 빌려준 것입니다. 자손은 그대의 것이 아닙니
다. 자연이 허물을 벗고 다시 태어나라고 빌려준 것입니다. 그래서 어
디를 가는지 모르고 다니는 것이고, 어디에 있는지 모르고 있는 것이
고, 무슨 맛인지 모르고 먹는 것입니다. 천지에 태양빛이 강하게 흐르
고 있습니다. 어떻게 가질 수 있겠습니까?

舜問乎丞 曰 道可得而有乎

曰 汝身非汝有也 汝何得有夫道

舜曰 吾身非吾有也 孰有之哉

曰 是天地之委形也 生非汝有 是天地之委和也 性命非汝有 是天地之委順也 孫子
非汝有 是天地之委蛻也 故行不知所往 處不知所持 食不知所味 天地之强陽氣也
又胡可得而有邪

공자, 노자에게 순수한 길을 묻다

공자가 노담에게 물었습니다.

공자 오늘은 좀 한가롭습니다. 순수한 길(至道)에 대해 여쭙겠습니다.

노담 그대는 금식하고 금욕하십시오. 그대의 마음을 말끔히 치우십시오.
그대의 정신을 깨끗이 씻으십시오. 그대가 아는 것을 밀어내십시
오. 길은 그윽하고 아득합니다. 말로 하기는 어렵습니다. 그러나 내
그대를 위해 그 언저리라도 대강 말해보겠습니다.
밝게 빛나는 것들이 깊은 어두움 속에서 태어납니다. 보이는 것들
이 보이지 않는 곳에서 태어납니다. 순수한 마음(精神)이 길에서 태
어납니다. 몸이 본래 순수함(精)에서 태어납니다. 모든 것이 몸으로
서로를 낳습니다. 아홉 구멍을 가진 것들은 자궁에서 태어나고, 여
덟 구멍을 가진 것들은 알에서 태어납니다. 흔적 없이 왔다가 막힘
없이 떠납니다. 문도 없고 방도 없고 사방이 탁 트여 있습니다. 이
길(道)을 따르는 자는 팔다리가 튼튼하고, 생각이 활달하고, 눈귀가
밝고, 마음 씀이 편안하고, 무엇을 만나도 막히지 않습니다. 하늘은
높지 않을 수 없고, 땅은 넓지 않을 수 없고, 해와 달은 밝지 않을 수

없고, 만물은 번창하지 않을 수 없습니다. 이 길을 가기 때문입니다. 많이 안다고 아는 것이 아닙니다. 말을 잘한다고 지혜로운 것이 아닙니다. 훌륭한 성인은 벌써 이런 것을 잘라냈습니다. 보태도 보태지지 않고 덜어도 덜어지지 않는 것, 이것이 바로 성인이 지키는 것입니다. 깊고 깊은 것이 바다와 같고, 높디높은 것이 산과 같습니다.[5] 끝나면 다시 시작합니다. 모든 것을 움직이고 헤아려주지만 끝이 없습니다. 그렇다면 군자의 길은 저 밖 멀리 있는 거지요? 모든 것이 다 가서 기대어도 끝이 없습니다. 이것이 바로 길입니다.

중국에도 사람이 있습니다. 그는 음도 양도 아닙니다. 천지 사이에 머물면서 잠시 사람이 되었다가 다시 돌아갑니다. 본래 삶은 흐름이 잠깐 모인 것입니다. 장수하는 것과 요절하는 것 사이가 얼마나 멀겠습니까? 한순간입니다. 그렇다면 요임금은 잘했고 걸은 잘못했다고 어떻게 말할 수 있겠습니까?

나무 열매나 풀 열매도 자기 결(理)이 있습니다. 사람의 결(人倫)은 어렵더라도 서로 함께 사는 것입니다. 훌륭한 성인은 마주쳐도 피하지 않고, 지나가도 붙잡지 않습니다. 어울리는 마음(調)으로 대하는 것이 본래 모습(德)입니다. 함께하는 마음(偶)으로 대하는 것이 길(道)입니다. 제왕이 가야 할 길이기도 합니다.

사람이 태어나 천지간에 사는 것이 벽 틈새로 달리는 준마를 보는 것 같습니다. 순식간에 휙 지나가버립니다. 줄줄이 삶으로 뛰어나왔다가 죽음으로 휙 흘러가버립니다. 삶이 되었다가 죽음이 되어버립니다. 살아 있는 것은 이를 애달파하고, 인간들도 이를 애도하니

---

5 "산과 같습니다(若山)"는 원문에 없는 말이다. 맥락으로 첨가했다. 마서륜의 견해도 같다.

다. 죽음은 하늘이 빌려준 활집에서 풀려나는 것이고, 하늘이 빌려준 칼집에서 떨어져나오는 것입니다. 이리저리 흩어지고 바뀌면서 혼백이 돌아가면 몸도 따라갑니다. 큰 곳으로 돌아가는 것(大歸)입니다.

보이지 않던 것이 보이고 보이던 것이 보이지 않는 것, 사람들 모두 아는 것입니다. 이것은 애써 해서 되는 것이 아닙니다. 그런데 많은 사람이 어떻게 여기에 이르는지를 논합니다. 그러나 여기에 이른 사람은 논하지 않습니다. 논하는 사람은 여기에 이르지 못합니다. 밝은 눈으로 본다고 만날 수 있는 게 아닙니다. 말 잘하는 것보다 침묵이 낫습니다. 길은 들을 수 있는 게 아닙니다. 듣는 것보다 귀를 막는 것이 낫습니다. 이를 '크게 얻었다(大得)'고 말합니다.

孔子問於老聃曰 今日晏閒 敢問至道

老聃曰 汝齊戒 疏瀹而心 澡雪而精神 掊擊而知 夫道 窅然難言哉 將爲汝言其崖略

夫昭昭生於冥冥 有倫生於無形 精神生於道 形本生於精 而萬物以形相生 故九竅者胎生 八竅者卵生 其來無迹 其往無崖 無門無房 四達之皇皇也 邀於此者 四肢彊 思慮恂達 耳目聰明 其用心不勞 其應物無方 天不得不高 地不得不廣 日月不得不行 萬物不得不昌 此其道與

且夫博之不必知 辯之不必慧 聖人以斷之矣 若夫益之而不加益 損之而不加損者 聖人之所保也 淵淵乎其若海 巍巍乎其終則復始也 運量萬物而不匱 則君子之道彼其外與 萬物皆往資焉而不匱 此其道與

中國有人焉 非陰非陽 處於天地之間 直且爲人 將反於宗 自本觀之 生者 暗醷物也 雖有壽夭 相去幾何 須臾之設也 奚足以爲堯桀之是非

果蓏有理 人倫雖難 所以相齒 聖人遭之而不違 過之而不守 調而應之 德也 偶而

應之 道也 帝之所興 王之所起也

人生天地之間 若白駒之過郤 忽然而已 注然勃然 莫不出焉 油然漻然 莫不入焉
已化而生 又化而死 生物哀之 人類悲之 解其天弢 墮其天袠 紛乎宛乎 魂魄將往
乃身從之 乃大歸乎

不形之形 形之不形 是人之所同知也 非將至之所務也 此衆人之所同論也 彼至則
不論 論則不至 明見無値 辯不若默 道不可聞 聞不若塞 此之謂大得.

똥에도 길이 있다

동곽자가 장자에게 물었습니다.

동곽자 길은 어디에 있습니까?

장자 없는 곳이 없습니다.

동곽자 구체적으로 말씀해주셔야 알 것 같습니다.

장자 땅강아지와 개미에 있습니다.

동곽자 어찌 그렇게 하찮은 것에 있습니까?

장자 돌피나 피에 있습니다.

동곽자 어찌 그렇게 더 하찮은 것에 있습니까?

장자 기와와 벽돌에도 있습니다.

동곽자 어찌 그렇게 더 심해집니까?

장자 똥이나 오줌에도 있습니다.

동곽자는 대꾸하지 않았습니다. 장자가 말했습니다. "선생의 질문 자체가 부족했습니다. 도축 감독자가 시장 관리인에게 돼지가 얼마나 살이 쪘는지 물을 때 돼지를 발로 밟습니다. 아래쪽을 밟을수록 돼지가 얼마나 살이 쪘는지 잘 알 수 있다고 합니다. 그대는 어딘가에서 길을 찾으려 해서는 안 됩니다. 길은 어디에서도 달아나지 않습니다. 순수한 길(至道)은 이렇습니다. 위대한 말(大言)도 이와 같습니다. '두루(周)', '널리(遍)', '모두(咸)'라는 말은 이름은 다르지만 뜻은 같습니다. '하나'를 말하는 것입니다.

우리 함께 담 없는 궁전(無何有之宮)에서 노닐어볼까요? '모두 함께(同合)'가 우리의 논의 주제입니다. 끝나지 않겠죠? 결론도 없을 겁니다. 우리 함께 꾸밈없이 담담하고 고요하게, 아득하고 맑게, 모든 것과 어울리며 한가롭게 있어볼까요? 내 뜻이 고요해집니다. 갈 곳도 없고 어디에 와 있는지도 모르게 됩니다. 가고 오지만 어디에 머물고 있는지도 모릅니다. 가고 오지만 끝이 어디인지도 모릅니다. 끝없이 넓은 곳에서 천천히 거닐어보세요. 그러다보면 큰 앎(大知)이 들어와 어디서 끝나는지도 모르게 됩니다. 모든 것이 나름대로 있으면서도 다른 것과 벽이 없습니다. 무언가에 벽을 쌓으면 그걸 장애물(物際)이라고 합니다. 그러나 '벽 없는 벽'은 있어도 장애가 되지 않습니다.

가득 차고 비우는 것과 줄어들고 없어지는 것으로 말해보겠습니다. 가득 채우고 비운다고 가득 차고 비워지는 것이 아닙니다. 줄이고 없앤다고 줄어들고 없어지는 것이 아닙니다. 뿌리라 하고 가지라 한다고 뿌리가 되고 가지가 되는 것이 아닙니다. 쌓고 흩뜨린다고 쌓아지고 흩어지는 것이 아닙니다."

東郭子問於莊子曰 所謂道 惡乎在
莊子曰 無所不在
東郭子曰 期而後可
莊子曰 在螻蟻

曰何其下邪

曰在稊稗

曰何其愈下邪

曰在瓦甓

曰何其愈甚邪

曰在屎溺

東郭子不應 莊子曰 夫子之問也 固不及質 正獲之問於監市履狶也 每下愈況 汝唯
莫必 無乎逃物 至道若是 大言亦然 周遍咸三者 異名同實 其指一也

嘗相與游乎無何有之宮 同合而論 無所終窮乎 嘗相與無爲乎 澹而靜乎 漠而清乎
調而閒乎 寥已吾志 無往焉而不知其所至 去而來而不知其所止 吾已往來焉而不知
其所終 彷徨乎馮閎 大知入焉而不知其所窮 物物者與物無際 而物有際者 所謂物
際者也 不際之際 際之不際者也

謂盈虛衰殺 彼爲盈虛非盈虛 彼爲衰殺非衰殺 彼爲本末非本末 彼爲積散非積散也

길을 말로 전할 수 있는가

아하감과 신농은 노용길 문하의 동학이었습니다. 신농이 문을 닫고 책상에 기대어 낮잠을 자고 있었습니다. 그때 아하감이 문을 열고 들어와 말했습니다. "노용길 선생님께서 돌아가셨네." 신농은 책상에 기대어 있다가 지팡이를 잡고 일어서더니 지팡이를 획 던져버리고는 웃으며 말했습니다. "하늘이 내가 가볍고 속 좁고 거칠고 제멋대로인 것을 아시고 나를 버리고 돌아가셨구나. 이제 끝났네. 선생님께서 나를 깨우쳐줄 광언狂言 한마디 없이 돌아가셨으니."

엄강조가 이 일을 듣고 말했습니다. "몸소 길을 가는 사람은 세상의 군자들이 그를 따르기 마련입니다. 그런데 지금 길에 대해 가을 털끝의 만분의 일만큼도 얻지 못한 사람이 그가 광언을 간직한 채로 돌아가신 걸 알고 있습니다. 그러니 몸소 길을 가는 사람은 어떠하겠습니까? 가만히 보세요. 보이지 않습니다. 조용히 들어보세요. 들리지 않습니다. 보려고 해도 보이지 않고, 들으려 해도 들리지 않습니다. 그래서 사람들은 길을 '어둡다(冥)'고 말합니다. 어둡다는 말은 길을 표현하기 위함이지 길은 아닙니다.

妸荷甘與神農同學於老龍吉 神農 隱几闔戶晝瞑 妸荷甘日中奓戶而入曰 老龍死矣
神農隱几擁杖而起 曝然放杖而笑 曰 天知予僻陋慢訑 故棄予而死 已矣夫子 無所
發予之狂言而死矣夫

弇堈弔聞之 曰 夫體道者 天下之君子所繫焉 今於道 秋毫之端萬分未得處一焉 而
猶知藏其狂言而死 又況夫體道者乎 視之無形 聽之無聲 於人之論者 謂之冥 冥所
以論道 而非道也

그대는 길을 아시나요?

이에 맑디맑은 태청泰淸이 끝없는 무궁無窮에게 물었습니다.

태청 길을 아시나요?
무궁 모릅니다.

태청이 꾸밈없는 무위無爲에게도 물었습니다.

무위 나는 길을 압니다.
태청 길에 대해 아는 내용이 있습니까?
무위 있습니다.
태청 어떤 것입니까?
무위 길은 귀할 수도 천할 수도 모일 수도 흩어질 수도 있습니다. 이것이
　　　 내가 길에 대해 아는 것입니다.

태청이 처음을 모르는 무시無始에게 이 말을 하면서 물었습니다.

태청 무궁은 모른다 하고, 무위는 안다고 했습니다. 그렇다면 이들 중 누가 옳고 누가 그른 건가요?

무시 모른다는 태도는 깊고, 안다는 태도는 얕습니다. 모른다는 태도는 안으로 들어갔고, 안다는 태도는 밖으로 나갔습니다.

태청이 이 말을 듣고 물끄러미 바라보다 탄식하며 말했습니다.

태청 모른다는 게 안다는 것인가? 안다는 게 모른다는 것인가? 누가 '모른다는 것이 안다는 것'이라는 걸 안단 말인가?

무시 길은 들을 수 있는 게 아닙니다. 들었다면 길이 아닙니다. 길은 볼 수 있는 게 아닙니다. 보았다면 길이 아닙니다. 길은 말할 수 있는 게 아닙니다. 말했다면 길이 아닙니다. 볼 수 있게 해주는 것을 우리는 볼 수 없다는 것을 알까요? 길에 딱 맞는 이름은 없습니다.

무시가 계속 말했습니다. "길을 묻고 거기에 대답했다는 것은 길을 모른다는 것입니다. 길을 물어도 길에 대해 듣지 못합니다. 길은 물을 수 없습니다. 길은 대답이 없습니다. 물을 수 없는 걸 물었으니 이 물음은 끝난 것입니다. 대답할 수 없는 걸 대답했으니 이 대답 안에는 아무것도 없습니다. 안에 아무것도 없는 것으로 끝난 물음에 대답한 것입니다. 이는 밖으로 우주를 보지 못하고, 안으로 태초를 모르는 것입니다. 그래서 곤륜산을 지나지 못하니 텅 빈 태허에서 노닐지 못하는 것입니다."

於是泰淸問乎無窮曰 子知道乎

無窮曰 吾不知

又問乎無爲 無爲曰 吾知道

曰 子之知道 亦有數乎

曰 有

曰 其數若何

無爲曰 吾知道之可以貴 可以賤 可以約 可以散 此吾所以知道之數也

泰淸以之言也問乎無始曰 若是 則無窮之弗知與無爲之知 孰是而孰非乎

無始曰 不知深矣 知之淺矣 弗知內矣 知之外矣

於是泰淸卬而歎曰 弗知乃知乎 知乃不知乎 孰知不知之知

無始曰 道不可聞 聞而非也 道不可見 見而非也 道不可言 言而非也 知形形之不形乎 道不當名

無始曰 有問道而應之者 不知道也 雖問道者 亦未聞道 道無問 問無應 無問問之是問窮也 無應應之 是無內也 以無內待問窮 若是者 外不觀乎宇宙 內不知乎大初是以不過乎崑崙 不遊乎太虛

보려 해도 보이지 않고

눈부시게 빛나는 광요光耀가 아무것도 없는 무유無有에게 물었습니다. "선생은 있는 것입니까, 없는 것입니까?"

광요는 더 물을 수 없어 그가 누구인지 모습을 살폈습니다. 아득하니 텅 빈 듯 종일 보려고 해도 보이지 않고, 들으려 해도 들리지 않고, 만지려 해도 잡히지 않았습니다. 광요가 말했습니다. "이르셨구나! 누가 여기에 이를 수 있을까? 나는 버린다는 생각을 가질 수는 있었다. 그러나 아직 버린다는 생각마저 버리고 아무것도 없게 하지는 못했다. 어떻게 해야 여기에 이를 수 있을까?"

光耀問乎無有曰 夫子有乎 其無有乎
光輝不得問 而孰視其狀貌 窅然空然 終日視之而不見 聽之而不聞 博之而不得也
光耀曰 至矣 其孰能至此乎 予能有無矣 而未能無無也 及爲無有矣 何從至此哉

마음 쓰지 않겠다는 마음마저 없다면

대사마 밑에서 띠쇠를 만드는 대장장이가 있었습니다. 나이가 팔십이 되었는데도 그 솜씨가 여전했습니다. 대사마가 물었습니다.

대사마 그대 솜씨가 대단하다. 거기에 무슨 방도(道)가 있는가?

대장장이 제가 지키는 것이 있습니다. 제 나이 스무 살 때 띠쇠 만드는 것을 좋아했습니다. 그래서 다른 것은 거들떠보지도 않고 띠쇠가 아닌 것은 쳐다보지도 않았습니다.

이 대장장이는 다른 데 마음 쓰지 않겠다는 마음을 지켜 늙어서도 잘할 수 있었습니다. 하물며 다른 데 마음 쓰지 않겠다는 마음마저 없다면 어떻겠습니까? 그러니 모든 것이 이루어지는 게 아니겠습니까?

大馬之捶鉤者 年八十矣 而不失豪芒 大馬曰 子巧與 有道與
曰 臣有守也 臣之年二十而好捶鉤 於物無視也 非鉤無察也
是用之者 假不用者也 以長得其用 而況乎無不用者乎 物孰不資焉

천지자연이 있기 전을 알 수 있나

염구가 공자에게 물었습니다.

염구 천지자연이 있기 전을 알 수 있습니까?
공자 알 수 있다. 옛날은 지금과 같다.

염구는 더 이상 물을 게 없어 물러났습니다. 다음 날 다시 와서 물었습니다.

염구 어제 제가 천지자연이 있기 전을 알 수 있느냐고 여쭈었습니다. 선생님께서는 알 수 있다 하시며 옛날은 지금과 같다고 말씀하셨습니다. 어제는 제가 알 것 같더니 오늘은 잘 모르겠습니다. 무슨 말씀이신지 다시 여쭤봐도 되겠습니까?
공자 어제 알 것 같던 것은 마음(神)으로 먼저 받아들였기 때문이다. 오늘 잘 모르겠는 것은 마음이 아닌 다른 것으로 탐구하기 때문이다. '옛날도 없고 지금도 없다. 시작도 없고 끝도 없다. 아직 자손이 없지만 자손이 있다.' 말이 되느냐?

염구가 대답하지 못하자 공자가 이어 말했습니다. "됐다. 대답할 수 없다. 살아 있는 걸 가지고 죽은 걸 살리지 마라. 죽은 걸 가지고 살아 있는 걸 죽이지 마라. 죽고 사는 것은 기다리는 것이다. 모두가 한 몸에 있다. 천지자연보다 먼저 있던 것이 무엇이란 말이냐? 뭐라고 말할 수 있는 것이냐? '무언가를 나름 있게 해주는 것(物物)'은 무언가(物)가 아니다. 어디서 나온 것이라면 다른 것을 앞설 수 없다. 그것도 어디서 나온 무언가다. 어디서 나온 무언가는 끊임없이 이어진다. 훌륭한 성인이 다른 사람을 끊임없이 이어 사랑하는 것 역시 이를 닮아 그런 것이다.

冉求問於仲尼曰 未有天地可知邪

仲尼曰 可 古猶今也

冉求失問而退 明日復見 曰 昔者吾問未有天地可知乎 夫子曰 可 古猶今也 昔日

吾昭然 今日吾昧然 敢問何謂也

仲尼曰 昔之昭然也 神者先受之 今之昧然也 且又爲不神者求邪 無古無今 無始無

終 未有子孫而有子孫 可乎

冉求未對 仲尼曰 已矣 未應矣 不以生生死 不以死死生 死生有待邪 皆有所一體

有先天地生者物邪 物物者非物 物出不得先物也 猶其有物也 猶其有物也 無已 聖

人之愛人也終無已者 亦乃取於是者也

앎으로 모든 것을 이해하려 한다면

안연이 공자에게 물었습니다.

안연 선생님께서 "보낼 것도 없고 맞이할 것도 없다"고 말씀하신 적이 있습니다. 어떻게 하면 그렇게 노닐 수 있을까요?

공자 옛날에는 세상이 변해도 사람들의 마음만은 그대로였다. 그런데 지금은 사람들의 마음도 변했고, 세상은 달라지지 않는구나. 다른 것들과 함께 달라질 수 있는 사람, 그런 사람의 마음은 한결같아 변하지 않는다. 그런데 왜 사람의 마음이 변했단 말이냐? 왜 세상은 달라지지 않는단 말이냐? 왜 서로 싸우고 있단 말이냐? 서로 이기려 하지 말아야 한다. 희위씨의 동산에서, 황제의 정원에서, 유우씨의 궁전에서 그리고 탕무의 방에서는 화목하게 살았다. 그런데 군자라는 사람들이 유가나 묵가의 스승이 되어 시비를 다투고 있구나. 그러니 보통 사람들이야 오죽하겠느냐? 훌륭한 성인은 어디에서도 아무것도 해치지 않는다. 아무것도 해치지 않는 사람은 아무도 해칠 수 없다. 해치는 걸 모르는 사람만이 남들과 "잘 가라", "어서 오라" 서로 보내고 맞이할 수 있는 것이다.

산과 숲아! 언덕과 들판아!
나를 기쁘고 즐겁게 해주는구나.

즐거움이 끝나기도 전에 슬픔이 다가오네.
슬픔과 기쁨이 오는 것을
내 어쩔 수 없고
가는 걸 붙잡을 수 없구나.

슬프도다.
세상에 태어나 사람으로 산다는 게
잠깐 무엇이 되었다 가는
나그네 여행이로구나.

마주친 것은 알지만 마주치지 않은 것은 모른다. 할 수 있는 것은 어떻게 하는지 알지만 할 수 없는 것은 어떻게 하는지 모른다. 모르는 것이나 할 수 없는 것은 우리가 어쩔 수 없는 것이다. 어쩔 수 없는 것을 어떻게 해보려 애를 쓰고 있으니 어찌 슬프지 않겠느냐? 마지막 말은 말을 버리는 것이다. 마지막 일은 일을 버리는 것이다. 앎으로 모든 것을 이해하려 한다면 부족할 수밖에 없다.

顏淵問乎仲尼曰 回嘗聞諸夫子曰 無有所將 無有所迎 回敢問其遊
仲尼曰 古之人 外化而內不化 今之人 內化而外不化 與物化者 一不化者也 安化
安不化 安與之相靡 必與之莫多 豨韋氏之囿 黃帝之圃 有虞氏之宮 湯武之室 君

子之人 若儒墨者師 故以是非相鼇也 而況今之人乎 聖人處物不傷物 不傷物者 物亦不能傷也 唯無所傷者 爲能與人 相將迎

山林與 皐壤與 使我欣欣然而樂與 樂未畢也 哀又繼之 哀樂之來 吾不能禦 其去弗能止 悲夫 世人直爲物逆旅耳

夫知遇而不知所不遇 知能能而不能所不能 無知無能者 固人之所不免也 夫務免乎人之所不免者 豈不亦悲哉 至言去言 至爲去爲 齊知之所知 則淺矣

앎으로 모든 것을 이해하려면 부족할 수밖에 없습니다. 지가 무위위에게 길을 묻지만 아무런 대답이 없습니다. 길은 보이지도 들리지도 잡히지도 않습니다. 길은 앎의 대상도 소유의 대상도 아닙니다. 길은 알 수 있는 것도 가질 수 있는 것도 아닙니다. 장자의 말대로 모두 함께 담 없는 궁전에서 노니는 마음으로 살다보면 자연스럽게 길을 가게 됩니다.

'다 알 수 없다'는 것을 받아들이는 장자를 회의니 허무니 불가지론이니 하는 시선으로 바라보는 것은 전지전능한 신을 닮고 싶어하는 근대 이성에 갇힌 인간들의 탐욕에서 나오는 절망의 표현입니다.《장자》에는 다 알 수 없다는 것에 대한 불안이나 회의나 허무가 없습니다. 오히려 다 알 수 없다는 것을 인정하는 것이야말로 장자가 말하는 큰 앎이며, 이것을 받아들이는 마음은 넉넉하고 느긋합니다.

〈지북유〉의 주제를 한마디로 요약하면 '앎에서 마음으로'라고 할 수 있습니다. 이어지는 〈경상초〉에서 이 주제가 노자의 마음공부로 변주되며 잡편이 문을 엽니다.

잡편에는 공자에 대한 불편한 이야기가 자주 나옵니다. 그래서인지 북송의 동파 소식蘇軾은 잡편 가운데 〈양왕讓王〉, 〈도척盜跖〉, 〈설검說劍〉, 〈어부漁父〉 네 편은 《장자》에 없던 것을 후학이 삽입한 것이라고 주장했습니다. 주장의 근거는 〈우언寓言〉의 양주 이야기와 〈열어구列御寇〉의 열자 이야기가 이어지는 내용이라는 것입니다. 하지만 이것만으로는 부족해 보입니다. 두 이야기가 연결된다고 보기도 어려운 데다 장자의 글쓰기 방식이 이어지는 이야기를 계속 해나가는 방식이 아니기 때문입니다. 자연의 생명력을 다 발휘하기 위해 쓰고 있다는 치언은 이런저런 이야기를 담고 버리는 방식입니다. 이야기의 일관성을 유지하는 방식은 오히려 장자답지 않은 글일 수 있습니다. 굳이 〈양왕〉, 〈도척〉, 〈설검〉, 〈어부〉 네 편이 다른 외·잡편과 다른 점을 찾자면 하나의 일정한 소재와 에피소드를 다루고 있고, 각 편의 주제 또는 주인공을 제목으로 삼고 있다는 것입니다. 그러나 전체 이야기 흐름에서는 전혀 부자연스럽지 않습니다. 아마도 소동파는 〈도척〉과 〈어부〉에 등장하는 공자의 모습을 그대로 받아들이는 게 불편했던 것이 아닌가 싶습니다. 하지만 아무리 불편해도 진실은 그대로 받아들이려 합니다. 유일하게 현존하는 《장자》를 그대로 읽어보겠습니다.

잡편은 총 11편으로 구성되어 있으며 내·외편의 주제가 다양한 이야기로 변주됩니다. 특히 외편의 마지막 이야기인 〈지북유〉의 주제 '앎에서 마음으로'는 노자와 공자의 긴 이야기로 변주되며 잡편의 앞머리를 구성합니다. 노자는 말합니다. 마음을 비우면 뭐든지 받아들일 수 있고, 무한한 우주에서 삶과 죽음은 하나이며, 옳다 그르다는 것도 달라진다고. 잡편의 앞머리 격인 〈경상초庚桑楚〉를 읽고 나면 노자와 함께 마음공부를 한 것 같은 느낌이 듭니다. 그러고 나면 탐욕스런 자들의 지배 도구가 되어버린 사랑과 정의에 대한 이야기를 바탕으로 불혹의 세상을 위한 공자의 긴 이야기가 이어집니다. 자신을 돌아보면서 자연의 편안함에 따르다 보면 저절로 풀린다는 것을 알게 되고, 그러면 탐욕에 흔들리지 않는 불혹의 세상에 들어갈 수 있다는 것입니다.(〈서무귀徐无鬼〉) 하지만 기다리는 일이 말처럼 쉽지 않습니다. 기다리지 못하고, 조바심을 내고, 나중에는 화가 나 전쟁까지 불사하려 하지만 이는 자해 행위나 마찬가지입니다. 끝내 임금의 탐욕으로 죄인을 만들어버리는 세상에 대한 슬픈 노래가 흘러나옵니다.(〈즉양則陽〉)

장자는 마음은 열리지 않고 말만 잘하는 사람들이 자기를 정당화하는 수단으로 말을 이용하며 세상을 망치고 있다면서 말을 잊은 사람과 대화하고 싶다는 속내를 밝힙니다(〈외물外物〉). 하지만 그런 말을 하는 자신도 말을 많이 하고 있다고 생각해서인지 자신의 글쓰기는 진실하고 넓게, 옳다는 말에 갇히지 않고 자연의 생명력을 다 발휘하기 위한 방식이라고 해명(?)합니다(〈우언〉). 이어 옳다는 말에 갇히지 않고 생명을 소중하게 여기는 사람들의 이야기(〈양왕〉)와 생명보다 돈과 명예, 권력을 위해 목숨을 바치는 큰도둑들의 세상에서 큰도둑이라 불리는 도척을 만나러 가는 공자의 이야기가 펼쳐집니다(〈도척〉). 그런데 도척은 정말 큰도둑이었을까요?

도척을 만난 게 공자가 아니라 장자였다면 어떻게 했을까요? 장자는 칼싸움 구경에 빠진 조나라 문왕을 설득하러 갑니다(〈설검〉). 장자의 천진한 마음이 사람의 마음을 움직인 것일까요? 천진한 마음이 있어야 사람들의 마음을 움직일 수 있는데 자신은 돌보지 않고 다른 사람들에게 요구만 한다며 어부가 공자를 나무랍니다. 공자는 겸허하게 받아들이지만 어부의 눈에 공자는 여전히 자기를 과시하려는 명예욕이 있는 사람이었나봅니다.(〈어부〉) 이어 인정 욕구를 벗어버리지 못한 사람들의 이야기와 함께 돈과 명예와 죽음에 초연한 장자의 모습이 그려집니다(〈열어구〉).

《장자》의 마지막 이야기이자 저자 후기 격인 〈천하天下〉에서는 당대 지식인들에 대한 총평이 이어집니다. 장자 자신에 대한 평가도 잊지 않는 점이 흥미롭습니다. 장자는 지식인들의 본래 모습이 사라진 것을 슬퍼하며 글을 마칩니다.

경상초

庚桑楚

경상초 이야기

남영주, 노자를 찾아가다

〈경상초〉는 크게 두 장면으로 구성되어 있습니다. 경상초와 그의 제자 남영주의 대화가 하나이고, 노자와 남영주의 대화가 다른 하나입니다. 경상초는 사람들에게 현인으로 받들어지자 불쾌해합니다. 그는 현인을 받드는 세상은 사람이 사람을 잡아먹는 세상이 될 거라고 말합니다. 이 말을 듣고 경악한 남영주에게 경상초가 가르침을 주지만 남영주는 알아듣지 못하겠다고 합니다. 그러자 경상초는 자신의 능력 밖이라며 자신의 스승인 노자를 찾아가보라고 합니다.

〈경상초〉의 주 내용은 남영주가 노자의 가르침을 받는 것입니다. 노자의 가르침 전반부에서는 주로《도덕경》의 내용이 나오고, 후반부로 가면서《장자》의 내용으로 심화됩니다.

경상초 이야기

　노담의 제자 가운데 경상초라는 사람이 있었습니다. 그는 노담의 길을 잘 터득하고 꾸불꾸불하게 이어진 북쪽 산마을 외루라는 곳에 가서 살았습니다. 그는 지혜가 출중한 아랫사람은 내보내고 유난히 착한 여자도 멀리했습니다. 울퉁불퉁한 통나무 같은 사람들과 함께 살고 느긋한 사람들에게 일하게 했습니다. 삼 년이 지나자 외루는 아주 살기 좋은 곳이 되었습니다. 그러자 외루 사람들이 모여 말했습니다. "경상자(경상초)가 처음 왔을 때 우리가 얼마나 놀랐어요. 정말 이상했잖아요. 하루하루를 생각해보면 뭔가 부족한 것 같았지요. 그런데 이렇게 세월이 흐르고 나니 오히려 우리 삶이 넉넉해졌어요. 경상자야말로 정말 훌륭한 성인인 것 같아요. 여러분! 그분을 이 산의 제사장으로 받들어 모십시다."

　경상자가 이 말을 듣고는 남쪽을 향해 앉아 마땅찮은 표정을 지었습니다. 제자들은 '이상하다'고 생각했습니다.

경상자 왜 나를 이상하게 생각하는가? 봄기운이 흐르면 온갖 풀이 생겨나고, 가을이 되면 모든 것이 열매를 맺는다. 봄과 가을이 아무것도 없이 그럴 수 있는가? 자연의 길(天道)이 이미 다하고 있는 것이다. 순수한 지인至人이 골방에 가만히 앉아만 있어도 사람들은 '어디로 가야 한다'는 생각 없이 잘 살아간다고 한다. 그런데 나는 지금 외루 사람들이 모두 수군거리며 현인으로 떠받들게 만들었다. 나는 나를 드러내려는 사람인가보다. 노담의 말에 비추니 내 자신이 마땅치가 않다.

제자 그렇지 않습니다. 작은 도랑에 사는 큰 물고기는 몸을 돌릴 곳이 없습니다. 미꾸라지라면 잘 빠져나가겠죠. 조그마한 언덕에 사는 큰 동물은 몸을 숨길 곳이 없습니다. 작은 여우라면 잘 숨겠지요. 현인을 존경하고, 능력 있는 사람에게 일을 맡기고, 좋은 걸 앞세우고 이익을 주는 것은 옛날 요순 시절부터 해온 것입니다. 외루 사람들이야 오죽하겠습니까? 선생님께서 그들의 말을 들어주셔야 합니다.

경상자 이리 가까이 오라. 수레를 집어삼킬 정도로 큰 짐승도 홀로 산을 떠나면 그물에 걸리는 재앙을 피하지 못한다. 배를 삼킬 만한 큰 고래도 물 밖으로 흘러나가면 조그만 개미들이 괴롭힌다. 그래서 새나 짐승이 높은 곳을 마다하지 않고, 물고기나 자라가 깊은 곳을 마다하지 않는 것이다. 그래서 타고난 몸을 온전히 하려는 사람은 깊고 어두운 곳을 마다하지 않고 자기 몸을 감추는 것이다. 그리고 저 두 사람 요와 순! 그들이 어찌 칭찬받을 만한 사람들인가? 그들이 한 것이라고는 남의 담장을 부수고, 거기다 쑥을 심고, 머리카락을 한 가닥씩 빗질하고, 쌀알을 세서 밥을 짓는 식이다. 이런 꿍꿍이 속내들! 이것으로 어찌 세상을 잘 돌볼 수 있단 말인가?

현인을 등용하면 사람들이 서로 경쟁하게 된다. 지혜 있는 사람을 임용하면 사람들이 서로 속이게 된다. 이러한 것으로는 사람들을 행복하게 할 수 없다. 사람들이 이익을 지나치게 추구하게 된다. 자식이 부모를 죽이고, 신하가 군주를 죽이게 된다. 대낮에 도둑질을 하거나 남의 담을 뚫는 일이 생긴다. 내 너에게 말하지만 큰 혼란의 뿌리는 요순 시대에 생긴 게 틀림없다. 그 가지는 천대의 후세에까지 자랄 것이다. 반드시 사람과 사람이 서로 잡아먹는 일이 생기고 말 것이다.

이 말을 듣고 기겁한 남영주가 자리에 뻣뻣하게 앉아 말했습니다.

남영주 저 같은 사람은 이미 나이가 들었는데 어떻게 해야 선생님의 말씀을 따를 수 있습니까?

경상자 그대의 몸을 온전히 하고, 그대의 목숨을 편하게 간직하세요. 이것저것 바쁘게 생각하지 마세요. 이렇게 삼 년을 지내면 내가 한 말을 따를 수 있을 것입니다.

남영주 장님은 눈의 생김새야 남들과 다르지 않지만 보지 못합니다. 귀머거리는 귀의 생김새야 남들과 다르지 않지만 듣지 못합니다. 미친 사람은 마음의 생김새야 남들과 다르지 않지만 알지 못합니다. 몸의 생김새는 남들과 같은데 무언가 끼어들면서 서로 구하려고만 합니다. 그러나 결국 아무것도 얻지 못합니다. 지금 선생님께서 저에게 '몸을 온전히 하라. 목숨을 편하게 간직하라. 이것저것 바쁘게 생각하지 마라'고 하셨지만 저는 아무리 애를 써도 그 말씀을 귀로만 듣게 됩니다.

경상자 내가 할 수 있는 말은 다 했습니다. 땅벌은 커다란 콩 벌레를 부화시킬 수 없고, 조그만 당닭은 커다란 고니의 알을 품을 수 없습니다. 그러나 조금 더 큰 촉닭의 알은 품을 수 있을 것입니다. 이 닭들의 본래 모습(德)은 다르지 않지만 할 수 있고 없는 것은 타고난 능력(才)의 크고 작은 차이 때문입니다. 난 타고난 능력이 작아 그대를 부화시킬 수 없습니다. 남쪽으로 가서 노자를 만나보는 게 어떻습니까?

老聃之役有庚桑楚者 偏得老聃之道 以北居畏壘之山 其臣之畫然知者去之 其妾之挈然仁者 遠之 擁腫之與居 鞅掌之爲使 居三年 畏壘大壤 畏壘之民相與言曰 庚桑子之始來 吾洒然異之 今吾日計之而不足 歲計之而有餘 庶幾其聖人乎 子胡不相與尸而祝之 社而稷之乎

庚桑子聞之 南面而不釋然 弟子異之

庚桑子曰 弟子何異於予 夫春氣發而百草生 正得秋而萬寶成 夫春與秋 豈無得而然哉 天道已行矣 吾聞至人 尸居環堵之室 而百姓猖狂不知所如往 今以畏壘之細民而竊竊焉欲俎豆予于賢人之間 我其杓之人邪 吾是以不釋於老聃之言

弟子曰 不然 夫尋常之溝 巨魚無所還其體 而鯢鰌爲之制 步仞之丘陵 巨獸無所隱其軀 而孽狐爲之祥 且夫尊賢授能 先善與利 自古堯舜以然 而況畏壘之民乎 夫子亦聽矣

庚桑子曰 小子來 夫函車之獸 介而離山 則不免於罔罟之患 吞舟之魚 碭而失水 則蟻能苦之 故鳥獸不厭高 魚鼈不厭深 夫全其形生之人 藏其身也 不厭深眇而已矣 且夫二子者 又何足以稱揚哉 是其於辯也 將妄鑿垣牆而殖蓬蒿也 簡髮而櫛 數米而炊 竊竊乎又何足以濟世哉

擧賢則民相軋 任知則民相盜 之數物者 不足以厚民 民之於利甚勤 子有殺父 臣有殺君 正晝爲盜 日中穴阫 吾語汝 大亂之本 必生於堯舜之間 其末存乎千世之後 千世之後 其必有人與人相食者也

南榮趎蹴然正坐曰 若趎之年者已長矣 將惡乎託業以及此言邪

庚桑子曰 全汝形 抱汝生 無使汝思慮 營營 若此三年 則可以及此言矣

南榮趎曰 目之與形 吾不知其異也 而盲者不能自見 耳之與形 吾不知其異也 而聾
者不能自聞 心之與形 吾不知其異也 而狂者不能自得 形之與形亦辟矣 而物或間
之邪 欲相求而不能相得 今謂趎曰 全汝形 抱汝生 勿使汝思慮 營營 趎勉聞道達
耳矣

庚桑子曰 辭盡矣 曰奔蜂不能化藿蠋 越雞不能伏鵠卵 魯雞固能矣 雞之與雞 其德
非不同也 有能與不能者 其才固有巨小也 今吾才小 不足以化子 子胡不南見老子

남영주, 노자를 찾아가다

　　남영주는 식량을 등에 지고 이레 동안 밤낮을 도와 노자가 있는 곳에
이르렀습니다.

노자　　그대는 경상초가 있는 곳에서 오셨소?
남영주　네, 그렇습니다.
노자　　그대는 어찌 여러 사람과 함께 오셨소이까?

　　남영주는 놀라 뒤를 돌아보았습니다. 노자가 말했습니다. "그대는 내
말뜻을 모르시겠소?" 남영주는 부끄러워 고개를 숙이고 있다가 고개를
들어 한숨지으며 말했습니다.

남영주　지금 전 뭐라고 대답해야 할지 모르겠고 다시 뭘 물어야 할지도
　　　　모르겠습니다.
노자　　무슨 말이오?
남영주　제가 모른다고 하면 남들이 저를 어리석다 할 것이고, 그렇다고
　　　　안다고 하면 거꾸로 제 몸이 걱정됩니다. 제가 남들을 사랑하지

않으면 그들을 해치게 되고, 그렇다고 그들을 사랑하면 거꾸로 제 자신이 걱정됩니다. 제가 정의롭지 않으면 남들이 다치게 되고, 그렇다고 정의로우면 거꾸로 제 자신이 걱정됩니다. 제가 어떻게 해야 여기서 벗어날 수 있을까요? 이 세 가지가 저를 이러지도 저러지도 못하게 괴롭힙니다. 그래서 경상초의 소개로 선생님을 찾아뵙고 이렇게 여쭙습니다.

노자 아까 내가 그대의 미간을 보고 그대가 어떤 상황인지 짐작은 했습니다. 지금 그대 말을 들어보니 내 짐작이 맞았구려. 그대는 마치 부모를 잃고 정신없이 장대를 들고 바다에서 그들을 건져 올리려는 것 같습니다. 그대는 사람을 잃었군요. 멍하니 아무리 정신을 차리려 해도 그럴 수 없으니 말입니다. 안타깝습니다.[1]

 남영주는 자청해서 그곳에 머물렀습니다. 자신의 좋은 점을 찾고 나쁜 점을 버리자 열흘 만에 근심이 사라졌습니다. 그는 다시 노자를 만났습니다.

노자 그대는 자신을 깨끗이 닦으려 아주 애썼습니다. 뭔가 순수한 빛이 납니다. 그러나 그대 안에서 뭔가 스며나오는 것이 있습니다. 나쁜 것이 아직 남아 있습니다. 세상일에 얽매이면 세상일이 복잡해 정신을 차릴 수가 없습니다. 그러면 마음을 닫게 됩니다. 마음에 얽매이면 마음이 엉키어 정신을 차릴 수가 없습니다. 그러면 세상

---

1 요순에 대한 경상초의 비판을 듣고 남영주는 기겁을 했다. 그는 그동안 의지해왔던 부모를 잃은 것 같은 상실감으로 정신을 차릴 수 없었다.

일을 닫게 됩니다. 세상일과 마음에 얽매이면 길(道)을 갈 수도 본래 모습(德)을 지킬 수도 없습니다. 그러니 그냥 길을 따라가기는 더욱 어렵겠지요.

남영주 어떤 사람이 병이 나서 이웃 사람이 문병을 갔을 때 환자가 자기 병에 대해 말할 수 있다면 병을 병으로 알고 있으니 아직 병들지 않은 것입니다.[2] 제가 '큰길'에 대해 듣는다는 것은 약을 먹고 병을 더하는 것과 같습니다.[3] 저는 다만 '어떻게 살아야 하는가'에 대해 듣고 싶을 뿐입니다.

노자 어떻게 살아야 하느냐고요? 세상일과 마음을 하나로 감싸안아 둘 다 잃지 않을 수 있습니까?[4] 길흉을 알아보겠다고 점을 치지 않을 수 있습니까?[5] 멈출 때 멈출 수 있습니까?[6] 그칠 때 그칠 수 있습니까? 남 탓 하지 않고 자기에게서 찾을 수 있습니까? 부드럽고 무심할 수 있습니까? 어린아이가 될 수 있습니까?[7] 어린아이는 하루 종일 울어도 목이 쉬지 않습니다. 얼마나 순수한 조화입

---

2 《도덕경》 71장에 비슷한 내용이 나온다. 노자가 한 말을 가지고 남영주가 노자에게 말하는 상황이 흥미롭다. "성인이 병이 없는 것은 병을 병으로 알고 있기 때문이다. 그래서 병이 없는 것이다."

3 "모른다는 것을 아는 것이 가장 좋다. 모르면서 안다고 하는 것이 병이다."(《도덕경》 71장) 남영주는 계속해서 노자의 말을 인용하며 자신이 알 수 없는 것을 가르쳐 결국 모르면서 안다고 하는 병에 걸리게 하는 것이 아니냐는 말을 하고 있다.

4 《도덕경》 10장 참조. "세상일과 마음을 하나로 감싸안아 서로 떨어지지 않을 수 있게."

5 뒤에 어린아이같이 순수한 지인에게는 화복이 미치지 않는다는 내용이 나온다. 또 "사람에게도 떳떳하고 귀신에게도 떳떳한 사람이라야 혼자 다닐 수 있습니다"는 내용이 나온다. 점을 치지 않아도 스스로 떳떳하다면 길흉에 상관없이 살아갈 수 있다. 재앙이 닥친다고 해도 그것은 자연의 재앙이라 운명으로 편하게 받아들일 수 있다.

6 '멈춘다'는 의미가 뒤에서 구체화된다. "내가 알 수 없는 것이 있다는 것에 머문다면 다한 것입니다."

7 《도덕경》 10장 참조. "흐름이 완전히 부드러워지면 갓 태어난 아이같이 될 수 있을까?"

니까? 어린아이는 하루 종일 손을 쥐고 있어도 손이 당기지 않습니다. 본래 모습 그대로 잡고 있기 때문입니다.[8] 어린아이는 하루 종일 보고 있어도 눈을 깜빡대지 않습니다. 바깥세상에 더 좋아하는 것이 없기 때문입니다. 어디를 가고 있는지, 무엇을 하고 있는지 모릅니다. 모든 것을 있는 그대로 받아들이며 무심히 물결치는 대로 함께합니다. 어떻게 살아야 하느냐고요? 이렇게 살아야 합니다.

남영주 그것이 순수한 지인의 본래 모습입니까?

노자 아닙니다. 이는 얼음을 녹이고 얼어붙은 것을 풀어주는 정도라고 할 수 있습니다. 순수한 지인은 사람들과 더불어 땅에서 함께 먹고, 하늘에서 함께 즐깁니다. 사람들과 어떤 이해관계로도 싸우지 않습니다. 서로 이상한 행동도 하지 않고, 서로 헐뜯지도 않고, 서로 일을 꾸미지도 않습니다. 부드럽게 가고 무심하게 옵니다. 어떻게 살아야 하느냐고요? 이렇게 살아야 합니다.

남영주 이렇게만 하면 됩니까?

노자 아닙니다. 내가 그대에게 물었지요. 어린아이가 될 수 있느냐고요. 어린아이는 뭘 하는지 모르면서 움직이고, 어딜 가는지 모르면서 다닙니다. 몸은 마른 나뭇가지 같고, 마음은 불 꺼진 재 같습니다. 이런 사람은 화도 미치지 않고 복도 오지 않습니다. 화복이 없는데 어떻게 사람의 재앙이 있겠습니까? 마음이 아주 편안해지면 자연스러운 빛이 저절로 나옵니다. 자연스러운 빛이 나오면 그

---

8 《도덕경》 55장 참조. "갓난아이와 같다. (…) 뼈가 부드럽고 근육은 약해도 쥐는 힘이 단단하다. (…) 종일토록 울어도 목이 쉬지 않는구나. 얼마나 순수한 조화인가."

사람 그대로 드러납니다.

마음을 닦는 사람은 흔들리지 않습니다. 이런 사람은 사람들이 함께하고 자연이 돕습니다. 사람들이 함께하는 사람을 '자연의 사람 (天民)'이라고 합니다. 자연이 돕는 사람을 '자연의 자식(天子)'이라고 합니다. 그런데 사람들은 배운다고 하면 배울 수 없는 것까지 배우려 합니다. 실천한다고 하면 실천할 수 없는 것까지 실천하려 합니다. 판단한다고 하면 판단할 수 없는 것까지 판단하려 합니다. 내가 알 수 없는 것이 있다는 것에 머문다면 다한 것입니다.[9] 그러나 만일 이렇게 되지 않는다면 자연의 고름(天鈞)이 무너지고 말 것입니다.

무언가를 갖추어 몸을 기르세요. 잡다한 생각을 버리고 마음이 살아나게 하세요. 공경하는 마음으로 다른 것들에 다가가세요. 이렇게 하는데도 온갖 재난을 만나면 이는 자연재해지 인재가 아닙니다. 이런 일은 마음을 흔들 수도, '영혼의 마을'[10]에 들어올 수도 없습니다.

영혼의 마을에는 지킴이가 있습니다. 그러나 무엇을 지켜야 할지 모르면 지킬 수가 없습니다. 자기 마음이 진실한지 살피지 않고 행동에 옮긴다면 모든 행동이 빗나갈 것입니다. 세상 살아가는 걱정이 멈추지 않으면 하는 일마다 잃을 것입니다. 사람들이 보는데서 좋지 않은 짓을 하는 사람은 사람들이 그를 잡아 벌을 줍니

9 〈제물론〉에서 이미 언급되었다. 알 수 없는 것을 알려고 하지 말라는 앎에 대한 소극적 의미가 아니다. 바로 '큰 앎(大知)'에 대해 말하는 것이다. 내가 아는 것이 전부도 절대도 아니라는 앎에 대한 열린 태도를 말한다.
10 순수한 마음. 〈덕충부〉에서는 '영혼의 고을(靈府)'로 표현한다.

다. 그러나 사람들이 보지 않는 데서 좋지 않은 짓을 하는 사람은 귀신이 잡아 벌을 줍니다. 사람에게도 떳떳하고 귀신에게도 떳떳한 사람이라야 혼자 다닐 수 있습니다.

안으로 충실한 사람은 이름 없이 행동합니다. 겉으로 드러내려는 사람은 재물 쌓는 데만 마음을 씁니다. 이름 없이 행동하는 사람은 평범하지만 빛이 납니다. 재물 쌓는 데만 마음을 쓰는 사람은 장사꾼에 불과합니다. 남들은 그가 발돋움하고 있는 것을 보고 있습니다. 하지만 그는 자기가 우뚝 서 있는 줄 압니다. 마음을 비운 사람은 뭐든지 받아들입니다. 그러나 마음이 막힌 사람은 자신의 처지도 마음으로 받아들이지 못합니다. 이런 사람이 어떻게 남을 받아들일 수 있겠습니까? 남을 받아들일 수 없는 사람은 남들과 친하지 않습니다. 남들과 친하지 않는 사람은 끝까지 남입니다.

무기로 상처받는 것보다 마음으로 상처받는 것이 더 참혹합니다. 명검 막야도 한 수 아래입니다. 가장 크게 마음을 해치는 것은 음양입니다. 천지간 도망갈 곳이 없습니다. 그러나 음양이 와서 마음을 해치는 것이 아닙니다. 마음이 그렇게 시키는 것입니다. 길(道)에서는 모두가 통해 하나가 됩니다. 그런데 그걸 나누면 이룸과 무너짐이 있게 됩니다.

나누어 갖는 것을 싫어하는 까닭은 나누어 가지면 쌓아두게 되기 때문입니다. 쌓아두는 것을 싫어하는 까닭은 가질 때마다 쌓아두기만 하기 때문입니다. 나가기만 하고 돌아오지 않으면 귀신을 보게 됩니다. 나가서 얻겠다고 말하는 것은 '죽음을 얻겠다'고 말하는 것입니다. 모두 없어지고 열매만 매달렸으니 귀신이나 마찬가지입니다.

보이는 것들은 보이지 않는 것을 닮아야 편안합니다. 보이지 않는 것은 나오는 뿌리도 없고 들어가는 구멍도 없습니다. 열매가 있어도 누구의 것도 아닙니다. 끊임없이 이어지지만 뿌리도 가지도 없습니다. 나온 곳은 있지만 돌아갈 구멍이 없을 때 열매가 생깁니다. 그러나 열매가 있어도 누구의 것도 아닙니다. 이것이 무한한 공간 '우宇'입니다. 뿌리도 가지도 없이 끊임없이 이어집니다. 이것이 무한한 시간 '주宙'입니다. 거기엔 삶이 있고, 죽음이 있고, 나오는 것이 있고, 들어가는 것이 있습니다. 들고 나지만 눈에 보이지 않습니다. 이것을 '자연의 문(天門)'[11]이라고 합니다. 자연의 문에는 아무것도 없습니다. 모든 것이 아무것도 없는 데서 나옵니다. 있게 된 것은 있는 것에서 있게 된 것일 수 없습니다. 반드시 아무것도 없는 것에서 나옵니다. 있는 게 없다는 것은 아무것도 없다는 것입니다. 훌륭한 성인은 여기에 몸을 감춥니다.

옛사람들의 앎은 순수했습니다. 얼마나 순수했을까요? 아무것도 없다는 것을 생각했습니다. 생각이 순수하고 다한 것이라 아무것도 보탤 것이 없습니다. 그다음은 무언가 있다는 것을 생각했습니다.[12] 태어나는 것을 잃어버리는 것이라고, 죽는 것을 돌아가는 것이라고 생각했습니다. 이렇게 해서 삶과 죽음을 나누기는 했습니다. 그다음은 처음에는 아무것도 없다가 삶이 있게 되고, 삶이 다하면 죽게 된다고 말했습니다. 아무것도 없는 것을 머리, 삶을 몸

---

11 노자는 《도덕경》 1장에서 '자연의 문'을 이렇게 노래한다. "이 둘은 한 근원에서 나왔으나 이름만 다를 뿐 그 같음을 어둠이라 부른다. 어둠 속의 어둠이어라. 모든 신비의 문이여!(此兩者同 出而異名 同謂之玄 玄之又玄 衆妙之門)"
12 〈제물론〉 참조.

통, 죽음을 꽁무니라고 생각했습니다. 누가 있음과 없음, 죽음과 삶이 하나라는 것을 알까요? 나는 그와 벗하고 싶습니다. 이 세 가지는 다르지만 한 족속입니다. 같은 초나라 족속을 직책으로 소씨, 경씨, 영지 이름으로 갑씨라고 다르게 부르는 것과 마찬가지입니다.

그런데 어둠 속에서 무언가 생겨나면 잠깐 사이에 옳다는 것이 달라집니다(移是). '옳다는 것이 달라진다'는 것에 대해 말해봅시다. 물론 말로 다할 수 있는 것은 아닙니다. 그러나 말도 하지 않으면 알 수 없으니 말해보겠습니다. 섣달 납 제사 때 바치는 소의 내장과 굽을 떼어내야 하나요, 그대로 두어야 하나요? 집 구경을 할 때는 남의 침실과 사당 안을 둘러봅니다. 심지어 뒷간까지 가봅니다.[13] 이런 것들이 옳다는 것이 달라지는 경우입니다.

옳다는 것이 달라진다는 것에 대해 좀 더 말해봅시다. 삶을 뿌리로 생각하고 앎을 스승으로 생각하면서 시비를 따집니다. 그 결과 이름이 나고 열매를 가지게 됩니다. 그러고는 스스로를 바탕이라고 생각하면서 자기를 위해 사람들의 무릎을 꿇게 하고, 그들의 목숨을 바치게 만듭니다. 이런 사람에게는 쓸모 있으면 지혜로운 것이 되고, 쓸모없으면 어리석은 것이 됩니다. 세상에 통하면 명예가 되고, 세상에 막히면 욕된 것이 됩니다. 이렇게 옳다는 것이 달라졌습니다. 오늘날 사람들은 매미와 새끼비둘기입니다.[14] 모

---

13 평소에는 소의 내장이나 굽을 떼어내지만 제사에 쓸 때는 소 전체를 바쳐야 한다. 상황에 따라 옳다는 것이 달라진다. 남의 집 침실이나 사당 그리고 뒷간은 사적인 공간이다. 그곳에 들어가는 것은 실례지만 집 구경을 하는 경우에는 다르다. 경우에 따라 옳고 그른 것이 달라진다.

두 마찬가지입니다.

시장에서 남이 내 발을 밟으면 죄송하다는 사과를 받습니다. 형이 밟으면 형은 따뜻하게 쓰다듬어줍니다. 아버지가 밟으면 아버지는 그냥 그러고 맙니다. 그래서 이렇게 말하는 것입니다. "진짜 예의(至禮)는 남이라는 생각이 없다. 진짜 정의(至義)는 무언가로 다루지 않는다. 진짜 앎(至知)은 꾀를 내지 않는다. 진짜 사랑(至仁)은 따로 친한 게 없다. 진짜 믿음(至信)은 돈을 생각하지 않는다."

복잡한 생각을 없애버리세요. 마음의 속박을 풀어버리세요. 본래 모습을 더럽히는 것들을 털어버리세요. 길을 막는 것을 뚫어버리세요.

귀한 신분, 부자, 유명, 존경, 명예, 이익! 이 여섯 가지가 생각을 복잡하게 만듭니다.

용모, 동작, 표정, 피부결, 생기, 의욕! 이 여섯 가지가 마음을 묶고 있습니다.

증오, 탐욕, 기쁨, 분노, 슬픔, 즐거움! 이 여섯 가지가 본래 모습을 더럽히고 있습니다.

떠남, 나아감, 가짐, 베풂, 지혜, 능력! 이 여섯 가지가 자연스러운 길을 막고 있습니다.

이 스물네 가지가 가슴속에서 흔들리는 일이 없으면 바르게 됩니다. 바르게 되면 고요해집니다. 고요해지면 밝아집니다. 밝아지면 비우게 됩니다. 비우면 일부러 하지 않아도 안 되는 게 없습니다.

길은 본래 모습이 가고자 하는 길입니다. 삶은 본래 모습이 밝게

---

14 〈소요유〉에서 이미 나왔다. 작은 앎(小知)에 갇힌 사람들이다.

실현되는 것입니다. 타고난 본성이 삶의 바탕입니다. 타고난 본
성대로 움직이는 것을 '한다(爲)'고 합니다. 억지로 꾸며 하게 되
면 '잃었다(失)'고 합니다. 안다는 것은 경험하는 것입니다. 안다
는 것은 꾀를 내는 것입니다. 안다는 것이 다 아는 것이 아닙니다.
곁눈질하는 것과 같습니다. 자연스럽게 따라 움직이기에 '본래
모습(德)'이라고 합니다. 따라 움직이지만 내가 하기에 '내가 돌본
다(治)'고 합니다. 말은 서로 다르지만 내용은 서로 이어받고 있습
니다.

명궁 예羿는 조그만 과녁도 잘 맞히는 솜씨를 가졌습니다. 그러나
사람들이 자기를 칭찬하지 않게 만드는 솜씨는 서툴렀습니다. 마
찬가지로 성인이라 칭송받는 사람도 자연에 대한 솜씨는 뛰어나
지만 사람에 대한 솜씨는 서툽니다. 자연에 대한 솜씨도 뛰어나고
사람에 대한 솜씨도 좋은 사람은 '온전한 사람(全人)'이라야 할 수
있습니다. 벌레만이 벌레일 수 있습니다. 진짜 벌레만이 자연일
수 있습니다. 온전한 사람이 싫어하는 자연이 있습니다. 그가 싫
어하는 자연은 '사람의 자연'입니다. 그러니 지금 내가 자연이니
사람이니 떠드는 것은 더 싫어하겠지요?

참새 한 마리가 명궁 예에게 날아갔습니다. 예가 그 참새를 반드
시 맞힐까요? 맞힐 거라고 생각했다면 그건 짧은 생각입니다. 세
상을 새장으로 만들어보세요. 참새가 도망칠 곳이 없습니다. 그래
서 탕왕은 요리사라는 직책으로 이윤伊尹을 새장에 가두었고, 진
목공은 다섯 장의 양가죽으로 백리해를 새장에 넣었습니다. 좋아
하는 것이 없는 사람은 아무도 새장에 가둘 수 없습니다.

다리가 잘린 전과자는 자기를 꾸미지 않습니다. 비난이나 칭찬에

신경 쓰지 않기 때문입니다. 사형수들은 높은 산에 올라도 두려 워하지 않습니다. 죽음과 삶을 잊었기 때문입니다. 정말 친하다면 이윤처럼 탕왕에게 먹을 것을 해주지 않습니다. 정말 친하다면 진 목공처럼 백리해에게 선물을 하지 않습니다. 남이라는 생각이 없 기 때문입니다. 남이라는 생각이 없으면 모두를 자연의 사람으로 생각합니다. 그래서 누가 존경한다고 기뻐하지 않습니다. 누가 욕 한다고 화내지도 않습니다. 이런 사람이 바로 자연의 화목함과 함 께하는 사람입니다.

화내지 않고 화를 내면 그 화는 거룩한 분노로 나옵니다. 억지로 하지 않고 일하면 그 일은 자연스러운 일로 드러납니다. 고요해지 고 싶으세요? 숨(氣)을 고르게 쉬세요. 정신을 차리고 싶으세요? 마음을 흐름에 맡겨두세요. 책임을 다하고 싶으세요? 어쩔 수 없 는 흐름에 따라가세요. 어쩔 수 없는 흐름에 따라가는 것, 이것이 야말로 훌륭한 성인이 가는 길입니다.

南榮趎贏糧 七日七夜至老子之所
老子曰 子自楚之所來乎
南榮趎曰 唯
老子曰 子何與人偕來之衆也
南榮趎懼然顧其後 老子曰 子不知吾所謂乎 南榮趎俯而慙 仰而歎曰 今者吾忘吾
答 因失吾問
老子曰 何謂也
南榮趎曰 不知乎 人謂我朱愚 知乎 反愁我軀 不仁則害人 仁則反愁我身 不義則
傷彼 義則反愁我己 我安逃此而可 此三言者 趎之所患也 願因楚而問之
老子曰 向吾見若眉睫之間 吾因以得汝矣 今汝又言而信之 若規規然若喪父母 揭

竿而求諸海也 女亡人哉 惘惘乎 汝欲反汝情性而無由入 可憐哉

南榮趎請入就舍 召其所好 去其所惡 十日自愁 復見老子

老子曰 汝自洒濯 孰哉鬱鬱乎 然而其中津津乎猶有惡也 夫外韄者不可繁而捉 將內揵 內韄者不可繆而捉 將外揵 外內韄者 道德不能持 而況放道而行者乎

南榮趎曰 里人有病 里人問之 病者能言其病 然其病 病者猶未病也 若趎之聞大道 譬猶飲藥以加病也 趎願聞衛生之經而已矣

老子曰 衛生之經 能抱一乎 能勿失乎 能無卜筮而知吉凶乎 能止乎 能已乎 能舍諸人而求諸己乎 能翛然乎 能侗然乎 能兒子乎 兒子終日嗥而嗌不嗄 和之至也 終日握而手不掜 共其德也 終日視而目不瞚 偏不在外也 行不知所之 居不知所爲 與物委蛇 而同其波 是衛生之經已

南榮趎曰 然則是至人之德已乎

曰 非也 是乃所謂冰解凍釋者 能乎 夫至人者 相與交食乎地而交樂乎天 不以人物利害相攖 不相與爲怪 不相與爲謨 不相與爲事 翛然而往 侗然而來 是謂衛生之經已

曰 然則是至乎

曰 未也 吾固告汝曰 能兒子乎 兒子動不知所爲 行不知所之 身若槁木之枝而心若死灰 若是者 禍亦不至 福亦不來 禍福無有 惡有人災也 宇泰定者 發乎天光 發乎天光者 人見其人 (物見基物)

人有脩者 乃今有恒 有恒者 人舍之 天助之 人之所舍 謂之天民 天之所助 謂之天子 學者 學其所不能學也 行者 行其所不能行也 辯者 辯其所不能辯也 知止乎其所不能知 至矣 若有不卽是者 天鈞敗之

備物以將形 藏不虞以生心 敬中以達彼 若是而萬惡至者 皆天也 而非人也 不足以滑成 不可內於靈臺

靈臺者有持 而不知其所持 而不可持者也 不見其誠己而發 每發而不當 業入而不舍 每更爲失 爲不善乎顯明之中者 人得而誅之 爲不善乎幽閒之中者 鬼得而誅之 明乎人 明乎鬼者 然後能獨行

券內者 行乎無名 券外者 志乎期費 行乎無名者 唯庸有光 志乎期費者 唯賈人也 人見其跂 猶之魁然 與物窮者 物入焉 與物且者 其身之不能容 焉能容人 不能容人者無親 無親者盡人

兵莫憯於志 鏌鋣爲下 寇莫大於陰陽 無所逃於天地之間 非陰陽 賊之 心則使之也
道通 其分也 其成也毀也

所惡乎分者 其分也以備 所以惡乎備者 其有以備 故出而不反 見其鬼 出而得 是
謂得死 滅而有實 鬼之一也

以有形者象無形者 而定矣 出無本 入無竅 有實而無乎處 有長而無乎本剽 有所出
而無竅者有實 有實而無乎處者 宇也 有長而無本剽者 宙也 有乎生 有乎死 有乎
出 有乎入 入出而無見其形 是謂天門 天門者 無有也 萬物出乎無有 有不能以有
爲有 必出乎無有 而無有一無有 聖人藏乎是

古之人 其知有所至矣 惡乎至 有以爲未始有物者 至矣 盡矣 弗可以加矣 其次以
爲有物矣 將以生爲喪也 以死爲反也 是以分已 其次曰 始無有 旣而有生 生俄而
死 以無有爲首 以生爲體 以死爲尻 孰知有無死生之一守者 吾與之爲友 是三者雖
異 公族也 昭景也 著戴也 甲氏也 著封也 非一也

有生 黬也 披然曰移是 嘗言移是 非所言也 雖然 不可知者也 臘者之有膍胲 可散
而不可散也 觀室者周於寢廟 又適其偃焉 爲是舉移是

請嘗言移是 是以生爲本 以知爲師 因以乘是非 果有名實 因以己爲質 使人以爲己
節 因以死償節 若然者 以用爲知 以不用爲愚 以徹爲名 以窮爲辱 移是 今之人也
是蜩與學鳩同於同也

蹍市人之足 則辭以放驁 兄則以嫗 大親則已矣 故曰 至禮有不人 至義不物 至知
不謨 至仁 無親 至信辟金

徹志之勃 解心之謬 去德之累 達道之塞

貴富顯嚴名利六者 勃志也

容動色理氣意六者 謬心也

惡欲喜怒哀樂六者 累德也

去就取與知能六者 塞道也

此四六者 不盪胸中則正 正則靜 靜則明 明則虛 虛則無爲而無不爲也

道者 德之欽也 生者 德之光也 性者 生之質也 性之動 謂之爲 爲之爲 謂之失 知
者 接也 知者 謨也 知者之所不知 猶睨也 動以不得已之謂德 動無非我之謂治 名
相反而實相順也

羿工乎中微而拙乎使人無己譽 聖人工乎天而拙乎人 夫工乎天而俍乎人者 唯全人

能之 唯蟲 能蟲 唯蟲能天 全人惡天 惡人之天 而況吾天乎人乎

一雀適羿 羿必得之 威也 以天下爲之籠 則雀無所逃 是故湯以庖人籠伊尹 秦穆公 以五羊之皮籠百里奚 是故非以其所好籠之而可得者 無有也

介者拸畫 外非譽也 胥靡登高而不懼 遺死生也 夫復謵不餽而忘人 忘人 因以爲天 人矣 故敬之而不喜 侮之而不怒者 唯同乎天和者爲然

出怒不怒 則怒出於不怒矣 出爲無爲 則爲出於無爲矣 欲靜則平氣 欲神則順心 有 爲也 欲當則緣於不得已 不得已之類 聖人之道

노자는 앎과 사랑과 정의로 인한 괴로움 때문에 자신을 찾아왔다는 남영주에게 잡다한 생각을 버리고 마음을 살아나게 하라고 충고합니다. 마음을 비우면 뭐든지 받아들일 수 있고, 무한한 우주에서 삶과 죽음은 하나이며, 옳다 그르다는 것도 달라진다고 합니다. 노자는 마음의 속박을 풀고 세상을 새장으로 만들면 어디에도 갇히지 않을 거라고 하면서 좋아하는 것이 없는 사람은 아무도 새장에 가둘 수 없다고 합니다. 자신의 탐욕이 자신을 새장에 가둔다는 것입니다. 이어지는 〈서무귀〉에서 스스로 갇힌 자들의 이야기가 펼쳐집니다.

서무귀

徐无鬼

서무귀는 위무후가 사랑과 정의를 위해 전쟁을 그만두겠다고 하자 전쟁을 그만두겠다는 생각 자체가 전쟁의 씨앗이라고 일침을 가합니다. 그는 탐욕과 힘을 자랑하려는 과시욕이 병이라면서 세상 돌보는 일은 목동의 말처럼 말을 해치는 것을 없애주는 것으로 충분하다고 말합니다.

많은 사람이 과시하려는 욕심 때문에 자기가 잘하는 일에 갇히고 맙니다. 말 잘하는 혜시는 논쟁에 갇히고, 능력을 과시하던 원숭이는 화살을 맞아 죽고 맙니다. 그래서 관중은 자기 능력을 과시하며 아는 척, 잘난 척하는 사람보다는 남의 사정을 헤아리는 겸손한 사람에게 나라를 맡기는 게 좋다며 습붕을 추천합니다. 남에게 인정받고 싶어하는 욕구에 빠진 사람들은 갇힌 사람들입니다. 남백자기는 자신에게 이름을 팔아먹으려는 마음이 있었다는 것을 깨닫고 슬퍼합니다. 공자는 초나라 주연에서 탐욕에 갇히지 않는 '불혹의 세상'을 위한 긴 이야기를 들려줍니다. 공자가 말하는 갇힌 자의 세 가지 유형은 '무조건 복종하는 자', '익숙한 곳에 갇힌 자', '자신을 가두는 자'입니다.

서무귀가 위나라 무후를 만나다 1

서무귀가 여상의 소개로 위나라 무후를 만났습니다. 무후가 위로의 말로 그를 맞았습니다.

무후 선생께서는 건강이 안 좋아 보이시는군요. 산속에서 지내느라 노고가 많으셨나봅니다. 그래 기꺼이 과인을 만나러 오셨군요.

서무귀 저야말로 임금을 위로해드리려고 왔는데, 어찌 임금께서 저를 위로하십니까? 임금께선 욕망을 채우려고 좋고 싫은 감정에 따라 행동하시니 '타고난 본성과 운명'의 참모습이 병들었습니다. 게다가 이번엔 욕망을 물리치려고 좋고 싫은 감정을 버리시려니 귀와 눈이 병들었습니다. 제가 임금을 위로해드리려고 왔는데 어찌 임금께서 저를 위로하신단 말입니까?

무후가 언짢아 아무 대꾸도 하지 않았습니다. 잠시 후 서무귀가 이어 말했습니다. "제가 사냥개를 어떻게 감정하는지 이야기해드릴까 합니다. 하질의 개는 배불리 먹기만 하면 그만입니다. 살쾡이의 모습과 같습니다. 중질의 개는 해를 쳐다보는 듯합니다. 상질의 개는 자신을 잊은 듯합니다. 하지만 저는 사냥개를 감정하는 것보다 말을 감정하는 것이 더 좋았습니다. 제가 어떤 말을 감정했더니 곧바로 갈 때는 먹줄에 들어맞을 것 같았고, 굽어 돌 때는 갈고리에 들어맞을 정도였습니다. 네모지게 꺾어질 때는 곱자에 들어맞을 것 같았고, 둥글게 돌 때는 그림쇠에 딱 들어맞을 정도였습니다. 이런 말을 나라에서는 좋은 말이라고 합니다. 그러나 천하의 명마는 되지 못합니다. 천하의 명마는 자연스러운 자질을 지니고 있습니다. 고요하고 안정되어 있습니다. 자기를 잃은 듯합니다. 이런 말은 다른 말들을 앞질러 달리면서도 먼지 하나 내지 않습니다. 어디를 가는지 알 수 없습니다."

무후가 대단히 기뻐하며 웃었습니다. 서무귀가 물러나오자 여상이 물었습니다.

여상　선생께서는 우리 임금께 무슨 말씀을 하신 것입니까? 저도 우리 임금께 많은 것을 말씀드렸습니다. 어떤 때는 시서예악을 말씀드리고, 어떤 때는 금판이나 육도 같은 병법을 말씀드렸습니다. 병법을 받아들여 크게 도움이 된 적도 많았습니다. 그래도 임금께서 이를 드러내며 웃으신 적은 없습니다. 오늘 선생께서 무슨 말씀을 하셨길래 우리 임금께서 저렇게 기뻐하시는 것입니까?

서무귀　나는 개와 말을 어떻게 감정하는지에 대해 말씀드렸을 뿐입니다.

여상　그것뿐입니까?

서무귀　그대는 월나라로 유배된 사람 이야기를 들어본 적이 없습니까? 나라를 떠나 며칠이 지나면 아는 사람만 봐도 반갑습니다. 나라를 떠나 열흘에서 한 달쯤 지나면 본국에서 본 적이 있는 사람만 봐도 반갑습니다. 일 년이 지나면 자기 나라 사람과 비슷한 사람만 봐도 반갑습니다. 사람을 떠나 오래될수록 사람 그리워하는 마음이 점점 깊어진단 말이겠지요. 인적이 끊긴 골짜기에 들어가 사는 사람은 족제비가 다니는 잡초가 우거진 좁은 길을 서성거리다 사람의 발자국 소리만 들어도 반갑기 마련입니다. 하물며 형제나 친척의 기침 소리가 자기 곁에서 난다면 어떻겠습니까? 오래된 것 같습니다. 임금 곁에서 진짜 사람의 기침 소리를 내지 않은 것이 말입니다.

徐无鬼因女商見魏武侯 武侯勞之曰 先生病矣 苦於山林之勞 故乃肯見於寡人

徐无鬼曰 我則勞於君 君有何勞於我 君將盈耆欲 長好惡 則性命之情病矣 君將黜耆欲 擎好惡 則耳目病矣 我將勞君 君有何勞於我

武侯超然不對 少焉 徐无鬼曰 嘗語君 吾相狗也 下之質執飽然而止 是狸德也 中之質若視日 上之質若亡其一 吾相狗 又不若吾相馬也 吾相馬 直者中繩 曲者中鉤 方者中矩 圓者中規 是國馬也 而未若天下馬也 天下馬有成材 若卹若失 若喪其一 若是者 超軼絶塵 不知其所

武侯大悅而笑 徐无鬼出 女商曰 先生獨何以說吾君乎 吾所以說吾君者 橫說之則以詩書禮樂 從說之則以金板六弢 奉事而大有功者不可爲數 而吾君未嘗啓齒 今先生何以說吾君 使吾君說若此乎

徐无鬼曰 吾直告之吾相狗馬耳

女商曰 若是乎

曰 子不聞夫越之流人乎 去國數日 見其所知而喜 去國旬月 見所嘗見於國中者喜 及期年也 見似人者而喜矣 不亦去人滋久 思人滋深乎 夫逃虛空者 藜藋柱乎鼪鼬之逕 踉位其空 聞人足音跫然而喜矣 又況乎昆弟親戚之謦欬其側者乎 久矣夫莫以眞人之言謦欬吾君之側乎

서무귀가 위나라 무후를 만나다 2

서무귀가 무후를 만나니 무후가 말했습니다.

무후 선생께서는 산속에서 도토리와 밤을 먹고, 파와 부추를 실컷 먹으
며 지내셨겠지요. 오랫동안 과인을 찾아오지 않으면서 말입니다.
그런데 이제 나이가 들어 술과 고기 맛을 보고 싶으셨습니까? 아
니면 내가 나라 복이 있는 겁니까?

서무귀 저는 가난하고 미천하게 살아 임금의 술과 고기를 먹어본 적이 없
습니다. 저는 지금 임금을 위로해드리려고 온 것입니다.

무후 무슨 말입니까? 왜 나를 위로한단 말입니까?

서무귀 임금의 마음과 몸을 위로해드리려고 왔습니다.

무후 그게 무슨 말입니까?

서무귀 천지자연은 모든 것을 고르게 길러냅니다. 높이 올랐다고 잘난 게
아닙니다. 아래에 있다고 못난 게 아닙니다. 임금께서는 만승의
군주가 되셨습니다. 그런데 온 나라 사람들을 괴롭혀서 자신의 귀
와 몸과 코와 입의 욕망을 채우고 있습니다. 하지만 임금의 순수
한 마음은 이를 허락하지 않습니다. 순수한 마음은 화목함을 좋아

하고 간악함을 미워합니다. 간악함이 병입니다. 그래서 위로해드리려는 것입니다. 임금께서 병이 드시다니 어찌 된 일입니까?

무후 오래전부터 선생을 만나고 싶었습니다. 나는 사람들을 사랑하고 싶습니다. 그리고 정의를 위해 전쟁을 그만두려고 합니다. 그러는 것이 좋겠지요?

서무귀 아니, 그렇지가 않습니다. 사람들을 사랑하겠다는 것이 사람들을 해치는 첫걸음입니다. 정의를 위해 전쟁을 그만두겠다는 것이 전쟁을 조장하는 뿌리입니다. 임금께서 이런 생각으로 하신다면 이루지 못할 것입니다. 아름다움을 이루겠다는 마음이 악을 담는 그릇이 될 것입니다. 임금께서 사랑과 정의를 위한다 하시지만 아마도 거짓이 될 것입니다. 겉으로 하면 겉모습만 흉내 내게 마련입니다. 이런 식으로 성공하면 자랑하고 싶어집니다. 결국 마음이 변해 전쟁을 하게 될 것입니다. 임금께서는 높은 누각에 있으면서 군진을 생각하지 말아야 합니다. 제사를 지내면서 병법을 생각하지 말아야 합니다. 본래 모습에 어긋나는 마음을 갖지 말아야 합니다. 남들을 교묘하게 이겨서는 안 됩니다. 남들을 모략으로 이겨서는 안 됩니다. 남들을 전쟁으로 이겨서는 안 됩니다. 다른 나라 사람들을 죽이고 남의 땅을 차지해서 결국 내 욕망을 채우는 것이라면 그 전쟁이 누구를 위한 전쟁인지 모르겠습니다. 승리는 어디에 있는 것입니까? 임금께서 꼭 그렇게 하고 싶으시다면 가슴속 진실의 거울을 잘 닦아 천지자연의 모습을 비추어주십시오. 어지럽히지 마십시오. 그러면 사람들이 이미 죽음에서 벗어나 있을 것입니다. 임금께서 전쟁을 그만두려고 애쓰실 필요가 어디 있겠습니까?

徐无鬼見武侯 武侯曰 先生居山林 食芋栗 厭葱韭 以賓寡人 久矣夫 今老邪 其欲
干酒肉之味邪 其寡人亦有社稷之福邪

徐无鬼曰 无鬼生於貧賤 未嘗敢飮食君之酒肉 將來勞君邪

君曰 何哉 奚勞寡人

曰 勞君之神與形

武侯曰 何謂邪

徐无鬼曰 天地之養也一 登高不可以爲長 居下不可以爲短 君獨爲萬乘之主 以苦
一國之民 以養耳目鼻口 夫神者不自許也 夫神者 好和而惡姦 夫姦 病也 故 勞之
唯君所病之 何也

武侯曰 欲見先生久矣 吾欲愛民而爲義偃兵 其可乎

徐无鬼曰 不可 愛民 害民之始也 爲義偃兵 造兵之本也 君自此爲之 則殆不成 凡
成美 惡器也 君雖爲仁義 幾且僞哉 形固造形 成固有伐 變固外戰 君亦必無盛鶴
列於麗譙之間 無徒驥於錙壇之宮 無藏逆於得 無以巧勝人 無以謀勝人 無以戰勝
人 夫殺人之士民 兼人之土地 以養吾私與吾神者 其戰不知孰善 勝之惡乎在 君若
勿已矣 脩胸中之誠 以應天地之情而勿攖 夫民死已脫矣 君將惡乎用夫偃兵哉

황제가 목동에게 묻다

황제가 구자산으로 큰 땅 대외를 만나러 갔습니다. 방향 감각이 좋은 방명이 마부가 되고, 세상을 아름답게 하는 창우가 함께 타고, 힘 좋은 장약과 말 잘하는 습붕謵朋이 앞서가고, 어리숙한 곤혼과 괴짜 골계가 뒤를 따랐습니다. 양성의 들판에 이르자 일곱 성인은 길을 잃고 말았습니다. 길을 물으려 해도 사람이 없었습니다. 그때 마침 말을 치는 목동을 만나 길을 물었습니다.

일행 중 너 구자산을 아느냐?

목동 네, 압니다.

일행 중 너 대외를 아느냐?

목동 네, 압니다.

황제 이상한 아이로구나. 구자산만이 아니라 대외가 있는 곳까지 알다니. 그러면 세상을 돌보는 것에 대해서도 알고 있느냐?

목동 세상을 돌보는 것도 이럴 것 같습니다. 다른 게 뭐 있겠습니까? 제가 어렸을 때 저는 갇힌 공간에서만 놀았습니다. 그러자 눈병이 나 잘 볼 수 없었습니다. 어떤 어른이 저에게 이렇게 가르쳐주셨

습니다. "애야, 해 수레를 타고 양성의 들판에서 놀아라." 지금은
병이 조금 나았습니다. 그래서 이제부터는 밖에 나와 놀려고 합니
다. 세상을 돌보는 것도 이렇지 않을까요? 다른 게 뭐 있겠습니까?

황제 사실 아이들 일은 아니다만 세상 돌보는 일을 물어봐도 되겠느
냐?

목동이 사양하자 황제가 다시 물었습니다. 목동이 말했습니다. "세상
을 돌보는 일이나 말을 돌보는 일이나 뭐 그리 다르겠습니까? 그저 말을
해치는 것을 없애주는 것일 뿐입니다."

황제는 두 번 절하고 머리를 조아리고는 목동을 천사天師라고 부른
뒤 물러났습니다.

黃帝將見大隗乎具茨之山 方明爲御 昌寓驂乘 張若謵朋前馬 昆闇滑稽後車 至於
襄城之野 七聖皆迷 無所問塗 適遇牧馬童子 問塗焉 曰 若知具茨之山乎
曰 然
若知大隗之所存乎
曰 然
黃帝曰 異哉小童 非徒知具茨之山 又知大隗之所存 請問爲天下
小童曰 夫爲天下者 亦若此而已矣 又奚事焉 予少而自遊於六合之內 予適有眚病
有長者教予曰 若乘日之車而遊於襄城之野 今予病少痊 予又且復遊於六合之外 夫
爲天下亦若此而已 予又奚事焉
黃帝曰 夫爲天下者 則誠非吾子之事 雖然 請問爲天下
小童辭 黃帝又問 小童曰 夫爲天下者 亦奚以異乎牧馬者哉 亦去其害馬者而已矣
黃帝再拜稽首 稱天師而退

갇힌 사람들

앎으로 사는 사람은 생각할 사건이 없으면 즐겁지 않습니다. 말로 사는 사람은 논쟁거리가 없으면 즐겁지 않습니다. 감찰하는 사람은 사건이 없으면 즐겁지 않습니다. 모두 무언가에 갇힌 사람들입니다. 뛰어난 사람은 나라를 세우려 합니다. 좀 잘난 사람은 공직에서 빛나려 합니다. 힘 좋은 사람은 재난이 닥쳐야 자신만만합니다. 용감한 사람은 환난이 생겨야 고무됩니다. 무장을 한 사람은 전쟁을 즐깁니다. 산속에 숨어 사는 사람은 이름에 삽니다. 법률가는 법 적용을 넓히려 합니다. 예를 가르치는 사람은 용모를 존중합니다. 사랑과 정의를 내세우는 사람은 교제를 중시합니다. 농부는 잡초 뽑을 일이 없으면 즐겁지 않습니다. 상인은 장사할 일이 없으면 즐겁지 않습니다. 서민은 아침저녁으로 할 일이 있어야 부지런히 일합니다. 기술자들은 기술을 뽐낼 일이 있어야 힘이 납니다. 탐욕스러운 사람들은 돈과 재물이 쌓이지 않으면 걱정이 쌓입니다. 허세 부리는 사람들은 세력이 남보다 떨어지면 슬퍼합니다. 세력이나 물질을 추구하는 무리는 사건 사고를 즐깁니다. 자기가 기용될 기회를 만나면 가만히 있지 못합니다. 이들은 모두 세태를 따라가다 무언가에 무언가로 사물화되어버렸습니다. 몸과 마음이 세상일에 빠져버려 평생 돌아오지 못합니다. 슬프지 않습니까?[1]

知士無思慮之變則不樂 辯士無談說之序則不樂 察士無凌誶之事則不樂 皆囿於物
者也 招世之士興朝 中民之士榮宮 筋力之士矜難 勇敢之士奮患 兵革之士樂戰 枯
槁之士宿名 法律之士廣治 禮敎之士敬容 仁義之士貴際 農夫無草萊之事則不比
商賈無市井之事則不比 庶人有旦暮之業則勸 百工有器械之巧則壯 錢財不積則貪
者憂 權勢不尤則夸者悲 勢物之徒樂變 遭時有所用 不能無爲也 此皆順比於歲 而
物於物者(不物於易者)[2]也 馳其形性 潛之萬物 終身不反 悲夫

---

1 여기까지 서무귀가 무후에게 해주는 이야기로 보았다. 서무귀가 마음먹고 찾아갔고, 이 정
도는 말해야 무후가 설득되지 않겠는가.

2 저본에는 而物於物者가 不物於易者로 되어 있다. 문맥이 통하지 않는다. 不을 而, 易을 物로 바
꾸면 〈산목〉에 나오는 物物而不物物과 같은 맥락으로 읽을 수 있다. 不과 而, 易과 物은 필
사할 경우 글자 모양이 비슷해서 자주 혼동되는 글자이다(池田知久의 견해. 안병주 외, 《역주
장자 3》 356쪽 참조). 글자 두 개를 바꾸어 不物於易者를 而物於物者로 읽는다.

말에 갇힌 사람

장자가 혜시에게 물었습니다.

장자 표적을 정하지 않고 활을 쏘고 나서 명중했다고 합니다. 그러고
　　　는 활을 잘 쏜다고 말합니다. 그러면 세상 사람 모두 명궁 예羿
　　　가 되는 것입니까? 그럴 수 있습니까?

혜자 그럴 수 있죠.

장자 세상에 모두 다 옳다고 여기는 것은 없습니다. 그런데 각자 옳
　　　다고 하는 것을 옳다고 주장합니다. 그러면 세상 사람 모두 성
　　　인이라는 요임금이 되는 것입니까? 그럴 수 있습니까?

혜자 그럴 수 있죠.

장자 그렇다면 유가와 묵가 그리고 양주와 공손룡, 이 네 그룹과 선
　　　생, 이렇게 다섯이 되네요. 과연 누가 옳은 겁니까? 아마도 노거
　　　의 이야기와 같지 않을까요? 노거의 제자가 노거에게 물었답니
　　　다. "제가 선생님의 길을 터득했습니다. 저는 추운 겨울에는 쉽
　　　게 불을 지펴 음식을 할 줄 알게 되었고, 더운 여름에는 얼음을
　　　만들 줄 알게 되었습니다." 노거가 대답했습니다. "그것은 양으

로 양을 부르고, 음으로 음을 부르는 것일 뿐이다. 내가 말하는 길이 아니다. 내 너에게 나의 길을 보여주겠다." 그러고는 거문고를 조율해서 하나는 밖의 마루에 놓고, 하나는 안방에 놓았습니다. 한쪽에서 궁 줄을 뜯으면 다른 쪽의 궁 줄이 움직이고, 한쪽에서 각 줄을 뜯으면 다른 쪽의 각 줄이 움직였습니다. 음률이 서로 같았습니다. 이번엔 한 줄을 다르게 조율했습니다. 오음에 해당하는 것이 아니었습니다. 이것을 뜯자 스물다섯 개의 줄이 한꺼번에 시끄럽게 움직였습니다. 특별한 소리도 아니었습니다. 단지 음을 지배했을 뿐입니다. 뭐 이런 것이 아니겠습니까?

혜자 유가와 묵가, 양주와 공손룡 이 네 그룹이 나하고 자주 논쟁을 벌입니다. 말로 서로 싸우고, 서로 큰 소리를 내가며 말을 못하게 제압하기도 합니다. 그러나 아직 내 주장이 틀렸다고 하지는 못하고 있습니다. 어떻게 생각하십니까?

장자 아들을 송나라에 팔아버린 제나라 사람이 있습니다. 그는 문지기를 시키려고 아들의 다리를 불구로 만들었습니다. 그러면서 목이 긴 술병을 구하면 그게 깨질까봐 잘 싸서 둡니다. 또 어떤 사람은 잃어버린 아들을 찾겠다면서도 자기 사는 동네 밖으로는 나가지 않으려고 합니다. 뭔가 잘못되었습니다. 다리가 불구라 문지기로 팔린 초나라 사람이 있습니다. 사람들이 없는 한밤중에 도망치다가 뱃사공과 싸웠습니다. 그는 아직 물가를 떠나기도 전에 사공의 원한을 충분히 사두었습니다.

莊子曰 射者非前期而中 謂之善射 天下皆羿也 可乎

惠子曰 可

莊子曰 天下非有公是也 而各是其所是 天下皆堯也 可乎

惠子曰 可

莊子曰 然則儒墨楊秉四 與夫子爲五 果孰是邪 或者若魯遽者邪 其弟子曰 我得夫子之道矣 吾能冬爨鼎而夏造冰矣 魯遽曰 是直以陽召陽 以陰召陰 非吾所謂道也 吾示子乎吾道 於是爲之調瑟 廢一於堂 廢一於室 鼓宮宮動 鼓角角動 音律同矣 夫或改調一弦 於五音無當也 鼓之 二十五弦皆動 未始異於聲 而音之君已 且若是者邪

惠子曰 今夫儒墨楊秉 且方與我以辯 相拂以辭 相鎭以聲 而未始吾非也 則奚若矣

莊子曰 齊人蹢子於宋者 其命閽也不以完 其求鈃鐘也以束縛 其求唐子也而未始出域 有遺類矣 夫楚人寄而蹢閽者 夜半於無人之時而與舟人鬪 未始離於岑而足以造於怨也

논쟁을 일삼는 혜시의 모습이 장자 보기엔 어땠을까요? 표적 없이 활을 쏘고는 명중했다고 하는 것 아니었을까요? 논쟁의 지배자가 되려는 욕망이 시끄러운 논쟁을 불러옵니다. 논쟁에 빠져 무엇이 정말 중요한 것인지, 정작 왜 논쟁을 하는지 잊습니다. 결국 논쟁에 갇혀 사람을 잃고 맙니다. 장자는 〈천하〉에서 논쟁가들이 남의 마음을 사지는 못한다며 그 한계를 지적합니다. 《장자》는 논쟁가로 유명해진 친구 혜시의 한계를 슬퍼하는 장자의 마지막 구절로 끝납니다. 하지만 혜시야말로 장자가 더불어 대화할 만한 유일한 인물이었던 것 같습니다. 혜시가 죽고 나서 그의 무덤을 지나며 장자는 친구를 그리워합니다.

장자, 혜시를 그리워하다

장자가 장례식에 참석하러 가는 길에 혜자의 묘를 지나게 되었습니다. 따라오는 제자들을 돌아보며 장자가 말했습니다. "영郢 땅 사람이 있었다. 그는 자기 코끝에 백토를 파리 날개처럼 바르고 장인 장석에게 그것을 깎아내게 했다. 그러자 장석이 바람 소리가 날 정도로 도끼를 휘둘렀다. 하지만 백토만 깎이고 코는 아무렇지도 않았다. 영 땅 사람도 선 채로 그대로 있었다. 송나라 원군이 그 이야기를 듣고 장석을 불러 이렇게 말했다. '나에게도 한번 해봐주시게.' 장석이 말했다. '신이 전에는 백토를 깎을 수 있었습니다. 그러나 신의 바탕이 되는 분이 돌아가신 지 오래되었습니다.' 나도 혜시 선생이 돌아가시고 나니 이제 장석처럼 내 바탕이 되는 분이 없어 더불어 이야기할 사람이 없구나."

莊子送葬 過惠子之墓 顧謂從者曰 郢人堊漫其鼻端若蠅翼 使匠石斲之 匠石運斤成風 聽而斲之 盡堊而鼻不傷 郢人立不失容 宋元君聞之 召匠石曰 嘗試爲寡人爲之 匠石曰 臣則嘗能斲之 雖然 臣之質死久矣 自夫子之死也 吾無以爲質矣 吾無與言之矣

관중이 습붕을 추천한 이유

관중이 병이 들자 환공이 그에게 물었습니다.

환공 중보의 병이 위중하니 말하지 않을 수가 없습니다. 중보가 죽으면
　　　 과인은 누구에게 나라를 맡겨야 합니까?

관중 누구에게 맡기려 하십니까?

환공 포숙아를 생각하고 있습니다.

관중 안 됩니다. 포숙아는 사람됨이 깨끗하고 청렴한 너무 착한 사람입
　　　 니다. 자기만 못한 사람을 대등하게 보지 않습니다. 또 한번 남의 잘
　　　 못을 들으면 죽을 때까지 잊지 않습니다. 그에게 나라를 돌보게 하
　　　 면 위로는 군주를 구속하고 아래로는 사람들을 거역해서 얼마 안
　　　 있어 군주에게 죄를 얻을 것입니다.

환공 그렇다면 누가 좋겠습니까?

관중 군이 말하라 하시면 습붕灦朋이 좋겠습니다. 그의 사람됨은 윗사람
　　　 을 잊고 아랫사람과 함께합니다. 황제만 못한 것을 부끄러워하고
　　　 자기만 못한 사람을 애처롭게 여깁니다. 타고난 모습(德) 그대로 사
　　　 람들과 함께하는 사람을 '훌륭하다(聖)'고 하고, 재물을 사람들과 함

께 나누는 사람을 '베푼다(賢)'고 합니다. 베풀면서 남들을 깔보는
사람은 사람들이 따르지 않지만 베풀면서도 남들을 존중하는 사람
은 사람들이 저절로 따릅니다. 그러면 나라를 돌보면서 그가 다 들
을 필요가 없고, 집안을 돌보면서 그가 다 알 필요가 없습니다. 굳이
말하라 하시면 습붕이 좋겠습니다.

管仲有病 桓公問之 曰 仲父之病病矣 可不謂云 至於大病 則寡人惡乎屬國而可
管仲曰 公誰欲與
公曰 鮑叔牙
曰 不可 其爲人絜廉善士也 其於不己若者不比之 又一聞人之過 終身不忘 使之治
國 上且鉤乎君 下且逆乎民 其得罪於君也 將弗久矣
公曰 然則孰可
對曰 勿已 則隰朋可 其爲人也 上忘而下畔 愧不若黃帝而哀不己若者 以德分人謂
之聖 以財分人謂之賢 以賢臨人 未有得人者也 以賢下人 未有不得人者也 其於國
有不聞也 其於家有不見也 勿已 則隰朋可

오만하게 굴다 죽은 원숭이

오나라 왕이 강에서 뱃놀이를 하다가 원숭이들이 사는 산으로 올라 갔습니다. 원숭이들이 그를 보고 깜짝 놀라 숲 속으로 도망쳐 달아났습니다. 그런데 한 원숭이만이 도망치지 않고 느긋하게 이리저리 나뭇가지를 뛰어다니며 왕에게 보라는 듯 재주를 부렸습니다. 왕이 활을 쏘자 원숭이는 날아오는 화살을 재빨리 잡았습니다. 왕은 신하들에게 계속해서 활을 쏘도록 명령했습니다. 결국 원숭이는 화살을 맞고 죽었습니다. 왕이 동행한 친구 안불의를 돌아보며 말했습니다. "저 원숭이는 재주를 자랑하고, 민첩함을 믿고, 오만하게 굴다가 저렇게 죽고 말았습니다. 이것을 교훈으로 삼아야 할 것입니다. 슬픕니다. 그대도 교만한 얼굴로 남에게 오만하게 굴지 마세요."

안불위는 돌아가 동오를 스승으로 삼았습니다. 그는 교만한 얼굴색을 버리고, 쾌락을 멀리하고, 높은 벼슬도 사양했습니다. 삼 년이 지나자 사람들이 그를 칭찬했습니다.

吳王浮於江 登乎狙之山 衆狙見之 恂然棄而走 逃於深蓁 有一狙焉 委蛇攫抓 見

巧乎王 王射之 敏給搏捷矢 王命相者趨射之 狙執死 王顧謂其友顔不疑曰 之狙也
伐其巧恃其便以敖予 以至此殛也 戒之哉 嗟乎 無以汝色驕人哉

顔不疑歸而師董梧以助(鋤)其色 去樂辭縣 三年而國人稱之

남백자기의 슬픔

남백자기가 안석에 기대어 앉아 하늘을 쳐다보며 긴 한숨을 내쉬었습니다.

안성자 대단하십니다. 몸은 마른 나무 같고 마음은 죽은 재 같아질 수 있는 것입니까?

남백자기 내가 산속에서 살았던 적이 있다. 그때 제나라 임금 전화田禾가 나를 한 번 만나러 왔다. 그러고는 제나라 사람들이 세 번이나 더 찾아왔다. 나한테 분명 그런 마음이 있었던 것이다. 그들은 내가 이름을 팔아먹으려는 걸 알아챈 것이다. 그래서 그들이 그걸 사러 왔던 것이다. 내가 그런 마음이 없었더라면 그들이 어떻게 알았겠느냐? 내가 팔려고 하지 않았다면 어떻게 그들이 사러 왔겠느냐? 아, 슬프다. 나는 사람들이 본래 자기 모습을 잃는 것이 슬프다. 나는 또 그들을 슬피 여기는 내가 슬프다. 나는 또 사람들의 슬픔을 슬퍼하는 나 자신이 슬프다. 이후로 나는 날마다 이름을 멀리하고 있다.

南伯子綦隱几而坐 仰天而噓

顏成子入見曰 夫子 物之尤也 形固可使若槁骸 心固可使若死灰乎

曰 吾嘗居山穴之中矣 當是時也 田禾一覩我 而齊國之衆三賀之 我必先之 彼故知
之 我必賣之 彼故鬻之 若我而不有之 彼惡得而知之 若我而不賣之 彼惡得而鬻之
嗟乎 我悲人之自喪者 吾又悲夫悲人者 吾又悲夫悲人之悲者 其後而日遠矣

불혹의 세상을 위하여

공자가 초나라에 갔을 때 초나라 왕이 주연을 베풀었습니다. 재상 손숙오[3]는 잔을 잡고 서 있었고, 용감하기로 유명한 시남의료[4]가 술을 받아 땅에 뿌리며 말했습니다.

시남의료 옛사람들이라면 이런 자리에 무슨 좋은 말을 했겠지요?

공자 제가 '말없이 말한다'는 말을 듣고는 말을 하지 않았습니다. 하지만 이 자리에서는 말해보겠습니다. 시남의료는 죽음 앞에서 공놀이를 하는 담대함을 보여주었습니다. 그래서 두 집안 싸움이 해결되었습니다. 손숙오는 낮잠 자고 부채질하는 여유로움을 보여주었습니다. 그래서 영 땅 사람들이 무기를 버리게 되었습니다. 이렇게 훌륭한 분들이 있는 자리입니다만 제가 세 척이나 되는 입을 열겠습니다. 시남의료는 '가지 않고 길을 가신 것'이라 하겠고, 손숙오는 '말하지 않고 판단을 하신 것'이라 하겠

---

3 〈전자방〉의 '무심한 손숙오' 참조.
4 〈산목〉의 '빈 배 이야기' 참조.

습니다.

본래 모습은 '길'에서 하나가 되는 것이 다입니다. 그리고 알 수 없는 것에서 말을 멈추는 것이 다입니다. 길에서 하나가 된 것이 길을 하나로 만들 수는 없습니다. 판단하는 것으로는 알 수 없는 것까지 다 알 수 없습니다. 유가니 묵가니 하는 식으로 부르는 것 자체가 걱정스럽습니다. 바다는 동쪽에서 흘러들어오는 강물을 마다하지 않습니다. 이것이야말로 정말 큰 것입니다. 훌륭한 성인은 천지를 모두 포용해 그 은택이 온 세상에 미칩니다. 그러나 그가 누구인지 모릅니다. 그래서 살아서 벼슬도 하지 않고, 죽어서 이름도 남기지 않고, 열매를 모으지도 않고, 이름을 내세우지도 않는 사람을 큰사람이라고 합니다.

잘 짖는 개가 반드시 좋은 개는 아닙니다. 그런 것처럼 말 잘하는 사람이 반드시 베풀지는 않습니다. 그런데 말 잘하는 사람을 어찌 크다고 하겠습니까? 크게 되려고 하면 크게 될 수 없습니다. 이는 본래 모습이 아닙니다. 천지자연만이 모든 것을 갖추고 있습니다. 그런데 어디서 다 갖출 것을 찾는단 말입니까? 천지자연이 모든 것을 갖추고 있다는 것을 아는 사람은 찾을 것이 없습니다. 잃을 것이 없습니다. 버릴 것이 없습니다. 무언가로 자기를 바꾸지 않습니다. 끝없이 자기를 돌아봅니다. 옛것을 소중히 하며 함부로 망치지 않습니다. 이런 사람이야말로 정말 큰 사람입니다.

자기子綦에게 여덟 아들이 있었습니다. 그는 아들들을 앞에 불러놓고 용한 관상가 구방연에게 말했습니다.

자기　나를 위해 내 아들들의 관상을 봐주십시오. 누가 좋은 관상을 가지고 있습니까?

구방연　곤이 좋은 관상을 가지고 있습니다.

자기가 놀라면서 기뻐했습니다.

자기　어떤 관상입니까?

구방연　평생 임금과 같은 음식을 먹으면서 살 것입니다.

자기가 눈물을 흘리며 말했습니다.

자기　내 아들이 왜 그런 지경에 이르러야 한단 말입니까?

구방연　임금과 같은 음식을 먹으면 그 은택이 삼족에까지 미치는데 부모야 말할 것도 없습니다. 그런데 지금 선생이 이 이야기를 듣고 우시니 복을 가로막고 있습니다. 아들은 길상인데 아버지는 그렇지 않은 것 같습니다.

자기　이보시오, 그대가 어떻게 다 안단 말입니까? 곤이 길상이라 술과 고기를 먹고 마신다는 게 다 아닙니까? 어떻게 해서 그렇게 되는지 누가 알 수 있겠습니까? 내가 양을 기른 적도 없는데 암양이 집안에서 생겨난다고 하고, 내가 사냥을 좋아한 적 없는데 메추라기가 뜰 안에서 생겨난다고 한다면 그게 이상한 일이 아니면 뭐란 말입니까? 내가 우리 아이들과 함께 노니는 곳은 천지자연입니다. 나는 아이들과 함께 하늘에서 즐깁니다. 나는 아이들과 함께 땅에서 먹을 것을 구합니다. 나는 아이들하고 억지로 일하지 않습니다. 나는 아이들하고 억지로 일을 꾸미지 않습니다. 나는 아이들하고 이상한 행동도 하지 않습니다. 나는 아이들과 함께 자연 그대로 따라 삽니다. 다른 것 때문에 누구하고 싸우지도 않습니다. 나는 아이들과 모든 것을 있는 그대로 받아들입니다. 나는 아이들과 일을 해야 해서 하지 않습니다. 그런데 지금 세속의 보상이 있을 거라고 합니다. 이런 이상한 조짐이 있으니 반드시 이상한 일이 있을 것입니다. 불안합니다. 나와 내 아들의 죄는 아닐 것입니다. 아마도 하늘이 내려준 것이겠지요. 그래서 내가 우는 것입니다.

얼마 후 자기는 곤을 연나라로 보냈습니다. 그런데 도중에 도적에게 잡혔습니다. 온전한 몸으로는 팔기 어렵고 발을 자르면 쉬웠습니다. 도적은 그의 발을 자른 후 제나라에 팔아버렸습니다. 곤은 거공의 문지기로 팔려가 평생 고기를 먹을 수 있었습니다.

어느 날 설결이 우연히 허유를 만나 그에게 물었습니다.

설결	그대는 어디를 가는 건가?
허유	요에게서 도망가려고 합니다.
설결	무슨 말인가?
허유	요는 열심히 사랑하고 있습니다. 그가 세상의 웃음거리가 될까 두렵습니다. 후세에 사람과 사람이 서로 잡아먹게 될 것입니다. 사람들을 모으기는 어렵지 않습니다. 아껴주면 친해집니다. 이롭게 해주면 다가옵니다. 칭찬하면 열심히 합니다. 싫은 것을 하라고 하면 흩어집니다. 아껴주고 이롭게 해주는 것이 사랑과

정의에서 나옵니다. 사랑과 정의를 비판하는 자는 적고 이용하려는 자는 많습니다. 사랑과 정의를 내세우는 행동은 진짜가 아닙니다. 짐승처럼 탐욕스러운 자들에게 빌려준 그릇입니다. 한 사람이 세상을 잘라 이롭게 만든다는 것은 한순간만 얼핏 보고 마는 것입니다. 요임금은 베푸는 사람이 세상을 이롭게 만든다는 것만 압니다. 그런 사람이 세상을 망친다는 것은 모르고 있습니다. 그렇게 베푸는 사람은 밖에서 볼 수 있는 사람만이 제대로 압니다.

'무조건 복종하는 자'가 있습니다. '익숙한 곳에 갇힌 자'가 있습니다. '자신을 가두는 자'가 있습니다. 무조건 복종하는 자는 일단 스승의 말을 배우면 그걸 너무 좋아합니다. 그러고는 그걸 자기 말인 양 반복합니다. 그것으로 만족합니다. 그런 말이 어떻게 나온 것인지는 모릅니다. 그래서 무조건 복종하는 자라고 하는 것입니다.

익숙한 곳에 갇힌 자는 돼지에 붙어사는 이와 같습니다. 이는 돼지 털이 부드러운 곳을 찾아갑니다. 그곳이 자기의 넓은 궁전이요 정원이 됩니다. 돼지의 발가락 안쪽이나 젖 사이 사타구니가 자기의 편안한 거실이요 이로운 거처가 됩니다. 어느 날 백정이 팔을 걷어부치고 마른 풀을 깔고 불을 지피면 자기도 돼지와 함께 구이가 된다는 것을 모릅니다. 자기가 살던 곳에 갇혀 거기서 살기도 하고 죽기도 합니다. 그래서 익숙한 곳에 갇힌 자라고 하는 것입니다.

자신을 가두는 자는 바로 순임금입니다. 양고기는 개미를 좋아하지 않습니다. 그러나 개미는 양고기를 좋아합니다. 양고기는 노린내를 풍깁니다. 순은 노린내 나는 행동을 해서 사람들이 좋아했습니다. 순이 세 번이나 이사를 했는데 그때마다 사람들이 개미 떼처럼 몰려들어 거기가 수도가 되었습니다. 등鄧이라는 조용했던 마을이 십만 가구가 넘는 도시가 되었습니다. 순이 사람들에게 잘 베푼다는 소문을 요임금이 들었습니다. 요임금은 순에게 황무지를 부탁하면서 이렇게 말했습니다. "가서 은택을 베풀어주길 바라오." 순임금은 이미 나이도 많고 눈과 귀도 나빠지고 있었습니다. 하지만 이 부탁을 듣고는 돌아가 쉴 수 없었습니다. 그래서 자신을 가두는 자라고 하는 것입니다.

그래서 마음이 살아 있는 신인神人은 사람들이 많아지는 것을 싫어합니다. 사람들이 많아지면 화목할 수 없고, 화목하지 못하면 해롭기 때문입니다. 그래서 너무 친하지도 멀리 하지도 않습니다. 본래 모습 그대로 화목하게 세상을 따라갑니다. 이런 사람을 천진한 사람(眞人)이라고 합니다. 개미라면 앎을 버리고, 물고기라면 사는 법을 터득하고, 양고기라면 생각을 버립니다. 보이는 대로 보고, 들리는 대로 듣고, 마음 가는 대로 순수한 마음으로 돌아갑니다. 이런 사람은 먹줄처럼 고르고 자연스러운 모습으로 변합니다. 옛날 천진한 사람들은 자연을 따랐습니다. 사람이 자연에 끼어들지 않았습니다. 옛날 천진한 사람들은 얻으면 살고, 잃으면 죽었습니다. 아니 얻으면 죽고, 잃으면 살았습니다.

약이란 것이 사실 씀바귀, 도라지, 가시연, 저령 같은 것들입니다. 때에 따라 주요 약재가 되는 것입니다. 어느 것을 딱히 약이라고 말할 수 있겠습니까? 월왕 구천이 오나라 부차에게 패배하고는 군사 삼천을 끌고 멀리 회계산에 들어가 살았습니다. 이때 대부 종種만은 거의 망한 월나라가 다시 살아날 걸 알았습니다. 그런 사람이 월나라가 다시 일어나면 자신이 구천에게 죽을 것을 몰랐습니다. 그래서 올빼미는 그만의 재능이 있고, 학의 다리도 그만의 알맞은 정도가 있는 것입니다. 그런 것을 억지로 바꾸려 하니 비극이 생기는 것입니다.

바람이 불면 강물이 줄어듭니다. 태양이 비추면 강물이 줄어듭니다. 그래서 우리는 바람과 태양에게 강물을 지켜달라고 부탁합니다. 그러나 강물은 이런 걱정을 한 적이 없습니다. 강물은 수원을 믿고 흐르기 때문입니다. 그래서 물은 땅을 믿어야 편안합니다. 그림자는 사람을 믿어야 편안합니다. 무언가는 무언가를 믿어야 편안합니다. 그래서 눈이 밝은 자는 위험합니다. 귀가 밝은 자는 위험합니다. 탐욕적인 사람은 위험합니다. 능력 있는 사람은 위험합니다. 일단 위험에 빠지면 빠져나올 수 없습니다. 일단 화禍가 무성하게 자라나면 돌이키는 데 많은 어려움이 있습니다. 시간도 많이 걸립니다. 그런데도 사람들은 이런 것들을 보물인 양 생각합니다. 어찌 슬프지 않겠습니까? 그러니 나라를 망치고 사람들을 죽게 만드는 일이 끝이 없습니다. 그러면서도 이런 것에 대해서는 물을 줄을 모릅니다.

사람이 발로 밟고 다니는 땅은 얼마 되지 않습니다. 그러나 밟지 않는 땅이 있어야 그걸 믿고 이리저리 다닐 수 있습니다. 사람이 알 수 있는 것은 얼마 되지 않습니다. 그러나 알 수 없는 것이 있어야 그걸 믿고 자연이 말해주는 것을 알 수 있습니다.

모두 하나라는 대일大一을 알고, 자연이 고요하다는 대음大陰을 알고, 열린 눈으로 보는 대목大目을 알고, 자연이 고르다는 대균大均을 알고, 자연의 방식인 대방大方을 알고, 자연이 진실하다는 대신大信을 알고, 자연의 안정감인 대정大定을 알아야 합니다. 이것이 다하는 것입니다. 대일大一을 알면 막힘이 없습니다. 대음大陰을 알면 저절로 풀립니다. 대목大目을 알면 있는 그대로 봅니다. 대균大均을 알면 있는 그대로 따릅니다. 대방大方을 알면 있는 그대로 받아들입니다. 대신大信을 알면 있는 그대로 믿습니다. 대정大定을 알면 있는 그대로 편안합니다.

이것이 다하는 곳에 자연이 있습니다. 이를 따르는 곳에 밝음이 있습니다. 은근히 가다보면 지도리가 있습니다. 가기 시작하다보면 저만치 가 있습니다. 그렇게 풀리지 않은 듯 풀려 있습니다. 그렇게 모르는 듯 알게 됩니다. 모르고 나서 알게 됩니다. 뭐냐고 물으면 뭐라고 말할 수도 없고, 말하지 않을 수도 없습니다. 이리저리 움직이니 딱히 붙잡아 뭐랄 수도 없지만 뭔가 있습니다. 예나 지금이나 여전하니 상처 입지 않습니다. 그러니 커다란 목표가 있다고 말하지 않을 수 있겠습니까? 그런데 왜 이것을 묻지 않는 것입니까? 왜 그럴 리가 없다고 하는 것입니까? 홀리지 않고 의심스러운 것을 풀어내면 다시 불혹不惑으로 돌아가게 됩니다. 이것이 '자연의 불혹(大不惑)'을 존중하는 것입니다.[5]

仲尼之楚 楚王觴之 孫叔敖執爵而立 市南宜僚受酒而祭曰 古之人乎 於此言已
曰 丘也聞不言之言矣 未之嘗言 於此乎言之 市南宜僚弄丸而兩家之難解 孫叔敖
甘寢秉羽而郢人投兵 丘願有喙三尺 彼之謂不道之道 此之謂不言之辯 故德總乎道
之所一 而言休乎知之所不知 至矣
道之所一者 德不能同也 知之所不能知者 辯不能舉也 名若儒墨而凶矣 故 海不辭
東流 大之至也 聖人并包天地 澤及天下 而不知其誰氏 是故生無爵 死無謚 實不
聚 名不立 此之謂大人
狗不以善吠爲良 人不以善言爲賢 而況爲大乎 夫爲大不足以爲大 而況爲德乎 夫

---

5 여기까지를 초나라 왕의 주연에서 공자가 세 척이나 되는 입을 열겠다며 한 이야기로 보았다. 장자는 권위 있는 사람의 말을 빌려 말하는 방식, 중언의 글이 많다. 특히 공자의 입을 빌려 말하는 것이 많은데 이 글에서는 공자의 '사십 불혹四十不惑'을 빌려 마무리한 대목이 눈에 띈다. 불혹의 세상, 탐욕에 흔들리지 않는 세상을 떠올린 것 같다.

大備矣 莫若天地 然奚求焉 而大備矣 知大備者 無求 無失 無棄 不以物易己也 反
己而不窮 循古而不摩 大人之誠

子綦有八子 陳諸前 召九方歅曰 爲我相吾子 孰爲祥

九方歅曰 梱也爲祥

子綦瞿然喜曰 奚若

曰 梱也將與國君同食以終其身

子綦索然出涕曰 吾子何爲以至於是極也

九方歅曰 夫與國君同食 澤及三族 而況父母乎 今夫子聞之而泣 是禦福也 子則祥
矣 父則不祥

子綦曰 歅 汝何足以識之 而梱祥邪 盡於酒肉 入於鼻口矣 而何足以知其所自來
吾未嘗爲牧而牂生於奧 未嘗好田而鶉生於宎 若勿怪 何邪 吾所與吾子遊者 遊於
天地 吾與之邀樂於天 吾與之邀食於地 吾不與之爲事 不與之爲謀 不與之爲怪 吾
與之乘天地之誠而不以物與之相攖 吾與之一委蛇而不與之爲事所宜 今也然有世
俗之償焉 凡有怪徵者 必有怪行 殆乎 非我與吾子之罪 幾天與之也 吾是以泣也
無幾何而使梱之於燕 盜得之於道 全而鬻之則難 不若刖之則易 於是刖而鬻之於齊
適當渠公之街 然身食肉而終

齧缺遇許由曰 子將奚之

曰將逃堯

曰奚謂邪

曰 夫堯 畜畜然仁 吾恐其爲天下笑 後世其人與人相食與 夫民不難聚也 愛之則親
利之則至 譽之則勸 致其所惡則散 愛利出乎仁義 損仁義者寡 利仁義者衆 夫仁義
之行 唯且無誠 且假夫禽貪者器 是以一人之斷制利天下 譬之猶一覕也 夫堯知賢
人之利天下也 而不知其賊天下也 夫唯外乎賢者知之矣

有暖姝者 有濡需者 有卷婁者 所謂暖姝者 學一先生之言 則暖暖姝姝而私自說也
自以爲足矣 而未知未始有物也 是以謂暖姝者也

濡需者 豕蝨是也 擇疏鬣自以爲廣宮大囿 奎蹏曲隈 乳間股腳 自以爲安室利處 不
知屠者之一旦鼓臂布草操煙火 而己與豕俱焦也 此以域進 此以域退 此其所謂濡需
者也

卷婁者 舜也 羊肉不慕蟻 蟻慕羊肉 羊肉羶也 舜有羶行 百姓悅之 故三徙成都 至

鄧之虛(墟) 而十有萬家 堯聞舜之賢 擧之童土之地 曰冀得其來之澤 舜擧乎童土之地 年齒長矣 聰明衰矣 而不得休歸 所謂卷婁者也

是以神人惡衆至 衆至則不比 不比則不利也 故無所甚親 無所甚疏 抱德煬和以順天下 此謂眞人 於蟻棄知 於魚得計 於羊棄意 以目視目 以耳聽耳 以心復心 若然者 其平也繩 其變也循 古之眞人 以天待之 不以人入天 古之眞人 得之也生 失之也死 得之也死 失之也生

藥也其實 董也 桔梗也 鷄雍也 豕零也 是時爲帝者也 何可勝言 句踐也以甲楯三千棲於會稽 唯種也能知亡之所以存 唯種也不知其身之所以愁 故曰 鴟目有所適 鶴脛有所節 解之也悲

故曰 風之過河也有損焉 日之過河也有損焉 請只風與日相與守河 而河以爲未始其攖也 恃源而往者也 故水之守土也審 影之守人也審 物之守物也審 故目之於明也殆 耳之於聰也殆 心之於殉也殆 凡能其於府也殆 殆之成也不給改 禍之長也茲萃 其反也緣功 其果也待久 而人以爲己寶 不亦悲乎 故有亡國戮民無已 不知問是也 故足之於地也踐 雖踐 恃其所不蹍而後善博也 人之於知也少 雖少 恃其所不知而後知天之所謂也

知大一 知大陰 知大目 知大均 知大方 知大信 知大定 至矣 大一通之 大陰解之 大目視之 大均緣之 大方體之 大信稽之 大定持之

盡有天 循有照 冥有樞 始有彼 則其解之也似不解之者 其知之也似不知之也 不知而後知之 其問之也 不可以有崖 而不可以無崖 頡滑有實 古今不代 而不可以虧 則可不謂有大揚搉乎 闔不亦問是已 奚惑然爲 以不惑解惑 復於不惑 是尙大不惑

공자는 사랑과 정의가 자기를 내세우는 탐욕스러운 자들의 도구가 되었다고 말합니다. 그는 사랑과 정의를 이용해 베푸는 자들이 세상을 망치고 있다면서 똑똑하고 탐욕스러운 자들이 억지로 바꾸려 하는 것이 비극을 불러온다고 재삼 강조합니다. 그는 큰사람은 무언가로 자신을 바꾸려 하지 않고 자신을 돌아볼 뿐이라고 말합니다. 자연의 편안함을 따르다보면 저절로 풀린다는 것을 알면 탐욕에 흔들리지 않는 불혹의 세상으로 돌아갈 수 있다고 합니다. 하지만 많은 사람이 여전히 무언가를 해야 한다는 생각에 조급해 합니다.

즉양

則陽

공열 휴를 기다리며

왼쪽 더듬이와 오른쪽 더듬이가 싸우다

땅에 몸을 감추고 사는 사람들

농사짓듯이

백구의 통곡

거백옥은 육십 번 달라졌다

자기가 아는 것만 아는 사람들

단지 말할 수 있는 것을 끝까지 말해본 것이다

말이나 침묵만으로는 다 말할 수 없다

즉양은 초왕을 만나고 싶어하지만 그가 만나주지 않자 조바심을 냅니다. 그런 즉양에게 왕과는 공열휴를 기다리라면서 공열휴는 누구하고도 함께 어울리고, 모든 것을 하나로 감싸안고, 거울처럼 비추어주는 사람이라고 말합니다. 대진인은 제나라의 배신행위에 화가 난 위나라 왕이 전쟁을 벌이려 하자 제나라와의 전쟁은 달팽이의 좌우 더듬이가 서로 싸우는 것과 같은 자해 행위라고 충고합니다. 그러고는 자연의 길대로 살아가는 시남의료처럼 몸과 마음을 농사짓듯 돌보라고 충고합니다. 임금의 탐욕으로 불쌍한 사람들을 죄인으로 만드는 세상을 보며 노자의 제자 백구가 통곡하며 묻습니다. "도둑질하는 것을 도대체 누구에게 책임을 물어야 옳은 걸까요?" 이어 옳다는 것에 집착하지 말며 평생 옳다는 것을 육십 번 바꾸었다는 거백옥의 이야기와 자기주장만 옳다고 내세우는 태사들 이야기, 결국 이런저런 옳다는 주장도 일부 주장에 불과한 것이라는 이야기 등이 펼쳐집니다.

공열휴를 기다리며

즉양(팽양)이 초나라에 찾아갔습니다. 이절이 이를 전했지만 초나라 왕은 만나주지 않았습니다. 이절이 돌아가버리자 즉양은 다시 왕과를 만나 부탁했습니다.

즉양 선생께서 왕에게 내 이야기를 좀 해주십시오.

왕과 나보다는 공열휴가 하는 게 좋겠습니다.

즉양 공열휴라고요? 그는 어떤 사람입니까?

왕과 겨울엔 강에서 자라를 잡고, 여름이면 산그늘에서 쉽니다. 지나가는 나그네가 물으면 "여기가 내 집이오" 하는 사람입니다. 그리고 이절도 못한 일을 내가 어떻게 하겠습니까. 난 이절만도 못한 사람입니다. 이절은 덕은 없고 아는 게 많은 사람입니다. 그는 자신에게 엄격합니다. 그래서 그런지 남들과는 신기하게 잘 사귑니다. 그는 실은 부귀의 땅에 거꾸로 박혀 아무것도 못 보는 사람입니다. 그가 다른 사람을 돕는 것은 그의 본래 모습이 아닙니다. 뭘 바라는 게 있어서 그러는 것이지요. 추위에 떠는 사람은 봄부터 옷을 빌리고, 더위 먹은 사람은 찬바람 부는 겨울로 돌아가고 싶어합니다(지금 당신은 이런 마음으로 서두르고 있습니다). 초왕은 위엄 있고 단호한 사람입니다. 죄를 지은 자에게는 호랑이처럼 용서가 없습니다. 말재주가 있거나 바른 덕이 있는 사람이 아니라면 누구도 그를 부드럽게 할 수 없습니다.

훌륭한 성인은 어려울 때 집안사람들이 가난하다는 것을 잊게 합니다. 잘나갈 때는 왕공王公이라도 자신의 작위나 관록을 잊고 누구하고도 함께하게 합니다. 무엇을 하더라도 그것을 즐기고, 누구하고도 함께 즐깁니다. 그러면서도 자기를 잃지 않습니다. 그래서 말없이 사람들과 화목함을 머금게 됩니다. 사람들과 나란히 있기만 해도 아버지와 아들처럼 지냅니다. 그가 돌아오면 일이 편하게 진행될 것입니다. 그의 마음은 다른 사람들하고 다릅니다. 그래서 공열휴를 기다리자는 것입니다.

훌륭한 성인은 복잡하게 얽힌 일에도 막힘이 없어 모든 것을 하나로 감싸안습니다. 왜 그런지는 모르겠습니다. 본래 그렇습니다. 운명으로 돌아가 고요히 따르며 자연을 스승으로 삼을 뿐입니다. 그런데도 사람들이 그를 따르며 성인이라고 합니다. 사람들은 항상 많이 알고 무언가를 해야 한다고 애태웁니다. 멈출 줄 모르니, 어찌해야 합니까?

아름답게 태어난 사람이 있습니다. 사람들은 그를 거울로 비추어줍니다. 누군가 말해주지 않으면 자기가 남보다 아름답다는 것을 모릅니다. 그러나 알든 모르든, 들었든 못 들었든 그는 여전히 아름답습니다. 사람들이 그를 좋아하는 것도 끝나지 않습니다. 본래 그런 것입니다.

훌륭한 성인은 사람들을 사랑합니다. 그래서 사람들이 그를 성인이라고 부릅니다. 누군가 말해주지 않으면 자기가 사람들을 사랑한다는 것을 모릅니다. 그러나 알든 모르든, 들었든 못 들었든 그는 여전히 사람들을 사랑합니다. 사람들도 여전히 그를 편하게 여깁니다. 본래 그런 것입니다. 고국의 서울은 멀리서 바라보기만 해도 반갑습니다. 언덕이나 초목에 가려 십분의 일 정도만 보여도 반갑습니다. 하물며 보았던 것을 보고, 들었던 것을 듣는다면 얼마나 반갑겠습니까? 그것도 열 길 되는 누대에서 많은 사람과 함께 즐기면서 말입니다.

염상씨는 문짝이 움직이는 가운데에서 그저 가는 대로 맡겼습니다. 모두 함께 끝도 시작도 없었습니다. 뭐가 어찌 되는지 지금이 언제인지도 몰랐습니다. 모두 함께 매일 달라졌습니다. 그러나 하나만은 달라지지 않았습니다. 왜 여기에 몸을 맡기지 않는 걸까요? 자연을 본받으려고 애를 쓰면 자연을 본받을 수 없습니다. 모두 함께 묻히고 말 것입니다. 그런데 그걸 일이라고 하고 있으니 어찌해야 합니까?

훌륭한 성인에게는 자연이니 사람이니 시작이니 뭐니 하는 생각이 없습니다. 세상 사람들과 함께 가도 앞서지 않습니다. 갈 길을 준비해도 넘치지 않습니다. 이렇게 함께합니다. 어떻습니까? 탕왕은 사어문윤司御門尹인 등항을 등용해 그를 따르고 함께했습니다. 그를 스승으로 삼았지만 갇히는 일이 없었습니다. 그저 가는 대로 따랐습니다. 그러다 이름을 갖게 되었고, 그 이름이 모범으로 남아 둘 다 알려지게 되었습니다. 공자는 이를 많이 생각했습니다. 그래서 이를 따르고 함께했습니다.

용성씨는 말합니다. "하루가 없으면 일 년도 없을 것이다. 안이 없으면 밖도 없을 것이다."[1]

則陽遊於楚 夷節言之於王 王未之見 夷節歸 彭陽見王果曰 夫子何不譚我於王

王果曰 我不若公閱休

彭陽曰 公閱休奚爲者邪

曰 冬則擉鼈於江 夏則休乎山樊 有過而問者 曰 此予宅也 夫夷節已不能 而況我
乎 吾又不若夷節 夫夷節之爲人也 無德而有知 不自許 以之神其交固(交 固)顚冥
乎富貴之地 非相助以德 相助消也 夫凍者假衣於春 暍者反冬乎冷風 夫楚王之爲
人也 形尊而嚴 其於罪也 無赦如虎 非夫侫人正德 其孰能撓焉

故聖人 其窮也使家人忘其貧 其達也使王公忘其爵祿而化卑 其於物也 與之爲娛矣
其於人也 樂物之通而保己焉 故或不言而飮人以和 與人立而使人化 父子之宜
彼其乎歸居 而一閒其所施 其於人心者若是其遠也 故曰待公閱休

聖人達綢繆 周盡一體矣 而不知其然 性也 復命搖作而以天爲師 人則從而命之也
憂乎知 而所行恒無幾時 其有止也若之何

生而美者 人與之鑑 不告則不知其美於人也 若知之 若不知之 若聞之 若不聞之
其可喜也 終無已 人之好之亦無已 性也

聖人之愛人也 人與之名 不告則不知其愛人也 若知之 若不知之 若聞之 若不聞之
其愛人也終無已 人之安之亦無已 性也 舊國舊都 望之暢然 雖使丘陵草木之緡 入
之者十九 猶之暢然 況見見聞聞者也 以十仞之臺 縣衆閒者也

冉相氏得其環中以隨成 與物無終無始 無幾無時 日與物化者 一不化者也 闔嘗舍
之 夫師天而不得師天 與物皆殉 其以爲事也若之何

夫聖人未始有天 未始有人 未始有始 未始有物 與世偕行而不替 所行之備而不洫
其合之也 若之何 湯得其司御門尹登恒爲之傅之 從師而不囿 得其隨成 爲之司其
名 之名嬴法 得其兩見 仲尼之盡慮 爲之傅之

容成氏曰 除日無歲 無內無外

---

1 여기까지를 왕과의 말로 보았다. 즉양은 이름 그대로 '바로(則) 빛(陽)'을 보려는 사람이다.
서둘러 출세하려는 사람에게 왕과가 충고하는 이야기다.

왼쪽 더듬이와 오른쪽 더듬이가 싸우다

위나라 혜왕 영罌과 제나라 왕 전후모田侯牟가 맹약을 맺었습니다. 그런데 전후모가 배신하자 영이 분노하여 자객을 시켜 그를 죽이려 했습니다. 이 말을 듣고 위나라 장군 공손연公孫衍이 부끄러워하며 말했습니다. "임금께선 만승의 군주이십니다. 필부를 보내 원수를 갚다니요. 제가 상을 위해 이십만 대군을 이끌고 가 공격하게 해주십시오. 사람들을 사로잡고, 마소 따위의 가축을 빼앗아 제나라 왕이 열받아 등창이 나게 만든 후 나라를 빼앗아버리겠습니다. 제나라 장군 전기田忌가 도망가면 쫓아가서 그의 등뼈를 부러뜨리고야 말겠습니다."

위나라 신하 계자季子가 이 말을 듣고 부끄러워하며 말했습니다. "열 길 높이의 성을 쌓는데 이미 성이 열 길이 되었습니다. 그런데 다시 그것을 무너뜨리는 것은 일꾼들을 괴롭히는 짓입니다. 이제 전쟁이 일어나지 않은 지 칠 년이 되었습니다. 이것이 상의 기반입니다. 공손연은 나라를 어지럽히는 사람입니다. 그의 말을 들으시면 안 됩니다."

신하 화자華子가 이 말을 듣고 부끄러워하며 말했습니다.

화자   제나라를 공격하자고 자랑스럽게 말하는 사람은 나라를 어지럽히는 사람입니다. 공격하지 말자고 자랑스럽게 말하는 사람도 나라를 어지럽히는 사람입니다. 공격하자는 사람이나 공격하지 말자는 사람 모두 나라를 어지럽히는 사람이라고 말하는 사람도 나라를 어지럽히는 사람입니다.

위왕 그렇다면 어찌해야 하오?

화자 상께서 길을 찾으셔야만 합니다.

혜자가 이 말을 듣고 왕이 대진인戴晉人을 만나도록 주선했습니다.

대진인 달팽이라는 것이 있습니다. 임금께서도 아시지요?

위왕 압니다.

대진인 달팽이 왼쪽 더듬이에 나라가 하나 있습니다. 촉씨라고 합니다. 달팽이 오른쪽 더듬이에 나라가 하나 있습니다. 만씨라고 합니다. 언젠가 이들이 서로 영토를 가지고 전쟁을 했습니다. 주검이 수만에 이르렀는데도 패군을 보름이나 추격한 후에 돌아왔습니다.

위왕 어허! 그것 참 말도 안 되는 소리.

대진인 그러면 제가 임금을 위해 사실을 들어 말씀드리겠습니다. 임금께서는 사방 위아래 공간에 끝이 있다고 생각하십니까?

위왕 끝이 없지요.

대진인 끝없는 곳에서 마음으로 노닐다 다시 돌아온다면 우리가 사는 이 땅이 있는지 없는지도 모를 작은 것으로 여겨지지 않겠습니까?

위왕 그렇겠지요.

대진인 우리가 사는 땅에 위나라가 있습니다. 위나라 안에 수도 양이 있습니다. 양에 임금께서 계십니다. 임금과 만씨 사이에 무슨 차이가 있습니까?

위왕　차이가 없습니다.

　　손님이 나가자 왕은 멍하니 얼빠진 모습을 하고 있었습니다. 손님이 나가고 혜자가 들어와 왕을 보았습니다.

위왕　저분은 큰사람(大人)이시오. 훌륭한 성인도 저분을 당하지 못할 것이오.

혜자　피리를 불면 높고 큰 소리가 납니다. 하지만 칼자루 끝 구멍을 불면 피익 하고 맙니다. 사람들이 요순을 칭찬합니다. 하지만 요순을 대진인 앞에서 말하는 것은 그저 피익 하는 소리일 뿐입니다.

魏瑩與田侯牟約 田侯牟背之 魏瑩怒 將使人刺之 犀首聞而恥之曰 君爲萬乘之君
也 而以匹夫從讎 衍請受甲二十萬 爲君攻之 虜其人民 係其牛馬 使其君 內熱發
於背 然後拔其國 忌也出走 然後抶其背 折其脊
季子聞而恥之曰 築十仞之城 城者旣十仞矣 則又壞之 此胥靡之所苦也 今兵不起
七年矣 此王之基也 衍亂人 不可聽也
華子聞而醜之曰 善言伐齊者 亂人也 善言勿伐者 亦亂人也 謂伐之與不伐亂人也
者 又亂人也
君曰 然則若何
曰 君求其道而已矣
惠子聞之而見戴晉人
戴晉人曰 有所謂蝸者 君知之乎
曰 然
有國於蝸之左角者曰觸氏 有國於蝸之右角者曰蠻氏 時相與爭地而戰 伏尸數萬 逐

北旬有五日而後反

君曰 噫 其虛言與

曰 臣請爲君實之 君以意在四方上下有窮乎

君曰 無窮

曰 知遊心於無窮 而反在通達之國 若存若亡乎

君曰 然

曰 通達之中有魏 於魏中有梁 於梁中有王 王與蠻氏 有辯乎

君曰 無辯

客出而君惝然若有亡也 客出 惠子見

君曰 客 大人也 聖人不足以當之

惠子曰 夫吹筦也 猶有嗃也 吹劍首者 吷而已矣 堯舜 人之所譽也 道堯舜於戴晉
人之前 譬猶一吷也

땅에 몸을 감추고 사는 사람들

공자가 초나라로 가다 의구라는 언덕 아래 여관에 묵었습니다. 그때 이웃집 부부가 남녀 종들과 함께 지붕마루에서 내려다보고 있었습니다.

자로 저기 모여 있는 사람들은 뭐하는 자들입니까?

공자 그들은 훌륭한 성인의 종들이다. 훌륭한 성인은 사람들 속에 묻혀 밭두둑에 숨어 산다. 그의 이름은 들리지 않지만 그의 마음은 끝없는 곳에서 노닌다. 그는 입으로는 말을 하지만 마음으론 말을 한 적이 없다. 세상과 멀리 떨어져 살며 마음도 세상과 거리를 두고 땅에 몸을 감추는 사람이다. 아마도 시남의료[2]일 것이다.

자로가 가서 그를 불러오겠다고 했습니다.

---

2 〈산목〉에서 노나라 임금에게 마음을 비우고 '본래 모습 그대로 건강한 나라(建德之國)', '담 없는 대막의 나라(大莫之國)'에서 노니길 충고하던 바로 그 사람이다. 빈 배 이야기를 하면서 말이다. 아마도 이 언덕이 그의 '본래 모습 그대로 건강한 나라', '대막의 나라'인가보다. 〈서무귀〉에서는 초나라 왕이 베푼 주연에서 공자의 이야기를 이끌어내는 인물로 등장한다. 이에 공자는 시남의료와 손숙오에 대한 경의를 표하면서 이야기를 시작한다.

"그만두어라. 그는 내가 자기를 세상에 드러내려고 하는 줄 알 것이다. 내가 초나라에 가고 있다는 것을 알면 초나라 왕에게 자기를 부르게 할 것이라고 생각할 것이다. 그는 나를 말 많은 자라고 생각할 것이다. 그런 사람은 말 많은 사람에게 말을 듣는 것을 부끄러워한다. 그런 사람이 나를 직접 만나려 하겠느냐? 그가 집에 있을 것 같으냐?" 자로가 가서 보았더니 과연 그 집은 텅 비어 있었습니다.

孔子之楚 舍於蟻丘之漿 其鄰有夫妻臣妾登極者

子路曰 是稷稷何爲者邪

仲尼曰 是聖人之僕也 是自埋於民 自藏於畔 其聲銷 其志無窮 其口雖言 其心未嘗言 方且與世違而心不屑與之俱 是陸沈者也 是其市南宜僚邪

子路請往召之

孔子曰 已矣 彼知丘之著於己也 知丘之適楚也 以丘爲必使楚王之召己也 彼且以丘爲佞人也 夫若然者 其於佞人也羞聞其言 而況親見其身乎 而何以爲存 子路往視之 其室虛矣

농사짓듯이

장오의 국경지기가 자뢰에게 말했습니다. "임금이 정치할 때 대충 해서는 안 됩니다. 사람들을 돌볼 때 아무렇게나 해서는 안 됩니다. 전에 내가 벼농사를 지었습니다. 대충 심었더니 벼도 대충 달리는 걸로 보답했습니다. 아무렇게나 김을 맸더니 벼도 아무렇게나 달리는 걸로 보답했습니다. 이듬해 방법을 바꾸었습니다. 땅도 깊이 갈고 김도 잘 맸습니다. 그랬더니 벼 이삭이 많이 달려 일 년 내내 실컷 먹었습니다."

장자가 이 말을 듣고 말했습니다. "요즘 사람들이 자기 몸을 돌보고 자기 마음을 다스리는 것이 국경지기가 말하는 것과 비슷한 데가 많습니다. 자연을 벗어났습니다. 자기 본성을 떠났습니다. 자기 느낌을 버렸습니다. 자기 마음이 죽었습니다. 그저 남들 하는 대로 따라갑니다. 자기 본성을 함부로 하면 탐욕과 악의 싹이 돋아나 본성을 해치는 잡초가 됩니다. 처음 싹이 틀 때는 내 몸을 돕는 것 같기도 합니다. 그러나 나의 본성을 뿌리째 뽑고 온 몸에 파고들어 구멍을 뚫고 나오게 됩니다. 악성 종양이 생기고, 고열이 나고, 소변에 고름이 나오는 것 등이 이런 것입니다."

長梧封人問子牢曰 君爲政焉勿鹵莽 治民焉勿滅裂 昔予爲禾 耕而鹵莽之 則其實
亦鹵莽而報予 芸而滅裂之 其實亦滅裂而報予 予來年變齊 深其耕而熟耰之 其禾
繁以滋 予終年厭飱

莊子聞之曰 今人之治其形 理其心 多有似封人之所謂 循其天 離其性 滅其情 亡
其神 以衆爲 故鹵莽其性者 欲惡之孽 爲性萑葦蒹葭 始萌以扶吾形 尋擢吾性 竝
潰漏發 不擇所出 漂疽疥癰 內熱溲膏是也

백구의 통곡

백구가 노담에게 배우면서 이런 말을 했습니다.

백구 세상을 두루 다니고 싶습니다.
노담 그만두어라. 세상이 다 그렇다.
백구 그래도 하고 싶습니다.
노담 그러면 어디부터 가려고 하느냐?
백구 제나라부터 가보려고 합니다.

백구가 제나라에 갔습니다. 거기서 그는 잔인하게 처형당해 매달린 시체를 보고는 끌어내려 바르게 눕히고 조복을 벗어 덮어주었습니다. 그러고는 하늘을 향해 통곡하며 말했습니다. "불쌍한 사람이여! 불쌍한 사람이여! 세상에 대재앙이 났구나. 그대가 먼저 떠나는구려. '도둑질하지 마라. 살인하지 마라'고 말합니다. 그러나 명예와 치욕이 있고부터 아프기 시작했습니다. 돈과 재물이 모이고부터 싸우기 시작했습니다. 이제 사람들은 아픈 곳에 있습니다. 이제 사람들은 싸우는 곳에 모입니다. 사람들은 몸을 고달프게 하면서 쉬지도 못하게 합니다. 이렇게 되지 않으려고 하지만 어찌 하겠습니까?

옛날 임금은 사람들을 돌보면서 얻으면 사람들 덕분이고, 잃으면 자기 때문이었습니다. 잘되면 사람들 덕택이고, 잘못되면 자기 잘못이었습니다. 그래서 조금이라도 제대로 되지 않으면 물러나 자기가 책임을 졌습니다. 지금은 그렇지가 않습니다. 뭔가 숨겨놓고는 사람들이 모른다고, 어리석다고 합니다. 힘들게 만들어놓고는 사람들에게 죄주기를 서슴지 않습니다. 감당할 수 없는 일을 시켜놓고는 하지 못했다고 벌을 줍니다. 먼 길을 가게 해놓고는 가지 못했다 죽입니다.

사람들의 앎과 힘이 다했습니다. 그래서 거짓으로라도 목숨을 이어 갑니다. 날이 갈수록 거짓이 많아집니다. 배웠다는 사람이나 보통 사람이나 어떻게 거짓 없이 살 수 있겠습니까? 힘이 부족하면 거짓으로 살게 됩니다. 앎이 부족하면 속고 속이게 됩니다. 돈이 부족하면 도둑질을 하게 됩니다. 도둑질하는 것을 도대체 누구에게 책임을 물어야 옳은 걸까요?"

柏矩學於老聃 曰 請之天下遊 老聃曰 已矣 天下猶是也 又請之 老聃曰 汝將何始
曰 始於齊

至齊 見辜人焉 推而强之 解朝服而幕之 號天而哭之曰 子乎子乎 天下有大菑 子
獨先離之 曰 莫爲盜 莫爲殺人 榮辱立 然後覩所病 貨財聚 然後覩所爭 今立人之
所病 聚人之所爭 窮困人之身使無休時 欲無至此 得乎

古之君人者 以得爲在民 以失爲在己 以正爲在民 以枉爲在己 故一形有失其形者
退而自責 今則不然 匿爲物而愚不識 大爲難而罪不敢 重爲任而罰不勝 遠其塗而
誅不至

民知力竭 則以僞繼之 日出多僞 士民安取不僞 夫力不足則僞 知不足則欺 財不足
則盜 盜竊之行 於誰責而可乎

거백옥은 육십 번 달라졌다

　거백옥은 육십 년을 살아오면서 육십 번 달라졌습니다. 처음에는 옳다고 하던 것을 나중에는 아니라고 버렸습니다. 지금 옳다고 하는 것이 지난 오십구 년 동안 아니라고 했던 것인지도 모르겠습니다. 모든 것이 생기지만 그 뿌리는 볼 수 없습니다. 모든 것이 나오지만 그 문은 볼 수 없습니다. 사람들 모두 아는 것만 존중합니다. 그러나 우리가 모르는 것이 있어 알게 된다는 것을 모릅니다. 정말 바보라고 하지 않을 수 있겠습니까? 그만하지요. 그만! 도망갈 곳이 없습니다. 이렇게 말하는 것도 마찬가지 아닐까요? 그런 건가요?

蘧伯玉行年六十而六十化 未嘗不始於是之而卒詘之以非也 未知今之所謂是之非五十九年非也 萬物有乎生而莫見其根 有乎出而莫見其門 人皆尊其知之所知而莫知恃其知之所不知而後知 可不謂大疑乎 已乎已乎 且無所逃 此所謂然與 然乎

자기가 아는 것만 아는 사람들

공자가 태사인 대도와 백상건 그리고 시위 세 사람에게 물었습니다.

공자 위영공은 술 마시고 즐기는 데 빠져 나라의 정치는 돌보지 않았습니다. 사냥만 다니면서 제후들의 모임에도 나가지 않았습니다. 그런데도 영공靈公이라는 시호를 얻었으니 어찌 된 것입니까?

대도 그래서 그렇게 한 것입니다.

백상건 영공에게는 아내가 셋 있었습니다. 그들과 한 목욕통에서 함께 목욕을 하다가 사추가 예물을 바치자 직접 예물을 받고 그를 부축까지 했습니다. 그가 그토록 제멋대로이긴 했지만 그토록 현인을 정중하게 대했습니다. 그래서 영공이라고 부른 것입니다.

시위 영공이 죽었을 때 일입니다. 선산에 묻으려고 점을 쳐보니 불길하다고 나왔습니다. 사구에 묻으려고 점을 쳐보니 길하다고 나왔습니다. 그래서 사구를 몇 길 파 내려가니 거기서 석곽이 나왔습니다. 그걸 깨끗이 씻고 보았더니 이렇게 적혀 있었습니다. "자손이 돌보기 힘들겠구나. 영공이란 자가 이 자리를 빼앗아 묻히겠구나." 그래서 영靈공이 된 것입니다. 오래전에 정해진 것입니다. 저

두 사람이 이를 알 수 있겠습니까?

仲尼問於太(大)史大弢 伯常騫 狶韋曰 夫衛靈公飮酒湛樂 不聽國家之政 田獵畢

弋 不應諸侯之際 其所以爲靈公者何邪

大弢曰 是因是也

伯常騫曰 夫靈公有妻三人 同濫而浴 史鰌奉御而進所 搏幣而扶翼 其慢若彼之甚

也 見賢人 若此其肅也 是其所以爲靈公也

狶韋曰 夫靈公也死 卜葬於故墓不吉 卜葬於沙丘而吉 掘之數仞 得石槨焉 洗而視

之 有銘焉 曰 不馮其子 靈公奪而埋(里)之 夫靈公之爲靈也久矣 之二人何足以識

之

단지 말할 수 있는 것을 끝까지 말해본 것이다

소지少知가 태공조太公調에게 물었습니다.

소지 '마을에서 하는 말(丘里之言)'은 무엇입니까?

태공조 마을(丘里)은 열 가지 다른 성이 백 개의 이름으로 하나의 풍속을 이루는 것입니다. 각기 다른 것들을 하나로 묶고 있어 다시 하나가 흩어지면 서로 다른 것들이 됩니다. 여기서 우리가 말(馬)의 백 가지 신체 부위를 말한다고 해봅시다. 그것만으로는 말을 생각할 수 없겠지요. 그러나 여기 앞에다 말을 묶어 세워놓으면 백 가지 부위 전체를 말이라고 부릅니다. 마찬가지로 언덕이나 산은 낮은 것들이 쌓여 큰 산이 됩니다. 강이나 바다는 작은 물들이 여기저기서 모여들어 크게 됩니다. 큰사람은 사사로운 일들을 모아 공평하게 합니다. 그래서 이야기를 들을 때 그걸 듣는 주관은 있지만 고집하지 않습니다. 이야기를 할 때 말하는 마음은 반듯하지만 강요하지 않습니다.

사계절의 흐름(氣)은 서로 다릅니다. 그렇다고 자연이 더 좋아하는 계절은 없습니다. 그래서 일 년이 이뤄집니다. 다섯 관직의 임무는 서로 다릅니다. 그렇다고 임금이 더 좋아하는 관직은 없습니다. 그래서 나라가 돌보아집니다. 큰사람은 문文이니 무武니 나누며 더 좋아하는 것이 없습니다. 그래서 문무를 겸비한 본래 모습을 실현합니다. 모든 것의 결은 서로 다릅니다. 그렇다고 '길'이 더 좋아하는 것은 없습니다. 그래서 이름이 없는 것입니다. 이름이 없으면 억지로 하지 않습니다. 억지로 하지 않아도 모든 것이 잘 됩니다. 계절이 끝나고 다시 시작하기를 반복합니다. 그렇게 세월은 바뀌면서 흘러갑니다. 화가 닥쳐오기도 하고 복이 굴러오기도 합니다. 싫은 것도 있고 좋은 것도 있습니다. 각자 다른 것들을 좋아하다보면 반듯하다는 것들도 서로 달라집니다. 큰 연못을 보면 온갖 것이 모여 연못을 이루고, 큰 산을 보면 나무와 돌 들이 모여 산을 이루는 것처럼 말입니다. 이것을 마을에서 하는 말(丘里之言)이라고 합니다.

소지 그렇다면 이것을 길이라고 해도 됩니까?

태공조 그렇지가 않습니다. 지금 모든 것의 수를 세어보면 만萬보다 많습니다. 그런데도 만물이라고 부릅니다. 수가 많은 것을 만물이라고 불러서 그렇게 된 것입니다. 마찬가지로 가장 큰 모습을 천지자연이라고 부르고, 가장 큰 흐름을 음양이라고 부르고, 가장 공평하고 가장 큰 것을 길(道)이라고 부르는 것입니다. 그래서 길이라고 하는 것입니다. 이미 있는 것을 가지고 견줄 수 있겠습니까? 이런 식으로 말하면 구체적으로 존재하는 개나 말이 되는 것입니다. 거리가 멀어지지요.

소지 이 세상 사방의 안이나 세상 육합의 밖에 있는 모든 것은 어디에서 생겨나오는 것입니까?

태공조 음과 양이 서로 비추어줍니다. 서로 상처 주기도 하고 돌보아주
기도 합니다. 사계절이 서로 자리를 바꿉니다. 서로 살리기도 하
고 죽이기도 합니다. 바라기도 하고 미워하기도 하고, 싫다고도
했다가 받아들이기도 하고, 이런 마음이 교대로 일어납니다. 암컷
과 수컷 반쪽들이 서로 만나는 일이 끊임없이 이어집니다. 편안했
다가 위험해지기도 하고, 화가 닥치기도 하고 복이 들어오기도 합
니다. 느긋함과 급함이 서로 부딪치기도 하고, 모이고 흩어지면서
이루어집니다. 이 정도가 말(名)로 할 수 있는 내용(實)들입니다. 생
각할 수 있는 자잘한 것(精微)들입니다. 차례대로 서로의 결을 따
르기도 하고, 번갈아가며 서로를 움직이게 하기도 합니다. 끝까
지 가면 다시 돌아오고, 끝나면 다시 시작합니다. 이것은 단지 무
언가에 대해 말로 할 수 있고 알 수 있는 것을 끝까지 말해본 것일
뿐입니다. 자연스러운 길을 바라보는 사람은 어디로 사라지는지
따라가지 않습니다. 어디서 일어나는지 찾아보지 않습니다. 말할
수 없는 것에 침묵합니다.

少知問於太(大)公調曰 何謂丘里之言
太(大)公調曰 丘里者 合十姓百名而以爲風俗也 合異以爲同 散同以爲異 今指馬
之百體而不得馬 而馬係於前者 立其百體而謂之馬也 是故丘山積卑而爲高 江河合
水而爲大 大人合竝而爲公 是以自外入者 有主而不執 由中出者 有正而不距
四時殊氣 天不賜 故歲成 五官殊職 君不私 故國治 文武大人不賜 故德備 萬物殊
理 道不私 故無名 無名故無爲 無爲而無不爲 時有終始 世有變化 禍福淳淳 至有
所拂者而有所宜 自殉殊面 有所正者有所差 比於大澤 百材皆度 觀於大山 木石同
壇 此之謂丘里之言
少知曰 然則謂之道 足乎

太(大)公調曰 不然 今計物之數 不止於萬 而期曰萬物者 以數之多者號而讀之也
是故天地者 形之大者也 陰陽者 氣之大者也 道者爲之公 因其大以號以讀之則可
也 已有之矣 乃將得比哉 則若以斯辯 譬猶狗馬 其不及遠矣

少知曰 四方之內 六合之裏 萬物之所生惡起

太公調曰 陰陽相照相蓋相治 四時相代相生相殺 欲惡去就於是橋起 雌雄片合於是
庸有 安危相易 禍福相生 緩急相摩 聚散以成 此名實之可紀 精微之可志也 隨序
之相理 橋運之相使 窮則反 終則始 此物之所有 言之所盡 知之所至 極物而已 覩
道之人 不隨其所廢 不原其所起 此議之所止

말이나 침묵만으로는 다 말할 수 없다

소지 계진은 "아무도 그렇게 시키지 않았다(莫爲)"고 주장합니다. 접자는 "누군가 그렇게 시켰다(或使)"고 주장합니다. 이 두 사람 가운데 누가 제대로 본 것입니까? 누가 맞는 것입니까?

태공조 닭이 울고, 개가 짖습니다. 이것은 사람들이 다 아는 사실입니다. 그러나 아무리 큰 앎(大知)이라도 저절로 되어가는 것(自化)을 말로 다할 수는 없습니다. 또 어떻게 될 거라는 것을 생각할 수 없습니다. 그런데 이걸 쪼개 밝히면 자잘하게 말할 수 없는 데까지 가게 됩니다. 크게 에워쌀 수 없는 데까지 가게 됩니다. '누군가 그렇게 시켰다'는 주장이나 '아무도 그렇게 시키지 않았다'는 주장 모두 무언가에 빠져 있습니다. 그러다보니 그냥 지나쳐버린 것이 있습니다. '누군가 시켰다'는 주장은 여묾(實)에 빠졌고, '아무도 시키지 않았다'는 주장은 비움(虛)에 빠져 있습니다.

말이 있고 내용이 있으면 무언가 있는 것입니다. 말이 없고 내용도 없으면 무언가 비어 있는 것입니다. 말할 수도 있고 생각할 수도 있습니다. 그러나 말할수록 점점 멀어집니다. 태어나기도 전에 태어나기 싫어할 수 없습니다. 죽고 나서 죽음을 막을 수 없습니다. 죽음과 삶이 멀리 있지 않습니다. 왜 그런지는 알 수 없습니다. '누군가 시켰다'는 주장이나 '아무도 시키지 않았다'는 주장은 '왜?'라는 의심에서 나온 가짜들입니다.

뿌리를 살피다보면 끝없이 가게 됩니다. 가지를 찾다보면 멈추지 못하게 됩니다. 끝도 없고 멈추지도 못합니다. 그래서 나는 말없이 모든 것과 함께 자연의 결대로 따라갑니다. '누군가 시켰다'는 주장이나 '아무도 시키지 않았다'는 주장은 말이 뿌리가 된 것입니다. 그래서 무언가에 따라 끝났다 시작했다 하는 것입니다. 길은 있다고도, 없다고도 할 수 없습니다. 길이라고 부르는 것은 잠시 빌려서 그렇게 가는 것입니다. '누군가 시켰다'는 주장이나 '아무도 시키지 않았다'는 주장은 일부 주장에 지나지 않습니다. 어떻게 이것이 다 늘어놓은 것이라고 할 수 있겠습니까? 말로 할 수 있다면 종일 말을 해서 길을 다 갈 것입니다. 말로 할 수 없다면 종일 말을 해봐야 무언가(物) 조금 하고 말 것입니다. 길은 '무언가들'이 다하는 자리입니다. 말이나 침묵만으로는 실을 수 없습니다. 말이나 침묵만으로는 다 말할 수 없습니다.

少知曰 季眞之莫爲 接子之或使 二家之議 孰正於其情 孰偏於其理

太(大)公調曰 鷄鳴狗吠 是人之所知 雖有大知 不能以言讀其所自化 又不能以意其所將爲 斯而析之 精至於無倫 大至於不可圍 或之使 莫之爲 未免於物而終以爲過 或使則實 莫爲則虛

有名有實 是物之居 無名無實 在物之虛 可言可意 言而愈疏 未生不可忌 已死不可徂(阻) 死生非遠也 理不可覩 或之使 莫之爲 疑之所假

吾觀之本 其往無窮 吾求之末 其來無止 無窮無止 言之無也 與物同理 或使莫爲

言之本也 與物終始 道不可有 有不可無 道之爲名 所假而行 或使莫爲 在物一曲
夫胡爲於大方 言而足 則終日言而盡道 言而不足 則終日言而盡物 道物之極 言默
不足以載 非言非默 議其有極

사람들은 아는 것만 존중하고, 모르는 것이 있어 알게 된다는 사실은 모른다고 합니다. '길'을 바라보는 사람은 말할 수 없는 것에 침묵한다고 합니다. 서로 다른 주장들도 극히 일부 주장에 불과한 것이라 말이나 침묵만으로 다할 수 없다고 합니다. 말이나 침묵만으로 부족하다면 도대체 어쩌란 말인가요? 말을 하라는 건가요, 말라는 건가요? 침묵도 일종의 언어입니다. 말없는 말, 묵언입니다. 마음 없이 말만 잘하는 사람들, 그들에 대한 이야기가 〈외물〉에서 이어집니다.

외물

外物

세상일 마음대로 되지 않는다

말로만 하는 호의

말하기 좋아하는 사람들

교양 있는 도굴꾼

자랑하는 것으로 끝낼 것인가

저 죽을 줄 몰랐던 신통한 거북

쓸모없는 땅

말을 잊은 사람과 말하고 싶다

'마음 밖의 일(外物)'은 내 마음대로 되지 않습니다. 마음대로 되지 않으면 걱정과 불안으로 결국 길을 잃게 됩니다. 가난한 장자는 곡식을 빌리러 갔다가 길을 잃을 뻔합니다. 하지만 화를 삭이며 마음 없이 말로만 호의를 베푸는 감하후에게 붕어 이야기를 해줍니다.

말이나 앎을 자기 합리화나 정당화의 수단으로 이용하는 사람들, 마음은 열리지 않은 채 말만 잘하는 사람들, 말하기 좋아하는 사람들, 말만 잘하는 도굴꾼, 공자에게 자만심을 버리라고 충고하는 노래자, 저 죽을 줄 몰랐던 신통한 거북, 장자의 쓸모없는 땅 이야기에 이어 마음 없이 말로만 살려는 세상에서 "말을 잊은 사람과 말하고 싶다"는 장자의 간절한 바람이 전해집니다.

세상일 마음대로 되지 않는다

밖에서 일어나는 일은 생각대로 되지 않습니다. 관용봉과 비간은 살해되었고, 기자箕子는 미치광이가 되었고, 오래惡來도 죽었고, 걸과 주도 망했습니다. 모든 군주는 자기 신하가 충성하기를 바랍니다. 그러나 충신이 반드시 군주의 신임을 받는 것은 아닙니다. 그러니 오자서가 강물에 떠내려가는 일이 생겼고, 촉나라에서 죽은 장홍의 피가 삼 년 후 옥돌로 변했다는 이야기가 있는 것입니다. 모든 부모는 자기 자식이 효도하기를 바랍니다. 그러나 효자가 반드시 부모의 사랑을 받는 것은 아닙니다. 그러니 효기孝己가 계모의 학대를 받았다는 이야기나 증삼이 아버지에게 매 맞고 슬퍼했다는 이야기가 있는 것입니다.

나무와 나무가 서로 마찰하면 불이 붙고, 쇠와 불이 함께 있으면 쇠가 녹아내립니다. 음과 양이 잘못 가면 천지에 큰일이 생깁니다. 천둥 번개가 치고 비가 내리고 불이 나면서 거목들이 불타버립니다. 마음에 근심이 많으면 음과 양 어딘가에 빠져서 나올 수가 없습니다. 불안한 마음을 달랠 수 없고, 허공에 거꾸로 매달린 것처럼 두렵습니다. 우울과 걱정으로 더욱 혼란스럽습니다. 이해가 서로 부딪쳐 화가 심하게 납니다. 사람들 모두 화목함을 불태워버립니다. 둥글고 청명한 달빛도 이 불을 끌

수 없습니다. 이 순간 모든 것이 무너지고 '길'도 사라집니다.

外物不可必 故龍逢誅 比干戮 箕子狂 惡來死 桀紂亡 人主莫不欲其臣之忠 而忠
未必信 故伍員流于江 萇弘死于蜀 藏其血三年而化爲碧 人親莫不欲其子之孝 而
孝未必愛 故孝己憂而曾參悲
木與木相摩則然 金與火相守則流 陰陽錯行 則天地大絯 於是乎有雷有霆 水中有
火 乃焚大槐 有甚憂兩陷而無所逃 蟪蜳不得成 心若縣於天地之間 慰暋沈屯 利害
相摩 生火甚多 衆人焚和 月固不勝火 於是乎有僓然而道盡

말로만 하는 호의

가난한 장주(장자)가 감하후에게 곡식을 빌리러 갔습니다. 감하후가 말했습니다. "좋습니다. 제가 세금을 거두면 그때 삼백 금을 빌려드리겠습니다. 그러면 되겠습니까?"

장자는 화가 나서 얼굴색이 달라졌습니다. 장자가 말했습니다. "제가 어제 여기 오는 길에 누군가 부르는 소리가 나서 돌아보니 수레바퀴 자국에 붕어가 한 마리 있었습니다. 그래 제가 물었습니다. '그래, 붕어야. 왜 불렀느냐?' 붕어가 말하더군요. '저는 동해 바다에서 온 파도 신하입니다. 그대가 물 한 바가지만 주시면 제가 살 수 있을 것입니다.' 그래서 제가 말했습니다. '그래 좋다. 내가 남쪽 오나라 월나라 왕들을 만나러 가려 하는데, 내 가서 서쪽으로 흐르는 물을 거꾸로 흐르게 해 너를 맞게 하겠다. 그러면 되겠느냐?' 붕어는 화가 났는지 얼굴색이 달라지더니 이런 말을 하더군요. '나는 항상 함께했던 물을 잃었습니다. 내가 있을 곳이 없습니다. 한 바가지 물이면 살 수 있습니다. 그런데 그대가 그렇게 말씀하시니 차라리 저를 건어물전에서 찾는 게 나을 것 같군요.'"

莊周家貧 故往貸粟於監河侯 監河侯曰 諾 我將得邑金 將貸子三百金 可乎
莊周忿然作色曰 周昨來 有中道而呼者 周顧視車轍中 有鮒魚焉 周問之曰 鮒魚來
子何爲者邪 對曰 我 東海之波臣也 君豈有斗升之水而活我哉 周曰 諾 我且南遊
吳越之王 激西江之水而迎子 可乎 鮒魚忿然作色曰 吾失我常與 我無所處 吾得斗
升之水然活耳 君乃言此 曾不如早索我於枯魚之肆

말하기 좋아하는 사람들

임나라 공자소子가 굵은 밧줄에 커다란 낚싯바늘을 매달아놓고 회계산에 올라앉아 오십 마리의 소를 미끼 삼아 동해에 낚싯대를 던져놓았습니다. 그렇게 매일 낚시를 했습니다. 하지만 일 년이 지나도록 한 마리도 잡지 못했습니다. 그러던 어느 날 커다란 물고기가 낚싯밥을 물었습니다. 물고기는 커다란 낚싯바늘을 바닷속 끝까지 끌고 들어가는 것 같더니 다시 솟구쳐 올라왔습니다. 그러고는 거대한 등지느러미를 떨치는데, 흰 파도가 산과 같고 바닷물이 뒤집힐 듯 요동쳤습니다. 신음 소리는 귀신 같아 천 리 밖 사람들까지 두려움에 떨었습니다. 임나라 공자는 이 물고기를 잡아 잘게 썰어 포를 만들었습니다. 절강의 동쪽에서부터 창오의 북쪽까지 모든 사람이 이 물고기 포를 실컷 먹을 수 있었습니다. 그로부터 후세에 말하기 좋아하는 사람들이 모두 놀라며 이 이야기로 서로를 가르쳤습니다. "작은 낚싯대에 가는 줄을 달고 조그만 도랑에서 붕어나 잔고기를 잡으려는 사람은 큰 물고기를 잡을 수 없다"는 둥, "쓸데없는 말을 꾸며 현령 자리나 구하러 다니는 사람은 크게 출세하기 어렵다"는 둥, "임나라 공자의 이야기를 들어본 적이 없다면 함께 세상 이야기를 하기 어렵다"는 둥 하면서 말입니다.

任公子爲大鉤巨緇 五十犗以爲餌 蹲乎會稽 投竿東海 旦旦而釣 期年不得魚 已
而大魚食之 牽巨鉤 錎沒而下 驚揚而奮鬐 白波若山 海水震蕩 聲侔鬼神 憚赫千
里 任公子得若魚 離而腊之 自制河以東 蒼梧已北 莫不厭若魚者 已而後世輇才諷
說之徒 皆驚而相告也 夫揭竿累 趣灌瀆 守鯢鮒 其於得大魚難矣 飾小說以干縣令
其於大達亦遠矣 是以未嘗聞任氏之風俗 其不可與經於世亦遠矣

교양 있는 도굴꾼

　유자儒者들이 《시경》과 《예기》를 가지고 무덤을 파헤치고 있습니다. 대유大儒가 말했습니다.

대유　동방에 해가 뜬다. 일은 어찌 되는가?

소유小儒 아직 속옷이 그대로인데 입속에 구슬이 있습니다. 《시경》에 이런 시가 있지 않습니까? "짙푸른 보리, 무덤가에 무성하네. 살아서 베풀지 못한 자, 어찌 구슬을 머금고 있는가"라고 말입니다.

　그러고는 송장의 머리칼을 잡고 턱밑을 누르자 유자들이 쇠망치로 턱을 치고 두 뺨을 벌려 입안의 구슬을 고스란히 꺼냈습니다.

儒以詩禮發冢
大儒臚傳曰 東方作矣 事之何若
小儒曰 未解裙襦 口中有珠 詩固有之曰 青青之麥 生於陵陂 生不布施 死何含珠
爲
接其鬢 擪(壓)其顪 儒以金椎控其頤 徐別其頰 無傷口中珠

자랑하는 것으로 끝낼 것인가

　노래자의 제자가 나무를 하러 나갔다가 우연히 공자를 만나고 돌아와 노래자에게 말했습니다.

제자 　저기 어떤 사람이 있는데 상체는 길고 하체는 짧습니다. 등은 굽었고, 귀는 좀 머리 뒤쪽에 있는 편입니다. 눈초리가 세상을 어떻게 해볼 것 같습니다. 누구네 자손인지 모르겠습니다.
노래자 　그 사람은 구丘다. 가서 불러오너라.

　공자가 왔습니다. 노래자가 말했습니다. "구! 그대는 자만심을 버리시오. 그리고 아는 척하는 모습을 버리시오. 그러면 군자가 될 것입니다."
　공자는 절을 하고 물러서서는 송구스러워하며 용모를 가다듬고 물었습니다.

공자 　그렇게 하면 일을 해나갈 수 있겠습니까?
노래자 　한 시대의 고통을 차마 보지 못하겠다고 만세의 화근을 소홀히 하고 있습니다. 도대체 원래 마음이 작아서 그런 것입니까? 아니면 생각이 거기에 미치지 못하는 것입니까? 은혜를 베푼다고 기뻐하면서 평생의 수치를 소홀히 하고 있습니다. 보통 사람들이 해나가는 식입니다. 이름으로 서로 유인하고 은밀하게 서로 결탁해 모여서는 요임금을 칭찬하고 걸을 욕하고 있지 않습니까? 둘 다 잊는 것이 좋습니다. 칭찬하는 것도 그만두세요. 거꾸로 가면 다치게 되어 있습니다. 움직이면 잘못되게 되어 있습니다. 훌륭한 성인은 느긋하게 머뭇거리며 일을 따라갑니다. 항상 그렇게 일을 해냅니다. 어떻게 할 것입니까? 은혜를 베푼다고 자랑하는 것으로 끝낼 것입니까?

老萊子之弟子出薪 遇仲尼 反以告 曰 有人於彼 脩上而趨下 末僂而後耳 視若營
四海 不知其誰氏之子
老萊子曰 是丘也 召而來
仲尼至 曰 丘 去 汝躬矜與汝容知 斯爲君子矣
仲尼揖而退 蹙然改容而問曰 業可得進乎
老萊子曰 夫不忍一世之傷而驁萬世之患 抑固寠邪 亡其略弗及邪 惠以歡爲驁 終
身之醜 中民之行進焉耳 相引以名 相結以隱 與其譽堯而非桀 不如兩忘而閉其所
譽 反無非傷也 動無非邪也 聖人躊躇以興事 以每成功 奈何哉其載焉終矜爾

저 죽을 줄 몰랐던 신통한 거북

송나라 원군이 밤에 꿈을 꾸었습니다. 꿈속에서 머리를 풀어헤친 사람이 쪽문으로 들여다보며 말했습니다. "저는 재로라는 연못에서 왔는데 청강의 심부름으로 하백에게 가다가 여저라는 어부에게 사로잡히고 말았습니다."

원군이 꿈에서 깨어나 점쟁이에게 해몽을 하게 했습니다.

점쟁이 이것은 신통한 거북입니다.

원군 여저라는 어부가 있소?

신하들 예, 있습니다.

원군 여저를 오라고 하시오.

다음 날 여저가 왔습니다.

원군 무슨 고기를 잡았느냐?

여저 제 그물에 하얀 거북이 잡혔습니다. 크기가 다섯 자나 됩니다.

원군 그 거북을 바치도록 하라.

여저가 거북을 가져왔습니다. 원군은 거북을 죽이고도 싶고 살려두고도 싶었습니다. 어떻게 해야 할지 몰라 점을 쳤습니다. 점쟁이가 말했습니다. "거북을 죽여 그것으로 점을 치면 길할 것입니다." 그래서 거북을 죽여 그것으로 점을 쳤습니다. 일흔두 번이나 점을 쳤는데 모두 들어맞았습니다.

공자가 말했습니다. "신통한 거북이 원군의 꿈에는 나타날 수 있었지만 여저의 그물을 피할 수는 없었습니다. 일흔두 번의 점을 모두 맞힐 만큼 신통했지만 내장이 도려내지는 건 피할 수 없었습니다. 아는 것도 막히는 경우가 있고, 신통력도 미치지 못하는 데가 있습니다. 잘 안다는 사람도 여러 사람이 꾀를 내면 속고 맙니다. 물고기는 그물을 두려워하지 않고 사다새만 두려워합니다. 작은 앎에서 벗어나야 큰 앎을 깨닫습니다. 선善이라는 생각을 버려야 선해질 수 있습니다. 어린아이는 태어나 훌륭한 스승 없이도 말을 할 수 있습니다. 말할 줄 아는 사람과 함께 살기 때문입니다.

宋元君夜半而夢人被髮闚阿門 曰 予自宰路之淵 予爲淸江使河伯之所 漁者余且得予

元君覺 使人占之

曰 此神龜也

君曰 漁者有余且乎

左右曰 有

君曰 令余且會朝

明日 余且朝

君曰 漁何得

對曰 且之網得白龜焉 其圓五尺

君曰 獻若之龜

龜至 君再欲殺之 再欲活之 心疑 卜之 曰 殺龜以卜吉 乃刳龜 七十二鑽而無遺筴
仲尼曰 神龜能見夢於元君 而不能避余且之網 知能七十二鑽而無遺筴 不能避刳腸
之患 如是 則知有所困 神有所不及也 雖有至知 萬人謀之 魚不畏網而畏鵜鶘 去
小知而大知明 去善而自善矣 嬰兒生無石師而能言 與能言者處也

쓸모없는 땅

혜자가 장자에게 말했습니다.

혜자 그대의 말은 쓸모가 없습니다.

장자 쓸모없음을 알아야 비로소 쓸모를 말할 수 있습니다. 저 땅은 넓고
      도 큽니다. 하지만 사람에게 쓸모 있는 것은 발이 닿는 부분입니다.
      그렇다고 발이 닿는 곳만 재서 남겨놓고 쓸모없는 땅을 황천까지
      파버린다면 그래도 과연 쓸모가 있을까요?

혜자 쓸모가 없겠지요.

장자 쓸모없는 것이 쓸모 있는 것이라는 게 분명하네요.

惠子謂莊子曰 子言無用

莊子曰 知無用而始可與言用矣 夫地非不廣且大也 人之所用容足耳 然則廁足而墊

之致黃泉 人尙有用乎

惠子曰 無用

莊子曰 然則無用之爲用也亦明矣

말을 잊은 사람과 말하고 싶다

장자가 말했습니다. "사람에게 노닐 수 있는 능력이 있으면서 노닐지 않을 수 있겠습니까? 사람이면서 노닐 수 있는 능력이 없다면 어떻게 노닐 수 있겠습니까? 세상에서 도피하려는 의지! 세상과 단절하려는 행동! 아! 이런 것들은 순수한 앎(至知)과 두터운 본래 모습(厚德)에서 나온 태도가 아닙니다. 뒤집히고 떨어지면서도 돌아가지 못하고, 불타오르듯 내달리면서 돌아보지 못합니다. 누구는 임금이 되고 누구는 신하가 되지만 잠시 그런 것입니다. 세상이 달라지면 서로 깔보는 일도 없어질 것입니다. 그래서 '순수한 지인은 잠시 그런 것에 얽매이지 않는다'고 말하는 것입니다.

학자들은 옛것을 높이고 지금의 것을 낮게 봅니다. 만약 옛날 희위씨의 시선으로 지금 세상을 본다면 누가 흔들리지 않을 수 있겠습니까? 순수한 지인만이 치우치지 않고 세상에서 노닐 수 있습니다. 사람들과 함께 가면서도 자기를 잃지 않을 수 있습니다. 그의 가르침은 배우는 것이 아니라 남의 의견을 받아들이면서 다르다고 차별하지 않는 것입니다.

눈이 뚫리면 잘 보게 되고, 귀가 뚫리면 잘 듣게 되고, 코가 뚫리면 냄새를 잘 맡게 되고, 입이 뚫리면 맛을 잘 보게 되고, 마음이 뚫리면 알게 되고, 앎이 뚫리면 본래 모습이 됩니다. 길은 뚫리기를 바랍니다. 막히면 답답합니다. 답답한데 계속 뚫리지 않으면 어긋나기 시작합니다. 그러다 보면 많은 재해가 일어납니다. 만물 가운데 지각 능력을 가진 생물은 숨을 쉬며 살아갑니다. 숨을 제대로 쉬지 못하는 것은 자연의 죄가 아닙니다. 자연은 밤낮으로 구멍을 뚫어 숨을 쉬게 해줍니다. 그런데 사람이 그 구멍을 막아버립니다. 주방에는 문이 여러 개 뚫려 있듯이 마음에는 자연이 준 유유자적함이 있습니다. 방 안에 빈 공간이 없으면 고부간 갈등이 생기듯이 마음에 자연이 준 유유자적함이 없으면 눈, 귀, 코, 입, 마음, 앎, 이 여섯 개의 구멍이 서로 다툽니다. 큰 숲이나 언덕과 산이 사람들에게 좋습니다. 역시 마음으로만 다할 수 없습니다.

본래 모습은 이름에서 넘치게 되고, 이름은 드러내려는 데서 넘치게 됩니다. 모략은 위기에서 고안되고, 앎은 전쟁에서 나오고, 막힘은 자리를 지키려는 데서 생겨납니다. 결국 일은 모든 것이 알맞은 상황에서 저절로 이루어집니다. 봄이 되어 비가 내리고, 해가 들면 초목이 힘차게 자라납니다. 그러면 가래와 호미를 들고 밭갈이를 시작합니다. 초목의 과반이 다시 살아나지만 왜 그렇게 된 줄도 모릅니다.

가만히 앉아 있는 것은 환자에게 도움이 됩니다. 눈가를 문지르면 노화를 예방할 수 있습니다. 편하게 호흡하는 것은 병세를 완화시킬 수 있습니다. 그러나 이러한 것들은 괴로운 사람들이 애써 하는 것입니다. 한가로운 사람들은 지나쳐갈 뿐 묻지 않습니다. 신인은 성인이 온 세상을 놀라게 하는 것을 지나쳐갈 뿐 묻지 않습니다. 성인은 현인이 세상을 놀라게 하는 것을 지나쳐갈 뿐 묻지 않습니다. 현인은 군자가 나라를 놀라게 하는 것을 지나쳐갈 뿐 묻지 않습니다. 군자는 소인이 시세에 영합하는 것을 지나쳐갈 뿐 묻지 않습니다.

송나라 성문인 연문에 어버이 상을 당한 사람이 있었습니다. 그는 너무 슬퍼하다 그만 몸이 수척해졌습니다. 이 일로 그는 칭찬을 받고 심지어 작위까지 받아 관리가 되었습니다. 그 일이 있고부터 고을에 말라 죽은 사람이 절반이나 되었습니다. 요임금이 허유에게 세상을 주려 하자 허유가 도망쳤습니다. 탕이 무광에게 주려 하자 무광은 화를 냈습니다. 기타가 이 이야기를 듣고 제자들을 데리고 관수로 가서 쭈그리고 있었습니다. 제후는 그가 혹시 잘못될까 위로차 삼 년이나 그를 찾아갔습니다. 그러자 신도적이 황하에 몸을 던지는 일이 생겼습니다.

통발은 물고기를 잡기 위한 도구입니다. 물고기를 잡으면 통발은 잊게 마련입니다. 올가미는 토끼를 잡기 위한 도구입니다. 토끼를 잡으면 올가미는 잊게 마련입니다. 말은 생각하기 위한 도구입니다. 생각하고 나면 말을 잊게 마련입니다. 나도 말을 잊은 사람과 말하고 싶습니다."

莊子曰 人有能遊 且得不遊乎 人而不能遊 且得遊乎 夫流遁之志 決絶之行 噫其
非至知厚德之任與 覆墜而不反 火馳而不顧 雖相與爲君臣 時也 易世而無以相賤
故曰 至人不留行焉
夫尊古而卑今 學者之流也 且以狶韋氏之流觀今之世 夫孰能不波 唯至人乃能遊於
世而不僻 順人而不失己 彼教不學 承意不彼
目徹爲明 耳徹爲聰 鼻徹爲顫 口徹爲甘 心徹爲知 知徹爲德 凡道不欲壅 壅則哽
哽而不止則跈 跈則衆害生 物之有知者恃息 其不殷 非天之罪 天之穿之 日夜無降
人則顧塞其竇 胞有重閬 心有天遊 室無空虛 則婦姑勃蹊 心無天遊 則六鑿相攘
大林丘山之善於人也 亦神者不勝
德溢乎名 名溢乎暴 謀稽乎誸 知出乎爭 柴生乎守官 事果乎衆宜 春雨日時 草木
怒生 銚鎒於是乎始脩 草木之到植者過半而不知其然
靜然可以補病 眥㨾可以休老 寧可以止遽 雖然 若是 勞者之務也 非佚者之所未嘗

過而問焉 聖人之所以駴天下 神人未嘗過而問焉 賢人所以駴世 聖人未嘗過而問焉
君子所以駴國 賢人未嘗過而問焉 小人所以合時 君子未嘗過而問焉
演門有親死者 以善毀爵爲官師 其黨人毀而死者半 堯與許由天下 許由逃之 湯與
務光 務光怒之 紀他聞之 帥弟子而踆於窾水 諸侯弔之 三年 申徒狄因以踣河
荃者所以在魚 得魚而忘荃 蹄者所以在兎 得兎而忘蹄 言者所以在意 得意而忘言
吾安得夫忘言之人而與之言哉

"말은 어디에 있어 제구실을 못하는 걸까요? (…) 말은 화려한 영광에 가려졌습니다."(《제물론》) 말은 생각하기 위한 도구입니다. 생각하고 나면 말을 잊게 마련입니다. 그런데 말이 제구실을 못하고 있습니다. 말은 화려한 영광을 누리는 자들의 지배 도구, 배운 자들의 정당화 수단이 되어버렸습니다. 장자가 말을 잊은 사람과 말하고 싶은 이유입니다. 그러면서 장자 역시 많은 말을 했습니다. 그래서였나요? 그에 대한 해명이 필요했나봅니다. 이어지는 〈우언〉 앞머리에서 장자는 자신의 세 가지 글쓰기 방식에 대해 이야기합니다.

우언
寓言

우언, 중언, 치언

공자를 바라보는 시선

증자도 마음이 달라졌다

안성자유가 달라지다

그림자 이야기

때 묻은 듯, 부족한 듯

장자의 글쓰기 방식에는 우언, 중언, 치언 세 가지 방식이 있습니다. 우언은 우화의 방식이고, 중언은 옛사람의 말을 인용하는 방식입니다. 치언은 장자만의 독특한 방식으로, 잔을 비우고 새 술을 채우듯이 새로운 이야기로 바꾸어가며 기술하는 방식입니다. 비우고 다시 채워야 옳다는 말에 갇히지 않고 생명을 다할 수 있다는 것이지요. 장자는 공자가 바로 그런 사람으로, 나이 육십에 육십 번 달라졌다고 합니다. 이어 증자, 안성자유, 그림자, 양자거가 달라지는 이야기가 소개됩니다.

우언, 중언, 치언

　내가 하는 말은 우언이 열에 아홉입니다. 중언이 열에 일곱입니다. 치언은 날마다 나오는데 자연의 여림(天倪)과 함께합니다.

　열에 아홉인 우언은 밖에서 빌려와 말하는 것입니다. 우언으로 말하는 이유는 친아버지가 자기 아들을 중매하지 않는 것과 같습니다. 친아버지가 자기 아들을 칭찬하는 것보다는 남들이 칭찬해주는 것이 더 낫습니다. 내 죄가 아니라 사람들의 죄입니다. 자기랑 같으면 응수하고 같지 않으면 반대하고, 자기랑 같으면 옳다고 하고 다르면 비난하기 때문입니다.

　열에 일곱인 중언은 이미 있는 말을 가지고 말하는 것입니다. 중언으로 말하는 이유는 나이 든 사람의 말이면 옳다고 하기 때문입니다. 나이가 들었어도 말의 줄거리나 맥락이 없으면 따르지 않습니다. 나이를 먹고도 사람들의 모범이 되지 못하면 사람의 길을 가지 않은 것입니다. 사람이면서 사람의 길을 가지 않은 사람을 케케묵은 늙은이(陳人)라고 합니다.

　날마다 나오는 치언[1]은 자연의 여림과 함께하며 끝없이 바꾸면서 다르게 말하는 것입니다. 자연의 생명력을 다 발휘하기 위한 것입니다. 말에 갇히지 않으면 모든 것이 본래 모습 그대로 가지런합니다. 가지런하던 것이 말에 갇혀 본래 모습을 잃습니다. 말에 갇히면 가지런하던 것이 본래 모습을 잃기 때문에 "말에 갇히지 마라(無言)"고 말하는 것입니다. 말을 하지만 말에 갇히지 않으면 평생 말을 해도 말한 적이 없는 것이고, 평생 말을 하지 않아도 말하지 않은 적이 없는 것입니다.

　나름 옳다는 것이 있고, 나름 옳지 않다는 것도 있습니다. 나름 그렇다는 것이 있고, 나름 그렇지 않다는 것도 있습니다. 무엇이 그런 것입니까? 그렇다고 하니까 그런 것입니다. 무엇이 그렇지 않은 것입니까? 그렇지 않다고 하니까 그렇지 않은 것입니다. 무엇이 옳은 것입니까? 옳다고 하니까 옳은 것입니다. 무엇이 옳지 않은 것입니까? 옳지 않다고 하니까 옳지 않은 것입니다. 사실 무언가 있으면 그렇다는 것이 있게 마련입니다. 사실 무언가 있으면 옳다는 것이 있게 마련입니다. 그런데 무언가 없으면 그렇다는 것도 없습니다. 무언가 없으면 옳다는 것도 없습니다. 치언이 날마다 나와 자연의 여림과 함께하지 않는다면 누가 이야기를 오래 듣겠습니까? 모든 것에는 씨가 있습니다. 다른 모습으로 서로 바뀝니다. 시작과 끝이 둥근 고리와 같아서 그 순서를 알 수 없습니다. 이것을 '자연의 고름'이라고 합니다. 자연의 고름은 자연의 여림과 같습니다.

寓言十九 重言十七 巵言日出 和以天倪
寓言十九 藉外論之 親父不爲其子媒 親父譽之 不若非其父者也 非吾罪也 人之罪

---

1 치언의 치巵는 밑이 둥근 술잔을 말한다. 이 술잔은 술이 가득 채워지면 저절로 비워진다. 술잔을 채우고 비우고 다시 채우고 비우듯이 말을 한다는 의미인데, 말을 하고 나서 그것이 옳다고 붙들고 있지 않는다는 것이다. 그걸 비우고 다시 잔을 채우듯이 채워진 이야기를 비우고 다음 이야기로 이어진다.

也 與己同則應 不與己同則反 同於己爲是之 異於己爲非之

重言十七 所以已言也 是爲耆艾 年先矣 而無經緯本末以期年耆者 是非先也 人而無以先人 無人道也 人而無人道 是之謂陳人

卮言日出 和以天倪 因以曼衍 所以窮年 不言則齊 齊與言不齊 言與齊不齊也 故曰無言 言無言 終身言 未嘗(不)言 終身不言 未嘗不言

有自也而可 有自也而不可 有自也而然 有自也而不然 惡乎然 然於然 惡乎不然 不然於不然 惡乎可 可於可 惡乎不可 不可於不可 物固有所然 物固有所可 無物不然 無物不可 非卮言日出 和以天倪 孰得其久 萬物皆種也 以不同形相禪 始卒若環 莫得其倫 是謂天均 天均者 天倪也

공자를 바라보는 시선

장자가 혜자에게 말했습니다.

장자 공자는 나이 육십에 육십 번 달라졌다고 합니다. 처음 옳다고 했던 것을 나중에는 아니라고 했다고 합니다. 그러면 지금 옳다고 하는 것이 과거에 쉰아홉 번 아니라고 했던 것은 아닌지 모르겠습니다.

혜자 공자는 생각(志)도 많이 하고 아는 것(知)도 많았지요.

장자 본인이 직접 말하지는 않았지만 공자는 그런 걸 버렸습니다. 공자는 이렇게 말했습니다. "타고난 재능은 자연의 뿌리에서 나온 것이다. 그 아름다움으로 돌아가 살아라. 그러면 울음소리도 가락에 맞을 것이고, 말을 하면 본보기가 될 것이다. 이익과 정의를 앞에 펼쳐 놓으면 사람들은 입으로만 호오시비를 따를 뿐이다. 하지만 마음으로 사람들을 따르게 하면 구태여 세워진 것을 뒤집으려 하지 않을 것이다. 그렇게 하면 세상이 편하게 안정될 것이다." 아! 그만. 나도 아직 공자에게 미칠 수 없겠지요?

莊子謂惠子曰 孔子行年六十而六十化 始時所是 卒而非之 未知今之所謂是之非
五十九非也
惠子曰 孔子 勤志服知也
莊子曰 孔子謝之矣 而其未之嘗言 孔子云 夫受才乎大本 復靈以生 鳴而當律 言
而當法 利義陳乎前 而好惡是非直服人之口而已矣 使人乃以心服 而不敢蘁立 定
天下之定 已乎已乎 吾且不得及彼乎

공자를 바라보는 혜자와 장자의 시선이 다릅니다. 혜자는 공자가 생
각이 많고 아는 것도 많았다는 점에 주목합니다. 하지만 장자는 공자
가 옳다고 한 것에 갇히지 않고 육십 년을 살면서 육십 번 달라졌다는
것과 말에 갇히지 않고 마음으로 사람들을 따르게 했다는 점에 주목
합니다. 장자가 글쓰기 방식으로 치언의 형식을 취하는 것도 공자처
럼 옳다는 말에 갇히지 않기 위해서입니다. 공자는 장자의 중언 방식
에서도 자주 등장합니다.
한편 〈즉양〉에서 소개되었던 거백옥도 공자와 마찬가지로 나이 육십
에 육십 번 달라진 사람입니다. 흥미롭게도 그는 공자가 위나라에서
스승으로 모셨던 사람입니다(《사기》〈중니제자열전〉).

증자도 마음이 달라졌다

증자가 두 번 벼슬을 했는데 그때마다 마음이 달랐습니다. "내가 어버이 생전에 벼슬을 했습니다. 그때는 녹봉이 삼 부밖에 되지 않았지만 그래도 마음이 즐거웠습니다. 나중에 벼슬을 할 때는 녹봉이 삼천 종이나 되었습니다. 그런데도 마음이 그때만 못했습니다. 슬펐습니다."

제자가 공자에게 물었습니다.

제자 증삼(증자) 같은 사람은 지적할 허물이 없다고 할 수 있습니까?

공자 이미 허물을 드러내고 있다. 허물이 없는 사람이었다면 슬펐겠느냐? 그런 사람이었다면 삼 부니 삼천 종이니 하는 녹봉은 작은 새나 모기가 그의 앞으로 지나가는 것 같았을 것이다.

曾子再仕而心再化 曰 吾及親仕 三釜而心樂 後仕 三千鐘不洎 吾心悲
弟子問於仲尼曰 若參者 可謂無所縣其罪乎
曰 既已縣矣 夫無所縣者 可以有哀乎 彼視三釜三千鐘 如觀雀蚊䗽相過乎前也

안성자유가 달라지다

안성자유가 동곽자기에게 말했습니다. "제가 선생님의 말씀을 듣고 일 년이 지나니 들판으로 나가게 되었습니다. 이 년이 지나니 그냥 따르게 되었습니다. 삼 년이 지나니 막히는 게 없었습니다. 사 년이 지나니 무언가 되었습니다. 오 년이 지나니 돌아오게 되었습니다. 육 년이 지나니 신비함이 들어왔습니다. 칠 년이 지나니 자연스러움이 생겼습니다. 팔 년이 지나니 죽음도 삶도 모르게 되었습니다. 구 년이 지나니 아주 묘하게도 이런 생각이 떠올랐습니다.

'태어나면 언젠가는 죽게 마련이다. 모든 죽음에는 나름의 까닭이 있지만 생명이 태어나는 것(生陽)은 까닭이 없다. 과연 그런 것인가? 죽으면 어디로 가는 것일까? 가는 곳이 없는 것인가? 자연에는 해와 달과 별들이 살고 땅에는 사람들이 기댈 것들이 있는데 나는 무엇을 찾는 것일까? 어디에서 끝날지 모르겠다. 그런데 어찌 운명이 없다고 하겠는가? 어디에서 시작했는지 모른다. 그런데 어찌 운명이 있다고 하겠는가? 있음으로써 서로 호응하고 있다. 그런데 어찌 귀신이 없다고 하겠는가? 없음으로써 서로 호응하고 있다. 그런데 어찌 귀신이 있다고 하겠는가?'"

顔成子游謂東郭子綦曰 自吾聞子之言 一年而野 二年而從 三年而通 四年而物 五
年而來 六年而鬼入 七年而天成 八年而不知死 不知生 九年而大妙

生有爲 死也 勸公 以其死也 有自也 而生陽也 無自也 而果然乎 惡乎其所適 惡乎
其所不適 天有曆數 地有人據 吾惡乎求之 莫知其所終 若之何其無命也 莫知其所
始 若之何其有命也 有以相應也 若之何其無鬼邪 無以相應也 若之何其有鬼邪

그림자 이야기

망량(그림자의 그림자)이 영(그림자)에게 물었습니다.

망량 아까는 내려다보고 있더니 지금은 올려다보고 있네요. 아까는 머리
카락을 묶고 있더니 지금은 풀고 있네요. 아까는 앉아 있더니 지금
은 서 있네요. 아까는 가고 있더니 지금은 멈춰 있네요. 왜 그러는
거예요?

영 그냥 그러는 거예요. 뭐 그런 걸 물어요? 나는 이렇게 있지만 왜 그
런지는 몰라요. 내가 매미 껍질 같아요? 내가 뱀 껍질 같아요? 비슷
하지만 아니에요. 불이 있거나 낮이 되면 나는 모여들어요. 그늘이
거나 밤이 되면 나는 갈마들어요. 이런 것들을 내가 의지하고 있는
것인가요? 아니면 의지하고 있지 않은 것인가요? 무언가 오면 나도
함께 오고, 무언가 가면 나도 함께 가요. 무언가 강하게 움직이면 나
도 함께 강하게 움직여요. 강하게 움직이는 것을 왜 그러느냐고 다
시 물을 수 있을까요?

眾罔兩問於影曰 若向也俯而今也仰 向也括而今也被髮 向也坐而今也起 向也行而
今也止 何也

影曰 偄偄也 奚稍問也 予有而不知其所以 予 蜩甲也 蛇蛻也 似之而非也 火與日
吾屯也 陰與夜 吾代也 彼吾所以有待邪 而況乎以有待者乎 彼來則我與之來 彼往
則我與之往 彼強陽則我與之強陽 強陽者又何以有問乎

때 묻은 듯, 부족한 듯

양자거가 노자를 만나러 남쪽 패 지방으로 가는 길에 양나라 교외에서 서쪽 진나라로 여행 중인 노자와 우연히 마주쳤습니다. 노자는 길을 가면서 하늘을 쳐다보더니 한숨을 쉬며 말했습니다. "처음에는 너를 가르칠 수 있을 것 같았는데 이제 보니 안 되겠다."

양자거는 아무 말도 하지 않았습니다. 그는 숙소에 도착해 대야며 양칫물, 수건, 빗 등을 갖다놓고, 방 밖에 신발을 벗어놓고는 무릎으로 기어들어가 노자에게 말했습니다.

양자거 아까 선생님께 여쭙고 싶었는데 선생님께서 곁을 주지 않고 걷기만 하셔서 여쭐 수가 없었습니다. 지금 겨를이 있으신 것 같아 아까 말씀하신 까닭을 묻고 싶습니다.

노자 너는 눈을 부릅뜨고 오만한 모습을 하고 있구나. 그러니 누가 함께하려고 하겠느냐? 정말 깨끗한 사람은 오히려 때 묻은 듯 보이고, 정말 본래 모습을 지닌 사람은 뭔가 부족한 듯 보인다.

양자거는 모습을 가다듬고 말했습니다. "가르침대로 몸가짐을 조심하겠습니다."

양자거가 처음 숙소에 왔을 때는 손님들이 모두 나와 그를 맞이하고, 주인은 방석을 들고 나오고, 그 아내는 수건과 빗을 갖다놓고, 다른 손님들은 자리를 피해주고, 난롯가에 있던 사람들까지 따뜻한 자리를 양보할 정도였습니다. 그러나 그가 돌아갈 때는 손님들과 자리를 다툴 정도로 편한 사이가 되었습니다.

陽子居南之沛 老聃西遊於秦 邀於郊 至於梁而遇於老子 老子中道仰天而歎曰 始以汝爲可敎 今不可也

陽子居不答 至舍 進盥漱巾櫛 脫屨戶外 膝行而前曰 向者弟子欲請夫子 夫子行不閒 是以不敢 今閒矣 請問其過

老子曰 而睢睢盱盱 而誰與居 大白若辱 盛德若不足

陽子居蹴然變容曰 敬聞命矣

其往也 舍者迎將 其家公執席 妻執巾櫛 舍者避席 煬者避竈 其反也 舍者與之爭席矣

공자는 나이 육십에 육십 번 달라진 사람입니다. 처음 옳다고 했던 것을 나중에는 아니라고 하면서 말에 갇히지 않고 마음으로 사람들을 따르게 했습니다.

장자는 자신이 공자만 못한 사람이지만 말에 갇히지 않기 위해 치언의 글쓰기를 하고 있다고 합니다. 자연의 생명력을 다 발휘하기 위해서입니다. 이어지는 〈양왕〉에서는 옳다는 말에 갇히지 않고 생명을 소중하게 여기는 사람들을 소개합니다.

양왕
讓王

세상을 물려주려 했지만

생명을 소중하게 여기는 사람

생명을 해치지 않는 사람

두 팔이 세상보다 소중하다

부귀를 싫어한 사람

가난한 열자, 곡식을 받지 않다

양 잡는 열의 소망

원헌이 차마 할 수 없었던 짓

증자의 즐거운 인생

안회가 사는 법

생명을 소중히 하면 이익을 가볍게 여기게 된다

즐기면 '길이 막힌다니 통한다니' 하는 생각도 없다

죽고 말았습니다

백이와 숙제

양왕讓王은 '왕王의 자리를 물려준다(讓)'는 뜻입니다. 요임금과 순임금이 왕위를 물려주려 하지만 받지 않은 사람들과 세상 살아가는 데 지위나 명예, 권력보다 자신의 몸을 더 소중하게 생각했던 사람들이 등장합니다. 자신의 왕위보다 백성들의 생명을 더 소중하게 생각했던 대왕 단보, 생명을 위협하는 왕의 자리를 피해 도망갔던 왕자 수, 가난하지만 부귀를 바라지 않았던 원헌과 안연은 생명을 소중히 하면서 소박하고 즐겁게 살아가는 사람들입니다.

　　내 몸을 소중하게 생각하는 사람이야말로 이익이나 탐욕의 노예가 되지 않을 수 있습니다. 하지만 이익이나 탐욕의 노예가 되느니 차라리 목숨을 버리는 것이 낫다는 사람들도 있습니다. 유명한 백이와 숙제 형제도 그중 하나입니다.

세상을 물려주려 했지만

요임금이 허유에게 세상을 물려주려고 했지만 허유가 받지 않았습니다. 다시 자주지보에게 물려주려고 했더니 자주지보가 말했습니다. "내가 천자가 되는 것도 괜찮겠지요. 그런데 제가 심한 우울증을 앓고 있어 치료 중입니다. 세상을 돌볼 여력이 없습니다. 세상은 정말 소중한 것입니다. 그래도 그것 때문에 자기 생명을 해쳐서는 안 됩니다. 그러니 다른 것들은 오죽하겠습니까? 세상을 가지고 뭘 하려 하지 않는 사람이라야 세상을 맡길 수 있습니다."

순임금이 자주지백에게 세상을 물려주려고 했더니 자주지백이 말했습니다. "제가 심한 우울증을 앓고 있어 치료 중입니다. 세상을 돌볼 여력이 없습니다. 세상은 큰 그릇입니다. 그렇다고 그것과 생명을 바꿀 수는 없습니다. 이것이 길을 가는 사람(有道者)과 세속에 갇힌 사람(俗者)의 차이입니다."

순임금이 세상을 선권에게 물려주려고 했더니 선권이 말했습니다. "저는 우주 한가운데 서 있습니다. 겨울에는 모피를 입고 여름에는 갈포옷을 입습니다. 봄에는 땅을 갈아 씨를 뿌리고 몸을 움직여 충분히 일할수 있습니다. 가을에는 곡식을 거두어들여 충분히 쉬고 먹을 수 있습니다. 해가 뜨면 나가 일하고, 해가 지면 들어와 쉽니다. 자연 속에서 노닐면서 나름 만족하며 살고 있습니다. 제가 세상을 가지고 뭘 하겠습니까? 슬프네요. 그대가 나를 모르시다니."

그는 끝내 받아들이지 않고 거기를 떠나 더 깊은 산속으로 들어갔습니다. 그가 어디 사는지 아무도 몰랐습니다.

순임금은 세상을 석호에 사는 그의 친구인 농부에게 물려주려고 했습니다. 석호의 농부가 말했습니다. "애쓰십니다. 그대는 이렇게 힘에 의지하는 사람이 되었구려." 농부는 순임금의 모습을 보고 제대로 살지 못할 거라고 생각했습니다. 그래서 그는 등에 짐을 지고, 그의 아내는 머리에 짐을 이고는 아이들을 데리고 바다 가운데 외딴 섬에 들어가 살았습니다. 이후 평생 돌아오지 않았습니다.

堯以天下讓許由 許由不受 又讓於子州支父 子州支父曰 以我爲天子 猶之可也 雖然 我適有幽憂之病 方且治之 未暇治天下也 夫天下至重也 而不以害其生 又況他物乎 唯無以天下爲者 可以託天下也 舜讓天下於子州支伯 子州支伯曰 予適有幽憂之病 方且治之 未暇治天下也 故天下大器也 而不以易生 此有道者之所以異乎俗者也

舜以天下讓善卷 善卷曰 余立於宇宙之中 冬日衣皮毛 夏日衣葛絺 春耕種 形足以勞動 秋收斂 身足以休食 日出而作 日入而息 逍遙於天地之間而心意自得 吾何以天下爲哉 悲夫 子之不知余也

遂不受 於是去而入深山 莫知其處

舜以天下讓其友石戶之農 石戶之農曰 捲捲乎后之爲人 葆力之士也 以舜之德爲未至也 於是夫負妻載 攜子以入於海 終身不反也

생명을 소중하게 여기는 사람

대왕 단보가 빈이라는 곳에 살고 있었는데 오랑캐가 쳐들어왔습니다. 그들에게 모피와 비단을 바쳤지만 그들은 받지 않았습니다. 그들에게 개와 말을 바쳤지만 그들은 받지 않았습니다. 그들에게 보석을 바쳤지만 그들은 받지 않았습니다. 그들이 원하는 것은 땅이었습니다.

대왕 단보가 사람들에게 말했습니다. "내 그대들의 형과 함께 살자고 차마 그대들의 동생을 죽일 수 없습니다. 내 그대들의 아비와 함께 살자고 차마 그대들의 아들을 죽일 수 없습니다. 여러분 모두 열심히 살아가십시오. 나의 신하가 되는 것이나 오랑캐의 신하가 되는 것이나 뭐가 다르겠습니까? '살아가는 수단 때문에 삶을 해쳐서는 안 된다'고 들었습니다." 그러고는 지팡이를 짚고 길을 떠나자 사람들이 줄을 지어 그를 따랐습니다. 드디어 기산 아래 새 나라가 생겨났습니다. 대왕 단보야말로 생명을 소중하게 여긴 것입니다. 생명을 소중하게 여기는 사람은 귀한 신분으로 부유해도 더 잘살겠다고 몸을 망치지 않습니다. 가난하고 미천해도 이득을 얻겠다고 몸을 가두지 않습니다. 그런데 요즘 높은 지위나 작위에 있는 사람들은 모두 이런 것들을 소중히 여겨 몸을 망치고 있습니다. 그러지 않은 사람들도 이익 때문에 몸을 소홀히 하고 있습니다. 어찌

'홀리지 않았다(不惑)'고 하겠습니까?

大王亶父居邠 狄人攻之 事之以皮帛而不受 事之以犬馬而不受 事之以珠玉而不受
狄人之所求者土地也

大王亶父曰 與人之兄居而殺其弟 與人之父居而殺其子 吾不忍也 子皆勉居矣 爲
吾臣與爲狄人臣奚以異 且吾聞之 不以所用養害所養 因杖筴而去之 民相連而從之
遂成國於岐山之下 夫大王亶父 可謂能尊生矣 能尊生者 雖貴富不以養傷身 雖貧
賤不以利累形 今世之人居高官尊爵者 皆重失之 見利輕亡其身 豈不惑哉

생명을 해치지 않는 사람

월나라 사람들은 삼대에 걸쳐 임금을 시해했습니다. 왕자 수는 이것이 걱정되어 단혈이라는 동굴로 도망갔습니다. 그래서 월나라에는 임금이 없었습니다. 왕자 수를 찾았지만 찾을 수 없었습니다. 동굴까지 따라갔지만 왕자 수는 나오려고 하지 않았습니다. 월나라 사람들은 쑥을 태워 왕자를 동굴에서 나오게 했습니다. 그러고는 그를 옥으로 장식한 수레에 태웠습니다. 왕자 수는 끈을 잡고 수레에 오르면서 하늘을 올려다보며 소리쳤습니다. "임금이라! 임금이라! 나를 그냥 내버려둘 수 없는가?" 왕자 수는 임금 되는 것을 싫어한 것이 아닙니다. 임금이 되어 겪게될 환난을 싫어한 것입니다. 왕자 수 같은 사람은 나라 때문에 생명을 해치지 않는 사람이라고 할 수 있습니다. 사실 이런 사람이라서 월나라 사람들이 그를 왕으로 모시려 했던 것이기도 합니다.

越人三世弑其君 王子搜患之 逃乎丹穴 而越國無君 求王子搜不得 從之丹穴 王子
搜不肯出 越人薰之以艾 乘以玉輿 王子搜援綏登車 仰天而呼曰 君乎君乎 獨不可
以舍我乎 王子搜非惡爲君也 惡爲君之患也 若王子搜者 可謂不以國傷生矣 此固
越人之所欲得爲君也

두 팔이 세상보다 소중하다

한나라와 위나라가 싸우며 서로 땅을 침범했습니다. 자화자가 한나라의 군주 소희후를 만나니 걱정이 많아 보였습니다. 자화자가 말했습니다.

자화자 지금 임금 앞에서 사람들에게 이런 서약서를 쓰게 했다고 해보십시다. '왼손으로 움켜잡으면 오른손을 못 쓰게 될 것이다. 오른손으로 움켜잡으면 왼손을 못 쓰게 될 것이다. 그러나 움켜잡는 자는 반드시 세상을 갖게 될 것이다.' 임금께선 움켜잡을 수 있으십니까?

소희후 나는 잡지 않겠소.

자화자 아주 좋습니다. 이걸로 보아도 두 팔이 세상보다 소중하다는 걸 알 수 있습니다. 몸 역시 두 팔보다 소중합니다. 한나라는 세상보다 훨씬 가볍습니다. 지금 다투고 있는 땅도 한나라보다 훨씬 가볍습니다. 그런데 임금께서는 몸을 괴롭히고 해치면서 그 땅을 얻지 못할까 괴로워하시렵니까?

소희후 좋군요. 나에게 가르침을 준 사람들이 많았지만 이런 말을 들어본 적은 없습니다.

자화자는 가벼운 것과 소중한 것을 안다고 할 수 있습니다.

韓魏相與爭侵地 子華子見昭僖侯 昭僖侯有憂色 子華子曰 今使天下書銘於君之前
書之言曰 左手攫之則右手廢 右手攫之則左手廢 然而攫之者必有天下 君能攫之乎
昭僖侯曰 寡人不攫也
子華子曰 甚善 自是觀之 兩臂重於天下也 身亦重於兩臂 韓之輕於天下亦遠矣 今
之所爭者 其輕於韓又遠 君固愁身傷生以憂戚不得也
昭僖侯曰 善哉 教寡人者衆矣 未嘗得聞此言也
子華子可謂知輕重矣

부귀를 싫어한 사람

안합이 길을 가는 사람(得道之人)이라는 말을 노나라 군주가 들었습니다. 사람을 시켜 선물을 먼저 보냈습니다. 안합은 허술한 집에서 남루한 옷을 입고 소를 치고 있었습니다. 노나라 사자使者가 도착하자 안합이 직접 그를 맞이했습니다.

사자 여기가 안합의 집입니까?
안합 여기가 합의 집입니다.

사자가 선물을 건네자 안합이 말했습니다.

안합 내 잘못 들어 그대의 죄로 남을까 두렵습니다. 다시 확인하는 게 좋겠습니다.

사자가 돌아가서 확인하고 다시 안합을 찾아왔으나 찾지 못했습니다. 그러고 보면 안합이란 사람은 정말 부귀를 싫어했던 것입니다. 그래서 이런 말이 있습니다. "진짜 길을 가는 사람은 몸을 돌본다. 그 나머지로 나라를 돌본다. 그리고 그 나머지의 찌꺼기로 세상을 돌본다." 이렇게 본다면 제왕이 이루는 것은 훌륭한 성인이 하는 일의 나머지입니다. 몸을 온전히 하며 잘 사는 길이 아닙니다. 지금 세속의 군자들 대부분이 몸을 위태롭게 하고 목숨을 버리면서 무언가를 좇고 있습니다. 어찌 슬픈 일이 아니겠습니까? 모든 훌륭한 성인은 무언가를 할 때 왜 가는지, 왜 하는지를 살피고 나서 행동으로 옮깁니다.

여기 어떤 사람이 수후의 구슬隨侯之珠[1]로 천 길 벼랑을 날고 있는 참새를 쏘았다고 합시다. 세상 사람들이 그를 비웃겠지요. 왜 비웃는 겁니까? 그가 쓴 것은 소중하고 그가 얻은 것은 가볍기 때문이겠죠. 모든 생명은 소중합니다. 어디 수후의 구슬 정도와 비교가 되겠습니까?

魯君聞顔闔得道之人也 使人以幣先焉 顔闔守陋閭 苴布之衣而自飯牛 魯君之使者
至 顔闔 自對之

使者曰 此顔闔之家與

顔闔對曰 此闔之家也

使者致幣 顔闔對曰 恐聽者謬而遺使者罪 不若審之

使者還 反審之 復來求之 則不得已 故若顔闔者 眞惡富貴也 故曰 道之眞以治身
其緒餘以爲國家 其土苴以治天下 由此觀之 帝王之功 聖人之餘事也 非所以完身
養生也 今世俗之君子 多危身棄生以殉物 豈不悲哉 凡聖人之動作也 必察其所以
之與其所以爲

今且有人於此 以隨侯之珠彈千仞之雀 世必笑之 是何也 則其所用者重而所要者輕
也 夫生者 豈特隨侯之重哉

---

1 춘추시대 수나라 제후가 상처 입은 큰 뱀에게 약을 발라주었는데 그 뱀이 강에서 큰 구슬을 물고 나와 은혜에 보답했다고 한다. 이를 수후의 구슬이라고 한다. 《회남자》〈설산훈〉 참조.

가난한 열자, 곡식을 받지 않다

열자가 가난하여 보기에도 주린 기색이었습니다. 그를 본 나그네가 이를 정나라 재상인 자양에게 말했습니다. "열어구(열자)는 길을 가는 지식인입니다. 그런데 그대의 나라에서 가난하게 살고 있다면 그대가 훌륭한 인물을 좋아하지 않는 것이 되지 않겠습니까?"

자양은 바로 관리를 시켜 열자에게 곡식을 보냈습니다. 그러나 열자는 사자를 만나 두 번 절하고 곡식을 사양했습니다. 사자가 가고 열자가 집으로 들어서자 그의 아내가 원망에 차 가슴을 치며 말했습니다. "제가 듣기로 길을 가는 사람의 아내가 되면 모두 편안하고 즐겁게 살 수 있다고 했습니다. 그런데 우리가 지금 가난하게 살고 있으니 그분이 잘못을 깨닫고 곡식을 보내준 것입니다. 그런데도 당신이 그걸 받지 않으시니 이게 어찌 운명이 아니겠습니까?"

열자가 웃으며 말했습니다. "자양이 나를 알아준 게 아닙니다. 다른 사람의 말을 듣고 나에게 곡식을 보낸 것이지요. 나에게 죄를 줄 때도 다른 사람의 말을 듣겠지요. 그래서 내가 받지 않은 것입니다." 과연 사람들이 난을 일으키더니 자양을 죽였습니다.

子列子窮 容貌有飢色 客有言之於鄭子陽者曰 列御寇 蓋有道之士也 居君之國而
窮 君無乃爲不好士乎

鄭子陽卽令官遺之粟 子列子見使者 再拜而辭 使者去子列子入 其妻望之而拊心曰
妻聞爲有道者之妻子 皆得佚樂 今有飢色 君過而遺先生食 先生不受 豈不命邪

子列子笑謂之曰 君非自知我也 以人之言而遺我粟 至其罪我也又且以人之言 此吾
所以不受也 其卒 民果作難而殺子陽

양 잡는 열의 소망

초나라 소왕이 나라를 잃었을 때 양 잡는 일을 하는 열說이라는 사람도 소왕을 따랐습니다. 소왕이 나라에 돌아와 그를 따랐던 사람들에게 상을 주었을 때 양 잡는 열도 상을 받게 되었습니다.

이 말을 듣고 열이 말했습니다. "대왕께서 나라를 잃으셨을 때 저도 양 잡는 일을 잃었습니다. 그리고 이제 대왕께서 나라로 돌아오시니 저도 돌아와 다시 양을 잡고 있습니다. 저의 작록은 이미 주신 것이나 다름이 없습니다. 무슨 상이 또 있겠습니까?"

이 말을 왕이 듣고 명령했습니다. "그냥 주시오."

이에 열이 다시 사양하며 말했습니다. "대왕께서 나라를 잃으셨던 것은 저의 죄가 아니었습니다. 그래서 벌을 받지 않았습니다. 대왕께서 나라로 돌아오신 것도 저의 공이 아닙니다. 그러니 상을 받지 않겠습니다."

왕이 다시 명령했습니다. "그를 표창하시오."

열은 다시 사양했습니다. "초나라의 법은 훌륭한 일을 했거나 큰 공을 세워야 표창을 받을 수 있습니다. 그런데 저의 지혜는 나라를 있게 하기에 부족했고, 용기는 목숨 걸고 싸우기에 부족했습니다. 오나라 군사들이 수도 영으로 쳐들어왔을 때 저는 전쟁이 무서워 도망간 것입니다. 대왕을 수행하기 위해 따라간 것이 아니었습니다. 대왕께서 국법을 무시하고 저를 표창해 제가 세상에 알려질 이유가 없습니다."

왕이 사마 자기에게 말했습니다. "양 잡는 열은 비천한 처지에 있으면서도 그 뜻이 고매하오. 나를 위해 그에게 삼공의 지위를 주시오."

열이 사양하며 말했습니다. "삼공의 지위가 양 잡는 일보다 귀하다는 것을 알고 있습니다. 만종의 봉록이 양 잡는 일의 보수보다 훨씬 많다는 것도 알고 있습니다. 그러나 제가 어떻게 작록을 탐내어 우리 임금이 함부로 상을 주는 분이라는 이름을 갖게 하겠습니까? 저는 감당할 수 없습니다. 제가 양 잡는 일터로 돌아가게 해주십시오."

그는 끝내 받지 않았습니다.

楚昭王失國 屠羊說走而從於昭王 昭王反國 將賞從者 及屠羊說

屠羊說曰 大王失國 說失屠羊 大王反國 說亦反屠羊 臣之爵祿已復矣 又何賞之有

王曰 强之

屠羊說曰 大王失國 非臣之罪 故不敢伏其誅 大王反國 非臣之功 故不敢當其賞

王曰 見之

屠羊說曰 楚國之法 必有重賞大功而後得見 今臣之知不足以存國而勇不足以死寇

吳軍入郢 說畏難而避寇 非故隨大王也 今大王欲廢法毀約而見說 此非臣之所以聞

於天下也

王謂司馬子綦曰 屠羊說居處卑賤而陳義甚高 子綦爲我延之以三旌之位

屠羊說曰 夫三旌之位 吾知其貴於屠羊之肆也 萬鍾之祿 吾知其富於屠羊之利也

然豈可以貪爵祿而使吾君有妄施之名乎 說不敢當 願復反吾屠羊之肆

遂不受也

원헌이 차마 할 수 없었던 짓

원헌이 노나라에 살고 있었을 때입니다. 작은 집이었습니다. 지붕은 풀로 이었고, 쑥 풀을 묶어 만든 외짝 문은 뽕나무 가지로 지도리를 삼았습니다. 밑 빠진 항아리로 들창을 낸 방이 둘 있었는데 갈포옷으로 들창을 틀어막고 있었습니다. 지붕은 새고, 방은 축축했습니다. 원헌은 거기에 바로 앉아 거문고를 탔습니다.

자공이 큰 말이 끄는 수레를 타고 원헌을 찾아왔습니다. 하지만 흰 지붕에 감색으로 실내를 장식한 큰 수레는 골목 안쪽으로 들어갈 수가 없었습니다. 그래서 걸어 들어가 원헌을 만났습니다. 원헌은 가죽나무 껍질로 만든 갓을 쓰고 뒤꿈치가 다 떨어진 신을 신고 명아주대 지팡이를 짚고 자공을 맞았습니다.

자공이 말했습니다. "아니, 선생! 어쩌다 이렇게 병이 드셨습니까?"

원헌이 대답했습니다. "나는 이렇게 들었습니다. '재산이 없는 것을 가난이라고 하고, 배우고도 행하지 못하는 것을 병이라고 한다.' 지금 나는 가난한 것이지 병든 것이 아닙니다."

자공이 뒤로 물러서며 부끄러운 기색을 보였습니다. 원헌이 웃으며 말했습니다. "세상에 무언가를 바라 무언가를 하고, 아무하고나 사귀고,

남에게 보이려고 배우고, 나 좋자고 가르치고, 사랑과 정의를 이용하고,
수레와 말을 장식하는 짓을 나는 차마 할 수 없었습니다."

原憲居魯 環堵之室 茨以生草 蓬戶不完 桑以爲樞 而甕牖二室 褐以爲塞 上漏下
濕 匡坐而弦
子貢乘大馬 中紺而表素 軒車不容巷 往見原憲 原憲華冠縰履 杖藜而應門
子貢曰 嘻 先生何病
原憲應之曰 憲聞之 無財謂之貧 學而不能行謂之病 今憲 貧也 非病也
子貢逡巡而有愧色 原憲笑曰 夫希世而行 比周而友 學以爲人 敎以爲己 仁義之慝
輿馬之飾 憲不忍爲也

증자의 즐거운 인생

증자가 위나라에 살고 있었을 때입니다. 솜옷은 겉이 다 닳았고, 안색은 종기가 터져 푸석하고, 손발은 트고 갈라져 있었습니다. 삼 일이나 익힌 음식을 먹지 못했고, 십 년이나 새 옷을 지어 입지 못했습니다. 갓을 쓰려 하면 끈이 떨어지고, 옷을 여미면 찢어져 팔꿈치가 나오고, 신을 신으려면 뒤꿈치가 빠져버리는 지경이었습니다. 그런데도 신발을 끌고 다니며 《시경》을 노래했습니다. 그 노랫소리는 천지를 가득 채우며 맑게 울려퍼졌습니다. 마치 금속 악기, 석제 악기를 연주하는 듯했습니다. 천자도 그를 신하로 삼지 못했습니다. 제후도 그를 벗으로 삼지 못했습니다. 이렇게 마음을 돌보는 사람은 몸에 집착하지 않고, 몸을 돌보는 사람은 이익에 갇히지 않고, 길을 가는 사람(致道者)은 편견에 사로잡히지 않습니다.

曾子居衛 縕袍無表 顏色腫噲 手足胼胝 三日不擧火 十年不製衣 正冠而纓絕 捉衿而肘見 納屨而踵決 曳縰而歌商頌 聲滿天地 若出金石 天子不得臣 諸侯不得友 故養志者忘形 養形者忘利 致道者忘心矣

안회가 사는 법

공자가 안회에게 말했습니다.

공자 회야, 가까이 와보거라. 너는 집도 가난하고 지위도 낮은데 왜 벼슬을 하지 않는 것이냐?

안회 저는 벼슬하기를 원치 않습니다. 저는 성곽 밖에 오십 무의 밭이 있어 죽은 충분히 먹을 수 있습니다. 성곽 안에는 십 무의 밭이 있어 그것으로 삼베옷을 지어 입을 수 있습니다. 거문고를 타는 것도 즐겁고, 선생님의 길을 배우는 것으로 충분히 즐겁습니다. 저는 벼슬을 하고 싶지 않습니다.

공자는 얼굴색이 달라지며 말했습니다. "좋구나, 네 생각이! 나도 이런 말을 들었다. '만족할 줄 아는 사람은 이익 때문에 자신을 얽매지 않는다. 저절로 얻는다는 것을 아는 사람은 잃는 것을 두려워하지 않는다. 마음을 닦는 사람은 지위가 없어도 부끄러워하지 않는다.' 나도 이 말을 오랫동안 알고 있었다. 그런데 이제 너를 보니 내가 정말 알게 되는구나."

孔子謂顏回曰 回 來 家貧居卑 胡不仕乎

顏回對曰 不願仕 回有郭外之田五十畝 足以給飦粥 郭內之田十畝 足以爲絲麻 鼓
琴足以自娛 所學夫子之道者足以自樂也 回不願仕

孔子愀然變容曰 善哉回之意 丘聞之 知足者不以利自累也 審自得者失之而不懼
行脩於內者無位而不怍 丘誦之久矣 今於回而後見之 是丘之得也

생명을 소중히 하면 이익을 가볍게 여기게 된다

중산의 공자 모牟가 첨자에게 말했습니다.

모 몸이 강이나 바닷가에 있는데도 마음은 위나라 조정에 머물러 있습니다. 어떻게 하면 좋겠습니까?

첨자 생명을 소중히 하십시오. 생명을 소중히 하면 이익을 가볍게 여기게 될 것입니다.

모 알고는 있습니다만 아직 마음을 이기지 못하겠습니다.

첨자 이기지 못하는 마음을 그냥 따르십시오. 그러면 그런 마음을 미워하지는 않을 것입니다. 이기지 못하는 마음을 따르지 않고 억지를 부리면 거듭 상처를 주게 됩니다. 거듭 상처받고 오래 사는 사람은 없습니다.

위나라 모(魏牟)는 만승 대국의 공자였습니다. 그런 사람이 바위굴 속에 숨어 산다는 것은 보통 사람들보다 힘들었을 것입니다. 아직 '길'에는 이르지 못했지만 그런 마음을 가지고 있었다고는 말할 수 있습니다.

中山公子牟謂瞻子曰 身在江海之上 心居乎魏闕之下 奈何

瞻子曰 重生 重生則利輕

中山公子牟曰 雖知之 未能自勝也

瞻子曰 不能自勝則從 神無惡乎 不能自勝而强不從者 此之謂重傷 重傷之人 無壽
類矣

魏牟 萬乘之公子也 其隱巖穴也 難爲於布衣之士 雖未至乎道 可謂有其意矣

즐기면 '길이 막힌다니 통한다니' 하는 생각도 없다

공자가 진나라와 채나라 국경에서 궁지에 빠졌습니다. 이레 동안 익힌 음식도 못 먹고 명아주국에 쌀도 넣지 못했습니다. 공자는 고달픈 얼굴빛으로 방 안에서 거문고를 타며 노래하고 있었습니다.

안회가 나물을 캐고 있는데 자로와 자공이 와서 이야기를 붙였습니다. "우리 선생님께서는 노나라에서 두 번이나 추방되었고, 위나라에서는 발자국이 지워졌습니다. 송나라에서는 나무가 잘렸고, 은나라와 주나라에서도 궁지에 빠졌습니다. 그리고 이제는 진나라와 채나라 국경에서 포위되어 꼼짝도 못하고 있습니다. 게다가 누가 선생님을 죽인다 해도 죄가 안 되고, 선생님을 능멸해도 어쩔 수 없게 되었습니다. 그런데도 선생님은 노래하고 거문고를 타시니 음악이 멈추질 않습니다. 군자가 되어 모욕당하고 있다는 것을 어찌 이다지도 모르실까요?"

안회는 대꾸하지 않고 잠자코 있었습니다. 그러고는 방으로 들어가 공자에게 그 말을 전했습니다. 공자는 거문고를 밀어놓고 한숨을 쉬며 말했습니다. "유(자로)와 사(자공)는 소인들이다. 불러와라. 내 해줄 말이 있다."

자로와 자공이 들어왔습니다. 자로가 말했습니다.

자로 이 정도 상황이면 궁지에 빠졌다 할 수 있습니다.

공자 그게 무슨 말이냐? 군자는 길이 통하는 것을 통한다 하고, 길이 막
히는 것을 궁지에 빠졌다고 한다. 지금 나는 사랑과 정의의 길(仁義
之道)을 품고 난세의 어려움과 마주하고 있다. 이것이 어떻게 궁지에
빠진 것이냐? 마음을 살펴 길이 막히지 않으면 어려움을 당해도 본
래 모습을 잃지 않는 법이다. 우리는 추위가 닥치고 눈서리가 내리
고 나서야 소나무 잣나무가 무성해진다는 것을 안다. 지금 진나라
와 채나라 국경에서 겪는 재난이 나에게 오히려 다행한 일이 아니
겠느냐?[2]

공자는 조용히 거문고를 끌어다놓고 다시 타며 노래를 불렀습니다.
자로는 신이 나서 방패를 쥐고 춤을 추었습니다. 자공이 말했습니다. "저
희가 하늘은 높고 땅은 아래에 있다는 것을 미처 몰랐습니다. 옛날 길을
가는 사람은 길이 막혀도 즐겼고 길이 통해도 즐겼습니다. 즐기면 길이
막힌다니 통한다니 하는 생각도 없습니다. 타고난 모습으로 길을 간다면
막히기도 하고 통하기도 합니다. 추위와 더위 그리고 바람 불고 비오는
것을 그냥 따르는 것과 같습니다. 그래서 허유는 영수가에서 재미있게
살았고, 공백은 공수산에서 즐기며 살았던 것입니다."

---

2 공자가 고생하는 이야기에 앞서 '환공과 문공 그리고 월왕이 고생 끝에 패자가 된 이야기(桓
公得之莒 文公得之曹 越王得之會稽)'를 열거하는 판본도 있다. 맥락으로 보아 공자가 패자에
대한 욕심이 있다는 인상을 주는 판본이다. 공자의 속마음이야 알 수 없는 일이지만 맥락상
〈양왕〉에서 하는 다른 이야기들과 어울리지 않아 여기서는 뺀다.

孔子窮於陳蔡之間 七日不火食 藜羹不糝 顏色甚憊 而弦歌於室

顏回擇菜 子路子貢相與言曰 夫子再逐於魯 削迹於衛 伐樹於宋 窮於商周 圍於陳

蔡 殺夫子者無罪 藉夫子者無禁 弦歌鼓琴 未嘗絶音 君子之無恥也若此乎

顏回無以應 入告孔子 孔子推琴喟然而歎曰 由與賜 細人也 召而來 吾語之

子路子貢入 子路曰 如此者可謂窮矣

孔子曰 是何言也 君子通於道之謂通 窮於道之謂窮 今丘抱仁義之道以遭亂世之患

其何窮之爲 故內省而不窮於道 臨難而不失其德 天寒既至 霜雪既降 吾是以知松

柏之茂也 陳蔡之隘 於丘其幸乎

孔子削然反琴而弦歌 子路扢然執干而舞 子貢曰 吾不知天之高也 地之下也 古之

得道者 窮亦樂 通亦樂 所樂非窮通也 道德於此 則窮通爲寒暑風雨之序矣 故許由

娛於潁陽而共伯得乎共首

죽고 말았습니다

순임금이 친구인 북인무택에게 세상을 물려주려고 하자 북인무택이 말했습니다. "이상합니다. 임금이란 사람이 말입니다. 논밭에 살다가 요임금의 문하에서 놀더니 여기에서 끝나질 않습니다. 그 욕된 행위로 나까지 더럽히려고 합니까? 나는 그대를 만나는 것도 부끄럽습니다." 그러고는 청령이라는 못에 몸을 던져 죽고 말았습니다.

탕왕이 걸을 치려고 변수와 논의하려 하자 변수가 말했습니다.

변수 제 일이 아닙니다.
탕왕 그러면 누가 좋겠습니까?
변수 저는 모릅니다.

탕왕은 다시 무광과 논의했습니다. 무광이 말했습니다.

무광 제 일이 아닙니다.
탕왕 그러면 누가 좋겠습니까?
무광 저는 모릅니다.

탕왕 이윤은 어떨까요?

무광 강력하지요. 더러움도 견딜 수 있습니다. 그 밖엔 모릅니다.

　　탕왕은 이윤과 함께 논의했습니다. 그리고 결국 걸을 쳐 이겼습니다. 그는 변수에게 세상을 물려주려고 했습니다. 변수가 사양하며 말했습니다. "임금께서 걸을 치려 할 때 저랑 논의하셨습니다. 이는 분명 저를 반골의 적신으로 생각하셨던 것입니다. 지금 걸을 이기고 저에게 세상을 물려주려 하십니다. 이는 분명 저를 탐욕스러운 자로 생각하시는 것입니다. 제가 난세에 태어나 두 번이나 길을 모르는 사람이 와서 더러운 행위로 저를 더럽히고 있습니다. 제가 차마 더 이상 들을 수가 없습니다." 그러고는 주강에 몸을 던져 죽고 말았습니다.

　　탕왕은 다시 무광에게 세상을 물려주려고 했습니다. 탕왕이 말했습니다. "지혜로운 자는 계획을 세우고, 용맹스러운 자는 일을 수행하고, 사랑을 베푸는 자는 세상을 돌보는 것이 오래된 길입니다. 그러니 그대가 자리에 오르는 것이 좋지 않겠습니까?"

　　무광이 사양하며 말했습니다. "윗사람을 죽이는 것은 정의가 아닙니다. 백성을 죽게 만드는 것은 사랑이 아닙니다. 남이 어렵게 해낸 일로 이익을 누리는 것은 청렴함이 아닙니다. 제가 이런 말을 들었습니다. '정의롭지 않은 자에게서 봉록을 받지 마라. 길 없는 세상에서는 흙을 밟지 마라.' 그런데 심지어 나를 높이려 하고 있으니 제가 차마 어떻게 계속 보고만 있을 수 있겠습니까?" 그러고는 돌을 등에 짊어지고 여수 깊은 물에 빠져 죽었습니다.

舜以天下讓其友北人無擇 北人無擇曰 異哉后之爲人也 居於畎畝之中而遊堯之門
不若是而已 又欲以其辱行漫我 吾羞見之 因自投淸泠之淵

湯將伐桀 因卞隨而謀

卞隨曰 非吾事也

湯曰 孰可

曰 吾不知也

湯又因務光而謀 務光曰 非吾事也

湯曰 孰可

曰 吾不知也

湯曰 伊尹何如

曰 强力忍垢 吾不知其他也

湯遂與伊尹謀伐桀 剋之 以讓卞隨 卞隨辭曰 后之伐桀也謀乎我 必以我爲賊也 勝
桀而讓我 必以我爲貪也 吾生乎亂世 而無道之人再來漫我以其辱行 吾不忍數聞也
乃自投椆水而死

湯又讓務光曰 知者謀之 武者遂之 仁者居之 古之道也 吾子胡不立乎

務光辭曰 廢上 非義也 殺民 非仁也 人犯其難 我享其利 非廉也 吾聞之曰 非其義
者 不受其祿 無道之世 不踐其土 況尊我乎 吾不忍久見也 乃負石而自沈於廬水

백이와 숙제

옛날 주가 나라를 일으켰을 때 일입니다. 두 선비가 고죽이라는 곳에 살고 있었습니다. 형은 백이伯夷, 동생은 숙제叔齊였습니다. 두 사람이 의논하며 말했습니다. "듣자 하니 서쪽에 어떤 사람이 있다는데 그 사람은 제대로 길을 가는 사람 같더군요. 어디 한번 가볼까요?"

마침내 두 사람이 기양이라는 곳에 이르렀습니다. 무왕이 이 말을 듣고 동생 단을 보내 만나보게 했습니다. 단은 그들에게 맹세했습니다. "봉록은 이급 이상, 관직은 일등으로 한다." 그러고는 짐승의 피를 바른 후 맹약의 문서를 땅에 묻었습니다. 두 사람은 서로 마주 보고 웃으며 말했습니다. "허허, 야릇합니다. 이것은 우리가 말하는 길이 아닙니다. 옛날 신농이 세상을 돌보았을 때 말입니다, 그때는 계절에 맞춰 제사를 지내면서 공경하는 마음을 다했을 뿐입니다. 행복을 바라지 않았습니다. 마음을 다해 진심으로 사람들을 돌보았습니다. 그들에게 요구하는 것이 없었습니다. 정政을 함께 즐기는 것이 정政이었습니다. 치治를 함께 즐기는 것이 치治였습니다(정치는 바르게(政) 돌보는(治) 것입니다. 바르게 돌보는 것을 함께 즐기는 것이 정치였습니다). 남을 무너뜨리고 자기가 이루려고 하지 않았습니다. 남을 짓밟고 자기가 올라가려고 하지 않았습니다. 때를 만났다고 자기 이

익을 챙기려 하지 않았습니다. 지금 주나라는 은나라가 어지러운 틈을
타 바르게 한답시고 위에서는 모략을 일삼고, 밑에서는 뇌물을 바치고
있습니다. 군대를 믿고 힘을 유지하기 위해 짐승의 피로 맹세하면서 그
것을 믿음이라고 생각하고 있습니다. 행동으로 보여주면서 사람들을 기
쁘게 하고, 사람을 죽이고 나라를 정벌해서 이익을 요구하고 있습니다.
이는 혼란을 틈타 폭정으로 가는 것입니다. 우리가 듣기로 '옛날의 선비
는 좋은 세상을 만나면 자기 책임을 피하지 않는다. 그러나 난세를 만나
면 구차하게 살아남으려 하지 않는다'고 했습니다. 지금 세상은 캄캄한
어둠 속에 있습니다. 주나라의 본래 모습이 망가졌습니다. 주나라와 함께
가면서 우리 몸을 더럽히기보다 차라리 도망쳐 우리 행동을 깨끗하게 지
키는 것이 낫겠습니다."

두 사람은 북쪽 수양산에 들어가 결국 굶어죽었습니다. 백이와 숙제
같은 사람은 부귀를 마다해야 한다면 그렇게 하는 사람들이었습니다. 고
고한 행동이었습니다. 그들만의 마음을 즐기고 세상에 나와 일하지 않았
습니다. 이것이 두 선비의 굳은 절개(節)였습니다.

昔周之興 有士二人處於孤竹 曰伯夷叔齊 二人相謂曰 吾聞西方有人 似有道者 試
往觀焉
至於岐陽 武王聞之 使叔旦往見之 與盟曰 加富二等 就官一列 血牲而埋之 二人
相視而笑曰 嘻 異哉 此非吾所謂道也 昔者神農之有天下也 時祀盡敬而不祈喜 其
於人也 忠信盡治而無求焉 樂與政爲政 樂與治爲治 不以人之壞自成也 不以人之
卑自高也 不以遭時自利也 今 周見殷之亂而遽爲政 上謀而下行貨 阻兵而保威 割
牲而盟以爲信 揚行以說衆 殺伐以要利 是推亂以易暴也 吾聞古之士 遭治世不避
其任 遇亂世不爲苟存 今天下闇 周(殷)德衰 其竝乎周以塗吾身也 不如避之以絜
吾行

二子北至於首陽之山 遂餓而死焉 若伯夷叔齊者 其於富貴也 苟可得已 則必不賴
高節戾行 獨樂其志 不事於世 此二士之節也

살겠다고 현실의 문제를 외면하는 사람들은 이기주의자, 현실도피자라는 인상을 줍니다. 그런데 이런 사람들을 대단한 사람인 양 기술하고, 심지어 '세상보다 자기 목숨을 더 소중히 여기는 사람에게 나라를 맡길 수 있다'고 하니 선뜻 받아들이기가 어렵습니다. 더욱이 《도덕경》에도 이런 말이 나온다니 더 막연해집니다. 공公을 위해 개인의 목숨을 초개처럼 버리는 게 위대한 행동 아닌가요? 노자와 장자는 대체 왜 이런 말을 하는 걸까요?

이들은 남을 위한다는 위대한 마음 뒤에 숨어 있는 또 다른 마음, 바로 탐욕스러운 마음을 통찰하고 있습니다. 나라를 위한다는 게 정말 나라를 위한 일인지, 그 나라가 누구를 위한 나라인지, 옳다는 말로 남을 가두고 그 말에 자신도 갇혀 있는 것은 아닌지 묻습니다. 자기 목숨을 가볍게 여기는 사람이 남의 목숨을 소중하게 여길 리 없습니다. 자기의 희생만큼 더한 남의 희생을 강요할 것입니다. 또한 목숨 걸고 한 일이라면 결과에 집착하게 되고, 그 결과에 대한 보상 심리가 생기게 마련입니다. 그것이 이름이든 돈이든 권력이든 그 모두이든 말입니다. 그리고 그 보상이 세상을 움직이는 주요 메커니즘으로 작동할 것입니다. 이런 세상이 살 만한 세상일까요? 돈과 명예와 권력을 훔치려는 큰도둑들의 세상이 될 것입니다. 공자가 큰도둑을 만나러 갑니다.

도척

盜跖

공자, 도척을 만나다

이름이냐 이익이냐

돈, 돈, 돈에 홀린 세상

〈도척〉은 공자가 도둑(盜) 척跖을 만나는 이야기로 시작합니다. 도둑을 교화하려던 공자, 그러나 도둑이 생길 수밖에 없는 큰도둑들의 세상에 대한 도척의 비판이 장광설로 이어집니다. 도척을 만나고 나와 하는 공자의 말에서 그의 솔직한 인품을 느낄 수 있습니다. 하지만 도척을 설득하고자 했던 공자가 오히려 도척에게 봉변을 당했다는 인상은 지울 수가 없습니다. 장자라면 어떻게 했을까 궁금해지는 대목입니다. 이어지는 자장과 만구득의 우화는 마치 장자가 공자의 대변자를 상대로 도척을 대변하는 듯합니다. 계속되는 무족無足(만족을 모른다)과 지화知和(화목함을 안다)의 우화에서는 돈에 홀린 부자들이 어떻게 망가지는지를 신랄하고 통쾌하게 보여줍니다. 장자가 도척을 만났다면 이러지 않았을까 상상해보게 됩니다.

공자, 도척을 만나다

　　공자와 유하계는 친구 사이였는데, 유하계의 동생이 바로 도척이라 불리는 큰도둑이었습니다. 도척은 구천 명의 졸개를 거느리고 세상을 누비며 제후들을 침략하고 폭력을 일삼았습니다. 남의 집에 구멍을 뚫고 문지도리를 떼어내고, 남의 소와 말을 떼로 빼앗고 남의 부녀자를 납치하고, 이득을 탐하느라 친척도 모르고, 부모형제도 돌보지 않고 조상도 기리지 않았습니다. 그들이 지나가는 성읍마다 큰 나라는 성을 지키느라, 작은 나라는 보루를 지키느라 모든 사람이 괴로웠습니다. 공자가 유하계에게 말했습니다.

공자　아버지가 된 사람은 아들을 가르칠 수 있어야 합니다. 형이 된 사람은 동생을 가르칠 수 있어야 합니다. 아버지가 돼서 아들을 가르칠 수 없고, 형이 돼서 동생을 가르칠 수 없다면 부자, 형제가 친하다는 것을 귀하게 여길 것도 없습니다. 지금 선생은 세상의 능력 있는 인사입니다. 그런데 동생은 큰도둑 도척이 되어 세상에 해를 끼치고 있습니다. 그런데도 가르치지 못하고 있습니다. 저는 내심 선생을 생각하면 부끄럽습니다. 내가 선생을 위해 가서 그를 설득해보겠습니다.

유하계 선생은 '아버지가 된 사람은 아들을 가르칠 수 있어야 하고, 형이 된 사람은 동생을 가르칠 수 있어야 한다'고 말씀하셨습니다. 그런데 아들이 아버지의 가르침을 듣지 않고, 동생이 형의 가르침을 듣지 않습니다. 선생의 말씀이라고 듣겠습니까? 그리고 척의 사람됨은 마음은 용솟음치는 샘물처럼 변덕스럽고, 생각은 회오리 바람처럼 사납습니다. 또 어떤 적도 물리칠 정도로 힘이 좋고, 말 솜씨는 자기변명에 능합니다. 마음에 들면 좋아하지만 그렇지 않으면 화를 내며 사람을 쉽게 욕보입니다. 절대 가지 마십시오.

공자는 유하계의 말을 듣지 않았습니다. 안회에게 수레를 몰게 하고 자공을 오른쪽에 태우고는 도척을 만나러 갔습니다. 도척은 마침 졸개들을 태산 기슭에서 쉬게 하고 자신은 사람의 간을 회 쳐 먹고 있었습니다. 공자가 수레에서 내려 앞으로 가 도척의 부하에게 말했습니다. "노나라 사람 공구입니다. 장군이 의리가 높다는 말을 듣고 이렇게 찾아와 인사 드립니다." 부하가 들어가 도척에게 전했습니다. 도척이 듣고는 크게 화를 내는데, 눈은 번쩍거리는 별과 같고 머리칼은 치솟아 관을 찌를 듯했습니다.

도척이 말했습니다. "그는 노나라의 위선자 공구가 아니더냐? 내 말을 그에게 전해라. '너는 말을 만들어 문왕이니 무왕이니 함부로 칭송하고 있다. 나뭇가지로 장식한 관을 쓰고, 소가죽을 허리에 두르고 다니면서 수다스레 지껄이며, 농사짓지 않으면서 밥을 먹고, 베를 짤 줄도 모르면서 옷을 입고 다닌다. 게다가 입술과 혀를 놀려 멋대로 시비를 만들어 세상의 군주들을 홀리고 있다. 세상의 학자들을 뿌리로 돌아가지 못하게 만들고, 효도니 우애니 멋대로 지어 제후에 봉해져 부귀해지는 요행을 바라게 만드는 자다. 너의 죄가 너무 무겁다. 빨리 달아나지 않으면 내 너의 간을 점심 반찬에 보탤 것이다.'"

공자가 다시 부하를 통해 말했습니다. "저는 장군의 형님이신 유하계와 친하게 지내고 있습니다. 장군의 신이라도 바라볼 수 있게 해주십시오." 부하가 들어가 다시 전했습니다.

도척이 말했습니다. "내 앞으로 데리고 와라."

공자는 총총걸음으로 들어갔습니다. 그러고는 자리를 피해 뒤로 물러서며 도척에게 두 번 절했습니다. 도척은 크게 화를 내며 양다리를 쩍 벌리고 앉아 칼자루를 쥐고는 눈을 부릅뜨고 젖 먹이는 어미 호랑이처럼 사납게 말했습니다.

도척 앞으로 가까이 와라. 네가 하는 말이 내 마음에 들면 살려둘 것이고 그렇지 않으면 죽여버릴 것이다.

공자 제가 듣기로 세상에는 세 가지 본래 모습이 있다고 합니다. 태어나면서 키가 크고 체격이 좋고 아름다움이 뛰어나 아무도 비교할수 없는 모습이 있습니다. 노소귀천 모두 좋아합니다. 이것이 제일 좋은 모습(上德)입니다. 천지자연에 대해서 두루 알고 모든 것에 대해 말할 수 있는 것은 중간 정도의 모습(中德)입니다. 용감하고 결단력이 있어 많은 사람을 모아 군대를 통솔하는 것은 그 아래의 모습(下德)입니다. 이 중 한 가지 모습만 가지고 있어도 그 사람은 군주가 될 수 있다고 합니다. 그런데 지금 장군은 이 세 가지를 모두 가지고 있습니다. 키는 여덟 자 두 치나 되고, 얼굴에는 빛이 나고, 입술은 붉고, 치아는 조개껍질처럼 아름답게 정돈되어 있고, 목소리는 육률 가락에 맞습니다. 그런데도 도척이라 불리고 있습니다. 저는 내심 장군을 애석하게 여기고 있습니다. 장군께서 제 말을 들어주신다면 제가 장군의 사신으로 남쪽으로는 오나라와 월나라, 북쪽으로는 제나라와 노나라, 서쪽으로는 진나라와 초나라로 가서 장군을 위해 사방 수백 리의 큰 성을 쌓게 하고, 수십만 호의 도시를 세워 장군이 제후가 되어 존경받도록 하겠습니다. 세상 사람들과 다시 시작해 전쟁을 그만두고, 군사들을 쉬게 하고, 흩어진 형제들을 모아 돌봐주고, 조상을 기릴 수 있도록 할 것입니다. 이것이 훌륭한 성인과 능력 있는 사람들이 하는 일이고, 세상 사람들이 바라는 것입니다.

도척이 크게 화를 내며 말했습니다. "구! 앞으로 더 가까이 오라. 이익에 끌려 행동하고 말로 설득당하는 사람을 어리석은 사람이라고 한다지. 내가 크고 잘나서 사람들이 보고 좋아하는 것은 부모가 나에게 물려준 모습이다. 네가 나를 칭찬하지 않는다고 내가 모를 일이더냐? 그리고 내가 듣기로 앞에서 칭찬하기를 좋아하는 사람은 뒤에서 욕하기도 좋아한다더라. 너는 나에게 큰 성이니 많은 사람이니 이 따위 것을 가지고 말했다. 이것은 이익에 끌려다니는 보통 사람으로 나를 길들이려는 것이렷다. 어찌 오래갈 수 있겠느냐? 성이 크다고 해도 세상만큼 크더냐? 요순이 세상을 가졌지만 자손들은 송곳 하나 박을 땅이 없었다. 탕과 무는 천자가 되었지만 자손이 끊겼다. 이익이 너무 컸기 때문이 아니더냐?

또 내가 듣기로 옛날엔 새와 짐승이 많았고, 사람들은 적었다. 그래서 사람들이 나무 위에 집을 짓고 짐승들을 피해 다녔다. 낮에는 도토리나 밤을 줍고, 해가 지면 나무 위에 올라가 잠을 잤다. 그래서 사람들이 새처럼 둥지에서 산다고 유소씨有巢氏의 사람들이라고 했다. 옛날 사람들은 옷이라는 것을 몰랐다. 여름이면 땔나무를 쌓아두었다가 겨울이면 불을 때며 지냈다. 그래서 '지혜롭게 살아가는 사람들(知生之民)'이라고 했다. 신농의 세상에서는 편하게 자고 한가롭게 지내면서 그 어미는 알아도 애비가 누군지 몰랐다. 크고 작은 사슴들과 함께 살면서 농사지어 밥 먹고 옷을 지어 입었다. 서로 해치려는 마음 없이 지냈으니 이것이 정말 살기 좋은 세상이 아니더냐?

그런데 황제는 그 본래 모습을 지키지 못했다. 그래서 탁록이라는 들판에서 치우와 전쟁을 해 백 리 사방을 피로 물들였다. 요순이 임금이 되어서는 많은 신하를 세웠다. 탕은 그의 주군을 추방했고, 무왕은 주紂를 죽였다. 이후로 강자는 약자를 짓밟고 다수는 소수를 괴롭히는 세상이 되었다. 탕과 무왕 이래 모두 사람을 해치는 무리가 되었다.

지금 너는 문왕과 무왕의 길을 가겠다고 세상의 말들을 손바닥에 올려놓고 후세를 가르치고 있다. 헐렁한 옷에 허리띠를 매고 거짓말과 위선적인 행동으로 돌아다니면서 세상의 군주들을 홀리고 있다. 그래서 부귀를 구하려는 것이겠지. 너보다 더 큰 도둑은 없다. 세상 사람들이 왜 너를 '도둑 구(盜丘)'라고 부르지 않고 나를 '도둑 척(盜跖)'이라고 부르는 것이냐?

너는 달콤한 말로 자로를 꾀어내 따르게 했다. 자로에게 높은 관을 벗고 칼을 풀어놓게 했다. 그러고는 너의 가르침을 받으라 했다. 세상 사람들이 모두 공구가 폭력과 비행을 금지시킬 수 있다고들 말한다. 그러나 결국 자로는 위나라 임금을 죽이려다 실패하고는 위나라 동문 곁에서 죽어 소금에 절여지는 형벌을 받았다. 이는 너의 가르침이 순수하지 못해서다. 너는 스스로를 능력 있는 인사니 훌륭한 성인이니 말한다지? 그러면 왜 노나라에서 두 번이나 추방당하고, 위나라에서는 발자국까지 지워지고, 제나라에서도 궁지에 빠지고, 진나라와 채나라 국경에서는 포위되어 세상에 몸 둘 데가 없는 것이냐? 네가 자로를 가르쳐 그런 꼴을 당하게 했다. 그러니 위로는 제 몸도 지키지 못하고 아래로는 남의 몸도 지키지 못하게 한 것이다. 그런데 네가 가는 길이 어찌 귀할 수 있단 말이냐?

세상에서 높기로야 황제만 한 인물이 있더냐? 그런 황제도 위로는 온전한 모습을 지킬 수 없었다. 그래서 탁록의 들에서 전쟁을 해 사방 백 리를 피로 물들였다. 요는 자식을 사랑하는 마음이 없었고, 순은 아비의 미움을 산 불효자였다. 우는 치수하다가 반신불수가 되었고, 탕은 주군을 추방했고, 무왕은 주를 죽였고, 문왕은 유리에 유폐되었다. 이 여섯을 세상 사람들이 높이고 있다지.

한번 잘 살펴보자. 모두가 이익 때문에 본래 참모습을 잃고 억지로 본래 모습과 성품을 거슬렀던 것이다. 그런 행동이야말로 아주 부끄러워해야 하질 않느냐? 세상에서 말하는 현인 중에 백이와 숙제가 있다. 그들은 고죽의 임금 자리를 마다하고 수양산에 들어가 굶어죽었다. 그 유해를 매장해줄 이도 없었다. 포초는 고상한 척 세상을 비난하다가 나무를 끌어안고 죽었다. 신도적은 임금에게 충언했다가 들어주지 않자 돌을 지고 황하에 몸을 던져 물고기 밥이 되었다. 개자추는 너무 충성스러운 신하였다. 자기 허벅지 살을 베어 문공에게 먹였다. 나중에 문공이 그를 배신하자 자추는 화가 나 그를 떠났다. 그러고는 나무를 껴안고 타 죽었다. 미생은 여자와 다리 밑에서 만나기로 약속을 했다. 여자는 오지 않고 물만 불어났다. 그래도 가지 않고 다리를 붙들고 있다가 죽어버렸다. 이 여섯은 제사에 쓰려고 찢어발긴 개고기나 제물로 강에 던져진 돼지나 바가지를 들고 다니는 거지와 다를 것이 없다. 모두 이름 때문에 목숨을 가벼이 했다. 생명을 기르고 지키는 것이 뿌리라는 것을 생각하지 못한 자들이다.

세상에서 말하는 충신 중에 왕자 비간과 오자서만 한 인물이 있더냐? 그런 오자서도 강물에 가라앉았고, 비간도 심장이 갈라졌다. 이 두 사람을 세상에서는 충신이라고 했다. 그러나 결국 세상의 웃음거리가 되고 말았다. 그러니 위(황제)에서부터 오자서와 비간에 이르기까지 모두 귀하다 할 수 없다.

네가 나에게 말하려는 것이 귀신의 일을 가지고 하는 것이라면 내가 모를 수도 있다. 하지만 사람의 일을 가지고 말하려 했다면 이런 일에 불과할 것이다. 내 모두 들어 알고 있다. 이제 내가 너에게 사람의 모습에 대해 말해주겠다. 눈은 아름다운 빛깔을 보고 싶어한다. 귀는 아름다운 소리를 듣고 싶어한다. 입은 맛있는 음식을 먹고 싶어한다. 욕망은 부족한 걸 채우고 싶어한다. 사람이 오래 살아야 백 년이다. 적당히 오래 살면 팔십 년이다. 그저 그렇게 살면 육십 년이다. 병들어 야위고 상을 당하거나 우환이 있는 시간을 빼면 그중 입 벌리고 웃는 것은 한 달 중 사오일에 불과하다. 하늘과 땅은 무궁하지만 사람은 언젠가 죽게 되어 있다. 죽어야 할 몸으로 무궁한 가운데 한순간 붙어사는 것이다. 준마 기기가 달려가는 것을 문틈으로 내다보는 것과 뭐가 다르더냐? 자신의 욕망을 채우려다 자기 수명을 돌보지 못하는 자는 모두 길이 막혀 있는 자들이다. 네가 하는 말은 모두 내가 버린 것이다.

당장 돌아가라. 두 번 다시 말하지 마라. 너의 길은 정신을 잃고 달려가는 꼴이다. 속임수에 거짓투성이다. 천진한 모습을 온전히 할 수 있는 것이 아니다. 뭐 더 논할 게 있다더냐?"

공자는 두 번 절하고 빠른 걸음으로 문을 나와 수레에 올라탔습니다. 고삐를 잡으려다 세 번이나 놓쳤습니다. 눈앞이 캄캄하니 아무것도 보이지 않았습니다. 얼굴은 사색이 된 채 수레 가로대에 기대어 머리를 숙이고 있었습니다. 숨도 쉴 수 없었습니다. 노나라 동문 밖에 이르렀을 때 유하계를 우연히 만났습니다.

유하계가 말했습니다. "요즘 며칠 동안 통 뵐 수가 없었습니다. 수레와 말을 보니 어디 다녀오시는 길인가봅니다. 혹 척을 만나고 오시는 길입니까?"

공자는 하늘을 올려다보며 한숨을 쉬었습니다.

공자   그렇습니다.

유하계 척이 그대의 마음을 거스르지는 않았습니까? 전에 말씀드린 것처럼 말입니다.

공자   그렇습니다. 제가 아픈 데도 없이 뜸을 뜬 꼴이 되었습니다. 부산스레 달려가 호랑이의 머리와 수염을 건드렸다가 자칫 호랑이 입으로 들어갈 뻔했습니다.

孔子與柳下季爲友 柳下季之弟 名曰盜跖 盜跖從卒九千人 橫行天下 侵暴諸侯 穴室樞戶 驅人牛馬 取人婦女 貪得忘親 不顧父母兄弟 不祭先祖 所過之邑 大國守城 小國入保 萬民苦之 孔子謂柳下季曰 夫爲人父者 必能詔其子 爲人兄者 必能教其弟 若父不能詔其子 兄不能教其弟 則 無貴父子兄弟之親矣 今先生 世之才士也 弟爲盜跖 爲天下害 而弗能教也 丘竊爲先生羞之 丘請爲先生往說之
柳下季曰 先生言爲人父者必能詔其子 爲人兄者必能敎其弟 若子不聽父之詔 弟不

受兄之敎 雖今先生之辯 將奈之何哉 且跖之爲人也 心如涌泉 意如飄風 强足以距
敵 辯足以飾非 順其心則喜 逆其心則怒 易辱人以言 先生必無往

孔子不聽 顏回爲馭 子貢爲右 往見盜跖 盜跖乃方休卒徒大(太)山之陽 膾人肝而
餔之 孔子下車而前 見謁者曰 魯人孔丘 聞將軍高義 敬再拜謁者 謁者入通 盜跖
聞之大怒 目如明星 髮上指冠

曰 此 夫魯國之巧僞人孔丘非邪 爲我告之 爾作言造語 妄稱文武 冠枝木之冠 帶
死牛之脅 多辭謬說 不耕而食 不織而衣 搖脣鼓舌 擅生是非 而迷天下之主 使天
下學士不反其本 妄作孝悌(弟)而徼倖於封侯富貴者也 子之罪大極重 疾走歸 不然
我將以子肝益晝餔之膳

孔子復通曰 丘得幸於季 願望履幕下 謁者復通

盜跖曰 使來前

孔子趨而進 避席反走 再拜盜跖 盜跖大怒 兩展其足 案劍瞋目 聲如乳虎

曰 丘來前 若所言 順吾意則生 逆吾心則死

孔子曰 丘聞之 凡天下有三德 生而長大 美好無雙 少長貴賤見而皆說之 此上德也
知維天地 能辯諸物 此中德也 勇悍果敢 聚衆率兵 此下德也 凡人有此一德者 足
以南面稱孤矣 今 將軍兼此三者 身長八尺二寸 面目有光 脣如激丹 齒如齊貝 音
中黃鐘 而名曰盜跖 丘竊爲將軍恥不取焉 將軍有意聽臣 臣請南使吳越 北使齊魯
東使宋衛 西使晉楚 使爲將軍造大城數百里 立數十萬戶之邑 尊將軍爲諸侯 與天
下更始 罷兵休卒 收養昆弟 共祭先祖 此聖人才士之行 而天下之願也

盜跖大怒曰 丘來前 夫可規以利而可諫以言者 皆愚陋恒民之謂耳 今長大美好 人
見而悅之者 此吾父母之遺德也 丘雖不吾譽 吾獨不自知邪 且吾聞之 好面譽人者
亦好背而毀之 今丘告我以大城衆民 是欲規我以利而恒民畜我也 安可久長也 城之
大者 莫大乎天下矣 堯舜有天下 子孫無置錐之地 湯武立爲天子 而後世絶滅 非以
其利大故邪

且吾聞之 古者禽獸多而人少 於是民皆巢居以避之 晝拾橡栗 暮栖木上 故命之曰
有巢氏之民 古者民不知衣服 夏多積薪 冬則煬之 故命之曰知生之民 神農之世 臥
則居居 起則于于 民知其母 不知其父 與麋鹿共處 耕而食 織而衣 無有相害之心
此至德之隆也

然而黃帝不能致德 與蚩尤戰於涿鹿之野 流血百里 堯舜作 立群臣 湯放其主 武王

殺紂 自是之後 以强陵弱 以衆暴寡 湯武以來 皆亂人之徒也

今子脩文武之道 掌天下之辯 以教後世 縫衣淺帶 矯言僞行 以迷惑天下之主 而欲求富貴焉 盜莫大於子 天下何故不謂子爲盜丘 而乃謂我爲盜跖

子以甘辭說子路而使從之 使子路去其危冠 解其長劍 而受敎於子 天下皆曰 孔丘能止暴禁非 其卒之也 子路欲殺衛君而事不成 身菹於衛東門之上 是子敎之不至也 子自謂才士聖人邪 則再逐於魯 削跡於衛 窮於齊 圍於陳蔡 不容身於天下 子敎子路菹此患 上無以爲身 下無以爲人 子之道豈足貴邪

世之所高 莫若黃帝 黃帝尙不能全德 而戰涿鹿之野 流血百里 堯不慈 舜不孝 禹偏枯 湯放其主 武王伐紂 文王拘羑里 此六者 世之所高也

孰論之 皆以利惑其眞而强反其情性 其行 乃甚可羞也 世之所謂賢士 伯夷叔齊辭孤竹之君而餓死於首陽之山 骨肉不葬 鮑焦飾行非世 抱木而死 申徒狄諫而不聽 負石自投於河 爲魚鼈所食 介子推至忠也 自割其股以食文公 文公後背之 子推怒而去 抱木而燔死 尾生與女子期於梁下 女子不來 水至不去 抱梁柱而死 此六子者 無異於磔犬流豕操瓢而乞者 皆離名輕死 不念本養壽命者也

世之所謂忠臣者 莫若王子比干伍子胥 子胥沈江 比干剖心 此二子者 世謂忠臣也 然卒爲天下笑 自上觀之 至于子胥比干 皆不足貴也 丘之所以說我者 若告我以鬼事 則我不能知也 若告我以人事者 不過此矣 皆吾所聞知也

今吾告子以人之情 目欲視色 耳欲聽聲 口欲察味 志氣欲盈 人上壽百歲 中壽八十 下壽六十 除病瘦死喪憂患 其中開口而笑者 一月之中不過四五日而已矣 天與地無窮 人死者有時 操有時之具而託於無窮之間 忽然無異騏驥之馳過隙也 不能說其志意 養其壽命者 皆非通道者也 丘之所言 皆吾之所棄也

亟去走歸 無復言之 子之道 狂狂汲汲 詐巧虛僞事也 非可以全眞也 奚足論哉

孔子再拜趨走 出門上車 執轡三失 目芒然無見 色若死灰 據軾低頭 不能出氣 歸到魯東門外 適遇柳下季

柳下季曰 今者闕然數日不見 車馬有行色 得微往見跖邪

孔子仰天而歎曰 然

柳下季曰 跖得無逆汝意若前乎

孔子曰 然 丘所謂無病而自灸也 疾走料虎頭 編虎須 幾不免虎口哉

이름이냐 이익이냐

자장이 만구득에게 물었습니다.

자장   그대는 왜 아무것도 안 하십니까? 아무것도 안 하면 믿음을 주지
        못합니다. 믿음을 주지 못하면 누가 쓰지를 않습니다. 쓰이지 못
        하면 이익을 얻지 못합니다. 그러니 이름이나 이익으로 따져보아
        도 일단 올바르게 행동하는 것(義)이 제일입니다. 그대가 이름이
        나 이익에 대한 생각을 버리고 순수한 마음으로 돌아가더라도 선
        비라면 하루도 아무것도 안 해서는 안 됩니다.

만구득 부끄러움을 모르는 사람이 부자가 되고, 말 많은 사람이 유명해집
        디다. 대부분 이름나고 이익을 크게 본 사람들은 거의 부끄러운
        줄 모르고 말하는 사람들이더군요. 그러니 이름이나 이익으로 따
        져보아도 일단 말하는 것(言)이 제일입디다. 그대가 이름이나 이
        익에 대한 생각을 버리고 순수한 마음으로 돌아가더라도 선비라
        면 그대 안의 자연(天)을 꽉 안아야 합니다.

자장   옛날에 걸과 주는 천자라는 귀한 자리에 있었고 세상을 가지는
        부富를 누렸습니다. 그러나 지금 종이나 마구간지기에게 "너의 행

실이 걸과 주 같다"고 하면 얼굴을 붉히며 부끄러워하고 받아들이지 않으려는 마음을 갖습니다. 소인들도 걸과 주를 천하게 생각하기 때문입니다. 중니와 묵적은 한갓 필부로 가난했습니다. 그러나 지금 재상에게 "그대의 행동은 중니나 묵적 같습니다" 하면 자세를 고치고 얼굴색을 바꾸며 "저는 미치지 못합니다" 하고 대답합니다. 이런 인사들도 중니나 묵적을 마음속으로 귀하게 여기기 때문입니다. 그러니 권세로 천자가 되었어도 꼭 귀한 것은 아닙니다. 필부로 가난했어도 꼭 천한 것은 아닙니다. 귀하고 천한 구분은 행동이 아름답냐 아니냐에 달린 것입니다.

만구득 좀도둑은 잡히지만 큰도둑은 제후가 됩니다. 제후가 되니 제후의 집에 정의로운 인사들이 모입니다. 옛날 환공 소백은 형을 죽이고 형수를 아내로 삼았습니다. 그런데도 관중이 그의 신하가 되었습니다. 전성자 상은 자기 주군을 죽이고 나라를 훔쳤습니다. 그런데도 공자는 그가 주는 선물을 받았습니다. 이들은 말로는 천하다고 하면서 행동으로는 그들에게 머리를 숙였습니다. 이는 말과 행동이 마음속에서 서로 배반하고 싸우는 것입니다. 어찌 모순이 아니겠습니까? 옛 책에 이런 말이 있습니다. "누가 악하고 누가 아름다운가? 이룬 자는 머리가 되고, 이루지 못한 자가 꼬리가 되는구나."

자장 그대가 아무것도 안 하면 멀고 가까운 사이에 구별이 없어집니다. 귀천에 올바름이 없어집니다. 장유에 순서가 없어집니다. 다섯 가지 기본 윤리(五倫)와 여섯 가지 관계 윤리(六紀)를 어떻게 구별할 수 있겠습니까?

만구득 요임금은 큰아들을 죽였습니다. 순임금은 동생을 내쫓았습니다.

이것이 멀고 가까운 사이의 구별이 있는 것입니까? 탕왕은 걸왕을 추방했고, 무왕은 주왕을 죽였습니다. 이것이 귀천의 올바름이 있는 것입니까? 왕계는 형을 제치고 대를 이었고, 주공은 형을 죽였습니다. 이것이 장유의 순서가 있는 것입니까? 유자들은 거짓말을 늘어놓고 묵자들은 "모두 사랑하라(兼愛)"고 합니다. 이렇게 해서 다섯 가지 기본 윤리와 여섯 가지 관계 윤리를 구별할 수 있는 것입니까? 그대는 이름을 추구하고 나는 이익을 추구한다고 하더라도 사실 이름이나 이익은 본래 결을 따르는 것도 아니고 자연스러운 길에서는 볼 수 없는 것입니다. 전에 우리가 함께 무약 선생에게 가서 가르침을 받았지요. 그때 무약 선생이 이런 말씀을 하셨습니다. "소인은 재물 때문에 목숨을 버리고, 군자는 이름 때문에 목숨을 버린다. 타고난 모습과 본성을 바꾸는 이유는 다르다. 그러나 자기가 해야 할 것을 버리고 하지 말아야 할 것에 목숨을 거는 것은 매한가지이다. 그래서 이런 말이 있다. '소인이 되지 마라. 돌아가 너의 자연에 따라 살다 죽어라. 군자가 되지 마라. 자연의 결을 따라라. 구부린 듯 곧은 듯 자연이 하는 대로 함께하며, 사방을 바라보며 때에 따라 물러서기도 하고 쉬기도 하라. 옳은 듯 아닌 듯 너의 회전축을 잡고 너만의 마음을 이루어가라. 자연스러운 길을 어슬렁거리며 즐겨라. 출세하겠다고 수레 타고 이리저리 다니지 마라. 정의(義)를 내세워 이루려 하지 마라. 네가 할 일을 잃게 될 것이다. 부자가 되겠다고 달리지 마라. 뭘 이루겠다고 목숨 걸지 마라. 너의 자연을 잃을 것이다.'"

비간은 심장이 갈라졌고, 오자서는 눈알이 도려졌습니다. 충성(忠)이 부른 재앙입니다. 직궁은 아버지의 죄를 증명했고, 미생은 물에 빠져 죽었습니다. 믿음(信)이 부른 재앙입니다. 포자는 선 채 말라죽었고, 신도적은 물에 빠져 죽었습니다. 청렴(廉)이 부른 해악입니다. 공자는 어머니의 임종을 보지 못했고, 광자는 평생 아버지를 만나지 않았습니다. 정의(義)가 한 과실입니다. 이런 일들은 그전부터 전해오고 지금도 말하고 있습니다. 이런 인사들은 자기가 한 말에 따라 하다가 이렇게 된 것입니다. 그래서 재앙을 당하고 불행한 일에서 벗어나지 못한 것입니다.

子張問於滿苟得曰 盡不爲行 無行則不信 不信則不任 不任則不利 故觀之名 計之利 而義眞是也 若棄名利 反之於心 則夫士之爲行 不可一日不爲乎

滿苟得曰 無恥者富 多信者顯 夫名利之大者 幾在無恥而言 故觀之名 計之利 而信眞是也 若棄名利 反之於心 則夫士之爲行 抱其天乎

子張曰 昔者桀紂貴爲天子 富有天下 今謂臧聚曰 汝行如桀紂 則有怍色 有不服之心者 小人所賤也 仲尼墨翟 窮爲匹夫 今爲宰相曰 子行如仲尼墨翟 則變容易色稱不足者 士誠貴也 故勢爲天子 未必貴也 窮爲匹夫 未必賤也 貴賤之分 在行之美惡

滿苟得曰 小盜者拘 大盜者爲諸侯 諸侯之門 義士存焉 昔者桓公小白殺兄入嫂而管仲爲臣 田成子常殺君竊國而孔子受幣 論則賤之 行則下之 則是言行之情悖戰於胸中也 不亦拂乎 故書曰 孰惡孰美 成者爲首 不成者爲尾

子張曰 子不爲行 卽將疏戚無倫 貴賤無義 長幼無序 五紀六位 將何以爲別乎

滿苟得曰 堯殺長子 舜流母弟 疎戚有倫乎 湯放桀 武王殺紂 貴賤有義乎 王季爲適 周公 殺兄 長幼有序乎 儒者僞辭 墨者兼愛 五紀六位將有別乎 且子正爲名 我正爲利 名利之實 不順於理 不監於道 吾日與子訟於無約曰 小人殉財 君子殉名 其所以變其情 易其性 則異矣 乃至於棄其所爲而殉其所不爲 則一也 故曰 無爲小人 反殉而天 無爲君子 從天之理 若枉若直 相而天極 面觀四方 與時消息 若是若非 執而圓機 獨成而意 與道徘徊 無轉而行 無成而義 將失而所爲 無赴而富 無殉

而成 將棄而天

比干剖心 子胥抉眼 忠之禍也 直躬證父 尾生溺死 信之患也 鮑子立乾 申子自理
廉之害也 孔子不見母 匡子不見父 義之失也 此上世之所傳 下世之所語 以爲士者
正其言 必其行 故服其殃 離其患也

돈, 돈, 돈에 홀린 세상

만족을 모르는 무족無足이 화목함을 아는 지화知和에게 물었습니다.

무족 사람들은 누구나 이름을 떨치고 이익을 얻고 싶어합니다. 부자가
되면 사람들이 몰려와 머리 숙여 존경하는 모습을 보이는데, 사람
들에게 머리 숙여 존경받는 것은 오래 살고 몸 편하고 즐거운 마음
으로 사는 길이기 때문입니다. 지금 그대만이 아무 생각이 없습니
다. 몰라서 그러는 겁니까, 아니면 알면서도 능력이 없는 겁니까?
그게 아니라면 아직까지 바르게 사는 길을 잊지 않은 겁니까?

지화 지금 저들은 나와 같은 시대에 태어나 같은 곳에 살고 있다고 생각
하면서도 스스로 통속적이지 않고 세상을 넘어서는 잘난 사람들이
라고 생각합니다. 이는 아무 생각 없이 시대의 흐름과 시비의 분별
만 보고 있기 때문이지요. 저들은 세속에 휩쓸려 정말 소중한 것을
잊고, 정말 존경해야 할 것을 버리고는 그걸 일이라고 합니다. 오래
살고 몸 편하고 마음이 즐겁게 사는 길이 정말 어떤 것인지에 대해
논하기는 역시 어렵지 않겠습니까? 정말 고통스러운 질병이 무엇
인지, 정말 편하고 즐거운 안락함이 무엇인지 저들은 몸에 비추어

볼 줄 모릅니다. 정말 두려워해야 할 공포가 무엇인지, 정말 기뻐해야 할 기쁨이 무엇인지 저들은 마음에 비추어볼 줄 모릅니다. 일을 할 줄 알지만 왜 하는지 모릅니다. 그러니 천자가 귀한 줄 알고 부자가 세상을 가지는 줄 압니다. 재앙을 피할 수 없습니다.

무족 부富가 사람에게 해로울 것이 없습니다. 세상의 아름다움을 다 누릴 수 있고 모든 세력을 가질 수 있습니다. 순수한 지인도 이를 수 없는 곳입니다. 훌륭한 성인도 미칠 수 없는 곳입니다. 남의 용기와 힘을 사 권위를 강화합니다. 남의 지혜와 모략을 사 분명히 살핍니다. 남의 덕을 사 그걸로 선량하게 베풉니다. 나라를 갖지는 못했어도 위엄은 군주와 같습니다. 게다가 아름다운 소리와 색을 듣고 보는 것, 맛있는 음식을 먹는 것, 권세를 부리는 것, 이런 것들은 사람이 마음으로 배우지 않고도 즐기는 것입니다. 따라 배우지 않아도 몸을 편하게 하는 것입니다. 무언가를 바라고 미워하고 피하고, 어딘가로 나가고 싶은 것은 사실 스승이 가르치는 것이 아닙니다. 이는 사람의 본성입니다. 나뿐만이 아니라 세상 누군들 이를 사양할 수 있겠습니까?

지화 지혜로운 사람이라면 많은 사람과 크게 다르지 않은 정도에서 행동합니다. 그래서 만족스럽고 다툼이 없습니다. 그럴 이유가 없어 구하지 않습니다. 그러나 만족을 모르면 구하게 됩니다. 세상을 돌아다니며 싸우면서도 자신이 탐욕스러운 줄 모릅니다. 그러나 만족하면 여유가 생깁니다. 그래서 사양하는 것입니다. 세상을 버리고도 스스로 청렴하다고 생각하지 않습니다. 청렴이니 탐욕이니 하는 것은 사실 밖에서 강제하는 것이 아닙니다. 돌이켜 정도에 비추어보는 것입니다. 천자의 위세를 가진 귀한 신분이라도 사람들을 깔보지 않습니다. 세상을 다 가진 부자라도 돈(財)을 가지고 사람들을 희롱하지 않습니다. 그 재앙을 따져보고 그것의 반대편을 고려해보면 본성에 해롭다고 생각하게 됩니다. 그래서 사양하고 받지 않는 것입니다. 명예를 구하고자 해서가 아닙니다. 요순이 선권과 허유에게 제왕의 자리를 물려주려 한 것은 세상 사람들에게 사랑을 베풀기 위해서가 아닙니다. 왕이라는 미명으로 자신의 생명을 해치지 않기 위해서입니다. 선권과 허유가 제안을 거절한 것도 괜히 그런 것이 아닙니다. 일을 만들어 몸을 해치지 않기 위해서입니다. 이들은 모두 자기에게 이로운 것을 택하고 해로운 것을 거절한 것입니다. 세상 사람들이 현명하다고 칭찬할 만합니다. 그렇다고 이들이 명예를 위해 그랬던 것은 아닙니다.

무족 그래도 이름을 지키겠다고 몸을 괴롭히고 맛있는 것도 먹지 않고 간신히 목숨만 이을 정도로 살아간다고 해봅시다. 이렇게 사는 것은 긴 병을 앓고 긴 세월 가난하게 살면서 죽지 않고 사는 것이나 마찬가지입니다.

지화 고른 것이 복이 되고 나머지가 생기면 해롭습니다. 모든 것이 마찬가지지만 제일 심각한 것은 돈(財)입니다. 지금 부자들은 온갖 종과 북, 피리 연주 소리로 귀를 흔들고 있습니다. 그들은 소고기, 돼지고기, 각종 고급술로 입을 가득 채우고 있습니다. 이렇게 자기 마음을 어지럽히고 자기 일을 잊고 있습니다. 혼란(亂)이라고 할 수 있습니다. 왕성한 혈기에 심하게 도취되어 있습니다. 무거운 짐을 지고 산을 오르는 것 같습니다. 고통(苦)이라고 할 수 있습니다. 돈을 탐하니 우울해지고, 권력을 탐하니 힘이 빠집니다. 조용히 있을 때는 음란에 빠지고, 몸이 편하면 주체할 줄 모릅니다. 병(疾)이라고 할 수 있습니다. 부를 바라고 이익을 좇는 것이 흙담을 쌓아올리는 것 같습니다. 그러나 무너져도 피할 줄을 모릅니다. 이렇게 힘이 넘쳐 그만두지 못합니다. 부끄럽다(辱)고 할 수 있습니다. 돈을 쌓아놓고도 쓸데가 없습니다. 그런데도 마음속엔 그 생각뿐 버리지 못합니다. 마음은 근심과 두려움으로 야위는데도 이익을 구하는 것을 멈출 수 없습니다. 걱정(憂)이라고 할 수 있습니다. 집 안에서는 누가 빼앗아 갈까 의심하고, 밖에 나가서는 강도나 도적을 만나 해를 입을까 두려워합니다. 집에다 망루와 방어 창을 두릅니다. 혼자서는 밖에 다니지도 못합니다. 두려움(畏)이라고 할 수 있습니다.

세상에서 이 여섯 가지보다 더한 해악은 없습니다. 그런데도 모두 잊어버렸습니다. 살펴볼 줄도 모릅니다. 그러다 재앙이 닥치면 그제야 능력과 돈, 모든 것을 바쳐 단 하루라도 아무 일 없이 살고 싶다고 합니다. 그러나 할 수 없습니다. 이름을 떨치려 하면 아무것도 보이지 않습니다. 이익을 구하려고 하면 아무것도 얻을 수 없습니다. 마음과 몸을 망가뜨리면서도 싸우고 있습니다. 이것 역시 홀린(惑) 것이 아니겠습니까?

無足問於知和曰 人卒未有不興名就利者 彼富則人歸之 歸則下之 下則貴之 夫見下貴者 所以長生安體樂意之道也 今子獨無意焉 知不足邪 意知而力不能行邪 故推正不忘邪

知和曰 今夫此人以爲與己同時而生 同鄉而處者 以爲夫絶俗過世之士焉 是專無主正 所以覽古今之時 是非之分也 與俗化 世去至重 棄至尊 以爲其所爲也 此其所以論長生安體樂意之道 不亦遠乎 慘怛之疾 恬愉之安 不監於體 怵惕之恐 欣歡之喜 不監於心 知爲爲而不知所以爲 是以貴爲天子 富有天下 而不免於患也

無足曰 夫富之於人 無所不利 窮美究埶 至人之所不得逮 賢人之所不能及 俠人之
勇力而以爲威强 秉人之知謀以爲明察 因人之德以爲賢良 非享國而嚴若君父 且夫
聲色滋味權勢之於人 心不待學而樂之 體不待象而安之 夫欲惡避就 固不待師 此
人之性也 天下雖非我 孰能辭之

知和曰 知者之爲 故動以百姓 不違其度 是以足而不爭 無以爲故不求 不足故求之
爭四處而不自以爲貪 有餘故辭之 棄天下而不自以爲廉 廉貪之實 非以迫外也 反
監之度 勢爲天子而不以貴驕人 富有天下而不以財戲人 計其患 慮其反 以爲害於
性 故辭而不受也 非以要名譽也 堯舜爲帝而雍 非仁天下也 不以美害生也 善卷許
由得帝而不受 非虛辭讓也 不以事害己 此皆就其利 辭其害 而天下稱賢焉 則可以
有之 彼非以興名譽也

無足曰 必持其名 苦體絶甘 約養以持生 則亦久病長阨而不死者也

知和曰 平爲福 有餘爲害者 物莫不然 而財其甚者也 今富人 耳營鐘鼓管籥之聲
口嗛於芻豢醪醴之味 以感其意 遺忘其業 可謂亂矣 侅溺於馮氣 若負重行而上也
可謂苦矣 貪財而取慰 貪權而取竭 靜居則溺 體澤則馮 可謂疾矣 爲欲富就利 故
滿若堵耳而不知避 且馮而不舍 可謂辱矣 財積而無用 服膺而不舍 滿心戚醮 求益
而不止 可謂憂矣 內則疑刦請之賊 外則畏寇盜之害 內周樓疏 外不敢獨行 可謂畏
矣

此六者 天下之至害也 皆遺忘而不知察 及其患至 求盡性竭財 單以反一日之無故
而不可得也 故觀之名則不見 求之利則不得 繚意體而爭此 不亦惑乎

"부자들은 온갖 종과 북, 피리 연주 소리로 귀를 흔들고 있습니다. 그들은 소고기, 돼지고기, 각종 고급술로 입을 가득 채우고 있습니다. 이렇게 자기 마음을 어지럽히고 자기 일을 잊고 있습니다. 혼란이라고 할 수 있습니다." 조나라 문왕이 바로 이런 사람입니다. 칼싸움 구경에 빠져 자기 일을 잊고 나라를 혼란에 빠뜨린 조나라 문왕을 설득하기 위해 장자가 죽음을 무릅쓰고 만나러 갑니다. 공자는 도척을 설득하려다 실패하고 말았습니다. 장자는 문왕을 설득할 수 있을까요? 공자처럼 "부산스레 달려가 호랑이의 머리와 수염을 건드렸다가 자칫 호랑이 입으로 들어갈 뻔"한 꼴이 되지는 않을까요?

설검

說劍

장자, 태자를 만나다

검투사가 된 장자

세 개의 검

〈설검說劍〉은 한 편의 드라마 같습니다. 칼싸움 구경에 빠져 국정을 소홀히 하는 조나라 문왕을 장자가 설득하는 이야기입니다. 장자는 "성공과 영광에 가려 말이 제구실을 하지 못하고 있다"(〈제물론〉)며 논쟁가들이 "사람들의 입을 이길 수는 있었지만 사람들을 마음으로 따르게 하지는 못했다"(〈천하〉)고 안타까워합니다. 장자가 생각하는 말의 제구실은 어떤 것이고, 사람들을 마음으로 따르게 하는 것은 어떤 것일까요? 장자가 사람의 마음을 어떻게 설복시키는지 그의 말하기 진수를 감상해보겠습니다.

장자, 태자를 만나다

옛날 조나라 문왕은 칼싸움을 좋아했습니다. 검투사로서 궁 안팎으로 모인 식객만 삼천여 명이나 되었습니다. 밤낮 문왕 앞에서 칼싸움을 하다가 죽어나가는 사람도 일 년에 백여 명이 되었습니다. 그런데도 문왕은 진력도 안 내고 계속 검투를 즐겼습니다. 이렇게 삼 년이 지나니 나라가 엉망이 되었습니다. 그러자 다른 제후들이 조나라를 노렸습니다. 태자 회는 걱정이 많았습니다. 그는 좌우 측근들을 모아놓고 말했습니다.

회 누구든 부왕을 설득해 검투를 그치게 할 수 있다면 상으로 천금을 주겠소.

측근들 장자라면 할 수 있을 것입니다.

태자는 바로 천금을 들려 장자에게 사람을 보냈습니다. 그러나 장자는 받지 않았습니다. 그러고는 사자와 함께 태자를 만나러 왔습니다.

장자 태자께서는 저에게 무엇을 시키려고 천금을 내리신 것입니까?

태자 선생은 대단히 훌륭하신 분이라고 들었습니다. 그래서 천금을 사람 편에 예물로 조심스럽게 전한 것입니다. 그런데 선생께서 받지 않으시니 제가 어떻게 말씀드릴 수 있겠습니까?

장자 태자께서 저에게 시키고자 하는 일이 대왕께서 좋아하고 즐기시는 일을 못하게 하는 거라고 들었습니다. 제가 대왕을 설득하다 마음에 거슬려 태자의 의도대로 되지 않으면 제 몸은 형벌로 죽을 것입니다. 그러면 제가 그 돈을 어디에다 쓰겠습니까? 반대로 제가 대왕을 설득해 태자의 의도대로 된다면 조나라 어딜 가서 무얼 구한들 얻지 못하겠습니까?

태자 그렇군요. 그런데 부왕께서는 오직 검투사들만 상대하십니다.

장자 좋습니다. 저도 칼을 잘 다룹니다.

태자 부왕께서 만나는 검투사들은 모두 머리칼을 쑥대처럼 풀어헤치고, 살쩍은 불쑥 올라와 있고, 장식 없는 끈으로 묶은 투구를 눌러 쓰고, 뒤가 짧은 옷을 입고는 눈을 부릅뜨며 거친 소리를 질러댑니다. 부왕께서는 이런 사람들을 좋아하십니다. 선생께서 선비 옷을 입고 부왕을 만난다면 반드시 일이 크게 틀어지고 말 것입니다.

장자 저에게 검투복을 주십시오.

昔趙文王喜劍 劍士夾門而客三千餘人 日夜相擊於前 死傷者歲百餘人 好之不厭
如是三年 國衰 諸侯謀之 太子悝患之 募左右曰 孰能說王之意止劍士者 賜之千金
左右曰 莊子當能
太子乃使人以千金奉莊子 莊子弗受 與使者俱 往見太子
曰 太子 何以敎周 賜周千金
太子曰 聞夫子明聖 謹奉千金以幣從者 夫子弗受 悝尙何敢言
莊子曰 聞太子所欲用周者 欲絶王之喜好也 使臣上說大王而逆王意 下不當太子

則身刑而死 周尙安所事金乎 使臣上說大王 下當太子 趙國何求而不得也

太子曰 然 吾王所見 唯劍士也

莊子曰 諾 周善爲劍

太子曰 然吾王所見劍士 皆蓬頭突鬢垂冠 曼胡之纓 短後之衣 瞋目而語難 王乃說
之 今夫子必儒服而見王 事必大逆

莊子曰 請治劍服

검투사가 된 장자

사흘 걸려 검투복이 갖추어지자 장자가 태자를 만났습니다. 태자는 장자와 함께 곧바로 왕을 만나러 갔습니다. 왕은 흰 칼을 뽑아들고 기다리고 있었습니다. 장자는 궁 안에 들어가면서 잰걸음으로 걷지도 않고 왕을 보고도 절을 하지 않았습니다.

문왕 그대는 과인에게 무엇을 가르치고 싶어 태자를 앞장세웠는가?

장자 대왕께서 검을 좋아하신다고 들었습니다. 그래서 검을 가지고 대왕을 뵈러 왔습니다.

문왕 그대의 검은 어느 정도를 막고 제압할 수 있는가?

장자 저의 검은 열 걸음에 한 사람씩 쓰러뜨리면서 천 리를 가도 막을 자가 없습니다.

왕이 아주 기뻐하며 말했습니다.

문왕 천하무적이로다.

장자 검투란 먼저 허점을 보여 상대를 유인합니다. 늦게 칼을 뽑으면서 먼저 공격하는 것입니다. 한번 시범을 보여드리겠습니다.

문왕 일단 좀 쉬고 있으시오. 숙소에서 기다리고 있으면 내 준비가 되는 대로 선생을 부르겠소.

治劍服三日 乃見太子 太子乃與見王 王脫白刃待之 莊子入殿門不趨 見王不拜

王曰 子欲何以敎寡人 使太子先

曰 臣聞大王喜劍 故以劍見王

王曰 子之劍何能禁制

曰 臣之劍 十步 一人 千里不留行

王大悅之 曰 天下無敵矣

莊子曰 夫爲劍者 示之以虛 開之以利 後之以發 先之以至 願得試之

王曰 夫子休就舍 待命令設戱請夫子

세 개의 검

왕은 이레 동안 검투사들을 선발했습니다. 그동안 사상자가 육십여 명이나 나왔습니다. 왕은 그중 대여섯 명을 골라 궁전 아래에서 검을 받들고 늘어서게 한 뒤 장자를 불렀습니다.

문왕 오늘 검투사들에게 검술 시범을 보이시오.

장자 오랫동안 기다렸습니다.

문왕 선생이 쓸 검은 긴 것이오, 짧은 것이오?

장자 저는 어느 것이든 좋습니다. 그런데 저에게는 세 개의 검이 있습니다. 대왕께서 쓰라시는 검을 쓰겠습니다. 먼저 검에 대해 말씀드리고 시범을 보이겠습니다.

문왕 세 가지 검이 무엇인지 듣고 싶소.

장자 천자의 검과 제후의 검, 그리고 서인의 검이 있습니다.

문왕 천자의 검은 어떤 것이오?

장자 천자의 검은 연계와 석성을 칼끝으로 삼습니다. 제나라와 태산을 칼날로 삼습니다. 진나라와 위衛나라를 칼등으로 삼습니다. 주나라와 송나라를 칼자루 테로 삼습니다. 한나라와 위魏나라를 칼자루로 삼습니다. 사방의 이적으로 칼을 싸고, 사계절로 감싸고, 발해로 두르고, 상산을 띠로 삼아 허리에 찹니다. 오행으로 통제하고, 형벌과 은덕으로 휘두르는 법을 논하고, 음양으로 칼을 뽑습니다. 봄여름에는 칼을 지니고 가을겨울에 내려칩니다. 이 검이 곧바로 나아가면 앞에서 당할 것이 없고, 들어올리면 위에서 당할 것이 없습니다. 내리치면 아래에서 당할 것이 없고, 휘두르면 사방에서 당할 것이 없습니다. 위로는 뜬구름을 끊고 아래로는 대지의 밧줄을 끊어버립니다. 이 검을 한 번 쓰면 제후들을 바로잡고 세상 모두가 복종하게 됩니다. 이것이 천자의 검입니다.

문왕은 멍하니 정신이 나간 듯했습니다. 그러다 말했습니다.

문왕 제후의 검은 어떤 것이오?

장자 제후의 검은 지혜와 용기를 갖춘 인사를 칼끝으로 삼습니다. 청렴한 인사를 칼날로 삼습니다. 현명하고 선량한 인사를 칼등으로 삼습니다. 충성스럽고 훌륭한 인사를 칼자루 테로 삼습니다. 무용이 뛰어난 인사를 칼자루로 삼습니다. 이 검 역시 곧바로 나아가면 앞에서 당할 것이 없고, 들어올리면 위에서 당할 것이 없습니다. 내리치면 아래에서 당할 것이 없고, 휘두르면 사방에서 당할 것이 없습니다. 위로는 둥근 하늘을 본받아 해와 달과 별 빛에 따릅니다. 아래로는 반듯한 땅을 본받아 사계절의 변화에 따릅니다. 가운데에서는 사람들의 마음을 헤아려 모든 마을을 편하게 보살핍니다. 이 검을 한 번 쓰면 천둥 번개가 치는 듯합니다. 나라 안의 모든 사람이 복종합니다. 임금의 명령에 따르지 않는 자가 없습니다. 이것이 제후의 검입니다.

왕 서인의 검은 어떤 것이오?

장자 서인의 검은 머리칼을 쑥대처럼 풀어헤치고, 살쩍은 불쑥 올라와 있고, 장식 없는 끈으로 묶은 투구를 눌러쓰고, 뒤가 짧은 옷을 입고 는 눈을 부릅뜨며 거친 소리를 질러댑니다. 왕 앞에서 서로 칼을 휘 두르고, 위로는 목을 베고 아래로는 간이나 폐를 찌릅니다. 이것이 서인의 검입니다. 닭싸움과 다를 게 없습니다. 어느 날 목숨이 끊어 집니다. 그러고 나면 나랏일에 아무 소용이 없습니다. 지금 대왕께 서는 천자의 자리에 계십니다. 그런 분이 서인의 검을 좋아하십니 다. 저는 마음속으로 대왕을 안타깝게 생각해왔습니다.

왕은 장자의 손을 잡고 어전에 올랐습니다. 요리사가 음식을 올렸으 나 왕은 주위를 세 번이나 돌았습니다. 장자가 말했습니다. "대왕께서는 편히 앉아 마음을 안정시키십시오. 검에 관한 이야기는 이미 다 끝났습 니다." 그날 이후 문왕은 석 달 동안 밖에 나오지 않았습니다. 검투사들은 모두 그 자리에서 죽은 채 엎드려 있었습니다.

王乃校劍士七日 死傷者六十餘人 得五六人 使奉劍於殿下 乃召莊子

王曰 今日試使士敦劍

莊子曰 望之久矣

王曰 夫子所御杖 長短何如

曰 臣之所奉皆可 然臣有三劍 唯王所用 請先言而後試

王曰 願聞三劍

曰 有天子劍 有諸侯劍 有庶人劍

王曰 天子之劍何如

曰 天子之劍 以燕谿石城爲鋒 齊岱爲鍔 晉魏爲脊 周宋爲鐔 韓魏爲夾 包以四夷 裹以四時 繞以渤海 帶以常山制以五行 論以刑德 開以陰陽 持以春夏 行以秋冬 此劍 直之無前 擧之無上 案之無下 運之無旁 上決浮雲 下絶地紀 此劍一用 匡諸 侯 天下服矣 此 天子之劍也

文王芒然自失 曰 諸侯之劍 何如

曰 諸侯之劍 以知勇士爲鋒 以淸廉士爲鍔 以賢良士爲脊 以忠聖士爲鐔 以豪桀士 爲夾 此劍 直之亦無前 擧之亦無上 案之亦無下 運之亦無旁 上法圓天以順三光 下法地以順四時 中和民意以安四鄉 此劍一用 如雷霆之震也 四封之內 無不賓 服而聽從君命者矣 此諸侯之劍也

王曰 庶人之劍何如

曰 庶人之劍 蓬頭突鬢垂冠 曼胡之纓 短後之衣 瞋目而語難 相擊於前 上斬頸領 下決肝肺 此庶人之劍 無異於鬭鷄 一旦命已絶矣 無所用於國事 今大王有天子之 位而好庶人之劍 臣竊爲大王薄之

王乃牽而上殿 宰人上食 王三環之 莊子曰 大王安坐定氣 劍事已畢奏矣 於是文王 不出宮三月 劍士皆服斃其處也

〈양왕〉에서는 세상보다 자신의 생명을 더 소중히 여기는 사람에게 나라를 맡길 수 있다고 했습니다. 장자도 자신의 생명이 소중했을 텐데 죽을지도 모르는 사지를 성큼성큼 들어가는 용기는 어디서 나온 것일까요? "소인은 재물 때문에 목숨을 버리고, 군자는 이름 때문에 목숨을 버린다"(〈도척〉)고 했습니다. 하지만 장자가 목숨을 건 이유는 재물 때문도, 이름 때문도 아니었습니다. 그는 사랑 때문에 목숨을 걸었습니다. 노자의 말대로 "사랑하기에 용감할 수 있는 것(慈故能勇)"(《도덕경》 67장)입니다. 당 현종이 장자에게 남화진인南華眞人(남방의 아름답고 천진한 사람)이라는 별칭을 붙여준 것처럼 장자의 아름답고 천진한 마음이 사람의 마음을 움직인 것은 아닐까요?

어부

漁父

어부의 말

공자, 어부를 만나다

공자, 어부를 만나고 나서

공자가 우연히 어부를 만나 그의 가르침을 받습니다. 순수하고 천진한 마음이 있어야 사람들의 마음을 움직일 수 있는데 공자는 예와 악으로 사람들을 교화하려 애쓰면서 정작 자신은 돌보지 않고 남들에게 요구만 한다는 것입니다. 공자는 예순아홉의 나이에도 불구하고 어부의 충고를 겸허하게 받아들입니다.

어부의 말

공자가 우거진 숲 속에서 노닐다가 살구나무가 있는 단 위에서 쉬고 있었습니다. 제자들은 책을 읽고 공자는 노래를 부르며 거문고를 탔습니다. 곡이 반에 조금 못 미쳤을 때 한 어부가 배에서 내려 가까이 왔습니다. 수염과 눈썹이 모두 하얀 노인이었습니다.

머리를 풀어헤친 노인은 소매를 휘저으며 강가를 지나 언덕으로 올라와서는 걸음을 멈추었습니다. 그러고는 왼손을 무릎에 얹고 오른손으로는 턱을 괴고 조용히 공자의 노래를 들었습니다. 곡이 끝나자 노인은 자공과 자로를 불렀습니다. 두 사람이 함께 응대하자 어부는 공자를 가리키며 물었습니다.

어부 저 사람은 뭐하는 사람이오?
자로 노나라 군자입니다.
어부 성이 뭐요?
자로 공씨입니다.
어부 공씨는 어떤 일을 하오?

자로가 대답하지 못하자 자공이 대답했습니다.

자공 공씨는 본래 성품이 충성과 신의를 갖추고 있습니다. 몸소 사랑과
　　　정의를 실천하고, 예와 악을 단장하고, 인간 윤리를 정리해 위로는
　　　세상의 군주에게 충성하고, 아래로는 모든 사람을 교화시켜 세상을
　　　이롭게 하려 하고 있습니다. 이것이 공씨가 하는 일입니다.

어부 그럼 땅을 가진 군주요?

자공 아닙니다.

어부 그럼 제후나 왕을 보좌하는 사람이오?

자공 아닙니다.

어부는 웃으며 돌아가면서 혼잣말을 했습니다. "사람은 좋은데 화를
면치 못하겠군. 몸과 마음이 고달프겠어. 처한 상황이 위태롭구나. 아! 멀
리 갔구나. 길에서 벗어났구나."

孔子遊乎緇帷之林 休坐乎杏壇之上 弟子讀書 孔子絃歌鼓琴 奏曲未半 有漁父者
下船而來 鬚眉交白
被髮揄袂 行原以上 距陸而止 左手據膝 右手持頤以聽 曲終 而招子貢子路 二人
俱對 客指孔子曰 彼何爲者也
子路對曰 魯之君子也
客問其族
子路對曰 族孔氏
客曰 孔氏者何治也
子路未應 子貢對曰 孔氏者 性服忠信 身行仁義 飾禮樂 選人倫 上以忠於世主 下

以化於齊民 將以利天下 此孔氏之所治也

又問曰 有土之君與

子貢曰 非也

侯王之佐與

子貢曰 非也

客乃笑而還 行言曰 仁則仁矣 恐不免其身 苦心勞形以危其眞 嗚呼 遠哉 其分於

道也

공자, 어부를 만나다

자공이 돌아와 공자에게 알렸습니다. 공자는 거문고를 밀어놓고 일어나며 말했습니다. "그분은 훌륭한 성인이시다." 그러고는 어부를 찾으러 내려가 못가에 이르렀습니다. 어부는 노를 밀어 배를 띄우려던 참이었습니다. 그는 공자를 보더니 몸을 돌려 섰습니다. 공자가 물러나 두 번 절하고 어부에게 다가갔습니다.

어부 그대는 내게 무슨 볼 일이 있소?

공자 아까 선생께서 말씀을 다 안 하고 떠나셨습니다. 제가 어리석어 말
씀하신 뜻을 다 알아듣지 못하고 있습니다. 선생님 아래에 가만히
있다가 다행히 선생님의 기침 소리를 들을 수 있었습니다. 부디 저
를 도와주시기 바랍니다.

어부 아하! 그대는 정말 배우기를 좋아하는군요.

공자가 두 번 절하고 일어나 말했습니다.

공자 저는 어려서부터 배워왔습니다. 지금 나이가 예순아홉입니다. 그러

나 순수한 가르침을 들을 수 없었습니다. 어찌 마음을 비우지 않겠습니까?

어부 같은 부류끼리 서로 따르고, 같은 소리끼리 서로 응수하는 것이 실은 자연의 결이지요. 나의 것을 잠시 놓아두고 그대의 관심사를 가지고 말해보리다. 그대는 인간사에 관심이 있지요. 천자, 제후, 대부, 서인 이 네 부류가 저절로 바르게 된다면 아름다운 세상이 될 것입니다. 그러나 이들이 자리를 벗어나면 이보다 큰 혼란은 없을 겁니다.

관리들이 자기 직무를 다하고 사람들이 자기 일을 걱정하면 서로 침해하는 일이 없게 됩니다. 전답이 황폐해지고 집이 없어진다, 입을 것과 먹을 것이 부족하고 세금을 못 낸다, 처첩이 싸우고 어른 아이 위계가 없다, 이런 것들이 서인의 걱정거리입니다.

일을 감당할 능력이 없고 관리도 제대로 되지 않는다, 행동이 결백하지 못하고 부하들이 일을 게을리한다, 훌륭한 공적도 내지 못하고 지위나 봉록도 유지하지 못한다, 이런 것들이 대부의 걱정거리입니다.

조정에 충신이 없고 국가가 혼란하다, 기술자들도 일을 제대로 못 하고 세금도 잘 거치지 않는다, 봄가을로 조정 서열이 밀려 천자를 따르지 못한다, 이런 것들이 제후의 근심거리입니다.

음양이 화목하지 못하다, 추위와 더위가 제때를 잊어 모든 것이 재해를 입는다, 제후들이 난리를 일으켜 서로 공격하고 사람들을 죽인다, 예악이 문란해지고 재정이 궁핍하다, 사람의 도리가 무너지고 사람들이 음란에 빠졌다, 이런 것들이 천자와 관리들의 근심거리입니다.

그런데 지금 그대는 위로 천자나 제후나 관리의 권세가 없습니다. 아래로 대신이나 맡은 관직도 없습니다. 그런데 예와 악을 멋대로 단장하고 인간 윤리를 정리해 모든 사람을 교화하려 합니다. 쉴 새가 없겠습니다. 일이 너무 많지 않습니까?

사람에게는 여덟 가지 허물이 있고, 일에는 네 가지 걱정거리가 있습니다. 이걸 살펴봐야 합니다. 제 일도 아닌 일을 합니다. 이것을 '나댄다(摠)'고 합니다. 돌아보지도 않고 자기 생각을 말합니다. 이것을 '말만 잘한다(佞)'고 합니다. 남의 기분에 맞추어 말합니다. 이것을 '아첨한다(諂)'고 합니다. 옳고 그름을 가리지 않고 대답합니다. 이것을 '아부한다(諛)'고 합니다. 남의 잘못을 말하기 좋아합니다. 이것을 '헐뜯는다(讒)'고 합니다. 남의 사이를 갈라놓고 가족을 헤어지게 합니다. 이것을 '이간질한다(賊)'고 합니다. 겉으로 칭찬하고 속여 남을 파멸시킵니다. 이것을 '사악하다(慝)'고 합니다. 선악을 가리지 않고 얼굴색을 맞춰가며 원하는 것을 빼내어갑니다. 이것을 '음흉하다(險)'고 합니다. 이 여덟 가지 허물은 다른 사람을 해치고 자신도 망칩니다. 군자라면 이런 사람을 친구로 삼지 않습니다. 현명한 군주라면 이런 사람을 신하로 삼지 않습니다.

네 가지 걱정거리는 이렇습니다. 큰일 벌이는 것을 좋아합니다. 뭘 자꾸 바꿔 공을 세우고 이름을 내려고 합니다. 이것을 '외람되다(叨)'고 합니다. 자기가 아는 것을 과신하고 일을 멋대로 처리합니다. 남의 권리를 침범하고 자기 힘을 과시합니다. 이것을 '탐욕스럽다(貪)'고 합니다. 자신의 잘못을 알고도 고치지 않습니다. 충고를 들으면 더 심하게 어깁니다. 이것을 '패려궂다(很)'고 합니다. 남의 생각이 자기와 같으면 좋아합니다. 하지만 자기와 다르면 좋은 것이라도 좋지 않다고 합니다. 이것을 '교만하다(矜)'고 합니다. 이것이 네 가지 걱정거리입니다. 여덟 가지 허물을 버릴 수 있고 네 가지 걱정이 없어야 비로소 가르칠 수 있을 것입니다.

공자는 근심에 잠겨 한숨을 쉬었습니다. 그러고는 두 번 절하고 일어나 말했습니다. "저는 두 번이나 노나라에서 추방되었습니다. 위나라에서는 발자국이 지워졌고, 송나라에서는 나무가 잘렸습니다. 진나라와 채나라 국경에서는 포위되었습니다. 제가 뭘 잘못한 것인지 모르겠습니다. 제가 이렇게 네 차례나 어려움을 당했습니다. 왜 그런 걸까요?"

노인이 애처롭게 바라보다가 태도를 바꾸어 말했습니다. "심합니다. 그대는 깨닫지 못하고 있어요. 어떤 사람이 자기 그림자를 무서워하고 자기 발자국도 싫어했답니다. 그래서 그걸 버리려고 도망을 쳤답니다. 많이 달릴수록 발자국이 많아지고, 빨리 달릴수록 그림자가 떨어지질 않는 겁니다. 그래서 이렇게 생각했답니다. '내가 느려서 그런 거야.' 그러고는 쉬지 않고 달렸답니다. 결국 힘이 다 빠져 죽고 말았습니다. 그늘에 있었으면 그림자도 쉬었을 테고, 조용히 있었으면 발자국도 없었을 텐데 말입니다. 너무 어리석었지요.

그대는 사랑과 정의에 대해 잘 알고, 같고 다름의 경계도 잘 고찰합니다. 세상의 변화 동정도 살피고, 주고받는 정도도 적절하게 합니다. 좋고 싫은 감정도 잘 조절하고, 기뻐하고 화내는 절도도 조화롭습니다. 하지만 그렇게 하니 위험을 면하지 못하는 겁니다. 자신의 몸을 조심스럽게 돌보세요. 자신의 천진함을 지키세요. 이름이나 공적 따위는 다른 사람들에게 돌려주세요. 그러면 그대를 얽매는 일이 없을 겁니다. 지금껏 자신을 돌보지 않고 다른 사람들에게 요구하기만 했지요. 그래서 빗나간

게 아니겠습니까?"

공자는 근심스러운 말투로 물었습니다.

공자 천진함(眞)이라는 게 뭘 말씀하시는 겁니까?

어부 천진함이란 정말 순수하고 정성스러운 것입니다. 순수하지 않고 정성스럽지 않으면 사람들의 마음을 움직일 수 없습니다. 그래서 억지로 우는 사람은 슬퍼해도 애처롭지 않습니다. 억지로 화내는 사람은 엄한 척해도 위엄이 느껴지지 않습니다. 억지로 친한 사람은 웃더라도 화목하지 않습니다. 그러나 천진한 슬픔은 소리 내지 않아도 애처롭습니다. 천진한 분노는 화내지 않아도 위엄이 있습니다. 천진한 친함은 웃지 않아도 화목합니다. 천진함이 내면에 있는 사람은 신기하게도 밖으로 감동을 줍니다. 그래서 천진함을 소중하게 생각하는 것입니다.

천진함이 사람들의 결에 작용하면 이렇습니다. 부모를 모시면 자애롭고 효성스럽습니다. 임금을 모시면 충성스럽게 정절을 지킵니다. 술을 마시면 기쁘고 즐겁습니다. 상을 당하면 슬프고 애처롭습니다. 충성과 정절은 공을 이루는 게 제일입니다. 술은 마시면 즐거운 게 제일입니다. 상을 당하면 슬퍼하는 게 제일입니다. 부모를 모실 때는 뜻에 맞는 게 제일입니다. 이걸 아름답게 이루어가는 방법은 저마다 다릅니다. 부모를 모실 때 뜻에 맞으면 그만입니다. 어떻게 하느냐는 따질 게 못 됩니다. 술을 마실 때 즐거우면 그만입니다. 어떻게 마시느냐는 가릴 게 못 됩니다. 상을 치를 때 슬퍼하면 그만입니다. 어떤 예(禮)로 하느냐는 물을 게 못 됩니다. 예라는 것은 세속에서 하는 것입니다. 그러나 천진함은 자연이 준 것입니다. 저절로 그런 것이라 바꿀 수 없습니다. 그래서 훌륭한 성인은 자연을 본받고 천진함을 소중하게 생각합니다. 세속에 갇히지 않습니다.

어리석은 사람은 이와 반대로 합니다. 자연을 본받지 못하고 사람 짓에 끙끙댑니다. 천진함이 소중한 줄 모르고 세속의 변화에 이리저리 끌려다닙니다. 그래서 만족할 줄 모르니 늘 부족합니다. 애처롭습니다. 그대는 일찍부터 사람의 거짓에 빠져 있었습니다. 뒤늦게 큰길에 대해 듣나봅니다.

공자가 다시 두 번 절하고 일어나 물었습니다.

공자 지금 제가 우연히 뵙는 것이 하늘이 내려준 행운 같습니다. 선생님께서는 저를 마다하지 않고 제자처럼 친히 가르쳐주셨습니다. 선생님께서 어디 사시는지 물어봐도 되겠습니까? 가르침을 받아 큰길을 마저 배우고 싶습니다.

어부 내가 이런 말을 들은 적이 있습니다. "함께 갈 수 있는 사람과 함께 하라. 그래야 오묘한 길에 이를 수 있다. 함께 갈 수 없는 사람은 그 길을 모른다. 그런 사람과 함께하지 않도록 조심해라. 그래야 아무런 재앙이 없다." 그대는 열심히 사십시오. 난 이제 갑니다. 난 이제 떠납니다.

그러고는 노를 저어 물가를 따라 난 갈대 사이로 사라졌습니다.

子貢還 報孔子 孔子推琴而起曰 其聖人與 乃下求之 至於澤畔 方將杖拏而引其船

顧見孔子 還鄉而立 孔子反走 再拜而進

客曰 子將何求

孔子曰 曩者先生有緒言而去 丘不肖 未知所謂 竊待於下風 幸聞咳唾之音以卒相
丘也

客曰 嘻 甚矣子之好學也

孔子再拜而起曰 丘少而脩學 以至於今 六十九歲矣 無所得聞至教 敢不虛心

客曰 同類相從 同聲相應 固天之理也 吾請釋吾之所有而經子之所以 子之所以者
人事也 天子諸侯大夫庶人 此四者自正 治之美也 四者離位而亂莫大焉

官治其職 人憂其事 乃無所陵 故田荒室露 衣食不足 徵賦不屬 妻妾不和 長少無
序 庶人之憂也

能不勝任 官事不治 行不清白 群下荒怠 功美不有 爵祿不持 大夫之憂也

廷無忠臣 國家昏亂 工技不巧 貢職不美 春秋後倫 不順天子 諸侯之憂也

陰陽不和 寒暑不時 以傷庶物 諸侯暴亂 擅相攘伐 以殘民人 禮樂不節 財用窮匱
人倫不飭 百姓淫亂 天子有司之憂也

今子既上無君侯有司之勢而下無大臣職事之官 而擅飾禮樂 選人倫 以化齊民 不泰
多事乎

且人有八疵 事有四患 不可不察也 非其事而事之 謂之摠 莫之顧而進之 謂之佞
希意道言 謂之諂 不擇是非而言 謂之諛 好言人之惡 謂之讒 析交離親 謂之賊 稱
譽詐僞以敗惡人 謂之慝 不擇善否 兩容頰適 偸拔其所欲 謂之險 此八疵者 外以
亂人 內以傷身 君子不友 明君不臣

所謂四患者 好經大事 變更易常 以挂功名 謂之叨 專知擅事 侵人自用 謂之貪 見
過不更 聞諫愈甚 謂之很 人同於己則可 不同於己 雖善不善 謂之矜 此四患也 能
去八疵 無行四患 而始可教已

孔子愀然而歎 再拜而起曰 丘再逐於魯 削迹於衛 伐樹於宋 圍於陳蔡 丘不知所失
而離此四謗者何也

客悽然變容曰 甚矣子之難悟也 人有畏影惡迹而去之走者 舉足愈數而迹愈多 走愈
疾而影不離身 自以爲尚遲 疾走不休 絶力而死 不知處陰以休影 處靜以息迹 愚亦
甚矣

子審仁義之間 察同異之際 觀動靜之變 適受與之度 理好惡之情 和喜怒之節 而幾

於不免矣 謹脩而身 愼守其眞 還以物與人 則無所累矣 今不脩之身而求之人 不亦
外乎

孔子愀然曰 請問何謂眞

客曰 眞者 精誠之至也 不精不誠 不能動人 故强哭者雖悲不哀 强怒者雖嚴不威
强親者雖笑不和 眞悲無聲而哀 眞怒未發而威 眞親未笑而和 眞在內者 神動於外
是所以貴眞也

其用於人理也 事親則慈孝 事君則忠貞 飮酒則歡樂 處喪則悲哀 忠貞以功爲主 飮
酒以樂爲主 處喪以哀爲主 事親以適爲主 功成之美 無一其迹矣 事親以適 不論所
以矣 飮酒以樂 不選其具矣 處喪以哀 無問其禮矣 禮者 世俗之所爲也 眞者 所以
受於天也 自然不可易也 故聖人法天貴眞 不拘於俗

愚者反此 不能法天而恤於人 不知貴眞 祿祿而受變於俗 故不足 惜哉 子之蚤湛於
人僞而晚聞大道也

孔子又再拜而起曰 今者丘得遇也 若天幸然 先生不羞而比之服役 而身敎之 敢問
舍所在 請因受業而卒學大道

客曰 吾聞之 可與往者與之 至於妙道 不可與往者 不知其道 愼勿與之 身乃無咎
子勉之 吾去子矣 吾去子矣

乃刺船而去 延緣葦間

공자, 어부를 만나고 나서

안연이 수레를 돌려놓자 자로가 수레 손잡이를 내주었습니다. 그래도 공자는 돌아보지 않았습니다. 물결이 가라앉고 노 젓는 소리가 들리지 않을 때가 돼서야 비로소 수레에 몸을 실었습니다. 자로가 수레 곁으로 가 물었습니다. "제가 오랫동안 선생님 곁을 지켰습니다. 그런데 선생님께서 사람을 만나 이렇게 극진하게 하시는 것을 본 적이 없습니다. 선생님을 만날 때는 만승의 천자건 천승의 제후건 뜰에 자리를 함께 마련하고 대등한 예를 갖추지 않은 적이 없습니다. 오히려 선생님께서 거만한 태도를 보이시곤 했습니다. 그런데 오늘 어부는 노를 짚고 마주 서 있고, 선생님께서는 허리를 굽히고 몸을 수그리고 계셨습니다. 그리고 말할 때마다 절로 응대하셨습니다. 너무 심하지 않으셨나 합니다. 제자들 모두 이상하게 생각하고 있습니다. 어부가 뭐라고 했길래 선생님께서 그렇게 하신 겁니까?"

공자가 수레 가로대에 엎드려 한숨을 지으며 말했습니다. "유야! 너는 정말 달라지지 않는구나! 예의에 몸을 담은 지도 꽤 되었다. 그런데도 거칠고 비루한 마음을 지금까지 버리지 못했구나. 가까이 와라. 내 너에게 해줄 말이 있다. 어른을 만나 공경하지 않는 것은 예의를 잃는 것이다.

현자를 보고 존경하지 않는 것은 인仁이 아니다. 그분이 순수한 지인이 아니었다면 남의 머리를 숙이게 할 수 없다. 남에게 머리를 숙이면서 순수하지 않다면 자신의 천진함을 얻을 수 없다. 그렇게 되면 자신의 몸을 계속 해치게 된다.

애처롭구나! 사람이 인仁하지 못한 것은 가장 큰 불행이다. 그런데도 너는 그런 행동을 함부로 하고 있구나. 길은 모든 것이 따르는 것이다. 모든 것이 길을 잃으면 죽고 얻으면 산다. 일을 함에도 길을 어기면 실패하고 따르면 이룬다. 그래서 훌륭한 성인은 길이 있는 곳을 존중하는 것이다. 오늘 어부에게는 길이 있다고 말할 수 있다. 어찌 내가 존경하지 않을 수 있겠느냐?[1]

顏淵還車 子路授綏 孔子不顧 待水波定 不聞拏音而後敢乘 子路旁車而問曰 由得
爲役久矣 未嘗見夫子遇人如此其威也 萬乘之主 千乘之君 見夫子未嘗不分庭伉禮
夫子猶有倨傲之容 今漁父杖拏逆立 而夫子曲要磬折 言拜而應 得無太甚乎 門人
皆怪夫子矣 漁父何以得此乎
孔子伏軾而歎曰 甚矣由之難化也 湛於禮義有間矣 而樸鄙之心至今未去 進 吾語
汝 夫遇長不敬 失禮也 見賢不尊 不仁也 彼非至人 不能下人 下人不精 不得其眞
故長傷身
惜哉 不仁之於人也 禍莫大焉 而由獨擅之 且道者 萬物之所由也 庶物失之者死
得之者生 爲事逆之則敗 順之則成 故道之所在 聖人尊之 今漁父之於道 可謂有矣
吾敢不敬乎

---

1 '군자는 성인의 말씀을 두려워한다'고 한 공자의 말이 떠오르는 대목이다. "군자에게는 두려운 것이 세 가지 있다. 천명을 두려워하고, 대인을 두려워하고, 성인의 말씀을 두려워한다(君子有三畏 畏天命 畏大人 畏聖人之言)."《논어》〈계씨〉)

공자는 배우기를 좋아하는 사람이었습니다. 그래서 날마다 해마다 달라질 수 있었습니다. 예순아홉의 나이에도 끊임없이 배우려는 자세가 대단합니다. 공자는 노자를 만나 깨닫고, 안연의 '좌망'에 깨달은 바가 있는 사람입니다. 그러나 어부의 눈에는 여전히 자기를 과시하려는 명예욕에 갇힌 사람처럼 보이는 것 같습니다. 여전히 인정 욕구에 머물러 있는 사람들의 이야기가 〈열어구〉에서 소개됩니다.

열어구

列御寇

아직도 자기 알아주는 것을 즐기는 열자, 자기가 한 일을 몰라준다며 죽어서도 아버지를 원망하는 완, 마음은 돌보지 않고 무기만 믿고 용 잡는 기술을 배우다 재산을 탕진한 주팽만, 진나라 사신으로 가서 수레 백 대를 선물로 받고 장자에게 자랑하는 조상, 모두 탐욕의 끝자락을 아직도 떨치지 못한 사람들입니다. 〈열어구〉 중반부에 〈어부〉에서 등장한 노인의 말과 비슷한 맥락의 공자 비평이 나옵니다. 남에게 보이는 것에 집착하는 지나친 형식주의와 남을 편견으로 바라보는 배타적 도덕주의가 여전히 문제입니다.

이어지는 세 이야기를 통해서는 욕심 없이 사는 장자를 만날 수 있습니다. 송나라 군주에게 수레를 얻었다며 자랑하는 사람에게 해주는 흑룡 이야기, 재상 자리를 마다하며 하는 송아지 이야기, 그리고 장자 자신의 장례에 대한 이야기가 펼쳐집니다.

돌아온 열자

열어구(열자)가 제나라로 가다 말고 돌아오는 길에 우연히 백혼무인을 만났습니다.[1]

백혼무인 왜 돌아오는 겁니까?

열어구 제가 좀 놀랐습니다.

백혼무인 무슨 일에 그리 놀랐습니까?

열어구 제가 가는 길에 열 곳에서 음식을 사먹었습니다. 그런데 다섯 곳에서 저에게 먼저 음식을 갖다주었습니다.

백혼무인 그런데 그대가 왜 그리 놀랐습니까?

열어구 제가 아직 속마음이 풀리지 않은 것 같습니다. 그래서 겉으로 빛이 새어나와 사람들을 따르게 한 것 같습니다. 그러니 다른 귀인이나 노인을 제쳐두고 저를 먼저 대접한 것입니다. 이것이 재앙을 초래할 것입니다. 식당 주인은 단지 먹을 것을 팔아 이익을 얻을 뿐입니다. 그 이익도 얼마 되지 않고 저울질도 가벼

---

1 〈전자방〉의 백혼무인과 열자의 활쏘기 에피소드가 기억나는지. 바로 그 두 사람의 만남이다.

습니다. 그런데도 이러하니 만승의 군주는 어떻겠습니까? 몸도 마음도 나랏일로 고달프고 지쳐 있을 것입니다. 그는 나에게 일을 맡기고 공을 이루라고 할 것입니다. 그래서 놀란 것입니다.

백혼무인 잘 생각했습니다. 그러나 그대가 거기에 머물면 사람들이 따라 붙을 것입니다.

얼마 후 백혼무인이 열어구의 집에 가보니 문밖에 벗어놓은 신발이 가득했습니다. 백혼무인은 북쪽을 바라보며 지팡이로 턱을 괴고 잠시 웅크리고 있었습니다. 그러고는 말없이 밖으로 나왔습니다. 손님이 열자에게 이를 알리자 열자가 신발을 들고 맨발로 문밖까지 달려나왔습니다.

열자 선생님께서 이렇게 오셨으니 약이 될 만한 가르침을 주십시오.
백혼무인 됐습니다. 내가 그대에게 사람들이 따라붙을 거라고 했지요. 과연 그대로 됐구려. 그대가 사람들에게 따라붙으라고 한 것은 아니겠지요. 그러나 그대는 사람들이 따라붙지 않게 할 수도 없습니다. 그러니 어찌하겠습니까. 사람들이 감동하고 기뻐하는 것은 뭔가 다른 게 보이기 때문입니다. 게다가 반드시 감동을 시키려면 그대의 본래 성품이 흔들리게 됩니다. 더는 할 말이 없습니다. 그대와 노니는 자들은 그대에게 아무것도 알리지 않습니다. 그들이 내뱉는 소리는 모두 사람에게 독이 되는 것입니다. 남을 깨닫게 하지도 못하고 스스로 깨닫지도 못하는데 어떻게 서로 무엇이 되어주겠습니까? 재주 있는 사람은 애를 쓰고, 아는 사람은 걱정이 많지요. 그러나 능력 없는 사람은 구하는 것이 없습니다. 그저 배불리 먹고 이리저리 다니지요. 매이지 않은 배처럼 떠다니며 모든 것을 비우고 노닌답니다.

列御寇之齊 中道而反 遇伯昏瞀人

伯昏瞀人曰 奚方而反

曰 吾驚焉

曰 惡乎驚

曰 吾嘗食於十䭪 而五䭪先饋

伯昏瞀人曰 若是 則汝何爲驚已

曰夫內誠不解 形諜成光 以外鎭人心 使人輕乎貴老 而韲其所患 夫䭪人特爲食羹
之貨 多餘之贏 其爲利也薄 其爲權也輕 而猶若是 而況於萬乘之主乎 身勞於國而
知盡於事 彼將任我以事而效我以功 吾是以驚

伯昏瞀人曰 善哉觀乎 女處己 人將保女矣

無幾何而往 則戶外之屨滿矣 伯昏瞀人北面而立 敦杖蹙之乎頤 立有間 不言而出
賓者以告列子 列子提屨 跣而走 暨乎門

曰 先生旣來 曾不發藥乎

曰 已矣 吾固告汝曰人臧保汝 果保汝矣 非汝能使人保汝 而汝不能使人無保汝也
而焉用之感豫出異也 必且有感 搖而本才 又無謂也 與汝遊者又莫汝告也 彼所小
言 盡人毒也 莫覺莫悟 何相孰也 巧者勞而知者憂 無能者無所求 飽食而敖遊 汎
若不繫之舟 虛而敖遊者也

내가 한 것이다

정나라에 완緩이라는 사람이 있었습니다. 구씨라는 고장에서 열심히 책을 읽었습니다. 삼 년이 지나자 완은 유자가 되었습니다. 황하의 물이 연안 구리九里를 적셔주듯이 그의 은택이 친가, 외가, 처가 삼족에 미쳤습니다. 완은 동생을 묵자로 만들었습니다. 그런데 이들이 서로 유묵 논쟁을 벌일 때면 아버지가 동생 적翟의 편을 들었습니다. 십 년 후 완은 자살했습니다. 완이 아버지 꿈에 나타나 말했습니다. "당신 아들을 묵자가 되도록 한 사람은 바로 접니다. 그런데 제 무덤엔 왜 한 번도 와보시지 않는 겁니까? 제가 벌써 측백나무 열매도 열리게 했는데."

조물자 자연이 사람에게 답할 때 그 사람 자신에게 답하지 않고 본성에 답합니다. 그가 본성이 그래서 그렇게 되는 것입니다. 많은 사람이 자신은 남과 다르다고 생각합니다. 그래서 자기 부모조차 함부로 대합니다. 제나라 사람이 자기가 판 우물이라고 우물에서 물 마시는 일로 다투는 것과 같습니다. 그래서 요즘 사람들을 모두 완緩이라고 하는 것입니다. 그러나 본래 모습을 지닌 사람(有德者)은 이런 것을 아예 모릅니다. 길을 가는 사람(有道者)은 더하겠지요? 옛날엔 이것을 '자연을 피하는 벌(遁天之刑)'이라고 했습니다.

홀륭한 성인은 편안한 곳에서 편안하고, 불안한 곳에서 불안해합니다. 그런데 많은 사람이 불안한 곳에서 편안하다고 하고, 편안한 곳에서 불안해합니다.

鄭人緩也呻吟裘氏之地 祇三年而緩爲儒 河潤九里 澤及三族 使其弟墨 儒墨相與
辯 其父助翟 十年而緩自殺 其父夢之曰 使而子爲墨者予也 闔胡嘗視其良 旣爲秋
柏之實矣

夫造物者之報人也 不報其人而報其人之天 彼故使彼 夫人以己爲有以異於人以賤
其親 齊人之井飮者相捽也 故曰今之世皆緩也 自是 有德者以不知也 而況有道者
乎 古者謂之遁天之刑

聖人安其所安 不安其所不安 衆人 安其所不安 不安其所安

용 잡는 기술

장자가 말했습니다. "길을 알기는 쉽습니다. 그러나 길을 알고 말하지 않기는 어렵습니다. 길을 알면서도 말하지 않는 것은 묵묵히 자연을 따르는 것입니다. 길을 알았다고 말하는 것은 사람을 따르는 것입니다. 옛날 사람들은 자연을 따랐지 사람을 따르지 않았습니다.

주팽만은 지리익에게 용을 죽이는 법을 배웠습니다. 천금이나 되는 가산을 탕진해서 삼 년 만에 기술을 완성했습니다. 그러나 그 기술을 쓸 데가 없었습니다. 훌륭한 성인은 반드시 해야 하는 일이 없습니다. 그래서 무기가 없습니다. 그런데 많은 사람이 하지 않아도 되는 일을 반드시 해내려고 합니다. 그래서 무기에 많이 의존합니다. 무기를 믿고 무언가를 구하려고 찾아다닙니다. 무기에 의존하면 망합니다.

사람들은 선물이나 편지 따위의 번거로운 일로 순수한 마음을 지치게 합니다. 그러고는 길도 가면서 무언가 이루어 몸과 마음을 하나로 하고 싶어합니다. 이런 사람들은 광대한 우주에 홀려 길을 잃고 몸이 갇혀 태초太初를 모릅니다. 그러나 순수한 지인은 시작도 없는 순수한 마음으로 돌아갑니다. 그러고는 담 없는 마을(無何有之鄉)에서 단잠을 잡니다. 아무것도 없는 곳에서 흘러나오는 물처럼 말입니다. 순수한 맑음에서 졸졸 흐르는 물처럼 말입니다. 슬프군요! 그대는 털끝 같은 것만 알려고 합니다. '정말 편안함(大寧)'을 모르고 있습니다."

莊子曰 知道易 勿言難 知而不言 所以之天也 知而言之 所以之人也 古之人 天而不人

朱泙漫學屠龍於支離益 單千金之家 三年技成而無所用其巧 聖人以必不必 故無兵 衆人以不必必之 故多兵 順於兵 故行有求 兵恃之則亡

小夫之知 不離苞苴竿牘 敝精神乎蹇淺 而欲兼濟道物 太一形虛 若是者 迷惑於宇宙 形累不知太初 彼至人者 歸精神乎無始而甘冥乎無何有之鄕 水流乎無形 發泄乎太淸 悲哉乎 汝爲知在毫毛 而不知大寧

왕의 치질이라도 고쳐주었소?

송나라에 조상이라는 사람이 있었습니다. 그가 송나라 사신으로 진
秦나라에 갔습니다. 떠날 때 몇 대의 수레를 얻어 타고 갔던 그는 진나라
왕의 환대를 받고 수레 백 대를 선물로 받아 송나라로 돌아왔습니다. 그
가 장자를 만나 말했습니다.

조상 비좁고 지저분한 뒷골목에 살면서 가난 때문에 짚신을 삼아 신고
마른 목덜미에 누런 얼굴을 하고 사는 것, 난 그런 걸 잘 못합니다.
한 번 만승의 군주를 깨닫게 해서 수레 백 대가 따라오게 하는 것,
그런 걸 잘하지요.

장자 진나라 왕은 병이 나서 의사를 불렀을 때 종기를 째서 고름을 빼준
자에게는 수레 한 대를, 치질을 핥아준 자에게는 수레 다섯 대를 준
답디다. 치료 부위가 내려갈수록 수레를 더 많이 준답디다. 그대는
왕의 치질을 핥아 고쳐주기라도 하였소? 어떻게 그 많은 수레를 얻
었단 말이오? 그만 가보시오.

宋人有曹商者 爲宋王使秦 其往也 得車數乘 王說之 益車百乘 反於宋 見莊子曰
夫處窮閭阨巷 困窘織屨 槁項黃馘者 商之所短也 一悟萬乘之主而從車百乘者 商
之所長也

莊子曰 秦王有病召醫 破癰潰痤者得車一乘 舐痔者得車五乘 所治愈下 得車愈多
子豈治其痔邪 何得車之多也 子行矣

공자는 아닙니다

노나라 애공이 안합에게 물었습니다.

애공 내 중니를 대들보로 삼을까 합니다. 그러면 나라가 좋아지겠습니까?

안합 위태로워질 것입니다. 깃털 장식에 채색을 하고 화려하게 말하는 것이 그가 하는 일입니다. 사소한 일을 중요하게 생각하고 사람들에게 보여주기 위해 타고난 본성을 참는 사람입니다. 믿음을 잃었다는 것도 모르고 있습니다. 자기 마음대로 받아들이고 자기 생각대로 재단합니다. 그런 사람이 어떻게 사람들 위에 있을 수 있겠습니까? 공자가 마음에 드십니까? 그가 도움이 될 것 같으십니까? 잘못 생각하신 것 같습니다. 사람들의 자연스러운 모습을 버리게 하고 거짓을 배우게 할 것입니다. 사람들에게 보일 만한 것이 아닙니다. 후세를 생각하셔서라도 그만두는 것이 좋을 것입니다. 나라를 돌보는 것은 어렵습니다. 사람들에게 베풀고 나서 잊지 않는 것은 자연이 베푸는 식이 아닙니다. 장사꾼들도 함께하려 하지 않을 것입니다. 어쩔 수 없이 함께하더라도 마음은 함께하지 않을 것입니다. 밖에서 쓰는 형벌 도구는 쇠와 나무입니다. 안에서 쓰는 형벌 도구는 동요와 과잉입니다. 밖에서 벌을 받는 사람은 쇠와 나무로 신문당하고, 안에서 벌을 받는 사람은 음과 양이 그를 잠식합니다. 안팎의 벌을 받지 않을 수 있는 사람은 오직 천진한 사람(眞人)뿐입니다.

魯哀公問於顔闔曰 吾以仲尼爲貞幹 國其有瘳乎
曰殆哉圾乎仲尼 方且飾羽而畫 從事華辭 以支爲旨 忍性以視民而不知不信 受乎心 宰乎神 夫何足以上民 彼宜女與 予頤與 誤而可矣 今使民離實學僞 非所以視民也 爲後世慮 不若休之 難治也 施於人而不忘 非天布也 商賈不齒 雖以事齒之 神者弗齒 爲外刑者 金與木也 爲內刑者 動與過也 宵人之離外刑者 金木訊之 離內刑者 陰陽食之 夫免乎外內之刑者 唯眞人能之

가장 큰 도둑

공자가 말했습니다. "사람의 마음이라는 게 산천보다 험하고 자연을 알기보다 어렵습니다. 자연에는 봄, 여름, 가을, 겨울과 아침, 저녁의 주기가 있습니다. 그런데 사람은 외모를 두껍게 하고 마음을 깊이 감추고 있습니다. 그래서 보기엔 진실한 것 같은데 속으로 거만한 사람이 있습니다. 보기엔 뛰어난 것 같은데 모자라는 사람이 있습니다. 보기엔 경솔한 것 같은데 막히지 않은 사람이 있습니다. 보기엔 강한 것 같은데 약한 사람이 있습니다. 보기엔 느긋한 것 같은데 성급한 사람이 있습니다. 목마른 사람처럼 정의를 향해 달려간 사람이 불에 덴 것처럼 정의를 버립니다.

그래서 군자는 멀리 보내 그 사람의 충성심(忠)을 알아봅니다. 가까이 있게 해 그 사람의 존경심(敬)을 알아봅니다. 번거롭게 일을 시켜 그 사람의 능력(能)을 알아봅니다. 갑자기 질문해 그 사람의 지혜(知)를 알아봅니다. 급하게 약속해 그 사람의 신의(信)를 알아봅니다. 돈을 맡겨 그 사람의 사람됨(仁)을 알아봅니다. 위험을 알려 그 사람의 절의(節)를 알아봅니다. 술에 취하게 해 그 사람의 다른 면(側)을 알아봅니다. 여자랑 함께하게 해 그 사람의 여색(色)을 알아봅니다. 이 아홉 가지로 모자라는 사람을 알아낼 수 있습니다.

정고보가 처음 임명되었을 때는 머리를 숙이고 걸었습니다. 두 번째 임명되었을 때는 허리를 굽히고 걸었습니다. 세 번째 임명되었을 때는 몸을 웅크리고 담장을 끼고 달리듯 걸었습니다. 누군들 본받지 않을 수 있겠습니까? 그런데 보통 사람들은 처음 임명되면 자랑부터 합니다. 두 번째 임명되면 수레에서 춤을 춥니다. 세 번째 임명되면 숙부들 이름을 함부로 부릅니다. 요임금이나 허유와는 아주 다릅니다."

가장 큰 도둑은 본래 모습(德)에 편견(心)을 가지고 그것으로 남을 바라보는 것입니다. 편견으로 바라보고 생각하면 생각이 본래 모습을 해칩니다. 본래 모습을 해치게 되는 것에는 다섯 가지가 있습니다. 그중 제일 심각한 것이 본래 마음(中德)을 해치는 것입니다. 본래 마음을 해친다는 말이 뭐냐고요? 본래 마음을 해친다는 것은 자기가 좋아하는 것을 기준으로 그렇지 않은 것을 비방하는 일입니다. 본래 마음이 막히는 까닭은 여덟 가지 지나침 때문입니다. 본래 마음이 열리려면 세 가지가 필요하고, 본래 마음이 막혀 서로 벌주는 이유도 여섯 가지가 있습니다.

아름다운 용모(美)와 멋진 수염(髥), 큰 키(長)와 좋은 체격(大), 씩씩함(壯)과 수려함(麗), 용기(勇)와 과감함(敢), 이 여덟 가지가 모두 남보다 뛰어나다. 그러면 이 때문에 본래 마음이 막히게 됩니다. 인연을 따르고(緣循) 교만함을 버리고(偎俠) 두려움을 지녀야(困畏) 합니다. 다른 사람들과 달리 이 세 가지를 갖추면 본래 마음이 열립니다. 지혜知慧, 형식주의(外通), 용감한 행동(勇動), 지나친 원한(多怨), 사랑과 정의(仁義), 지나친 책임(多責), 이 여섯 가지는 서로를 벌주는 이유가 됩니다. '사는 게 어떤 건지(生之情)' 잘 아는 사람은 아름답습니다. 그러나 아는 것만 잘 아는 사람은 초라합

니다. 자연의 명령을 잘 아는 사람은 그대로 따릅니다. 그러나 사람의 명
령만 잘 듣는 사람은 곤경에 처합니다.

孔子曰 凡人心險於山川 難於知天 天猶有春秋冬夏旦暮之期 人者厚貌深情 故有
貌愿而益 有長若不肖 有順懁而達 有堅而縵 有緩而釬 故其就義若渴者 其去義若
熱
故君子遠使之而觀其忠 近使之而觀其敬 煩使之而觀其能 卒然問焉而觀其知 急與
之期而觀其信 委之以財而觀其仁 告之以危而觀其節 醉之以酒而觀其側 雜之以處
而觀其色 九徵至 不肖人得矣
正考父一命而傴 再命而僂 三命而俯 循牆而走 孰敢不軌 如而夫者 一命而呂鉅
再命而於車上儛 三命而名諸父 孰協唐許
賊莫大乎德有心而心有睫 及其有睫也而內視 內視而敗矣 凶德有五 中德爲首 何
謂中德 中德也者 有以自好也而吡其所不爲者也 窮有八極 達有三必 形有六府
美髥長大壯麗勇敢 八者俱過人也 因以是窮 緣循 偃佒 困畏不若人 三者俱通達
知慧外通 勇動多怨 仁義多責 (六者所以相刑也) 達生之情者傀 達於知者肖 達大
命者隨 達小命者遭

공자를 존숭하는 학자들이 가장 난해하다고 말하는 대목입니다. 공자
의 말씀이 그럴듯하게 받아들여진다면 다시 읽어봐야 합니다. 장자가
공자를 비판하는 측면을 잘 보여주는 내용이기 때문입니다. 공자가
주장하는 도덕 이성의 이면에 있는 편견과 배제와 차별, 거기서 나오
는 자만심과 배타심 그리고 구별 짓기를 경계하는 글입니다.

흑룡이 깨어났다면

어떤 사람이 송나라 왕을 만나 수레 열 대를 받고 장자에게 자랑했습니다. 장자가 말했습니다. "황하 강가에 가난하게 사는 사람이 있었습니다. 갈대로 발을 짜 먹고 살았지요. 그런데 어느 날 그의 아들이 깊은 못에 들어가 천금이 나갈 구슬을 주워왔습니다. 그러자 아버지가 아들에게 이렇게 말했답니다. '돌을 가지고 와서 그걸 부숴버려라. 천금이 나갈 구슬은 깊고 깊은 연못, 그것도 흑룡의 턱밑에 있어야 할 것이다. 네가 구슬을 가져왔다면 분명 흑룡이 잠깐 잠이 들었을 때일 것이다. 흑룡이 깨어났다면 네가 살아남을 수 있었겠느냐?' 지금 송나라가 잠겨 있는 곳은 깊고 깊은 연못 정도가 아닙니다. 송나라 왕의 사나움에는 흑룡도 비길 바가 못 되지요. 그대가 수레를 얻었다면 분명 왕이 잠깐 잠이 들었을 때일 것입니다. 송나라 왕이 깨어났다면 그대는 가루가 되었을 것입니다."

人有見宋王者 錫車十乘 以其十乘驕穉莊子 莊子曰 河上有家貧恃緯蕭而食者 其子沒於淵 得千金之珠 其父謂其子曰 取石來鍛之 夫千金之珠 必在九重之淵而驪龍頷下 子能得珠者 必遭其睡也 使驪龍而寤 子尙奚徵之有哉 今宋國之深 非直九重之淵也 宋王之猛 非直驪龍也 子能得車者 必遭其睡也 使宋王而寤 子爲螢粉矣

다시 송아지가 되고 싶어도

어떤 왕이 장자를 초빙하려고 사자를 보냈습니다. 장자가 사자에게
말했습니다. "그대는 희생 제물로 끌려가는 소를 보았겠지요. 수놓은 비
단을 입히고 풀과 콩을 먹입니다. 그러고는 태묘로 끌고 들어갑니다. 그
제야 소가 다시 송아지가 되고 싶어한들 그럴 수 있겠습니까?"

或聘於莊子 莊子應其使曰 子見夫犧牛乎 衣以文繡 食以芻叔 及其牽而入於太廟
雖欲爲孤犢 其可得乎

장자의 후한 장례

장자가 죽음을 맞이할 때였습니다. 제자들이 장례를 후하게 치르고 싶어했습니다. 장자가 말했습니다.

장자 하늘과 땅이 나의 관과 곽이 되어줄 것이다. 해와 달이 한 쌍의 옥이 되어줄 것이다. 하늘에 떠 있는 별들이 둥근 옥, 반듯한 옥이 되어줄 것이다. 모든 것이 저승길 선물이 되어줄 것이다. 이러면 내 장례 도구는 이미 다 갖추어진 것이 아니더냐? 뭘 더하겠다는 것이냐?

제자들 까마귀와 소리개가 선생님의 시신을 파먹을까 염려됩니다.

장자 위에서는 까마귀와 소리개의 먹이가 될 것이고, 아래에서는 땅강아지와 개미의 먹이가 될 테지. 저기서 빼앗아 여기에 주는 것이구나. 불공평하지 않느냐? 불공평한 것으로 공평하게 한다면 공평하게 했다는 것이 불공평한 것이 된다. 밝힐 수 없는 것으로 밝히겠다고 한다면 밝혔다는 것이 밝히지 못한 것이 된다. 밝음(明)은 단지 심부름하는 것이다. 결국 마음(神)이 밝히는 것이다. 밝음은 마음을 이기지 못한다. 이는 오래된 것이다. 그런데 어리석은 사람들이 밝음에 매달려 사람 짓에 빠져서는 겉으로 공적만 밝히려 하는구나. 슬프구나! 그렇지 않느냐?

莊子將死 弟子欲厚葬之 莊子曰 吾以天地爲棺槨 以日月爲連璧 星辰爲珠璣 萬物
爲齎送 吾葬具豈不備邪 何以加此
弟子曰 吾恐烏鳶之食夫子也
莊子曰 在上爲烏鳶食 在下爲螻蟻食 奪彼與此 何其偏也 以不平平 其平也不平
以不徵徵 其徵也不徵 明者唯爲之使 神者徵之 夫明之不勝神也久矣 而愚者恃其
所見入於人 其功外也 不亦悲乎

저자 후기에 해당하는 〈천하〉를 제외하면 〈열어구〉가《장자》의 마지막 편이라고 할 수 있습니다. 앞머리 격인 〈소요유〉에서 말했던 "순수한 지인은 나에 집착하지 않는다(至人無己), 마음이 살아 있는 신인은 결과에 초연하다 (神人無功), 훌륭한 성인은 이름에 연연하지 않는다(聖人無名)"는 주제로《장자》를 마무리하고 있다고 할 수 있습니다. 자기 자신에 대한 집착과 영광을 놓지 못하는 사람들의 이야기를 열거한 뒤 장자 자신은 돈과 명예, 죽음에 초연한 인물임을 보여줍니다.

천하
天下

옛날에는

지금 세상은

묵자, 야박했지만 뛰어난 분이었다

송견·윤문, 뜻은 컸지만 그것이 전부였다

팽몽·전병·신도, 흙덩이처럼 살았다

관윤·노담, 정말 대단한 분이다

나 장주, 이 책에서 다하지는 못했지만 볼 만할 것이다

혜시, 재능을 논쟁에 탕진했다

〈천하〉는 장자 자신을 포함한 당대 지식인들의 주장에 대한 논평입니다. 옛날 지식인들은 순수하고 따뜻하고 자애롭고 천진한 마음으로 함께 생각하고 고민했다고 합니다. 하지만 지금의 지식인은 자기 생각에 갇혀 자기 주장만을 고집하고 있어 결국 지식인들이 세상의 혼란과 분열을 조장할 것이라고 합니다. 모두 여섯 그룹의 지식인들에 대해 비평하고 있습니다. 그 가운데 노자와 관윤에 대해서는 최고의 호평을 하고 있으며, 장자 자신에 대한 자평도 자못 흥미롭습니다. 친구 혜시에 대한 비평을 마지막에 둔 것도 주목할 만합니다.

옛날에는

세상에는 '이리 가야 한다(方)' '이렇게 해야 한다(術)'고 주장하는 사람들이 많습니다. 그들 모두 자기주장이 완벽하다고 생각합니다. 옛날에도 '어디로 가나(道)' '어떻게 하나(術)' 하는 생각이 있었을까요? 있었다면 과연 어디에 있었을까요? 없는 곳이 없었다고 말하겠습니다.

마음(神)은 어디서 오는 것이었나요? 밝음(明)은 어디서 나오는 것이었나요? 훌륭한 성인에게서 나오기도 했고 왕이 이루기도 했습니다. 그러나 이 모든 것은 하나에서 나온 것이었습니다. 근원에서 벗어나지 않았습니다. 이런 사람을 '자연의 사람(天人)'이라고 했습니다. 순수함(精)에서 벗어나지 않았습니다. 이런 사람을 '마음이 살아 있는 신인神人'이라고 했습니다. 천진함(眞)에서 벗어나지 않았습니다. 이런 사람을 '순수한 지인至人'이라고 했습니다. 자연(天)을 주인으로 삼고, 본래 모습(德)을 뿌리로 삼고, 길(道)을 문으로 삼아 변화에 적절히 대처했습니다. 이런 사람을 '훌륭한 성인聖人'이라고 했습니다. 사랑(仁)으로 베풀고, 정의(義)로 결을 삼고, 예禮로 실행하고, 악樂으로 화목했습니다. 따뜻하고 자애로운 사람, 이런 사람을 '군자君子'라고 했습니다. 법으로 나누고, 이름으로 나타내고, 사소한 일들을 경험 삼아 논의하고 결정했습니다. 그럴 일이 하나, 둘,

셋, 넷 정도였습니다. 모든 관리가 이런 식으로 서로 이야기하는 일이 일상이었습니다. 주로 입고 먹는 일에 대해 이야기했습니다. 가축을 잘 기르고 곡식을 저장하는 일과 노인과 약자, 고아와 과부를 생각했습니다. 모든 것이 사람들을 돌보기 위한 것들이었습니다.

옛날 사람들은 본래 모습을 갖추고 있었나봅니다. 순수한 마음과 밝음이 함께했습니다. 자연과 친했습니다. 모든 것을 길러주고, 세상과 화목했고, 모든 사람에게 베풀었습니다. 뿌리의 수를 잘 알고 가지를 정리했습니다. 어디든 막힘없이 두루 통했습니다. 작든 크든 사소하든 거칠든 미치지 않는 곳이 없었습니다. 그 밝음이 뿌리의 수와 가지의 정도에 달렸다는 것은 옛 법을 대대로 전해온 기록에 아직도 많이 남아 있습니다.

《시》,《서》,《예》,《악》에 있던 것을 추나라와 노나라의 선비들과 허리띠를 두르고 다니는 유학자(搢紳先生)들이 많이 밝혀냈습니다. 《시》는 사람들의 마음(志)이 어떠했는지 보여줍니다. 《서》는 어떤 일(事)이 있었는지 보여줍니다. 《예》는 어떻게 행동(行)했는지 보여줍니다. 《악》은 어떻게 화목(和)했는지 보여줍니다. 《역》은 음과 양(陰陽)을 보여줍니다. 《춘추》는 이름과 나눔(名分)을 보여줍니다. 이런 내용이 세상에 알려져 중국에 베풀어졌다는 것을 여러 학파의 학자들이 때로 내세워 말하곤 합니다.

天下之治方術者多矣 皆以其有爲不可加矣 古之所謂道術者 果惡乎在 曰 無乎不在
曰 神何由降 明何由出 聖有所生 王有所成 皆原於一 不離於宗 謂之天人 不離於精 謂之神人 不離於眞 謂之至人 以天爲宗 以德爲本 以道爲門 兆於變化 謂之聖人 以仁爲恩 以義爲理 以禮爲行 以樂爲和 薰然慈仁 謂之君子 以法爲分 以名爲表 以參爲驗 以稽爲決 其數一二三四是也 百官以此相齒 以事爲常 以衣食爲主

蕃息畜藏 老弱孤寡爲意 皆有以養民之理也

古之人其備乎 配神明 醇天地 育萬物 和天下 澤及百姓 明於本數 係於末度 六通四辟 小大精粗 其運無乎不在 其明而在數度者 舊法世傳之史尙多有之

其在於詩書禮樂者 鄒魯之士搢紳先生多能明之 詩以道志 書以道事 禮以道行 樂以道和 易以道陰陽 春秋以道名分 其數散於天下而設於中國者 百家之學時或稱而道之

지금 세상은

　　세상이 아주 혼란스러워졌습니다. 베푸는 사람도 훌륭한 성인도 보이지 않습니다. 길과 본래 모습이라는 것이 옛날 같지가 않습니다. 일부만 생각하면서 혼자 좋아하는 학자들이 세상에 많습니다. 비유하자면 귀, 눈, 코, 입이 각기 밝히는 것이 있지만 서로 통하지 못하는 것과 같습니다. 마찬가지로 학파들 모두 가지에 불과합니다. 모두 각기 장점을 가지고 있지만 모든 것을 포용하지는 못합니다. 한쪽에 치우친 학자들입니다. 자연의 아름다움을 판단합니다. 모든 것의 결을 분석합니다. 옛사람들의 온전함을 고찰합니다. 그러나 자연의 아름다움을 갖춘 순수한 마음과 밝은 모습을 가졌다고 할 만한 사람은 거의 없습니다. 훌륭한 성인이 왕 노릇을 하는 내성외왕內聖外王의 길은 어둡습니다. 밝지 않습니다. 막혔습니다. 열리지 않습니다. 세상 사람들 모두 각기 자기 가고 싶은 대로 갑니다. 그걸 '길'이라고 하며 갑니다. 슬픕니다. 모든 학파가 나가기만 하고 돌아올 줄 모릅니다. 분명 길을 만나지 못할 것입니다. 후세에 배우는 사람들은 불행합니다. 자연의 순수함, 옛사람들의 큰 모습을 보지 못할 것입니다. '어디로 가나(道)', '어떻게 하나(術)' 하는 생각마저 세상을 분열시키고 말 것입니다.

天下大亂 賢聖不明 道德不一 天下多得一 察焉以自好 譬如耳目鼻口 皆有所明 不能相通 猶百家衆技也 皆有所長 時有所用 雖然 不該不徧 一曲之士也 判天地之美 析萬物之理 察古人之全 寡能備於天地之美 稱神明之容 是故內聖外王之道 闇而不明 鬱而不發 天下之人各爲其所欲焉以自爲方 悲夫 百家往而不反 必不合矣 後世之學者 不幸不見天地之純 古人之大體 道術將爲天下裂

묵자, 야박했지만 뛰어난 분이었다

후세에게 사치를 보이지 않았습니다. 모든 것을 함부로 하지 않았습니다. 수數와 정도(度)를 내걸지 않았습니다. 노끈이나 먹줄로 스스로 바로잡아 위급한 상황에 대비했습니다. '어디로 가나(道)' '어떻게 하나(術)', 옛날 살아가는 모습 가운데 이런 면이 있었습니다. 묵적과 금골리가 이러한 이야기를 듣고 좋아했습니다. 그런데 너무 지나치게 따라 심하게 절제하게 했습니다. 〈비악非樂〉을 쓰고 〈절용節用〉이라고 이름 붙인 글도 썼습니다. 그러고는 살아서 노래하지 말고 죽어서 상복을 입지 말자고 했습니다.

묵자는 모두 아껴주고, 이익을 함께하고, 싸우지 말자고 했습니다. 그는 화내지 않고 배우기를 좋아해서 많이 배우고자 '길'을 갔습니다. 이런 것은 다르지 않지만 선왕과는 달리 옛날의 예禮와 악樂을 비난했습니다. 황제에게는 함지咸池라는 음악[1]이 있었습니다. 요임금에게는 대장大章이라는 음악이 있었습니다. 순임금에게는 대소大韶(구소)라는 음악이 있었습니다. 우임금에게는 대하大夏라는 음악이 있었습니다. 탕임금에게는

---

1 〈천운〉에서 이미 감상한 바 있다.

대호大濩라는 음악이 있었습니다. 문왕에게는 벽옹辟雍이라는 음악이 있었습니다. 무왕 때 주공은 무武라는 음악을 만들었습니다.

옛날 상례는 귀천에 따른 의례가 있었고, 위아래 차등이 있었습니다. 천자는 관과 곽을 일곱 겹으로 하고, 제후는 다섯 겹으로, 대부는 세 겹으로, 선비는 두 겹으로 했습니다. 지금 묵자만이 살아서 노래하지 말고 죽어서 상복을 입지 말자고 합니다. 오동나무 관을 세 치 두께로 하고 곽을 없애는 것을 법식으로 삼으라고 합니다. 사람들에게 이렇게 가르치는 것이 사람들을 아끼는 것이 아닐 것입니다. 스스로 이렇게 행하는 것도 자신을 아끼는 것이 아닐 것입니다. 묵자의 길을 공격하려는 것은 아닙니다. 그러나 노래하고 싶은데 노래하지 말라고 하고, 울고 싶은데 울지 말라고 하고, 즐기고 싶은데 즐기지 말라고 하는 것이 과연 자연스러운 모습일까요? 살아서는 일만 하다 죽어서는 야박하게 보내지니 그 길은 인정이 없지 않은가요? 사람들을 가엾고 슬프게 하는 것입니다. 그렇게 하기는 어렵습니다. 훌륭한 성인의 길이라고 할 수 없을 것 같습니다. 세상 사람들의 마음에 반합니다. 사람들이 감당할 수 없습니다. 묵 선생만이 할 수 있습니다. 세상 사람들이 어떻게 하겠습니까? 세상 사람들을 떠나 있습니다. 그러니 왕의 길에서도 멀리 있습니다.

묵자는 말합니다. "옛날 우임금은 홍수를 막고 양자강과 황하를 터서 사방의 모든 땅을 통하게 했다. 이름 있는 하천이 삼백이나 되었고, 지류는 삼천, 작은 시내들은 셀 수 없이 많았다. 우임금은 손수 삼태기와 보습을 들고 강을 정비하는 일을 했다. 장딴지와 정강이 털이 닳아 없어지고, 폭우를 얼굴로 받고, 거센 바람을 머리로 맞으며 온 나라를 만들었다. 우임금은 대단히 훌륭한 분(大聖)이다. 세상을 위해 이렇게 몸소 일하셨다." 그래서 후세의 묵자들은 너절한 옷에 짚신을 신고, 밤낮을 쉬지 않고 자기를 괴롭히는 것을 대단한 것이라고 생각하게 되었습니다. 후세의 묵자들은 말합니다. "이렇게 할 수 없으면 우임금의 길이 아니다. 묵가라고 말할 수 없다."

상리근의 제자, 오후의 무리, 남방의 묵가 그리고 고획, 기치, 등릉자 같은 사람들이 모두 묵경을 읽고 있습니다. 그러나 그 해석이 보태지고 어긋나면서 서로 달라졌습니다. 서로를 별묵別墨이라고 부릅니다. 견백론, 동이론 같은 궤변으로 서로를 비난하고, 홀수와 짝수처럼 서로 다른 말로 응수합니다. 자기네 지도자를 훌륭한 성인이라고 주장하면서 서로 종주가 되어 묵자의 후계자가 되려고 합니다. 지금까지 결론을 내리지 못하고 있습니다. 묵적과 금골리의 뜻은 옳았습니다. 그러나 그 행동은 잘못되었습니다. 후세의 묵자들이 자기를 괴롭히고, 장딴지와 정강이 털이 닳도록 서로를 부추기게 할 뿐입니다. 혼란의 상책입니다. 돌봄의 하책입니다. 하지만 묵자 자신은 세상을 정말 좋아했던 분입니다. 추구하는 것을 얻지 못하면 몸이 말라비틀어지더라도 그만두지 않았습니다. 뛰어난 분(才士)이었습니다.

不侈於後世 不靡於萬物 不暉於數度 以繩墨自矯 而備世之急 古之道術有在於是者 墨翟禽滑釐聞其風而說之 爲之大過 已之大循 作爲非樂 命之曰節用 生不歌 死無服

墨子氾愛兼利而非鬪 其道不怒 又好學而博 不異 不與先王同 毁古之禮樂 黃帝有咸池 堯有大章 舜有大韶 禹有大夏 湯有大濩 文王有辟雍之樂 武王周公作武

古之喪禮 貴賤有儀 上下有等 天子棺槨七重 諸侯五重 大夫三重 士再重 今墨子獨生不歌 死不服 桐棺三寸而無槨 以爲法式 以此敎人 恐不愛人 以此自行 固不愛己 未敗墨子道 雖然 歌而非歌 哭而非哭 樂而非樂 是果類乎 其生也勤 其死也薄 其道大觳 使人憂 使人悲 其行難爲也 恐其不可以爲聖人之道 反天下之心 天

下不堪 墨子雖獨能任 奈天下何 離於天下 其去王也遠矣

墨子稱道曰 昔禹之湮洪水 決江河而通四夷九州也 名川三百 支川三千 小者無數 禹親自操橐耜而九雜天下之川 腓無胈 脛無毛 沐甚雨 櫛疾風 置萬國 禹大聖也而 形勞天下也如此 使後世之墨者 多以裘褐爲衣 以跂蹻爲服 日夜不休 以自苦爲極 曰 不能如此 非禹之道也 不足謂墨

相里勤之弟子五侯之徒 南方之墨者苦獲 已齒 鄧陵子之屬 俱誦墨經 而倍譎不同 相謂別墨 以堅白同異之辯相訾 以觭偶不仵之辭相應 以巨子爲聖人 皆願爲之尸 冀得爲其後世 至今不決 墨翟禽滑釐之意則是 其行則非也 將使後世之墨者 必自 苦以腓無胈脛無毛 相進而已矣 亂之上也 治之下也 雖然 墨子眞天下之好也 將求 之不得也 雖枯槁不舍也 才士也夫

송견·윤문, 뜻은 컸지만 그것이 전부였다

세속에 갇히지 않았습니다. 무언가 꾸미지 않았고, 남에게 매이지 않았고, 사람들을 해치지 않았습니다. 세상의 안녕을 바랐고, 사람들이 살 수 있어 남과 나의 삶 모두 만족스러우면 그만이었습니다. 이렇게 마음이 깨끗했습니다. '어디로 가나', '어떻게 하나', 옛날 살아가는 모습 가운데 이런 면이 있었습니다. 송견과 윤문이 이러한 이야기를 듣고 좋아했습니다. 이들은 자기 학파를 상징하기 위해 위아래 폭이 같은 화산華山이라는 관을 만들어 썼습니다. 모든 것을 대할 때 내면과 바깥의 경계를 분명히 하는 것으로 시작했습니다. 마음으로 받아들이라고 말하고, 그것을 '마음이 가는 길(心之行)'이라고 말했습니다. 사람들 모두 즐겁게 지내고 세상이 화목하기를 바랐습니다. 그들이 이루고자 했던 주요 생각은 이렇습니다. '남이 업신여겨도 모욕으로 생각하지 않는다. 사람들이 싸우지 않도록 한다. 공격을 금지하고 무기 사용을 그만둔다. 세상을 전쟁에서 해방시킨다.' 이런 주장을 세상에 펼쳐나갔습니다. 윗사람을 설득하려 했고 아랫사람들도 가르쳤습니다. 세상 사람들이 듣지 않았지만 그들은 사람들의 귀에 대고 계속 떠들어댔습니다. 결국 이런 말을 듣게 되었습니다. "위고 아래고 모두 보기 싫다는데 억지로 보라고 한다."

그들은 다른 사람들을 위해서는 지나치게 걱정하면서도 자기 자신들에게는 너무 소홀했습니다. 송견과 윤문은 말합니다. "다섯 되의 밥만 있으면 됩니다. 그것으로 충분합니다." 이 정도로는 선생도 배부르지 않았겠지만 제자들도 마찬가지였을 것입니다. 하지만 송견과 윤문 그리고 제자들은 배가 고픈데도 세상을 잊지 않고 밤낮을 쉬지 않았습니다. "우리가 모든 사람을 살아가게 할 수 있을 것이다." 뜻이 큽니다. 세상을 구제할 인물이라 하겠습니다. 그들은 말합니다. "군자는 모질게 생각하지 않는다. 자신을 위해 다른 것을 해치지 않는다." 세상에 무익한 것을 알려고 하기보다 그만두는 것이 낫다고 생각했습니다. 공격을 금지하고 무기 사용을 그만둬라. 이것이 그들의 바깥세상을 향한 주장이었습니다. 욕망을 줄이고 감정을 누그러뜨려라. 이것이 그들의 내면세계에 대한 생각이었습니다. 규모가 작든 크든, 방식이 순수하든 거칠든 이것이 그들이 이르고자 했던 목표였습니다. 그러나 여기에 그치고 말았습니다.

不累於俗 不飾於物 不苟於人 不忮於衆 願天下之安寧以活民命 人我之養畢足而止 以此白心 古之道術有在於是者 宋鈃尹文聞其風而悅之 作爲華山之冠以自表 接萬物以別宥爲始 語心之容 命之曰心之行 以聏合驩 以調海內 請欲置之以爲主 見侮不辱 救民之鬪 禁攻寢兵 救世之戰 以此周行天下 上說下敎 雖天下不取 强聒而不舍者也 故曰上下見厭而强見也

雖然 其爲人太多 其自爲太少 曰 請欲固置五升之飯足矣 先生恐不得飽 弟子雖飢 不忘天下 日夜不休 曰 我必得活哉 圖傲乎救世之士哉 曰 君子不爲苛察 不以身假物 以爲無益於天下者 明之不如已也 以禁攻寢兵爲外 以情欲寡淺爲內 其小大精粗 其行適至是而止

팽몽·전병·신도, 흙덩이처럼 살았다

치우치지 않고 공평했습니다. 편들지 않고 공정했습니다. 주인 없이 열려 있었습니다. 차별하지 않았습니다. 고민할 일도 없었습니다. 지혜를 짜낼 일도 없었습니다. 무언가를 선택할 일도 없었습니다. 모두 함께 살아갈 뿐이었습니다. '어디로 가나', '어떻게 하나', 옛날 살아가는 모습 가운데 이런 면이 있었습니다. 팽몽, 전병, 신도가 이러한 이야기를 듣고 좋아했습니다. 이들은 모든 것을 차별하지 않는 것이 제일 중요하다고 생각했습니다. 그들은 말합니다. "하늘은 모든 것을 덮어줄 수 있지만 실어줄 수는 없습니다. 땅은 모든 것을 실어줄 수 있지만 덮어줄 수는 없습니다. 큰길은 모든 것을 포용해줄 수 있지만 차별할 수는 없습니다. 모든 것을 알려고 하지만 알 수 있는 것이 있고 알 수 없는 것도 있습니다. 그래서 '선택한다는 것은 배제하는 것이다. 가르치는 것은 일부일 뿐이다. 그러나 길을 가면 버려지는 것이 없다'고 말하는 것입니다."

그래서 신도는 알려고 하지 않고 '나'라는 생각마저 버렸습니다. 어쩔 수 없는 무언가에 맡기는 것이 자연스러운 길이라고 생각했습니다. 신도는 말합니다. "안다는 것은 모른다는 것입니다. 어설프게 알면서 아는 척하면 주변에 상처를 줍니다."

그는 책임감 없이 비방하면서 세상 사람들이 존경하는 인물을 비웃었습니다. 구애 없이 행동하면서 세상 사람들이 훌륭하다고 하는 큰 인물을 비난했습니다. 그러면서도 모난 곳을 깎고 다듬어 세상 사는 일에는 원만했습니다. 옳고 그르다는 시비 판단을 하지 않았습니다. 그래서 사실 재앙을 면할 수 있었습니다. 알려고도 하지 않고 고민도 하지 않았습니다. 전후 맥락도 모른 채 고고하게 있었을 뿐입니다. 떠밀려야 나가고 이끌려야 쫓아갔습니다. 회오리바람처럼 빙빙 돌기도 하고 깃털처럼 가볍게 날기도 하다가 맷돌처럼 꿋꿋하게 돌고 있기도 했습니다. 완벽했습니다. 비난할 게 없었습니다. 움직이거나 가만히 있거나 잘못이 없으니 죄를 지은 적도 없었습니다. 왜 그럴까요? 원래 지각 능력이 없는 자연물들은 자기 고민이 없습니다. 아는 것을 쓰려는 번거로움도 없습니다. 움직이거나 가만히 있거나 자연의 결을 벗어나지 않습니다. 그래서 죽을 때까지 칭찬받는 일도 없습니다. 신도는 말합니다. "지각 능력이 없는 자연물처럼 살려고 할 뿐입니다. 존경받는 훌륭한 성인이 되려는 것이 아닙니다. 저 흙덩이라면 길을 잃지 않을 것입니다."

세상의 인재 호걸들이 이들을 비웃으며 말합니다. "신도의 길은 살아 있는 사람이 가는 길이 아니라 죽은 사람이 가는 길입니다. 이상한 생각을 하고 있네요."

전병도 마찬가지입니다. 그도 팽몽에게서 배워 뭘 가르치지 않았습니다. 팽몽의 스승이 이렇게 말했답니다. "옛날 길을 가는 사람은 옳다는 것도 없고 그르다는 것도 없었다. 그게 다였다."

바람이 획 하고 불고 마니 어떻게 말을 해야 할까요? 항상 사람들과 반하지만 관심을 끌지도 못했습니다. 그러면서도 원만해지려고 노력했습니다. 그들이 말하는 길은 '길'이 아닙니다. 그들이 옳다고 하는 것도

옳은 것일 수 없습니다. 팽몽, 전병, 신도는 길을 모릅니다. 하지만 예전
에 길에 대해 뭔가 들은 적은 있었던 사람들입니다.

公而不當 易而無私 決然無主 趣物而不兩 不顧於慮 不謀於知 於物無擇 與之俱
往 古之道術有在於是者 彭蒙田駢愼到聞其風而悅之 齊萬物以爲首 曰 天能覆之
而不能載之 地能載之而不能覆之 大道能包之而不能辯之 知萬物皆有所可 有所不
可 故曰選則不徧 敎則不至 道則無遺者矣

是故愼到棄知去己而緣不得已 泠汰於物以爲道理 曰知不知 將薄知而後鄰傷之者
也

謑髁無任而笑天下之尙賢也 縱脫無行而非天下之大聖 椎拍輐斷 與物宛轉 舍是與
非 苟可以免 不師知慮 不知前後 魏然而已矣 推而後行 曳而後往 若飄風之還 若
羽之旋 若磨石之隧 全而無非 動靜無過 未嘗有罪 是何故 夫無知之物 無建己之
患 無用知之累 動靜不離於理 是以終身無譽 故曰至於若無知之物而已 無用賢聖
夫塊不失道

豪桀相與笑之曰 愼到之道 非生人之行而至死人之理 適得怪焉

田駢亦然 學於彭蒙 得不敎焉 彭蒙之師曰 古之道人 至於莫之是莫之非而已矣

其風窢然 惡可而言 常反人 不聚觀 而不免於魭斷 其所謂道非道 而所言之韙不免
於非 彭蒙田駢愼到不知道 雖然 槪乎皆嘗有聞者也

관윤 · 노담, 정말 대단한 분이다

모든 것의 뿌리는 순수하다고 생각했습니다. 거기서 나온 것이 거칠어지는 거라고 생각했습니다. 쌓아두면 부족해진다고 생각했습니다.[2] 고요하니 홀로 밝은 마음으로 지냈습니다. '어디로 가나', '어떻게 하나', 옛날 살아가는 모습 가운데 이런 면이 있었습니다. 관윤과 노담이 이러한 이야기를 듣고 좋아했습니다. 영원함과 없음과 있음에 대한 생각을 개진했습니다.[3] 큰 하나를 주인으로 삼았습니다.[4] 부드럽고 약하고 겸손한 태도를 보였습니다. 자신을 비우고 어떤 것도 해치지 않는 것이 내용이었습니다. 관윤은 말합니다. "자신을 어디에 두지 마세요. 그래야 모든 것이 자기 모습을 드러냅니다. 물처럼 움직이고 거울처럼 비추어주고 메아리처럼 응답하세요. 황홀하니 없는 것도 같고 고요하니 맑기도 하네요. 함께하니 화목하네요. 얻으면 버리세요." 관윤은 남보다 앞선 적이 없었습니다. 항상 남을 따랐을 뿐입니다.

---

2 《도덕경》 81장에 이런 내용이 있다. "성인은 결코 쌓아두지 않는다. 남을 위해 쓸수록 더욱 있게 되고, 남에게 줄수록 더욱 많아진다(聖人不積 旣以爲人 己愈有)."
3 《도덕경》 1장, 2장 참조.
4 《도덕경》 25장, 39장 참조.

노담은 말합니다. "남성다움을 알면서도 여성다움을 지키면 세상의 계곡이 됩니다. 흰 것을 알면서도 욕된 것을 지키면 세상의 골짜기가 됩니다."[5]

모든 사람이 앞장서려고 합니다. 노담만은 뒤에서 따르겠다고 했습니다.[6] 말하자면 세상 쓰레기를 거두겠다는 것입니다.[7] 사람들 모두 열매를 따려고 합니다. 노담만은 아무것도 가지지 않겠다고 했습니다. 아무것도 쌓아두지 않겠다고 말입니다. 그래야 넉넉하게 남게 된다고. 그래야 사람들의 행동이나 처신도 넉넉하게 된다고. 천천히 살면서 낭비하지 않게 된다고 말입니다.[8] 그러면 억지로 하지 않게 된다고. 오히려 억지로 하는 것을 비웃게 된다고 말입니다. 모든 사람이 행복하게 살려고 합니다. 노담만은 겸손하고 온전하게 살려고 했습니다.[9] 욕심을 부리지 않았습니다.[10] 뿌리를 깊이 하고 검소함을 벼리로 삼았습니다.[11] "단단하면 무너진다"[12] "날카로우면 무뎌진다"[13]고 말했습니다. 항상 모든 것을 넓은 마음으로 끌어안아주었습니다. 남들에게 모질게 하지 않았습니다. 정말 대단한 분이라고 말할 만합니다. 관윤과 노담은 넓고 큰 천진한 분(博大眞人)이었습니다.

---

5 《도덕경》 28장에 같은 내용이 있다. 여기서는 내용을 조금 축약하고 있다.
6 《도덕경》 66, 67장 참조.
7 《도덕경》 78장 참조.
8 《도덕경》 44장에 "심하게 아끼면 한꺼번에 낭비하게 된다(甚愛必大費)"는 말이 있다.
9 《도덕경》 22장 "겸손하면 온전해진다(曲則全)" 참조.
10 《도덕경》 46장 "욕심이 가장 큰 허물이다(禍莫大於不知足)" 참조.
11 《도덕경》 59장, 29장 참조.
12 《도덕경》 76장 참조.
13 《도덕경》 4장 참조.

以本爲精 以物爲粗 以有積爲不足 澹然獨與神明居 古之道術有在於是者 關尹老
聃聞其風而悅之 建之以常無有 主之以太一 以濡弱謙下爲表 以空虛不毀萬物爲實
關尹曰 在己無居 形物自著 其動若水 其靜若鏡 其應若響 芴乎若亡 寂乎若淸 同
焉者和 得焉者失 未嘗先人而常隨人
老聃曰 知其雄 守其雌 爲天下谿 知其白 守其辱 爲天下谷
人皆取先 己獨取後 曰受天下之垢 人皆取實 己獨取虛 無藏也故有餘 歸然而有餘
其行身也 徐而不費 無爲也而笑巧 人皆求福 己獨曲全 曰苟免於咎 以深爲根 以
約爲紀 曰堅則毀矣 銳則挫矣 常寬容於物 不削於人 可謂至極 關尹老聃乎 古之
博大眞人哉

나 장주, 이 책에서 다하지는 못했지만 볼 만할 것이다

고요하니 끝도 없이 아무런 모습도 보이지 않습니다. 모든 것이 달라지고 무엇이 되어갑니다. 영원한 것은 없습니다. 죽음인가요? 삶인가요? 천지자연과 함께하는 것인가요? 밝은 마음이 오는 것인가요? 모든 걸 버리고 어디로 가는 것인가요? 홀연히 어디로 떠나는 것인가요? 분명 모든 것이 펼쳐져 있지만 딱히 돌아가야 할 곳도 없습니다. '어디로 가나', '어떻게 하나', 옛날 살아가는 모습 가운데 이런 면이 있었습니다. 나 장주는 이러한 이야기가 좋았습니다. 그래서 터무니없는 이야기, 황당한 말, 밑도 끝도 없는 말들을 이따금 제멋대로 했습니다. 하지만 치우치지 않았습니다. 편견으로 보지 않았습니다. 나는 세상이 혼탁해졌다고 생각했습니다. 그래서 바른말 하기가 어려웠습니다. 그래서 치언으로 끝없이 바꾸고 달리 말해보았습니다. 중언으로 진실을 말했습니다. 우언으로 폭넓게 말했습니다. 천지자연의 순수한 마음으로 오고 갔을 뿐입니다. 어떤 것도 오만하게 흘겨보지 않았습니다. 옳고 그름을 따지지 않았습니다. 세속에서 함께 살았습니다. 이 책은 이상하고 독특하기도 하지만 둥글게 흘러 해가 되지는 않습니다. 이야기도 들쭉날쭉 장난스럽기도 합니다만 볼 만합니다. 그 내용이 진실로 가득 차 있으면서 끝날 줄 모르기 때문입니다.

위로는 모든 것을 만드는 조물자와 함께 노닙니다. 아래로는 죽고 사는 것을 운명으로 받아들이고 끝도 시작도 모르는 것들과 벗을 삼았습니다. 뿌리는 넓고 크게 열어 거침없이 깊이 뻗어나갔습니다. 조상과는 조화를 이루며 높은 곳까지 다가갔습니다. 되어가는 것에 응답하고 무언가를 풀어나갔습니다. 하지만 결코 다하지 못했습니다. 다가오는 것을 벗어버리지 못했습니다. 아득합니다. 잘 모르겠습니다. 다하지 못한 것들이 있습니다.

芴漠無形 變化無常 死與生與 天地竝與 神明往與 芒乎何之 忽乎何適 萬物畢羅
莫足以歸 古之道術有在於是者 莊周聞其風而悅之 以謬悠之說 荒唐之言 無端崖
之辭 時恣縱而不儻 不以觭見之也 以天下爲沈濁 不可與莊語 以巵言爲曼衍 以重
言爲眞 以寓言爲廣 獨與天地精神往來而不敖倪於萬物 不譴是非 以與世俗處 其
書雖瓌瑋而連犿無傷也 其辭雖參差而諔詭可觀 彼其充實不可以已 上與造物者遊
而下與外死生無終始者爲友 其於本也 弘大而辟 深閎而肆 其於宗也 可謂稠適而
上遂矣 雖然 其應於化而解於物也 其理不竭 其來不蛻 芒乎昧乎 未之盡者

혜시, 재능을 논쟁에 탕진했다

혜시는 여러 가지에 두루 관심이 많았습니다. 그는 책을 다섯 수레나 가지고 다녔습니다. 그의 길은 잡다하고 그의 말은 적절하지 않았습니다. 그는 어떤 것들에 대한 생각을 이렇게 늘어놓았습니다. "가장 큰 것은 밖이 없다. 이것을 대일大一이라고 한다. 가장 작은 것은 안이 없다. 이것을 소일小一이라고 한다. 두께가 없는 것은 쌓을 수 없다. 하지만 크기는 천 리에 달한다. 하늘과 땅 모두 낮다. 산과 연못 모두 평평하다. 해가 중천에 떴다 하면 기울고 있는 것이다. 크게는 같지만 작게는 다르다. 이것을 소동이小同異라고 한다. 그러나 모든 것은 같기도 하고 다르기도 하다. 이것을 대동이大同異라고 한다. 남쪽은 끝이 없지만 끝이 있다. 오늘 월나라로 떠났는데 어제 월나라에 왔다. 연결된 고리는 풀 수 있다. 나는 세상의 가운데를 알고 있다. 연나라의 북쪽, 월나라의 남쪽에 있다. 모든 것을 두루 사랑하자. 천지자연이 한 몸이다."

혜시는 이런 생각이 대단한 것인 줄 알았습니다. 그래서 세상 사람들에게 보여주고 논쟁가들을 가르쳤습니다. 세상의 논쟁가(辯者)들이 혜시와 이런 것을 함께 즐겼습니다. 그들은 말합니다. "알에 털이 있다. 닭 다리가 세 개다. 초나라 수도 영에 세상이 있다. 개가 양이 될 수 있다. 말

(馬)에 알이 있다. 개구리에게 꼬리가 있다. 불이 뜨겁지 않다. 산은 입에서 나온다. 바퀴는 땅에 붙어 있지 않다. 눈이 보는 것이 아니다. 손가락이 이르는 것이 아니다. 이르면 끊을 수 없다. 거북이 뱀보다 길다. 곱자로 네모를 그릴 수 없고 그림쇠로 원을 그릴 수 없다. 구멍 속에 있는 것은 구멍이 둘러싼 것이 아니다. 날고 있는 새의 그림자는 움직인 적이 없다. 빠르게 날고 있는 날카로운 화살이 날지도 멈추지도 않는 때가 있다. 개(狗)는 개(犬)가 아니다. 누런 말과 검은 소는 셋이다. 하얀 개는 검다. 어미 없는 망아지는 어미가 있었던 적이 없다. 한 자의 회초리를 매일 반으로 줄인다 해도 영원히 없어지지 않는다."

　　논쟁가들은 혜시와 이런 말들을 주고받으며 죽을 때까지 끝낼 줄 몰랐습니다. 환단과 공손룡은 논쟁가들이었습니다. 이들은 사람들의 마음을 현혹시키고 사람들의 생각을 바꾸게 했습니다. 사람들의 입을 이길 수는 있었지만 사람들을 마음으로 따르게 하지는 못했습니다. 논쟁가의 한계입니다. 혜시는 날마다 그가 아는 것을 가지고 사람들과 논쟁을 했습니다. 특히 세상의 논쟁가들과 기괴한 이야기를 만들었습니다. 위의 것들이 그 예입니다. 그러나 혜시는 자신의 말솜씨가 가장 훌륭하다고 생각했습니다. 혜시는 말합니다. "천지자연 그 위대함이여!" 혜시는 영웅심을 간직하고 있었습니다. 하지만 무엇을 어떻게 해야 할지 몰랐습니다. 남방에 황료라는 기인이 있었는데 그가 혜시에게 물었습니다. "하늘이 무너지지 않고 땅이 꺼지지 않습니다. 바람이 불고 비가 오고 천둥 번개가 칩니다. 왜 그런 것입니까?" 혜시는 사양하지도 않고 응했습니다. 생각하지도 않고 대답했습니다. 모든 것에 대해 두루 설명했습니다. 그 설명은 끝날 줄 모르고 말이 끊임없이 이어졌습니다. 오히려 그것이 부족하다고 여겨 이상한 이야기를 덧붙이기도 했습니다. 다른 사람의 견해에 반대하는 것을 진실이라고 생각했습니다. 다른 사람을 이기는 것으로 이름을 얻고자 했습니다. 그래서 많은 사람과 잘 지내지 못했습니다. 본래 모습은 약하고 다른 것에 대한 관심이 강했습니다. 그는 좁고 굽은 길을 갔습니다. 천지자연의 길에서 혜시의 능력을 바라보면 한 마리 모기나 등에가 애쓰는 것 같습니다. 어디엔들 무슨 소용이 있겠습니까? 그래도 한 면에서는 인정받을 만합니다. 그가 길의 소중한 일면을 보여준 점도 있습니다. 그러나 혜시는 이 정도로 편안할 수 없었습니다. 지치지도 않고 모든 것을 파헤쳤습니다. 결국 논쟁 잘하는 것으로 이름이 났습니다. 아깝습니다! 혜시는 자신의 재능을 탕진해버렸습니다. 결국 아무것도 얻지 못했습니다. 이런저런 것들을 모두 쫓아다니면서 돌아오지 못했습니다. 이는 메아리를 위해 소리를 지르고, 몸이 그림자와 경주한 꼴입니다. 슬픕니다!

惠施多方 其書五車 其道舛駁 其言也不中 厤物之意 曰 至大無外 謂之大一 至小無內 謂之小一 無厚 不可積也 其大千里 天與地卑 山與澤平 日方中方睨 物方生方死 大同而與小同異 此之謂小同異 萬物畢同畢異 此之謂大同異 南方無窮而有窮 今日適越而昔來 連環可解也 我知天下之中央 燕之北越之南是也 氾愛萬物 天地一體也

惠施以此爲大 觀於天下而曉辯者 天下之辯者相與樂之卵有毛 鷄三足 郢有天下犬可以爲羊 馬有卵 丁子有尾 火不熱 山出口 輪不蹍地 目不見 指不至 至不絶 龜長於蛇 矩不方 規不可以爲圓 鑿不圍枘 飛鳥之景未嘗動也 鏃矢之疾而有不行不止之時 狗非犬 黃馬驪牛三 白狗黑 孤駒未嘗有母 一尺之捶 日取其半 萬世不竭 辯者以此與惠施相應 終身無窮 桓團公孫龍 辯者之徒 飾人之心 易人之意 能勝人之口 不能服人之心 辯者之囿也 惠施日以其知與人之辯 特與天下之辯者爲怪 此其柢也 然惠施之口談 自以爲最賢 曰天地其壯乎 施存雄而無術 南方有倚人焉曰

黃繚 問天地所以不墜不陷 風雨雷霆之故 惠施不辭而應 不慮而對 徧爲萬物說 說而不休 多而無已 猶以爲寡 益之以怪 以反人爲實而欲以勝人爲名 是以與衆不適也 弱於德 强於物 其塗隩矣 由天地之道觀惠施之能 其猶一蚊一虻之勞者也 其於物也何庸 夫充一尙可 曰愈貴道 幾矣 惠施不能以此自寧 散於萬物而不厭 卒以善辯爲名 惜乎 惠施之才 駘蕩而不得 逐萬物而不反 是窮響以聲 形與影競走也 悲夫

당대 지식인에 대한 총평으로 《장자》를 마무리하고 있습니다. 길 잃은 세상에서 지식인들의 역할이 그만큼 중요하다는 것을 재삼 강조하는 것이기도 합니다. 특히 친구 혜시에 대한 비평을 마지막에 둔 것이 인상적입니다. 혜시는 《장자》 전편에 걸쳐 자주 등장합니다. 그가 죽은 뒤 더 이상 말할 만한 상대가 없다고 했을 정도로 혜시는 장자와 다르면서도 가장 말이 통했던 사람입니다. 그런 혜시가 논쟁에 말려 재능을 탕진했다며 장자는 안타까워합니다.

　장자의 혜시에 대한 비평의 의미는 혜시 개인에 대한 비평에 그치지 않습니다. 당시 지식인 사회에 대한 총체적 비평을 대신하는 것이라고 할 수 있습니다. 재능 있는 지식인들이 순수한 마음과 본래의 밝은 모습을 잃고, 말과 논쟁으로 유명해지려고 하고, 그것을 출세 수단으로 이용하는 세태를 비판한 것입니다. 옛날 지식인들은 순수한 마음과 밝음이 함께했고, 자연과 친했고, 세상과 화목했습니다. 그들은 모든 것을 길러주고 모든 사람에게 베푸는 순수하고 따뜻하고 자애로운 사람들이었습니다. 이것이 지식인의 본래 모습입니다. 그런데 지식인들의 마음이 죽어가고 있습니다. 순수한 마음을 가졌던 지식인들이 모두 사라졌습니다.

　세상에서 가장 슬픈 일은 마음이 죽는 것이고, 사람이 죽는 것은 그다음이라고 했습니다(〈전자방〉). 장자는 지식인들의 죽어가는 마음(近死之心)을 애도하며 마지막 한마디 "슬픕니다(悲夫)!"로 《장자》를 마칩니다.

해제

장자, 가장 아름답고 천진스러운 철학자

당나라 현종은 장자에게 남화진인南華眞人(남방의 아름답고 천진스러운 사람)
이라는 이름을 붙여주었습니다.[1] 현종의 말처럼 장자는 순수하고 천진스
러운 철학자였습니다. 그의 말은 반박하기 어렵고 짓궂기도 했지만 상대
방의 마음에 앙금을 남게 하진 않았습니다. 상대를 한 방 먹이는 통쾌함
이 있으면서도 상대로 하여금 화를 내게 하기보다는 깨닫게 만드는 힘이
있었습니다. 그것은 장자만의 순수함 때문이었을 것입니다. 〈산목〉에서
말하듯 빈 배가 와서 부딪친다고 화를 낼 사람이 어디 있겠습니까. 그는
자신만의 소박한 삶에 만족하며 빈 배처럼 살아간 사람이었습니다.

장자가 누덕누덕 기운 헐렁한 베옷을 입고 삼줄로 이리저리 묶은 신
발을 신고 위魏나라 왕을 찾아갔습니다. 이 모습을 보고 위나라 왕이
말했습니다.

위왕 선생은 어찌 이렇게 고달프게 사십니까?

장자 가난한 것이지 고달픈 것이 아닙니다. 선비가 본래 모습(德)으

---

1 '남화산에 사는 진인'이라는 풀이도 있다(陸應陽《廣輿記》, 김학주 역《장자》16쪽 참조).

로 길(道)을 가지 못하는 것이 고달픈 것입니다. 옷이 해지고 신발이 터진 것은 가난한 것이지 고달픈 것이 아닙니다. 말하자면 때를 만나지 못한 것뿐입니다. 왕께선 나무를 타고 다니는 원숭이를 본 적이 없으십니까? 원숭이가 단단한 녹나무나 가래나무를 탈 때는 가지를 붙잡고 나무들 사이를 다니며 의기양양해합니다. 예나 방몽 같은 화살의 명수라도 겨냥할 수 없을 것입니다. 그러나 원숭이가 산뽕나무나 대추나무, 탱자나무, 호깨나무 같은 약한 나무를 탈 때는 나무들 사이를 위태롭게 건너고 이리저리 둘러보며 흔들릴 때마다 무서워합니다. 근골이 긴장해서 그런 것이 아닙니다. 있는 곳이 불편해서 그 능력을 충분히 발휘할 수 없기 때문입니다. 지금같이 어리석은 군주와 어지러운 재상 사이에 있으면서 고달프지 않기를 바라는 게 어찌 가능하겠습니까?(〈산목〉)

장자는 별다른 욕심이 없었습니다. 누구와 경쟁해서 이기려 하지도, 누구를 지배하려 하지도, 유명해지려 하지도 않았습니다. 자신을 내세우지 않았고, 위태로운 세상에 살면서 출세하는 것을 영예로 생각하지도 않았습니다. 오히려 출세했다고 자랑하는 사람들에게 정신 차리라고 한 방씩 먹였습니다.

송나라에 조상이라는 사람이 있었습니다. 그가 송나라 사신으로 진秦나라에 갔습니다. 떠날 때 몇 대의 수레를 얻어 타고 갔던 그는 진나라 왕의 환대를 받고 수레 백 대를 선물로 받아 송나라로 돌아왔습니다. 그가 장자를 만나 말했습니다.

조상 비좁고 지저분한 뒷골목에 살면서 가난 때문에 짚신을 삼아 신고 마른 목덜미에 누런 얼굴을 하고 사는 것, 난 그런 걸 잘 못합니다. 한 번 만승의 군주를 깨닫게 해서 수레 백 대가 따라오게 하는 것, 그런 걸 잘하지요.

장자 진나라 왕은 병이 나서 의사를 불렀을 때 종기를 째서 고름을 빼준 자에게는 수레 한 대를, 치질을 핥아준 자에게는 수레 다섯 대를 준답디다. 치료 부위가 내려갈수록 수레를 더 많이 준답디다. 그대는 왕의 치질을 핥아 고쳐주기라도 하였소? 어떻게 그 많은 수레를 얻었단 말이오? 그만 가보시오. (《열어구》)

세상은 밤나무 밭

장자가 조릉이라는 밤나무 숲 주변을 거닐고 있었습니다. 그때 이상한 까치 한 마리를 보았는데 남쪽에서 온 것이었습니다. (···) 장자는 바짓가랑이를 걷어 올리고 살금살금 기어가 활을 당겨 까치를 겨누었습니다. 그 순간 매미 한 마리가 시원한 그늘에서 제 몸을 잊은 채 울고 있었고, 사마귀가 도끼 발을 들고 그 매미를 잡으려 하고 있었습니다. 사마귀는 매미를 잡는 데만 정신이 팔려 제 사정을 모르고 있었습니다. 이상한 까치가 사마귀를 노리고 있었던 것입니다. 까치 또한 사마귀를 죽일 생각뿐이라 제 상황은 모르고 있었습니다. 장자는 깜짝 놀랐습니다. "아! 모든 것이 서로 얽혀 있구나. 하나가 다른 하나에게 재앙이 되는구나."

장자가 활을 버리고 그냥 가려는데 산지기가 쫓아와 그를 나무랐습니다. (《산목》)

장자의 눈에 세상은 밤나무 밭입니다. 서로가 서로를 해치고 있습니다. 세상에 함부로 들어갔다가는 도둑이 아니라도 도둑으로 의심받기 십상입니다. 장자가 재상 자리를 거절한 이유도 마찬가지입니다.

장자가 복수에서 낚시질을 하고 있었습니다. 그때 초나라 왕이 보낸 두 대부가 찾아와 왕의 뜻을 전했습니다. "나라의 모든 일을 맡아주시기를 바랍니다." 장자는 낚싯대를 쥔 채 돌아보지도 않고 말했습니다.

장자 듣자니 초나라에는 신령스러운 거북이 있는데 죽은 지 삼천 년이나 되었다더군요. 왕이 그것을 상자에 넣어 비단으로 싸서 묘당 위에다 소중하게 간직하고 있다지요? 그 거북은 죽어서 남은 뼈가 그렇게 받들어지기를 원했을까요, 아니면 살아서 진흙 속에서 꼬리를 끌며 다니기를 원했을까요?

두 대부 그야 살아서 진흙 속에서 꼬리를 끌며 다니기를 바랐겠지요.

장자 돌아가세요. 나도 진흙 속에서 꼬리를 끌며 다니렵니다.(〈추수〉)

자리를 거절하긴 했지만 장자는 자신이 할 수 있는 일이라면 목숨을 걸어야 하는 일도 마다하지 않았습니다. 〈설검〉에 장자가 검투사들의 싸움 구경에 빠진 조나라 문왕을 설득하는 장면이 나옵니다. 그는 태자가 주겠다는 천금도 마다하고 사지를 향해 성큼성큼 들어가 왕을 깨우칩니다.

이렇듯 자신의 삶에 만족할 줄 알았던 장자는 세상 사람들에 대한 연민으로 슬퍼했습니다. 《장자》에 가장 많이 나오는 감정이 슬픔입니다. 특히 접여의 노래(〈인간세〉), 백구의 통곡(〈즉양〉)은 빅토르 위고의 《레 미제라블》을 연상시킵니다. 장자는 권력자만이 아니라 권력에 복무하는 지식인들의 의기양양도 슬퍼했습니다. 그들이 불쌍한 사람들을 지식이라는 무기로 한 번 더 죽인다고 생각했습니다. 그가 보기에 세상 사람들은 불안과 두려움, 걱정과 근심으로 마음이 죽고, 그 마음을 탐욕으로 해결하려 하고 있었습니다. 장자는 사람들이 본래 모습(德)을 회복하고 자연스럽게 살 수 있어야(道) 한다고 생각했습니다. 거칠어진 마음을 가지런하게 하려면 마음의 여유를 가져야 하고, 마음의 여유를 가지려면 쉬고 놀아야 한다고 생각했습니다. 장자야말로 일찍이 호모루덴스(놀이하는 인간)를 말하고 '게으를 수 있는 권리'를 주장했던 사람입니다.

장자는 아내의 죽음에 동이를 두드리며 노래합니다. 실은 그도 처음에는 슬퍼 울었습니다. 그런데 생각해보니 삶과 죽음은 자연스러운 현상이었습니다.(《지락》) 그래도 노래까지는 너무한 것이 아닐까요. 아니, 노래는 오히려 슬픔을 달래기 위한 그의 천진스러운 자기 위로 방식이었을지 모릅니다. 극단과 극단의 감정은 서로 통하는 법이니까요. 장자는 자신의 장례를 준비하는 제자들에게 풍장을 하라고 합니다. 까마귀와 소리개가 시신을 망가뜨릴 거라고 제자들이 염려하자 장자는 땅에 묻으면 땅강아지와 개미의 밥이 될 것이라며 제자들이 할 말을 잊게 만듭니다. 장자는 미련이 없는 사람입니다. 세상에 태어나 한 번 살다 가는 것을 한 번 놀다가는 정도로 생각하는 사람입니다. 장자는 삶과 죽음에 심각하지도 가볍지도 않습니다. 그저 담담합니다.

대지는 나에게 몸을 싣게 해주고, 삶을 주어 힘쓰게 하고, 늙음을 주어 편안하게 하고, 죽음을 주어 쉬게 합니다. 내 삶을 좋다 했으니 내 죽음도 좋습니다.(《대종사》)

장자는 훌륭한 성인은 무정하다고 합니다. 혜시가 사람이면서 어떻게 무정할 수 있느냐고 반박합니다. 장자는 그 의미를 간결하게 정리해 줍니다.

내가 정이 없다고 하는 것은 좋아하고 싫어하는 것으로 자신을 괴롭히지(傷) 않는 것을 말하는 것입니다.⟨⟨덕충부⟩⟩

그런 그였기에 말의 울림이 더 강했는지 모르겠습니다. 하지만 그런 장자도 혼탁한 세상에서 바른말 하기가 어려웠다고 고백합니다. 그래서 그만의 필법으로 쓴 것이 바로 이 책《장자》입니다.

장자에 대한 기록은 거의 남아 있지 않습니다. 그의 삶을 생각해보면 일견 당연해 보입니다. 남은 몇몇 자료를 가지고 추정해보면 이렇습니다. 이름은 주周, 기원전 4세기(기원전 370년~300년경) 사람으로 송나라 몽蒙 땅(지금의 허난 성(河 南省) 상추 시(商邱市) 부근)에서 태어났고, 칠원리에서 관리로 일하기도 했다고 합니다.

장자는 맹자와 거의 동시대인이지만 서로 잘 알고 있었던 것 같지는 않습니다.《맹자》에도 장자 이야기가 없고,《장자》에도 맹자에 대한 언급이 전혀 없습니다. 그러나《장자》에는 당시 출세 지향적인 지식인들의 수레 소리를 달갑지 않게 여기는 구절이 있습니다.

소박하고 꾸밈없는 사람들을 무시하고, 경박하고 말만 잘하는 인간들만 반깁니다. 담박하고 꾸밈없는 것을 버리고 요란한 말재주만 좋아합니다. 텅텅대는 수레 소리, 세상이 시끄럽습니다.⟨⟨거협⟩⟩

당시 수레를 타고 다니며 유세했던 대표적인 지식인이 맹자였습니다. 심지어 그의 이름을 수레 가(軻)라고 부를 정도였습니다. 장자는 지식인들이 길 잃은 세상에서 길을 찾겠다고 하다가 한 번 더 길을 잃게 한다며 쓴소리를 합니다.

자기가 가고 싶은 길이 있어도 어떻게 갈 수 있겠습니까? 갈 수 없는 것을 알면서 억지로 가는 것은 한 번 더 길을 잃는 일입니다. 차라리 그냥 있는 것이 더 나을 것입니다. 억지로 가지 않으면 누가 걱정거리를 더하겠습니까?(〈천지〉)

이랬기에 장자와 맹자가 서로 만나기는 어려웠을 것입니다. 이들은 동시대를 살아가는 방식의 양극단을 보여주고 있습니다. 맹자는 왕들을 만나러 다니느라 무척 바빴고, 장자는 맹자와는 달리 느긋하고 담담한 삶을 살았습니다. 맹자는 정의롭고 적극적이고 진취적인 사람인 데 비해 장자는 욕심 없이 소박하고 순수하게 자족적인 삶을 살았습니다. 맹자는 시비 판단을 중시했지만 장자는 판단에 갇히지 않았습니다.

저것과 이것이 마주선 상대를 찾지 못하는 것, 이것을 '길의 지도리(道樞)'라고 합니다. 지도리는 문짝이 움직이는 가운데 텅 빈 곳에서 끝없이 응답합니다. 옳다는 것도 무한한 것 가운데 하나요, 그르다는 것도 무한한 것 가운데 하나일 뿐입니다. 그러니 그냥 밝게 비추어주는 것만 못하다고 한 것입니다.(〈제물론〉)

장자야말로 '길의 지도리(道樞)', 움직임의 가운데 텅 빈 곳에서 숨은 빛(葆光)으로 세상을 비추어주며 겸허하고 소박하게 살았던 아름답고 천진스러운 철학자입니다.

장자 철학, 마음으로 하는 철학

세상에서 가장 슬픈 것은 무엇일까요? 장자는 아내의 주검 앞에서도 노래했던 사람입니다. 그랬던 장자가 세상에서 가장 슬프다고 한 것이 있습니다. 과연 그것이 무엇일까요? 장자는 공자의 입을 빌려 말합니다.

세상에서 가장 슬픈 일은 마음이 죽는 것이다. 사람이 죽는 것은 그다음이다.(《전자방》)

장자는 죽고 사는 것도 운명으로 편하게 받아들입니다(安命). 그런 그가 마음이 죽는 것이 세상에서 가장 슬픈 일이라고 합니다. 마음이 죽는다는 것이 무슨 말일까요?

잠들면 꿈으로 뒤숭숭하고 깨어나면 몸이 열려 마주치는 일에 얽매이게 됩니다. 그러니 마음은 날마다 싸움만 하게 됩니다. 무섭고 음흉하고 옹졸해져 작은 걱정거리에 놀라고 큰 걱정거리에 정신을 못 차립니다. 옳고 그름을 따질 때는 당겨진 시위의 화살처럼 모질게 튕겨나갑니다. 이기겠다는 고집은 맹세한 듯 끈덕집니다. 마음은 초겨울 초목처럼 날로 시들어가는데 헤어날 길이 없습니다. 낡은 탐욕에 빠져 마음의 문이 닫혔습니다. 죽어가는 이 마음(近死之心), 살아날 길이

없습니다.(《제물론》)

불안과 걱정으로 마음이 날마다 싸우고, 옳고 그름을 따지며 이기려는 생각에, 요컨대 시비 판단을 경쟁하면서 마음이 죽어가고 있다는 것입니다. '철학'이라는 말은 필로소피Philosophy를 번역한 것입니다. 필로소피(Philia(사랑)+sophie(지혜, 앎))는 '앎을 사랑한다'는 의미입니다. 앎은 진위 판단을 통해 진리를 가려내는 것이고, 그 앎을 추구하는 것이 철학입니다. 그런데 시비 판단으로 마음이 죽어가고 있다니 이제 철학의 종말을 고하자는 것일까요? 장자는 왜 이렇게 이야기한 것일까요?

판단은 편견과 선입견(成心)을 전제합니다. 그리고 판단하고 나면 옳다고 생각하는 작은 앎(小知)에 갇혀 다른 것을 배제하게 됩니다. 결국 판단은 배타심과 차별을 낳습니다. 자기 입장에서만 보게 되고 자기주장만 옳다고 고집하게 됩니다. 결국 우물 안 개구리가 되는 것입니다.(《추수》) 또 옳고 그름을 따지다보면 머리로만 판단하게 됩니다. 상대방의 마음을 헤아려주기보다는 잘잘못을 가리는 데 열중하게 됩니다. 맞는 말이지만 아름답지 않습니다. 옳은 생각이지만 푸근하지 않습니다. 냉철하지만 따뜻하지 않습니다. 판단하고 벌주는 것을 잘하는 머리는 있는데, 왜 그랬는지 감싸주고 헤아려주는 마음이 없습니다. 아침에만 피는 버섯은 밤과 새벽을 모르고, 여름 한철 쓰름매미는 봄과 가을을 모릅니다. 몸만 장님과 귀머거리가 있는 것이 아닙니다. 앎에도 장님과 귀머거리가 있습니다.(《소요유》)

앎이 눈을 뜨다
《장자》의 앞머리 격인 〈소요유〉는 대붕 우화로 시작합니다. 주인공은 커다란 새 붕입니다. 북쪽 바다에 사는 거대한 물고기 곤이 거대한 새 붕이 되었습니다. 붕은 거대한 날개를 펼치고 하늘 높이 올라 세상을 조망하며 남쪽 바다로 향합니다. 하늘에 오르니 시선이 달라지고 시야도 넓어지고 보이지 않던 것들이 보입니다.

아지랑이며 티끌도 살아 있는 생명들이 서로 숨을 뿜어주는 것이었구나. 하늘이 파랗구나. 그런데 그것이 정말 하늘의 색일까? 끝없이 멀어서 파랗게 보이는 것은 아닐까?(《소요유》)

하늘에 오른 대붕은 천진스러운 아이와도 같습니다. 노는 아이들처럼 세상 모든 것이 살아 있는 것으로 보입니다. 그리고 어른이라면 이미 익숙해져 당연하게 여기는 것에 대해 앙큼하게 묻습니다. 하늘은 정말 파랗냐고.

물질이 생명이었다

세상은 많은 것을 쉽게 판단합니다. 힘 있고 돈 있고 능력 있고 쓸모 있는 것을 좋다고 하고, 힘없고 돈 없고 능력 없고 쓸모없는 것들을 나쁘다고 합니다. 그런데 대붕이 하늘에 오르니 평소 대단치 않게 보이던 존재들이 다르게 보였습니다. 쓸모없고 하찮아 보이던 아지랑이와 티끌은 살아 있는 생명의 숨결이었습니다. 세상에서 거리를 두니 모든 것이 본래 모습 그대로 보였습니다. 세상에 귀하고 천한 것이 없었습니다(以道觀之物無貴賤)(《추수》). 사물에서 생명을 보고 사물에 생명을 불어넣어주는 노니는 마음(遊心)은 차별하지 않습니다. 그 무엇이든 생명이 되고, 함께 노는 친구가 됩니다. 붕鵬이라는 이름도 '친구(朋) 새(鳥)'입니다. 노니는 마음은 어떤 것도 쓸모로 보지 않습니다. 그런데 세상은 쓸모로 판단하는 것이 상식입니다. 어느 날 장자가 친구 혜시와 나누는 이야기입니다.

혜자 위나라 왕이 준 큰 박씨를 심었더니 거기서 다섯 섬들이 박이 열리더군요. 거기에 물을 채웠더니 너무 무거워서 들 수가 없지 뭡니까? 그래서 쪼개 바가지를 만들었습니다. 이번엔 바가지가 너무 커서 담을 만한 것이 없지 뭡니까? 크기만 하고 달리 쓸모가 없어 깨뜨려버렸습니다.

장자 그대는 큰 것을 쓸 줄 모르는군요. (…) 그대는 다섯 섬들이 박으로 큰 술잔 같은 배를 만들어 강이나 호수에 띄워놓고 즐길 생각은 못했나봅니다. 너무 커서 담을 만한 것이 없다고 걱정만 하고 있는 겁니까? 그대는 아직도 이전 쓰임으로만 보니 쑥같이 작은 마음만 가지고 있는 것 아닙니까?

혜자 나에게 큰 나무가 한 그루 있습니다. 사람들은 그것을 가죽나무라고 부르더군요. 그런데 몸통이 울퉁불퉁해서 먹줄을 칠 수가 없습니다. 작은 가지는 굽어서 자를 댈 수도 없고요. 길가에 서 있지만 대목들이 쳐다보지도 않습니다. 지금 그대의 말은 크기만 할 뿐 쓸모가 없어 사람들이 거들떠보지도 않는 겁니다.

장자 그대는 너구리나 살쾡이를 본 적이 없습니까? 몸을 낮추고 엎드려 먹이를 노리다가 결국은 이리 뛰고 저리 뛰고, 높이 뛰고 낮게 뛰다 그물이나 덫에 걸려 죽고 맙니다. 들소를 봅시다. 크기가 하늘에 뜬 구름처럼 크지만 쥐 한 마리 못 잡습니다. 그 큰 나무가 쓸모없다고 걱정하지 마세요. 그것을 '담 없는 마을(無何有之鄉)' 너른 들판에 심으세요. 그 주변을 일없이 다니며 그 아래 누워 낮잠이나 자면서 노세요. 그 나무는 도끼에 찍힐 일도, 달리 해를 당할 일도 없을 겁니다. 쓸모없다고 괴로워할 일이 뭐가 있겠습니까?(《소요유》)

혜시가 보기에 장자의 말은 쓸모없이 크기만 한 박 같았습니다. 장자는 그 박으로 배를 만들어 타고 놀아보자고 합니다. 혜시가 보기에 장자의 생각은 쓸모없이 크기만 한 나무 같았습니다. 장자는 그 나무 그늘에서 낮잠이나 자며 놀자고 합니다. 장자와 혜시는 이처럼 생각도 마음도 달랐지만 서로에게 끌리는 사이였나봅니다. 장자는 혜시가 영웅심에 자신이 쓸모 있다고 이리저리 나대다 너구리나 살쾡이 꼴이 되진 않을까, 쓸모 있어 도끼에 찍히는 나무가 되지 않을까 걱정합니다. 그는 세상이 쓸모라는 말을 하고 있고, 자신도 쓸모라는 말을 하지만 쓸모라는 말이나 생각 자체가 쓸모없는 세상을 그리며 쓸모로 재단하는 세상을 안타까워합니다.

하늘은 정말 파란 것일까

대붕은 하늘 높이 올라 '하늘은 정말 파란 것일까' 질문합니다. 내가 알고 있던 것이 정말 옳은 것이냐고 묻는 것입니다. 회의는 철학의 출발입니다. 그런데 '회의'라는 말에는 불안하고 불길한 분위기가 떠돕니다. 회의는 절망과 좌절을 낳습니다. 그러나 장자의 회의는 건강하고 창조적입니다. 내가 알고 있는 것이 다가 아니라며 다른 것을 받아들이는 마음이 느긋하고 여유롭습니다.

그런데 왜 대붕은 하늘의 색깔이 정말 파란 것이냐고 물었을까요? 하늘이 정말 파랗습니까? 대낮의 맑은 날에만 하늘은 파랗게 보일 뿐입니다. '하늘이 파랗다'는 명제는 이미 파랗지 않은 하늘을 배제하고 있습니다. 우리가 사실 판단이라고 생각하는 것조차 실은 배제와 차별입니다. 논리가 곧 윤리인 것입니다. 하늘은 영원히 파란 하늘이 아닙니다. 세상도 영원히 불변하는 세상이 아닙니다. 하늘이 여러 모습과 색으로 달라지듯이 세상도 달라지고 있습니다. 낮과 밤이 바뀌고, 사계절이 변하고, 하늘이 변하듯이 모든 것은 달라지고(變) 되어가고(化) 있습니다. 그렇다면 파란 하늘도 일부 인간의 눈에만 그렇게 보이는 것은 아닐까요? 색맹인 사람도 있고, 인간 외 다른 존재자들이 보아도 하늘이 파랄까요? 인간이 파랗다고 하면 정말 파란 것일까요? 인간이 옳다고 하면 정말 옳은 것일까요?

사람이 습한 데서 자면 허리가 아프고 반신이 마비될 수도 있을 것이다. 미꾸라지도 그럴까? 사람이 나무 위에서 살면 벌벌 떨며 두려워할 것이다. 원숭이도 그럴까? 셋 중에 누가 거처에 대해 제대로 알고 있는 것이냐? 사람은 가축을 잡아먹는다. 사슴은 풀을 먹는다. 지네는 뱀을 달게 먹는다. 솔개와 까마귀는 쥐를 즐겨 먹는다. 이 넷 중에 누가 맛을 제대로 알고 있는 것이냐? (…) 사람들은 모장과 여희가 아름답다고 생각한다. 그러나 물고기가 이들을 본다면 물속으로 숨어들 것이다. 새가 이들을 본다면 높이 날아가버릴 것이다. 사슴이 이들을 본다면 달아나버릴 것이다. 이 넷 중에 누가 아름다움에 대해 제대로 알고 있는 것이냐?《제물론》

앎이 귀를 열다
《장자》의 두 번째 편 〈제물론〉은 남곽자기가 자신을 잃고(吾喪我) 하늘의 통소 소리를 들었다는 아리송한 이야기로 시작합니다. 자신을 잃었다는 것은 무슨 말이고, 하늘의 통소 소리를 들었다는 것은 무슨 말일까요?

　　말이나 소리는 원래 있는 것이 아닙니다. 빈 구멍에 바람이 불어 생기는 것입니다. 사람의 통소 소리는 사람의 숨이 구멍을 만나 내는 소리와 말입니다. 그렇다니 그렇지 않다니 하는 것이 원래 그렇고 그렇지 않은 것이 아닙니다. 그렇다고 하니깐 그런 것이고, 그렇지 않다고 하니깐 그렇지 않은 것입니다.(〈제물론〉) 우리가 알고 있는 것이나 우리가 옳다 그르다 판단하는 것은 잠시 바람이 구멍을 만나 내는 소리일 뿐입니다. 그러면 나를 잃었다는 것은 무슨 말이고, 남곽자기가 들었다는 하늘의 통소 소리는 무슨 소리일까요? 나를 잃었다는 것은 '나'라는 자의식을 버렸다는 것이고, 내가 옳다고 생각한 편견과 아집에서 벗어났다는 것입니다. 시비 판단으로 막힌 작은 앎이 귀를 열었다는 것입니다. 이제 비어 있는 마음에 바람이 부니 한가롭고 담담한 큰 앎(大知)의 소리가 들려옵니다. 하늘의 통소 소리가 들려옵니다. '아, 내가 알고 있는 것이 다가 아니었구나!' '내가 옳다고 하는 것이 옳은 게 아니었구나!' 귀가 열리니 큰 앎의 소리가 들려오고 모든 것을 받아들일 수 있는 마음이 살아납니다. 나라는 자의식이 사라집니다. 내 안에 나도 모르는 순수한 타자가 살아 있고, 스스로 달라지고 있다는 것을 깨닫습니다. 그리고 옳다고 하는 것에 갇혀 판단하거나 차별하지 않게 됩니다.

나는 내가 아니다(至人無己)

　　대붕은 물고기였고, 물고기 곤은 물고기 알이었습니다. 곤鯤은 '작은 물고기 알'이라는 뜻입니다. 물고기 알도 다른 무엇이었을 것입니다. 〈소요유〉에서 장자는 대붕이 되어 하늘에 오릅니다. 그러고는 〈제물론〉에서 자연을 벗 삼아 허허연㸌㸌然 날갯짓하는 한 마리 나비의 꿈을 꿉니다. 거대한 새가 작은 나비가 됩니다. 대붕이 되는 상상을 하니 마음이 활짝 열리고 세상을 어떻게 해볼 것 같은 웅지까지 느껴집니다. 그런데 하룻밤 자고 나니 다시 한 마리 작은 나비가 되어 날갯짓하는 소박한 꿈을 꾸게 됩니다.

어느 날 장주(장자)는 꿈에 나비가 되었습니다. 나비가 되어 훨훨 날아다니며 유유자적 즐겼습니다. 그러다보니 자신이 장주임을 잊었습니다. 그러다 문득 깨어보니 장주 모습 그대로였습니다. 장주가 말했습니다. "내가 나비가 되는 꿈을 꾼 것인가? 아니면 나비가 내 꿈을 꾸는 것인가? 알 수 없구나. 장주와 나비는 분명 다르거늘. 이런 것을 두고 '무언가 되고 있다(物化)'고 말하는 것이구나.(〈제물론〉)

나는 누구인가요. 나는 내가 아닙니다. 내 안에는 타자들이 살고 있습니다. 물고기 곤이나 대붕의 크기를 아무도 모르듯이 아무도 모르는 수많은 타자가 내 안에 살고 있습니다. 내가 무엇이 될지 아무도 모릅니다. 나는 무언가 다른 것이 되고 있습니다(物化). 장자는 육십 년을 살면서 육십 번 달라졌다는 공자와 거백옥에 주목합니다. 어느 날 장자와 혜시가 공자에 대해 이야기를 나눕니다.

장자 공자는 나이 육십에 육십 번 달라졌다고 합니다. 처음 옳다고 했던 것을 나중에는 아니라고 했다고 합니다. 그러면 지금 옳다고 하는 것이 과거에 쉰아홉 번 아니라고 했던 것은 아닌지 모르겠습니다.

혜자 공자는 생각(志)도 많이 하고 아는 것(知)도 많았지요.(《우언》)

공자를 바라보는 장자와 혜시의 시선이 다릅니다. 혜시는 공자가 생각도, 아는 것도 많은 사람이라는 점을 높이 평가합니다. 하지만 장자는 공자가 해마다 달라지는 사람이라는 점에 주목합니다. 순수한 지인은 자기 동일성에 집착하지 않습니다(至人無己). '나'를 버리고 새로운 '나'로 거듭납니다. 장자는 공자가 마음으로 사람들을 따르게 했다고 부연합니다. 혜시를 염두에 둔 말입니다. 장자는 혜시를 비롯한 논쟁가들이 사람들의 입을 이길 수는 있었지만 사람들을 마음으로 따르게 하지는 못했다고 비판합니다.(《천하》) 마음을 비워야 내가 달라질 수 있고(物化), 남의 마음을 움직일 수 있습니다.

판단 중지

남곽자기는 자신을 잃고 큰 앎의 소리를 듣습니다. 자신을 잃는다는 것은 자의식과 함께 편견이나 선입견을 버린다는 것입니다. 내가 아는 것만으로 판단하거나 차별하지 않는다는 것입니다. 판단하지 않으면 배타심과 차별심도 생기지 않고, 쓸모로 따지지 않으면 세상에 귀하고 천한 것이 없습니다. 세상에 부정될 수 있는 것은 아무것도 없습니다. 세상에 없어도 좋은 것은 아무것도 없습니다. 모든 것이 있는 그대로 하나로 통합니다.

사실 어떤 것도 그렇습니다. 사실 어떤 것도 그럴 수 있습니다. 그렇지 않다는 것은 없습니다. 그럴 수 없다는 것은 없습니다. 그래서 작은 풀줄기든 큰 기둥이든, 문둥이든 서시든 아무리 엉뚱하고 이상하

더라도 길에서 보면 모두 하나로 통합니다.(《제물론》)

장자와 혜시가 다시 쓸모에 대해 논쟁합니다. 혜시가 장자의 말이 쓸모가 없다고 하자 장자가 말합니다.

장자 쓸모없음을 알아야 비로소 쓸모를 말할 수 있습니다. 저 땅은 넓고도 큽니다. 하지만 사람에게 쓸모 있는 것은 발이 닿는 부분입니다. 그렇다고 발이 닿는 곳만 재서 남겨놓고 쓸모없는 땅을 황천까지 파버린다면 그래도 과연 쓸모가 있을까요?

혜자 쓸모가 없겠지요.

장자 쓸모없는 것이 쓸모 있는 것이라는 게 분명하네요.(《외물》)

사람이 발로 밟고 다니는 땅은 얼마 되지 않습니다. 그러나 밟지 않는 땅이 있어야 그걸 믿고 이리저리 다닐 수 있습니다. 사람이 알 수 있는 것은 얼마 되지 않습니다. 그러나 알 수 없는 것이 있어야 그걸 믿고 자연이 말해주는 것을 들을 수 있습니다.(《서무귀》) 마찬가지로 세상이 쓸모 있다고 말하는 것은 얼마 되지 않습니다. 그러나 세상이 쓸모없다고 말하는 것이 있어야 그걸 믿고 살 수 있습니다. 지금 우리에게 쓸모 있다는 것만 남겨놓고 모두 없애버린다면 이 세상이 살 만한 곳일까요?

쓸모의 잣대로 재단하는 세상에서는 쓸모없어 죽고 쓸모 있어 죽습니다. 쓸모라는 기준은 인간이 작위적으로 만든 것입니다. 쓸모 있다는 기준을 세워 쓸모 있다고 하니 세상에 쓸모없는 것이 없게 되고, 쓸모없다는 기준을 세워 쓸모없다고 하니 세상에 쓸모 있는 것이 없게 되는 것입니다(《추수》). 장자는 쓸모로 판단하지 말고 자연이 쓰는 대로 맡기라고

합니다. 자연이 쓰는 것이 진짜 쓸모이고, 이것이 길(道)이라고 말입니다
(〈제물론〉).

누구를 위한 앎인가

장자는 앎(小知)을 추구하는 것은 위험한 일이라고 합니다(〈양생주〉).
아는 것이 힘이고 똑똑해야 살아남을 수 있다고 하는 세상에 장자의 이
런 이야기는 세상 물정 모르는 바보나 철부지가 할 법한 이야기로 들립
니다. 장자는 왜 이런 상식을 깨는 말을 했을까요?

장자는 앎을 전쟁의 도구라고 합니다(〈인간세〉). 그는 앎이 얼마나 기
만적이고 폭력적인 전쟁 무기로 이용되는지 보여줍니다. 그리고 누구를
위한 앎인지, 누구를 위한 도덕인지도 보여줍니다.

상자를 열고 자루를 뒤지고 궤짝을 뜯는 도둑을 막겠다고 끈으로 단
단히 묶고 자물쇠로 튼튼하게 잠가둡니다. 사람들은 흔히 이렇게 하
는 것을 '지혜롭다(知)'고 합니다. 그러나 큰도둑은 궤짝을 등에 지고
상자를 손에 들고 자루를 어깨에 메고 달아나면서 끈과 자물쇠가 단
단하지 않을까봐 걱정합니다. 결국 세상의 지식인이라는 사람들이
큰도둑을 위해 꽁꽁 싸둔 셈이 아닙니까? (…) 왜 이렇게 생각하느냐
고요? (…) 하루아침에 전성자田成子가 제나라 임금을 죽이고 나라를
훔쳤습니다. 훔친 것이 나라뿐이었을까요? 성인과 지식인이 만든 법
까지 모두 훔쳤습니다. (…) 제나라 땅만이 아니라 성인과 지식인이
만든 법까지 훔쳤기에 도적의 몸을 지킬 수 있었던 것이 아니겠습니
까?(〈거협〉)

지식인이니 성인이니 하는 사람들이 큰도둑이 훔쳐갈 상자를 단단히 싸는 일을 하며 그들의 하수인 노릇을 하고 있는 것은 아닌가요? 지식인들이 세상을 구하겠다고 고상한 도덕을 외치고 있지만 도둑은 그 도덕마저 훔쳐 그들의 도덕으로 삼습니다. 도척의 부하가 도척에게 도둑질에도 길(道)이 있느냐고 물었습니다. 도척이 말합니다.

어디엔들 길이 없겠느냐? 방 안에 무엇이 있는지 알아맞히는 게 훌륭함(聖)이다. 먼저 들어가는 게 용기(勇)다. 나중에 나오는 게 의리(義)다. 될지 안 될지 아는 게 지혜(知)다. 고루 나누는 게 사랑(仁)이다. 이 다섯 가지를 갖추지 않고 큰도둑이 된 자는 아무도 없다.(《거협》)

세상을 바로잡겠다고 도덕을 만들면 도둑은 그 도덕까지 훔쳐갑니다. 결국 도덕이라는 것은 큰도둑의 자기 정당화와 세상을 기만하는 도구로 이용되고 있습니다. 교양 있는 도둑들은 시를 읊어가며 우아하게 도둑질을 합니다.

유자儒者들이 《시경》과 《예기》를 가지고 무덤을 파헤치고 있습니다. 대유大儒가 말했습니다.

대유 동방에 해가 뜬다. 일은 어찌 되는가?

소유小儒 아직 속옷이 그대로인데 입속에 구슬이 있습니다. 《시경》에 이런 시가 있지 않습니까? "짙푸른 보리, 무덤가에 무성하네. 살아서 베풀지 못한 자, 어찌 구슬을 머금고 있는가"라고 말입니다. 그러고는 송장의 머리칼을 잡고 턱밑을 누르자 유자들이 쇠망치로 턱을 치고 두 뺨을 벌려 입안의 구슬을 고스

란히 꺼냈습니다. (《외물》)

백락이 말을 죽여가며 길들였듯 그들은 도덕의 잣대로 불쌍한 사람들을 길들이고 벌주는 데 앞장섭니다.

지금 세상에서는 처형된 사람들이 서로를 베개 삼아 누워 있습니다. 칼을 쓰고 차꼬를 찬 사람들이 자리가 비좁아 서로를 밀칩니다. 형벌로 괴로워하는 사람들이 서로 얼굴을 마주할 정도입니다. 이런 상황에 유가니 묵가니 하는 지식인들이 나타나 팔을 흔들며 차꼬와 수갑찬 죄인들 사이를 활보하며 잘난 척을 하고 있습니다. 아! 너무 심합니다. 뻔뻔하니 부끄러운 줄을 모릅니다. (《재유》)

어떻게 살아야 하나

전쟁을 일삼는 위나라 왕을 깨우치겠다며 위나라로 떠나려는 안연에게 공자는 마음을 굶으라고(心齋) 충고합니다. 남을 깨우치기 전에 먼저 자신의 마음부터 비우고 점검하라는 말입니다. 또 왕명을 받고 사신으로 가게 된 섭공자고가 어려운 상황을 모면하고 싶어하자 공자는 운명을 편하게 받아들이고 상황에 최선을 다하라고 합니다. 그러다보면 자신을 잊게 되고 삶과 죽음을 생각할 겨를도 없게 된다면서 노니는 마음을 기르라고 충고합니다. 성정이 사나운 태자의 선생이 된 안합에게 거백옥은 능력을 과신 말고, 조심하고 신중하라고 충고합니다. 〈인간세〉의 주인공인 공자와 거백옥은 바로 육십 년을 살면서 육십 번 달라졌다는 인물들입니다. 이들은 아집과 탐욕이 없어 달라질 수 있었던 사람들입니다. 마음이 열려 있고 살아 있던 사람들입니다. 마음이 살아 있는 신인은 홍수가 나도 빠져 죽지 않고, 가뭄이 들어 쇠와 돌이 녹고 땅과 산이 타버린다 해도 불에 타지 않는다고 했습니다(《소요유》). 이런 것들을 가볍게 여긴다는 말이 아니라 안전할지 위험할지를 잘 살피고, 화든 복이든 편하게 받아들이고 거취에 신중하기 때문에 아무것도 그를 해칠 수 없다는 말입니다(《추수》). 어떤 상황에서든 마음이 살아 있다면 상황을 잘 살피고 신중하게 대처합니다. 그러고 나서 일어나는 일에 대해서는 운명으로 편하게 받아들입니다. 살아 있는 마음은 탐욕이 없는 마음입니다. 어린아이같이 천진하게 노니는 마음입니다. 이런 마음을 가지면 모든 것이 생명의 약동으로 다가오고, 세상 사는 게 놀이가 되고 세상은 놀이터가 됩니다. 잘 산다는 것은 아무런 고통 없이 편안하게 사는 것이 아닙니다. 몸이 편해도 마음이 죽어가면 잘 사는 것이 아닙니다. 몸이 힘들어도 마음이 살아 있어 노니는 마음으로 사는 삶은 어떤 어려운 상황에도 대처할 수 있고 편하게 받아들일 수 있습니다.

가난에 대하여

열흘 장마가 계속되니 자여는 가난한 친구 자상이 걱정스러웠습니다. 그는 먹을 것을 싸들고 자상을 찾아갑니다. 그의 집 앞에 이르니 자상의 힘겨운 노랫소리가 들려옵니다. 자상의 노래는 자신의 가난이 누구의 탓도 아니고 그저 운명일 뿐이라는 내용이었습니다.(《대종사》) 이런 상황에 노래나 하고 있는 자상의 모습은 게으른 자의 자기 체념으로 보일 수도 있습니다. 그러나 자연재해로 어려운 것을 어찌하겠습니까. 〈달생〉에 나오는 말처럼 바람에 날아온 기왓장에 맞았다고 누구를 탓하겠습니까. 자상은 가난하지만 그에게는 자신을 걱정해주는 친구 자여가 있지 않습니까. 그게 사는 즐거움 아닐까요? 형벌로 다리 잘린 우사는 오히려 세상에 영합하지 않고 본래 모습대로 살 수 있게 되었다면서 주어진 상황을 자연이 한 일로 받아들입니다(《양생주》). 못생긴 꼽추 지리소는 전쟁에 동원될 일이 없어 식구들을 먹여가며 살아갈 수 있었습니다(《덕충부》). 좋은 게 좋은 것만은 아니고, 나쁜 게 나쁜 것만은 아닙니다. 마음이 살아 있는 사람은 좋다 나쁘다는 판단에 갇히지 않습니다. 온전한 즐거움은 부와 권세를 누리는 것이 아니라 스스로 만족한 삶을 누리는 것입니다. 부와 권세는 내 것이 아니라 잠깐 머물다 가는 것일 뿐입니다. 그러니 가난해도 사는 즐거움은 변하지 않습니다.(《선성》)

죽음에 대하여

장자는 마음이 죽어가는 것을 가장 슬퍼했지만 보통 사람들은 몸이 죽는 것을 가장 슬퍼합니다. 사람들은 죽음 뒤에 아무것도 없다는 생각으로 허무감에 휩싸이고, 죽음의 세계는 칠흑 같은 어둠의 세계일 것이라는 생각에 두려워합니다. 그러나 누구도 죽어본 적이 없습니다. 죽음의 세계가 허무하고 어두운 세계라고 경험해본 사람은 아무도 없습니다. 죽음에 대해 허무감을 느끼고 슬퍼하고 두려워하는 것은 죽음에 대한 우리의 생각 때문입니다. 장자는 죽음에 대한 상식적 생각을 뒤집습니다.

사람들은 삶의 세계와 죽음의 세계를 구분 짓고, 삶을 좋아하고 죽음을 싫어합니다. 그러나 장자에게 삶과 죽음의 세계는 두 개의 다른 세계가 아니라 나란히 함께 있는 세계입니다. 우리는 태어나면서 죽어가고 있으며 죽어가면서 살아가는 것입니다(方生方死). 삶과 죽음이 나란히 함께 가고 있습니다. 삶과 죽음은 자연이 달라지고 되어가는 과정의 현상일 뿐입니다. 있다가 없어지고, 없다가 생기고, 무언가 달라지고 되어가는 것이 모든 것의 진상입니다. 삶도 죽음도, 시작도 끝도 없는 과정일 뿐입니다.

삶과 죽음이 나란히 함께 가는 것이라면, 삶의 세계가 좋다면 죽음의 세계도 좋지 않을까요? 장자는 삶이 좋다면 마찬가지로 죽음도 좋다고 합니다. 우리가 두려워하는 죽음의 세계가 즐거운 세계일 수 있다고 합니다. 여희가 왕의 처소에 들어 맛있는 음식을 먹고 포근한 잠자리에 들고 나서야 진나라로 오기 싫어했던 것을 후회한 것처럼 말입니다.(〈제물론〉) 장자는 여행길에 꿈속에서 해골과 죽음의 세계에 대해 이야기를 나눕니다. 장자가 생명을 관장하는 신에게 부탁하여 해골에게 다시 살 기회를 얻게 해주겠다고 하자 해골은 오히려 죽음의 세계가 얼마나 즐거운지 자랑을 늘어놓습니다.(〈지락〉)

사람들은 인생의 덧없음을 슬퍼하고 죽어야만 하는 존재로 산다는 것이 부조리하다고 떼를 씁니다. 죽어야 하는데 왜 태어나게 했느냐며 인간을 창조했다는 신을 원망하기도 합니다. 그런데 장자가 보기에 삶과 죽음은 흐름(氣)이 모이고 흩어지는 자연스러운 과정일 뿐입니다(〈지북유〉). 흐름이 모이면 삶이 되고, 흐름이 흩어지면 죽음이 되는 것입니다. 아무 것도 없던 무無에서 어떤 무언가(有)로 태어나 다시 무無의 세계, 자연의 세계로 돌아가는 것입니다. 다시 자연의 고향, 큰 방으로 돌아가는 것입니다. 그러니 우리는 삶을 좋아하는 것처럼 죽음도 좋아할 수 있습니다. 삶과 마찬가지로 죽음도 편하게 받아들일 수 있습니다. 삶과 죽음은 연속적이고 순환적입니다. 죽음도 삶의 과정입니다. 죽어가는 마음(近死之心)으로는 살아 있어도 살아 있는 것이 아닙니다. 그러나 마음이 살아 있는 신인은 몸이 죽어도 대자연의 과정 속에서 그 흐름이 흩어져 아지랑이와 티끌로 살아갑니다(〈대종사〉). 삶은 잠시 머물다 가는 곳이고(〈추수〉), 죽음은 거꾸로 매달렸다 풀려나는 것입니다(〈양생주〉).

즐거움에 대하여

가난과 죽음도 운명으로 받아들이는 마음은 여유롭고 담담합니다. 노니는 마음으로 자족한 삶을 살아가는 사람은 탐욕이 없습니다. 이미 즐거운 마음으로 보낸 시간에 만족하기에 어떤 보상도 바라지 않습니다. 그래서 마음이 살아 있는 신인은 결과에 연연하지 않습니다. 눈이 열리면 스스로 보게 되고 귀가 열리면 스스로 듣게 됩니다(〈변무〉). 남이 알아주지 않는다고 서운해하지도 않고, 남에게 칭찬받기 위해 억지로 꾸미거나 유명해지려고 행동하지도 않습니다. 스스로 만족하기에 남의 욕망을 욕망하지 않습니다(〈변무〉). 마음이 살아 있는 사람은 만족할 줄 압니다. 그런데 마음이 죽어가니 끊임없이 탐욕이 생깁니다. 죽어가는 마음으로 애써 즐거움을 추구하니 놀이가 노름이 됩니다. 조나라 문왕은 칼싸움에 빠져 나라를 위태롭게 하지 않았던가요(〈설검〉). 장자는 죽어가는 마음으로 즐거움을 추구하는 세상을 안타깝게 바라봅니다.

세상에 진짜 즐거움이 있을까요? (…) 세상 사람들은 부귀와 장수와 명예를 추구합니다. 편안한 몸과 맛있는 음식, 좋은 옷, 예쁜 여자, 아름다운 음악을 즐깁니다. (…) 이런 식으로 사는 게 정말 즐거운 인생일까요? (…) 지금 세상 사람들이 하는 행동이나 즐기는 것이 과연 즐거운 것인지 나는 모르겠습니다. 세상 사람들이 즐기는 모양이 죽어도 그만두지 못하고 떼를 지어 달려가는 꼴입니다.(〈지락〉)

죽어가는 마음으로 즐거움을 추구하면 쾌락이 됩니다. 죽어가는 마음으로 놀이를 추구하면 노름이 됩니다. 죽어가는 마음으로 돈과 명예와 즐거움을 추구하는 것은 위험합니다. 즐거움을 위해 남을 해치게 되니 불안하고, 그 불안 때문에 돈과 권력으로 자신을 지키려 하지만 돈을 쌓아놓으니 더 불안합니다. 이제는 돈을 지키느라 인생을 바칩니다. 결국 돈의 노예가 됩니다.

종소리 북소리 울리고 화려한 털 장식의 춤을 즐기는 것은 즐거움의 말단입니다(〈천도〉). 즐거움을 애써 추구한다는 것은 이미 즐겁지 않다는 반증입니다. 진짜 즐거우면 즐거우려고 애쓰지 않습니다. 마음에 걱정도 즐거움도 없는 것이 진짜 본래 모습(德之至)입니다(〈각의〉). '사람의 즐거움'은 사람들과 화목하게 사는 것이고, '자연의 즐거움'은 자연과 화목한 것입니다(〈천도〉). 모든 것과 화목하게 사는 것이 진짜 즐거움입니다.

나는 즐거움을 위해 억지로 하지 않을 때 정말 즐거운데 세상 사람들은 이를 너무 힘들어합니다. 그러니 이렇게 말해보겠습니다. "진짜 즐거움은 즐거움을 추구하지 않고, 진짜 명예는 명예를 추구하지 않는다(至樂無樂 至譽無譽)." (…) 억지로 즐거움을 추구하지 않아야 즐겁게 살 수 있습니다.(〈지락〉)

본래 모습대로 사는 사람들

백정이나 목수, 어부, 뱃사공과 같이 일상적인 삶에 충실한 사람들, 장자가 보기에 이들이야말로 본래 모습(德) 그대로 살아가는(道) 사람들입니다. 문혜군은 백정 포정이 자연의 결(天理)대로 해우하는 모습을 보며 어떻게 살아야 할지 깨달았다고 합니다(〈양생주〉). 목수 윤편은 책을 읽는 환공에게 옛 사람의 찌꺼기를 읽고 있다며 거침없이 말합니다. 그는 수레바퀴가 들어맞도록 더 깎지도 덜 깎지도 않는 것은 손의 감각으로 터득하고 마음으로 느낄 뿐이지 입으로 말로 전할 수 없다고 합니다. 따라서 전해줄 수 없는 것과 함께 성인이 돌아가셨으니 환공이 읽고 있는 책은 단지 옛날 분의 찌꺼기일 뿐이라는 것입니다.(〈천도〉) 앎은 죽은 자의 찌꺼기인 문자 속에 있는 것이 아니라 살아가는 가운데 터득되는 것이라는 말입니다. 이 밖에도 〈달생〉에 나오는 매미 잡는 노인, 뱃사공, 수영 잘하는 사나이, 목수 재경의 이야기 등에서 자연의 결대로 살아가는 인간의 본래 모습을 볼 수 있습니다.

또 아주 못생긴 사람, 형벌을 받아 불구가 된 사람이 본래 모습대로 살아가면서 남들의 존경과 사랑을 받습니다(〈덕충부〉). 애태타哀駘它, 그는 못생긴(駘) 슬픈(哀) 낙타(它)라고 불릴 정도로 추남입니다. 그런 남자에게 시집가겠다는 여자들이 줄을 서고, 남자들도 그를 만나고 나면 떠나려 하지 않습니다. 도대체 이 남자의 매력이 뭘까요? 애태타는 자기주장도 없고, 아는 것도 별로 없고, 남들을 위해 뭔가 해줄 권력도 돈도 없는 사람입니다. 거기에다 아주 못생겼습니다. 그런데 노애공도 그의 사람됨에 마음이 끌려 그를 재상으로 삼고 싶어했습니다. 그러자 애태타는 떠나버리고 노애공은 실연당한 사람처럼 모든 기쁨을 잃어버렸다고 공자에게 털어놓습니다. 그러고는 자신의 마음을 사로잡은 애태타가 도대체 어떤 사람이냐고 묻습니다. 애태타는 마음이 흔들리지 않는 고요한 물과 같은 사람입니다. 죽음과 삶, 생존과 소멸, 성공과 실패, 가난과 부유함, 현명함과 어리석음, 비방과 칭찬, 배고픔과 목마름, 추위와 더위, 이런 걸로 화목한 마음을 어지럽히지 않는 사람, 마음을 열고 화목함을 즐기며 기쁨을 잃지 않고 모든 것과 만날 때마다 마음이 새록새록 생겨나는 봄과 같은 사람입니다. 공자의 말입니다.(〈덕충부〉)

죽어가는 마음을 어떻게 회복할 것인가

이런 사람들처럼 옛날 지식인들은 거울처럼 맑고 고요한 사람들이 었습니다. 그들은 순수하고 자애로운 마음으로 어떻게 살 것인가를 함께 생각하고 고민했습니다. 그런데 오늘날의 지식인은 시비를 따지고 자기 주장만 고집하며 세상의 혼란과 분열을 조장하고 있다고 장자는 말합니다.(《천하》) 작은 앎에 갇혀 옳고 그름을 따지며 논쟁에서 이기려고만 하면서 지식인들의 마음은 죽어갑니다.

장자는 논쟁가로 유명해진 친구 혜시를 안타까워하며 그에게 담 없는 마을에서 노닐자고 합니다. 그러면 죽어가는 마음이 되살아날까요? 목동은 어렸을 때 갇힌 공간에서만 놀아 눈병이 났습니다. 그런데 어떤 어른이 해 수레를 타고 양성의 들판에서 놀라고 가르쳐준 후 눈병이 회복되어 밖에 나와 놀고 있습니다.(《서무귀》) 목동처럼 밖에 나가 놀면 죽어가는 마음이 살아날까요?

장자는 대붕처럼 하늘 높이 올라 우리의 모습을 바라보자고 합니다. 남곽자기처럼 나를 버리고 깊이 생각해보면서 마음의 소리를 들어보자고 합니다. 마음의 눈을 뜨고 마음의 귀를 열어보자고 합니다. 우리의 노니는 마음을 회복하자고 합니다.《장자》를 여는 첫 편의 제목인 소요유 逍遙遊는 '이리저리 거닐며 노닌다'는 뜻입니다. 목동처럼 해 수레를 타고 양성의 들판에서 노닐고, 큰 박으로 배를 만들어 타고 노닐고, 큰 나무 그늘에서 노닐다 낮잠도 자고, 물고기들이 노는 모습도 바라보며 숲길을 거닐고, 발뒤꿈치로 숨을 쉬듯 온몸으로 호흡하며 자연의 결을 따라 노닐어보자고 합니다. 갇힌 공간에만 있지 말고 들판에 나와 놀라고 합니다. 우물에서 나와 바다로 나가자고 합니다. 장자가 혜시의 손을 잡고 호수의 돌다리를 거닐며 물고기의 즐거움을 함께한 것처럼 말입니다.

마음으로 하는 철학

사람이 알 수 있는 것은 얼마 되지 않습니다. 그러나 알 수 없는 것이 있어야 그걸 믿고 자연이 말해주는 것을 들을 수 있습니다(〈서무귀〉). 나는 다 모른다, 내가 옳은 것이 아닐 수 있다는 열린 마음은 자연에 귀를 기울이게 합니다. 어떤 것과도 어울려 그 무엇이라도 있는 그대로 보고 듣게 합니다. 장자는 작은 앎만 사랑하다 죽어가는 철학을 큰 바다로 향하게 합니다. 여기에 큰 앎을 사랑하는 큰 철학이 있습니다. 바다와 같이 모든 것을 품어주는 포용의 철학, 있는 그대로를 맑게 비추어주는 거울 같은 철학, 죽어가는 마음을 살리는 생명의 철학, 여기에 담 없는 마을에서 노니는 마음으로 함께하는 즐거운 철학, 놀이의 철학이 있습니다.

황제가 적수 북쪽을 노닐며 곤륜산에 올라 남쪽을 바라보고 돌아오는 길에 그만 검은 진주(玄珠)를 잃어버렸습니다. 아는 게 많은 앎(知)에게 진주를 찾아오라고 했으나 찾지 못했습니다. 눈 밝은 이주離朱에게 진주를 찾아오라고 했으나 찾지 못했습니다. 말 잘하는 끽후喫詬에게 진주를 찾아오라고 했으나 찾지 못했습니다. 그래서 무심한 상망象罔에게 찾아오라고 했더니 찾아왔습니다.(〈천지〉)

아무리 아는 게 많고, 눈이 밝고, 말을 잘해도 검은 진주를 찾지 못합니다. 결국 욕심 없는 상망이 검은 진주를 찾아옵니다. 말 잘하는 논쟁가들이 남의 입을 막을 수는 있어도 마음으로 따르게 하지는 못합니다(〈천하〉). 상망이 검은 진주를 찾아왔듯이 철학은 머리가 아니라 마음으로 하는 것입니다(〈천지〉). 마음으로 하는 철학, 바로 장자 철학입니다.

마음으로 읽는 《장자》, 함지교향곡을 들으며

놀이터에서는 몰라야 더 재미있는데 전쟁터에서는 모르면 두렵습니다. 사랑할 때는 몰라서 더 매력적이던 사람인데 사랑이 식으면 몰라서 헤어집니다. 마음이 살아 있을 때는 몰라서 더 좋은데 마음이 죽어가면 몰라서 싫어집니다. 《장자》도 이해하기 어려운 책입니다. 그래서 매력적일 수도 있고 그렇지 않을 수도 있습니다. 《장자》와 헤어지고 싶다면 《장자》를 마음으로 읽어보세요.

〈천운〉에 황제의 음악 함지교향곡에 대한 글이 나옵니다. 음악을 글로 소개하는 일종의 음악 평론으로, 음악을 만들고 연주한 황제가 자신의 곡을 설명하는 내용입니다. 그런데 황제의 설명을 읽다보면 마치 장자 교향곡을 듣고 있다는 느낌에 빠져듭니다. 함지교향곡은 모두 세 악장으로 구성되어 있는데, 1악장 주제 '두려움'으로 시작해 2악장 주제 '느긋함'을 지나 3악장 주제 '뭐지?'로 마칩니다. 황제의 음악을 듣던 북문성은 처음엔 뭐가 뭔지 잘 몰라 두려움을 느낍니다. 그러다 음악에 심취하니 마음이 느긋해지면서 마침내 천진한 호기심이 살아납니다.

《장자》 읽기도 마찬가지입니다. 《장자》를 머리로 이해하려고 하면 뭐가 뭔지 알 수 없습니다. 《장자》야말로 함지교향곡 1악장처럼 두려움으로 시작합니다. 《장자》에는 논리의 일관성도 없고, 상식적인 생각을 뒤집는 이야기들이 아무렇지도 않게 나옵니다. 세상에서 가장 슬픈 일은 마음이 죽어가는 것이고 사람이 죽는 것은 그다음이라고 하고, 앎을 추구하는 것은 위험하다며 심지어 많이 배운 자들과 훌륭하다는 사람을 떠받드는 세상은 사람이 사람을 잡아먹는 세상이 될 거라고 말합니다. 당대 최고의 지식인이라고 자부해온 공손룡은 장자의 이야기를 들으니 멍해지고 뭐가 뭔지 모르겠다며 위나라 공자 모牟에게 고민을 털어놓습니다. 이에 공자 모가 공손룡이 아는 것으로 장자의 말을 이해하려는 것은 모기가 산을 짊어지고 노래기가 황하를 달리는 꼴, 대롱 구멍으로 하늘을 엿보고 송곳을 땅에 박아 깊이를 재려는 것과 같다고 말하자 공손룡은 달아나버립니다. 공손룡이 달아난 이유도 두려움 때문이 아니었을까요? 그러나《장자》의 음악을 계속 듣다보면 두려움이 사라지고 편안해집니다. 처음에는 불편하고 낯설었던 것이 계속 듣다보면 뭔가 불편하지만 편안하고, 낯설지만 익숙해집니다. 그러다가《장자》그늘에서 낮잠을 자는 듯 느긋해집니다.

음악을 들으면서 듣고 싶은 것만 듣거나 듣고 싶은 대로 들을 수는 없습니다. 옳고 그름을 따지거나 판단하며 들을 수도 없습니다. 음악은 들리는 대로 듣게 됩니다. 음악을 듣는 동안 우리는 작은 앎에서 벗어나 마음을 비우게 됩니다. 마음을 비우게 되니 욕심이 없어지고 느긋해집니다. 포정의 해우하는 모습이 음악에 맞추어 춤을 추는 듯했습니다. 문혜군은 포정의 해우하는 모습을 보면서 어떻게 살아야 할지 깨달았다고 합니다. 아마도 자연의 결을 따라 춤추듯 해우하는 모습에서 아무런 욕심 없이 자연의 흐름에 따라 느긋하게 사는 법을 배웠던 것이겠죠?

음악에 심취하면 안다는 차원을 넘어 감각으로 느끼게 됩니다. 뭐가 뭔지 알 수 없고, 딱히 뭐라고 말할 수는 없지만 즐겁습니다. 즐거우면 욕심이 없어집니다. 욕심이 없어지면 마음이 넉넉해지면서 모든 것을 있는 그대로 받아들이게 됩니다. 옳다 그르다, 좋다 나쁘다, 귀하다 천하다는 판단을 넘어서게 됩니다. 심지어 내가 나라는 생각마저 잊게 됩니다. 그러니 내 것이라는 생각이나 이익이니 손해니 쓸모니 하는 생각이 있을 리 없습니다. 뭔가 손해 보는 것 같지만 그렇지가 않고, 뭔가 잃는 것 같지만 그렇지가 않습니다.

황제는 자신의 음악 함지교향곡 3악장의 구성 흐름에 대해 이렇게 말합니다. "함지교향곡은 두려움으로 시작합니다. 그러나 두려우면 탈이 생기지요. 그래서 다음은 느긋하게 연주했습니다. 느긋해지면 두려움이 사라집니다. 그리고 '뭐지?'로 마지막을 장식했습니다. 뭐가 뭔지 모르면 어수룩해지지요. 어수룩해지는 게 바로 '길'입니다. 이 길에 몸을 실어야 함께할 수 있습니다."

《장자》교향곡을 들으면 어수룩해집니다. 이것이 장자가 말하는 큰 앎입니다. 음악을 들을 때 곡의 흐름을 따라 들리는 대로 듣듯 큰 앎도 들리는 대로 듣고, 있는 그대로 받아들이는 것입니다. 그러다보면 자연의 퉁소 소리, 큰 앎의 소리가 들려옵니다(〈제물론〉). '내가 옳다고 하는 것이 옳은 것이 아니었구나. 내가 아는 것이 다가 아니었구나.'《장자》를 읽으면서 두려움에서 느긋함, 마침내 뭐가 뭔지 모르는 어수룩한 마음이 살아나는 것을 느낀다면《장자》를 마음으로 읽고 있는 것입니다.

《장자》의 주요 등장인물

1. 공자, 육십 년을 살며 육십 번 달라지다

공자는 육십 년을 살면서 육십 번 달라진 인물이었습니다. 그런 만큼 《장자》에 나오는 공자의 모습은 다양하고 그에 대한 평가도 여러 갈래입니다. 예禮에 갇혀 사람의 마음을 보지 못한다고 비판하다가, 배우기를 좋아하고 배우면서 달라진다고 긍정하다가, 공자의 말을 빌려 자신의 생각을 전하기도 합니다. 특히 노자를 만나고 달라지는 공자의 모습이 흥미롭습니다(《장자》에는 공자가 노자를 만나는 장면이 여섯 번이나 나옵니다).

노자를 만나고 자신이 도덕주의, 형식주의에 갇혀 있었음을 깨닫는 장면에서 공자는 자신을 항아리 속에 갇혀 있던 초파리에 비유하며 노자가 자신의 항아리 뚜껑을 열어주었다고 말합니다. 그는 항상 배우면서 언제든지 자기주장을 철회하고 다른 것을 받아들일 수 있는 유연한 인물이었습니다. 그럼에도 공자를 존숭하는 유학자들은 《장자》에 나오는 공자를 불편하게 생각했습니다. 하지만 공자에 대한 가장 신랄한 비판이라고 여겨지는 〈도척〉, 〈어부〉 속의 모습이나 〈전자방〉에 나오는 온백설자와의 만남도 공자에 대한 비판으로만 보이지는 않습니다. 인간의 간을 회쳐 먹는 도척을 만나러 가는 공자의 용기나 그를 만나고 돌아와 도척의 형 유하계에게 말하는 공자의 솔직한 면모를 보면 단순히 냉소적으로 바라보기 어렵습니다. 또한 늙은 어부를 대하는 태도나 온백설자를 만나고 돌아온 후의 그의 이야기를 들으면 그게 누구라도 자신에게 가르침을 주는 사람에게 배우고자 했던 공자의 겸손함을 느끼게 합니다.

공자는 스스로 달라질 수 있는 열린 마음을 가졌던 인물입니다. 하지만 공자를 성인으로 떠받들던 후학들의 태도는 그렇지 못했던 것 같습니다. 공자는 불혹의 세상을 위한 긴 이야기(《서무귀》)에서 갇힌 자의 세 유형을 말하는데, 스승의 말에 갇힌 자가 그 첫 번째입니다. 공자가 애제자 안연에게 한 말을 되새겨봄 직합니다. "나는 이 몸으로 날마다 길을 가고 있는 것이다. (…) 너는 내가 보여준 것만 보는 것 같구나. 그것은 이미 다한 것인데 너는 거기에 뭔가 있는 줄 알고 있구나. 이는 말(馬)이 잠시 쉬어 간 곳에서 말을 찾는 격이다."(《전자방》)

공자는 장자가 가장 존경하는 노자를 직접 만나 배우고 깨닫는 인물입니다. 장자는 공자의 이런 면모를 흠모하여 자신이 공자만 못하다고 고백합니다. 그래서 자신의 생각을 공자의 말을 빌려 전할 수 있었던 것입니다.

봉황, 대붕이 되다

공자는 길 잃은 세상에서 길을 찾고자 했습니다. 하지만 장자는 탐욕에 갇힌 마음으로 길을 찾겠다고 하는 것이 한 번 더 길을 잃게 만든다고 경고합니다(《천지》). '어떻게 살아야 하나'를 묻고 '이렇게 살아야 한다'고 답하는 것이 한 번 더 길을 잃게 만든다는 말입니다. 이런 식의 질문과 대답에 갇히지 말고 먼저 '내 마음이 살아 있는지' 돌아보라는 말입니다.

길 잃은 세상에서 어떻게 살아야 하느냐고 묻는다면 공자는 주례의 회복을 말하며 '착하게 살라'고 하고, 장자는 '나무 그늘에서 노닐자'고 하지 않을까요? 이것이 봉황과 대붕의 차이가 될 수도 있을 겁니다. 하지만 해마다 달라지는 공자는 또 달라져 있습니다. 전쟁광 위왕을 설득하겠다고 길 떠나려는 제자 안회에게는 '마음을 굶어라'고, '나'라는 것도 잊고 마음을 비우라고 당부하고, 왕명을 받고 사신으로 가게 된 섭공자고에게는 '노니는 마음을 기르라'고 충고합니다.(《인간세》) 어떻게 살지를 고민하기 전에 먼저 자신의 마음이 살아 있는지 돌아보라는 말입니다. 또한 '마음이 죽어가는 것이 가장 슬프다'며 마음이 죽으면 남들이 옳다고 하는 것을 맹목적으로 모방하거나 추종하게 된다면서 '권위에 복종하지 말라'고 합니다. 심지어 제자 안회에게는 자신을 따르려 하지 말라고 가르칩니다(《전자방》). 그리고 탐욕에 흔들리지 않는 불혹의 세상을 위한 긴 이야기를 합니다(《서무귀》).

광인 접여는 시대의 도덕군자 공자를 봉황이라고 비아냥거리며 고상한 도덕으로 자신의 생명을 위협하지 말라고 노래했습니다. 봉황이여! 봉황이여! 내 다리 찌르지 말라고 말입니다. 하지만 이제 봉황 공자는 대붕이 되어 있습니다.

《장자》속 공자

중언은 옛사람의 말을 인용하는 방식으로 신뢰할 수 있는 글을 쓰기 위한 것입니다(〈우언〉).《장자》에서 가장 많이 등장하는 인물이 공자입니다. 공자의 말 또한 많이 인용됩니다. 공자 이야기는《장자》전 33편 가운데 21편에서 나오며, 에피소드로 보면 총 48회나 됩니다.

2. 노자, 대붕으로 태어난 늙은 선생님(老子)

공자는 해마다 달라지면서 대붕이 되었지만 노자는 태생이 대붕인 사람입니다. 적어도《장자》에 나오는 노자는 그렇습니다. 공자의 눈에 노자는 하늘을 날아다니는 용이었습니다(〈천운〉). 노자는 아무런 욕심 없이 검소하고 부드럽고 겸손하게 살다간 인물입니다.《장자》에 나오는 노자는 많은 사람을 깨우치는 선생님입니다.《장자》에 선생님의 말씀이라고 인용되는 내용의 대부분이《도덕경》의 내용들이며, 장자가 가장 존경하는 인물이 노자이기도 합니다.

장자, 노자의 충실한 제자

친작 여부에 논란이 있지만[2] 노자의 저작으로 알려진《도덕경》과 장자를 저자로 내세우는《장자》를 보면 노장 철학이라고 묶어 불릴 만큼

이들의 생각은 크게 다르지 않습니다. 금본 1장 첫 구절 "도가도비상도道可道非常道"로 시작하는 도경과 38장 "상덕부덕上德不德"으로 시작하는 덕경이 합쳐져 지금의 도덕경이 되었다고 하는데, 노자 철학의 핵심이 되는 두 가지 표현인 도와 덕을 장자가 그대로 이어받습니다. 또한 노자 철학의 줄기인 "무위이무불위無爲而無不爲", "절성기지絶聖棄知" 등이 《장자》에 그대로 인용되면서 장자 철학의 근간이 되고, 노자가 삼보三寶라고 한 자애, 검소, 겸손은 노자와 장자의 삶 자체였습니다. 장자는 공자처럼 노자에게서 직접 배울 수는 없었지만 노자의 충실한 제자입니다.

《도덕경》, 《장자》로 태어나다

그러나 노자와 장자는 다른 시간과 공간에서 살았고, 기질적으로도 아주 다른 사람들입니다. 같은 이야기라도 누가 언제 어디서 하느냐에 따라 분위기가 완전히 달라지듯 노자와 장자는 마음이나 생각은 비슷하지만 그것을 다루는 형식이나 분위기 그리고 기질이 다릅니다. 일단 《도덕경》이 격언이나 짧은 글의 형식을 취하고 있는 데 비해 《장자》는 주로 우언, 중언, 치언의 이야기 형식을 취하고 있습니다. 또한 《도덕경》은 가르침을 주는 경구로 부드럽고 진지한 데 비해 《장자》에서는 진지한 경구가 이야기의 탈을 쓰고 한바탕 놀이마당을 펼칩니다. 《도덕경》의 경구가 종교적이라면 《장자》의 이야기는 예술적입니다. 《도덕경》을 읽으면 뭔

---

2 금본 《도덕경》보다 먼저 쓰였다는 백서본과 백서본보다도 빠른 초간본이 발굴되었는데 지금까지도 발굴되는 상황이다. 금본 《도덕경》이 노자의 친작인지에 대한 논란도 있다. 《장자》역시 장자의 친작인지에 대한 논란이 있는데, 이는 장자 연구자들의 주요 관심사이기도 하다. 특히 A. C. 그레이엄(A. C. Graham)과 리우샤오간(劉笑敢)이 이 주제에 대해 지대한 관심을 보인다.

가 마음을 수양하고 반성해야 할 것 같은 엄숙함이 느껴집니다만《장자》를 읽으면 슬프다가 웃기고, 놀랐다가 편해지고, 답답하다가 통쾌하고, 화나다가 즐겁고, 그러다 멍해집니다. 다양한 이야기 축제 속에서 심각하고 진지한 이야기가 개그가 되고, 슬픈 이야기가 즐거움이 되고, 절망이 희망이 되고, 비관이 낙관이 됩니다. 마음을 비우고 고요하고 담담한 마음을 가지라는 노자의 경건한 허심이 장자에 와서는 노니는 마음으로 승화됩니다. 마음을 비우는 것에 그치는 것이 아니라 마음을 비우고 함께 노닐자며 인간의 자연스러운 놀이 본능을 되찾게 합니다.

《도덕경》의 진지한 철학적 명제들조차《장자》에서는 다양한 이야기로 펼쳐집니다.《도덕경》의 첫 구절 "도가도비상도"의 의미를 존재론과 인식론, 가치론이라는 구태한 세 범주로 말해보면, 지금 있는 것이 영원히 있는 것이 아니라는 생성 변화의 존재론은《장자》에서 대붕이나 호접몽 이야기 등으로 다시 태어납니다. 지금 알고 있는 것이 영원히 진리가 아니라는 큰 앎의 인식론은 하늘이 파란 것이 정말 파란 것이냐고 묻는 이야기, 장오자와 구작자의 대화 등으로, 지금 옳고 좋다고 하는 것이 영원히 옳고 좋은 것이 아니라는 포용의 가치론은 삶과 죽음의 이야기, 쓸모 이야기 등으로 다시 태어납니다. 또한 "절성기지"는《장자》에서는 혼돈 우화, 도척 이야기, 상망 우화 등으로 나타납니다.《도덕경》의 삼보 자애, 검소, 겸손은 장자의 삶을 통해 보여줄뿐더러 지인, 신인, 성인, 진인들이 사는 이야기 등으로 보여줍니다. 특히 "만족을 아는 것이 부자다(知足者富)"《도덕경》33장)라는 경구가《장자》에서는 허유나 안연, 원헌, 포정, 〈덕충부〉와 〈달생〉의 목수, 전과자, 못생긴 사람들, 수영 잘하는 사람, 뱃사공 등 일상 속에서 자족하며 사는 사람들 이야기로 다시 태어납니다. 이들은 세상이라는 놀이터에서 만족스러운 하루하루를 살아갑니다.

《도덕경》과《장자》가 주는 인상도 다릅니다. 상선약수上善若水라는 말처럼《도덕경》은 낮은 곳으로 졸졸 흐르는 계곡이나 시냇물을 연상시킵니다. 그에 비해《장자》는 하백과 북해약의 대화에서처럼 큰 강물이 넉넉한 바다로 도도히 흘러들어가는 모습을 떠올리게 합니다. 또《도덕경》은 단정하고 부드러우면서도 강인한 어머니의 품을 연상시키는 데 비해《장자》는 모든 것을 포용해주는 바다 같은 어머니입니다. 그 바다는 성격이 쾌활하고 건강한 이야기꾼입니다. 거침없이 이어지는 이야기와 유쾌하고 신랄한 풍자는 그 바다만의 매력입니다. 노자의 정적이고 부드러운 분위기가 장자에 와서는 활력이 넘치고 풍요로워집니다. 음과 양의 조화라고나 할까요? 건강한 삶의 유쾌함이 살아납니다. 대붕으로 태어난 노자는 달라질 이유가 없었습니다. 문밖을 나가지 않아도 세상이 어떻게 돌아가는지 알 수 있어 조용히 살면서 찾아오는 손님을 맞이할 뿐이었습니다. 하지만 물고기에서 대붕이 된 장자는 날개를 펼치고 하늘로 올라 세상 사람들이 살고 있는 모습들을 이야기로 펼쳐 보입니다.

《장자》 속 노자

총 13편에 등장합니다. 그 가운데 공자에게 가르침을 주는 장면이 6번, 양주에게 가르침을 주는 장면이 2번입니다. 남영주가 기숙하며 가르침을 받는 이야기와 노자에게 배우러 찾아오는 인물들인 최구, 사성기, 그리고 노자의 제자인 숙산무지, 백구와의 대화에 등장합니다. 이들 모두 노자를 찾아와 깨달은 사람들입니다. 그리고 200년 뒤 장자가 그를 찾아옵니다. 장자는 노자를 항상 모든 것을 넓은 마음으로 끌어안아주시는 박대진인博大眞人(넓고 크고 천진한 분)이라고 부르며 그를 따릅니다.

3. 열자, 뭔가 부족한 선배

"열자는 바람을 타고 다니며 마음껏 놀다가 열닷새가 지나 돌아왔습니다. 그는 세상의 행복을 누리는 데 연연하지 않았습니다. 걸어다니는 번거로움에서도 벗어났습니다. 그러나 여전히 의지하는 것이 있었습니다. 대자연과 하나 되어 모든 흐름의 변화에 따라 끝없이 놀수 있었다면 무엇에 의지했겠습니까?"(〈소요유〉)

《장자》는 글쓰기 형식이나 내용에서 《열자》에 빚지고 있습니다. 우언의 글쓰기, 대붕 우화, 조삼모사, 막고야산의 신인 이야기며 〈달생〉에 나오는 뱃사공, 수영 잘하는 사람, 매미 잡는 이야기 등 30여 개의 에피소드가 《열자》에서 빌려온 것입니다. 그런 열자를 바라보는 장자의 시선이 흥미롭습니다. 열자가 여전히 의지하는 것이 있다고 합니다. 어떤 의미일까요?

　노니는 것에 대해서도 열자가 선배입니다. 장자의 표현대로 열자는 세상 사는 번거로움에서 벗어나 바람 타고 노닐기를 좋아했습니다. 바람 타고 노니는 열자를 부러워하는 사람들이 많았습니다. 열자는 바람 타고 노니는 것을 구 년 만에 완성했다며 마치 수영 선수처럼 바람과 하나 되어 자신이 바람을 타는 것인지 바람이 열자 자신을 타는 것인지 알 수 없게 되었다고 자랑합니다.(《열자》〈황제〉) 노닐기 좋아하는 열자에게 호구자(호자)가 노니는 게 무엇이 좋으냐고 묻습니다. 열자는 자신의 노님은 새로움과 변화를 즐기는 것으로 남들과는 다르다고 말합니다. 그러자 호구자는 남들과 다르지 않다며 노니는 것은 밖에서 노니는 것이 아니라 자신을 성찰하고 새로운 나로 태어나는 것이며, 진짜 노니는 것은 모든 것과 함께 노니는 것이라고 말합니다.《열자》〈중니〉) 열자가 노니는 것을 좋아했지만 호구자의 말대로 노니는 마음이 온전하지는 못했던 것 같습니다.

끝없이 노닐지 못한 열자

열자는 어느 정도는 남들의 욕망을 욕망하지 않고 자신의 삶을 즐겼습니다. 하지만 자기 자랑하는 마음이나 삶에 집착하고 죽음을 두려워하는 마음에서는 완전히 벗어나지 못했던 것 같습니다. 그는 제나라로 가다 말고 돌아오는 길에 우연히 만난 백혼무인에게서 사람들이 그를 찾아오는 것을 막지 못할 것이라는 충고를 듣습니다. 결국 백혼무인의 말대로 열자의 집은 그를 찾아온 사람들로 가득해집니다. 열자는 백혼무인에게 자신의 활쏘기 솜씨를 자랑하기도 합니다. 그러자 백혼무인은 열자의 활쏘기는 진짜 활쏘기가 아니라며, 높은 산에 올라 튀어나온 바위를 밟고 백 길 심연이 내려다보이는 곳에서 활쏘기를 하라고 합니다. 열자는 온몸에 식은땀을 흘리며 기어갑니다. 백혼무인에게서 순수한 지인은 어떤 상황에서도 두려워하지 않는다는 말을 듣고 난 후의 일일까요? 열자는 관윤에게 가서 순수한 지인은 높은 곳에 있어도 두려워하지 않는다는데 어떻게 그럴 수 있느냐고 묻습니다(〈달생〉).

한편 어느 날 열자는 신통한 무당을 만나고 마음이 흔들려 호구자에게 소개를 합니다. 하지만 무당은 호구자를 만난 후 달아나버립니다. 사람들의 탐욕을 읽는 무당이 어찌 아무런 욕심 없고 죽고 사는 데 관심 없는 사람의 마음을 읽어낼 수 있겠습니까? 이 일이 있은 후 열자는 집으로 돌아가 소박하게 살아갑니다. 그 시절이었던가요? 열자가 정나라에서 가난하게 살고 있다는 이야기를 전해듣고 정나라 재상 자양이 곡식을 보내오지만 그는 받지 않습니다. 후환이 두려워서입니다. 일상에 만족하며 살아가는 장자가 재상 자리를 거절한 것과는 사뭇 다릅니다.

열자는 한편으로 남들의 욕망을 욕망하지 않을 수 있었지만 다른 한편으로는 자기 자랑과 남들이 자기 알아주는 것을 즐기는 인물이었습니다. 또한 열자는 영계기의 입을 빌려 말하는 것이지만 살아가는 세 가지 즐거움을 사람으로 태어난 것, 여자가 아니라 남자로 태어난 것 그리고 오래 사는 것이라고 합니다(《열자》 〈천서〉). 장자가 보기에 열자는 여전히 의지하는 것이 있어 모든 흐름의 변화에 따라 끝없이 노닐기에는 뭔가 부족했던 선배였던 것 같습니다.

《열자》 우화, 장자 철학이 되다

《열자》에 나오는 단편적인 이야기들이《장자》에서 철학으로 다시 태어납니다.《열자》에 탕왕이 현자 극에게 크고 작은 것에 대해 묻고 답하는 장면에서 대붕 이야기가 나옵니다. 겉으로는 대소에 대한 순수한 지적 호기심에서 나온 이야기처럼 보이지만, 잠깐 속내를 상상해보겠습니다. 곤과 대붕 이야기를 어디선가 들은 적이 있는 탕왕이 현자 극에게 묻습니다. 현자의 현명함은 원작과 거의 눈에 띄지 않을 정도의 각색에서도 발휘됩니다. 현자는 물고기가 놀던 북쪽 바다가 불모의 땅에 있었다고 한 구절을 더하고, 물고기 곤이 새 붕으로 변신한 구절을 생략합니다. 현자의 이야기에 탕왕은 골똘하게 생각합니다. '불모의 땅에 있는 바다라. 거기에 사는 거대한 물고기 곤, 그리고 하늘을 나는 거대한 새 대붕이라.' 탕왕은 하나라의 폭군이었다는 걸왕을 물리치고 은나라를 세운 자신의 이야기가 대붕의 스토리에 겹쳐지는 것을 봅니다. 대붕이 된 탕왕은 지금 하늘을 날고 있습니다. '그렇지, 쑥대밭이나 날아다니는 작은 메추라기들이 어찌 나의 큰 뜻을 알 수 있겠어. 이것이 작고 큰 것의 차이

인 거야.' 탕왕과 극이 만나 크고 작음에 대한 이야기를 하는 이유가 있을 터이니 이렇게도 읽힙니다. 그런데《장자》에 나오는 대붕 우화는 이보다 더 다양한 해석이 가능합니다. 물고기가 새가 되는 거라든지, 그 새가 하늘에 오르는 것, 하늘에서 내려다보는 이 세상의 모습, 그리고 하늘은 정말 파란 것일까 질문하고 존재감이 없던 먼지나 아지랑이가 생명의 숨결이었음을 깨닫는 장면 등에서 많은 생각을 하게 합니다.《열자》에 나오는 탕과 극의 크고 작은 것에 대한 이야기가《장자》에서는 열린 철학, 포용의 철학으로 다시 태어납니다.

조삼모사 이야기도 마찬가지입니다.《열자》에서는 권력자의 기만적 술수와 어리석고 나약한 인간들의 모습으로 읽히는 데 그치지만《장자》에서는 우리가 옳다고 하는 것이 정말 옳은 것일까 하는 앎의 문제로 깊이 들어갑니다. 같은 상황을 다르게 보며 시비오호의 판단에 갇힌 우리의 모습을 반성하게 만듭니다. 이는 단지 힘의 문제만이 아니라 갇힌 앎의 문제라는 것입니다. 그래서 무지하고 어리석은 것이 문제가 아니라 앎이 어떻게 이용되는지 그 이면을 보자는 것입니다.《장자》에서는 조삼모사가 마찬가지 상황을 양자택일적 선택에 숨겨놓고 그것을 자유라고 착각하게 만들고 책임을 묻는 훌륭하다는 성인이나 많이 배웠다는 지식인의 탐욕스러운 마음을 드러내는 비판 철학으로 구체화됩니다.

《장자》속 열자

당대 지식인들에 대한 논평을 담은 〈천하〉 바로 앞에 열자의 이름을 딴 〈열어구〉가 있습니다. 〈열어구〉는 열자가 여행에서 돌아오는 이야기로 시작해 탐욕을 다 버리지 못한 사람들 이야기를 열거하다 죽음에 초연한 장자 이야기로 끝이 납니다. 열자에 대한 논평이 〈천하〉에선 빠져 있지만 〈열어구〉에서 따로 다룬다는 인상을 받습니다. 〈소요유〉에서 궁금하게 만들었던 열자에 대한 장자의 시선을 〈열어구〉에서 확인할 수 있습니다.

열자에 대한 이야기는《장자》33편 가운데 7편에서 나옵니다.

4. 혜시, 장자의 가장 친한 친구

장자 피라미가 한가롭게 놀고 있군요. 이것이 물고기의 즐거움이죠.

혜자 그대는 물고기가 아닌데 물고기의 즐거움을 어떻게(어디서) 안단 말입니까?

장자 그대는 내가 아닌데 내가 물고기의 즐거움을 모른다는 걸 어떻게(어디서) 안단 말입니까?

혜자 나는 그대가 아닙니다. 정말 그대를 모르겠습니다. 그대도 물고기가 아닌 것은 분명합니다. 그러니 그대가 물고기의 즐거움을 모르는 것은 확실하지요.

장자 처음으로 돌아가 말해봅시다. 그대는 나에게 물고기의 즐거움을 어떻게(어디서) 아느냐고 물었습니다. 그것은 내가 물고기의 즐거움을 알고 있다는 것을 이미 알고 물은 것입니다. 나는 여기 호수의 돌다리에서 알았습니다.(〈추수〉)

장자와 혜시가 함께 호수의 돌다리를 거닐며 나누는 대화입니다. 말장난 같은 대화에 어떻게 아느냐는 앎에 대한 철학적 주제가 담겨 있습니다. 하지만 이를 거두고 이 둘의 관계만 본다면 이런 대화를 할 수 있는 친구가 있다는 것이 얼마나 즐거울까요?

혜시는 말 잘하기로 유명했습니다. 한번은 어떤 사람이 양왕梁王에게 혜시가 비유를 쓰지 못하게 하면 말을 하지 못할 거라고 조언합니다. 이에 양왕이 비유를 쓰지 말고 말하라고 하니 혜시는 이렇게 말합니다. "탄彈을 모르는 사람이 탄이 어떻게 생겼느냐고 묻습니다. 그런데 탄의 모양은 탄과 같다고 하면 알 수 있을까요? 탄의 모양은 활과 같은데 대나무로 활시위(弦)를 만든 것이라고 하면 어떨까요? 말은 아는 것을 가지고 알지 못하는 것을 깨우치는 것이라 비유를 들지 말라시면 말할 수 없습니다."《설원說苑》〈선설善說〉) 이 말도 비유를 들어 말합니다.

장자도 비유해서 말하기를 즐겼습니다. 그는 폭넓게 말하기 위해 우언을 쓰고 있다고 말합니다(《우언》). '담 없는 마을에서 놀자'(《소요유》), '쓸모없는 땅'(《외물》), '말에 갇힌 사람'(《서무귀》), '원추와 올빼미'(《추수》), '아내의 주검 앞에서 노래하는 장자'(《지락》), '훌륭한 성인은 무정하다?'(《덕충부》), '공자를 바라보는 시선'(《우언》) 등 장자와 혜시가 만나 나누는 대화를 보면 장자의 비유나 말솜씨는 말 잘하는 것으로 소문난 혜시의 입을 닫게 만듭니다.

혜시가 죽은 후 더불어 이야기할 사람이 없다고 장자가 탄식했을 정도로 혜시와 장자는 서로 말이 통했던 친구 사이입니다. 그런데《장자》는 혜시를 비판하는 것으로 끝납니다. 마치 혜시 비판을 위해《장자》를 쓴 것 같은 인상도 받습니다. 도대체 왜 장자는 말이 통하는 친구를 비판하는 것일까요? 진정한 애정은 진실한 비판을 동반한다는 말을 이들에게 할 수 있을 것 같습니다.

말에 갇힌 혜시

장자에게 말은 생각의 도구인 데 비해 혜시에게는 전쟁의 도구, 출세의 수단이었습니다. 장자가 보기에 혜시는 논쟁에서 이기는 것을 즐기다가 사람들의 마음을 보지 못하고 말에 갇혀버린 사람입니다.

혜시는 자기주장에 갇힙니다. 〈천하〉에서 혜시는 가장 큰 것 대일大一과 가장 작은 것 소일小一이라는 절대적인 큼과 작음을 설정해놓고 절대 대일의 관점에서 보면 하늘과 땅 모두 낮고, 산과 연못도 평평하다고 합니다. 그러나 그 안에서 크고 작은 것을 비교하는 것은 상대적이라 판단은 상황에 따라 달라질 수밖에 없습니다. 해가 떴다 지고, 만물이 태어나고 죽는 것처럼 말입니다. 그러니 상대적인 가치를 절대인 양 고집하지 말고 대일의 관점에서 "모든 것을 두루 사랑하자. 천지자연이 한 몸이다"는 것이 혜시의 결론입니다. 이러한 혜시의 모두 한 몸이라는 주장은 대진인의 왼쪽 더듬이와 오른쪽 더듬이가 싸운다는 와각지쟁 이야기로 이어져 전쟁을 막습니다. 그러나 장자는 전쟁을 하지 않겠다는 생각이 전쟁을 불러온다고 일침을 가합니다. 혜시가 설정한 대일의 관점에서 보면 모든 것은 상대적입니다. 혜시는 상대주의적 관점에서 절대를 비판하기 위해 절대를 설정함으로써 말장난 같은 논의를 이어가고, 그의 논의는 결국 도덕적 명령에 갇히고 맙니다. 말은 생각의 도구입니다. 생각하고 나면 말은 잊게 마련입니다. 그런데 말에 갇히면 앎과 실천의 문제에 천착하게 되면서 해야 한다는 강제적 규범이나 하라는 명령으로 흐르게 됩니다. 그러나 장자는 앎과 실천의 문제를 넘어섭니다. 이렇게 살아야 한다는 도덕적 명령이 아니라 어떤 마음으로 이런 말을 하는지, 그 말에 갇혀서 보지 못하는 것은 무엇인지 돌아보게 합니다. 혹여 말로 유명해지려고 출세 수단으로만 삼는 것은 아닌지도 말입니다.

대붕, 메추라기 친구를 애도하며

붕이 회오리바람을 타고 구름 위로 솟아올라 파란 하늘을 등지고 남쪽 바다로 향합니다. 메추라기가 이를 보고 비웃으며 말했습니다. '저 새는 저렇게 날아서 어디를 간단 말인가? 나는 한껏 뛰어올라도 몇 길을 못 올랐다 내려오고, 기껏해야 쑥대밭 사이를 날아다니는 게 고작인데. 도대체 저 새는 저렇게 날아서 어디를 간단 말인가?' 이것이 큼과 작음의 차이입니다. 그러므로 아는 것이 관직 하나 맡을 만하고, 행실은 한 고을에서 존중받을 만하고, 능력은 군주의 마음에 들어 한 나라에 기용되는 사람들은 기량이 저 메추라기만 한 사람들입니다.(《소요유》)

자신의 재상 자리를 탐내지 않나 의심하고, 이기기 위해 사람들과 논쟁하는 혜시는 장자가 보기에 기량이 메추라기만 한 인물이었습니다. 막스 베버는 '직업으로서의 학문'이라는 강연에서 전문적인 지식을 연구하는 사람은 성취감은 있을지 몰라도 자족감은 느낄 수 없을 것이라는 취지의 말을 합니다. 성취감이 남의 욕망을 욕망하면서 결과에서 느끼는 만족감이라면, 자족감은 담 없는 마을에서 노니는 마음으로 살아가는 과정에서 느끼는 즐거움입니다. 성취감에 도취된 혜시는 이기려는 욕심에 자기주장을 고집하며 논쟁으로 능력을 겨루다 마음을 놓치고 말았습니다. 장자는 세상에 머리와 다리는 있지만 마음과 귀가 없다며 말만 잘하는 사람들이 많아지고 마음은 죽어가고 있다고 합니다. 말이 제구실을 못하고 화려한 영광을 바라는 자들의 출세 도구, 배운 자들의 정당화 수단이 되어버렸다고 합니다. 혜시는 서둘러 결론 내리고 자기 말과 주장에 갇혀 사람의 마음을 보지 못한 메추라기만 한 인물입니다.

큰사람(大人)의 가르침은 모양을 따르는 그림자, 소리를 따르는 메아리 같아 질문하면 대답하고, 세상의 누구와도 상대해줍니다. 크게 하나되어 끝없는 경지에서 노닐며 자유롭게 오가면서 해와 함께 영원합니다.(《재유》) 장자는 대붕의 날개를 펼치고 하늘 높이 날아오릅니다. 새로운 존재가 되어 절대와 상대를 넘어 다양한 시선으로 세계를 넓게 조망하며 새로운 세계로 향합니다. 메추라기 안에 대붕이 살아 있고, 대붕 안에 메추라기가 살아 있습니다. 하지만 혜시는 큰사람, 대붕이 되지 못했습니다. 대붕이 되지 못한 메추라기 친구를 애도하는 장자의 조사는 이렇게 끝이 납니다. "자신의 재능을 탕진해버렸습니다. 결국 아무것도 얻지 못했습니다. 이런저런 것들을 모두 쫓아다니면서 돌아오지 못했습니다. 이는 메아리를 위해 소리를 지르고, 몸이 그림자와 경주한 꼴입니다. 슬픕니다!"(〈천하〉)

《장자》 속 혜시

혜시는 당시 말 잘하는 논쟁가로 유명했던 인물이지만 현존하는 그의 저서는 없습니다. 다만 《장자》를 비롯해 《묵경》, 《전국책》, 《순자》, 《한비자》, 《여씨춘추》, 《회남자》, 《설원》, 《세설신어》 등에 그의 행적에 관한 자료들이 있을 뿐입니다. 그나마 《장자》 〈천하〉에 혜시의 논제가 정리되어 있어 그의 생각을 짐작해볼 수 있습니다. 《장자》에는 혜시에 대한 이야기가 모두 10편에서 나옵니다.

　너무 가까이서 보면 보이지 않던 것이 거리를 두고 보면 보일 때가 있습니다. 특히 큰 그림일수록 그렇습니다. 《장자》라는 큰 그림을 보는 데도 거리가 필요했습니다. 《장자》는 오래된 책입니다. 《장자》 주석사를 따로 연구 과제로 삼을 수 있을 만큼 오랫동안 많은 학자가 《장자》 읽기를 해왔습니다. 하지만 선인들의 글 풀이와 해석이 있다 해도 오늘날의 《장자》 읽기가 가지는 의미를 생각해보면 기존의 주석에서 과감하게 벗어나는 용기도 필요했습니다. 공자의 말대로 말(馬)이 지나간 자리에서 말을 기다리는 꼴이 되어서는 안 되기 때문입니다. 《장자》 읽기를 하면서 문자에 가려 보이지 않던 것을 생각으로 다듬을 수 있었습니다. 그러나 생각만으로는 풀리지 않는 것이 많았습니다. 마음이 달라지지 않으면 보이지 않는다는 것을 깨달았습니다. 여전히 보이지 않는 것이 많습니다.

　기존의 주석을 다 참고하지는 못했습니다. 역량 부족입니다. 그러나 은사이신 안병주 선생님과 동학 전호근 선생님, 김형석 선생님 세 분이 곽경번郭慶藩의 《장자집석莊子集釋》을 저본으로 역대 주석 가운데 중요한 것을 정리해놓은 《역주 장자》 네 권이 있어 여기까지 올 수 있었습니다. 고 안동림 선생님, 김학주 선생님, 오강남 선생님의 번역본은 《장자》를 이해하고 우리말을 찾고 다듬는 데 도움이 되었습니다. 영어본으로는 빅터 H. 메이어(Victor H. Mair, *WANDERING ON THE WAY: Early Taoist Tales and Parables of Chuang Tzu*)와 버튼 왓슨(Burton Watson, *The Complete Works of Chuang Tzu*)의 완역본이 있어 구체적인 의미를 이해할 수 있었습니다. 특히 우광밍(吳光明) 선생의 책을 읽으며 〈소요유〉와 〈제물론〉 구성을 이해하는 데 중요한 아이디어가 떠올랐습니다.

《장자》를 새로 읽는 데는 타자의 시선도 유효했습니다. 작은 이성주의자들에 대한 비판이라는 측면에서 서양의 근대 이성에 대한 반성에서 나온 심리학과 현대 철학이《장자》와 일면 닮았습니다. 그래서였는지 니체, 하이데거, 비트겐슈타인, 들뢰즈, 푸코, 프로이트, 융, 프롬, 메슬로우, 로티, 레비나스, 라캉, 지젝 등을 허투루 읽던 어느 날《장자》가 다시 보이기 시작했습니다. 또한 앞서 번역한 J. J. 클라크Clarke의《서양, 도교를 만나다The Tao of The West》는《장자》가 탐욕과 경쟁의 시대에 갇힌 우리에게 항아리 뚜껑을 열어줄 새로운 철학으로 읽힐 수 있으리라는 희망을 주었습니다.

J. J. 클라크는 도교(Taoism)가 자연과의 조화, 변화와 흐름을 존중, 함께하는 철학, 혼돈과 무질서의 정신적 힘을 인정하는 철학, 현대의 구조를 치유할 수 있는 잠재력이며 21세기 문화에도 잘 어울린다면서 자기주장이나 공격적 논쟁, 대결보다는 대화와 화해 그리고 상호 협동과 조화를 배우고 나아가 공생을 추구하는 새로운 정신성을 키울 수 있으리라 전망합니다.[1] 장자 철학이 지나친 경쟁과 탐욕으로 거칠어진 우리의 마

---

[1]《서양, 도교를 만나다》18쪽 〈옮긴이의 말〉 참조. 저자는 장자 철학만이 아니라 장자 철학을 포함한 도교 전반을 다루고 있다.

음결을 가지런히 해주어 판단하고 배제하는 것이 아니라 있는 그대로 인정하고 포용할 수 있는 마음, '누구보다 더'가 아니라 '누구와도 함께'할 수 있는 마음, 성공이 아니라 성숙을, 자랑이 아니라 겸손을, 명령이 아니라 모범을, 성취감이 아니라 자족감을, 비범한 재능보다 평범한 일상에서 느끼는 즐거움을, 열린 마음으로 열린 세상에서 함께 살아갈 지혜를 가지게 해줄 미래의 철학이 되기를 희망해봅니다.

《장자》는 이 세상 지도자들의 마음이 얼마나 중요한지를 재삼 강조하는 책입니다. 그러나 민주주의를 내걸고 있는 시대에는 모든 사람이 주인이고 지도자입니다. 과거의 《장자》가 지도자, 지식인을 향한 죽비였다면 오늘날의 《장자》는 모든 사람을 향한 죽비입니다. 《장자》를 옮기며 나의 마음은 살아 있는지 내 자신을 《장자》에 비추어봅니다.

2015년 12월
나무마을에서 조현숙

장자莊子

이름은 주周이고 기원전 4세기(기원전 370년~300년경) 사람으로, 전국시대 송나라 몽蒙 땅(지금의 허난 성(河南省) 상추 시(商邱市) 부근)에서 태어났고, 칠원漆園이라는 고을에서 관리로 일했다는 기록이 전해진다. 장자는 욕심 없이 가난하게 살았고, 출세하는 것을 영예로 생각하지 않아 초나라 재상 자리도 거절했다고 한다. 자신을 드러내려 하지 않고 소박한 삶에 만족할 줄 알았던 그는 숨은 빛(葆光)으로 세상을 비추며 전쟁과 탐욕의 시대를 슬퍼했던 순수하고 아름다운 철학자였다. 그의 삶과 철학이《장자》에 면면히 흐른다.

조현숙

성균관대학교에서 동양철학을 공부하고 같은 학교 대학원에서 박사 학위를 받았다. 성균관대학교 강사를 지냈으며 〈장자 죽음의식에 관한 연구〉, 〈혜시의 사유체계에 관한 연구〉, 〈순자의 제자비판에 관한 연구〉 등의 논문을 발표했다. 우리말로 옮긴 책으로는《마음으로 읽는 장자》(초역抄譯 본),《중국철학사방법론》(공역),《중국철학강의》(공역),《노자 도덕경》,《법구경》,《서양, 도교를 만나다》가 있다.

장자

펴낸날 초판 1쇄 2016년 1월 5일
초판 5쇄 2023년 12월 8일

지은이 장자
옮긴이 조현숙

펴낸이 김준성
펴낸곳 책세상
주 소 서울시 마포구 동교로 23길 27, 3층 (03992)
등 록 1975년 5월 21일 제2017-000226호
전 화 02-704-1251
팩 스 02-719-1258
이메일 editor@chaeksesang.com
광고·제휴 문의 creator@chaeksesang.com

홈페이지 chaeksesang.com
페이스북 /chaeksesang   **트위터** @chaeksesang
인스타그램 @chaeksesang   **네이버포스트** bkworldpub

ISBN 979-11-5931-045-4 03150